リンツカフェ：オーストリア、リンツ、1980年

ザ・ネイチャー・オブ・オーダー

建築の美学と世界の本質

生命の現象

THE NATURE OF ORDER
An Essay on the Art of Building
and
The Nature of the Universe

BOOK ONE
THE PHENOMENON OF LIFE

CHRISTOPHER ALEXANDER

クリストファー・アレグザンダー 著
中埜 博 監訳

鹿島出版会

THE NATURE OF ORDER
An Essay on the Art of Building and the Nature of the Universe
BOOK ONE
THE PHENOMENON OF LIFE
by
CHRISTOPHER ALEXANDER

©2002 CHRISTOPHER ALEXANDER
First Edition was originally published
by The Center for Environmental Structure at Berkeley California.
This translation is published 2013 in Japan
by Kajima Institute Publishing Co. Ltd.,
Japanese translation rights arranged directly with the author
through Tuttle-Mori Agency, Inc., Tokyo.

もくじ

プロローグ——建築の美学と世界の本質 …………………………………………… 1
序 章 ……………………………………………………………………………………… 5

第1部
第1章　「生命」の現象 ……………………………………………………………… 27
第2章　「生命」の強弱 ……………………………………………………………… 63
第3章　「全体性」と「センター」の理論 ………………………………………… 79
第4章　「生命」は「全体性」からどうやって生まれてくるのか ……………… 109
第5章　15の幾何学的特性 …………………………………………………………… 143
第6章　自然における15の特性 ……………………………………………………… 243

第2部
第7章　個人的な秩序の本質 ………………………………………………………… 299
第8章　自分を映す鏡 ………………………………………………………………… 313
第9章　デカルトを超えて——科学的観察の新しい方法 ……………………… 351
第10章　人間生活に「生命構造」が及ぼすインパクト ………………………… 371
第11章　空間を覚醒させること——建物の機能 ………………………………… 403

結　論 …………………………………………………………………………………… 441
補　遺　「全体性」の数学的定義と「生命構造」 ……………………………… 445

謝辞および図版クレジット ………………………………………………………… 473
監訳者解説 …………………………………………………………………………… 476

この4冊の本（シリーズ）を家族に捧げます。

ずっと昔に亡くなった、愛する母と、いつも力づけ導いてくれた、敬愛する父と、

私のかわいい娘たち——リリーとソフィー。

そのふたりを産んでくれ、共にいつくしんできた、

愛する妻、パメラに。

この4冊の本を、人生63年目を迎えた私が、

世界を理解する方法のまとめとして。

プロローグ

建築の美学と世界の本質

　私たちは建設という行為を通して、日々絶え間なくこの世界に物理的秩序をつくり続けています。過去5000年の間に、人類は建物を山のように築き上げました。数え切れないほどの建物、住宅、街路、さらには都市を世界中につくり続けてきました。この世界は、私たちのうみ出した秩序によって埋め尽くされています。

　しかし、これほど大掛かりに秩序をうみ出してきたにもかかわらず、「秩序」という言葉が何を意味するのか、ほとんどわかっていないのです。今日でも、「秩序」という考え方はいたって曖昧なものです。この言葉は、気軽に、芸術家や生物学者や物理学者によって使われます（それは、うまく定義づけられてないのですが、大抵の場合、深い規則性を指しています）。だからこそ、秩序を目に見える形で深く理解する必要があります。そのためには、それがいったいどんな現象を指すのかさえ知らないということを、まず素直に認めなければなりません。それでも人類は日々建設行為を続け、結果としてこの世界の秩序をつくり続けているのです。私たちは、それが何であるのか、なぜつくり続けるのか、なぜ重要なのかも理解しないまま、手当たりしだいにこの世界に秩序をつくり続けているのです。

　物理学や生物学の分野では、過去70年の研究で秩序の現象や、秩序をつくり出す過程の理解を助ける成果を上げています。それは、生物の発生過程の中の器官の形成や、物質の形成、星や銀河の核爆発からの形成、相互作用による素粒子の生成等の研究です。限られた範囲ですがこれらの成果を見ると、私たちは、今ようやく秩序をつくり出す方法についての初歩的な概念を得られたと思うのです。同時に、これらの事例を通して明らかになった秩序のつくられ方が、世界を理解するために、極めて重要であることも明らかになってきました。つまり、私たちが得た物理学や、化学、生物学における秩序形成のプロセスに関する知識は、天地万物に対する現代の視点を形づくっているのです。

　しかし、これまで建築は、万物の理解に対してさほど影響を与えていませんでした。天地万物に対する近代の視点、つまり、空間や事物がどのようなものによってできているのか、という点において、建築は今まで大した役割を果たしてきませんでした。しかし今日私は、この本の中でこれから提示する建築のプロセスが物理学や生物学に匹敵するほどの重要な秩序形成のプロセスであるということを論じようと思っています。建築は規模や範囲からいってこれは膨大な広がりがあります。私たちの経験からいっても、これはほとんど天地万物を論ずるのに匹敵するものといえます。だからこそ、建築を通して同様に本質的な洞察が可能なのではないかと考えることが妥当だといえるのです。

　次に建築の本質を正当に評価し、なおかつ普遍的である秩序を理解するための方法を述べようと思います。その中で、建築に宿る「生命」と「美」について私たちが抱いている直感を理解するのに十分な見方を提示したいと思います。その見方が、私たちに、どんな建築が偉大なものとなり、建築が適切に機能するのはどのようなときなのかを教えてくれるでしょう。良識とこの強力な視点が、現実の世界に成果として現れることを、私は信じているのです。

　もし、皆さんが私の提起している秩序という視点を受け入れるのならば、それは予想もしないよ

うな結果をもたらすことを知るでしょう。それは私たちの物理的世界とそれらを含めた宇宙全体の構成に対する視点に修正を迫るものです。したがって、建築に対する考え方から始まり、物理学や生物学に対する考え方にも影響を与えるところまで行き着きます。この秩序という視点から建築を理解していきますと、その結果、建築のプロセスに対する考え方が変わるだけではなく、現在の宇宙論すらも変えるだけのスケールを持ち合わせていることがわかります。

　私は哲学者としてキャリアを積んできたわけではありませんし、哲学や物事の本質について書き記したいという特別な思いがあるわけでもありません。そういうことは、私の領分ではありません。私が興味を持っている質問は、「どうやったら美しい建物が建てられるか」という一点です。しかも私は「本当の美」というものにしか興味を持っていません。私は、同世代の建築家が建て続けているような、見栄えだけの建物をつくることには全く興味はありません。多くの場合、彼ら建築家たちは、「本当の美」をつくることを放棄しています。さらに付け加えるなら、そこそこに理想はわかっているふりをしていながら、適当につくり上げているともいえます。でも、これは仕方のないことかもしれません。12世紀や15世紀のヨーロッパや他のあらゆる文化圏の長い歴史の中で建てられてきた建築は、本物の美しさを持っています。しかしそのような美しさは現代では見ることができず、つくり出すことも困難になっています。それは20世紀後半の私たちにとって殊さらに困難なことでしたし、21世紀以降もそれは変わることはないでしょう。35年前はまだはっきり自覚していませんでしたが、このような困難に対して建築家は何らかの理由でそれに挑戦することをほとんど諦めてしまっていたのです。しかし、私は諦めるつもりはありません。私は決してまあまあ良いものという程度で妥協することはしませんでした。20世紀の建築家が押しつけてきたような、いわゆる「良い建築」というほとんど馬鹿げた考えに同調する気もありません。私は「本物」をつくることができるようになりたかったのです。そのためには、「本物」とは何なのかを知らなければなりませんでした。それは、単に知的好奇心ではなく、ただ、自分自身で実際につくることができるようになりたい、という欲求からくるものでした。

　この考えは非常に困難でした。私が迷い込んだこの知識の藪から抜け出すために、35年間の歳月を費やしてしまいました。そして恐らくほとんどすべての建築家はいまだにこの知識の藪から抜け出せないでいるに違いないのです。私は元来、非常に経験則を重んじる人間です。注意深く物事を考察し、その結果、理にかなっているようにしたいと心掛けています。近代の精神、つまり私たちのものの見方では、建築を行う上で問題があることを、私は常々目の当たりにしてきました。現代の精神では、建築を通して、ありのままの「本物」に取り組むことは、困難であるか、もしくは不可能なのです。

　かつて他の時代では当たり前であった事柄、例えば、石ころの中にも生命あるいは魂があるというような感覚は、現在の私たちにはとても受け入れ難いものです。これらの事柄を研究する中で導かれた理論的概念を受け入れることは、耐え難いほど困難であると私は実感しました。それでも、私たちが美しいものをつくろうとしたときに直面しなければならないこのような問題、物事の本質に対する根源的な疑問や、ルネ・デカルトを始祖とする経験主義者の伝統に対する根源的な疑問は、私に繰り返し問いかけてきたのです。

　私はケンブリッジのトリニティーカレッジで数学を修めた自然科学者ですが、時折、自分でも信じられないような概念を編み出していました。そのことが、私の受けた教育に反しているようにさえ感じていたのです。私の発見した新しい原理は、疑わしいものに見えました。それらを定式化する試みさえしばしば戸惑いを感じましたし、それらの考えを進めることも躊躇しました。当時の私はまだ、自分が受け継いだ経験主義の伝統や、ケンブリッジで学んだ考えに拠っていましたので、自分の考えたことを人に話すのさえ恥ずかしいと感じていました。しかし、私が出会ったこの概念は、私の戸惑いを超越するほど強力なもので、やがて私は、一貫した秩序の見方を構築することが可能だということに気がつきました。それは、美の本質を素直に扱うことができるということです。し

かし、そのような空間とものの本質は、新しくそして驚くべき概念を編み出すことによってしか実現しないこともわかったのです。そして遂に、真実を追究し続けることで、私の疑いは解消され、私が、20世紀の経験主義の伝統からみると疑わしく、ことによると滑稽とさえ思われる新しい概念をつくり出す力強い裏付けを得たのです。

今でも時折、私は4冊から成る本書の中に著した理論を読み返すたびに、これが真実であるとは信じられない思いになるときがあります。その理論の展開する天地万物の見方は、驚くべきもので、私たちがこれまで抱いてきた物理現象の常識的な考え方を覆すものだからです。ですから、この考え方はほとんど絵空事やSF小説のように見えてしまいます。しかし一方で、繰り返し論証をしていくと、この考えがいかに異質であろうとも、それが真実ならばそこに帰結していくのは必然であることは避けられないのです。これらの重要な視点を得るには、私が発見した方法以外にこれを総合する手段はないように思われます。

懐疑的な読者の皆さんは、私が示したこの知的処方に、私と同様の疑問を抱くことでしょう。その中でも、とくにいくつかの点は、到底鵜呑みにできるような内容ではないと思います。しかし、であればこそ、そんな懐疑的な皆さんに理解してもらいたいのです。私は自らが成したことについて抱いている疑問を表明し、おそらく最も疑い深い読者と同じか、あるいはそれ以上の警戒感を持っていることを告白したのです。しかし結局は、私は自分の書いたことを信じざるを得ませんでした。

幼少の頃、私は聖テレサに強い影響を受けました。彼女は16世紀スペインのカルメリテの修道女でしたが、後に聖人として認められたのは、歴史が語るところに拠れば、神を熱心に信仰していたからではなく、疑いを抱いていたからだというのです。彼女は時折神を信じることはありましたが、決して信仰に対する抵抗感や疑いの心を捨て去ることはありませんでした。しかし、自らの信仰と闘い、疑念や不信心の真っ只中に、ほんの一瞬の強烈な信仰心を見出したのでした。このことによって彼女は聖者の列に加えられたのです。

私はいつも聖テレサと自分自身を重ね合わせてみてきました。彼女の困惑や素直な気持ちは、現代の私たちの中に、典型的に存在しているように見えるのです。私も、自分がこの本に書き記したことが真実であるのか、あるいは自分はただ単に空想の物語をでっち上げているのに過ぎないのではないか、と逡巡します。しかし時折、覚醒したように、私は、それが真実に違いない、なぜならこれらの事実をすべて統合して説明できる理論は他に存在しないのだからと悟るのです。それでも、次の瞬間私はまた疑い始めます。なぜなら、私のようなガチガチの経験主義者にとって、私が表した形而上的な部分、特に空間とものの本質に関する考察が真実と信じるには、あまりに困難だからです。

数年前、私は、私の作品を題材にした映画の上映初日に招かれました。その日は週末に当たり、家族と一緒に居たかったので、当初あまり気が進まなかったのですが、結局、家族全員、妻のパメラ、娘のリリーとソフィーを伴って行くことにしました。映画はサンフランシスコの映画祭に出展され、ミッション地区にある古い映画館で上映されていました。私たちが中に入ると、そこでは短編を中心にしたあらゆる種類の映画作品が次から次へと上映されていました。私たちは、そのうちの何本かを鑑賞しました。そして、私の映画の番が来ました。その映画は30分ほどの長さのものでした。上映が終わると私は立ち上がりました。前に出て質問に答えるように依頼されていたからです。

驚いたことに、観衆が歓呼し始めました。私は非常に驚き、強く心を揺り動かされましたが、正直なところ、私はなぜそのようなことが起こったのか理解できませんでした。もちろん、私はうれしかったのです。でも、同時に何やら不可解な思いがしました。

ステージに上がった後も、人々からの喝采と拍手は鳴り止みませんでした。壇上に進むと、照明が強く照らされていました。観客からの質問が始まりましたが、照明の光があまりにまぶし過ぎて私はあまりうまく答えられませんでした。こんな具合に数分間が過ぎていきました。

そうするうちに、ある人がこう尋ねました。「パタン・ランゲージをどのように思いついたのですか。そして、どうやって実際のデータを集めたの

ですか」

　私はこう答えました。「そうですね、これは、他の科学と大きな違いはありません。私が同僚と共に調査を行い、何が有効なのかを見極め、研究し、要点を抽出して、これらを書き記しただけです」

　「しかし、」私は続けました。「私たちは、ひとつだけ他の手法と異なることを行っています。私たちは当初から、すべての事象は人間の感覚の真の本性に基づいていると仮定しました。そして——ここが異なる点なのですが——人の感覚は誰もほとんど同じで、どの人と比べても、大きな差異がないと仮定しました。もちろん人の感覚の部分は私たちすべて異なっています。私たちのそれぞれが自分の個性を持ち、独自の性格的特徴を持っています。こういった、異なる部分にだけ多くの人は注目し、人間の感覚について語り、比較しようとします。しかし、この異なる部分は、実質的には私たちの感じている感覚のうちの10パーセント程度を占めているに過ぎません。私たちの持ち合わせている感覚の90パーセントは同じであり、したがって皆同じように感じるのです。はじめに、パタン・ランゲージをつくった際、私たちはそのことを念頭に置きました。人が経験したことや感じたことのうち、私たちの感じたことと、同じように感じている部分を重視していきました。これがパタン・ランゲージというものなのです——それは、私たちの感じたことの90パーセント、つまり皆が共有する感覚の部分を具体的な形で表現した記録なのです。

　私がこのように話すと、感嘆の声が上がり、人々の称賛の声と拍手が再び起こり、立ち上がって喝采をしてくれたのでした。ここでようやく私は、なぜ私が最初に前へ出たとき彼らは拍手を送ってくれたのかを、おぼろげながら理解し始めました。彼らが私に見たものは、私たちが共有していたはずの感覚が、混乱した意見と個人の違いを強調する中で忘れ去られ、見失われてきたものなのだという私の主張だったのです。人々が見出したもの、突き動かされたものは、同僚と共に何年もかけた取組みなのでした。それは、海のように広大な本質に対して敬意を払い尊重しようと心がけたものだったのです。その本質とは、私たち自身の90パーセントを占めている部分が同じ感覚を持っているということです。この重大で根本的な、海のように広大な本質は、これまで忘れ去られたものであり、それが私たちの活動を通して改めて思い出されるきっかけとなったのです。そして、そのことが映画祭の日に人々に足を運ばせ、彼らを立ち上がらせて、歓声を上げさせるにいたったのです。

　本書では根本的には、私たちすべてが共有している90パーセントの感覚の核心の部分について述べています。それは、より現実に即した天地万物に対する概念の出現です。しかしそれは、私たちが、自分たちの多くの部分が皆同じである、と認めたとき初めて出現し得るものです。

　ここで私は、4冊からなる本書を「建築の美学と世界の本質に関する試論」と名づけた理由について手短にお話しようと思います。私の建築に対する視点と、それに合致した建築をつくる中で必要なものを説明するうえで、私はふたつの論点を含む基本的仮説を提案しました。その論点は、この本が天地万物の本質について述べているのを正当化するのに十分なものです。

　ひとつは、有機、無機にかかわらず、すべての空間やものには一定量の「生命」があり、これらのものや空間はその構造や配置により「生命」を強くすることも弱くすることもあるということです。この主張は第1巻の「生命の現象」で述べています。もうひとつは、ものと空間はそれ自身の中に多かれ少なかれ「自己」を持っているということ、つまりこの「自己」、もしくはある種の人格のような実体を持ったものは、すべての物体や空間に溶け込んでいて、現在は物質や機能のひとつと理解しているものである、ということです。この主張は第4巻の「輝ける大地」で述べています。

　将来、これらの主張のどちらか一方でも真実だと受け入れられるとすれば、この世界のありとあらゆるものに対する見方は劇的に変わるでしょう。さらには、過去400年にわたって認識されてきた世界観や、近年論じられてきた刺激的で魅力的な物理学や宇宙論によって論じられつつある世界観も、より「自己」に基づいたものの見方に取って代わられなければならないといわれる日が来るかもしれません。

序　章

1／建築における私たちの混乱

20世紀、私たちは全くユニークな時代を経験してきました。その間、学問領域として建築は想像以上に悪い状況だったのです。20世紀は地球上の現代社会のかなり多くの人々が前例のない集団的精神病にかかっていた時代であったと私は思っています。それは、生命に反した非常識なイメージに支配された全く空虚な建築形態をつくり出していたからです。世界中の都市でつくられた「醜さ」と「不毛さ」と「傲慢さ」が地球上の何もかもを圧倒してきたのです。それは20世紀の建築、街路、駐車場など何もかもです。その多くは、ディベロッパーや住宅公社やホテル、モーテルのオーナー、空港当局などの担当者たちがこぞってうみ出してきたものです。ある意味、建築家の責任ではないと考えられるかもしれません。なぜなら、うみ出された「醜さ」は部分的には時間とお金と労働と材料との間の新しい生産関係のせいでしょう。この条件下では、リアルな建築——深いフィーリングと真価を持つ建築——をうみ出すことはほぼ不可能だったからです。

しかし、建築家たちに責任がない、ということではありません。多くの場合、建築家は20世紀の機械的仕組みの一部としてその役割を傍観し納得してきたのです。多くの場合、建築家はさらに事態を悪化させてきました。彼らの思い上がりから商業開発に余計な手を加えてきたのです。多くの建築家はデザイナー志向の建築様式として新しいレベルの、建築に関する不条理な考え方をでっち上げ、ほとんど取り柄のない醜く無意味なデザインを氾濫させ、地球全体を汚染してきたのです。

もちろん、社会的に役立つ建築をつくるために奮闘する建築家もたくさんいます。ローコスト住宅、ホームレスの人々のシェルター、コミュニティと歩行者のための近隣づくり、良質なマンション、緑の景観を盛り込んだオフィスなどがあります。しかし、なぜかこれらの試みは的を射てはいません。知的な満足感で終わってしまい、その真剣な目的にもかかわらず、価値ある真のフィーリングに到達することはほとんどないのです。建築でも、街路でも、近隣地域でも、私たちの神聖なる人間生活に滋養を与え、その道具として十分ではないのです。

伝統的社会においては、建物はいつも人間の価値のために役立つものであり、生活をでき得る限り高く昇華させ、精神的で意味のある人間存在を支えるものでした。

一方現在では、余りにも多くの建築家たちが揉み手をしながら、数々のイメージを大衆につかませ、人々や人間精神に対して友好的ではない作品をつくり出しているのです。しかも、これらの建築の莫大な利益を得るディベロッパーたちにも友好的です。こういった建築は、雑誌等に華々しく紹介され、建築家たちに財政的な裏づけを与え、支えているのです。

もちろん建築家にも（他の人と同様に）良心があります。そんな状況を残念に思っています。海で溺れているかのように多くの人々がもがき続けています。しかし、何をすべきか全くわかりません。だからといって、食べていかなければならず、自分たちの仕事を失うこともできません。この非人間的な建築生産をうみ出している状況を詳細に吟味することはできないのです。なぜなら、あまりに詳細に吟味すると、その結果として、究極的には受け入れ難い不快な疑問が生じてしまうからです。こうして、何らかのかたちで、私たち——建築家、施工業者、プランナー、投資家、すべての人たち——は、この近代的環境づくりに手を貸してきたのです。そして、否応なしに地球を搾取することに反発することなく手を貸し続けているのです。

これこそ私が名付けた「集団的精神病」なのです。いまだかつて、地球の歴史上、物質的な世界の創造と保全を社会的に委任された一部の人間集団が、このような悲惨な害をうみ出し、それが何者なのかさえわからないような敵に手を貸してきたことがあったでしょうか。一体、敵がそもそも存在するのでしょうか。それでも、私たちの多くは自分たちの仕事をその「狂気」に従うように適応させ、さらに他者すら巻き込み、それを継続し、保護し、拡張さえしようとしているのです。

社会の他の人々と同じように、建築家も満足はしていないと思います。この20年間、様々な声が聞こえ始めました。人々は物を書き、訴え始めてきたのです。王様の「新しい服」を認めるな！王様は裸だ。みんな知っている。もうこんなゲームはおしまいにしよう。

では、何をなすべきでしょうか。何かが間違っていると感じている建築家は、どうやってそれを正すことができるのでしょうか。私たちの多くは何かが間違っていることがわかっています。しかし、具体的にどうやってそれを修復するのかがわからないのです。これほどの破壊を引き起こすプロセスは、社会にあまりにも深く根付いています。ひとりの建築家、いえ、たとえ百人でも、それに立ち向かい、前向きな影響を与えることがほとんど不可能なくらいに社会に深く根ざしてしまっているのです。このような状況を改善することが可能でしょうか。

2／建築がいかに私たちの世界観に拠っているか

建築の分野における現代の混乱状況がどれほど深く自分たちの世界観と結び付いているかを理解している人はほとんどいないでしょう。

現代の建築家たちは、世界に対する概念や世界観を見出しあぐねています。そのため建築は痛々しいほどの混乱に見舞われており、すでに良い建物をうみ出すことは本質的に不可能になってしまっているとさえ思えます。この問題はすでに相当深刻で、いちばん質素で有用な建築でさえも普通につくり出すことが不可能になっているのではないでしょうか。

まだ多くの人が気付いていませんが、私たちの事物に関する哲学——世界観——は、建築家としての活動に即影響を与えるものです。私たちは、いかなるものであっても「良い」と思う方法で良い建物をうみ出す最善の努力をしています。この取り組みは困難で、容易にうまくいきません。しかし、このような努力自体が事物に対する世界観や哲学によって実質的な影響をうけていることには気がついていないのではないでしょうか。また、大半の人々は、自分たちがある特別な世界観を持っていることにすらたぶん気付いていないでしょう。

私たちの世界観を慎重に見直してみると、世界がかなり複雑に交錯した状態にあることは明らかでしょう。原子や銀河、星の曖昧な概念然り、アミノ酸原始細胞液と呼ばれるものから地球上に発生する有機生命体また然り。これらと相まって、私たちの人類に関する関心の形態やある種の信仰心、そして、あるものはより美しく他は美しくないという認識もまた然りです。このような滅茶苦茶に混乱した世界観に、一体何が担えるというのでしょうか。

このような概念が建築への取り組みを深刻に阻害し、良い建築をつくることをほとんど不可能にしているので、良いのでしょうか。

突拍子のないことのように感じられますが、これこそが、私の信じていることなのです。私たちの体内にはいわゆる——機械論的合理主義と名付けられた——本質的に機械論的世界観の亡霊が巣食っているのです。この世界観に同意するか否かにかかわらず、またこの世界観の残余物が与える影響の大きさを認識しているか否かにかかわらず、さらには精神性や環境の問題に心を動かされて自分自身を見つめ直しているときでさえ、私たちのほとんどは、この機械論的世界観の残余物に多かれ少なかれ支配されていると私は思います。それは、体内に入った伝染病のように、私たちの中に入り込み、行動に影響を及ぼし、モラルにも影響を及ぼし、美意識にも影響を及ぼします。そのため、私たちが建物をつくろうとするときも私たちの考え方を支配し、美しいものをつくることをほとんど不可能にしてしまうのだろうと考えられます。

「機械論的合理主義の世界観」とは何でしょうか。私が言いたいのは、簡単にいえば「19世紀の物理学の世界観」です。それは、機械論的考えに則した、旋回する原子によりつくられた世界観です。つまり、あらゆる天地万物のメカニズムは盲目的であり、「自然の法則」のもと、ひたすらそれに従っ

て営まれている、とするものです。これらの法則は、本質的に機械論的です。原子とその構造の説明に徹しています。構造を形成している原子が自らの軌道を力とその原子配列の影響下でどのようにまわっているかの説明をしているに過ぎません。この世界観と結び付けてもっと大きなスケールの世界、すなわち気象、気候、農業、動物の生命、社会、経済、生態学、医療、政治、行政そして家庭生活でさえ、すべてが多かれ少なかれ機械論式に解釈されているのです。正確な法則やメカニズムがまだわかっていないことは認めざるを得ませんが、私たちが知らない領域に、定式化されていない何らかの法則があることは確かです。それによって、日常的な環境の中のありふれたものごとの仕組みさえも明確に説明できるのです。これによって、日常的なできごとの相互関係についての簡単で単純な知的確信が得られることになります。これは、19世紀の原子の仮説についての相互関係を解釈するのと同じことなのです。

もちろん、世界が現実的にどのような場所であるかと常々心から疑問に思いながら生きている人々は大変少ないでしょう。物理学者——特に偉大な物理学者——は宇宙の本質についてより素朴に疑問を抱く態度をとっています。多くの科学者でない人々も同じです。しかし、建築家は、少なくとも明らかにそのような機械論的世界観にほとんど関心を持っていません。表面上、建築家はより深い問題——芸術的で社会的な問題——に関心を持っているように見えます。それらはより謎めいていて興味深いものであったりします。

しかし、建築の崩壊の謎の本質を追究していきますと、私は徐々に確信するようになりました。それは、多くの建築家——特に近年有名になり、今では彼らの作品が若き建築家たちの理想となっているような建築家たち——が、彼らが意識的であるか否かにかかわらず機械論的概念に心を奪われている、ということです。そして私は以下のような結論に至りました——奇妙な幻想や、建築家たちが好んで用いる特殊な専門用語、20世紀のギャラリー・アートの奇妙な実態、デコンストラクショニズム、ポストモダニズム、モダニズム、その他多くの「主義」……これらはどれも皆、建築の本質と建築の実践、それに機械論的概念による世界観、これらの混乱によりうみ出されてしまったのだ、と。

このように、芸術や建築の世界のトラブルの根源はものやこの世の本質に対する考え方が根本的に間違っていることにある、と私は信じています。もっとはっきり言えば、建築の美学の世界観における間違いや混乱は、私たちのものに対する考え方に原因があるのです。

現在のものに対する考え方と、それに対立する私の考え方は、いずれも「秩序」の本質という形でまとめられると思います。ものに対する私たちの考え方は、本質的には「秩序」に対する考え方に支配されているからです。ものの在りようは、私たちの空間配置の考え方に支配されています。また同様に、空間の秩序立った配置がいかにものをうみ出すか、という考え方にも支配されます。したがって、建築の根本問題は、この「秩序の本質(ザ・ネイチャー・オブ・オーダー)」なのです。それ故にこれが本書のタイトルとなったのです。「秩序」が何であるかを理解することができれば、私たちは、ものとは何であるか、そしてこの世界自体が何であるかをよりよく理解できるに違いありません。しかし、たとえ無意識であっても、過度に単純化された機械論的世界観にとらわれている限り、私たちと、私たちがつくり出す建築は、暗黒の混乱の中にとどまり続けるほかないと思います。事実、そんな状態がもう半世紀以上も続いているのです。

「秩序」の本質の新しい概念を通して、また、もの自体の本質の新しい概念を通して、建築が再び「全体」を取り戻す方法を示すこと——これが本書における私の試みなのです。

3／オーダー:「秩序」とは何か

「秩序」とは何でしょうか。私たちは、まわりの世界すべてが巨大な「秩序」によって支配されていることを知っています。私たちは散歩のたびに「秩序」を経験します。草、空、木の葉、川を流れる水、通りに面した窓辺——それらすべては非常に秩序立っています。私たちが散歩するときのハッとするような体験は皆、この「秩序」によるものなのです。変化してゆく空、雲、花、木の葉、周りの人々の顔、それらの驚くべき形の一貫性、そのような形から私たちの心の中で見出されるその意味もまた、「秩序」なのです。このような形は、多くのことを物語り、私たちに明らかな「秩序」の存在を感じさせます。しかし、私たちはそれを語る言葉を持っていません。

また、「秩序」をつくり出すためにはどうすればいいのでしょうか。最も小規模な建物でさえ、非常に複雑な「秩序」を持っています。建築の間取りを設計し、ボリュームをつくりあげ、細部の構造、床、窓、ドア、装飾を決定する。——なんと膨大な仕事でしょうか。私たちがその作業に吹き込むべき「秩序」とは何でしょうか？特に、大きなプロジェクトでは、私たちはすぐに混乱してしまいます。そのような危険が高まるとき、「秩序」の本質をうみ出していくことが特に重要になるのです。人はより知的な考えに頼ろうとします。そして、「秩序」に関する想定が明らかに始まるのです。それは、たった一片のレンガや、ドアや、屋根だけに関するものではありません。それは、何百万ドル規模に及ぶ建設開発を伴うような近隣全体に関するものであるかもしれません。あるいは何百もの人々のための生活環境についてかもしれません。どうすればこの「秩序」をうみ出せる

冬の風景

でしょうか。どのような「秩序」を具体化すれば、確実に成功することができるでしょうか。

こうした課題のひとつに直面するとき、直ちに次の疑問が浮かびます。——<u>私が求めている「秩序」とは正確には何を意味するのだろうか</u>。もし、十分に深遠な「秩序」の考えが得られれば、——私自身にとっても、職人にとっても、学生にとっても、クライアントにとっても、私の弟子やスタッフにとっても——本当に役に立つのです。そのためにはまず「秩序」の意味を正確に定義しなければなりません。

ある意味「秩序」は誰にとっても常識でしょう。しかし、それでも私は「秩序とは何か」と改めて真剣に自問自答してみます。私が求めているのは、真に深い存在感のある形をもたらすためのものです。その十分に深い存在感を利用して建物の中に「生命」を吹き込めるものでなければなりません。そう考えると、この「秩序」というものを定義することが非常に困難であることに気付きます。

次のページの黄色い塔を見てください。そこには仏陀の微笑、そして「生命」とその素朴さがあります。私たちは心から感動します。この黄色い塔が私たちを感動させる理由を説明してくれる、十分に繊細で精妙な「秩序」の概念が必要なのです。近年の物理学が定義する秩序や、その他の分野の秩序の考え方では、このような深さの説明には全く不適当なのです。

科学者たちは、およそ100年の間、「秩序」を定義しようとしてきました。「秩序」の考え方が初めて正確な概念として物理学の中で提起されたのは、熱力学の研究の副産物として、でした。1872年、ルードヴィヒ・ボルツマンによるエントロピーの概念を通して、理想気体の中で振舞う分子の秩序が、数字を使って分析されました。残念なことに「負のエントロピー」に関する秩序の処理の仕方は単純すぎて複雑な芸術にとっては平凡な説明になってしまっています[1]。20世紀に入って、「秩序」の正確な概念の定義を求める科学界の欲求が高まり、熱力学の秩序の定義を超えて<u>あらゆる「秩序」</u>に当て嵌めようとする試みが行われました。これらは、物理学の分野の外部の人たちによって行われました[2]。熱力学の秩序の概念は、物理学者によっても真剣に一般化が試みられました[3]。しかし、どれも芸術家の手助けになるにはほど遠いものでした[4]。

近代物理学から得られる「秩序」の理論に何か他のものがあるでしょうか。繰り返しによって定義される特殊な秩序、例えば結晶学があります[5]。しかし、この考え方も非常に限られていて、繊細で美しいものをつくる手助けにはなりません。軍隊組織や階層的秩序の理論を発展させてみてはどうでしょう。しかし、これらも分析してみますと、やはり限定的でそう役立ちそうにもありません[6]。相互作用を持つ規則性からうみ出される複合的パタンの研究は、大変興味深く、数値的計算による発生プロセスの結果としてあらゆる「秩序」を説明する可能性を持っています[7]。これなら、形態生成規則の相互作用によってつくり出されるあらゆるシステムの「秩序」の一般的な見方が得られるかもしれません[8]。このタイプの別の例として、投げられたボールや、波の崩れる運動をモデル化する相互作用規則を基礎にした秩序的パタン形成プロセスの理論があります。さらにもっと複雑な例として、生物学的な秩序、物の成長の秩序に関する理論も生まれつつあります。これは、ひとつのシステムが連続的に別のシステムを形成していくプロセスなのです[9]。近年、生物学者たちは、より洗練された秩序理論を定義しようと試みています[10]。残念ながら、これらの努力も建築の美学にとって実践的に役に立つ結果とはなっていません。

「秩序」の理論を深める試みは進められています。非常に深められた理論の前段階的な概略は物理学者のランスロット・ホワイトによって著されました。彼の構想は、すべての生物学を非対称な秩序による構造と見なすという視点を発展させたものです[11]。カタストロフィー理論では、形状が混沌(カオス)の中から生まれる様を描写しようとする試みが行われ、近年、さらに進化し、多くの人々から有望視されています[12]。おそらく、今までに最も明快な理論を主張したのは物理学者のディビット・ボームでしょう。ボームは、秩序の型には多くのレベルが存在し、より複雑に発展する秩序の型の階層性から生まれてくるという理論仮説を展開しています[13]。

しかし、これらの理論は大変示唆に富んでいま

大雁塔：陝西省、中国、紀元600年

すが、建物のつくり手に直接役立つものはひとつもありません。いちばん先進的な理論でさえ未だ、十分な深さもなく、確固としたものでもないので、建築するものにとって実務的に役立つものとはな りえません。しかし、建築の現場では実際毎日「秩序」をつくり出そうとしているのです。もし、黄色の塔のように美しい建物をつくりたいと望むならば、これらの秩序の理論は実際に建てるために

序章

ティムール皇帝の霊廟：サマルカンド、15世紀

伊勢神宮の円柱：綱と紙縒り

は全く役に立たないのです。これらの理論はまた、黄色い塔の「秩序」を理解する上でも、全く役に立たないのです。

　12〜13ページの建築の写真を見てください。それぞれに何らかの素晴らしい「秩序」があります。しかし、私たちの現在限られた世界観の範囲内では、科学的にこの「秩序」を説明することができません。はたして、私たちはそれらをつくった人々が何をしようとしていたか、理解できるのでしょうか。伊勢神宮の美しく滑らかな柱には非常に精緻な「秩序」があります。そこでは、数本の綱と白い布の小片が建物のたたずまいを全く変えるのです。ティムールの霊廟は壮大な魅力があります。その源泉は背の高い躯体とドーム表面の溝彫りです。これらの建築は私たちを感動させ、心の琴線に触れるのです。現代的な形体としては、ベルリン植物園のパームハウスの鋼鉄の基礎が、同様の質を持っています。鋼鉄の板とボルトは非常に調和し、完璧なサイズです。それは動物の骨格のように感じられます。同様にロンドンのアーケードのガラスと鉄製の屋根は、完璧に自然主義的な質があります。そして、カットされた竹を簡潔に用いた小さな柄杓は、私の心に純粋さと静けさをもたらします。

　対比のため14ページに、最近の建物の例がいくつかあります。それらにも、何らかの秩序はあります。しかし穏やかさに欠けており、心に届くものがありません。そして、美しさにも欠けています。アムステルダムのアパートは、人間生活の有機的「秩序」とはほとんど無関係な粗暴な繰り返し（反復）です。カリフォルニア州にあるフランク・ロイド・ライトのマリーン郡シビックセンターの偽アーチは全く装飾的です。それらは私たちが構造的に本物であるものから感じる「秩序」の深い感覚とはほとんど無関係です。白漆喰の銀行建築は、単純化し過ぎで面白味がありません。そこに存在している秩序は、明らかに、大きな建物や複雑な人間グループの美しさも繊細さも反映する

ガラスと鉄の屋根構造：ロンドン

鋼鉄製柱の基礎：ベルリン植物園、パームハウス、ダレム

ものではないのです。ミネアポリスにあるエーロ・サーリネンの戦没者記念碑は、品がなく粗暴でゾッとします。

　これらの直感は、客観的に証明できるでしょうか。先に出した実例よりも、これら後述の実例は実際のところ「秩序」が<u>少ない</u>のでしょうか。あるいは全く<u>異なる</u>「秩序」なのでしょうか。

　私たちは、12〜13ページの例と14ページの例の間にその「秩序」の違いが感じられます。

　しかし客観的にこの違いを説明することができるでしょうか。後出のラフな例は前出の例より本当にラフだと言えますか。伊勢神宮あるいはティムールの皇帝の霊廟の「秩序」は、純粋にそして客観的に、アムステルダムのアパートの反復よりも深いのでしょうか。<u>本当のところ、これらの例に直感的に感じる「秩序」とは一体何でしょうか。</u>

　驚くべきことに、現在の知的背景では上記のどの質問にも明快な答えを出すことができません[14]。現時点での「秩序」の理論の段階では、建物や工芸品の中に宿すことのできる素晴らしい「生命」をつくり出すために役立つような概念はありません。

　もちろん、今日、現実問題として、建築をつく

柄に付けられた竹の小片は、
日本の寺院では水飲み用の柄杓になります

序章

戦後のアパート群の（広大な）地域：アムステルダム

マリーン郡シビックセンターの偽物のアーチ：
フランク・ロイド・ライト設計

単純化された白い化粧漆喰の銀行ビル：南カリフォルニア

るとき多くの人々はこの問題を無視しています。物理学者が秩序について言うことだけで十分でないことは、明らかです。そして私たちは、建築の「秩序」を正すために直感力を使います。しかし、このか弱い直感と機械論的世界観の「秩序」では21世紀の知的環境に生き残れそうにありません。それは、物理学における不十分な秩序の特殊理論だけを言っているのではありません。すべての「秩序」に関する理論は、直感的であれ、芸術的であれ、どれも不十分です。なぜなら、私の見るところ、すべてが間違った基礎の上に成立しているからです。20世紀に存在する理論、「秩序」に関するすべての考え、「秩序」とは何かという問いに対する考えはどれもみな不適当です。

ものをつくるために、そしてものに「生命」を与えるために、「秩序」に関する私たちの現在の考えは完全に間違っているのです。

有名建築家による怪物のような建物。ミルウォーキー地方戦没者記念堂、ミルウォーキー。エーロ・サーリネン設計

4／機械論としての秩序

20世紀、私たちは、科学(主に物理学であろうと思われますが)によって世の中の身の回りにあるすべての秩序を説明することが可能である、という幻想を抱いてきたのです。しかし、物理学や他の科学は、メカニズムとして特定のものを説明しているのに過ぎないのです。それは、ある種の秩序の部分的な世界観を私たちにもたらします。そして、それがすべてになってしまうのです。例えば、葉の構造、橋の構造、原子核の構造を取り上げてみましょう。これら事例のそれぞれに、私たちは機械論的秩序のよく完成されたモデルを見出します。葉の柄は、葉の皮膜を支え、皮膜は細胞を支え、細胞は日光を吸収し、その日光のエネルギーは葉を育てる養分へと変容します。橋の部材は、その上を通るトラックや車の荷重や風圧や、熱膨張による圧縮や引張りに応じた力等の分布パタンに応じた要素として考えられています。原子核の見方についても、力に応じた基本的な秩序で考えられています。原子をつくっている素粒子は、それ自身核をつなぎとめる力の伝導体として働き、ある特定条件の下でその分裂を生じる原因にもなるのです。

これらの事例において、物理学者の助けを借りて秩序について語るとき、その場合の秩序とは何なのでしょうか。それは、機械論的秩序です。それは常に、ものごとがメカニズムとして機能する方法として語られ、うみ出されるものです。現在の科学的世界観の中では、上記の3つの例はどれも、ひとつの小さな機械が押されたり、突かれたり、圧縮されたり、衝撃を受けたりしたときに生じる結果と同じように考えられるのです。ですから、現在の科学的世界観では、ものごとの中に見出される秩序は、私たちが頭の中で整理していくと、本質的に機械の秩序になってしまうのです。この場合の「機械」には、ある特定の機械的な取り扱い方法があったり、機械部品の配置の結果としてのある特定の機械の動作があったりします。

しかし、「秩序」それ自体は一体何なのでしょうか。木の葉や伊勢神宮、黄色い塔、モーツァルトの交響曲、美しい茶碗に存在する、私たちを満たし、心の琴線に触れる調和のとれた一体感としてのこの「秩序」は、機械のメカニズムでは説明できません。しかし、この世界で私たちが目の当たりにしたときに感動し、心を揺さぶられるのは、この「調和」と、そしてこの「秩序」の一面なのです。

モーツァルトの交響曲を、ある特定の振る舞いをする機械としてみることはほとんど不可能です。黄色い塔も同じです。もし、芸術家として、私が塔を理解しようとするなら、そしてもしそれに匹敵する美をつくりたいと思うなら、メカニズムとしてそれを考えることは無意味です。なぜなら、私がその内に見出し、そしてあこがれる、その美しさと「秩序」は、機械的に理解しようとする方法で表現することはできないからです。したがって、芸術作品において、秩序の機械論的見方は常に本質を見失わせることになります。20世紀の科学も、効果をうみ出す演出家のように、私たちに「秩序」を見出す方法を示してくれはします。特に科学的な視点は、幾何学を機械の一部のように見なします。この機械がこういった効果をうみ出すはたらきをする、というのです。しかしながら、私たちは、そこに厳然と実在している事物の「秩序」を見出す方法を未だに持っていないのです。仏像の微笑みの中に存在する「秩序」も、花瓶に生けられ、ピシっと決まった花に存在する「秩序」も、アレンジされた歌の楽譜に存在する「秩序」も、素晴らしい建築が持つ調和に存在する「秩序」も、それらを見出す方法は未だに無いのです[15]。

5／デカルト

秩序に関する機械論的思考方法の起源は、1640年ごろのデカルトにさかのぼります。彼の考えでは、ものごとの動きを理解する場合、機械のように考えることで理解できるということでした。ボールの回転やりんごの落下、人体の血流といった興味の対象とそれ以外の対象とを完全に切り離して考えます。そして機械的モデル、言うなれば知的玩具を開発します。それが法則に従えば、その事象を再現するでしょう。このようなデカルト的思考により、近代的な感覚でものごとの動きを知ることができるようになったのです[16]。

しかしながら、このプロセスというのは手法でしかありません。このことをデカルトは十分理解していましたが、私たちはしばしば見落とします。対象を分離し、部分に分解し、ものごとの動きについての機械的イメージ（またはモデル）をつくるということは、現実がどのようであるかということではありません。それは理解を助けるために具現化できること、あるいは便利な思考実験にすぎないのです。

デカルト自身は彼の手法が、思考的トリックであることを明確に理解していました。彼は宗教的な人間でしたので、20世紀の人々が「現実それ自体がこのようなものである」と考え始めたことを知ったならばゾッとしたことでしょう。デカルトの時代以来、彼の考え方は強化されてきました。そして人々は血流がどのように働くのか、星はどのように生まれるのかといったことを機械的に捉えることによって実際に把握できるということを発見しました。そして、17～20世紀にかけて、人々は世界に関するほとんどすべてのものを機械的に把握するという思考に慣れ、20世紀になると、機械論的世界観がものごとの本質であり、すべてのものごとを機械であると捉えるような新しい精神段階に移行しました。

ここで議論を進めるため、20世紀の機械的視点について説明しましょう。20世紀の機械的視点の出現は、芸術家を驚愕させるようなとてつもないふたつの結果を含んでいました。ひとつ目は、「私」というものが私たちの世界観から外にでてしまったことです。機械としての世界観は、その中に「私」というものを含んでいません。ひとりの人間として、ひとりの人間でいることの内面的経験としての「私」は、この世界観の一部ではありません。もちろん私たちの経験の中ではそれはそこにあります。しかしそれは、ものごとがどのようにあるかについて私たちが抱いている世界観の一部ではありません。すると、一体どうなるのでしょうか。何をつくるにしても、そのプロセスは「私」から生じるというのに、一体どうやって「私」を含まないものをつくることができるというのでしょうか。「私」という精神的概念がなく、個人の内面的生命が私たちの世界観の一部であるという本質がない世界の中で、ひとりの芸術家でいようと努力し続けることは、虚無の中に建築芸術を残すようなもので、全く意味のないことなのです。

20世紀の機械論的世界観の始まりによって起こったふたつ目の衝撃は、価値についての明確な理解が世の中から消えたことでした。物理学的に捉えた世界観は、機械論に支配された精神構造の産物であるため、もはや明確な価値観を持っていません。そして、価値というものは、意見の枠組みとして脇に追いやられてしまい、もはやこの世界の本質として備わるものではなくなってしまいました。

これらふたつの考え方が発展するにつれ、「秩序」という概念は崩壊していきました。機械的思考は、私たちが世界の中に存在していると直感的に感じとれるような深い「秩序」をほとんど語ってはくれません。しかし、その語られていない深い「秩序」こそが、私たちの主な関心事なのです。

この深い「秩序」の本質は、単純で基本的な疑問に関わっています。「真偽はどのように説明できるのか」。これがデカルトによって構築された機械論的世界観と私が本書で説明する世界観とを分ける問題なのです。デカルトにより始まり、20世紀の科学者に広く受け入れられた世界観の中では、真実か偽りかはメカニズムだけでしか説明できないものと信じられています。20世紀の誰

にとっても馴染みのある、いわゆる「事実」という指標です。

　私が示している世界観の中では、真偽を説明できるものとして、ふたつ目の指標が考えられます。それらは、「生命」「調和」「全体性」の相対的尺度、簡単に言うと価値の指標です。私の視点では、相対的な「全体性」に関するこれらの指標は、いずれも事実に基づくものであり、根本的なものです。そして機械的な指標よりもより根本的な役割を担っています。だからこそ、私が本書で説明している「秩序」の視点によって、私たちは世界観を変えていかざるを得ないのです。

　ある壁にドアを配置しようとする場合を想像してみましょう。どこに取り付けるかを考える際、様々な事実を機械論的に説明することができます。例えば、冷蔵庫を通すことができるくらいの幅の広いドア、1時間の標準的な耐火性を備えたドア、25kgの重さのドアなどいろいろ考えられます。また、さらに詳細に説明することも可能です。片側は素通しで、もう一方からは見えないようになっているようなドアの場合もあります。あるいは、ドアの配置によっては、部屋で作業をする人々の机の位置が騒音に晒され過ぎて作業を阻害するかもしれない、ということもできます。このようなことを実験して確認することは必要でしょうが、それは原則的には通常のデカルト的感覚でみた説明にすぎません。これらのすべての説明は、潜在的に20世紀の感覚に基づく事実の説明です。そして、これが今日「事実」という言葉で理解されている感覚なのです。このような説明もって、それが正しいか否かを決めることが一般的に受け入れられています。

　しかし、壁にドアを取り付けようとする場合、異なる配置について別の説明も可能なのです。例えば以下のように——「ある範囲に配置された場合、他に配置する場合よりもより調和的である」「この配置の方が他の場合より部屋の『全体性』をより良く保つことができる」「あるドアの枠の方が他の枠よりもより調和的であり、部屋の『生命』をより良く保つことができる」「あるドアの方がより部屋に『生命』をうみ出す」「ペールイエローのドアの方がダークグレイより『生命』がある」。20世紀の科学の基準では、これらの説明が真偽を決められるものだとは考えられていません。それらは意見の説明と見なされます。その原則からいっても、20世紀の機械論的視点では、この種の説明で真偽の本質を示せるとは、考えられることはないでしょう。

　私たちはひとえにこの原則に慣れているが故に、それにしたがって生活することを学んだのです。しかし、これがどれだけ奇怪なものであるかを考えてみてください。建築家や施工者そして芸術家は、制作の各段階で常に相対的な調和についての判断を求められます。そして、できあがっていく建築において、何が良くて何が悪いのかという判断を下そうと常に努力しています。もし、本質的に真偽を示す説明が、実際には機械論によるものだけしかなく、また調和、美しさ、良し悪し、「生命」の有無といった説明が、個人的で恣意的な判断基準のみでなされるものだとするならば、建築に関する道理にかなった議論は原則的に不可能である、というべきです。

　建築学の進歩の上で、こうした状況がもたらした壊滅的な衝撃については、ここ数十年の間十分に議論されてこなかったように思います。価値についての説明によって潜在的な真偽を考えることを認めないような世界観の中では、コンセンサスにたどり着くことを望む建築家として私たちは何を行っているかということを、(理論上)正しく議論することができないのです。仮に価値の説明が必然的に単なる意見の説明にすぎないという20世紀の考えを受け入れたとすると、環境をつくりあげる過程の中で、実質的に共有される結末に到達することは不可能です。その結末は単に恣意的で個人的なものにすぎません。建築界にしばしば見られる混沌の状態は、このようにしてして現実にもたらされた不可避な結末である、というほかありません。

　1977年に私は同僚と『パタン・ランゲージ』という本を出版しました[17]。この本における議論は、おそらくこの問題を明確にする手助けとなることでしょう。この本の中では、良い環境というものについて多くの観察を行いました。その内容は、今でもそうですが、大いに議論を巻き起こしました。それは、街や建物、庭、そして「生命」を保持するのに必要な建物の細部に関わる多くのキー

となるパタンを説明しています。ある人は、重要な真実のかたちが述べられていると言い、またある人は真実のかたちを記述することは不可能であり、そこに記されている意見は真実であるかのように見せかけにすぎないと言っています。

現代科学の厳密な基準によれば、「良い」パタンを真実として説明することは実際には不可能でしょう。なぜなら、真実というものの正確で論理的なかたちがどのようなものであるかが、わかっていないからです。現代における科学的基準にとって「パタン・ランゲージ」におけるパタンは、単なる意見の記述の集合<u>でなければならない</u>のです。そして、デカルト的な機械論的精神の枠組みの中で執筆しているある作家は、実際にこの視点をとっています[18]。

しかしながら、この本が出版された後、多くの人々がパタン・ランゲージは意見の説明でなく、ある意味において真実であるという結論に達しました。パタンというものは、人々がある環境下において何が正しいのかを本能的に確認するようなものですので、機械的な基準にたよらなかった人々に、パタンは常識を反映するより深い知恵を示すものとして大きな成功を与えました[19]。

このことから何がわかるでしょうか。それは、何が真実で何がそうでないかについて限定的な機械的思考では説明しきれない部分をも補う方法が必ず存在するということを示唆しているのだと思います。それによって、価値についての説明が真実を示すことになり得るのです。実際、このことは本書の議論の基礎となる主要な哲学的前提となっています。

本書の中で私は、客観的な真実についていっそうの、そしてさらに拡張された考えを提示しようと思います。それは、19～20世紀の科学がもたらした真実についての考え方に、価値の指標を加えるというものです。この新しく<u>拡張された</u>真実に関する考えは、客観的というだけでなく、人の感情にも直接関連するものであるということを示したいと考えています。最も重要なことですが、客観的な真実に関するこの拡張した考えは、相対的な「調和」、「全体性」などに関する真偽の判断の基準を与えることとなるでしょう。この視点においては、そうした考えによる説明は、個人的な直感による意見や議題ではなく、世の中のものごとの構造をありのままに説明するものとなるのです。

6／建築の芸術における機械的思考の破壊的インパクト

真実の新しいかたちの建築理論を構築することは、たやすいことではありません。この真実の新しいかたちをつくり出すことが必要であると私が信じる理由を、読者の方々が確実に理解できるように、20世紀の芸術と建築において機械的思考がもたらした非常に顕著な負の遺産の事例を、もう少し紹介しましょう。

ここ10年の建築界で、価値に関する建設的な議論は難しくなり、時にはほとんど不可能になりました。機械論的世界観が広がり始めた当初、多元論的価値観という考え方が構築されました。建築、計画、景観についてのある特定の活動の良し悪しを議論したいと考える際、人はそれぞれがある「視点」、心構え、価値観を持っていると見なすのです。しかし、異なった人々の価値観をうまく組み合わせられる理論的で一貫した方法はほとんどありません。例えば、公の場などでは、まず各人にそれぞれの視点をできる限りはっきりと主張できる機会を与え、その後民主的な対話の中でなんとかほどよい落としどころを見出すようにしようと試みます。

これが、建築プロジェクトや計画、そして公的な場で起こり得る活動における20世紀式の議論の実情でした。街のある区域をどのようにすべきかを議論する中で、ある人は貧困が最も重要と考えます。別の人はエコロジーが最も重要と考えます。また別の人は交通から始めるべきと考え、さらに別の人は開発による利潤最大化を誘導することが重要と捉えています。これらの視点は、個々人の正当な固有の考えとして理解できますが、本質的には相反します。これら複数の現実を結びつける単一の視点というものはないように思われま

機械論的秩序に基づく一面的な作品：
最小重量を重視した構造が秩序の目的である
バックミンスター・フラーのテンセグリディー構造

機械論的秩序に基づく別の一面的な作品：
街の機能の分割構造が秩序の目的である
ル・コルビュジエの「輝ける都市」

す。一方、商業市場や公開討論の場においては、とことん意見を戦わせます。

しかしながら、明快な洞察力もなく、あるいは建築物や公園、もしくは小さな公園のベンチにおいてでさえも何をすべきか、簡単に言えば何が良いのかについての、社会共通の意識の発展もなく、結局は、異なった相容れない複数の視点が、調和がとれずにいい加減に妥協された状態だけが残されるのです。

20世紀における生活環境の構築の失敗は、このような状況においては必然の結果と言えます。機械的な枠組みの中では、建築に持ちこまれる異なった価値観は本来矛盾しているので、建築家は、建築としてあるべき基本的状況を考える上で、多くの個別的で全く異なった、一貫性のない方法に甘んじているのです。意識的にせよ無意識的にせよ、建築家は（機械的感覚で）「事実」に基づく説明が正しいことであると見なし、それゆえ、何が良いかということについて、何らかの事実的説明を加えることは（それは現在の科学的世界観では必然ですが）、単に意見を加えることであると考えるのが（無意識のうちに）当然であると思っているのです。

これは全く抽象的なことのように聞こえます。しかし、世の中への影響力は甚大です。それは恣意性に満ちた精神的風土を形成し、また不条理な建築の存在を許す基礎をつくってしまいました。

例えば、数年前、ある男性がある建物のデザインを私に見せに来ました。その建物は水で満たされたドラム缶のみを組み上げてつくられているものでした。それは低エネルギーの建物であることが意図されていました。しかし、その建物はあらゆる意味で不条理なものでした。それは、醜く、非実用的で、そして建て難く、近くにいるのも快くないようなものでした。しかし、彼としては、低エネルギーの建物をつくろうとしたということは意味のあることでした。彼はこの特別な目標を選び、なによりもその視点を高め、彼の仕事の基礎にしたのです。

バックミンスター・フラーは、重量というものが最重要と捉え、最小重量構造の考えを強調しました。ジオデシックドームが使いにくいということや見てくれもそれほど好ましくないということ、また内部をほとんどうまく細分化できないことなどは、彼にとっては重要ではありませんでした。彼が選んだ目標は、可能な限り小さな重量でいかに長いスパンの建物をつくるかということでした[20]。

ル・コルビュジエは機能を分割することを選択しました。CIAM（近代建築国際会議）で、彼は住居、レクリエーション、交通、そして労働というものを重要と捉え、基礎的な価値とすることで、これら4つの機能に対し十分な広さの分割された空間を街につくることを決めました。その過程で、他

の機能を織り込むことについて諦めなければならないこともあったでしょうが、4つの機能に分けるということこそが目標であり、そのことが彼の都市計画を支配していました。これは彼の選んだ価値であり、彼はこれを「輝ける都市」に反映させました[21]。

また最近、歴史との関係を最重要な価値として選んだ建築家の例があります。例として、このページにある新古典的なファサードを見てみましょう。この場合、建物がよくできているかどうかは問題ではないようです。重要なのは、ある特定の「イメージ」を持っていることです。恐らくそれは、パラディオと1940年代のイメージが混じり合ったものでしょう。この建築家は、あるイメージをつくるということを何にも増して特別な目標として選びました。

別の建築家は、やみくもに形式的な幾何学的形状を「良いデザイン」の基盤として選んでいるようです。これを正しいと信じるための経験的基盤はありません。しかし、真偽ついて信じるべき経験的事実がないとしても、何かを選ばなければなりません。結晶構造の幾何学形体が絶対的に良いという一方的な信念は、別の建築家に対して影響を与えることができます。向かいのページにあるような菱形で結晶状の形体を持ったロッテルダムのオフィスのような作品は、その役割を果たすことでしょう。

建築家は、それぞれ異なる好みで選択をします。なぜなら、この種の個人的選択をしなければ、機械論的世界観が知的役割を果たすことは不可能だったからです。今日の建築家は事実上これと同じことをしなければなりません。ある建築家は、エコロジーに執着しており、自然保護に努めています。しかし、実際はどのようにすべきなのでしょうか？バークレーヒルズを越えたところにある低木林地は火事が起こりやすい場所ですが、その土地の木々を伐採し、火事から守れるようにした方がよいのでしょうか。あるいは、使いやすい公園に変え、木陰のために木々を残しておいた方がよいのでしょうか。（生物学者の視点として）自然の鳥や植物の生息地を守るため荒れ放題の野生のままに残しておいた方がよいのでしょうか。（大学の視点として）単に整備費を倹約するためにあるがままにしておくべきなのでしょうか。野生のままにすべきでしょうか、それとも人の手を加えるべきでしょうか。繰り返しになりますが、機械論的な枠組みでは、単なる意見にすぎません。複数の対立する視点の中で選択をしなければならないのです。これらの視点は、私が示してきた極端な建築例における馬鹿げた恣意性とは違いますが、どの視点もそれぞれ本質的には恣意的にすぎません。そのうちのひとつを選ぼうが、いくつかを組み合わせて選ぼうが、いかに特別な選択をしようとも、個人的であり恣意的なのです。

機械的思考に付きものの恣意性は、価値観の尊

機械論的秩序に基づく別の一面的な作品：
歴史的にみてもしゃれており、
強烈な対称性を重視させているケンタッキーにある
マイケル・グレイヴスのヒューマナ・ビル

機械論的秩序を目的とした最近のお決まりのような作品：
ロッテルダムにあるオフィス・デザインの基礎とされた菱形のプリズム

厳や私的側面を擁護し続けるためのもの、と20世紀においては捉えられてきました。例えば、「科学はただ事実を私たちに伝えてくれますが、何をすることが適切なのかについては、芸術的または道徳的な私的事柄となるのです。自分自身の価値を具現化することは自然な権利であり、科学的世界観は価値については何も教えてくれませんので、それは自分自身の果たすべき民主的な義務なのです」と。

しかしながら、これでは町や建物や景観の「生命」は実体化せず、ほとんど存在さえしない状態のままとなってしまいます。また、共同作業や協力、社会的同意を原則的にとても困難にします。異なる意見を奨励するような表面的な寛大さを持っていますが、実際に奨励されるものは、どのように世界がつくられているのかについての機械的視点に基づく本質的な恣意性だけなのです。

必要なのは、環境に作用する多くの要素が一貫性を持って共存することができるような、誰もが共有できる視点であり、それによって一元化された「生命」の目標に関して単一の全体論的視点を共有することができるため、対立や論争はなく共に活動することができるようになることでしょう。

7／建築の新しいビジョン

「生命」と完全な「秩序」を有する建築をつくるためには、機械論的な罠から抜け出して、建築に目に見える形で備わっている「生命」や「秩序」そのものに注目することが必要です[22]。そのような形は、新しい世界観からのみ可能であると私は信じています。それは、ものごとを部分や断片として捉えるのではなく、「全体性」の中のものとして意識的に見ることであり、建築のような無生物であるとされるものの中にさえ、「生命」を実際にあるリアルなものとして認識するという

ものです。

「秩序」に関するこの新しい視点から、私たちは必然的に、どのような説明が正しいといえるのかを見出すためのポスト・デカルト的・非機械論的思考を発見することでしょう。それは、「秩序」の基本的特徴を示す「調和」や「生命」、「全体性」の相対的指標であり、それによって潜在的な真偽を理解できるのです。これは、異なる「全体」同士に当てはめる「生命」の相対的指標が、ものごとを語る上でごく当たり前でかつ必須の方法であるという世界観を持つ、ということを意味します。

そのような新しい「秩序」の視点は、装飾や機能に関する考えについて新しい関係を創造することでしょう。現在の建築における秩序の考え方では、機能は頭で理解できるものであり、デカルト的機械論的基準によって分析することができます。一方、装飾は嗜好的なものであり、知的に理解されるものではありません。一方は厳粛で、もう一方は面白半分のようなものとされています。それゆえ装飾と機能は、切り離されたものとなっているのです。建築の機能面と装飾面とを同時に私たちに見せてくれるような「秩序」の概念はありません。

私が本書で説明している「秩序」の視点は、とても異なっています。装飾と機能に関して公平な立場をとっています。「秩序」はおおいに機能的であり、おおいに装飾的です。装飾の「秩序」と機能の「秩序」に違いはありません。それらが異なるように見えるときは、それらは単に一種類の「秩序の異なった一面を見ているにすぎないということなのです。

より重要なことなのですが、私がすべての「秩序」の基礎として認めている構造は主観性なのです[23]。それを理解しようとすると、私たち自身の感覚、ひとりの人間であることの感覚や、幸せ、自分自身が生きているということ、正直さ、普通であるという感覚は、ほどくことができないほど「秩序」と結びついているとわかるでしょう。それゆえ「秩序」は私たちの人間性から切り離せません。それは、人間の経験の中心に行きつくものです。私たちはデカルト的ジレンマを解消し、「外」にある客観的現実と「内」にある主観的現実が完全に結びついているような「秩序」の視点をつくるのです。

この「秩序」に関する考えを形式化する上で、ものごとの真偽が説明できるような新しい視点を含められるよう、物理学や生物学などを含むすべての科学も改めて考え直す必要があります。建築の「生命」は経験的に実在するものとして見えるようになるでしょう。この章の最初の事例グループにあった長安の大雁堂などの建物には、第二の事例グループにあった現代的な建築よりも経験的により多くの「生命」を見ることができるでしょう。これは意見としてではなく、それらが持っている「秩序」にもとづく事実として客観的に明らかになるでしょう。

私が組み立てようとしている理論は、決して科学に反することではありません。それは単に科学の拡張に他なりません。すべての科学と同様に、それは明確に定義された構造により表現されるものでしょう。しかし、新しい方法により「秩序」を示すその構造は、現代の科学的思考では受け入れられません。これから示されるであろうことは、少しばかり修正された科学のビジョンです。それは過去に理解された仕組みを含むものでもありますが、新しい種類の力強い構造をも含んでおり、観察の新しい形式と対をなしています。それは、科学が解明できる経験の幅や範囲を変化させるものです。

この新しい視点は、世界は私たちが想像していたものとは全く異なる種類の場所であることを示してくれます。そうすると、建築だけでなく、すべてが異なって見えてくることでしょう。花や水溜り、滝、橋、山、月、地球、潮流、大洋の波、絵、私たちが住んでいる部屋、着ている服、これらすべてのものは私たちの目に異なって見え、何か新鮮で驚くべきものとして現れるでしょう。そして文字通り、異なる精神的世界の中で暮らすこととなるでしょう。

その段階で、私たちは「秩序」をすべての建築に影響を与えるひとつの現象として具体的に理解するだけでなく、観念的な空間と物質の世界観に導かれるでしょう。「秩序」に関するこの概念は物質的に明らかですが、それはまた、私たちにものの本質の部分的な理解をもたらすでしょう。それは、現在の物質的な視点を超え、空間と時間の制約をも超えた領域へと導くのです。

「秩序」の有機的視点による世界観でつくられた京都・竜安寺の裏庭

そしてそれは「秩序」とは何であるかという疑問の詳細に答えるというだけでなく、「秩序」に関する非常に本質的なものであることを示します[24]。「秩序」とはどのような類のものかということに対して混乱し、不正確な概念を抱いている間は、建築は醜く、家は当たり前の幸福な家庭を支えられず、庭や道は自然と不調和であり、世界は私たちの精神を破壊するものとしてつくられ続けることは避けられないでしょう。

よい建築をつくるには、私たちは、ものごとのありさまに関する「秩序」の本質の概念を、根本的に改めなければならないのです。

注

1 負のエントロピーは粒子の輪郭の不確実性の尺度となります。それにより、分子の集合における単純な秩序を説明できますが、芸術や建築にとっての関心事であるような複雑な秩序は説明できず、物理学や生物学が扱うような複雑な秩序にも適用できません。

2 フレッド・アトニーブ著、小野茂、羽生義正共訳『心理学と情報理論：基本概念、方法、結果』(1968年、ラティス)、W. R. Garner, UNCERTAINTY AND STRUCTURE AS PSYCHOLOGICAL CONCEPTS (New York: John Wiley & Sons, 1962) その他を含む。

3 例えば、Purcell, "Order and Magnetism," in Daniel Lerner ed., PARTS AND WHOLES (New York: The Free Press of Glencoe, 1963) 参照。

4 この本質的に脆弱な最初の取り組みと、それが芸術のために相対的に無益であることについては、Rudolph Arnheim, ENTROPY AND ART (Berkeley: University of California Press, 1971) の中で注意深く分析されています。

5 結晶の集合についての分析の成功例は重要でしたが、極めて限定された範囲にしか適用できませんでした。Andreas Speiser, THEORY OF GROUPS OF FINITE ORDER (Berlin: J. Springer, 1937) 参照。

6 例えば、Albert G. Wilson and Donna Wilson, eds., HIERARCHICAL STRUCTURES (New York: American Elsevier Publishing Company, Inc., 1969) 参照。

7 H. Eugene Stanley, "Fractals and Multifractals: The Interplay of Physics and Geometry," in Armin Bunde and Shlomo Havlin, eds., FRACTALS AND DISORDERED SYSTEMS (Berlin: Springer-Verlag, 1991) 参照。

8 チョムスキーによって最初に定義された中の構造的基本原理は、この種の秩序の特別な事例です。例えば、Noam Chomsky, STRUCTURAL LINGUISTICS (The Hague: Mouton, 1959) 参照。

9 チューリングによる初期の形態発生の理論が、こ

れにあたるようです。A. M. Turing, "The Chemical Basis of Morphogenesis," in *PHILOSOPHICAL TRANSACTIONS OF THE ROYAL SOCIETY*, B (London. 1952, p.237-) 参照。

10　例えば、Andre Lwoff, *BIOLOGICAL ORDER* (Cambridge, Mass.: MIT Press, 1965) およびC. S. Waddington, *THE STRATEGY OF THE GENES: A DISCUSSION OF SOME ASPECTS OF THEORETICAL BIOLOGY* (London: Allen and Unwin, 1957) 参照。

11　L. L. Whyte, *THE UNITARY PRINCIPLE IN PHYSICS AND BIOLOGY* (New York: Henry Holt and Co., 1949)、およびL. L. ホワイト著、幾島幸子訳『形の冒険：生命の形態と意識の進化を探る』(1987年、工作舎) 参照。

12　Rene Thom, *STABILITÉ STRUCTURELLE ET MORPHOGÉNÈSE* (Paris: Christian Bourgeois, 1972)、およびジェイムズ・グリッグ著、大貫昌子訳『カオス：新しい科学をつくる』(1991年、新潮社) 参照。

13　David Bohm, "Remarks on the Notion of Order" and "Further Remarks on the Notion of Order," in C. H. Waddington, ed., *TOWARDS A THEORETICAL BIOLOGY: 2. SKETCHES* (Chicago: Aldine Publishing, 1976) 参照。

14　芸術的秩序についての評価は、Ernst Gombrich, in *ORDER AND ART* (London: Allen and Unwin, 1977) で試みられていますが、ここでも秩序は付加されたもの、作品の上に貼りつけられたもののようにして表されるだけです。そのコンセプトは、今なお芸術家にとって、かろうじて役に立っているかどうか、といったところです。

15　現代の世界観の進歩的な機械化は、E. J. Dijksterhuis, *THE MECHANIZATION OF THE WORLD PICTURE* (Amsterdam: Meulenhoff, 1959; translated and reprinted, Princeton, N.J.: Princeton University Press, 1986) の中で余すところなく述べられています。それは、アレクサンドレ・コイレ著、横山雅彦訳『閉じた世界から無限宇宙へ』(1973年、みすず書房)、野沢協訳『コスモスの崩壊：閉ざされた世界から無限の宇宙へ』(1999年、白水社)においても中心的なテーマとなっています。その巻末には、以下のように記されています。「新しい宇宙論による無限の宇宙は、果てしなく継続と拡張を続ける。そこでは、永遠にして必須の法則に応じた永遠なるものは、絶え間なく、無目的に永遠の宇宙を移動する。そしてそれは、神学の存在論的属性をすべて受け継いだ。しかし、それ以外はすべて、今は亡き神が持っていかれた」

16　機械は、厳密に言えば、押したり引いたり、といった動作のような、部分的なの直接的影響力によって制御される、というのが、機械論の本質です。そこには「離れた場所への作用」というのは存在せず、とりわけ、全体が部分に影響を与えることはあり得ないのです。17世紀になり、物理学(ニュートン)において、離れた位置でも作用を及ぼすことはできると見なされるようになりました。すなわちそれが重力です。19世紀から20世紀初頭にかけての物理学でも、電場や光の場などにより、それは可能であるとされました。20世紀後半には、祈祷による離れた場所への作用、そして近年では、電磁場、量子論、そしてハミルトンの最小作用の原理に至るまで、どれも、その局所的影響に関して可能な限り述べられています。例えば、Richard Feynman, *QED* (Princeton, N.J.: Princeton University Press, 1985) 参照。

17　クリストファー・アレグザンダー、サラ・イシカワ、マレー・シルバースタイン、イングリッド・キング、シュロモ・アンヘル、マックス・ジェイコブソン共著、平田翰那訳『パタン・ランゲージ──環境設計の手引』(1984年、鹿島出版会) 参照。

18　例えば、Jean Pierre Protzen, "The Poverty of the Pattern Language," *CONCRETE: JOURNAL OF THE STUDENTS IN THE DEPARTMENT OF ARCHITECTURE*, Part one: vol. I, no. 6, November I. 1977; Part two: vol. I, no. 8, November 15, 1977, University of California, Berkeley; reprinted in *DESIGN STUDIES*, vol. I no. 5 (London: July 1980), pp.291-298.

19　1975年以来、多くの批評家たちがこのような視点について述べた数多くの記事を発表しています。顕著な例としては、Stewart Brand appeared in *THE WHOLE EARTH CATALOG* (Sausalito, Calif.: Doubleday, 1980-90).

20　Buckminster Fuller, "The Long Distance Trending in Pre-Assembly," in R. W. Marks, ed., *IDEAS AND INTEGRITIES: A SPONTANEOUS AUTOBIOGRAPHICAL DISCLOSURE* (Englewood Cliffs, N.J.: Prentice-Hall, 1963).

21　ル・コルビュジエ著、坂倉準三訳『輝く都市』(1968年、鹿島出版会) 参照。

22　秩序が機械のようではなく、基本的な概念として存在し得るという考え方は、20世紀の物理学において少しずつ表出するようになりました。その初期の例のひとつは、パウリの排他原理 (R. Kronig and V. F. Weisskopf, eds., *COLLECTED SCIENTIFIC PAPERS*, vol. 2, (New York: John Wiley and Sons, 1964) におけるヴォルフガング・パウリによる「排他原理と量子論の力学 "Exclusion Principle and Quantum Mechanics"」参照) でした。それによると、配列の純粋な特性には、電子の振る舞いと位置を決定するものがあります。それは、力の作用やメカニズムによるものではなく、純粋にそれ自身のパタンと秩序の結果によるものなのです。

23　本書第8章～第11章および第4巻全般参照。

24　科学に見られる秩序と芸術においてつくり出される秩序を究極的に同じ現象として扱うことが可能かどうかについては、ゲーテをはじめとして多くの作家によって述べられてきました。近年の例としては、ジョージ・ケペッシュ著、佐波甫、高見堅志郎共訳『造形と科学の新しい風景』(1966年、美術出版社)、ヘルマン・ヘッセ著、井手賁夫訳『ガラス玉遊戯』(1955年、角川書店)、高橋健二訳『ヘルマン・ヘッセ全集〈全12巻〉ガラス玉演戯』(1958年、新潮社)、Christopher Alexander, "The Bead Game Conjecture," in Gyorgy K'epes, ed., *ORDER AND ART*, (New York: Braziller, 1967) 参照。

第 1 部

「生命構造」とは何か？

建築の中にある「生命」とは何か？

「生命に満ちた世界」とは何か？

「生命に満ちた世界の構造」とは何か？

第1章

「生命」の現象

1／はじめに

今日、地球上の生命を守り、継承していく役割を果たすような街や建築をつくりたいと望むのは、誰もが認めるところです。このことは環境に対する関心の高まりというかたちで表れています。環境の学習を、私たちは自然を保全し、熱帯雨林や森林を保全し、地球上の動植物を保護しなければならないというところから始めます。そしてこの、生命を保全したいという漠然とした欲求はやがて、建物や街や近隣も、地球上のバランスのとれた調和や生命活動の中で、一定の役割を担うかたちで建設されるべきであるという認識へと広がっていきます。

当初建築を生態系の中で相応の役割を果たすようにつくろうとする努力は、それによって消費されるエネルギーや原材料が常に生態系の保全に相反することなく使われているかどうか、という比較的限定された視点の中でなされてきました。近年、こうした動きは、より広がりを持ち始めています。多くの人々は、街や建物を、地球上の生態系の一部分でそれ自体が生命を持っているものと考えるようになってきているのです[1]。

しかし、ここで私たちはこれまでにないような特異な科学的問題にいきなり直面することになるのです。20世紀終盤における生物学では、実用的な、あるいは正確な、もしくはふさわしいかたちの「生命」を定義することができないのです。20世紀の伝統的で正統な科学によれば、「生命」——あるいはより厳密に「生命の仕組み」——はある特別な機構である、と定義され、「生命」という言葉はごく限られた事象の仕組みのみを指すものとして用いられてきました。しかし、この本の中で、私たちはこの言葉の枠組みを変える必要があることを知るのです。すなわち、「秩序」は空間の本質により出現する最も一般的な仕組みとしての数学的構造として捉えられ、「生命」もまた、同等の一般性を持ったものとして捉えられることになるでしょう。この理論体系において、私は、すべての「秩序」の形態にはある一定量の「生命」が存在する、ということを説明しようと思っています。

当然、「生命」とは単に自己繁殖機能を持つ機械のようなもの、という限定された意味で捉えることはできなくなります。それは、空間に固有に存在するものであり、一つひとつのレンガ、一つひとつの石、一人ひとりの人間、そして空間に存在するあらゆる類の物理的構造の一つひとつの中に存在するのです。すべての事物は、それぞれに「生命」を持っているのです。

こうなると、環境の視点からも「生命」に対するより広範でわかりやすい見方が必要になります。近年多くの人々は、動植物や生態系が地球上にとって重要であることに気づき始めており、それらと恒常的にうまく共生できるような建築やまちづくりというものを模索し始めています。ただ、今のところ、こういった意識はどちらかというと直感的なもののようです。つまり、建築家たちは、建物に加え、アマゾンの熱帯雨林を破壊しないような、そして庭先の野鳥や蝶を絶やさないような、自然環境を尊重し、それにうまく適合するような植栽の仕組みや建設の仕組みを考え出したいと望んでいるようです。過去数十年にわたり、建築家も一般の人々も、このような仕組みが必要であると考えてきました。

しかし、私たちは、この環境的な考え方をさらに踏み込んで推し進めなければなりません。そのために必要なのは——すでにその萌芽はあるのですが——狭い意味でかつ機械論的な生物の視点からの「生命」を超えた、すべての事物を包含するような「生命」の概念なのです。

この概念は、<u>すべてのものがそれぞれ単独であっても、それは「全体」でもあるとする考えからくるものです。もし、建築の環境的視点を得たいと考えるなら、私たちの地球上における責務は、自然界の中だけでなく、建物や街の中にも生命を創出しようとすることになります。これはただ単に現存する自然界の動植物を保護することとはだいぶ異なります。すなわち、人間のつくり出した事物と自然界の事物の双方に「生命」を創出する</u>、ということなのです。

例えば、イングランド南部は人間がつくり上げた史上最大の構築物のひとつです。西はコーン

ウォールから東はケントまで、また、南は海岸部から北はミッドランドに至る美しい広大な地域に散りばめられた町や村、牧草地や畑、森林や荒野（ムーア）——私たちはこの一帯を自然豊かな地域と考えています。確かに自然のように見えますが、もちろんこの地域の大部分は、人の手が入っています。3000年前には、このような光景は存在しませんでした。この、およそ300×100マイル四方に及ぶ構築物は、ゆっくりと、根気よく、およそ1000年にもわたる時代を越えてつくりあげられてきたものです。畑、水路、植林された森、生垣、道路、牛が通るための小径、小川、池、橋や集落——これらは自然を取り込み、自然界にあるとされるものと同様の「生命」を宿しています。しかしそれらはまた、人の手によるものでもあるのです。

明らかに「生命」を持ち合わせていて、それ自体が生き生きとしている、この自然界の手によらない構築物の活発な創造は、単に自然を保全するよりも遙かに手間がかかります。第一に、それは一からつくり出していかなければならないため、よりいっそう大変な作業となるのです。それは単に、自然に向かって微笑みかけながら、「こんな方法で保全していきましょう」などと言うのとはわけが違うのです。たとえ実行可能なことでも、それはおびただしい知的難解さを伴うのです。そのことを理解し、感覚的に捉え、そして実行するために、私たちは、狭義の生物学で定義されるところの「生物」と、（これまた狭義の生物学に拠るところの）「無生物」の関係を明確に理解できるような概念を持ち得なければなりません。単に、鳥や大地や雨などに関連させて森林を生き生きとさせたいと望むのではなく、窓台の木や、花壇の縁のコンクリートの縁石が、どのようにこの新しい形態の「生命」の概念に合致し、完全に一体化できるかを理解しなければならないのです。ですから、私たちはそれらが説明できるようなひとつの「生命」のかたちを追い求めることになります。そこには、「生きている有機体」と「死んだもの」が同一の枠組みの中に含まれることになるのです。それは、人間と自然の相互作用を理解し、さらにそんな相互作用を超えた、自然の美と「生命」の喜びを携えた調和を創造することなのです。こうした仕組みを持ったものを、人類は様々な文化の中で、様々な時代にわたって脈々とつくり続けてきたの

色鉛筆によるサセックス・ダウンズのスケッチ。私が育ったイングランド南部のカントリーサイドです

です。日本の家屋と庭園、中国やヒマラヤの段状に開墾された丘陵地帯、マチュピチュの建築、中世の景観形成、シャイアン族がティピーをつくるにあたって築き上げた大平原（プレーン）との関係などがそれです。これらは、環境破壊や醜悪かつ侵略的で「生命」を伴わないような人工物で満たされた世界と格闘してきた私たちにとって、素晴らしいお手本となるのです。

2／より広義でより適切な「生命」の定義の必要性

これまでのところ、私たちは、前述したようなより広範で複雑な体系に明確に適用できる「生命」の定義を持ち合わせていません。20世紀以降の科学の概念では、「生命」とは主に「個々の有機体の生命」という意味で定義されています。私たちは有機体を、再生産、修復、そして一定の年月その仕組みを保つことが可能な、四大元素——炭素、酸素、水素、窒素——で構成されたものとして認識しています。しかし、この定義を「生命」のそれとして完璧に機能させるには、ちょっと無理があります。この定義には、非常に多くの曖昧な線引きの問題があるからです。例えば、受精卵は受精直後からすぐ「生きている」と言えるのでしょうか。ウィルスは「生きている」と言えるのでしょうか。森林は「生きている」と言えるのでしょうか（ひとつの全体として、すなわち森林を構成する個々の生物種を超えた意味で）。また、「生命」と定義するには、それが四大元素で構成されていることが必要不可欠なのでしょうか。

多くの論理的矛盾点や疑問点を抱えてはいるものの、広い意味で個々の有機体から成る「生命」が私たちの考える「生きている」ということを意味し、これが20世紀以降における「生命」の定義として定着しています。この「生命」の概念は、より複雑な仕組みに適合させるために、すでにいくらかの修正が加えられてきています。例えば、生態系に「生命」があると考えるために、従来の機械論的な「生命」の言葉の枠組みを拡大して解釈しようという試みがなされています（もっともこの枠組みを厳密に適用すれば、自らの子孫を残すという機能が備わっていないため、生態系そのものには生命があるとはいえないのですが）。このように、生態系それ自体が有機体組織であると考えることにより、生態系それ自体に「生命」はないとしても、生物の「生命」と不可分な関係にあるとみなすことができるのです。それゆえ自然界を創造もしくは保全するという作業は、ある特定の場所に有機体の生命を増やす努力であると考えられるのです。この考え方自体、科学的にみて一理あるとは言えます。

しかし、この程度の修正では、真に複雑なものを生命体として説明するには役に立ちません。あらゆる都市や建築に見られるような、そして300マイルに及ぶ南イングランドの田園地帯のような、自然界のものと人の手に成るものの場合、到底答えが見つからない「生命」の定義に対する厄介な疑問が生じるのです。これらの例はどれも明らかに無生物と生物が混在しています。例えば住宅の垂木、屋根瓦、道路、門、そして畑の畦道など——従来の科学的観点からすれば、これらのものが「生きている」ということには無理があるでしょう。しかし、これらのものは明らかに、より大きな枠組みの中で「生命」において重要な役割を担っているのです。しかし、それでもなお純粋に機械論的な観点による「生命」の概念に固執しようとするならば、環境保護主義者たちが唱えるような自然環境を純粋な形で守るという以外の方法を見出すのが困難になることでしょう。彼らは自然をなすがままにしておくことこそが、自然環境を維持する唯一の方法であると頑なに信じているのです。そこで、建物と自然を、一体化したひとつのより複雑な「生命」の仕組みとして扱う科学的な裏付けがない以上、私たちは新たな概念をつくり出すという課題に取り組まねばならないのです。例えば、社会学者たちは都市をしばしばひとつの生命体になぞらえて論じますが、今日の生物学的見地からすれば、<u>都市そのものは生命体とは言えません</u>。もちろん建築物も生命体ではありません。しかし、だとすれば今日の科学の定石からみて生命組織とはみなされないような地域全体

を、都市を、建築を、あるいは庭を、どのように「生命」を持った仕組みとしてつくりあげることができるのでしょうか。

　本書を通して私は、より広義な「生命」の概念を探ろうと思っています。そこではこの世のすべてのものは、それが何であれ、一定量の「生命」を持ちます[2]。石も、垂木も、そしてコンクリートも皆、一定量の「生命」を持っているのです。有機体に存在する特別な強さの「生命」は、広義の「生命」の概念に当てはめると、単に特別なケースの「生命」ということになります。確かにこのような考え方は、ここ数十年における科学からすれば非常識なものに聞こえるでしょう。しかし私はこれから、この概念が科学的にみても根源的であるということを示そうと思います。それは数学的、物理的に空間を理解する上で強固な基盤となるものです。さらにそれは、私たちがこの世界を「生き生きとした」ものにつくりあげていくにあたって、この世とこの世における私たちの行為すべてについての一貫した概念を与えてくれる唯一のものなのです。

　従来の考え方に基づいた科学者は、岸に砕ける波そのものをひとつの生命組織として考えようとしたりはしないでしょう。もし私がある生物学者に、この砕けゆく波に一定量の「生命」がある、と言えば、その学者は私を諭すようにこう言うでしょう。「あなたは要するに、この波の中に多くの微生物やあるいは何匹かの蟹などが含まれていて、それらのことをもって生命組織と言いたいのでしょう」。しかし、それは私が指摘していることとは全然違います。私が言いたいのは、波そのもの——従来の科学においては純粋に流体力学に基づいた海水の動きとしてのシステム——が、ある一定量の「生命」を持っている、ということなのです。そしてこれを一般的に言うならば、三次元世界のすべての部分は一定量の「生命」を持っているということ、そしてその中には、より少量の「生命」を持つものや、より多量の「生命」を持

砕ける波

つものがある、ということなのです。

　もし私たちがこのような「生命」の概念を得たならば、建築や都市、そして地域全体をつくり出すのはより容易になるであろうことは想像に難くありません。もし、この概念が完全に一般的なものとなれば、それは純粋な自然（例えば、保全された木立）のみならず、自然と人工物が一体となってつくられたもの（道路、小径、庭、畑など）や、建築そのもの（屋根、壁、窓、部屋）にも適用することができるでしょう。このような世界観で眺めたとき、建築はより理解されやすいものになるでしょう。なぜなら、私たちは以下のような考えを一般常識として捉えれば良いからです——すべての作業は「生命」の創造を伴わなくてはならないこと、そして、いかなるプロジェクトにおいても、建築にできるだけ多くの「生命」を創出することが最大の目的であること。

3／「生命」という言葉の新しい枠組み

　本書における私の目的は、すべてのものがそれぞれ相当量の「生命」を持つ、という概念が確立できるような科学的世界観をつくり出すことです[3]。そして次に「生命」をつくり出すには何がなされなくてはならないのか、という極めて明確な問いを発することになるのです。部屋にそれつくり出すにはどうすべきでしょうか。あるいはドアノブではどうでしょうか。もしくは近隣地区や、かつてイングランド人が南イングランドにつくりあげたような広範な地域ではどうでしょうか。——もしかするとそれはカリフォルニア一帯か、アジアか、あるいは世界の中のどこかの地域に私たちがつくり出すことになるかも知れません。

　この膨大な作業を進めるための基礎として、手始めに本章では、事例を示すことによって、皆さんに、以下のことを私たちが感じることができるということを理解してもらおうと思います。ひとつは、あらゆる事物は異なる量の「生命」があること、そしてもうひとつは、ほとんどの人が皆共通にこのことを感じ取れることです。

　まず、砕けゆく波から考えていくことにしましょう。海の波を見ていると、明らかに「生命」のようなものを感じます。それはリアルで感動的でもあります。もちろん、狭義の機械論的な生物学によれば、波に生命などありません（波の中に入っている海藻やプランクトンは別ですが）。しかし、少なくとも私たちの感性に従えば、このような波は、水の形態としては、化学臭に満ちた工業用水池などよりは遙かに生き生きとしているのは否定のしようがありません。また静かな池の水面に立つさざ波にも同じように「生命」を感じることができます。

　ある湖が他のものよりも生き生きと感じられる、ということも明らかにあります。例えば、山あいの透き通るような湖と、死んだように澱んだ池を思い浮かべ比べてみてください。火も、有機的生命体でないにもかかわらず、生きているように感じられます。この場合も、赤々と燃え上がる焚き火の炎の方が、燻った残り火よりも生き生きと感じられるでしょう。もし、皆さんが木星の衛星を見たことがあるなら、それらもまるで4つの小さな水滴が光を放って生き生きと見えるでしょう。それら4つの星からは強烈な「生命」が感じられるはずです。しかし、従来の考え方では、それらにも「生命」はないことになります。

　金にも「生命」が感じられます。独特の黄金色に輝く、自然界に存在する金は、金鉱山に見られる鉱石や宝石店に並んだ加工されたものと比べ、非常に異なって見えます。あたかも神秘的な魔力を宿しているようで、非常に強い「生命」を感じます。それは何も金銭的な価値があるからというわけではありません。そもそも金銭的価値が生じたのは、金にこうした深遠な生命感が備わっていたからこそなのです。自然界に存在する金に近い価値を持つプラチナや、金よりも遙かに価値が高いとされるロジウムには、このような生命感はまるでありません。

　大理石にもときに強い「生命」を感じます。カララの採石場からとれた大理石は、ひときわ強烈な生命感を宿しているからこそ有名なのです。他

の大理石でも、カララ産のものより装飾的なものはありますが、生命感は強くありません。ラスベガスの浴室の洗面台に見られるような、化学合成による人工大理石からは、ほとんど「生命」を感じることはできません。いずれにしても、これら3種類の大理石は、生物学的にはどれにも「生命」はないのです。

木材の中にも、驚くほど生き生きとしたものと、そうでないものが見られます。もちろん、これらの木材は、かつては樹木として生きていたわけです。しかし、製材された時点では、生物学的に見れば生きているとは言えません。しかし、ある板の木目が他のものより強い「生命」を持っていることを感じ取ることは確かにできるのです。

このように、無機物の物理的世界の中でも、私たちはそれらを区別することができます。あるものは非常に多くの「生命」があり、あるものには全くない、またあるものにはほどほどに「生命」がある、といった具合です。直感的もしくは感覚的に捉えることができるこの「生命」は、物理的世界の中に様々な形で現れます。

あるものの方が他のものよりも多くの「生命」を持つと感じる感覚は、計測さえ可能なほど厳密な構造の違いをそれらのものが持っていることと関連してきます。それは後ほど触れることにしましょう。今の時点では、単に、より多くの「生命」を感じ取れるものとそうでないものの間にある物理的構造の違いを読み取る直感について論じたいと思います。無論、この直感が主観的知覚ではないと言い切れるわけではありません。しかし、これが、感覚の背後にある実体を伴った物理的現象のようなものの存在の可能性を探るための第一歩となることは確かです。この時点で私が望むのは、読者の皆さんが、ここまで私が述べた考え方が、単に比喩的な見方や人間中心的な見方ではないと感じ始めてくれていることなのです。

4／有機体の中にある「生命」という感覚

異なる有機体を比較した場合、私たちは、それらが正確には同等の生命を持っているにもかかわらず[4]、一方がより多くの「生命」を持っているように感じます。下に疾走するチーターの写真があります。このチーターが生きているかどうかということについては、考えるまでもありません。しかし、このチーターはただ単に生き生きとしているのではなく、特別に力強い「生命」を発しているように感じられます。

同じようなことは、野原に咲く花々にも起こります。霧の立ち込めた谷あいの野原に咲く一輪のユリのように、時折花そのものが、驚くほど強烈な「生命」を発していることがあります。

人間からもそれは感じ取ることができます。ある人は周囲に伝わるほど強力な「生命」を発する一方、ある人はうなだれて死んだように見えたりします。このように私たちは、ある人がより「生命」感に満ちあふれていたり、人によって「生命」の強さが異なることを感じた経験があります。場合によっては、同じ人がときによって「生き生き」としていたりそうでなかったりもします。ある人は輝かんばかりに健康的で、別の人はそうでもないように見えることもありますが、この場合は単に医学的な健康状態が反映されたものかも知れません。しかし、いずれにしても否定のしようがないのは、機械論的に見て厳密に「生命」を持っているすべての有機体が、それぞれ異なった強さの「生命」を私たちに感じさせてくれるという事実です。

「生命」の絶頂状態にあるチーター

ニューイングランドの池

5／生態系の中にある「生命」という感覚

次に、私たちの身の周りで最も大きなスケールの「生命」について見ていきましょう。これは自然界のすべての生態系の中に現れる、より大きな「環境」規模の「生命」です。その中には屋内外を問わず存在する植物や動物、それらに寄生する生物、魚など、実に多くの有機生命体が含まれます。魚の棲む池や蔓植物、牧草、建物にむした苔、木陰をつくる大木、猫、犬、ネズミ、昆虫、クモなど……。これらすべてから私たちは力強い「生命」を感じ取ることができます。この「生命」の感覚や自然への慈しみが、環境育成を支えることになるのです。

上の2枚の写真を見てください。どちらも有機体による野生に満ちた自然の光景です。これらの生命は、従来から馴染みのある、自然や植物や動物、そして私たち自身の中にあるものです。しかし、前述したとおり、自然環境の仕組みの中においては、「生命」の定義はそんなに単純なものではありません。生物学による狭義の「生命」の定義では、有機体のみがそれに該当するのであって、

夏の木々

自然環境の仕組みそのものは「生きている」とは言いません。にもかかわらず私たちは、これらの写真全体から、一体化した「生命」を感じるのです。さらにそれらには、それぞれ異なる強さの度合いがあることもわかります。近年、環境がより健全であるとかそうでないとかを識別できるような専門的な論理立てがなされつつあります。

こうした環境への取り組みがどうあれ、私たちは、一方の牧草地の方が他方よりも生き生きしていると感じ、一方のせせらぎが他方よりも生き生きとしているのを感じ、一方の森の方が他方よりも穏やかかつ荘厳で生き生きとしているのを感じるのです。

繰り返しになりますが、環境保全主義者が規定できようができまいが、私たちは、「生命」の強弱というものが、本質的概念として存在していることを感覚として知っているのです。この概念は、自然界に対して感じる私たちの感性が、重要で根源的であることを示し、この世の成り立ちの本質に対する根本的な理解を大いに助けるものなのです。

6／人間の日常生活の中にある「生命」という感覚

マティスと彼の鳥たち

　異なる人間生活の中にも異なる量の「生命」を感じ取ることができます。手始めに、何でも良いですから、人間の行動について考えてみてください。例えば、握手などはどうでしょう。あるケースでは非常に「生命」に満ちており、また、他のケースでは形式的で生気がまるで感じられません。

　次に、あなたのお気に入りの酒場を思い起こしてみてください。夜になると生き生きとしてきて、いかがわしげで騒々しい、一種独特の「生命」が現れます。酒場、ナイトクラブ、魚の泳ぐ池、庭の腰掛、握手、バレエ鑑賞の夜……。

　私がここまで述べてきた「生命」は、私たちの日常世界におけるありきたりのできごとの中に存在する「生命」をも含んでいます。例えば、路地裏の日本料理店には、ありきたりの感覚の中に「生命」があります。イタリアの町の広場にも普通に「生命」が現れます。コニーアイランドのよ

うなアミューズメントパークの「生命」もそうです。私たちが「生き生きとしている」と感じる建築も、野生の花々が心地良さそうに咲いている場所も、人々が自由に喋ったり食べたり飲んだりして、自分らしくあることができるような場所にもあるのです。私は以前、著書 *THE TIMELESS WAY OF BUILDING*（邦訳『時を超えた建設への道』）の中の数章にわたって、建築の中に現れるこの極めて平凡な、それでいて力強く生き生きとした質について説明しました[5]。この質は、あらゆる意味における機能からの解放と、自由な内なる精神を包含しています。それは、私たちを心地よくさせてくれます。さらに、この質に接すると、私たちは生き生きとしたものを感じさせられるのです。ここでもう数枚の写真を例としてお見せしましょう。これらを見れば、この「日常生活」の中の「生命」というものがどんなものか、そしてそれが現れるというのは一体どういうことを意味し、物理的形

「生命」の現象

サンフランシスコの日本料理店

道端のジャズ

第1章

内緒のタバコ

体としてどのような姿を見せるのか、イメージとして掴むことができるでしょう。生物の生命のように、それはある決まった姿をしています。それは比較的大雑把で飾り気がありません。それは心地良く、輪郭が大まかで、互いに磨きあったかのように滑らかです。この種の「生命」は、高尚な芸術や流行とは関係の無い、平凡なものです。また、いかなるイメージとも無縁です。それは、単純に、物事がうまくいっているとき、私たちが楽しい時間を過ごしているとき、あるいは私たちが喜びや悲しみを経験しているとき——それが真実であるとき——に最も濃厚に出現するのです。

精神が最も崇高でありながら、同時に最も日常的にありふれた状態であるときに自由は生まれるのです。それは、スーフィ教徒が言うところの「神に酔う」ような、最も快活で、最も解放された状態のときなのです。このような状況では、私たちは既成の概念から解き放たれ、直面するあらゆる状況に対して率直に対応できます。そして、気取りや概念や観念に束縛されることはないのです。これは、禅宗を始めとする神秘性を帯びたすべての宗教の教えの根幹を成しているものです[6]。この状態になると、私たちは、周囲に存在する「全体性」を見て、感じて、そして反応することができるようになります。酒場での交遊なども、決して馬鹿げたことばかりとは言えません。酒に酔うということ自体は確かに良いことではありませんが、一方で、それによって真実をより鮮明に見て取る能力が解放されることもあるのです。ローマ人はその昔、ブドウ酒の中に真実はある、と言ったものです。普段の抑制状態からいくらか解放されたとき、私たちの行動や反応の自由度は間違いなく増すことが多いのです。

「生命」の現象

北京のメーデー・パレード

第1章

7／伝統的な建築や芸術作品が持つ「生命」という感覚

あるものが他のものよりも濃密に「生きている」と感じる感覚は、建築や工芸品、芸術作品などからも得られます。では、この、事物の中に存在する「濃密な生命の感覚」というものが、具体的にどんなものなのか、それを読者の皆さんにわかってもらうために、これから、この「生命」を濃密に持っている事例の写真を、順番にお見せしていこうと思います。

まずはじめは、古代クレタ文化のミノアの瓶です。複雑な形ながら非常に素朴で、その形や色には心の底に訴えかけてくるものがあるでしょう。次にお見せするのは、デンマークのとある中庭です。周囲の建物は黄色や赤や緑に塗られていて、質素で子供っぽい感じもしますが、同時に静謐さと深遠さを感じます。「生命」があなたの心を満たすのです。次に、イスファハンの偉大なモスクを見てみましょう。目もくらむような色彩を伴ったこの建築は、非常に壮大な作品です。その大きさと色彩は、畏敬の念を起こさせるような「生命」を放ち、見る者を厳粛な気持ちにさせますが、ゴシック教会と違って、明るさや楽しさをも携えています。対照的に、韓国の陶製の小さな急須の台は、簡素で美しい形をしており、どこにも手の込んだ部分はありませんが、存在感に満ちあふれています。緑と黄色で彩色されたモスクのタイルはどうでしょう。大雑把に手作業で描かれた、繰り返しのようで繰り返しでない模様は、それぞれが似た感じで調和が取れており、創意工夫をしてやろうなどという気構えはまるでないように見えます。ローマ時代の石工によってつくられたこの石柱の柱頭部は、現在は北アフリカにあるモスクの建物の一部に使われています。柱頭部分に施された模様は花のようでもあり、人のようにも見え、静謐で厳粛な一方、楽しげでもあります。今はベルリン博物館に所蔵されている、この有名なトルコの礼拝用の敷物は、目の覚めるような強烈な赤に、様々な線やS字状の模様や、礼拝者のアーチに奇妙な霊魂のようなものをかたどった模様などで構成されています。

さらに、インドにあるアーチの通路の写真を見

古代クレタ期の瓶：紀元前18世紀

「生命」の現象

コペンハーゲンの住居の中庭

てみましょう。暗い影と明るい光の部分、冷気と共に魂の宿るような雰囲気……。アーチは、その突起一つひとつまでもが、強いコントラストの光と影が織り成す形状に「生命」を吹き込むように、注意深く造形されています。46ページの7世紀の福音書の写本の写真を見てください。完全なる静粛さと、装飾画家の技巧により、わずかに施されたにもかかわらず輝くような色彩。白い紙の上に施されたほんの少しの黄色と茶色の色彩が、神秘的な内なる光を創出しています。次ページの彩色された手彫りのマドンナ像からは、溢れんばかりの力強い想いが感じられます。小さくて地味なも

のですが、この像からは、ともするとルネッサンス期に描かれたどんな絵画からよりも濃密な感覚を感じ取ることができるのではないでしょうか。ペルシャの器も、その表面に施された黒いハエの形のような模様により、「生命」を吹き込まれています。これらの模様は、作家が可能な限りの速さの筆さばきで器の表面をなでるようにして描いていったもののようです。もうひとつの器の方は、驚くほど大雑把で簡素なつくりですが、朝鮮でつくられた偉大なる喜左衛門茶碗で、現在では日本で国宝として保存されています。

第1章

イスファハンのマスディシャ

「生命」の現象

チュニジア・カイロワンのモスクに使われている手塗りのタイル

韓国の急須の台

第1章

ルトル大聖堂、イスファハンのモスク、あるいはアルハンブラ宮殿、伊勢神宮、もしくは東福寺のような古くからある日本の仏教寺院など……。これらリストアップされた建築には何か共通の共感できる基準のようなものがあるようです。

この「生命」に対する共感をもとに、上記のものに次ぐようなランクの建築のリストもつくることができます。例えば、ローマの初期のキリスト教会、ノルウェーの板張り教会、カイロワンのモスク、パレンケやイステランの遺跡、ペルーのマチュピチュ、ニューギニアのセピック川に住む人々の住居、モロッコの小さなタイル張りの住居、北ドイツやデンマークに見られる大きな納屋風住居、ボローニャのアーケード、イスファハンの橋など……。

最も有名な例として挙げたものよりも少しだけ基準が劣るこれらの建築は、受ける印象の強さもやや劣るものの、私たちの琴線に触れるだけの力は十分にあります。中に入れば、私たちは荘厳さ、

ロマネスク様式の柱頭

以上ここまで示してきた例の一つひとつから、濃密な「生命」を感じ取ることができます[7]。この「生命」は、それら自体から感じ取れますし、それらの部分からも感じ取ることができます。そして、「秩序」の考え方と一致するように、私たちが感じ取ることができる「生命」は、どうやら幾何学——実際の幾何学的構成や配置——と深い関連があるようです。

まだ正確には定義できないかも知れませんが、多くの人は、これらの例すべてから「生命」のようなものが見えたことを認めるのではないでしょうか。私は皆さんが完璧にこのことに合意するとは思っていません。しかし、何となく共感してもらうことはできたのではないでしょうか。

同じように、世界の「偉大な」建築のリストをつくるとすれば、誰がつくるとしても、いくつかの建築は確実にリストアップされるでしょう。例えば、パルテノン神殿、ノートルダム寺院、シャ

15世紀アナトリア・ウシャクの礼拝用の敷物。現在はベルリン博物館所蔵

「生命」の現象

インドのアーチ

　静粛さ、心地良さを、これらの建築から受けます。これらの建築の偉大さは疑いのないところでしょう。そして人々は、これらの建築すべてが一定量の「生命」を持っているということに、徐々に同意する気持ちになるでしょう。しかし、この「生命」が何なのか、あるいはどのように定義されるのか、依然として明確ではありません。

　これらの建築の中にある、私が「生命」と呼んでいるものは、質というかたちで表れます。これは、有機体の中にある生物の生命とは明らかに異なります。より広範で、より一般的な考えです。この直感的に感じ取ることができる「生命」は、絵画のように純粋に抽象的なものの中にも、建築のように機能的なものの中にも、樹木のように生物学的に生命組織とみなされるものの中にも、同じように頻繁に表れます[7]。

第1章

ダラムの福音書の断片：7世紀の装飾写本

　これこそが、極めて一般的な「生命」なのです。伝統的で、幾何学的、構造的、社会的、生物学的、そして全一的な——この「生命」の概念の確立こそが、私の目的なのです。それは、これまで見てきた例（それらに使われている漆喰やコンクリートやタイル、それらの色や形が持つ「生命」）のような、幾何学的構造の中にある深遠な「生命」も含みます。それは、私たちを生き生きと感じさせるような日常の生活や行動やできごとさえも含むのです。このような日常の中の「生命」は、その中で生きている人間や動物、植物に幸福な日常生活をもたらします。また、それは、生物の生命や、屋内外至るところに生じる自然環境の育成因子をも含んでいます。それによって、生物が生物学的にも健

「生命」の現象

朝鮮の喜左衛門茶碗：16世紀

カタルーニャのマドンナ：彩色された木彫、12世紀

ペルシャの黒と白の器：13世紀

第1章

民族衣装のドレスを着たノルウェーの女性たち

スペインの石造りの穀物倉庫

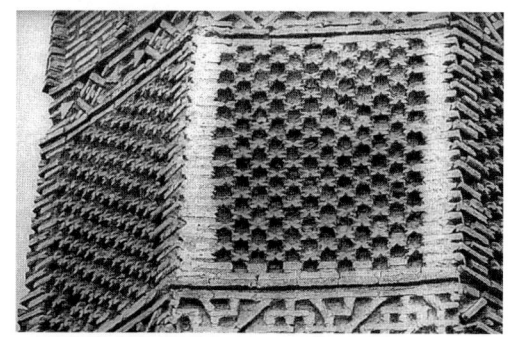

アフガニスタンのレンガ壁：14世紀

サマルカンドのシャディ・マルク・アカの霊廟に施された装飾タイル：14世紀

「生命」の現象

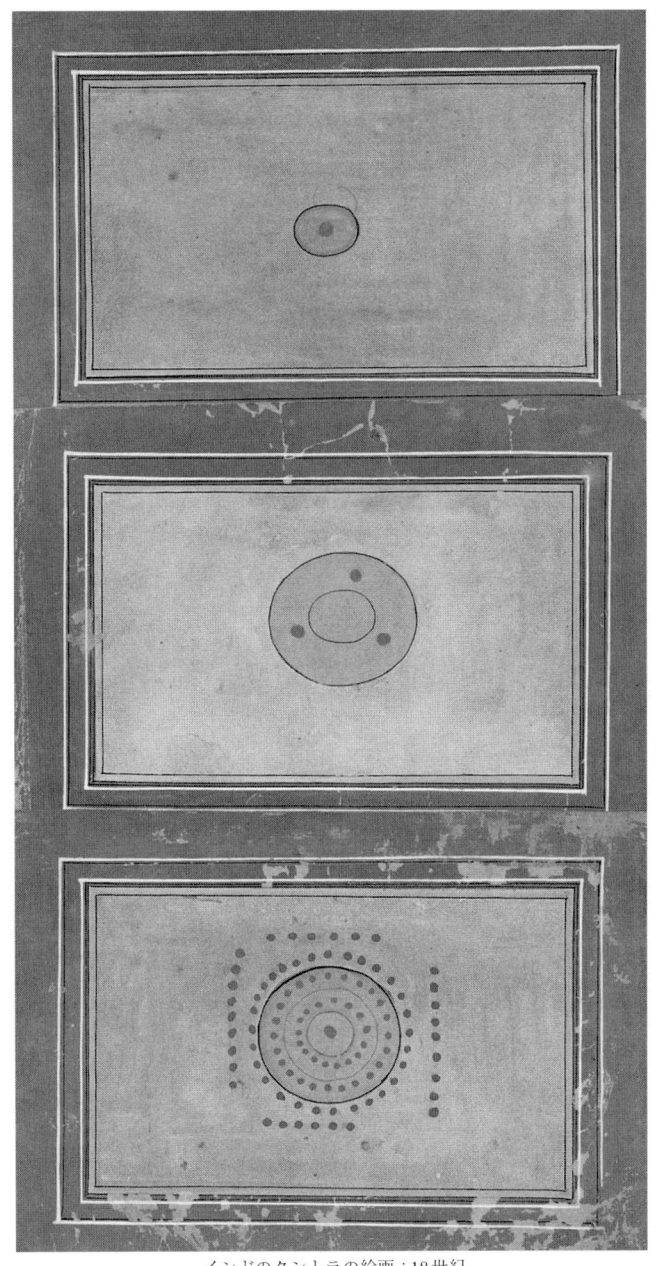

インドのタントラの絵画：18世紀

康であることを保つことができるのです。事物の中の、人間の中の、行動の中の、あるいは建築の中の「生命」のうち、いくつかのケースでは、「生命」の強さが真に特別なレベルに到達することがあります。このような「生命」は、芸術作品の中や、人間生活の中、場合によってはある日の一瞬の時間に表れます。

さらに、これは、建築や工芸品の中にも出現します。これこそが、融合した調和であり、私たちが驚きを伴って経験する最も深遠な「秩序」なのです。この存在を明らかにすることが、本書の真の目的なのです。そして、私たちが建築をつくり出すとき、最も重視すべきなのは、この質を建築の中につくり出す努力をすることなのです。

8／20世紀の建築や芸術作品が持つ「生命」

伝統的工芸品に表れる深い「生命」の感覚は、20世紀以降、あまり出現しなくなってしまいました。特に建築においては、それまで培われてきたプロセスが失われてしまったため、「生命」をつくり出すことが困難になってしまったのです。なぜプロセスの喪失が「生命」の喪失につながるのか、その理由については、第2巻『「生命」をつくるプロセス』の中で明らかにしていこうと思います。

しかし、少なくなったとはいうものの、今なお、時折力強い「生命」の感覚が表れることはあります。事実、20世紀以降も、この「生命」の感覚は無数に表れてきたのです。その例として、これから数ページにわたって、いくつかの建築や場所や事物の写真を集めてみました。どれも近年のもので、ある程度の「生命」を感じ取るには十分に普遍的で深遠です。

これらの例はある程度「生き生きと」感じられます。それは、これらが極力コンセプトによらずにつくられたためです。イメージや「実在」という思想に頼らず、これらは「実在そのもの」であり、自由なかたちで「生命」を吹き込まれています。どれも、つくり手の魂が込められていたり、日常生活の平凡な過程であったりして、力強く、直接的です。余計な思想や、何をすべきかなどという考えに阻害されることがなく、誰もが非常に容易に受け入れられるように展開しているのです。

これらの例は、本物であると認識できるからこそ、心地良いのです。私たちが感じる「生命」は、この本物の質から得られるのです。私たちは、今の世の中に「生き生きと」感じられるものをつくろうとしているのですから、これら近代の事例こそ私たちを殊さらに力づけてくれるものです。これらをきっかけとして、私たちは前に進む努力をしなくてはなりません。また、私たちがつくり出すべきものは、20世紀の世界と調和していなければなりません。それはこれらの事例からも明らかですし、現に実現されてきているのですから。こ

「ピエロの葬式」（版画集『ジャズ』より）アンリ・マティス作

「生命」の現象

テネシー・ウィリアムズの書斎

第1章

アテネの20世紀のアパート

東京・帝国ホテル：フランク・ロイド・ライト設計

ナポリのボート

「生命」の現象

ニューヨーク・マンハッタン橋

「ここに神殿あり」ポール・ゴーギャン作

第1章

ニュージャージー州・アトランティックシティの岸壁

東京近郊・盈進学園の教室群

「黒いドア」アンリ・マティス作

「生命」の現象

うしたものをつくり出す努力は、最も大きな精神的高揚をもたらすものであり、私たちの主目的となるのです。

　この「生命」をつくり出すために、私たちは「生命」が「全体性」から生じること、そして「生命」そのものがどのように「全体性」を帯びているのかを理解しなければなりません。この「全体性」はあらゆるところに存在し、「生命」はそこから派生するのです。私たちが置かれるどのような状況でも、たとえそれがまるで面白みのないものでも、「生命」をうみ出す潜在力はあるのです。

　心地良い普遍的な日常性と、「イメージ」の不在

20世紀の金属加工用旋盤

ニューヨーク・ブルックリンの高架下

第1章

ミラノ・スカラ座

「生命」の現象

「花咲くアーモンドの枝」フィンセント・ファン・ゴッホ作
20世紀に入る直前の時期に描かれたものですが、近代の作品といえます

が、昨今のような状況下で「生命」をつくり出すための主要因となります。ワイシャツ姿の男性、ガソリンスタンドを転用したカフェ、長持ちするようにつくられながら一方で隙間から生えてくる小さな草花にも配慮した廉価な敷石、作業場の機械、大型ダンプの飾り、さほど新しくないハンモック、机に面した壁にピンで留められた写真、店のウィンドウに部分的に施されたペイント、千人が入れるダンス会場のテントが醸し出すお祭りの空気、倉庫の荷物積み降ろし用プラットホームで陽に当たりながら昼休みにサンドイッチをほおばっているふたりの作業員……。これらは皆ありふれたものばかりですが、現代のような世の中では「生命」をつくり出すものなのです。無数に表れるこの心地良い日常性は、現代美術の頂点に立つような作品と全く同様に、どれも同じ構造によってつくられていて、それが適切に機能しているとき、この構造自体が「生命」となる、ということを私たちは理解する必要があります。

第1章

9／ありきたりの貧しさの中にある濃厚な「生命」

この章の中で見てきたいくつかの作品は、とても美しいものです。ただ、これらの作品はあまりにも特別で、少数の特別な人々の手になるものであって、何世紀にもわたる大多数の人類の営みを象徴するものではない、などという意見が、ともすると聞こえてきそうです。

しかし、「生命」の質は、特別なものでもなければ、いわゆる「高貴」なものでもありません。それは、日常生活の最も素朴でありふれた光景の中に、いとも簡単に出現するのです。その意味では、マティスやゴッホの作品の中に表れる大いなる「生命」の感覚はある種の誤解を招いてしまったかも知れません。なぜなら、同様の「生命」の感覚は、粗末な小屋やスラム街にも表れるからです。いや、むしろいまどきの「建築」作品の中によりも頻繁に表れるようです。

一見これは矛盾しているようであり、混乱を招きます。しかし、これは根源的なことなのです。この点の誤解が現代建築に「生命」をつくり出すことができない最大の原因となっているのです。私がここで、バンコックのスラム街の写真をお見せするのは、そのためなのです。貧困と汚れが「生命」を出現させ、輝かせ得るのです。中流階級の「良質」などという発想は「生命」を消し去っています。極限の貧困により、「生命」そのものだけが直接的に表れるくるのです。雑誌やメディアなどに触発された「理想のライフスタイル」などといった観念やイメージは、ここでは全く無縁であり、表れる余地などありません。

読者の皆さんは、私が貧困を美化しているように思うかも知れません。例えば、飢えや疫病や恐るべき差別や偏見に満ちた中世ではどうでしょう。しかしながら、この時代の人々は、少なくとも大聖堂などに関しては、私たちの時代のものよりも良いものをつくっていたのではないでしょうか。では、農奴たちが住まわされたような粗末な小屋などはどうでしょう。このようなものも「生命」を持っていると言えるのでしょうか。

そうです。答えは「イエス」です。

もちろん、当時の疫病や無知はぞっとするものです。伝染病や飢餓に生き生きとしたものなどありません。20世紀においてでさえ、私自身もイン

このバンコックのスラムには本物の「生命」があります

「生命」の現象

バンコックのスラムの住居内部

ドの村に住んだときや、リマのスラム街などで実際に目の当たりにしてきたので、そのことはよくわかっています。

しかし、すべてのこのような貧困の中に、たとえそれがバラックのような住居であっても、何か直接的で人間的な質が存在するのです。それは、私たちが知っている型通りの住宅団地や、モーテルや、マクドナルドの店舗にあるものとは、だいぶ異なります。このページの写真にある見栄えだけの、とってつけたような、風変わりなポストモダンの住宅と比べてみてください。それは、恐ろしいほど生気のないものです。普通ならコメントする価値さえないようなものです。しかし、今の世の中は、何もかもが倒錯してしまっているので、このような建築が正当なものであると考えられ、建築雑誌の紙面を飾りたてるのです。その一方で、上の写真に示したようなスラムの住居は、単にひどいものと考えられてしまいます。

確かにこのポストモダンの家は清潔で疫病とは無縁ですし、住んでいる人は健康で毎日の食事に事欠いたりはしないでしょう。また、バンコックのスラムに住んでいる人は、より短命で常に飢えているであろうことも確かです。しかし、たとえこれらの事実を考慮したとしても、バンコックのスラムとそこに住む人々は、より多くの「生命」

を持っているでしょう。一方で、イメージに支配されたようなコブやら突起やらを持ったポストモダンの家は、「生命」創出の試みはほとんどなされておらず、何らの奥深い真実の追究もなされていません。

このスラムには、心の底から直接発せられた声のようなものがあります。インドの村人たちが住む、泥でできた小屋にも今なおそれがあります。リマのスラム街の借家での耐え難いような貧困の

アメリカのポストモダンの家：
マサチューセッツ州・ウエストストックブリッジ

第1章

中にさえもそれはあります。それこそが「生命」なのです。それは人々の直接的な体験や、悲劇や、哀れみや、無知や、思いやりなどが渾然一体となった力なのです。そこには偽りのない「生命」があります。これが真に「生命」と呼べるものなのです。

マクドナルドのハンバーガーショップや、見てくれだけのポストモダンの家や、水洗が完備され、カーペットが敷きつめられた住宅団地や、東京のマンションなどでは、私たちは心地良さを感じ、不衛生な環境を克服し、物質的な温もりや豊かさを得ることができるかも知れません。しかし、心の底から沸き起こってくるようなメッセージは、そこからはほとんど表れてきません。

このように、過去の偉大な建築のみならず、中世の粗末な小屋や、間口のひしゃげたチベットの村の住居さえも皆、「生命」と直接的につながっていて、私たちの心に親密に働きかけてくるのです。このようなことが、今日の環境では生じにくくなっているのです[8]。

10／事物の中に「生命」をつくり出すという作業

さて、ここで再び、私が日頃から当たり前のように行っている努力について見てみましょう。それは、私たちの誰もが皆、建物やベンチや窓を、単純な心地良い質を持つようにつくることができるようにしたいと私が願い、試みていることなのです。そうなれば、誰がつくったものにも親密さを感じ、それら自体も私たちの生活をしっかりとサポートしてくれるでしょう。

しかし、単純であるはずの、この日常生活をサポートしてくれる質というものは、実は捉えづらいものでもあるのです。特に、20世紀以降においては、様々に絡み合った複雑な要因により、この質は多くの場所から姿を消しています。その最たる原因は、事象に対するいくつかの重要な概念を、一般的常識や実践的なものとかけ離れているとして、私たちの認識から切り離してしまったことです。これらの失ってしまったものの中でも最も基本的な概念は、「生命」は「空間の質」そのものである、というものです。「生命」とりわけ日常の中に極めて当たり前のようにある「生命」、例えば、陽だまりの下でサンドイッチをほおばる、といったような体験、こういったものが、現代の知的光景から切り離されてしまったのです。これを取り戻すためには、私たちは、平凡でありながらとてつもなく重大な、事物の実像に即した、この世界全体の実像を、注意深く再構築しなければなりません。

この章で示した多くの事例は一見、どれも似ていないように見えます。確かにこれらはそれぞれ時代も場所も異なるのですから、無理もありません。しかし、それぞれを今一度、より深く検証していくと、これらの異なるケースが皆同じに見えてくるのです。これらはすべて、その外観に同じ種類の深遠な質を持っているのです。よくよく観察するならば、それらにはすべてに同じ構造が繰り返し繰り返し見えてくるのです。

この構造のひとつの典型として、禅宗の教えである「わびとさび」があります。これは日本伝統の美の概念で、英訳するとすれば、"rusty beauty（さびた美）"が最もふさわしいかと思います。事例にあげたものもまた、どれも美しいのですが、同時にどれも何らかの損傷を受けています。「生命」とは損傷を受けているものでもあるのです。完璧に無傷なものに本物の「生命」などありません。日本料理店や、アトランティックシティの岸壁に据えられたベンチで独り海を眺める人や、バンコックのスラム街の家や、ゴッホのアーモンドの枝にさえも、粗野でありながら人懐こい質があります。この、本物の「生命」、偉大な芸術や偽りのない体験から現れる深遠な「生命」の質こそが、私たちが求めるものなのです。

驚くべきことに、この極めて深い「生命」が見せる表情は、いつも同じです。川べりに座っている老人の深い皺の刻まれた顔にも同じものが見えます。カルティエ・ブレッソンが撮影した、慌しくも注意深く設営されているピクニックの場にも同じものが見えます。ごくありふれた自然の川の質の中にも、川岸に生えた苔の中にも、伝統的な

「生命」の現象

「川べりのピクニック」アンリ・カルティエ・ブレッソン撮影

ペンシルヴェニアの納屋の大雑把に打ち付けられた板の連なりの中にも、同じものが見えます。

同じものは、偉大な工芸や、イスファハンのモスクの繊細さや、そこで使われているタイルの中にもあります。タイルは完璧に見える外観の下に、そこに潜む作者の陶酔したような解放感やそれに無造作にゆだねた感覚が隠れています。そういったものによって、それぞれのタイルに描かれた花模様には、自由な感覚が吹き込まれているのです。

感銘すべきは、これらすべての事例が、ある種の楽しさあるいは明朗さや、純潔さや、簡潔な質をもっているということです。それらの奥深さは、機械的な構成からくるものではありません。それは、真実や気楽さといったものからくるものです。その気楽さは、人をハッとさせもします。これらのものたちは、私たちの心に共鳴するような、時には脱力感さえ催させるような気楽さと真実に到達するのです。そして、私たちに「生命」の本質のようなものを思い起こさせるのです。そこには、いかなる手の込んだ技巧をも超越した簡潔さがあります[9]。

「生命」の質は、私たち人類をも取り込んでいきます。最も深遠な「生命」を持つ場所にいると、自分自身の自我と精神も深いレベルの「生命」に達していきます。ある特定の建物の中で得られる「生命」の質は、その建物で受ける体験からくるものでもあるのです。

さらに「生命」の質はあらゆる領域に広がっていきます。建築の質を判定する際には念頭にない、一般的な生物の生命も含みますし、一方で、建築の材料となる石やコンクリートや木の柱などが持つ、強弱のある「生命」も含みます。また、ゴッホのりんごの花にはより深く表れ、宣伝広告のポスターなどにはさほど深く表れないような、「生命」も含みます。あらゆる場所、あらゆる石、あらゆる筆跡の一つひとつに、植物や昆虫に表れるのと同じように表れるような「生命」も含みます。カリフォルニア大学の近くの、人口が密集したバークレーの丘にある、私の自宅の庭を歩きまわっている鴨の「生命」も含むのです。

したがって、ここに「生命」と建築の新しい概念が表れます。例えば、私の家は庭に鴨がいるために、より良いものになるのです。また、窓の美しい形状は、窓そのものに「生命」を生じさせるだけでなく、それを含む家の「生命」をも強化するのです。

また、私たちの精神も、精神そのものがこの大いなる「生命」を持つことにより、いっそう深みのあるものになるという概念も生じてきます。そして、人生の中で到達するより力強い「生命」は、建築に使われる丸太や石の中にある「生命」の存在と、非常に複雑に結びついているのです。

この結果として、私が示したいのは、この深遠で、神聖ささえ感じられる、私たちとそのまわりに存在する「生命」の概念は、識別可能な構造と直接的かつ実質的に結びつくことになる、ということなのです。それは空間に生じます。建築に「生命」を創出する深遠な秩序は、空間に表れる物理的・数学的構造による直接的結果なのです。それは、具体的で明確なものであり、説明することも理解することも可能なものなのです。

注

1　この第1節で指摘した点については、その後1991年にEsalen研究所でシム・ファン・デル・ライン氏と共に行ったワークショップの中で、さらにいっそう明確になりました。氏とこのワークショップに参加したメンバーとは素晴らしい議論をすることができ、大変感謝しています。

2　このような概念は、現代の科学ではまだ見ることができませんが、伝統的な仏教では見ることができます。その多くの宗派では、この世に存在する万物には「生命がある」とみなしています。多くの精霊崇拝の宗教にもそれは見られます。例えば、アフリカの少数民族、あるいはオーストラリアのアボリジニなどは、この世のいかなる部分にも「生命」と魂がある、とみなしています。近現代の西洋の伝統にも、例えば生気論の伝統においてなされているように、様々な半科学的試みが行われています。Goethe, Hans Driesch, and Henri Bergson's *CREATIVE EVOLUTION* (New York: Henry Holt & Co., 1937) 参照。しかし、このような「生命」の汎世界的存在についての、これらの詩的な表現を伴った主張は、いまだに科学の潮流の一角をなすには至っていません。それらはまだ、経験的に積み上げられるような知識を共有できる、堅牢で構造的な、一種の良質な感覚には至っていません。私たちはこれまでのところ、この種の科学的概念は持っていないのです。

3　セオドア・ローザク著、小幡和枝訳『地球が語る：「宇宙・自然・人間」論』（1994年、ダイヤモンド社）においても、徐々に姿を現しつつある科学的概念として、万物に存在する「生命」について述べられています。

4　自己再生システムの、今日の簡素化された定義による。

5　クリストファー・アレグザンダー著、平田翰那訳『時を超えた建設の道』（1993年、鹿島出版会）。

6　オルダス・ハクスレー著、中村保男訳『永遠の哲学：究極のリアリティ』（1988年、平河出版社）参照。

7　1970年までに、ここで述べたような質について著述する人々が現れ始めました。その最も根源的な例は、日本の著名な陶芸家・柳宗悦でしょう。彼のそれに対する姿勢は、*THE UNKNOWN CRAFTSMAN: A JAPANESE INSIGHT INTO BEAUTY* (Tokyo: Kodansha International, 1972) の中で述べられています。柳はまた、日本民藝館を創設しました。それは、近代以降でこの種の工芸に正式にスポットを当てた初めての美術館でした。今日では、このような伝統的工芸品は以前よりも遙かに高く評価され、広く受け入れられています。

8　本章における多くの事例が偉大で深遠な「生命」を持っているという事実は、簡単な実験により、経験的に確かめられそうです。いくつかの重要な実験や、様々な種類の実験については、第8章から第9章にかけて広範に述べられています。

9　ここに掲載した写真（34～61ページ）に見られる「生命」に共通する質については、神秘性を唱える人々によって著述されています。そのいずれもが、偉大な宗教の教えの中に組み込まれています。例えば、スーフィ教の「神に酔う」、すなわち'Umar Ibnal-Farid, *KHAMRIYYAH* (1235)にある「私たちは最愛の人の思い出に酔いしれた。ブドウがつくられる前からブドウ酒に酔いしれたように」と書かれているように。

似たようなテーマは、禅美術や初期の禅の教えなどにも現れます。近現代の西洋人の中では、例えばHubert Benoit, *THE SUPREME DOCTRINE* (New York: Viking Press, 1959), translated from the French, *LA DOCTRINE SUPRÊME SELON LA PENSÉE ZEN* (Paris: Le Courrier du Livre, 1951); also idem, *LET GO* (New York: Samuel Weiser, 1973) などを参照。これらを総括するような内容としては、オルダス・ハクスレー著『永遠の哲学：究極のリアリティ』（前掲6）参照。さらに、クリストファー・アレグザンダー著『時を超えた建設の道』（前掲5）第2章「無名の質」も参照のこと。

第2章

「生命」の強弱

第 2 章

1／日常生活の中にある「生命」の強弱を見分ける

私が第1章で明らかにした質、つまり物質組織特性として生物学を超えた「生命」の質は、空間のすべての部分に様々な強弱を持ちながら存在していると私は確信しています。それは、例えばこの文の終わり、「.」(ピリオド)のインクと紙の中にも存在していますし、ここに印刷された「q」という文字のインクと紙の中にも存在しています。もちろんそれは両方とも存在としては弱いですが、「.」(ピリオド)よりも「q」という文字の方にやや強く存在しています。それは様々な人間のできごとの中にも様々な大きさで存在しています。例えば、「生命」は、右下に示されたハーレムのスラムよりも、左下に示されたドミニカ島の情景の方が、その存在が強いのです。

この章で私は読者の皆さんに、ほとんどすべての人がこの質を知覚し、この質が、空間の異なる場所で、異なる強弱で生じていて、それを感じることができるという確信を与えようと思います。さらに、私はもっと大きな務めとして：読者にこの質が真実であるという確信を与える基本的枠組みも提示したいと思います。空間のすべての多様な場所で観察できる、様々な「生命」の強弱は、私たちの認識上の所産だけではなく、認識が見出す空間の客観的で現実的な物理現象であるということを、はっきりさせようと思います。

私はこの質が、美しいものと醜いものとを単に区別するための基準ではないこともはっきりさせたいと思います。それは、私たちが歩きまわる最も日常的な場所で、最も平凡なできごとで、世界のかたすみでのかすかな違いとして感じる何かなのです。それは場所から場所、瞬間から瞬間に変化している質であり、変化する強弱をもって、すべての瞬間、すべてのできごと、空間のすべての場所に現れてきます。

次の対になった写真で、それぞれ対の要素における相対的な「生命」の強弱を比較するトレーニングをしようと思います。それぞれの対で、左側にはより多く「生命」を持つ例と、そして右側には「生命」がより少ないと思われる例を配置しました。

貧困のふたつの場所：一方は生き生きとした例、もう一方は遙かに活気のない例

雨宿りの場所　　　　　　　　　　　ハーレムの荒地

「生命」の強弱

樹木のある道路、信号のある道路

　この例はかなり明らかです。これら2枚の写真に感じられる「生命」の差は、樹木のある写真の方が、その生物学的概念の見地から、生き生きとした有機体が存在するわけですから、より明確に活気があると感じるに違いありません。しかし、これ以外の例における「生命」の強弱は、ただ単に生きている有機体の量にのみ左右されるわけではありません。

郊外の樹木のある道路

郊外の信号のある道路

丘に対してやさしい道路とより急角度に切り開かれた道路

　下の2枚の写真で、目に見える樹木の相対的な量はおおよそ同じです。しかし左側の例では、道路は丘に対し調和しています——そしてこの調和からより大きな「生命」が表れています。右は左より荒涼として不毛とさえいえます。左は丘に対してやさしく、その丘の自然をより意識することができます。だから、こちらの方がドライブするのが楽しくなります。

丘に対しやさしい道路

丘を切り開いた道路

第 2 章

樹木の中の道路、むき出しの丘の道路

　この対比はちょっと難しいです。左側の道路は多くの木々と、より多くの光と影があります。それはより多くの「生命」があるように見えます。もう一方は乾いた草が多く見えます。この例では理論的な意味付けが、どちらがより多くの「生命」を持つかを識別するのを難しくしています。まず、樹木のある左側の例がより多くの「生命」をもつことは明らかです。しかし、その理由を自問し始めると混乱します。両方とも葉の数と草の数が同じくらい多いじゃないかと思うでしょう。

　しかしもし皆さんが、考える時間がなく2秒で素早く選ぶとするならば、樹木のある写真を選ぶでしょう。私はそう確信します。この<u>フィーリング</u>は明らかです。ただ、皆さんの直感が正しいという理屈が成り立たないのが困りものです。私は左側の「生命」の大きさは、暗さと明るさに関係があると思います。左の方により多くの「生命」を与えているのは、<u>光</u>なのです。

木々の中の道路 　　　　　　　　　　　　　丘の中の道路

馬小屋の内側、馬小屋の外側

　馬小屋のこれら両方の場所に、工業製品や棒や柵があり、そして人がいます。しかし戸外の写真には、この写真が、馬を見ている人に焦点があてられているにもかかわらず、そのまわりに一種の「死のような状態」があります。その馬小屋の内部は暗くても、心地よい質があり、しかも殺風景ではありません。この対比で、私たちは異なる場所で体験する「生命」のフィーリングが非常に微妙なものであり、そのことを明らかにするためには、私たちのフィーリングを注意深く再検討しなければならないことがおわかりでしょう。

馬小屋の中 　　　　　　　　　　　　　馬場を眺めている

「生命」の強弱

より親しみのある家の境界、より親しみの少ない家の境界

　この例で、左の方の場所に「生命」をもたらすものはたぶん、ディテールの多さ、花が植わった鉢、差異の明確さ、心地良い完結さなどでしょう。この詳細の違いは右の家にはほとんど見られません。左側の場所はより手がかかっています。そこにはより美しい繊細さがあります。たぶんこの美しさ繊細さが、それ自体の多くの「生命」があるというフィーリングの原因でしょう。

より親しみのある家の境界

より親しみの少ない家の境界

平凡なピックアップトラック、有機的な絵柄のついた車

　その「一風変わったいきもの的な」イメージが必ずしもより多くの「生命」を持つわけではありません。このカリフォルニアの絵付けされた車は、「生命」を象徴しているように見え、それ故にだまされやすい人は、より生き生きしているものとして選ぶかもしれません。

　しかしもし皆さん自身が、ふたつのうちのどちらがより多くの「生命」を持つかの判断をするにあたって、どちらが自分自身の「生命」により近いと感じられるか、どちらの方がその中に日常的な現実感があるかを自問してみてください。すると、平凡だけれどもピックアップトラックの方が、より純粋に、真に「生命」により近く、より多く結びつきがあることに気づくでしょう。

　一風変わった柄の車は、よりイメージの世界に依存しており、真実の「生命」とは何の関わりもありません。ピックアップトラックはあまり素晴らしくは見えませんが、より真に生き生きとしています。

平凡なピックアップトラック

生物的な絵柄のついた車

第2章

同じ寝室のふたつの眺め

　ここでは、ひとつの部屋のふたつの異なる眺めを見てみましょう。一方は窓に焦点を合わせており、その画面の中ではより少ない「生命」しか存在しません。もう一方はベッドの後ろのテーブルと、そこに置かれた私物に焦点を合わせています。こちらの方が構図的に見て、より多くの「生命」が存在します。

　強弱の違いはかなり明らかです。しかしこのことは一考の価値があります。なぜならもし皆さんがこの識別に慣れていないならば、ひとつの部屋でさえもひとつの領域が他の部分に比べそれぞれ含まれる「生命」の量が違うかもしれないということに、気がつかないかもしれないからです。この特別な例では、生活している人々との関係が深く、そしてその便利さと快適さの程度によって、より多く利用される領域だからこそより「生命」が存在するのです。

ベッドの後ろを中心とした一角

窓を中心とした一角

カリフォルニア大学構内のふたつの駐車場

　これらふたつの例は「生命」の似た例を意図的に取り上げました。これらはカリフォルニア大学構内の50フィートも離れていないところにあります。しかしもし皆さんが、直接見てどちらにより「生命」が存在するか、どちらが皆さん自身にとって生き生きとして感じるかを自問するならば、たぶん左側の方を選ぶでしょう。それは車のサイズが不揃いなせいでしょうか？あるいはより小さな庇が入り込んできていることで感じるスケール感から来るのでしょうか？その理由を確定するのは難しいけれども、ささやかな証拠はあります。

やや多い「生命」のある駐車場。車が不規則に置かれており、小さな庇が出っ張って
より多くのつながりをつくり出しています

やや少ない「生命」の駐車場。なぜなら車は一様に置かれており、その場所はより広く、より均質的であり、非人間的です

「生命」の強弱

鏡の中の少女と広告のモデル

コニーアイランドの自動販売機の鏡の中の自分を見ている少女は、広告の中でポーズをとっているモデルよりも、この瞬間、より強いエネルギーとより大きい「生命」への愛をもっています。この例では、驚くにはあたりませんが、ポーズをとっている人物の方の「生命」が少ないのです。

コニーアイランドのティーンエイジャー

ヴォーグの広告

ふたつのオフィスビルのロビー

これは興味深い例です。驚いたことに、整頓されている方に多くの「生命」があります。左側のロビーはやや磨き上げられ、均質なつやがあります。しかし、より多くの「生命」があります。その場所の光を発している質が、そこを魅力的にし、そこを通り抜けるようにと仕向けているようでもあります。右側の方はほめるべきものはほとんどありません。人々でいっぱいで、より多くのまぶしい光はあっても、親しみは少なく、フィーリングはなく、あまり「生命」は存在しません。

より輝き、生気をもっている屋内

混乱した、より活気のない屋内

第 2 章

古い柵、新しい柵

　これは、荒廃したものの方が、より多くの「生命」を持っている例です。間違いなく古い方の柵がより多くの「生命」を持っています。それは風雨にさらされ傾き、風や地面や水にさらされています。私たちは「生命」が何らかのかたちで、時の経過を必要としていることを垣間見ます。そしてそのささやかな差異や適応が、私たちが「生命」として感じるものなのです。

古い柵　　　　　　　　　　　　　　　新しい柵

ダウンタウンのふたつの通り

　ふたつの渋滞している通り、両方とも都会のダウンタウン地区である、タクソンとアナポリスです。それでも、一方（アナポリス）は明らかに他方より多くの「生命」をもっています。「生命」の強弱は、そのものの良し悪しには関係なく常に存在します。

メリーランドのアナポリス　　　　　　アリゾナ州のタクソンの高速道路

「生命」の強弱

上海のふたつの地域

これらふたつの大規模に建設されたダウンタウン地区は、どちらも地上の楽園ではありません。しかしそれでも左側の方には、活気と、人間の物語の可能性と、困難の中に生きた力強い「生命」があります。右側の写真は厳しさがより深く刻まれ、規則的で、独創性がなく繰り返しが多く、そしてそこにはより少ない「生命」しか感じられないでしょう。

上海のダウンタウン。醜いがそれでもなおダイナミック。
人間の存在の鼓動

再び上海のダウンタウン。しかし規則的で繰り返しが多い。
そして活力がない

2／これらの事実に基づいた普遍的なフィーリング

これらの実例で提示した事実の本質はいったい何でしょうか。まず、本質的なことは、少なくとも私たちの多くが、それぞれの例の左側を右側より生き生きとしていると感じることです。このフィーリングの背景は何であるかを述べたり、あるいは説明するのはまだ早計すぎます。しかし私は、それでも、皆さんにその微妙な違いに気づいてほしいのです——私の期待通りに体験していただけたなら——違いがわからないような状況であっても、その体験自体はれっきとした事実なのですから。

いくつかの事例で、私とは異なった判断をされたかもしれませんが、それでも大まかには同意見だったことに気づかれたことと思います。

日常生活では、場所や、物、社会的状況、人間の行動、そして生態学的組織でさえも——2枚の葉、川のふたつの異なった蛇行の仕方などを比較しても、ほんの些細な違いでも——私たちはそれらを識別をすることができます。ほんのわずかしか異なっていない事例でも同様です。もちろん識別される質、この神秘的な「生命」はとても大きい強弱で表れています。第1章の写真はどれも、「生命」がとても大きく表れている極端な例です。

歴史的な時代や、いわゆる原始的な文化において、人々は、世界の異なる場所が「生命」または魂の異なる強弱を持つということを理解していました。例えばアフリカ社会の部族や、カリフォルニア・インディアン、あるいはオーストラリアのアボリジニ族の間では、木1本ずつ、岩のひとつずつの違いを認識することは当たり前のことでし

た。すべての岩々が「生命」をもっていても、この岩はより多くの「生命」、そしてより多くの魂をもつと認識し、この場所が特別な意味を持っているということを知っていたのです。カリフォルニアのユロック・インディアンはT. T. ウォーターマン教授の協力で、こうした種類の無数の違いを明らかにしました。それらを教授は記録しました。例えば「魚釣りの岩」として知られている特別な岩、あるいはこれこれの目的の木として知られている木、などが一般的なものでした[1]。

私たちもまた――私たちの自然科学的な遺産に対してさえ――ある場所が他の場所より重要であるというフィーリングを持っています。また私たちは、ある木や、ある岩、ある絶壁、ある開拓地などが大きな力と魂を持つと感じます――あるいは少なくとも私たちはそうした場所に畏敬の念を抱き、あるいは「生命」の強さを感じることを認めます。さらにこの体験は共有されるのです。これは奇異なことではありません。多くの人々が全く同じ方法で、コロンビア川の<u>この</u>蛇行の形に、<u>この</u>庭の門に、<u>この</u>部屋に、<u>この</u>せせらぎに、<u>この</u>海岸に、同じフィーリングを感じるのです。

3／私たちが一般的な「生命」の質を事物の中に認識することの難しさ

それでも思慮深い読者の皆さんの中には、この事実の本質について異議を持たれる方が多いのではないかと思います。実際何人かの読者は、私が事実と呼ぶものが事実であるのかどうか、そして私が指摘した現象が確かであるかどうかという点にさえ疑問を持たれるかもしれません。

これは私の提言への当然の反応であると思います。もしこうした重要な観点が真実で、現代の私たちに受け入れることができるのであれば、それは広く知られ、同意されるようになり、社会的に承認されると期待してよいでしょう。世界中のいろいろな部分が生き生きとしたり、死んでいるということが真実であるならば(そしてそのことが一般に認められるならば)、この事実こそすべての建築や都市計画の見解の背景となることは当然です。

しかしこの提言は、私たちの今日の思考の明白なバックボーンになってはいません。このことは私の主張している事実に反することを言っているように思われるでしょう。実際読者の皆さんは少なくとも実例のいくつかにおいて、皆さんの最初の気持ちは私の判断とは違うと思われる方もいらっしゃるでしょう。この事物においてより多い「生命」の存在、あるいはより少ない「生命」の存在という観念は確実で、経験的な内容ぬきの、個人的で風変わりな判断であると言われてしまうかもしれません。

確かに、もしそれが単に個人的な価値判断だったならば、世の中のものごとはどのようであるかという私たちの既存の観念はそのまま何の変化もありません。一方、空間の異なる部分によってより多くの「生命」を持ったり、より少ない「生命」しか持たないということが実際として――客観的に――真実だったならば、この事実は逆に私たちの世の中に対する理解の仕方に大きな影響を与えるでしょう。

ですから、このことは<u>真実ではない</u>と仮定する方がずっと容易です。空間がそれ自体「生命」を持ち得る、ということを信じるのは難しいことです。空間の一部分が比較的より多くの「生命」をもち、他の部分がより少ない「生命」しかもたないであろうという概念――そしてこの相違は生物学的組織の存在に基づくのではなくて、それよりも空間それ自体の中にその構造によって内在するであろうという概念――は世界のまさしく根源に関わる私たちの信念への挑戦となるでしょう。

この概念に初めて出会った多くの人々は、はじめは自分自身の感覚を証拠として信用することに対して直感的に拒絶するでしょう[2]。しかし私の見解では、その概念をうまく捉えるためには、私たちはこの直感的な拒絶を克服しなければなりません。それを可能にするために次のふたつの節で、相対的な「生命」の強弱がもっと明白な例を説明しましょう。

4／バンコックのスラム街にある家とポストモダンの家

1992年、私はカリフォルニア大学で110名の建築学科の学生たちに講義をしていました[3]。そして、授業で再度バンコックのスラムの住宅と、ポストモダンの八角形の塔の住宅をスクリーンに映しました。

私は学生たちに、そのふたつのどちらが、より多くの「生命」を持つように見えるか質問しました。

何人かの学生にとって答えは明白でした。しかし、その他の学生にとっては最初のうちそれは不快な質問でした。そのうちの何人かは「何が言いたいのでしょうか」「この質問の意図は何でしょうか」「先生の『生命』の定義とは何でしょうか」などと質問してきました。そこで私は学生たちに次のように明言しました。「私は事実に基づく判断を求めてはいません。ふたつのうちどちらの方が『生命』を持っていると感じるのか。自分自身のフィーリングに訴えるのはどちらか。それを決めるだけなのです」と。私がそう言った後もなお、この質問はすべての学生たちにとって納得のいくものではありませんでした。

そこでまず、その質問をより受け入れやすくするために、私は学生たちに次の3種類の答のうちからひとつを選んでもらうことにしました。

- バンコックの住宅がより多くの「生命」を持つと感じる人
- 八角形の住宅がより多くの「生命」を持つと感じる人
- この質問はそれ自体意味をなさず、自分自身のフィーリングによる答えさえ述べたくないと思う人

結果は次のようなものでした。

- バンコックのスラムの住宅の方がより多くの「生命」を持つと答えたのが89名
- その質問が意味をなさず、あるいは選択できない、または選択したくないと答えたのが21名
- 八角形の塔の方がより多くの「生命」を持つと答えた学生はいない

繰り返しますと、これら110名の学生たちのうちで、ひとりとしてそのポストモダンの建築がバンコックの家よりも多くの「生命」を持つ、と答えたいとは思いませんでした（あるいは答えようとしませんでした）。これは驚くべき高いレベルの合意を物語っています。

もちろんこの質問——私の選択したこれらふたつの例——は、ばかばかしく思われるかもしれません。八角形の家は人が住んでいないように見えます。この試みは、一方は人が居住しており他方はそうでないということを言う、単なる票決だったのでしょうか。もしそうならば、たいして意味はありません。

しかし、この種の懐疑的な反対意見を挙げた人々にとってさえ、表面上何かが起きていたことは明らかでした。この問題を判断できないと言った21名のうち数名の建築学科の学生は、後日私のところに来て、「そのスラムの方がより多くの

バンコックのスラムの住居　　　　　　　ポストモダニズムの住宅

『生命』をもっていると感じたけれど、そう言うことを快いとは感じませんでした」と言ってきたのです。この質問は取るに足らない簡単なものなのに、どうして言いたくなかったのでしょうか。

もっとも私にはそれが取るに足らないことだとは思いませんし、それが彼らにとっても取るに足らない問題ではないと思っていました。実は学生たちは、建築学科で教えられた価値観と、彼らが認め否定することができなかった真理との葛藤に戸惑っていたのだと思います。知らず知らずのうちに彼らは貧困、飢餓、そして病気にもかかわらず、スラムの中に存在するあらゆるフィーリングを含んだ日常的な「生命」の質をそこに見出したのです。たとえ私が明日には人が住むことになっていると説得しても、納得させることが不可能なくらい、八角形の塔には明らかに「生命」の質がないです。

したがって私の見解では、人がこの判定をする感覚は、実在的な何かです。そしてこのことが理由で人々は合意しようとするのです。確かにそれは実在する何かなのです。

この結果の持つ力は驚くべきものです——特にこの授業の聴衆であった百余人のほとんどが建築学科の学生たちだった、ということを思うならば。文化的環境と20世紀後半の風潮の下、学生の多くはポストモダンの塔のような建築を建てる方法を学ぶために学校に来ているのです。もしこれらの百名もの学生たちが、これらふたつのもののどちらがより多くの「生命」をもつかを問われたとき、彼らのうちひとりが自信を持って、明らかに「建築」的な方（他の授業で建築モデルとして示されるポストモダンの建築）がより多くの「生命」を持つ、という気になれなかったとしたら、何か注目すべきことがここに起きていることは明らかです。

実際こうした学生たち——彼らの多く——はこの質問に戸惑っているのです。なぜなら、まるで秘密で隠された真実が、知らず知らずのうちに彼らの心のうちから引き出されていくのに気づいているからです。バンコックのスラムの住宅がより「生命」をもつと言ってしまった後、その本人が「それでも、とにかく八角形の塔の方が良い」とか「ポストモダンの建築は良い」というのは自分自身に正直であるといえるのでしょうか。

こんな単純な質問でも、歪んだ価値観を疑わせる力をもっています。学生たちはいらいらし、愚かで不合理な質問だと感じたかもしれません。数名は、明らかにその質問を好ましく思わなかったり、あるいはそれを正しく答えようがないと感じ、棄権しました。しかし実際に遥かに大多数の人々がその質問をされた時、他ならぬこの判定をしたのです。

5／装飾写本と講堂のディテール

私は別の機会に、似たような経験をしました。学生たちに、ある彩色聖書の装飾写本（75ページ左）と、講義をしていた講堂の壁の部分とを比較することを求めたときのことです——その壁は丸い真鍮の照明と真鍮の棒でポストモダン風に装飾されていました。

再びそのふたつのうちで、彩色写本の方がより多くの「生命」をもつという、強い意見の一致がありました。しかし前と同様に、合意に気が進まない数名の学生は、彼等自身その質問にいら立ちを示し、それが間違いであり"不正に操作されている"と感じた、と表明しました。

その不快さは、「この比較は『不公平』である」と苦情を言ったひとりの建築学の学生によって代表されます。私は「それが不公平だとはどういう意味なのか」と尋ねました。「何らかのずるいやり方で、近代建築が良くないという考えを主張しているようだ」という答えが戻ってきました。ある学生は「その彩色写本は『古い』」と不満を述べました。私は答えました「いや、私はあなた方自身の気持ちを聞いているのです。このふたつの例のうちどちらがより多くの「生命」を持っているのかを、自分の直感に従って答えて欲しいと言っているだけなのです」「一方は古いので不適切な比較であり、公平な比較ではない」という返答が再び戻ってきました。しかしこの質問のポイントは、

「生命」の強弱

人が実際に「生命」の強弱によってものごとに反応し、しばしばそれに合意するということを単に示すことなのです。不満を持った学生たちの示した反対意見ではそれを否定することはできませんでした。このように、判断基準が客観的なものであると示すだけでも、学生が学校で教えられてきた「好き嫌いの気持ち」の根源にまで切り込んでいってしまい、学生たちは不愉快になるのです。

学生たちのいら立ちはものごとの本質をより明確にします。私はこれらの問題を追究するための方法として、建築の良し悪しについての識別をするための根拠として「生命」の存在を基準として使用することを意図しています。できるだけ多くの「生命」をもつ建築をつくる学生たちを励まそうと思っています。表面的にはどの建築がより多くの「生命」を持つかを問うことは、全く率直で問題のないことのように思われますが、実はこれは建築教育や建築の実践における現在の問題点の核心に迫る質問だと確信しています。

現代建築の基盤は、この素朴な質問により脅かされるでしょうか？

学生たちはこのやっかいなジレンマを克服するには、何か口実が必要であると気がつきました。たぶん、この判断基準を適用することは難しいという印象を与えようと思ったのでしょう。しかしやがて、驚いたことにこの基準がむしろ適用しやすいことに気づきました。そして、それ以上の驚きは、さらにこの基準が選び出した建築は、現代もてはやされている建築ではなく、全く反対のものだったのです。

現代の流行の建築は中身がないのです。その信奉者は、建築に「生命」を見ることを拒否しています。何が良くて何が悪く、何がより良いのかということを決める基準として、適用することも拒否するのです。なぜならそれによって現状を維持することができるからでしょう。今の建築の流行を多く見れば見るほど、まさにこの基準の存在そのものが、建築の分野に存在している知的な秩序を脅かしているように思われるでしょう。

端的にいえば、建築家と建築学科の学生はこうした質問に対面するとき、しばしば不快感を示します。なぜならそのように問われるならば、必ずやほとんどの人々が同じ答えをするとわかるからでしょう。そして結局は現在の建築が、良くないと判定されてしまうと感じ取るからです。

「生命」の強弱が測定できるということが現在の生物学的理論の範囲内では説明がつかないということは、深刻な困難を引き起こす可能性があります。私が発したような質問は、それを裏付ける理論的な枠組みがないので、知的な理論として疑惑を生じるのです。その質問の意味を理解できないとか、それに見合った科学的用語で表現できないとか、その質問が実際何についてのものなのか全く明確にできないという理由で、とても不快に感じると明白に言ってきました。それは何か禁じられたものへのドアを開くことのように思われるの

7世紀のキリスト教の装飾写本　　　　カリフォルニア大学バークレー校ウォースターホールの壁面

事物の中に見たり感じるこの「生命」の存在を明らかにする力は、逆にその"危険性"に注意を払うならば、もっと明らかになるでしょう。この30年間私は事物の中の「生命」の存在を見て、これを受け入れることはかなり難しいと確信するようになってきました。なぜならその存在の社会的な影響があまりにも広範だからです。簡単に言うと、もしこの「生命」が事物の中に存在するならば、その事実だけでもとてつもない結果をはらんでいます。つまり私たちの社会や生活の方法をガラリと変えなければならないことを暗示しているからです。この変化を考えると、その恐れや自然な抵抗が生まれ、精神的に臆病にさせ、狭量にならざるを得ません。あいまいな――時にはそんなにあいまいではないのですが――その「生命」がもし存在するならば、社会のすべてのものと世界観を変化させてしまうだろうと感じているのです。このため人は事物の中に「生命」の存在を認めることに気が進まないのかもしれません[4]。

このような理由により、この種の困難を感じている人と対話するときは、私は緊張をほぐすためにこう言います。「この質問が馬鹿馬鹿しいのはよくわかります。でも私と一緒に考えてください。その質問の意図とか何かを意味しているかどうかは忘れて、ただ頭に浮かぶ最初の答えを言ってください。あなたにとってこれらふたつのどちらがより生き生きと感じますか」。このようにすることでいったんリラックスできると、人は何を感じたかを積極的に話してくれるようになります。

しかしそのときでさえ口やかましい声が戻ってきます。「これはどういう意味ですか？これはゲームですか？何が言いたいのですか？」そしてこの口やかましい声は、彼らが何と言おうと、ほとんどの人々が同じ回答をするだろうと推測する事実がありますからさらに大きくなっていきます。機能主義的世界の観念の正当性を守るために私たちの心の中に創られたすべての防衛本能は、その質問に反対する議論を始め、質問されることを嫌い、それが馬鹿馬鹿しいと言い始めるのです。

人々が感じる苛立ちにはもうひとつの理由があります。20世紀の建築はある容認された様式の規範を確立しました。私が挙げた比較のうちで否定的な方の例が当世風規範の典型です。しかもそれらは明確に少ない「生命」しか感じない方のものです。それゆえすぐにこの質問は20世紀建築への深刻な批判の門戸を開きます。もし20世紀の基準で良い設計の典型的な例がバンコックのスラムより「生命」が少ないならば、中世の彩色写本より「生命」が少ないならば、近代とポストモダンの建築を弁護することを望む建築家は、ただ自身の職業とプロとしての自らの存在価値を守るために「この質問は意味をなしていません」と言わざるを得ないでしょう。

もちろん「どちらの方があなたにとって生き生きと感じられますか？」という質問は根本的に単なる感情的反応にすぎません。だからこそ、これに対して人は不快になってしまうのです。その質問が何を意味しようと、それは20世紀の終わりから現代にかけての建築のイメージに基づいた様式に対して、大きな革命を呼び起こす思想の領域に踏み込んでいるのでしょう。

6／重大な事実

私が挙げた例はフィーリングとしてみれば、うまくいくことは明らかです。私たちは毎日の生活の小さな面においてでさえ、あらゆる場所の「生命」の強弱に気がつきます。私たちは大体において、どの場面がより多くのそしてより少ない「生命」をもつかについて合意します。多くの場合、「生命」の強弱の存在が事物の中に内在していることを本能的に感じ取ります。

しかし、手近に明解な説明は見当たりません。生物学的あるいは機能的な「生命」の定義はこれらの識別を説明していません。もちろん私がここまでしてきたような簡単な解説では、すべてのケースを説明するにはまるで不十分でしょう。

しかし疑惑――たぶん読者の皆さんも同感でしょうが――は広がります。そこにはすべての例に共通する何らかの構造が存在するかもしれませ

ん。ある事物に他よりも多い「生命」がある理由の多くは、構造上の特徴に起因しているかもしれません。それは、光、細部の水準、円形と完璧さ、微妙さなどから来るのかもしれません。それでもやはりこの段階で確かにいえるのは、以下のことだけです。それは、「生命」についての判断は、事物にある基本的で根本的な質であり、私たちが出会う現実的世界の基本的な判断である、ということです。

そうした力とそうした普遍性を持つ現象が——もし本当に存在するならば——私たちの世界を理解する一般的な方法の中に存在しないのは不思議なことです。この考えの単純さが持つ本当にずば抜けた力を私たちは失ってはいけません。私たちは基本的な観察力を持っているように思われます——今までのところ解明されていませんが——いくつかのできごと、小さな空間、場所、そして微細な存在物であっても、少なくともフィーリングによって私たちは常に一方はより大きい「生命」をもち、そして他方はより少ない「生命」しかもたないことを判断することができます。そして私たちの事物の中の「生命」に対する観察は、他のすべての人々のそれと大まかに一致しているということです。

この事実を認識することなしに、社会がその存在の概念を正しく形づくることはできないでしょう。しかし、この百年間、現代社会はこの知識なしに存在してきました——それどころか全く不釣合いな施設や、機構、手順を構築してきたのです。

異なる事物や場所のできごとに存在する「生命」の強弱が——単独で個々に存在するのではなく——客観的であるという可能性は、「感知できる生命」が事物を考える上で並外れた影響力を持つことを暗示しています。——すべての個々の事物の中に一定の度合いで存在しているに違いない——この感知できる「生命」は、おそらく、16世紀に発見された地動説や、19世紀の光の電磁性の性質の発見に匹敵するような、発見であり覚醒と言っていいでしょう。

7／私の基本的な仮説

こ何年かの間、本章で述べているような観察結果を通して——私の同僚たちと私が繰り返しこの20年間述べてきた様々な主張に加えて——そして私は完全に信じるようになったのです。それは、私たちが事物の中に識別できる「生命」の強弱の相違は主観的な評価ではなくて、客観的な評価である、ということです[5]。それは、この世において存在し、構造の中に存在するものが何であるのかを明らかにします。

私はこのことを以下のような仮説とします——
私たちが呼ぶ「生命」は多かれ少なかれ世界のどの部分の空間にも一般的に存在します。例えば、レンガ、石、草、川、絵画、建築、水仙の花、人間、森、都市に一定の強弱で存在します。そしてさらに、この考えの鍵は、空間のすべての部分——大きくても小さくてもすべての繋がった空間の領域——は一定の「生命」の強弱をもっていて、その「生命」の強弱は明瞭に特定でき、客観的な存在として、測定できるのです。

この仮説は建築のすべての部分——すべての窓台、すべての階段、それぞれの一片のほこり、この椅子とあの壁の間の空間、屋根、軒下の空間、コンクリートの小径、駐車場、駐車スペースの間のライン——がおのおのにその「生命」の強弱を持っているということを意味しています。その仮説は単純です。しかしそれは立証されたというわけではありません。本書の後半で示すように、実際これが真実であるのか、真実でないのかを経験的に決めるための科学的技法さえも、まだ微妙で、洗練の余地があります[6]。ですから私は読者の皆さんがこの仮説が真実であると思ってもらえると期待することはできません。私としては、単に読者の皆さんがその仮説が真実かもしれないと思っていただけるだけで十分です。それでも私は皆さんに、それが本当に真実であると確信していただけるような証拠と実験の蓄積をこれから提供していくつもりです。

この仮説は奇抜なように思われるでしょう。な

ぜなら私たちがほとんど考えもなしに受け入れている世界に対する機能主義的概念とあまりに相いれないからです。しかし私は、私の仮説がロマンティックな希望的観測ではなくて、正規の科学的な世界観として認められている構造言語でまとめられた考えであることを、示していくつもりです。

注

1　ウォーターマンは文化人類学者で、20世紀初頭にカリフォルニア大学バークレー校に勤めていました。直接的でざっくばらんな彼の物言いに、私はいつも感銘を受けていました。T. T. Waterman, *YUROK GEOGRAPHY* (Berkley, California: University of California Publications in American Archaeology and Ethnology, 1920, 16 no. 5, pp.177-314) 参照。

2　「生命」とその強弱が真に一般的な現象であるということを受け入れようとする際に感じる躊躇は、不可避な感情であると思います。それは、序章で議論したような、機械論世界観の結果として生じるものだからです。

3　1992年秋、建築学部において。

4　例えば、1991年、日本において高密度集合住宅についての公開討論会の際、私は、それぞれに庭がついて各戸が独立した2階半の棟と小さな通りを組み合わせた形の計画を提案しました。驚いたことに、このようなタイプの集合住宅でも、1エーカー当たり80戸（200戸／ha）建てることが可能でした。これは、今日日本において典型的な10〜14階建の高層集合住宅における密度と同等だったのです。コストも同レベルでした。だとすれば、どちらを建てるべきでしょうか。

名古屋市当局に協力するため、日本にいた私の同僚たちは、ある調査を行いました。その中で、100人の家族たちに、私が提案した住宅案と、それと同コストで同じ密度の従来型の14階建の案を比較して、どのように感じるかを説明してくれるよう、依頼しました。彼らには、どちらの案が好きか、そしてふたつの案でつくり出される環境はどちらの方により多くの「生命」があるように感じられるか、という質問にも答えてもらいました。ひとたび調査が行われると、質問された家族たちは低層の住宅案の方を好むという、圧倒的な結果が得られました。この調査ではまた、この家族たちがこの質問を「生命」の強弱について問われているものと捉え、低層住宅の方がより強い「生命」があるという見解に至ったことがわかりました（細井久栄氏による未刊の稿 "OPINIONS OF ONE HUNDRED FAMILIES ABOUT LOW-RISE AND HIGH-RISE APARTMENTS（1991年、東京）"を参照）。

しかしながら、最初、この調査を行うのは、その許可を得ることさえ驚くほど困難でした。名古屋市当局は、この調査が行われるのを阻止するため、調査の具体的な詳細部分の内容に干渉したり、質問の内容を変えようとしたりするなど、混乱を引き起こしました。当局の役人たちは直感的にこの調査の結果を予測し（しかもそれは、誰に調査しても全く同様の答えが返ってくるでしょう）、それが既存の方針にそぐわないことがわかったのでしょう。そのためこのような干渉が行われたに違いありません。彼らは結果を恐れ、これらの質問を公の調査として行ってほしくなかったのです（彼らのこの調査に対する妨害の具体的な内容については、クリストファー・アレグザンダー、細井久栄共著 *THE PRECIOUS JEWEL*（未刊）に記される予定）。その理由は簡単です。この日本における低層高密住宅の計画がもし受け入れられたとすれば、さらに高密化を狙っている人たちはこの低層住宅案に潜んでいる高さ制限のために、現在土地で儲けようとしている関係者たちにとってはやっかいな抵抗を受けることになります。彼らが、腹を立てるのは必死でしょう。

日本におけるお金にしか関心のない人たちは、これらの事実を大衆の目前にさらすことを妨害する側を支援することになります。

一方の住宅のつくり方のほうが、より「生命」があると示す事実が――現実にそうであると示されたら――これは、全く不安な材料となること大です。

例えば建設省の住宅局や、デベロッパー会社も、銀行もそれに関連する会社も、とりわけすでに取り組みつつある建築・施工事業などの間でも、もしある住宅のプロジェクトについてその「生命」の強弱について、再検討や公開の場での討論や確認に付されるようなことがあったとしたら、今までの建築と建築経済界にはびこる既存の固い常識に対して、多様で幅広い疑問が投げかけられることになるでしょう。

このように、既得権保持者たちが「一方が他方より大なる生命がある設計」などというのは、単なる意見の違いにすぎないと主張するのはきわめて自然なことです。こうして事実は見えにくくなり、知的にも経験としても不健康な状態の結果となります。

5　この判断基準に基づいて、ハイヨ・ナイス教授によってさらに実験的有効性、可能性についてが研究されています。彼は過去15年間にわたり、繰り返しこの実験学習を実施しており、この判断基準が反復性、客観性を持って存在することの確認の研究は以下に示すものです。Cristina Piza de Toledo, "Empirical Studies Judging the Degree of Life in Photos of Buildings and of Artifacts,"（カリフォルニア大学バークレー校建築学部修士論文、1974年）、Hnasjoachim Neis, "City Building: Models for the Formation of Larger Urban Wholes,"（カリフォルニア大学バークレー校建築学部博士論文、1989年）

6　第9章を参照。

第3章

「全体性」と「センター」の理論

第3章

1／はじめに

「生命」を建築の中につくり出す方法を理解することは可能だと私は信じています。また、この「生命」がもたらす現象について述べることもできると考えています。

「生命」を現象として捉えるためには、まず「全体性」と、その重要な基本単位である実体としての「センター」を定義する必要があります。これらの概念は、ともすれば抽象的であり、必然的に本章の内容も抽象的になってしまいます。しかし、読者の皆さんにはこれらの概念を何とか理解してもらわなければなりません。なぜなら、私が定義するこの「全体性」と、この「全体性」の基本単位として定義された「センター」は、「生命」を理解する上で不可欠な概念であると考えられるからです。これらの考え方をもとにすれば、第4章で述べるような「生命」が出現する方法も、第5章で述べるようなすべての「生命」が持っている構造形体も、第2巻第12章にあるような機能と装飾の本質も、すべて理解できるようになるでしょう。本章では、「生命」を構造として理解できるようになるための基礎となる考え方について述べたいと思います。

2／「全体性」という考え方

建築に宿る美しさや「生命」、そしてその「生命」を保持する力はどれも一体的なものとして作用している、ということを、私たちは直感的に感じとることができます。建築を「全体」として捉えるということは、対象を、分割できない連続体の一部として見ていることになるのです。つまり、切り離された部分ではなく、庭や壁や、樹木や、境界を越えた通りや、それらを越えた他の建物などを含めた、この世界全体の中の一部なのです。そしてそれは多くの「全体」を包含しています。これらの「全体」は互いに自由に連続した繋がりを持っています。さらに特筆すべきは、この「全体」は壊されたり分割されたりしないということです。

この概念はかなり明快なもので、真実であろうと考えられるのですが、建築の専門的・「科学」的研究において、これに厳密に当てはまるような考え方は、まだありません。一般的概念として「全体性」は20世紀の多くの知識人たちによって幅広く論じられてきました。それは、現代思想の中心的テーマのひとつといえます[1]。物理学においては、局所的な電子の動きはより大きな全体的な実験装置の中に置かれると、それに支配される、という概念があります[2]。また、ひとつの重力子はその他の複数の重力子によってつくられる重力場によって影響を受けます[3]。生物学においては、ハンス・シュペーマンの実験により、胚の中の細胞の生長は胚全体の中の位置によって影響されることがわかっています[4]。神経生理学では、カール・ラシュリーがエングラム（記憶痕跡）に関する実験により、記憶は特定の場所ではなく神経全体の中で記号化されていくことを発見しています[5]。医学分野では、J. S. ホールデンによる肺に関する議論と、この臓器を周囲から区別するための境界を定めることができない、という彼の論述から、臓器とその周囲の環境がひとつの「全体」として結合して存在する、切り離すことができないものである、ということが見てとれます[6]。宇宙論においては、エルンスト・マッハによる以下のような原理があります。すなわち重力定数は、この宇宙に存在するすべての物質に作用する（すなわち重力のこと）[7]。近年の地球環境に関する研究においても、地球をひとつの有機体と見なす考え方が一定の成果を得ています[8]。

以上のような例においても「全体性」は重要なキーワードです。部分は「全体」との関係の中で出現します。その特性や構造は、そこに存在してそれらの部分をつくり出している、より大きな「全体」によって決定されるのです。

この直感的視点により「全体性」が現代学問の

あらゆる分野においてこれほど重要な役割を果たしているにもかかわらず、この「全体性」を具体的に表現することはまだ誰も成し得ていないのです。私たちは「全体性」について語ることもでき、事物を「全体性」の中で見る必要性を認識することもできます。それにもかかわらず、この「全体性」を正確な言葉によって理解する方法はいまだに規定されていないのです。厳密な数学用語としても「全体」が何を意味するのか、今なお明確に表現されていないばかりか、十分な特定もできていません。

芸術家や建築家のほとんどは直感的に建築が本来「全体」として機能することを知っています。したがって、これらの建築によって人工的に形成された世界は「全体性」の中に存在するはずである、ということも知っているのです。しかしここでもまた、他の分野が辿ってきた近年の歴史同様、私たち建築家も「全体性」がどのように働いているかを正確に表す知的ツールを持っていません。今のところ、人の手によってつくられたこの世の「全体性」と呼ばれるものの構造モデルもなければ、建物や空間の性質に「全体性」が具体的にどのような影響を及ぼしているのかを正確に表現する手段もありません。だいいち、建物が「全体として」機能すると見なすことが正しい、ということがなぜ妥当なのかさえ定かではないのです。

しかしながら長年の考察の末、私は、与えられた状況において「全体性」が何を意味するのか、正確な言葉で定義することができると確信するに至ったのです。この考え方の基本は、「全体性」は正確に構造として定義できる、ということです。この構造については補遺1の中で、数学的観点から定義しています。この構造はかなり複雑で、トポロジーにおいて定義される根底的構造にどこか似通ったものがあります。以下の数節の中で、具体的な例を用いて、わかりやすい言葉でこの考え方を説明してみることにしましょう。

3／簡単な事例における「全体性」

あらゆる空間における「全体性」は、第一に、そこに存在する様々な一体化をめざす実体のすべてによって規定される構造体です。第二に、これらの実体が互いに入れ子状になり重なり合っている状態をいいます。

この考え方をわかりやすくするために、まずはごく簡単な事例から考え、「全体性」の観点から見ていくことにしましょう。まず、1枚の白紙があると考えてください（右図）。その上に点をひとつ描いてみます。小さな点ですが、この紙の上におけるインパクトは極めて大きいものです。この白紙はそれ自体でひとつの「全体」であり単一の「全体性」を持っています。しかし、ひとつの点が導入されることにより、この「全体性」は劇的に変化します。形体そのものが変化するのです。私たちはここで「全体」の繊細で全域に及ぶ変化を見ていくことになります。（その点がどこに描かれようと）この紙の上のスペース全体は変化を受けます。スペース内にはいくつかのベクトル（方向性）が生じ、その変化は描かれた点そのものを遙かに超えて大きなものとなるのです。「全体」として全く新しい形体が加わることになり、これが「全体」として紙面全域に広がっていくのです。

この繊細で全域にわたる変化は、いろいろな方法で説明することはできますが、実際にこのスペースで何が起こっているのでしょうか。

ひとつの点が描かれた後に生じた形体とはどのようなものなのでしょうか。それは以下のように説明できるのではないでしょうか。点の周りに円

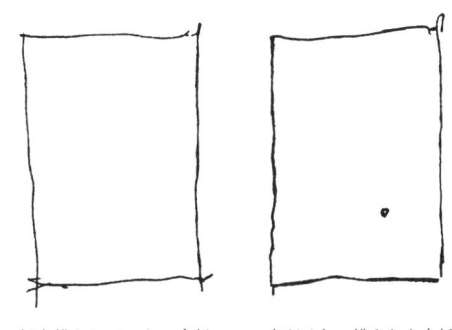

　　　　　　　何も描かれていない白紙　　　点がひとつ描かれた白紙

第3章

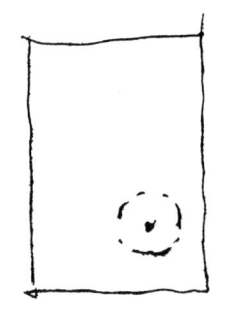

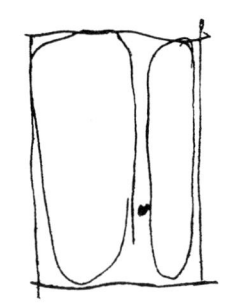

点の周りの円環　　　　　　4つの潜在的長方形。これらは互いに重なり合って、右端図に見　　　　　　放射状線の成り立ち
　　　　　　　　　　　　　られるような別の4つの長方形をつくり出す

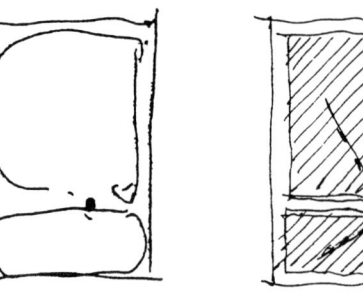

環のようなものが生じます。つまり、点の周りに
より大きな実体が生じるのです。また、この点に
接するようなかたちでその四方に長方形が「潜在
的」実体として見えてきます（上のダイヤグラム参
照）。これら4つの長方形は、それぞれの重なり
合う場所にさらに別の4つの長方形を形成します
（上図の右端）。これら4つの角に生じた長方形は、
より大きな長方形の重なり合いによって生じたも
のですが、点の存在によっても導かれているので
す。さらに、いくつかの帯が生じます。4本の白
い帯が点から派生し、各辺と平行に延びて十字形
を形成します。また、別の4つの斜線が、紙面の
4つの角に向けてそれぞれ延びていきます。これ
ら4つの斜線は、相対的には同等の力強さを持っ
ているわけではありません。それは点の位置に
よって変わってきます。

　結果として、この紙面全体もひとつの実体とし
て含めると、この紙面上にひとつの点を描くこと
により、少なくとも20の実体が生じることにな
ります。これらの実体とは何なのか、まだ定かで
はありませんが、ある種の領域であり、「全体」
として視覚的に認識することができます。明らかな
のは、点の存在により何らかの形で領域が区切ら
れ、視認できるようになり、やがて明確に実体化
していくのです。それらは、それまでそうでなかっ
たものが何らかの形で一体的になり、あるいは分
化します。これらの実体の本質は厳密には定かで
はありませんが、重要なことは、これらがより明
確にはっきりと強くなってきている、ということ
です。

　この形体構成を視覚化するには、この形体が持
つ構造を模式化して示してみると良いでしょう。

そこから相対的に最も強いものを挙げてみると、
以下のようになります。1. 紙面全体。2. 点。3. 点
の周りの円環。4. 点の下方に生じた長方形。5. 点
の左側に生じた長方形。6. 点の右側に生じた長方
形。7. 点の上方に生じた長方形。8. 左上角の長方
形。9. 右上角の長方形。10. 左下角の長方形。11.
右下角の長方形。12. 点より上方に延びる帯。13.
点より下方に延びる帯。14. 点より左方に延びる
帯。15. 点より右方に延びる帯。16. 12〜15の帯に
よって形づくられる十字形。17. 点から最も近い
角へ向かう斜線。18. 点から2番目に近い角へ向
かう斜線。19. 点から3番目に近い角へ向かう斜線。
20. 最も遠い角へ向かう斜線。

　私が定義する「全体性」の基本的考え方は、
これらの強力な領域もしくは実体が、この点を伴っ
て紙面の「全体性」として認識する構造を定義づ
けることです。この構造そのものを「全体性」
またはWと呼ぶことにします。重なり合う実体のシ
ステムとして表現される「全体性」の厳格で数学
的な定義は、補遺1〜3に記しています[9]。

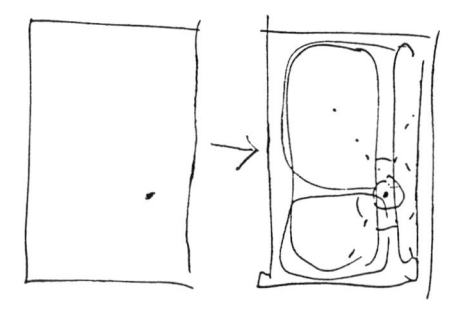

「全体性」のダイヤグラム：ここでは20すべての顕著な実体が、
互いに重なり合いながらひとつの体系として見られる。
これこそが、ひとつの長方形とその上にある点の
「全体性」であることを心しておくこと

4／実体内に現れる強さの源

「全体性」を構成し、一体化した実体の秀でている「強さ」の源とは何でしょうか。「強さ」と「センター性」は、スペース全体の形体構成によって規定される要素の組み合わせによって生じるものなのです。

前節の、点を伴った紙面の例においては、紙面の4つの角にそれぞれ「センター」があり、それらは非常に明確に分化された領域となっていました。その大きな長方形は、点を取り囲むようにして紙面全体を「満たして」おり、点の存在を侵すことなく、最も大きな一群のシンメトリーとして存在します。これらは互いの同質性によって特徴づけられています。点自身も、物理的な色の違いにより、特徴づけられています。点から4つの角へとそれぞれ線状に延びているラインは、それぞれ両端の2点を結ぶことができる対角線で局所的なシンメトリーとして、その存在が明らかになるのです。

それではこのあたりで、あらゆる形体の配置において「センター」として出現するスペースの領域を見出す一般的な決まりごとを整理してみましょう。例えば、

1. 実体として現れる一組の形体群は、しばしば局所的にシンメトリーとなるが、常にというわけではない
2. これらの形体群は、それぞれ境界を持ち、それらを境にして互いの構造は明確に変化する
3. 形体群のうちいくつかは、中央部付近に連続性の変化を持ったひとつの内的「センター」によって特徴づけられる
4. これらの形体群は、単純性と規則性を持ち合わせており、これらの特性により「全体」として特徴づけられ、実体として作用するに至る
5. これらの形体群はしばしば、その内側にある種の同質性をもっており、周囲のスペースとは区別される
6. これらの形体群には、空間をコンパクトに特徴づける位相的結びつきが存在する
7. これらの形体群は、多くの場合——常にではないが——凸状である

ここに示した特徴のリストは、完全なものではありません。しかし、これらによって、空間の部分に出現する一体性をもたらすようなある種の特徴を徐々に明確にしていくことができるのです[10]。よりいっそう複雑な方法で形成された、より複雑な実体については、後ほど（第4、5章で）見ていくことにしましょう。

空間配置において出現する実体的形体群は、単に認識可能なだけではありません。それらは真に数学的に実存し、空間そのものを形づくる要素として現れるのです。また、空間内の相対的ヒエラルキーの違いにより、数学的に導き出し得ると考えています。要するに、数学的にも物理的にも真に実存するものなのです。

そして、これらの形体群はまた、異なる力の強弱をそれぞれが持っているのです。

5／「センター」という言葉の枠組み

ではここで、「全体性」が形づくられるもととなる実体の本質について、考えてみましょう。対象となる形体は何でも構いません。例えば、建物、通り、カードゲームをしている人々でごった返している部屋、一団の群集、森、などです。それぞれは皆「全体性」を持っています。それぞれの対象内ではこの様子が見てとれます。様々なスケールで、これまで説明したようなプロセスにより形成された、おびただしい数の実体が、一体的に入れ子状になりながら、対象の「全体性」を構成するのです[11]。これらの実体群は、「部分」や局所的「全体」あるいは副次的「全体」と見られがちですし、実際そのように見えることもあります。しかし、紙面と点の事例において説明してき

たように、これらの部分や実体が最初から実在することはほとんどないのです。これらは「全体性」によってつくり出されることがほとんどなのです。全体性は部分でできており、「『部分』は『全体性』からつくり出される」――この一見矛盾する（安易に表現されるために、矛盾したように見えるだけなのですが）論理こそが、「全体性」の本質を根源的に表現している、と言えるのです。「全体性」を理解するためには、まず「部分」と「全体」がこのような全一的関係によって作用するという概念を持たなければなりません。

これらの実体について、一貫した論理によって述べるためには、これらすべて（部分も、局所的全体も、ほとんど実体化していないような一体的な実体群も含めて）を「センター」と呼ぶべきであることが、最近になってわかってきました[12]。つまり、<u>いかなる実体も、より大きな「全体」の中に生じる局所的な「センター」として現れる</u>、ということなのです。それは、空間における「センター性」の現象でもあります。例えば、人間の頭や耳、指などは視覚的に認識できる「全体」です。それらはまた、視覚的・機能的に「センター」でもあるのです。このようにして私たちは「センター」を捉えることができます。そしてそれはまた、最も明瞭な定義づけとなるような特質としての「センター性」なのです。

この場合に用いられる「センター」という言葉は、例えば「重力の中心」のような中心点のようなものを意味するのでは全くありません。ここでは「センター」という言葉は、系統化された空間領域を明確に見出すために用いられます。「センター」とは空間内で以下のような特別な性質を持った集まりということができます。それは、それ自体がもつ組織構成と、その内的一貫性と、文脈と一致した関係性とでもって、（全体）空間内の他の部分とも密接な関連性を持ちつつ局所的ゾーンとして「センター性」という性質を表出している集まりのことです。<u>「センター」という言葉を使う場合、私はいつも、空間内の一定のスペースを占めている、ある特定の物理的体系に注目します</u>。たとえその「センター」が社会的・文化的な「センター」だとしても、究極的には空間的なものなのです。それは空間内に現れ、常に空間的位置を占めるものなのです[13]。

この世に実在する、一貫性を持った実体を「全体」ではなく「センター」と考えるのは、数学的理由があります。「全体」を正確に捉えようとすると、当然それがどこからどこまでなのか、という疑問に行き当たります。例えば、ある池について、私がこれを「全体」と呼びたい、としましょう。この池が数学的理論において厳密に「全体」であるならば、その境界を正確に示すことができるはずです。どの箇所が正確に池の一部分と言えるのか、明確に言えなくてはならないのです。しかし、これは容易なことではありません。確かに水は池の一部です。では、池を形づくっているコンクリートはどうでしょうか。池の底にある粘土層は、「池」という「全体」の一部と言えるでしょうか。それは、どれくらいの深さまで含むのでしょうか。池の水面に接する空気も池の一部として含まれるのでしょうか。池に水を入れているパイプはどうでしょうか。これらは何ともすっきりしない質問ですが、決して取るに足らないことではありません。「池」の周囲を正確に無理なく区切る方法などないのです。杓子定規に考えてしまうと、「池」は「全体」としては存在しないことになってしまいます。もちろんこれは誤りです。「池」は確かに実在します。問題は、この「池」の存在をどうしたら正確に定義できるか、ということなのです。問題のもとはこの「全体」という言葉の使い方にあります。「全体」という言葉を用いることにこだわるならば、的確にふさわしいものを含み、省くべきものを排除できる、正確な境界が必要になってきます。そもそもこの点が誤りなのです[14]。

しかし、「池」を「センター」と呼ぶならば、状況は一変します。「池」は活動の局所的「センター」すなわち「生命システム」として明確に存在することが認識できるのです。それは特定の実体です。しかし、境界の曖昧性は大きな問題ではなくなります。なぜなら、実体として「池」を捉えるためには、「センター」を捉えることの方が重要になるからです。この実体は「センター性」の場をつくり出します。しかし、明らかにその効果は周辺部に向かって衰えていきます。その結果、「センター」の周囲の事物が「池」においてその役割を補完していきます。しかし、この周辺の事物については、

どこまでが含まれ、どこからが含まれないのかを規定する必要はありません。なぜなら、問題はそこではないからです。一貫した実体としての「池」の存在において重要なのは、「池」の構成は場の効果に起因する、ということです。そこでは様々な要素が互いに作用し合って、この「センター」の現象をつくり出しているのです。これこそが、物理的真実なのです。「池」の物理的構成要素——水、淵、浅瀬、斜面、ユリの花——これらすべてが助け合って「センター」としての「池」を形づくっているのです。これは「池」を知覚する際の心理的真実である、ともいえます。以上の理由により、「池」は「全体」よりも「センター」と呼んだ方がより実際的で正確である、といえるのです。これは、窓やドア、壁やアーチについても同様です。どれも正確な境界を定めることはできないのです。これらは皆、曖昧な外縁を持った実体であり、この世界の一部分に「センター」として存在しているのです。

「全体」よりも「センター」の方が表現としてふさわしいといえる理由は、まだあります。建築において実体として認識できる要素としては、階段、浴槽、ドア、台所、流し台、部屋、天井、入り口、窓、カーテン、台所のコーナーなどが含まれます。さて、これらをデザインするに当たって、私たちは究極的には以下のような問いに答えなくてはなりません——「これらの要素の互いの関係性は、どのようなものがふさわしいと言えるのか」。ここにも、「センター」という言葉を用いる強力な理由があるのです。デザインの中で生じる互いの関係性に着目するならば、例えば台所の流し台は、「全体」というよりも「センター」と呼んだ方が、より実用的です。もし、「全体」という言葉を使ってしまうと、何か孤立したものを思い描いてしまいます。しかし、もしそれを「センター」と呼ぶならば、何か特別なものを感じます。流し台であれば、それが台所の中で機能している、という感じをうみ出すのです。それは、より大きな事物のパタンを想起させます。そしてこの「台所の流し台」という特別な要素が、そのパタンに組み込まれ、その中において機能するのです。それによって「流し台」はあたかも発散するように境界を越えて「全体」としての台所に寄与するのです。

一方、もし「流し台」を「全体」と呼ぶならば、より境界の存在を強く意識してしまいます。そのため周囲との間に存在する関係性が薄れてしまうのです。あたかも「流し台」の周りに表皮を描くように、それ自体でひとつのまとまりとなる一方、周囲から切り離されてしまう感じを受けます。したがって、より大きな存在である「台所」とのあるべき、もしくはあるはずの関係は意識しづらくなり、より閉じた、断片的な捉え方になってしまうのです。

あるとき、私は妻のパメラと寝室のカーテンを例に挙げて、「センター」の概念について話し合っていました。彼女は「センター」という言葉を用いて意見を述べていました。それは、私があらかじめ彼女に説明していた考え方でしたが、それによって彼女のあらゆる物に対する見方は、すでに変化を遂げており、その結果、以下のような会話が交わされたのでした。「室内のカーテンを見て、同時にそのカーテンとカーテンレール、窓、空、天井の明かりをそれぞれ『センター』として考えると、それらすべての互いの関係性が、それまでより、遙かに強く認識することができるわ。まるで、自分のものごとを認識する力が増したような、例えるなら、エデンの園で果実をほおばったように、私の目はものごとすべてをこんなにも違った視点で視ることができるようになるなんて。これで、この世界の中で実際に存在するあらゆる関係性を、はっきりと見ることができるわ」

これは、この世に存在するすべての実体に言えることです。これらを「全体」もしくは「実体」として捉えようとすると、それらの境界や区別に意識がいってしまいます。しかし、これらを「センター」として捉えるなら、それら相互の関係性に意識を持っていくことができます。それぞれはより大きな不可分の「全体」の中の焦点と見なされ、この世界を「全体」として見ることができるのです。

第 3 章

6／繊細な構造としての「全体性」

左側の最初のスケッチでは、正方形はひとつの力強い「センター」として存在しています。
右側のスケッチでは、黒い三角形を加えたことにより、正方形は、依然として存在はしているものの、最初のスケッチのときと同じ強さの「センター」はもはや持っていません。「全体」としての形体の条件が変わってしまったからです

「センター」がその周辺の「全体性」によって導かれる過程を理解するために、今一度抽象的な事例を引用してみましょう。最も重要な点は、「センター」は「全体」の形体として「センター」となるのです。例えば、上に描かれたような正方形について考えてみましょう。この正方形には力強い「センター」が生じています。この正方形にふたつの黒い三角形を加えてみましょう。すると、この三角形の方が強くなってしまい、底にあった「センター」を隠してしまい、正方形は存在しますが、もはや力強い「センター」ではなくなってしまいます。

このように、いかなる「センター」の強さも、その「センター」をつくり出しているはずの内的形状によってできるものではなく、その空間が外部に向けて発信する別の要素によって決まるのです。そして、その強さは、必ず「全体」としての形体の結果となります。そこで、「センター」の力強さは、一連の数学的な形体の特徴によって定義づけられます。対称性、結合性、凸状性、均質性、境界性、形体的急激な変化等、これらはすべて「全体」としての形体に直接作用します。与えられた「全体性」を構成する「センター」は、単独では存在せず、「全体」としての形体からつくり出された要素として現れるのです。これを大きいスケールの形の特徴で見ると、局所的「センター」によってうみ出され、かつその存在によってのみ「安定」するのです。

いかなる空間における「全体性」も極めて流動的で、わずかな幾何学的変化にも容易に影響を受けます。当然の結果として、「全体性」は常に変化し続けますし、自身と周辺の形体の些細な変化——時にはわずかな時間内の変化——にも影響されるのです。これらは、「センター」が非常に繊細な過程によって導かれるために生じるのです。そのため、形体の細かな構造の中に生じたわずかな変化さえ、大きく影響を与えてしまうのです。

再び、紙面と点の事例について考えてみましょう。私たちは、白紙の上に描かれた点が紙面の「全体性」を構成する構造全体をいかに導き出すかを見てきました。紙面全体からすれば、0.0001パーセントにも満たない点が、紙面の「全体性」を完全に変えてしまったのです。

さてここで、点がもうひとつ加えられた場合を見てみましょう（次ページのケース1）。それまでとは全く異なった「センター」が強められ、その構造は人の頭のような形になってしまいます。あるいは、別の場所にもうひとつの点が加えられた場合（次ページのケース2）はどうでしょう。やはり別の新しい「センター」が形成され、結果としてその構造は対角線の要素が強くなり、ふたつの三角形と、対角線状に突き出す矢のような形体を導き出します。

最初に描かれた点同様、2番目に描かれた点も、紙面全体の0.0001パーセント程度しか占めていません。しかし、ここでもこの些細な変化（空間的、面積的にも些細な）が、そこに存在する「全体性」のあり方を全く変えてしまうのです。それぞれのケースにおいて、私が「全体性」と呼んでいる構造は、小さな変化に対しても非常に影響されやすいのです。「全体性」は、局所的な物理的変化によっても、結果的に全域にわたって——時には完全に——変化してしまうのです。

以上により明らかになるのは、「全体性」は「全体」内に導き出される極めて繊細な構造である、ということです。それは「部分」から簡単に予測できるものではありませんし、「部分同士の間の」関係性から考えても意味がありません。「全体性」は自律的で全域にわたる構造でありながら、細部の形体によって導かれています。それは、空間に

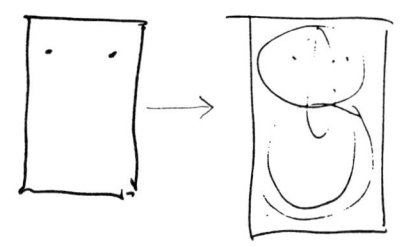

ふたつの点──ケース1:
1点のみの形体配置に2点目が加わることにより、直ちに全く異なる「全体性」が形成されます。
それは、2点の周囲で頭のような形をしています

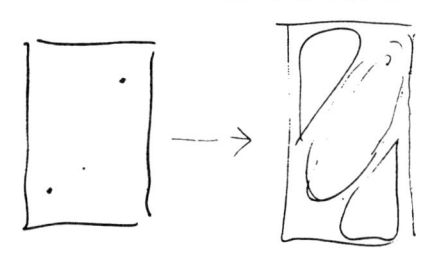

ふたつの点──ケース2:
ふたつ目の点が異なる位置に加わると、全く異なった形体が生じます。この場合、長方形の面内の対角線上に大きな「センター」が、またふたつの三角形の「センター」が、左上と右下に、それぞれ生じます

この対角状の実体は、単なる構成要素でもなければ「部分」でもありません。これは、「全体性」の中においてつくり出されたものなのです

おける真に物理的で数学的な構造なのです。一方でそれは、幾何学において導かれる対称性や他の関係性によって、間接的につくり出されます。この繊細な構造の本質を完全に摑むためには、「センター」が「部分」からつくられたものであると見なす危険思想を避ける必要があります。今日、従来の知識人（おそらく本をただせば、デカルト主義や機械論になるのでしょうが）は、すべてのものは「部分」から成る、と主張します。特に今日、人々は、あらゆる「全体」は「部分」から成る、と信じています。この考え方が信じられているのは、「全体」の前に「部分」が存在する、と考えられているからです。すなわち、まず「部分」が何らかのかたちで要素として存在し、やがて互いに関係を保ち、あるいは結合していって、「センター」が「部分」の組み合わせから結果として「つくられる」、とする考え方です。

厳密な「全体性」の考え方は、これとは異なると私は信じています。「全体性」が構造として、どのようなものかを理解すれば、ほとんどの場合、「全体性」が「部分」を<u>つくり出す</u>ことがわかるはずです。「センター」は「部分」<u>から</u>つくり出されるのではありません。むしろ、大半の「部分」は「全体性」からつくられる、と言った方が正しいでしょ

う。「部分」は「全体性」により明確になり、「全体性」すべてによりつくり出されます。これは、水流の中に生じる渦に似ています。水流はぐるぐると回って、回転（渦巻、流線など）という形の「センター」が、堤防や岩などの周囲のより大きな構成要素によってつくり出されます。この回転の中に、私たちは渦がつくり出されるのを見るのです。これは「全体」が「要素」や「部分」からつくられる、という概念とは根本的に異なります。

ここで見られる現象は、「ふたつの点」の事例で見られたのと同様のものと言えるでしょう。一見「部分」に見えるものが「全体」から導き出されているのです。実際、対角線状に位置したふたつの点の事例では、これらを「部分」と呼べるかもしれません。しかし、これは前からそこにあった要素ではありません。この「部分」は「全体」の作用によって導かれたものです。それは「全体」から自然に「発し」ます。要素によって「センター」がつくりあげられるのでは全くありません。

「全体性」の中で事物を理解しようとするならば、それが普遍的なルールとなります。より小さな「全体」──あるいは「センター」──は、より大きな「全体性」の中で導き出され、この「全体性」より生じるのです。このため、その「部分」は「全

第3章

海水による渦潮。「センター」は単なる要素ではありません。それは「全体性」の中でつくり出されるのです

体」内の位置によって形や大きさを調整され、修復されるのです。花びらはどれも均一ではありません。似た形ではありますが、「全体」におけるそれぞれの位置や成長の経緯によって微妙に異なります。「部分」が繰り返しても、決して均一の繰り返しにはなりません。その代わり、「部分」は「センター」として反復します。それは「全体」の中の位置によって変化し、多様化していきながら、その「全体」の中で反復するのです。本質的には、このことは、「部分」は「全体」により導かれ、「全体」からつくり出される、という事実に直接的に従います。「全体」が「部分」からつくり出されるのではありません。花は花びらからつくられるのではありません。花びらは花における位置とその役割によってつくり出されているのです。これは、私たちがこれまで慣れ親しんできたものごとの概念とは、全く異なります。この新しい概念では、「全体」が常に存在し、まず、構造としての「全体性」から考えていくのです。すべてはこの「全体性」と、そこから導き出される「センター」と、より小さな「サブ・センター」に従います。

7／「中心」の体系によって捉えられる「全体性」のさらなる事例

こまで定義づけを試みてきた「全体性W」によって、私たちが直感的に考える「全体」としての性質が徐々に捉えられてきたのではないかと思います。

ではここで、ふたつのアーチ上の門を描いた図AとBについて考えてみましょう。このふたつの図は一見、似たもののように見えます。しかし、それらが持っている雰囲気は、かなり異なります。注意深く見ていくと、この両者は「全体」としては決定的に異なった形態を持っていることに気づきます。

「A」は、文字通りアーチ状の形をしており、ひときわ強い「センター」が中央のアーチの頂点に存在し、図の全域にわたって一貫性があります。「B」のアーチはよりシンプルな長方形の形をしています。しかし、両者の相違は言葉で表す以上に大きなものです。両者は極端に異なる性質をそれぞれ持っているのです。

「全体」としての空間に着目してみると、両者の違いは歴然としています。図Aの方は、アーチの頂点を中心として一体的になっています。くさび状の形が左右に現れ、頂点がスペースを切り裂

図A

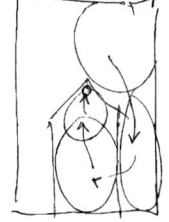

図B

構造A：
この構造を形成している主要な「センター」が見られる

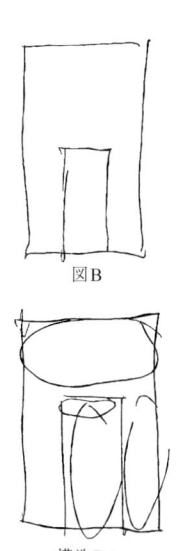

構造B：
この構造を形成している主要な「センター」が見られる

いているように強調して見せています。また、頂点そのものも際立っています。一方、図Bの方は、かなり鈍重な印象です。まず目につくのは、長方形のアーチの上に空いた大きなスペースの動きの無さです。ノミの先のような形状のアーチの上部も同様に動きを感じません。アーチの両側には脚のような形状が従属するように現れます。以上はすべてふたつの図の「全体性」を示したものです。

図Aでは、いくつかの最も際立った「センター」が図中に現れ、「全体性W」を形成します。これを「構造A」とします。これらの「センター」は、入れ子状の配列を形成します。ひとつはアーチの頂点にあります。もうひとつは頂点の下の三角形のスペースにあり、頂点も含みます。さらにもうひとつはアーチ全体です。アーチの右上と左上には、それぞれ台形を逆さにしたようなくさび形の「センター」があります。そして、アーチの両脇に、それぞれ長方形の「センター」があります。

これらの目に見える「センター」は、図の上部から左右に分かれてスーッと降りていき、中央へ舞い上がって頂点へと達する動きをつくり出しています。それらはアーチの頂点を強め、アーチであるべく実体を助けるような、入れ子状の構造を形成しています。私たちの眼前にある「全体」に該当する形態すべては、構造Wによって正確に捉えられるのです。

図Bでも、いくつかの最も強力な「センター」が現れて、それ自身の「全体性」を形成します。これを「構造B」とします。Aに比べると、「センター」が形成する構造はやや一貫性を欠いています。ひとつの「センター」が、図の上方に、また、アーチ内の上方にもあります。アーチの両脇にも「センター」があります。もうひとつ、アーチの中にもあります。これらの「センター」は一見、図Aの場合と似たような構造のように見えます。しかし、両者の構造は同じではありません。例えば、Bの図の上方に横たわる「センター」はAのそれよりも強くて支配的です。一方、Bのアーチ内の「センター」は入れ子状になっておらず、Aほど支配的ではありません。Bの方にもAと同様、全一的な構造は生じていますが、Aに比べると一貫性を欠き、互いに結合しているようには見えません。

このふたつの図において、私たちは「センター」のシステムが「全体性」を表していることを直感的に見ることができます。そして、「全体性W」がふたつの図の間における「生命」の相異を説明するのに重要な役割を果たしてくれそうなことに気がつくのです。AはBよりもわずかながらも強い「生命」を持っています。そして、この事実が「全体性」の、より一貫した構造に反映していることに気がつくのです。

第3章

8／世界を形づくる根源的な実体

さて、ここで、現実世界における「全体性W」の出現の事例について、考えてみましょう。

前節の例において、私たちは、それぞれの図中の「全体性」が——ものごとの流れの中で——図中の空間内に現れる主要な「センター」のパタンとしてどのように姿を現すかを見てきました。このアーチの図の中では、「センター」は明瞭でシンプルな空間の流れであり、その中で、アーチの頂点や、支柱との接点のような、特別に際立った存在となっていました。これらの「センター」を一体的に見ていくと、それらがより大きな「センター」を形成していくのがわかります。例えば、アーチの内側全体、アーチの頂点を中心とした対称形体のシステムなどです。そして、これらすべての「センター」の構成パタンにより「全体」がつくり出されるのです。

では「全体性」とは正確には何であるのでしょうか。これは最も重要な問題です。私の答えは以下のようなものです。「『全体性』は単に形態に注目したものではなく、実体を伴った具体的構造である」。それは、この世に実在する構造であり、それは、私たちが形態として、全体像として、広範にわたる事物の本質として、直感的に感知できるものを含みます。それは、この世界のあらゆる部分に実存する一貫性の源なのです。

この「全体性」の強弱は、それを構成する一体的な空間の「中心」によって得られます。例えば、ある邸宅の玄関の扉の周囲に薔薇があるとすれば、あなたはそれを覚えているでしょう。もし庭に番いのアヒルや魚の棲む池があれば、あなたはそれらを覚えているでしょう。もし、オーストリアの山小屋に大きくて素晴らしい部屋があって、そこに皆が寝られるクッションがあれば、あなたはそれを覚えているでしょう。これらの薔薇、アヒル、クッションは皆「センター」であり、実在するものとして認知され、それによって記憶され、特別なものとなる、「実体」あるいは「センター」なのです。

一体的な「センター」群は、特性を定義し、秩序をうみ出します。

場に生じる主要な一体的「センター」群は、その事物がどのようなもので、どのような「生命」を持つかを決定します。「センター」は、私たちが認知する中で最も基本的なものです。「センター」は、私たちに最も大きな影響を及ぼします。そして、事物の特性を左右する実体としての一体的「センター」群のこの重要性は、より物理的レベルにも生じるのです。例えば、ある建物内の部屋の天井におびただしい量の金箔が施されていれば、私たちはその天井を覚えているでしょう。もし、その部屋に数百もの板ガラスがはめ込まれた大きな窓があって、東からの柔らかな光が射しこんでいれば、私たちはその窓を覚えているでしょう。ウィーンのステファン寺院には、屋根に大きな鷲がしつらえてあります。私たちはこの屋根と鷲を記憶しています。ある建物に平板なコンクリートの柱があり、別の建物には柱頭があって素晴らしい形をしており、彩色が施されている円柱があるとすれば、私たちは柱頭のある、後者の柱の方を覚えているでしょう。ニューヨークのロックフェラー・センターのように、建物の外にスケートリンクがあれば、私たちはスケートとスケーターたちのことを覚えているでしょう。

これらは皆、極めて明確な「センター」です。そしてそれらは、空間的であるだけではありません。他の「センター」は、空間内で隠れているものもあり、ほとんど見えないものもありますが、潜在的、生物学的、社会的であり、この世界の特性をコントロールしているのです。建物や部屋や通りや家具などの配置、形、そしてそのパタンも、「センター」から派生するのです。前出の図A、Bのアーチのように単純な事例にあるような、一般的に言うところの「組み合わせ」も「センター」からつくり出されます。形状もまた、「センター」や「サブ・センター」により支配されます。十字架は、その交差する点にある「センター」と4つの先端部にそれぞれある「センター」が互いに交差する関係性によって、より大きな「センター」をつくり出すことにより、形成されています。円は同一の「センター」群による連続的なシステムによっ

薔薇に囲まれた田舎家：その個性は、薔薇や、薔薇のアーチや、
家の木骨と漆喰で構成された外壁のような、力強い「センター」によってつくり出されています

てつくり出されています。これらの「センター」群はそれぞれ円周に沿って短い円弧を形成しており、隣り合う「センター」同士で重なり合ったり戻ったりしながら、円の中の空隙内により大きな「センター」をつくり出し、円の中核を形成していくのです。

<u>この世のいかなる「全体性」も、大きな「センター」と小さな「センター」が、互いに結びついたり重なり合ったりするシステムとなっているのです。</u>

窓の「全体性」は、窓を結び付けている一体化したスペースを含みます。それらには、窓台やガラス、勾配のついた抱き、桟、外の景色、射しこんでくる光、窓の脇の壁に当たった柔らかな光、窓からの光に引き寄せられた椅子などが含まれます。また、それらを一体化させる、より大きな「センター」の構成（フォーメーション）も含みます。例えば、窓腰掛のスペースは、窓枠と腰掛、窓台、窓ガラスを結びつけます。また、景色は、椅子や外の庭、桟を結合させます。窓から射し込む光は、窓枠や床に降り注ぎます。

このように、「全体性」は、主要な「センター」——実体——によって定義づけられます。これらの「センター」は、より大きな「センター」を形づくるべく構成されます。これらの「センター」のうち、紙面の点の例のように、容易に認識できる明確な「センター」もあれば、点の周囲のスペースのように、より繊細であるが故に認識しづらい「センター」もあります。このページの写真にある田舎家は、いくつかの明確な「センター」によって、部分的に特徴づけられています。例えば、薔薇、薔薇の伝ったアーチ状のトレリス（格子棚）、屋根の表面、その表面を構成する一つひとつのタイルなどです。一方では、部分的には、一見認識しづらい「センター」によって特徴づけられた「全体性」で形づくり、導き出されていることもあります。例えば、アーチによって形づくられた「穴」、家の外壁の前のスペース、アーチと家の壁面にある小さな窓とを結ぶライン上のスペースなどです。明確なものと隠れたもの双方の「センター」がすべて結合してこの田舎家の「全体性」をつくり出しているのです。これらの「センター」は、同時にあらゆる瞬間のこの世界の一部分をつくり出すことに寄与し続けているのです。

第3章

9／この世に実在する「センター」の繊細さ

　現実の世界に現れる繊細な「全体性」の事例について、さらに考えてみましょう。右ページの写真を見てください。1本の木と道路、それに自転車が木の下の道端に停めてあります。この光景を従来の物の見方で見るならば、木も道路も自転車も、それを漕いできたと思われる人物も、「全体」の中の「部分」として、それぞれ個々に、断片的に見ていくことになります。

　このような事例から、言葉や概念にとらわれたり誤魔化されたりせずに、「全体性」をあるがままに見極めることを学ぶのは、<u>極めて難しいこと</u>です。しかし、意識して注意深くこの「全体性」に接していけば、不可能なことではありません（この難しさについては、補遺3で詳しく述べています。その中で、『全体性』をあるがままに見極めるために役立つテクニックについての事例も記しています[15]）。

　「全体性」をあるがままに見極めようとすると、私たちは、道路や木や自転車などの特に強い「センター」が、それらが持つ名前にとらわれることにより、ある意味自分勝手に、断片として認識してしまっているに過ぎないことに気づきます。もっと目を見開いて、経験からくる思い込みを極力取り払ってみましょう。明らかに何かが違って見えてきたでしょう。まず、大きな帯状の、道路よりも幅の広いスペースが、奥へ向かって延びているのが見えるでしょう。このスペースは、道路の両側にある原っぱも含んでいて、この光景の中でも特に重要な「センター」のひとつとなっています（下図中の『＃1』）。次に、木の下のスペース、ちょうど道路と木の間の部分、これが、もうひとつの明確な「場所」もしくは「センター」として認識できます。さらに、人が寝転んでいる、木の右側の場所も、強い集中点のような存在となっています。また、さらに注意深く見ていくと、木の下には、リングの形状をした平らな帯状のスペースがあるのがわかります。まるで、平べったいドーナッツのようなこのスペースは、この木の葉が、ちょうど人の背丈ぐらいのところで刈り取られていることにより、生じたものです（下図中の『＃3』）。そして、木の上の部分、もやもやとしたドーム状の、木そのものの形状です。しかし、これは実体としての木本体による形状ではありません。この形状は、木の幹や枝ではなく、葉の集合によってつくられたものなのです（下図中の『＃2』）。このように、「全体性」を見極めようとするとき、これらの「センター」は、「道路」や「自転車」や「木」といった、それぞれの「部分」の名前にとらわれた「センター」ではありません。これらの「センター」には、特別な名前はありません。<u>これらは、この光景の中の全体の形体配置によって導かれたものなのです</u>。

　この光景の「全体性」は、これらすべての「センター」によってつくり出されます。これらの「センター」は明瞭に実在し、空間内に「センター」としてリアルに存在するのです。これは、私の勝手な想像や、概念上の存在ではありません。これらの存在やその力強さは実体化します。それは、私たちが心の中を空にして、その場面の部分部分に意識をとらわれないようにすれば見えてくるのです。この、意識を集中させずにぼかした状態で、この光景を見れば、道路と原っぱを取り込んだ大きな帯状のスペースも、真綿のような木の繁みの形も、さらに木の幹とその周囲のリング状のスペースも、それぞれ力強い事物として見えてきます。「木」や「自転車」や「道路」といった、単純に名前のついた事物では（それらにもそれぞれある程度の「全体性」や「センター性」はあるのですが）、この光景全体の形態としてみますと、さほどの力強さはありません。これらも「センター」ではありますが、この形体配置の中では、さほどの力強さ

このシーンの中でつくり出されている
3つの実在する「センター」

「全体性」と「センター」の理論

木と道路と自転車とそれに乗ってきた人

も重要性もありません。
　例えば、なぜ、この写真の中の人物は、この木の下に自転車を停める気になったのでしょうか。彼をその気にさせ、自転車を停めさせたのは、木の下のドーナツ状のスペースであって、木そのものではないのです。このように、「全体性」とそこに実在する「センター」のシステムは、見え隠れしているかどうかにかかわらず、この世界にインパクトを与える構造なのです。この、あるがままの「全体性」の構造に注目しない限り、この世の成り立ちについて理解することはできないでしょう。
　より大きく複雑な光景を例にとって考えてみましょう。これは、イングランドのウエストサセックスにある、私の家族が住む家の庭の光景です。この庭で最も注目に値するのは、この庭が「生命」

を持っているということです。アヒルたちは、連れ立って池から門の方へと歩いていきます。羊の放牧草地には、プラムの木があります。庭の片隅にあるテニスコートは、果実をたわわに実らせたりんごの並木によって囲われています。境界を形成している花壇では、バラが咲き誇っています。通りからの車路は、イラクサとサンザシの生垣の間を抜けて母屋へと続いています。猫はウサギを捕らえて持って来て、内臓だけを裏のテラスに残していきます。小川の脇の牧草地は、冬には水に浸かり、春が来ると花々で埋め尽くされます。

　この情景を「生命構造」として成立させているのは、その「全体性」です。ではこの「全体性」とは正確には何なのでしょうか。それは、その場所に建っている真四角で質素な、白いペンキで塗られたレンガ造の家です。中には大きな台所があります。この家の中で最も大きな部屋であるこの台所は、2面に設けられた庭に面した窓によって採光されていて、大きなオーブンが常時台所全体を暖めていて、湯も沸かすことができます。また、そこには長いキッチンテーブルがあり、8つの籐の椅子が取り囲んでいます。玄関ホールは優雅に整っており、外から入ってくると、まるで直接部屋に入ったかのようです。この家を家たらしめている「センター」群とこの農家に生じている「生命」とは不可分なものです。これら「センター」が、この家の振る舞いや本質、実体をつくり出しているのです。

　こう述べてくると、まずデザインのことを考えたくなってしまいそうですが、それはあまり重要ではありません。「センター」──「全体」を創出する一体的な実体──は、「生命」を支える、大きな力を持った、圧倒的に堅牢なものです。したがって、少々デザインが変更を受けたところで、それらの「センター」群はほとんど影響も受けず、変化もしないのです。

　例えば、アヒルの池を見てみましょう。牧草地に囲まれ、傍らをニワトリが走り回り、一方の傍らに小さな腰掛があります。また、真ん中には、夜、アヒルたちがキツネに襲われないように避難できる小島が浮かんでいます。これらは皆、この農家のアヒルたちの「生命」をつくり出している、影響力のある「センター」なのです。

　例えば、台所の外壁に面した石造のテラスを見てみましょう。台所と芝生を繋いでいて、猫が出入りするための扉があります。ここは、私たちが座ったり、そのちょうど先にあるバラの花壇からバラの花を摘んだりする場所です。「センター」を

メドウ・ロッジの庭：ウエストサセックス

つくり出している石のテラスは、この家の生活において極めて重要な役割を果たしています。

この庭の「全体性」において、私たちは改めて、この場所の雰囲気や振る舞いを決定づけるのは真に「センター」である、ということを知るのです。これらは最も一体的で実質的な「センター」であり、便宜的な名前によって見出されるものではありません。

建物と車路の「全体性」について考えてみましょう。庭が前面にあるとします。玄関ドアの前には石造のポーチがあり、庭には花が咲いているかもしれません。また、車路沿いには生垣があり、庭の裏手は家の外壁に面していて、そこには窓があり、また屋根のラインが見えたりしています。

これらすべてを「全体性」の観点から見てみると、どうなるでしょうか。まず、庭の日なたの側がひとつのスペースとして認識できます。次に、バラが伝う台所の側のスペースが目をひきます。さらに、玄関への通路と裏のポーチからの階段、それにドアそのものが、ひとつの連続した、長さ約12メートルあまり（＝40フィート）の「センター」として捉えられます。陽の光と屋根の端部、軒下の垂木も含めて、そこに生じる光と影のパタンも目をひきます。これによって家と空の境界が形成されます。家の窓のひとつからの反射なども見られるでしょう。窓とカーテンは、暗い室内を縁取っているように見えます。

これらは皆、家の「概念的」もしくは知的イメージというよりは、遙かに躍動感のある統一体のようなものであるといえます。概念的な家のイメージにおいては、そこには通り、庭、屋根、玄関などと呼ばれるものが存在します。しかし、私の認識した「センター」もしくは「実体」を「全体」として捉えると、だいぶ様子が違ってきます。まず、芝生に陽の光が降り注ぐ場所が「センター」として認識されます。これは庭のうち陽の当たる部分であって、「庭」全部ではありません。次に、玄関前の階段と通路とポーチが一体となった帯状のスペースが見て取れます。「玄関」単体ではありません。さらに、屋根の稜線と軒の陰影が見て取れます。単に「屋根」ではありません。そして、「庭と通り」とでも呼ぶべきものがあります。花壇が通りに面している場所に「センター」が見られます。

これは、概念や言葉の上での存在としての「通り」でも「家」でもありません。それは、概念上の境界を超越します。

この相違は、極めて実際的なものです。単に視覚的な事柄ではありません。「全体性」という視点で事物を見ると、「センター」こそが実際的な振る舞いの反映として現れてくるのです。「全体性」という考え方によって、例えば、庭の陽の当たる場所は、庭の存在意義を、従来と違ったものにします。それは、家と塀に区切られた、抽象的で概念的な存在の「庭」と呼ばれるものとは異なります。また、門の前から砂利道を越えてバラの脇を横切り、玄関に至る帯状のスペースは、私たちを家の中へと導いてくれます。これもまた、概念的な存在としての「玄関」ではありません。さらに、芝生が、塀と、羊が草を食む牧草地に接する部分の土地は、芝生地の後ろの柳の木に背後を守られ、私たちがしばしばその木陰に椅子をおいてお茶を飲んだり、景色をぼんやり眺めたりするのにもってこいです。ここは、この家での生活や雰囲気に大きな影響を与える場所であり、抽象的に「庭」と呼ばれるものよりも、遙かに実際的に現実世界と強く結びついているのです。

このように、「全体性」の視点から見た場合に認識できる「センター」は、視覚的に支配的であるというだけではありません。<u>それらは、事物の真の振る舞い、そこで育まれる「生命」、そこで生じる実際の人々の営み、そして、そこに住む人々が感じる空気をも支配していくのです。</u>「全体性」におけるこの家と庭の複合体は、家や敷地や庭のいかなる分析的な見方よりも、より知覚的に真実であり、機能的に正確です。

注意深く考えてみると、私たちは身の周りの世界の中に、このような構造を見て取ることに慣れているとはいえないかもしれません。庭や家をごく普通に考察したのでは、それらの中に隠された深遠な「中心」の存在を想定することはできないでしょう。ちょうど紙の上に描かれた点の場合と同じです。それらはちょっと眺めただけでは目に入らないほど繊細なものです。しかし、これらの「センター」とその構造こそが、事物に「生命」を吹き込んでいるのです。

10／基本的構造としての「全体性」

本書の中で述べることは、すべて物理的リアリティにもとづく視点です。この物理的リアリティとは、ここまでで定義してきた「全体性」の存在によって支配されます。

私はここで物理的リアリティの視点から「全体性W」という特別な構造を定義したいと思います。想定されたいかなるスペースにおいても、その局所的スペースはより濃密な「センター」を持っています。それ以外のスペースは「センター」の力が弱く場合によっては全く無力なこともあります。一定の力強さを持った「センター」を入れ子状にした形体がひとつの構造をつくり出しています。この構造を、このスペースにおける固有の「全体性」と定義します[16]。

この構造は、この世のあらゆる場所に存在します。自然界にも、建築の中にも、芸術作品の中にも。これは、空間における根源的な構造であり、この中には「全体性」やその事物の形態だけでなく、その事物がつくられている明確な部分や要素を包含します[17]。

建築をはじめ、あらゆる人の手によりつくられたものの本質やその振る舞いは、この構造の見方によってのみ理解可能である、と私は確信しています。とりわけ、ある建築が他よりも多くの「生命」を持っている、または、客観的により美しくて満足のいくものである、という客観的認識は、私が思うに、この構造の見方によってのみ得られるものなのです[18]。

従来の生物学にもとづく生命もまた、この「全体性」からつくられていると考えられます。この数十年来、このことを機械論的に説明しようとする試みがなされていますが、うまくいきはしないでしょう。

「全体性」が持つ重要な特徴は、際立った主張が存在しないということです。それは、ただ単に存在するのです。その細部の決定は、ごく普通の方法によってなされるものと思われますが、同時に、このあとの章で述べるように、建物に生じる相当量の調和や「生命」は、その構造の内的結合力により見出されるようです。つまり、この世の一部分に生じた相当量の「生命」や美しさや良さは、ある種の主張や偏見、哲学などに左右されることはなく、単にそこに生じた「全体性」の結果として見出されるのではないかと私は考えるのです。

11／「全体性」の普遍的な性質

私はまだ「全体性W」の強大な力について、明言していません。この「全体性」の構造は、何らかの形でそのものの性質全体を捉えます。それがどのような形によってなされるのかは謎なのですが、多くの場合、そのものの核心へと向かう、何か説明のつかない力によるのです。それは、事物の隅々にまでわたる、場のような構造であり、普遍的で全域にわたって影響を与えるものです。これは、「全体性」の中において、要素や「部分」といったものとは完全に別個のものです。これは、私たちが普段経験するものとは異質なものですが、芸術的直感として「全体性」を感じるあの感覚が、それに当たります。

このことを明らかにする事例として、マティスの肖像画法についての随筆ほど、有名でふさわしいものはないでしょう[19]。それによれば、人間の顔の個性というものは、その人の深み、顔そのものの深みを表していて、一般的な捉え方で単に各部分の組み合わせによって表現することはできないのではないか、というのです。具体的にそのことを示すために、マティスは4つの自画像のスケッチを採り上げています。それらを再現したのが次ページの図ですが、それらは驚くべきものです。一般的な感覚で比べてみても、それぞれの顔に異なった特徴があることは明らかです。あるものは顎が貧弱ですが、別のものは力強い顎を持っています。あるものは鼻筋が通っていますが、別のものは小さなダンゴ鼻です。あるものでは両目

「全体性」と「センター」の理論

が離れていますが、別のものでは両目は寄っています。しかしながら、どのスケッチも間違いなく、アンリ・マティスの個性的な顔であることがはっきりとわかるのです。マティスによれば、個性というものは、部分的な特徴よりも深いところに根ざしたものなのです。それは内面的なものですが、表面的な特徴を超えて現れてくるもので、部分的な特徴によってつくられるものではありません。

　これはいったいどういうことなのでしょうか。マティスは何を見抜いているというのでしょうか。それぞれに全く異なった特徴を持ったマティスの顔のスケッチは、私たちに何を示しているのでしょうか。人間の顔における、この捉えどころのない「個性」とは何なのでしょうか。なぜマティスは明快に理解しているのに、私たちにはそれが明らかにできないのでしょうか。

　実は、この「個性」こそが「全体性」なのです。それは、顔における、あらゆる"雰囲気"のまとまりであり、あらゆる質的構造であり、あらゆる場の効果なのです。それは顔における普遍的なパ

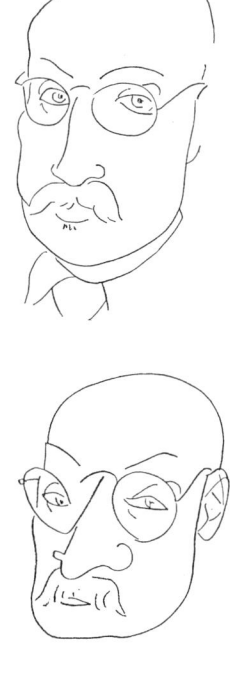

アトリエでのマティス

マティスの4枚の異なる自画像：特徴はそれぞれに異なります。
「全体性」のみが4枚すべてに共通して存在しているのです

タンのような一面であり、4つのスケッチが同じく持っているものです。ではこの「全体性」はどのように説明できるでしょうか。禿げた頭に目と鼻がついており、下へ向かって広がり、そして口のあたりの一点に向けて収束していきます。下の方では、口髭と顎があり、再び横に拡がっていき……。こんな具合に、このような構造を言葉で説明しようとするのは、容易ではありません。しかし、明らかにこの「センター」の一体的構造こそが「全体性」を担っているのです。そしてこの観点から見る限り、4つのスケッチのそれは皆同じなのです。当然それはマティスの写真とも一致します。なぜなら、それはマティスの顔の中に実在するものだからです。この顔の「全体性」は、4つのスケッチに共通するものです。例外的なものなど一切含んでいません。つまり、これら4つのスケッチは、マティスの実際の顔における「全体性」を正確に反映しているのです。それでいて、この「全体性」は非常に多様な局所的特徴の組み合わせによってつくられています。

この定義により、「全体性」がいかに普遍的なものであるかが明らかになります。もっとも、このことを感じとるのは容易ですが、定義するとなると、そうはいきません。この潜在する「全体性」や内的個性を理解できない限り、人間の顔を正しく描くことはできません。部位の特徴を正確に描いたところで、必ずしも肖像画になるわけではないのです。これまで、どれほどの画家たちが、初めて肖像画を描くにあたって、このことと格闘してきたことでしょう。人物を描こうとするならば、「全体性」を描かねばなりません。さもなくば、それは単に似て非なるものになってしまうでしょう[20]。

肖像画でも、建築同様、内包されている「全体性」こそが真実であり、そのもののすべてを決定しているのです。

12／物理学の重要な一分野としての「全体性」

根源的基盤として「全体性」が果たす役割は、この世のあらゆるものの振る舞いを支配し、建築や芸術を遙かに超越するほど大きなものです。科学の中でも最も「厳格」で、20世紀中に多くの革命的実験がなされた現代物理学においてさえ、例外ではありません。中でも、最も機械論的な実験、例えば、電子がスリットを通り抜けて幾何学的パタンに従って飛んでいく経路を示した実験でさえ、従来考えられている力だけでなく、その場の「全体性」も、この現象を支配している、という点が、すでに指摘されているのです。

20世紀に行われたものの中で最も謎の実験は、ふたつのスリットによるものでしょう。この実験において、電子は一対のスリットを通り抜け、壁面に到達します。このスクリーン上の異なる位置に到達した電子の数を数えていきます。この結果明らかになったのは、電子が壁面に到達するパタンが、従来の(ニュートンの)機械論的な力の考え方では説明がつかないものである、ということでした。

物理学では、この結果を受けて、実験装置の配置方法の「全体性」によって電子が導かれたものである、と結論づけました[21]。これは、数学的には理解することができます。しかし物理学的解釈では、今もなお理解することができません。「全体性」の理解にもとづいた分析や解釈は未だに一般性を得られていませんが、この電子の動きの原因となった「全体性」と、本書の中でここまでのあいだに定義されてきた「全体性」は同一であると考えられるのに十分な理由はあるのです。実験装置の配置方法によって決まる「センター」のシステムによってつくり出されたのです[22]。最も注目すべきは、この「全体性」が、電磁場や従来の原子力によるいかなる機械論的効果をも超越して、電子の動きに影響を与えていることが明らかになったことです。すなわち「全体性」は、事物の振る舞いを支配する決定的な役割を持っているのです。

この実験の詳細と「全体性」にもとづいた解釈については、補遺5を参照してください。しかしながら、最も重要な点は、空間における「センター」のパタンとして定義された「全体性」は、建築や

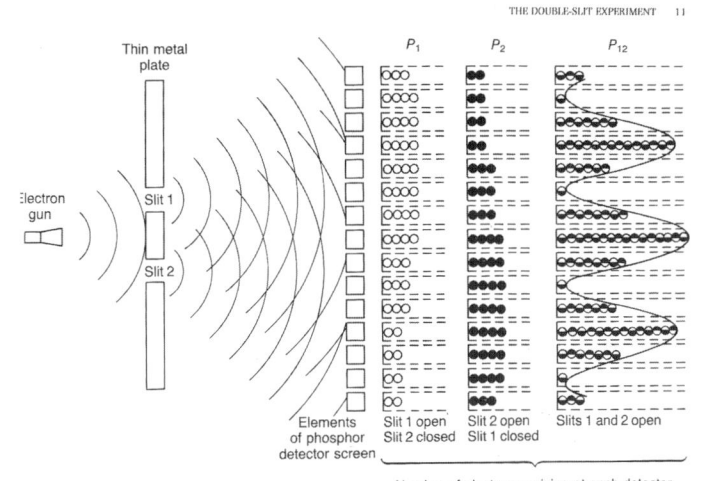

「全体性」と「センター」の理論

THE DOUBLE-SLIT EXPERIMENT 11

電子がスリットを通り抜ける実験のダイヤグラム

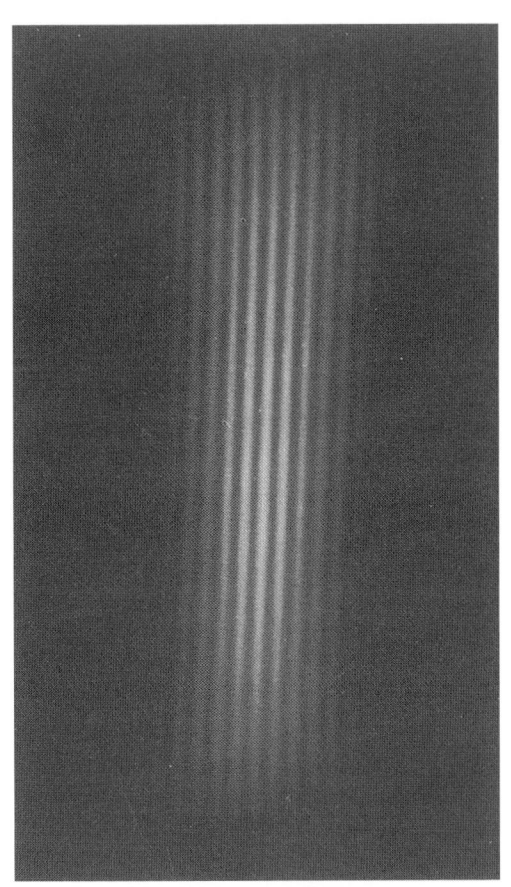

芸術作品に存在する潜在的因果関係の構造にとどまらない、ということを認識することなのです。原子内の素粒子の振る舞いや電子さえも、この「全体性」によって支配されているのです。「全体性」は、真にこの世の隅々にまで存在する構造であり、あらゆるスケールにおいて作用しているのです。

補遺2と3、さらに6では、これまで説明のつかなかった現象が、「全体性」によって説明可能となる、さらなる事例をいくつか示します。それによって、厳然と実在する「全体性」がより強調され、より確固たるものになるでしょう。

ひとつのスリットの実験における「全体性」

ふたつのスリットの実験において、電子が壁面に当たることにより発生する干渉の縞

ふたつのスリットの実験における「全体性」

第3章

13／空間のすべての「生命」の根源的基盤としての「全体性」

心理学や芸術や物理学における「全体性」理論の影響力を見ていくと、この理論のさらなる潜在力の暗示が垣間見えてきます。私はこれが、この世界で起こる多くの事象や建築の中に起こる事象を解明し、それらが私たちに与える影響や、それらの「生命」を解明する鍵を握ると信じています。この世の真の性質やその生身の存在は、幾何学的な「センター」によって支配されているのです。

下の写真にある通りを見てください。この瞬間の「生命」の源とは、そしてその振る舞いの根源は何なのでしょうか。それは、歩道沿いの消火栓の配置と、それら消火栓により形成されている「センター」、それに玄関前の階段と窓が通りと共に

子供たちが真夏の炎天下、市街地の通りで遊んでいる様子。消火栓とそこから噴き出している水しぶき、玄関ポーチ、階段、歩道、子供たち――これらの「センター」がこの状況をつくり出しています

「全体性」と「センター」の理論

中東の奇妙な屋内空間。誘うような素振りの女性、奥の部屋に差し込む光、壁や天井の模様——
これらは皆、この雰囲気をつくり出している「センター」なのです

つくり出している「センター」です。これらには特別な名前はありませんが、これらもまた「生命」の源となる「全体性」なのです。それは、特別な「センター」のシステムであり、この通り独特のもので、「生命」はここから発するのです。

奇妙な雰囲気の中東地域のこのような部屋（上写真）も、強烈な印象で、あるいは売春宿かハーレムかも知れませんが、同じように「センター」によって支配されているのです。暗色の瞳を持った女性たち、ベール、濃密な模様が施された壁紙、部屋、奥へと続く開口——このような雰囲気は「センター」によってつくられたものです。

昔ながらの日本では、小さな庭、橋、床に敷き詰められた畳、襖、襖に張られた紙などがあります。これらの「センター」は日本の伝統特有のものです。インドでは、公共の鉄道駅などでも、人々は心地良さそうに地面に座っています。彼らはこのようにして、互いの地面の所有権を確かめ合う

第3章

インドの情景。ゆったりとした空間、互いに間隔の空いた木々、その間を通り抜ける風がサリーをたなびかせる——これらの「センター」によって、この情景は形成されています

のです。これは西洋のやり方とはだいぶ異なります。こうしてすべての地面は、彼らの思うように使われるのです。

　それぞれの文化や既成社会に特有なこれらの「センター」は、それぞれの文化によりもたらされます。そのようにして、社会や人間の手によってつくり出された世界の中の「センター」を定義づけていくのです。したがって、インドにおけるひとつの文化的事実は、鉄道駅の地面に座ったり寝転んだりしている人々によってつくり出された「センター」が、上の写真における森に見られるように、他の場面でも感じられるのです。これらはインド独特のものです。ここに示されたふたつのインドの光景は、このような「センター」によ

「全体性」と「センター」の理論

「センター」が形成されている、インドの光景

り形成されているのです。上の写真では、人々は公共の場に座り込んだり寝転んだりしながら、語り部の話を聴いています。また、102ページの写真では、森の中の、さほど密集していない、ゆったりとしたスペースで、木と木の間も離れており、その間を抜ける風がサリーをなびかせています。これは、インドに特別な実体と性質を与えている無数のもののひとつなのです。

　人間社会においては、与えられたスペースの「全体性」は常に文化的環境を包含しています。インドにおいては、「全体性」は、人々が地面に座ったり、しゃがんだり、寝転んだりしているところに生じる「センター」を、至るところに包含しています。これがアメリカであれば、こんな光景は異様であり、そのようなことをしている人は、逮捕されてしまうでしょう。

　<u>これらはすべて「全体性W」と、この世の様々な部分におけるその特別な状態に拠るのです。W——すなわち特別な「センター」のシステム——は、この世で私たちが経験する文化の多様性をも</u>

イスタンブールのハギア・ソフィア
光線が「全体性」の中で重要な「センター」となっています

103

第3章

密やかで親密な密会によってつくり出されている「センター」

支配し、定義します。

規模の大きな建築において、その組織的構成を考えてみましょう。アプローチ、庭、玄関、主室、主構造、ドア、窓、天井、階段、部屋から部屋への動線の性質、それぞれの部屋の空間的性質——このすべては「センター」によって与えられます。そしてそこに「生命」が生じるのです。社会生活、集会、話し合い、私的な会話、個人の仕事場、座る場所、食事、歓迎、そしていとまごい——このすべてが、この建築の「センター」に表れているのです。

前ページにあるハギア・ソフィアの内部空間の写真を見てください。ここでの一貫した全一性を持つシステムのひとつに、外部から差し込んでくる光線があります。ここでの「センター」は変化しています。太陽の動きに伴って光線も動くからです。「センター」は、時の流れに伴って現れたり消えたりする、はかなくて一時的なものです。さらに、これらの「センター」を形成している同質性も、繊細なものです。この光線の場合、材質はいわばこの空間内の空気ですが、これは屋内空間

熱烈な接吻：瞬間につくり出される実体

「全体性」と「センター」の理論

女性の胎内で育まれる胎児がつくり出す「センター」

全体に連続的に存在します。この空気中に浮遊している埃などの粒子が光を捕らえ、光の束を形成するのです。そして、もちろん、光そのものの波形が空気を伝って、空間を照らしているのです。この事例は、私たちの建築の概念をさらに広げるものです。このような一時的で同質的な「センター」は、建築そのものや、その固定された要素である柱や床と同じように、極めて重要な役割を演じているのです。

別の事例について考えてみましょう。2人の少年が納屋の中で声を潜めながら彼らの秘密について話しています。ここにもまた、建築の本質としての状況が存在しています。この瞬間こそが、たとえ無意識で不明瞭だとしても、少年時代の魔法のような日々として、永らく記憶の中に残り続けるのです。そして、この納屋こそが、このような密やかな会話の機会を育む、生き生きとしたこの世界の一部分を担っているのです。しかし、この場合の「センター」とは何でしょうか。それは、前の事例の光線よりさらに繊細なものです。それは人間同士の関係性です。この場合は、少年2人が出会い、おそらく5分ほどで再び別れていったことでしょう。これはいわば人間が寄り集まるという行為そのもので、生き生きとした瞬間であり、

それをカメラは捕えたのです。そして、その瞬間は時間の彼方に永遠に過ぎ去ってしまうのです。確かにそれは、多少違った形でなら、繰り返し再現できるでしょう。しかし、2人の少年が会話をしている瞬間に形成された「センター」は、この出会いからのみ生じたもので、建築を正しく理解するために本質的なことなのです。このケースは、ほとんど純粋に人間そのものから生じたものです。

最後に、より建築的でないケースについても考えてみましょう。お腹の中に赤ちゃんがいる妊婦。司祭の手に接吻をする若者。弦楽四重奏の奏者たちが座って譜面台の楽譜を見ながらヴァイオリンを歌わせるように演奏している様子。子供が中にいる大きく膨れ上がったお腹、熱烈な接吻、奏者たちが奏でる音と彼らの動き——これらの「センター」は、私たちの日常的な生活の中で生じる真実の要素であり、それがこの世界を形成しているのです。花束をジャムの瓶に挿してテーブルに置く——これもまた、午後のひとときを意味のあるものにする「センター」なのです。

14／「生命」は直接「全体性」から生じる

私が定義した「全体性」の本質は、普通のことです。それはまず存在しているのです。

自然環境、生態、建築、素材、行動、できごとなど、この世界のあらゆる場所に、そしてあらゆる瞬間に、与えられた「全体性」があります。それは、明確に定義された「センター」のシステムであり、この世界のあらゆる組織は、これによってつくられているのです。そして「全体性」は、それが、良い場所か悪い場所か、あるいは生気がないか生き生きとしているかに関係なく、常にある形をもって現れます。

しかし、私たちは次に、あらゆる場所と時間に現れる「生命」の強弱について見ていきたいと思います。これもまた、「全体性」から生じているものであり、それ以外の何物でもありません。この普通の「全体性」が事物の性質をうみ出すのですが、この性質は、全く普通のものではありません。そしてこれが、事物の正否の源となるのです。次章では、「センター」のシステムによって生じる「生命」や「生命」そのものの強弱、そしてその強さがすべて「全体性」から生じるということを見ていくことにします。リンゴの樹、ダイニングルーム、ハーレム、庭の一角に積み上げられた家畜の糞、絵画、窓のある建物の壁、陶器の釉薬、あるいは少年の熱烈な接吻——これらすべてが「生命」を持っており、それらは皆「全体性」から生じるのです。

この不偏的な「全体性」は、あらゆる場所——建物、牧草地、街路など——に常に潜在しています。そしてそれは、「生命」の自然な源なのです。「生命」は「全体性」から生じるのです。「生命」は、「全体性」の中の「センター」が互いに結合して統一性をつくりあげ、それら相互に作用し、結合し、影響し合う過程の、特別な部分から生じるのです。この「全体性」の本質を学術的に捉えるのは困難な作業ですが、それが成し遂げられれば、「生命」の源を理解することができるようになるでしょう。

注

1 基本的で初期的なものとしての、「全体性」の一般的概念あるいは相対的な「全体性」についての議論は、数多くの文献の中に見られます。例えば、ヤン・クリスティアン・スマッツ著、石川光男、高橋史朗、片岡洋二共訳『ホーリズムと進化』(2005年、玉川大学出版部)、Wolfgang Kohler, *GESTALT PSYCHOLOGY* (New York: Liveright, 1929) and *THE PLACE OF VALUE IN A WORLD OF FACTS* (New York: Liveright, 1938)、クルト・コフカ著、鈴木正弥訳『ゲシュタルト心理学の原理』(1988年、福村出版)、グレゴリー・ベイトソン著、佐藤良明訳『精神と自然:生きた世界の認識論』(1982年、思索社)を参照のこと。おそらく最も際立った議論としては、A. N. ホワイトヘッド著、平林康之訳『過程と実在:コスモロジーへの試論』(1981年、みすず書房)を参照。

2　例えば、John Wheeler and Wojciech Zurek, *QUANTUM THEORY AND MEASUREMENT* (Princeton, N.J.: Princeton University Press, 1983); or David Bohm, *QUANTUM THEORY* (New York: Prentice-Hall, 1951) を参照。

3　例えば、チャールズ・ミスナー、キップ・ソーン、ジョン・ホイーラー共著、若野省己訳『重力理論GRAVITATION：古典力学から相対性理論まで、時空の幾何学から宇宙の構造へ』(2011年、丸善出版) を参照。

4　イモリの眼から採取した組織を、もし尾に移植すると、それは尾になります。成長中の尾の組織を眼に移植すると、それは眼になります。成長中の物質の運命は、それ自身が持つ局所的もしくは内部的な構造ではなく、より大きな構造によって決定するのです。H. Spemann, "Experimentelle Forschungen zum Determination- unt Individualitatsproblem," *NATURWISSENSCHAFT* 7 (1919) にも述べられています。

5　脳のいかなる特定の場所にもある特別な記憶を留めておくことはできません。それぞれの記憶は脳全体に広がるようにして存在し、それはどうやら局地的に存在するのではないようなのです。Karl Lashley, "In Search of the En-gram," *PROCEEDINGS OF THE SOCIETY FOR EXPERIMENTAL BIOLOGY* 4 (1950): pp.454-482, reprinted in F.A. Beach, D.O. Hebb and C.T. Morgan, *THE NEUROPSYCHOLOGY OF LASHLEY* (New York, 1960) に再録) を参照のこと。

6　J.S. Haldane, *THE LUNG AND THE ATMOSPHERE AS A SINGLE SYSTEM IN ANIMAL BIOLOGY* (Oxford, 1927) 参照。

7　Ernst Mach, *DIE MECHANIK IN IHRER ENTWICKLUNG HISTORISCH-KRITISCH DARGESTELLT* (Leipzig: Brockhaus, 1912) 参照。

8　ジェームズ・ラブロック著、星川淳訳『生命地球圏：ガイアの科学』(1984年、工作舎) 参照。

9　「全体性W」は、補遺1において数学的に十分に定義されています。

10　「センター」として空間の機能を区分するような幾何学的・構造的要素についてのより詳細な研究については、第5章で述べられています。文学においては「センター」を明確にしたり「定着させ」たりするようなこれらの特徴についての定義は、かつては心理学的なものとして考えられていました。また、これらの特徴についての研究は、一般的には認知心理学の一分野として考えられていました。客観的に与えられ、原則的には定義し得るであろう、異なる「センター」の「全体性」の強弱については、マックス・ヴェルトハイマー、ヴォルフガング・ケーラー、クルト・コフカをはじめとするゲシュタルト心理学者たちによって述べられました。彼らは「全体」の強弱を示す特徴を定めるものとして、プレグナンツの法則を定式化しました。Wolfgang Kohler, *GESTALT PSYCHOLOGY* (London: G. Bell and Sons, 1929)、クルト・コフカ著、鈴木正弥訳『ゲシュタルト心理学の原理』(1988年、福村出版) を参照のこと。最も詳細な記述のひとつとしては、Marian Hubbell Mowatt, "Configurational Properties Considered Good by Naive Subjects," *AMERICAN JOURNAL OF PSYCHOLOGY* 53 (1940): pp.46-69 (David Beardslee and Michael Wertheimer, *READING IN PERCEPTION* (New York: Van Nostrand, 1958), pp.171-187 に再録) を参照。

11　現実世界に実体の区分が現れるのは、異なる空間の部分がそれぞれ異なる度合いの一貫性を持っているからです。最も古い時代に、このことを明確に認識した最初の著述家は、荘子でした。彼は、肉の塊りの「秩序」がそれぞれの部位で繊維の密度が異なることに依拠していることを知り、この世を構成する事物のすべてが相対的にみて一貫性のあるひと塊りに切り離されることを正確に示していることを「理解した」のです。肉を力任せにたたき切るような肉屋 (料理人) の包丁の刃はすぐに綻びてしまいます。しかし、心得のある肉屋 (料理人) は、包丁の刃を肉の柔らかい筋に沿った部分に当て、その肉の組織に沿って肉が裂けていくように切っていきます。この肉屋 (料理人) の包丁の刃は100年もの間綻びることはありません。この世をありのままに捉える事ができるこの肉屋 (料理人) についての描写は、道教の教えを説くすべての文献において最も基本的なものとして扱われています。近代において、一貫性の重要性や相対的一貫性、異なる実体の全体性などについての最初の研究は、ケーラーとヴェルトハイマーによって行われました。彼らは、点の集まりは複数のグループを形成しそのうちのいくつかは他のグループよりも一貫性があるということを説明しました。彼らはこれをプレグナンツの法則もしくは一貫性の法則として定式化しました。それは、空間の異なる部分における相対的なおおよその一貫性をつくり出す法則を明確に記述することを彼らが試みた最初のケースでした。Kohler, *GESTALT PSYCHOLOGY* を参照のこと。

12　何年もの間、私は、あらゆるもの——すべての形体——は実体からつくり出された、という概念について考え続けてきました。その始めは、失われた原稿 "THE UNIVERSE OF FORMS" (1965～1967年に書かれたものでしたが、残念ながら焼失してしまい、コピーも残されていません) の中においてでした。その中で私は、すべての秩序とすべての形体が、空間に表れる一貫した全体から事物が構築されることによっていかに理解されるかを示そうと試みました。その数年後の1970～1975年にかけて、私は再び同様の概念について、『時を超えた建設への道』と『パタン・ランゲージ』の著述を通して様々な考察を試みました。これらの著作の中で、私は、建築に表れる重要な関係性はすべて「全体」のパタンであることと、それはやはり根源的な役割を果たす実体そのものであるということを示しました。アルフレッド・ノース・ホワイトヘッドは20世紀のはじめに「有機体」(実体を指す彼特有の表現) について似た概念を定式化しました。しかしながら、「秩序」の根本的な要素としてこれらの実体を明確に捉えようとした私の試みは容易にうまくいきませんでした。根源的な概念としては全く成立し

なかったのです。私は様々な「パタン・ランゲージ」をつくりながら正面からこの課題に取り組み、そこで、パタンを形成する実体もまた実はパタンであり、従ってパタンは実体のためのパタンではなく、パタンのためのパタンである、ということに気がつきました。このことは、実体の概念を疑わしいものにしました。なぜなら、これによって実体として現れた事物は不安定で、固定されたものではなく、明確な境界もなく、実のところ「事物」では全然ない、という事実が強調されることとなったからです。しかし15年ほど前にこれらのことはすべてはっきりすることとなりました。それは、建物の本質として極めて重要なこれらの厄介な実体は実は境界を持った実体ではなく、境界を持たない「センター」である、ということが理解できたときでした。影響の「センター」、作用の「センター」、他の「センター」の「センター」——様々な種類の「センター」、それらは、湧き立つような「全体性」の集合体の中に現れるのです。およそ15年前、私はついに、このような事物の見方が論理的に矛盾せずに「実体」が抱えていたすべての問題を解決することに気がついたのです。それはまた、「秩序」の理論を正確に構築していくための堅牢な基礎となるものでもありました。

13　私がここで行っている「センター」の議論と同じような方向性で議論がなされている例としては、ルドルフ・アルンハイム著、関計夫訳『中心の力：美術における構図の研究』（1983年、紀伊國屋書店）を参照。もうひとつは、18世紀にまで遡るもので、すべてを含む物理学の基礎としての「センター」の点を確立しようと試みた例として、Roger Joseph Boscovich, *A THEORY OF NATURAL PHILOSPHY* (London, 1763; reprinted Cambridge, Mass.: MIT Press, 1966) を参照のこと。

14　クリストファー・ゼーマンによりトポロジーの分野において推し進められたファジィ集合の論理（Christopher Zeeman, "Tolerance Spaces and the Brain," in C.H.Waddington, *TOWARDS A THEORETICAL BIOLOGY* (Chicago: Aldine, 1968), pp.140-151 参照）は、この難問の解決を試みようとするものです。しかし、私の意見では、これは問題の核心を突くには至っていません。

15　ここで私たちは再び荘子の教え、つまりこの世をありのままに見るという困難な課題に立ち戻ることになります。それは、実体を、顕著な特徴の正確な「秩序」の中で見るのであり、誤ったものの中であってはなりません。同様の点についての強力な指摘は、デヴィッド・ボーム著、佐野正博訳『断片と全体』（1985年、工作舎）を参照。また、補遺3も参照のこと。

16　この構造については、補遺1の中で数学的に定義しています。

17　選ばれた一貫性のある集合のシステムとして与えられたパタンを表現するという考えは、トポロジーの基礎にも見られます。ある特殊なトポロジーは、一貫性のある集合を入れ子状にするようなかたちで定義されます。しかし、この場合の「一貫性のある集合」の定義は遙かに限定されたものであり、興味深いものではありません。本書で表した根源的な考えは、異なる「センター」の集合における一貫性の度合いは継続的に変化しており、より遙かに繊細な基準によって定義されるべきものではないか、というものです。補遺1を参照のこと。

18　この構造を完全に捉えるには、数学において現在適用可能な概念では十分な説得力はありません。このため、本書で述べられている技法やテストや手法は認識的です。本書の第9章で述べた経験的手法は、この構造を捉えるために行ってきたものとしては最も有効です。

19　Henri Matisse, "Exactitude Is Not Truth," first published in *HENRI MATISSE: RETROSPECTIVE* (Philadelphia: Philadelphia Museum of Art, 1948), reprinted in Jack D. Flam, *MATISSE ON ART* (New York: Dutton, 1978), pp.117-119 参照。

20　この点についての私の考えは、私の娘リリーとの会話によって極めて深いものとなりました。彼女は、自分が人物のスケッチを描く際に、それぞれの人の中にあるこのような特徴をいかに捉えることができるか、ということを、私に説明してくれたのですが、そのとき初めて私は、それまで何年もの間研究してきたこのマティスの短いエッセイを理解することができるようになったのです。

21　このことの鍵となる部分の基礎は、量子力学の父であるニールス・ボーアによって見出されました。彼によれば、実験の仕組み全体における機能として電子の動きを理解するならば、この実験における電子の振る舞いをどうにか理解することは可能である、ということでした。Niels Bohr, "Discussion with Einstein on Epistemological Problems of Atomic Physics," first published 1924, reprinted in Wheeler and Zurek, eds., *QUANTUM THEORY AND MEASUREMENT* (Princeton, N.J.: Princeton University Press, 1983), p.30参照。

22　この現象についての一貫性のある記述と、私が「全体性」として定義した構造に直接的に言及した記述が共にあるのは、デヴィッド・ボームによる *WHOLENESS AND THE IMPLICATE ORDER* (London: Routledge & Kegan Paul, 1980) です。彼はまたこの中で、電子の軌道を決定するような空間内に隠された構造についても述べています。彼と私との間でカリフォルニア州オーハイで1988年に行われた一連の会見の中でボームは、彼が内蔵秩序として定義したものと、私が「全体性」として定義したものは、本質的にひとつであり、同一のものである、と語りました。このことは補遺5でより徹底的に議論されています。

第 4 章

「生命」は「全体性」から
どうやって生まれてくるのか

1／極めて重要な点

第3章から、私たちは、空間のあらゆる部分に存在する構造としての「全体性」という概念を手にしました。世界のどこに居ても、「全体性」は存在します。「全体性」は、それぞれがどのような規模であれ、「センター」からつくられます。それは、空間の中で表現される一貫性のあるまとまりで、折り重なるように存在しているのです。「全体性」を形成するために、「センター」は統合力の強弱によって格付けされます。主に「全体性」は上位の「センター」群として、最も特徴的な「センター」群から生まれます。

私たちはまだ「『全体性』の強弱」という概念や、「『生命』の強弱」という概念をはっきりと持っていません。どのようにして、一方のものが、他方のものよりも「生命」を持つのかは、まだわかりません。本書の鍵となる考えは、「生命」は構造を持っているということです。それは、「全体性」を通してはっきり認識される構造からくる質なのです。私たちが建築や工芸品の質として知覚しているものも説明します。この構造こそ、私が後で定義する「生命構造」というものなのです。

本章では、「全体性」から実際どのように「生命」が生まれるのかを詳細にわたって示したいと思います。それはまるで精神が事物や空間から表れるような、何かある種の魔法によるトリックのように感じられます[1]。しかし、これはペテンや詭弁ではありません。私は、「生命」をつくり出すことが可能であることを示し、どのように実現されるかを示したいと思います。そこには4つの重要な考え方があります。すべては、第3章で述べられている「センター」という構造からうみ出されます。

1. 「センター」はそれ自身が「生命」を持つ
2. 「センター」はお互いを補い合う。「センター」がひとつ存在すると、その「生命」は他のもう一方の「生命」を強化する
3. 「センター」は「センター」からつくられる（これが「センター」の構造を述べる唯ひとつの方法です）
4. 「構造」は、その中で形成される「センター」の強度と、その密度によって、「生命」を持つようになる

これらの4つの点は、それ自身いたって単純ですが、私たちに「生命構造」の秘密を明らかにし、「全体性」から生まれる「生命」についての秘密を明らかにしてくれます。

2／ホテル・パルンボ

議論を始めるために、私は実在の場所を例にお話ししたいと思います。そこは、私がとても気に入っている特別な場所です。この例を通して、私は、空間の中にある「全体性」が、「センター」相互の関わり合い方によって「生命」を得たり失ったりすることを示したいと思います。「センター」がお互いを助け合うように働くとき、「全体性」はより「生命」を得ます。一方でお互いが相反するように作用すると、「生命」は失われるのです。

何年か前の夏、私は家族と共に、ナポリから南へ数マイルのところにあるラヴェロというところへ行きました。そこはサレルノ湾を眼下に臨む地中海に面しています。私たちはそこにあるパルンボという小さなホテルに滞在しました。そこは、11世紀に離宮として建てられた建物でした。私

ホテル・パルンボ

「生命」は「全体性」からどうやって生まれてくるのか

ホテル・パルンボのガーデンテラス

がこのホテルの中でのお気に入りの場所は、湾を眼下に望む庭園やテラスでした。湾は柔らかな青色で、霞がかかり、海の青と空の青が溶け合って淡い青い光の中に包まれたような感じです。ホテルの庭園は、とても小さいのですが、花で溢れていて、居心地の良さそうなテラスが、断崖の端にあります。私たちが注文すれば、朝食はその庭に運ばれ、私たちだけの朝食をとることができました。毎朝私たちはそこでお茶をしたり、海を眺めたりしながら何時間も過ごしました。子供たちは傍らで、庭の花々と戯れたり、トカゲを捕まえたりしていました。

次に揚げる項目はこのホテルのテラスの中で、「全体性」をつくり出す「センター」を抜粋したものです。最初は幾何学的な形、建築的な「センター」です。

- 4つの柱によってできる区画
- それぞれ独立した区画による独立した空間
- 巨大な白い柱
- 区画の繰り返し
- 枝の周りの格子棚
- 格子棚の9つの部分
- 柱の柱頭
- 柱の基壇
- 柱の隅の面取り
- 柱の間の手摺付きの壁
- 柱に付いているわずかな凸凹
- 手摺の笠木
- 柱に付いている電灯

イメージを完成させるために、建築的なもの以外の、同様に本質的な「センター」を付け加えなくてはなりません。

- それぞれの机と椅子
- 区画の中の芝生の緑
- 格子棚を伝っている葡萄の木
- 葡萄の蔓の幹
- 柱を通して見える湾の眺め
- コーヒーを持ってくるウェイター
- テーブルに置かれるコーヒーカップ
- 柱まで伸びて絡まる蔦
- 崖の向こうに広がる、輝く青い海
- 緑の草原からこぼれる日の光

このように、無数の「センター」によって、テラスの「全体性」は形づくられていることがわかります。

3／「生命構造は」「全体性」の中の「センター」からどのようにつくられるのか

パルンボ・ホテルのテラスには「生命」があります。その場所にある「生命」の存在は明白で直接的です。しかしこの素晴らしい「生命」は、その場所の持つあいまいな美しさからくるだけではありません。それは、「全体性」の中にある「センター」とその「センター」同士の相関関係によって決められているのです。特に、さまざまに異なる「センター」が相互に助け合うことによって実現しているのです。

「センター」同士の助け合いこそが、「生命」をつくり出すもとであり、「全体をもつもの」の核心です。ここで「センター」同士が助け合うという例を出しましょう。それは、構造的な区画によってつくられるテラスです。それぞれの区画は4つの柱によってつくられたおおよそ正方形のスペースで、縦横13フィート（4メートル）ほどの大きさです。その区画それぞれが、それ自体「センター」となっています。区画の隅には柱があります。柱も「センター」です。それぞれの隅にある柱は面取りされています。面取りはそれ自体も「センター」の中の「センター」となっています。

4つの柱による区画はそれぞれ、その区画の隅にある柱の小さな面取りがあることによって、生きたものになります。私が言いたいのは、それぞれの区画がよりはっきりと「センター」を持ち、よりはっきりと「生命」を持つのは、この面取りのおかげだということなのです。例えば、隅に小さな八角の面取りのない四角柱を想像してみてください。次ページの図を見てもわかるとおり、それぞれの四角柱がわずかに区画の空間を侵食し、その結果、区画の「全体性」が破壊されています。一方、4つの面取りが幾何学的に助け合うことで、統一性や区画の空間の「全体性」を強めています。これらの面取りは、わずか2、3インチの幅なのですが、柱によってつくられる13フィート四方の区画構造的性格をますます強めるのです。同時に、面取りが柱それ自身を助け、強めています。したがって、私たちは、空間、柱、面取りが次のような関係として理解されていきます。

　4つの面取りと柱
　4つの柱と区画された空間
　16の面取りと区画された空間

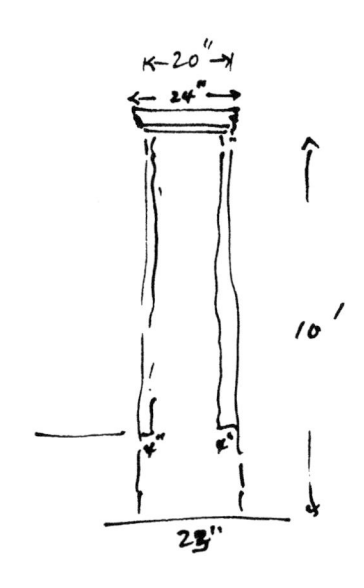

面取りのある円柱　　　　　　　　面取りが円柱を助けています

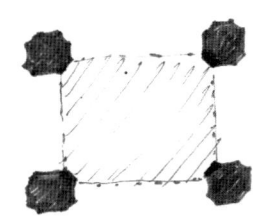

「生命」は「全体性」からどうやって生まれてくるのか

助けあっている図：
区画が面取りのある円柱によって成り立っているとき、面取りによって繊細な八角形による区画をつくり出します。円柱は区画を助け、区画はより、明快なものとなります

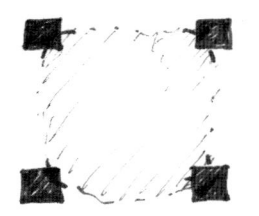

助けあっていない図：
区画が四角柱によって成り立っているとき、柱は区画の空間に食い込み、区画は明快さを失います

　それぞれの区画は21の「センター」の仕組みを持っています。すべて、他の「センター」が存在し、協力することによって、それぞれの「生命」がつくり出されています。

　この「センター」同士の協力関係は自動的に生じるわけではないということを強調しておかなければなりません。柱は、ともすれば、空間を豊かにする効果を持たないやり方でつくられたかもしれないのです。柱の隅が、柱を強めない形となった場合もあり得たのです。小さな「センター」（ここでは面取りですが）が柱を強調し、同時に区画（4本の柱によって囲まれた）を強めるというのは、全く手品のようでさえあります。

　他の事例を見てみましょう。左下の写真をご覧ください。子供たちがテラスの端にある壁で囲われた小さな庭で遊んでいます。囲われた庭はテラスと連続していますが、閉じられていて「完結」しています。この囲われることによる美しさは幾何学的な意味だけではありません。見ておわかりになると思いますが、子供たちがテラスの長手方向を走っています。端から端まで走り回っています。お年寄りも、同じような感じでゆっくりと、テラスを巡り歩いています。庭は端っこにありますが、折り返し点がつくってあるので、テラスの「全体性」を補強し、庭がないときよりも、より活きた「センター」をつくり出しています。繰り返しますが、この結果も自動的ではありません。もし、端にある庭が今よりも小さかったり、大きかったり、違うような形で囲われていたら、この環境は得られないのです。

　もうひとつの例を出します。柱の上に電灯が付いています。とてもありきたりなものですが、そ

テラスの端にある小さな庭：
この庭は、子供たちが走り回りたくなるようにつくられていることで、「生命」が与えられることを助けています

「センターA」をつくる、テラスの端にある小さな庭：
この庭が、より大きな「センターB」（つまりテラス自体）を強めます。それによって、子供たちや老人は、駆け巡ったり、歩き回ったりするようになっています。ひとつの「センター」が他の「センター」を生き生きとさせるのです

第4章

柱の先端の存在を助けるために取り付けられた電灯

プランターが低い壁を支えています。
低い壁が柱や柱間の領域を支えています

柱につけられた安価な電灯が「センターA」をつくります。
そしてそれが、柱自身がつくり出す「センターB」を支え、
「生命」を与えます

の選ばれ方、設置場所のおかげで、柱頭の印象を強めています。柱頭は電灯がまさにそこにあることで、強調されています。繰り返しますが、これは無意識でできるものではありません。電灯がちょっとでも低かったり、非対称に取り付けられていたり、目障りな形をしていたら、このようなことは起きないのです。

それぞれの事例の中で、ふたつの「センター」の間で助け合うこと、つまり「センターA」と「センターB」が、実際にお互いの「生命」を増加させていることがわかります（「センターA」の「生命」が、「センターB」の「生命」を増加させています）。例えば、私が低い壁の上に置かれたプランターを見るとき、低い壁の持つ「生命」は、プランターが在ることによって増大しています。人為的にプランターを持ち去るようなことをすれば（例えば私が運び去ったり、写真の中にある花壇の部分を覆い隠してみたりしたら）、低い壁の「生命」が急落し、低下したことに気がつきます。

ある意味では、「センター」同士が助け合うことは明らかですが、ひとつの「センター」がもうひとつを助けるとき、どの「センター」が働いているのか、という点については、わかりにくいかもしれません。どのような「センター」でも、近くの「センター」を助けるのだ、と断言できるでしょうか。どうやったら本当に起きている状況を確認できるのでしょう。このもっともな疑問に対して、実践的な答えがあります。ふたつの「センター」AとBを想像してみましょう。私たちは今、BがAを助けているか否かを知ろうとしています。まず単純にBを伴ったAを見ます。次にBを伴わないAを見ます。その両者を見比べてみます。「生命」

「生命」は「全体性」からどうやって生まれてくるのか

柱越しに見える風景が「全体」としてのテラスを助けます

という尺度を使って、ふたつのどちらが、つまりBを伴ったAかBを伴わないAのどちらが、より「生命」を持っているのかを見極めるのです。その結果もし、Bを伴ったAがより「生命」を強めているのであれば、BはAを助けているのです[2]。

ホテル・パルンボのテラスには、幾重もの「センター」同士が助け合う関係が成立しています。実際何百も挙げられます。ここに、今まで以外の例を挙げて見ましょう。

- 柱の柱頭は柱をいっそう生き生きさせるように形づくられている
- 9つの部分に分けられた格子棚は、領域がよりいっそう落ち着いて、生き生きするように働きかけている
- 区画の中に置かれたテーブル一式が区画を生き生きさせている
- 区画もテーブルを強調している。
- 柱の間の低い壁は庭と海との間の柱で区画した部分を強めている
- 低い壁が視界を整えている
- 区画からの眺めや青い空が個々の区画を強調している
- 葡萄の木が眺めを助けている
- 葡萄の木がテーブルを助けている
- 柱の上の電灯は柱と区画を強めている
- 庭園の花は区画を助けている
- 低い壁は花を助けている
- 芝生がテラスを助けている
- 蔓草が芝生を助けている

「センター」同士が助け合う関係が非常に大きなスケールにまで及びます。例えば、テラスの中で最も重要な「センター」のひとつは、柱の間から見られる眺望です。確かに、パルンボのとてもすばらしいことのひとつは、テラスから淡い青色の海がかなたに見える広がりのある眺望なのです。私たちは、海からテラスまで、そして海の向こうまで広がりを持った空間をその集合体としてイメージしています。この場において一人ひとりが経験することを通して、このような大きな「センター」の存在が、小さなテラスそのものに「生命」与えていることが疑いようもないのです。

何が、私たちに、青い海と青い空が交じり合う情景を「センター」としてはっきりと認識させるのでしょうか。それは私たちが立ちすくむもので

サレルノ湾を眺める　　　　　　　　　海の青

あり、目を奪われるものであり、そして思わず飲み込まれるものです。そしてそれは遙か遠くの淡い青がテラスに這う蔓草の緑を生き生きしたものにしていきます。テラスの区画自体が、ひとつの輪郭を持った「センター」として、より強い「生命」を得ています。その源は、その領域からサレルノ湾のもっと向こうの世界にまで広がった大きな「センター」なのです。

「センター」のシステム、「センター」同士が支え合う方法、そして「全体性」による事象の連続性、これらすべてが、事物に「生命」を確立する構造を形成しているのです[3]。

4／繰り返して定義される「センター」について

私たちは「全体性」を読み解くための鍵となる疑問に立ち戻ることが必要です。それは、「センター」とは正確には何を指すのかということです。この疑問は、「秩序」の問題を解く鍵であり、そして、「生命構造」に関するすべての問題を解く鍵です。

　問題の核心は次のようなことです。つまり「センター」は他の「センター」によってのみ定義することができるある種の実体なのです。「センター」という考え方は、「センター」以外のいかなる単純な実体によっても定義され得ないのです。

　私たちは、ある種の実体を、他の異なる種類の実体から成り立っていることを示すことで説明しようとする見方に慣れています。器官は細胞からつくられていて、また、原子は電子からつくられているといった具合です。これらのすべてが「センター」というものです。では、「センター」が何からできているのかと問われれば、私たちは硬い壁にぶち当たります。まさに、その質問こそが本質的なもので、説明し難く、同時に理解し難いものですが、この世にある基本的なものごとすべての本質に関わるものなのです。別の見方をしましょう。私たちが見ようとしている「センター」は、他の「センター」からしかできていないのです。これは最も根本的な考え方です。これらの「センター」の本質は、それゆえ再帰的、循環的にしか理解できないものなのです。これが、機械論的な考えに染まった人にとって、「全体性」がとても神秘的に見える所以となります。

　例えば、次のページに掲載されている林檎の木について考えてみましょう。その木を「センター」として見ると、その枝も「センター」として見えます。花も、その花弁も、「センター」として見えます。その木が「センター」として見えるのは、それが「全体性」を持ったものとして見えるためです。「全体性」を持ったものとして見ると、それが他の「センター」、枝など、実際に手に取って、逐一確認できるものからできていることが見えてきます。なぜなら繰り返しになりますが、それらもまた「センター」であることが見えるからです。

　木の「全体性」を理解するということは、これらの多くの「センター」の意味を理解することに

林檎の花

立ち返るということです。つまり、木は枝からつくられるということを理解することに他なりません。枝が「センター」であることを認知する能力は、木が「センター」であることを認知するのに必要な能力でもあります。枝の「センター性」を見る能力に頼らずに、木の「センター性」を説明する術を見出すことはできません。

このような認知力の相互連結こそが、私の認知力そのものの成立する極めて根本的な土台となっているのです。例えば下の図に示された林檎の葉のひとつを考えて見ましょう。もちろん、それがひとつの「センター」を形づくっていると感じ取れます。さて、何によって、その葉が「センター」として見えるように作用しているのかという問いを、考えてみましょう。この問いに答えるためには、葉の先端、一様な一組の曲線、それらが葉をひとつのものにまとめ、その背骨と、葉脈、それらが互いに平行に走っていること、そしてふたつの葉脈によって大まかにつくられる新しい平行四辺形の葉肉の領域や、葉の茎や、葉がその茎に繋がっているところにある凹みや、葉の境目の外側に沿ってある滑らかな小さなギザギザの部分などを指摘しなければなりません。これらすべてが、「センター」なのです。

葉全体を「センター」にしているのは、これらの「センター」が集まった組織です。さらにこれらのすべてがそれ自身「センター」なのです。だからこそ私たちが「センター」に気づくのです。私たちが気づくのは、それらの「センター性」です。それによって、「全体」としての葉の「センター性」を見出し説明するための要素として、それら個々の「センター」に着目することとなるのです。このように、それは組織体です。他の「センター」の「センタリング」された組織であり、それが私たちの経験を通して葉を「センター」として認識

野生種の林檎の木

樹の枝、そこについた葉と林檎と小枝

第4章

個々の葉の拡大写真

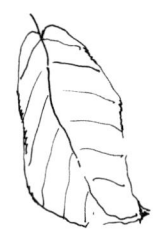

林檎の葉の中にあるいくつかの「センター」。
これらの「センター」により、葉それ自体としての
「センター」が形成されているのです

させるのです。この特定なものがなぜ「センター」なのかを正確に説明をしようとすると、他の「センター」にその説明を求めざるを得ないことに気がつきます。

数学の世界ではこのような概念を循環系と呼びます[4]。この概念を理解することと、この事実を理解することを深刻にならずに、積極的に捉えることが、「全体性」の理解の鍵になります。循環するという現象は、私が思うに、「全体性」の問題の核心部分です。深い「全体性」(あるいは「生命」)が非常に神秘的である理由は、「センター」が「センター」からつくられ、「全体性」が「全体性」からつくられるところにあるのです[5]。

これは、葉っぱだけの特性ではありません。私たちが検証できるこの世のすべてのものに備わっている特性です。実際、これは明白で避けがたい

ものだと確信できます。では、何が「センター」なのか。「センター」は原初的な要素ではありません。「センター」は合成物です。しかし、それらは、非常に原初的な要素にも適用されます。それらは、「全体性」の構造のとしてあらわれる「全体性」のかけらです。しかし、それらがいったいどこからやってきて、それらは何からできているのでしょうか。その問いに対する答えは本質的であり、それは以下のようになります。

「センター」はいつも他の「センター」から生まれる。「センター」は点ではありませんし、重心のようなものでもありません。それは、むしろ、物や物の部分の中で組織化された力の場であり、物や部分が「中心であること」を表現することによって生まれるものなのです。この、場のようなものとして現れる中心が本質的に、「全体性」へと至る概念なのです[6]。

どんな「センター」であれ、「センター」によってつくられる相対的な「全体性」や「センター性」は、合成された「センター」やその組織の「センター性」という観点からしか理解できないのです。それ以外に、葉っぱが「全体性」となる説明の方法はありません。さまざまに折りたたみこまれた部分や、それらの周辺のすべての「センター性」を用いることなく説明することはできないのです。もし、なぜ与えられたものが「センター」のように感じるのか——なぜ、「センター」が葉っぱの組織の中の具体的な点で生じるのか——を説明しようとすれば、私は他のレベルで生じる他の「センター」について述べざるを得ないのです。葉っぱにおける「センター性」やその中心は、その組織とその「センター」の相互作用に由来します。そして、それらの組織や相対的により大きな「センター性」によってのみ、それらは「センター」となるのです。

したがって、そこに避けることのできない本質的な循環が生じてしまいます。

この循環は誤りではありませんし、議論上の意地の悪い詭弁の類でもありません。

それどころか、これが本質的な状況の姿なのです。私たちの「全体性」と「生命」に対する理解は、この循環性とその意味を深く理解することで核心に至るのです。

5／生命構造のダイアグラム：「場」としての「センター」

「センター」の概念を理解し、それをより正確に再現するためには、「場」として成立する「センター」を見出すことを学ばなくてはいけません[7]。「センター」を「センター」足らしめるものは、空間内の力を組織化する「場」という機能です。「場」というものは、中心の構造を持ち、中心と繋がり、中心の空間的感覚を創造するものです。

これがどのように顕れるのかを理解するために、下の図に示した装飾を調べてみましょう。これは、15世紀のトルコ製絨毯の端布（はぎれ）です（次のページに出ています）。この美しいデザインは、「センター」からつくられており、おそらく私がお見せする他の何よりも、視覚的なものかもしれません。この絨毯にある「センター」のひとつを拾い出し、白黒写真として下に示しました。となりの図は、私の描いた「場」のような「生命構造」が「センター」をつくるというダイアグラムです。この「場」のような構造はベクトル場のように見えるかもしれません（注7を参照）。「場」の一部は、いくつかの矢印で示され、いくつかの「センター」に向かっています（ダイアグラム参照）。この図から「全体性」がわかります。（第3章で示したような）単に「センター」の入れ子構造だけではなく、秩序だった仕組みで、その仕組みがさまざまな「センター」や「サブ・センター」を高め合い、「場」に影響を与えていることが理解できます。この矢印はいったい何を表しているのでしょうか。矢印は、「センター」をつくり、結び付ける方向を示しています。その方向も「センター」のひとつです。したがって、「場」の要素はさまざまな強さの「センター」を含み、個々の「センター」の間で成立する関係によって成り立っています。それらがつくり出す構造が相互に、あたかもベクトル空間のように、さらにさまざまな層が折り重なった階層の秩序のようにつくり出されるのです。

お見せしたダイアグラムは「生命構造」の典型的な「センター」を示した地図であると考えてもよいでしょう。「場」としての装飾が中心を持つように感じるのはなぜかを示しています。装飾には、有機的に結び付いた「場」、空間を結び付け、中心の感覚を行き渡らせる力によってまとめられた「場」が存在します。そのような構造は、よりいっそう密度を高めながら複雑になり、私が「生命構造」と称するものに至ります。

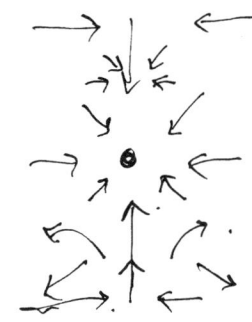

絨毯の縁に表現されている典型的な「センター」の「力の場」を表現したダイアグラム

アナトリアの絨毯の縁の装飾部分の拡大

第4章

15世紀のアナトリア製の絨毯：複雑で美しい、縁模様。ギルランダイオ模様と呼ばれています

　それでは、「全体性」の定義に立ち戻ってみましょう。そして、「センター」で満たされた空間を想像してみましょう。第3章で示した「全体性」の定義の一部として、「センター」はある空間にある一揃えの属性から発生する、と述べました。「一揃えの属性」というものの中には、まとまり、結合、出っ張り、また対称性、隣りの空間との差異性などを指しています。加えて、外へ発信し、空間の中心に据えられた質を通して全体の一貫性をつくり出します。しかし、これは簡略に単純化したものです。

　より現実的には、空間がそのような「センター」によって満たされていることを想像することが必要です。それらが互いに支え合い、「センター」によって「センター」がつくられ、「場」を形成し、すべてが「センター」となりながら広がっていることを想像してみることが必要です。このような構造をどのようにしたら想像できるでしょうか。ある一点にある強度があると考えてみましょう。――つまり、その点に「生命」の「場」が生じていると考えます――そして、それらの点が次から次へとベクトル連鎖によって、「センター」同士を結びつけて全体的な「場」を空間に生じさせると考えればよいでしょう。

　どうやってそれを表現できるのでしょうか。見出された新しい構造それぞれは、ある種の新たな「センター」として「場」の中に「生まれ」ます。「センター」たちの間に「センター」があり、矢印に沿って並べられ、矢印それ自身も「センター」として存在しています。装飾は、構造をうみ出します。構造は、いくつかのやり方で、「センター」を継続的に分配していきます。

　この、「場」の活動形式をある定義で要約することも可能です。その定義は明らかに繰り返しこの世界に出てきます。――すなわちそれぞれの「センター」は他の「センター」の「場」となる。この定義によって、それぞれの「センター」は「センター」の「場」としても成立しなくてはならなくなります。したがって、「センター」は「センター」の「場」となり、「センター」の入れ子構造となります。「場」の中に「センター」以外の究極的な基本要素は存在しなくなります[8]。

　これが、私が「生命構造」と呼ぶものの基礎なのです。このような「場」は、一般的な数学の記

述によって表現するのに大変に有効なものだと思われます。しかし、その階層的な秩序と非常な複雑さは、現在の物理学や数学の中で用いられる伝統的な構造とは似ても似つかないものですので、このような構造の本質を一度に理解するのは難しく、適切に定義された新しい分野に移し変えて確立させる必要があるのです[9]。

しかしながら、多くの事例が示しているように、「センター」の鍵は対称性にある、ということは言えるでしょう。実際、最初のまとめでは、出っ張り、まとまり、大まかな対称性、周辺との相違などこれらの実在するものから派生する「場」によって「センター」たちを定義し得るとしました[10]。いくつかの「センター」はこれらの法則に従っています。しかしこれらの法則は大雑把なまとめにすぎません。いくつかの「センター」や「サブ・センター」では、絨毯の装飾に表現されているように、右図のようなことが起こります。いくつかは不完全な対称性です。また、出っ張っていないものがあります。さらに、対照性やまとまりとは異なる要素での周辺との差異の程度によって形づくられているものもあります。それにもかかわらず、大雑把な見当で、「センター」が一貫して実在するという概念を、持ち得るのです。局所的な対称性、差異、まとまりの存在、そして出っ張り、それらが「場」の効果を相互に作用しあって、「センター」の存在を示しているのです[11]。

このような「場」の数学的な定義については、今後の研究者による成果が待たれるところです。しかし、数学的な成果を待つまでもなく、以下のように述べることは正しいと確信しています。すなわち<u>「場」を定義する方法は、「センター」意外には本質的に不可能である。「センター」が「センター」からしか生まれない</u>ということが本質的に真実だということです。リンゴの木に生えたリンゴの葉っぱは、「センター」の場として生じています。パルンボ・ホテルのテラスは、「センター」の場なのです。「センター」の中から生まれる「センター」の中で、互いに「場」への影響を繰り返しているにすぎないのです。これが「生命構造」として述べようとしている現象の根本なのです。

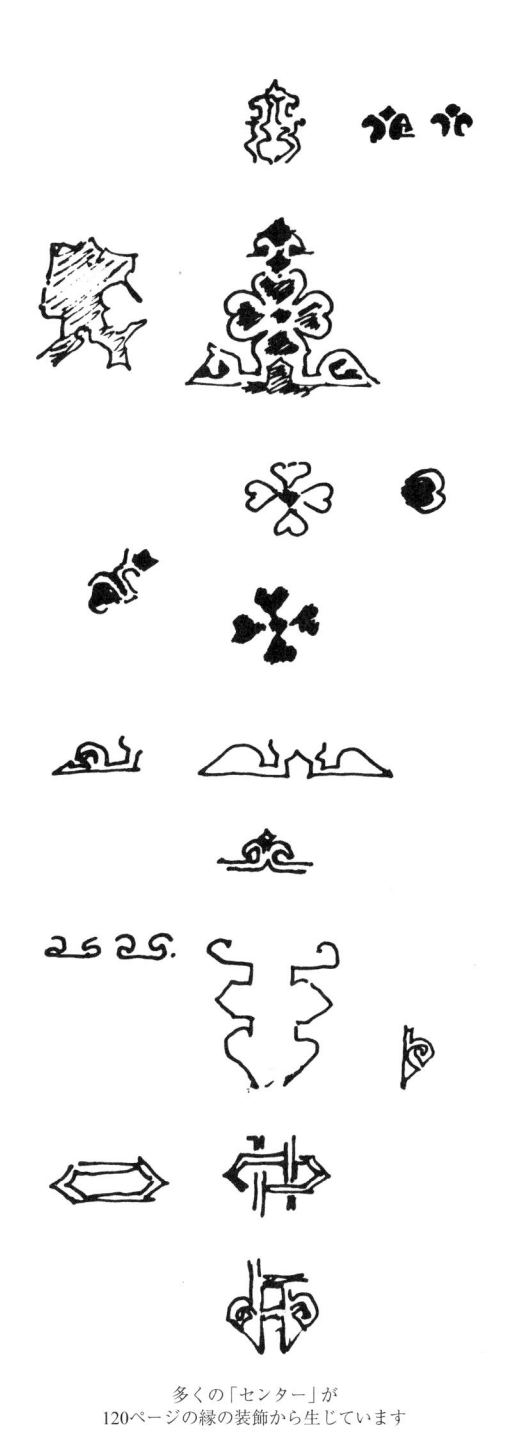

多くの「センター」が
120ページの縁の装飾から生じています

6／それぞれの「センター」には「生命」がある

それぞれの「センター」が他の「センター」でつくられる階層につながる「場」であるという概念で理論化することで、「センター」の「生命」に強弱があるという考え方に立ち返ることができます[12]。

個々の「センター」の「生命」に対する考え方は、前の章で述べたこととほぼ同じです。それは、世界中のどの部分にも「生命」が宿っているという考え方です。しかし私は、この考え方を拡張し、別の視点から、全体性の中で個別の「センター」に適用したいのです。

（まず実証する前ですが）すべての「センター」は区別できる「生命」の強さの差異を持っていると断言します。このことを受け入れるならば、与えられた「全体性」の中にある個々の「生命」の強弱にどの程度、同じレベルの別の「センター」が貢献しているかも理解することができます。この議論を確かなものにするために、私は次のような、特殊な思考方法を採用します。もしかしたら、私たちが普段行う思考からはかけ離れたものように映るかもしれません。

次の5つの項目を主張したいと思います。

1. 「センター」は空間的に生成される
2. それぞれの「センター」は他の「センター」の形体配置によって決まる
3. それぞれの「センター」は「生命」や強度を持つ。さしあたって、この「生命」が何であるのかはわからない。しかし、「センター」の「生命」は他の「センター」の「生命」に依存していることはわかる。この「生命」や「強度」は「センター」自身が持つ生まれつきのものではないが、「センター」が生じるときに存在する配置関係に由来する要素である
4. 「センター」の「生命」や「強度」は、隣接する「センター」の位置関係や強度によって増大したり減少したりする。結局、「センター」は、それらがつくる「センター」がお互いに補い合うことでもっとも強まる。この文脈の中で「補い合う」という意味は正確に定義しなければならない
5. 「センター」は、「全体性」の根源的な要素である。そして、空間の中で切りとられるあらゆる部分の「生命」の強弱は、そこに存在する「センター」の構造と存在にひたすら依拠している

この5項目の主張から、世界のありとあらゆる「生命」がそれらに含まれる「センター」の構造によって成り立っていることが導き出されます。つまり、これらの「センター」は、「生命」を与えられ、翻って、同時に他の「センター」から構成されるということを示しています。相互に影響を与え合うということは、それぞれの「センター」が他の「センター」を強化する力をもち、「センター」の「生命」は隣接する「センター」の「生命」の相対的な強さと位置関係の結果として生まれるという事実の中でわかります[13]。

7／それぞれの「センター」は他の「センター」から生命をもらっている

ここに示されているアルハンブラの美しい部屋の考察をしてみましょう。部屋の美しさは壁面の「生命」に依存している部分があります。そこで、壁面を構成している装飾タイルの「生命」について検証してみましょう。次のページを見てください。装飾タイルの写真があります。これはアルハンブラの部屋のひとつにあったものです。この部屋の壁面はこのパタンのタイルで全体を覆われています[14]。

タイルに描かれているパタンを見ると、さまざまな異なる「センター」をそこに見出すことができます。黒い星、黒い八芒星、緑の六角形、黒い手の形をした模様のペアの間にあるとても小さな白いダイヤモンドの模様——これらがすべて「センター」です。そして、お互いに支え合っています。どのように異なる「センター」が互いに支え合っ

アルハンブラの壁面に施された装飾タイルの一部

ているのかを正確に理解するため、すべての「センター」に存在する「生命」に対して慎重に注意を払うことが必要です。その正確な位置や、どこからお互いの影響が働き始めているのかに対して注意を払わなくてはいけません。これらの事例を参照する中で、自分の内面の感情に対して更なる注意を払わなければなりません。そうしなければ、これらの事例の「生命」の評価をし、それがどのように変化しているのかを理解することができないのです[15]。まず、八芒星から始めてみましょう。まず、最初の連鎖の中で、5つのダイアグラムに着目します。それぞれの場合分けの中で「センター」を確認できます。しかし、「センター」は、描き進められるとともに、図の上から下に下がるにつれて、次第にそれ自身の持つ「生命」が強化されていきます。

第4章

アルハンブラの装飾タイルの断片

ステップ1：色のない星形

ステップ2：星形に、黒い色がつく

ステップ3：今度は黒い星の先に小片が付け加わる

ステップ4：黒い星の小片の間に白い五角形が加わる

ステップ5：よりいっそう強化される。なぜなら、黒い八角形の手の形が加わったから

　ステップ1　星の形、それだけで、色はありません。「生命」を持っているものの、限定されています。

　ステップ2　星型に黒い色がつきます。星に黒い色がついた途端、無地のままのときよりも強くなり始めます。なぜなら、そのとき、周囲との差異が強調されるからです。

　ステップ3　今度は小片が黒い星の先に加わります。これが、より生き生きとした「生命」をつくり出します。なぜなら、星の先端にうまれた、優れた「センター」が模様を支えるからです。

　ステップ4　黒い星の一部、星から出る光の間に白い五角形をつくり出しました。この形では、よりいっそう強くなります。それは星から伸びる腕の間にあるスペースが「センター」としても機能するからです。ステップ3に比べていっそう、「生命」を持つようになります。

　ステップ5　最後に、星はさらに強化されます。なぜなら、黒い手のひらの形が付け加わり、互いに小さな白のダイヤモンドの間を埋めているからです。より精密な「センター」が黒い星の腕から広げられ、ふたつのシステムを形成することで、よりいっそう「生命」を付加しています。形のもつ「生命」はずっと強固なものとなっています。

　この展開の中で、星は次第に強い「生命」を持ってきています。星形が5つの絵を通して次第に「生命」を持っていく理由がわからなくても、そうなっていく様子自体は同意できるであろうと思います。

　では、同じような事例をもっと洗練したレベルで見てみましょう。4つの緑色の六角形が、黒い八芒星の周囲に置かれたものを見てください。パタンの中心に、黒い八芒星があります。最初はそれ自身しか表現されていません。この黒い八芒星は、周りに何もなくても「センター」として「生命」を持っています。この黒い八芒星はすぐ近くにある「センター」たちから「生命」を受け取っていま

「生命」は「全体性」からどうやって生まれてくるのか

ステップ1：黒い八芒星。周りには何もない

ステップ2：黒い八芒星は、4つの緑の六角形がその周囲に広がることによって強められ、十字形を形成する

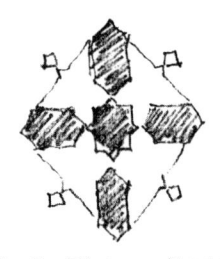

ステップ3：星の周りの4つの緑の六角形が、互いに4つの白いシャツの形を形成し、4つの小さな白いダイヤモンド型のロープを持つ

ステップ4：4つの白いシャツと、緑の六角形、それらが互いにより大きな魚のひれの形をつくり六角形の周囲に広がっていく、それとともに黒い八芒星をよりいっそう強化させる

ステップ1　黒い八芒星自身。

ステップ2　次に、緑の六角形が4つその周りに表れます。しかし、白い空間はそこにはありません。

黒い八芒星による「センター」は、4つの緑の六角形が付加されたとき、「生命」を持ちます。

ステップ3　4つの緑の六角形に4つの「シャツ」のような形が間に加わります。そして、さらに4つの小さな白いダイヤモンドの形がシャツから出っ張ります。

「センター」はさらに強化され、「生命」は再び増加します。

ステップ4　今度は大きなダイヤモンドが見えてきます。それは、黒い八芒星と、緑の六角形と、白いシャツの形と、4つの白い魚の尻尾の形と、それらの周りにあるさらに大きな暗い八角形の輪郭によって表現されています。

「センター」はますます「生命」を持ちます。

ステップ5　ついに完全に手が離れます。八芒星の周りのすべての構造が明らかになりました。そして複雑な構造が、離れた黒い8つの出っ張りの星の周囲にも見えます。

「センター」はいっそう大きな「生命」を得るのです。

どのようにタイルの断片の中の、黒い八芒星の中の「センター」が、実際に外へ何インチと展開す。例えば、八芒星以外の、八芒星の周囲のパタンにあるものをすべて隠すと、その「生命」は大きく失われていきます。手を離すと、次第に周囲のものが立ち現れ、黒い八芒星によって形成された「センター」が、再び「生命」をみるみる取り戻していきます。

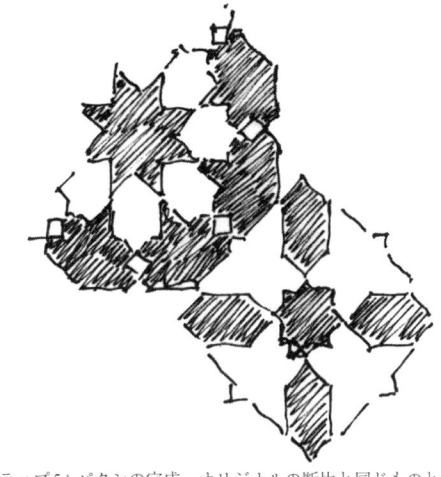

ステップ5：パタンの完成、オリジナルの断片と同じものとなります。黒の星型のパタンが隣接することでさらにインパクトが加わります。そしてその周りに「センター」が生じます。結果、八芒星の「生命」はさらに増加していく

されていき、どのように空間を掌握し、黒い星かのところまでのびてゆき、相互に影響し合っているのかがわかってきました。このことが理解されると、断片全体が驚くべきものであることがわかります。アルハンブラ建設に関わった人たちへの敬意は、いっそう増していきます。そして八芒星の周囲に形成される「センター」の理解は深まります。

8／建築の中にどのように「生命」は発生するのか

一般的に言えることは、どんな配列であっても、それぞれの形が持つ「センター」の性格が、それぞれの強さを持ち存在するということです。「センター」の存在感の強さが増すと、より強い「生命」となります。しかし、この強さは局所的な現象ではありません。それは、このひとつの「センター」が他の「センター」の枠組みや、その密度、それらの「センター」の持つ「生命」の強弱の中に置かれることで、決められていきます。

そのため、複雑な相互連関が生じます。パタンの持つ性格やその位置関係によって、パタンの中にある多様な領域が「センター」となっていきます。四方に広がっていく「センター」の相対的な位置関係と別の「センター」の強度によって、次々と、これが生じていきます。しかし、これもまた、もとの「センター」の「生命」に依存しているようです。なぜなら、その「センター」もまた、それ自身を助けている他の「センター」たちの「生命」を決めるのを手助けしているからです。総体的に見れば、靴紐のような関係といえます。つまり、ひとつのもととなるような「センター」や「生命」があるわけではなく、さまざまな異なる「センター」がお互いを緊密に支え合っているのです。「センター」が「センター」を支えるというやり方によってうまれるものこそ「生命」なのです。どれかひとつが最初にうまれるというのではありません。それぞれがお互いを支え合うのです。そして、それぞれが共に「生命」をうみ出していくのです[16]。

まるで手品のようで、何やらフランケンシュタインをつくるのと紙一重なところがあります。「生命」のない物を、「センター」の相互作用を制御する法則を授けられた空間の中に投じることで初めて、それは「生命」を持った物となるのです[17]。

合板製のモーテルのドア：
このドアにはほとんど「センター」がない

より精巧なジョージ様式のドア：
強い「センター」を持っている

「生命」は「全体性」からどうやって生まれてくるのか

ヌビアのドア：この「センター」は最も完全な深みを持っています

　建築のもっとありふれた場所でこの考え方を適用してみましょう。この見開きのページに載っている写真の3つのドアを比べてみてください。ひとつは、典型的な中空の合板でできたモーテルのドアです。ここで主となる「センター」はドア自身です。その「生命」はほとんどありません。「生命」がほとんどないのは、その長方形の形に由来しています。長方形の形では、その「センター性」は端や角から発生します。縁にも「センター」は存在しています。縁は端に沿ってまっすぐに上っていく切口によって「センター」がうまれています。私たちが認識する「センター」は、角があることによってさらに強調されます。細い枠組みは、ドアの「生命」を支えていますが弱々しいです。これ自身が「センター」として主たる「センター」をわずかに強くしています。取っ手も助けています。しかし、全体としての効果は弱々しいものです。

　次に、ロンドンにあるとても精巧なジョージア様式のドアを見てみましょう。両側の広い板によってつくられたふたつの「センター」が主たる「センター」を強調していることがわかります。ドアの上の半円窓も同じようなはたらきをしています。半円自体が放射状に広がって「センター」となって強めています。放射状の形の中の割組子がそれ自身「センター」として強調し、「生命」をうみ出し、その結果として下側のドアに「生命」を与えていきます。ドアの巾板はドアの主たる「センター」を強めます。これらの巾板はドアの補足的な「センター」として機能するためにここに置かれています。これらの板の一つひとつは、それらの端に沿って切り取られ、モールディングがついているために、「生命」を強化しています。そしてもちろん、より大きい「センター」、ドアの戸板の外枠も大きく別の「生命」をうみ出しています。玄関の前の階段は、玄関に「生命」を与え、そして玄関を形成する「センター」がドアに「生命」を与えています。玄関へ至る小径は玄関に「生命」を与えると共にドアに続いて「生命」を与えています。ドアの上にかかるバルコニーは、ドアの「センター」に厚みを与え、その「生命」をさらに

強めています。ジョージア様式のドアはモーテルのドアより「生命」を持っていることは明白です。そして、そこに住む人々は、より生き生きとした環境にいると感じることも明らかでしょう。以上が、ジョージア様式のドアが一連の「センター」のはたらきによって多くの「生命」を受けている根拠ですが、単純に「生命」が多くあるだけでなく、それらはより良く配置され、個々の「センター」としてもより豊かな「生命」を実現しています。そして、それらの「生命」が相互の「センター」に「生命」を与えるように配置されています。

　強調されるべきことは、「センター」は単純に支えてくれる「センター」の数によって、より「生命」を得るか否かが決まってくるのではありません。その考え方はバロック時代の建築の誤りなのです。その時代の建築は、ディテールを積み重ねていくものでしたが、決して「生命」のようなものをうみ出すことはありませんでした。(最後の)ヌビア風のドアはとても簡素なドアの例ですが、とても強い「センター」の力があるのに、その源泉はディテールではなく、極めて慎重に選び抜かれた形や、空白、プロポーション、などの小さなディテールの組み合わせです。とても簡素で、手の込んだものではありません。しかし、ジョージア様式のドアに優るとも劣らない「センター」としての力強さがあります。その効果は、「センター」たちの強度に合わせて注意深く選ばれることによって得られているのです。それぞれの「センター」はそれ自身、強さをもっています。「センター」同士を適切に組み合わせることで——たとえわずかな「センター」しかなくても——十分な水準まで「センター」を広げていくことができます。浮世離れしているように見えますが、これによって力強い炎を持つことができるのです。

　「センター」の「生命」は——たとえ単純な扉であっても——「センター」のまとまりで生じる形によって得られます。そして、それを取り巻いている「センター」が広がっていくシステムがあることによって実現します。「生命」は「全体性」と「センター」の仕組みから生じます。うまれた「生命」の強弱は、要素としての「センター」のまとまりが持つ「生命」の強弱と、それらの配列から生じるのです。

9／繰り返しプロセスの中で、どのように「センター」の「生命」が漸進的に育っていくのか

6つの段階を経て「センター」をつくり出してみましょう。漸進的に、繰り返しながら、他の「センター」を取り込んで「場」の効果を強めつつ、「センター」の「生命」をうみ出すことができます。

　<u>第1段階　「センター」としての柱</u>　まず、8フィートの単純な柱。直径9インチで、玄関の屋根を支えるこの柱から始めましょう。単純に考えるために、基檀も柱頭もなく装飾もない円柱から始めます。この円柱は荒削りな「センター」をつくっています。簡単な形で、対称性を持っていますが、それだけにすぎません。そこには、「場」の力がそれほどありません。

　<u>第2段階　柱の隣り合う空間が「センター」となる</u>　今度は、この「センター」をどのようにしたら、「場」を強めるような「センター」の仕組みによってより強化できるかを考えてみます。最初に、柱に隣接する「空間」に「センター」をつくってみましょう。柱が丸いときは、柱に隣接する「空間」は輪郭を持ちませんし、「センター」として働きません。もし、隣接する「空間」をセンターとして機能させたいとするならば、もっと良い形にする必要があります。ひとつの方法はこのように、円柱の代わりに柱を四角にして、単純に、そして凸状にすることです。これで少し良くなります。

　<u>第3段階　柱の上端と下端にある「センター」</u>　今度は柱の足元の基檀に「センター」をつくりましょう。そのためには、基檀をつくるために基礎を持ち上げていきます。それから、柱の上に載る梁や桁を想像してみましょう。それが柱の上で接合してくることで、「センター」になります。その柱の上にくるのは、あるいは小さなデッキのようなものかもしれません。これで、小さな「センター」

がいくつかつくられました。

第4段階　柱頭と足元を異なるように仕上げる

しかし、「全体」は「センター」としての質を失ってしまいます。ですから、感覚を研ぎ澄ませて調整をかけなければいけません。もし、柱頭部と足元を同じようにつくったとしたら、「センター」の感覚は失われます。柱頭部は足元よりも小さく（低く）つくります。それを行うことで、柱に「センター」の感覚が再びよみがえります。

第5段階　装飾を柱に加え、「生命」を強める

これで、「センター」を繰り返しうみ出すルールの範囲内で実現できるものへと、大まかにではありますが、完成したシステムにしていきます。

この柱の例から、「場」の中で起こっている本質的なことを抽出してみましょう。それぞれの「センター」が、他の「センター」があることによって、つくられ、強められています。そこで、柱の「センター」の力を強めるように、柱をつくっている構造の「センター」を付け加えていきます。しかし、「センター」を付け加える際には細心の注意を払い、柱の「センター」を確実に高めるようにしていくように確認しなくてはいけません。

これを実践すれば、以前よりより多くの「センター」を得ることができます。「センター」を強め、「場」を強めることができます。これは、加算的なプロセスではありません。全く異なるものにうまれ変わる乗算的なものです。それぞれの段階は、ものを付け加えるのではなく、「全体」として以前の段階から質を変化させてより強い「センター性」を与えていくことなのです。それによって、より多くの「センター」をうみ出し、そこに存在している「センター」たちを強化していくのです。

私たちは、これと同じ思考方法を繰り返して、この「場」にある「センター」に当てはめていきます。新しい「センター」によりはっきりと中心性をうみ出します。他の「センター」が付け加わっても、お互いの「センター性」の力が強まっているのです。私たちは、厳密に「全体性」や「センター」を明確に定義せずともこのような作業を行っています。柱頭や、基檀、床に置かれたタイルなど、そこには、特別なものはありません。しかし、これらが柱の中にある「センター」を強め、その結果、全体が良くなっていっているのです。

繰り返しの中で、良くなっているのは柱だけで

第1段階：柱は丸く単純な円筒です。
この最初の形は20世紀建築の粗野なつくりの典型です

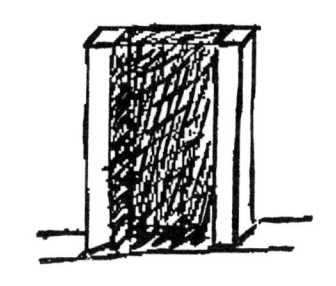

第2段階：柱の間に空間をつくり「センター」をうみ出します。
そのために、この例では柱を角柱にします。
これで「センター」は少しだけ強化されます

第3段階：小さな「センター」を
柱の両端、基礎と柱頭につくります。
柱は再び「センター」として少し強められます

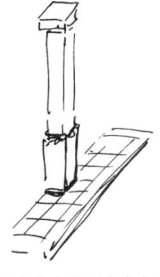

第4段階：柱頭よりも足元を大きくつくります。
非対称な形と床面のタイルのリズムによって、
柱の「センター」が強められてきます

第4章

繰り返しが展開された結果を、実践してみました。この実験柱は、私の工房の庭で、先に説明した「センター」の連続によってつくられたものです

はありません。同時に、「センター」に対する造詣も深くなります。空間の中に、「センター」が立ち現われていくのを目の当たりにすると、事物が「センター」であるための秩序の中に、ある種の不可欠な構造があるのだという考えに思い至ります。繰り返しに対する衝撃の強さは柱のうみ出す「センター」に影響を与えるだけではなく、私たちの「センター」に対する理解に対しても影響を与えていきます。

ある段階では、柱の持つ「美しさ」や「全体性」は、柱の間の空間の「美しさ」や「全体性」と密接に関わっていることがわかります。柱の間の空間が、その形とそれ自身の素材によって「センター」として認識されるということが理解できます。つまり、それら周囲にある、形ある「センター」すべてによって「センター」が認識されているのです。加えて、柱の持つ性格——つまり柱の「全体性」や「求心性」のことですが——が、実際に、柱の間にある空間が「全体性」を獲得するとともに、質を高めるように変化していくことがわかると思います。

これは、理解を進める上での大きな変化です。何も知らない人が柱を見るならば、柱の間の空間による「生命」によって柱それ自身の「生命」が初めてうまれるということは理解できないでしょう。

そこには、ふたつの異なる考え方が入ってきているのです。柱の間にある空間の形が柱を支えるだけでなく、実際にそれらの質を変化させることや、柱の「全体性」が柱の間の中にある「センター」の「全体性」によって成立するということを認識するのには大きな飛躍が要ります。それは単にお互いが隣り合っているということではありません。それは、相互依存ということです。この飛躍した理解は、例えば、私たちが絵を描くとき、ある美しい緑に、赤の点が加えることで、それがないときと全く質の異なる緑として絵が表現されるということと同じです。一見、緑は緑であり変わらないと思いがちです。そこに赤の点が加わることで緑に対して効果的な影響を与え、美しい構成をうみ出すとだけ考えるでしょう。しかし、それはまだうぶな考え方です。絵描きとして成長するにつれて、緑自体——実在としての緑——が、赤の点を加えるだけで変更不可能な変化を受けることや、もし自分の望むような緑を欲しいならば、その場

カリフォルニアのサンノゼにあるジュリアン・ストリート・インの回廊に使われた、実験に基づいた柱

所に赤の点を入れないわけにはいかないことがわかるようになります。

これは、柱の中で生じているある種の変化なのです。

柱に「センター」が加わっていくとともに、柱たらしめる「センター」自身がより強められ、変化し、強められ、変化し……と繰り返し、「センター」が加わることで発展していきます。それは、何か特別に素晴らしい装飾を「伴った」ような柱とは別のものなのです。柱をひとつの「センター」としてみると、それはすでに別個の構造になっているのです。

10／深遠な「生命」が発生し得る最も典型的な場合について

老練な芸術家は、「センター」をつくったり、建物の中にある「センター」を強めるために、より力強くかつ繊細な方法を採用しようとしています。例えば、パエストゥムのヘラの神殿にある柱を考えてみましょう。(下の写真、および次ページの図を参照)ここでは、柱の間に形成される空間を強める上で、より繊細な方法が用いられています。その結果、これらの「センター」(柱の間にできた空間)はがっしりとした体躯を持ち、とても力強い形を持ちます。

次に、柱自身が中間でふくらんでいる形(エンタシス)が、柱の胴の部分を「センター」として強めるように形づくられています。これによって2番目の「センター」が柱の胴につくり出されます。柱は「センター」を受け入れる可能性がまだあるのです。次の部分でも柱はより強力になっていきます。その部分とは縦に刻まれる溝です。さらに柱の表面に彫りこまれた横溝が柱の周りに「セン

パエストゥム遺跡、ヘラの神殿の柱

第 4 章

柱の間の空間

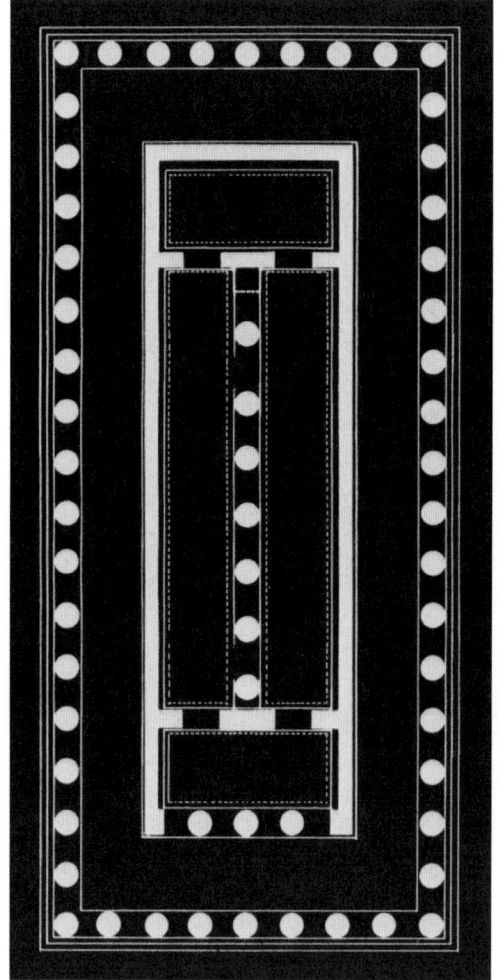

紀元前550年のパエストゥムのヘラの神殿の平面図

ター」の輪をつくり出します。柱の足元はいっそうがっしりとしています。なぜなら、「センター」の階層性がそうさせているからで、加えて、よりその部分が強い「センター」となることで柱はよりいっそう強調されます。柱に渡された梁の支えのメトープは、それ自身が「センター」をうみ出す力を持っているために、梁を強めていきます。梁も、さらに柱を強めていきます。

　この連鎖が続いていきます。重要な点は、老練な芸術家は生き生きとした「センター」を、非常に効果的な方法で、繰り返し使うことができるということです。そうすることでよりいっそう「生命」を持った「センター」をつくり出し、相互に深い「生命」を引き出していきます。そして「全体」を、そして自身を、さらに強めていくのです。「センター」でつくり出される「場」は、通常の構造について説明しようとしてもうまくいきません。その強烈な形、並外れた構造、それらを通して「生命」がうまれてきます。それは、目を奪うほどの強い構造の密度の存在によるのです。「センター」が次から次へと、折り重なりながら空間の中に満たされていくこと——つまり、「センター」の上にさらに「センター」をつくり出すように差別化が進むことで、お互いを支え合い、強め合いながら、<u>いっそう「生命」の輝きを増していくのです</u>。

柱に刻まれた縦溝

11／客観的に「生命」の強さを比較する

「生命構造」の中で生じる強い「センター」が、パエストゥムの例のように偉大であるだけではなく、現実的で実践的なものであるということを心に留めておくことは実践的で役に立ちます。例えば、ふたつの家を想像してみましょう。ひとつは、イギリスのノーサンバーランドの村にある伝統的な家です。見ての通り簡素ですが、「センター」を導き、深めていっています。もうひとつの家は、ニューヨークにあるチャールズ・ギャスミーという建築家によるポストモダンの家です。こちらの「生命」はかなり弱いものです。

ノーサンバーランドの家は、建てられたときから簡素で、見方によっては、それほど中は温かくなさそうに見えます。屋根の上には、波板の鉄板が載ってさえいます。でも、一つひとつの部分にこそ、ありふれていながら実践的な意味を持った、深く生き生きとした「センター」があるのです。窓がそれぞれ深い「センター」となっています。煙突も「センター」です。壁面の石の一つひとつ、これらも「センター」です。ドアも「センター」です。屋根も「センター」です。煙突の穴も「センター」です。窓に挟まれた壁の部分、窓によって囲われた部分も大きな「センター」となっています。波板の鉄板に刻まれた、溝ですら「センター」として働いています。窓の両脇を固める木の枠さえも「センター」です。それぞれ個々の要素、壁の中にある一つひとつの部分、これらもそれ自身の「生命」を持ちながら強い「センター」となっています。この建物は私たちの心の琴線に触れてくるのです。

ギャスミーの家を比較してみましょう。──これは、1970年代のポストモダンの建物です。目に見える「センター」がほとんどありません。目に見えるわずかな「センター」も歪んでおり、非常に弱々しいとしか言えない状態です。壁の厚板も「センター」とはなっていません。勝手気ままにつくった屋根はとても「センター」になっているとは言えません。手前の丸い出っ張りも「センター」として目の前で示されたとしても、他の「センター」が支えてくれてはいないので、とても弱々しいものとしか感じないでしょう。右手にある柱も「センター」ではありません。玄関も「センター」ではなく、むしろ大きな暗い穴と言った方が適当なぐらいです。建物の前の空間（車寄せ、あるいは芝生）も「センター」ではありません。単なる空き地です。建物が観念的な形の寄せ集めとなっていて、「センター」を展開するものとなっていません。──その結果「生命」がほとんどない状態になっています。

これは、様式の問題ではありません。──一見そう捉えてしまいそうですが──実は、中身の問題なのです。ポストモダンの建物周辺の空間で

ノーサンバーランドの伝統的な家：
それぞれの「センター」が相当な強さの「生命」をもっています。そしてさまざまな「センター」の中にある「生命」が他を助けています

ニューヨークにあるポストモダンの家：
「センター」は弱く、全くないかのように見えます。そして、曖昧な「センター」がわずかに存在するだけで、相互に助け合うことがなく、家全体に「生命」をうみ出してはいません

は、ほとんど何も生じることはありません。なぜなら、わずかな「センター」しかないからです。「センター」がないことによって、この建物の周囲の外部空間は死んだものと見なされてしまいます。これを見る限りでは、「センター」の喪失は内部空間まで続いていそうです。風変わりな屋根や窓は、内部空間もおそらく死んだ空間で構成されているだろうということを想像させます。明らかに、内部にも「センター」はほとんどなく、外部にもわずかな「センター」しかありません。この建物には日常の生活も存在しないでしょう。

ノーサンバーランドの家は、とくに趣のあるという家ではありませんし、美しい農村にある文化財でもありません。ポストモダンの家に比べると遙かに粗っぽい構造です。しかし、「生命構造」を持ち、その構造を通して、堅実に深く建設されています。これを良しとし、これが今日の建築家がなすべきことだとして、この事実に対して敬意を払うべきなのです。現代建築家の多くがやっているように、設定し得る目標としてのこの構造の深さを軽視することは、基本的に間違いなのです。

12／「生命構造」という概念の広がりについて

「生命構造」の概念に対する最も基本的な見方、それは、私がこれまで述べたとおり、それらが適用される範囲の広さなのです。(第7章で、私はどのように建物の機能的な問題が「センター」を用いることで解決され、助けられるかを述べるつもりですが、それは、「生命」という概念が、単に幾何学的だけではなく、極めて深い機能的なものであるからなのです)。しかし、まずはじめに、世界中すべてのシステムは、次に示す方法で相互に影響、協力し合うことを通じて、「生命」を得るということを理解しておけば、とても有効です。それはいつでも靴紐状態のように相互に補い合ってひとつの「センター」が別の「センター」を支えることで広がりを持ち、一つひとつの「センター」が輝きを増し、全体として「生命」をつくり出しているのです。

生態学の中では身近な例がたくさんあります。例えば、下の写真に見られるような、葦がつくる構造の中での、浅瀬、昆虫、そして湖畔の水。もうひとつの例を示すと、農業の有名なものですが、果樹園があります[18]。さまざまな種類の果樹が、お互いの健康に影響し合っています。アカシアはリンゴを助けて、活力と健康を与えます。桑の木もリンゴを助けます。胡桃の木があると、正

湖畔の葦は一連の大小の「生命センター」によって、生態学的な生命に力を与えます。
開かれた水、百合の株、葦、根を共有した葦の株、そして落ちた枝などです

「生命」は「全体性」からどうやって生まれてくるのか

網を持つグァテマラの漁師たち。彼らの振る舞い、網自身、網の上のコルク、男たちの間の空間、椰子の木、海の小波。
——注意深く見ていくと、すべて、「生命センター」となっています

反対、逆の効果をリンゴの健康や生産性に与えていきます。大地に生える植物、コンフリーや、シロツメクサ、アイリス、キンレンカなど、すべてが積極的な効果をリンゴの木に与えています。したがって、アカシアや桑がリンゴとともに植えられるとき、それらの「センター」が積極的な効果をお互いに与えています。

「生命」、あるいは「生命構造」という概念は——「全体性」の中に与えられた、「生命センター」の密度によってうまれるものと捉えていますが——「生命」を説明し、また広範でさまざまな状況の中で生じる機能を説明します。説明し得る状況は実にさまざまで、私たちが通常知っているようなほかの分析方法の下では、無関係に見えることにまで及びます[19]。

本書の残りの部分、何章にもかけて、互いに関連性のない、非常に広範でさまざまな例を集めて載せました。読者の方々に、「生命構造」の概念が持つ本当に驚くべき範囲を知ってもらいたいのです。この広範でさまざまな事例の中で、調和をつくり出す「センター」が繰り返されることによって、「生命構造」は繰り返し創造されているのです。

劇的で美しい典型的な例として、網を洗って、繕っている漁師の集団を見てみましょう。もちろん、この人たちの一団の中の「生命」は、このひとつの瞬間においても、さまざまな方法で述べることができます。例えば、彼らの考えや気分、この写真から見ることができないものなどです。し

漁師たちが網を繕っている状況の中に、「生命センター」が無数にある

かし、彼らが共有し経験している「生命」は深く連携していて、分かちがたいものです。大小さまざまな「センター」の存在によってうまれるそれらの各部分の幾何学的構成、それらが、彼らの身体に、光景に、海に、網に、彼らの手に染み渡ります。大小さまざまなこれらの「全体性」の集まりそれぞれが、「全体性」となっています。「生命センター」が他の「センター」の「生命」を強め、その結果として自身の「センター」も強まってきています。この生きた「センター」が男たちの集団を「全体」として生き生きとしたものにし、部分(彼らの手、眼、指などもそうです)としても生き生きと描き出しています。これが、「生命センター」の中での協働なのです。

お互いに助け合い支え合う「生命」がシステムとして表現される「センター」を通して視覚的にわかります。下の写真に図解的に、これらの「センター」を線で囲ってみました。小さな空間、網の(浮き)コルク、海の上に生えている遠くの椰子の木、隣り合った2人の男の腕でつくられている空間など。この写真の中で感じ取ったすべての「生命」——それらが存在した瞬間に、彼らによって間違いなく感じられた「生命」——が、これらの多くの「生命センター」による相互作用と支え合いとこのシステムの中にある多くの「センター」が「生命」を持ったものであるという事実によってもたらされ、つくられているのです。

13／わくわくすること

「センター」が「全体性」から「生命」をつくることを助けるという議論を、「生命」の極致にある人物を撮影した写真を用いて締めくくりたいと思います。それは、ボールを投げる少女の写真で、彼女の力強い「生命」が表現されています。見た途端、この人物がその瞬間「生命」で満ち溢れ、素晴らしいエネルギーがほとばしっていることが、私たちの気持ちを突き動かし、驚かされさえします。まさに一瞬のできごとに過ぎないのですが、この瞬間に「生命」が生じたのだと確信できます。なぜなら、「センター」がその瞬間に鮮烈に強められたからです。彼女の目、彼女の腕の位置、身体をねじった様子——どんな風に「センター」が存在しているのかを正確に指摘するのは難しいですが、私はもう「センター」に見慣れてきてますので、「センター」を見出し、それらに「生命」があることは確認できます。その人物の中にある個々の「センター」や「全体」が、この瞬間に、強力な「生命」を得たことによって、初めて見ることができるのです。

本章では、例えば「ボールを投げる」というような人の動きが、どうやって多くの「生命センター」の協力であると見ることができるかを、正確に説明するための、詳細な事柄についてはまだ述べていません。しかし——読者の皆さんが寛大

彼女が投げようとする瞬間の姿に形成された「生命センター」の並はずれた美しさに注目してください。
彼女の手の中の空間を巻き込む指先、下がった肩と襟の線でつくられた大きな「センター」、振っている左手と前腕と頭との間に生まれた空間に浮かんでいる「センター」

であることを期待しつつ——この例でも、他の例と同様に、きっとそれぞれの「センター」が「生命」を強めていることをわかっていただけると思います。そして、またそれぞれの「センター」の持つ「生命」が、構造の中にあるほかの「センター」の「生命」を支え、励まし、強め助け合っているのです。彼女の手、瞳、腕、大地に立つ脚の位置によって形

「生命」は「全体性」からどうやって生まれてくるのか

彼女の生き生きした存在の絶頂で、この若々しい少女が、きらきらとした瞳をして、ストリートゲームでボールを投げています。注意深く彼女の胴体や、ポーズ、指先、肘、顎の輪郭を見てみると、それらによってうみ出される「センター」のそれぞれが強い「生命」を持っています。それぞれの部分が明白な強さを持った「生命センター」なのです。これらの「生命センター」が協力し合ってこの瞬間の彼女を燃え上がらせ、生き生きとさせているのです

成される「センター」——これらの「センター」が部分部分で生命を強めていくことで、「全体」と協力し、より大きな強い「生命」、まさにこの瞬間に存在する彼女の「生命」をつくり出しているのです。

「全体性」——ここに存在する「センター」がつくり出す構造——は生き生きしています。それは「センター」たち自身がそれぞれ「生命」を持っている度合いによるのではなく、「センター」たちがお互いに協力し合っている度合いやその密度に依存しています。「生命構造」という考え方は、そこにいるひとりの人間にある「生命」の強さ、あるときにはボールを投げようとしている若い女性の目に宿る「生命」の炎にさえ、拡張できるのです。ダイアグラム（前ページ）では、少女の中に大小の「生命センター」がどのように存在しているのかを示しました。

「生命構造」にある「センター」のまとまりによる「生命」は、密接にそれらが一貫して、かつ美しいという事実と結び付いています。驚くべきことは、このような総体的に単純な仕組みが、「生命」をうみ出すことができるということなのです。

第4章

補足／極めて重要な点

この補足によって本章を終わりにしたいと思います——しかし、これは極めて重要です。「センター」がうまく互いに影響を与え合うためには、大変な微妙さと精密さが必要です。

芸術家は気がついています。しばしば、作品の良否が、他者にとっては些細と思えるような差異によって左右されるということを。例えば、小さな色の点や、曲線の形などです。建物でも同じです。部屋の良否はインチ単位の精密な位置関係や微妙な差異、数パーセントのプロポーションの変化という、根源的な感覚と些細な差が大きいのです。自然の「生命構造」でも、化学的な濃度のわずかなパーセントの差異が生死を分けています。経験上、これは例外のないもので、法則だともいえます。

「生命構造」は驚くほど些細な変化に敏感で、うまくつくり出すには詳細な部分の正確さが必要です。この点について読者の皆さん理解を深めるために、このはたらきを具体的に示したいと思います。先の章で使った例（120ページ）、15世紀のカーペットの縁の装飾です[20]。

1988年、このカーペットの縁の分析を学生と研究する機会を得ました。そのとき、学生たちに、可能な限り正確にその装飾を模写することを指示しました。どのくらい深く、その装飾の効果がそのカーペットにある「センター」のすべてに関わっているかを知ろうとしたのです。つまりそれは、これらが持つ調和に対して感じる素朴な感情をやり取りするために、それはギリギリのところの無数の「センター」や「サブ・センター」が形づくられることが必要だということです。良い形、「生命」、積極的な質を持つために、それが必要なのです。生徒たちは、これをうまく達成することが難しいことに、すぐに気がつきました。写真から直接装飾を写し取っても、すべての「生命センター」を写し取ることはできませんでした。——彼らは、「センター」を理解しない限り、彼らが写し取った装飾は、フィーリングも調和も十分に得られないことを思い知ったのです。

織り手によって施されたデザインは美しく、透明感があり、ほとんど信じられないくらい単純です。しかし、それを描こうとすると、驚きます。見た目以上に描くのがとても難しいのです。それは、その単純な美しさ——実際にはその「生命」——が高度に精密で複雑な「センター」の構造からできているからなのです。描き始めてみると、この装飾を結び付けている「センター」の構造がとても精密で、複雑で、<u>とても描き尽くせないほど難しい</u>ものだということがわかります。

このもととなっている装飾の「センター」のダイアグラムは121ページにあります。そこには18の小さなスケッチがあります。それぞれが「センター」となっていて、少なくとも数百を超える小さな「センター」がそのスケッチの中に表現されています。いくつかの「センター」は小さく、いくつかはパタン全体とほぼ同じ大きさです。デザインを行うためには（すなわち、この例と同じような素晴らしく単純で優美なものをつくるためには）、これらの「センター」すべてをスケッチの中に表現し、すべてが「センター」自身<u>として</u>働くようにしなければならないのです。

描こうとすれば、典型的には次ページに示したスケッチ1のようなものとなるでしょう。このスケッチでは、4つの菱形が雑に描かれています。それ以外はあまり描き込まれておらず、ほとんど<u>フィーリング</u>がありません。カーペットと同じような深みのあるフィーリングがないことにはすぐに気がつくでしょう。しかし、何でダメなのか、わからないかもしれません。

次に、可能な限り細かいところを正確に描き取ろうとします。たぶん、スケッチ2のような感じになるでしょう。このスケッチでは失われた「センター」がだいぶ戻っています——それでも本来の半分程度です。この場合では、スケッチはオリジナルの精密さと「生命」を持つようになっていますが、実際に織ったものが持つ「生命」の深みはまだ失われています。その理由は、スケッチがいまだにそこに必要とされる「センター」の半分を取り込んでいないからです。例えば、スケッチ2のバラの花模様は、元のデザインの真ん中のよ

「生命」は「全体性」からどうやって生まれてくるのか

5世紀のトルコのカーペットの縁模様：ギルランダイオと呼ばれる意匠は、
カーペットの歴史の中でも極めて精密で美しい縁模様のひとつです

生徒のスケッチ1：
全く良くない

生徒のスケッチ2：
ましになったが、まだ良くない

（上記スケッチ1、2について）スケッチ1は意匠の一部としては極めて雑な絵です。そこに描かれるべき「センター」のほとんどがこの絵では失われていますし、描かれていません。それが、心の琴線に触れない理由です。スケッチ2はより正確になりましたが、まだ不十分です。この絵の場合、およそ50パーセントが表現されています。意匠は、実際の状態に近いような形で見ることができます。しかし、実際のカーペットの透明で美しい単純さは表現されていません。それは、半分の「センター」がまだ失われていたり、歪められていたりしてあまりに弱かったりするためでしょう

うに形の良い菱形の「センター」となっていませんし、原本の装飾と同じような白でもなければ黒でもありません。本来あるはずの、花模様の花弁の間の白い形にあるような「センター」がつくられていません。この形の先端にある、百合の花の形は歪んでいて、ほとんど見えません。4つの花弁の底には、原本のような茎の形の「センター」がありません。スケッチ2は描き手が「センター」に気がついたあとに描いたものですが、ここで指摘したように、まだ十分に見つけていません。また、これらの「センター」を適切につくる方法を十分に理解していません。

この実験では、「センター」がどのくらい「全体」の「生命」を生き生きさせるかを示しました。まず、このような意匠を写し取り、失敗することで、実質的に見出せるようになるのです。それは、実際に体感するからです。「全体」の「生命」が力強い形の中にある「センター」に依存し、それらが互いに適切に深く助け合っているということを体感することなのです。

このことは、単に「センター」が描かれていれば十分であるわけではないことを示しています。意匠を描くときに、これらの無数の「センター」それぞれが、まさに美しく、その強さを持つように描かれなくてはならないのです。

「センター」を理解できても、無数の力強い「生命センター」をすべて描くことがいかに大変なことであるかを知っていることが重要です。なぜなら、「センター」を描くとき必ずしも美しいものとして描かねばならないわけではないからです。理解の段階がかなり進んだとしても、パタンの「生命」や、バラの花模様の「生命」、百合の花弁の「生命」これらすべての美しさが、それらの補助的な「センター」によって生まれることを完全に理解するのは容易ではないでしょう。線や、曲線、形を写し取ろうと努力するのですが、それでは、「センター」を写し取ることに対して集中しても、それだけでは十分とはいえません。なぜな

第4章

らそのパタンにおいて重要で価値があるすべてのことは、その「センター」の構造の中にあるという認識がないからです。

「生命センター」を描くことは、幾何学的にも、物理的にも実現することは大変な作業なのです。「センター」の重要性について理解したあとですら、すべての「センター」が同時に「生命」を持つ状況をつくり出すことはそう簡単ではないと知るでしょう。ひとつを決めても、別のひとつがゆがんでしまう。ひとつをつくり出しても、もうひとつが失われる。信じられないほどの技量と集中を、パタンを描くときに強いられます。そうして、初めてすべての「センター」が一度に力を持つことができるのです。そのためには、ある感覚のスイッチ（普段使わないような）を入れることが必要です。そうすることで、鉛筆の線は「センター」を紡ぎ出し、一気にたくさんの「センター」をうみ出すのです。例えば、描き始めの点を想像してみましょう。描き始めると、その点の周辺にある6つばかりの「センター」に気づくはずです。それら6つを、点を描くと同時に、すべて描かなくてはいけません。続いて、次の点を描いたときには、新たに8つの「センター」に気づかなくてはいけません。この「センター」も別の「センター」で、それらもこの2番目の点に含まれており、実現されていなければなりません。

多様に重なった像が、これらのすべての「センター」に同時に注意を払うように働きかけています。このような像を持つために、ひとつの点を置く間に、空白感や、像の多様性、くつろぎ開かれた意識の状態を要求されます。とにかく、補遺3の中で述べられているような感覚、目をしっかり見開いた状態が必要なのです。「全体性」それ自身を読み取らずにはには成し得ないのです。

結論として「センター」が密に存在するとき「生命構造」に「生命」が吹き込まれます。そして、その密なる「センター」を実現するためには、すべての「センター」とそのすべての（大きな、あるいは重なり合っている別の）階層に存在する「センター」も、注意深く一緒につくり出さなくてはなりません。これは高度に明確で自覚的な構造です。そして、芸術家や建築家にとって、芸術の到達点であるべきなのです。「生命センター」の濃密な存在無くして「生命」は獲得できないのです。

守られるべき「センター」の多くは空間の中にある「センター」です。とりわけ、さほど注目されない空間の中にあるこれらの「センター」の積極的なはたらきかけがあるからこそ、「生命構造」を持った「生命」がつくり出されるのです。これを達成するためには、今日の建築学校で教わる水準の内容を遙かに超える集中力が必要なのです[21]。

補足／「生命センター」をつくり出す鍵

読者の皆さんは、どのようにしたら、「生命センター」をつくる手段を正しく獲得できるかと思われたかもしれません。前述の提案と同じくらい、それが微妙であるならば、実際問題としてどのくらい正しくそれらを獲得することができるでしょうか——特に、何か新しい物をつくるとき、領域が定まっていない場合ではどうなのでしょうか。「センター」が生き生きし、そして他の「センター」たちによってうみ出される、「生命」を持つための方法は、ある限られた数の実践的な法則に則っています。これらの法則は、次の章で述べるつもりですが、「生命センター」が他の「センター」たちよりつくり出される方法です。私が断定できた限りでは、たった15の法則しかありま

注

1　劇作家・ジョージ・バーナード・ショーの作品 *Back to Methouselah*（邦訳、相良徳三訳『思想の達し得る限り』（1931年、岩波書店））は、この概念を詩的に喚起している内容を含んでいて、私は大変気に入ってい

ます。この中で、リリスは次のように言っています。「私はリリス。私は混沌の中に生命をもたらし、我が敵・物質を精神に従属させた。しかし、生命の敵を従属させるために生命の主を創造したところ、これによってすべての従属が終わりを迎えることとなった。今や奴隷は自由となり、敵とは和解し、世界は生命で満たされ、物質は姿を消すであろう」

2 このテストの効果に疑問をお持ちの読者のために、第8章、第9章において、ふたつの「センター」のうちどちらがより「生命」を持つかを見定めることができるような、さまざまな基準となるものを提示しています。実際、このテストを行うのは難しくなく、私は今なお建築家として日常的に行っています。

3 「センター」を「生命」もしくは「全体性」の基本的な材料として用いることは、美術史の文脈中に見られます。ルドルフ・アルンハイム著、関計夫訳『中心の力：美術における構図の研究』（1983年、紀伊国屋書店）参照のこと。また、およそ200年前に示されたボスコヴィッチ理論の基礎にもなっていました。ボスコヴィッチは、基本的な実体としての抽象点の「センター」の概念を有していました。Roger Joseph Boscovich, *A THEORY OF NATURAL PHILOSOPHY*（London, 1763; reprinted Cambridge, Mass.: MIT Press, 1966）参照。

4 数学において、繰り返し再帰的に定義される数学的実在の存在は常識です。このような定義の反復によって数学の理論はより良く定義され、問題の生じにくいものになっていくのです。それらはひとつないしふたつの理由により、ある機能のシステム（f_n）があるときに最も一般的に現れます。それらは他の概念では定義できませんが、異なるnによる（f_n）の内部に生じる定義間の関係性の集合を有しています。例えば、R. L. Goodstein, *RECURSIVE NUMBER THEORY: A DEVELOPMENT OF RECURSIVE ARITHMETIC IN A LOGIC-FREE EQUATION CALCULUS*（Amsterdam: North-Holland Publishing Company, 1957）参照。

5 機械論的世界観において、機械は部品から組み立てられます。私たちは部品を規定し、部品間の相互作用をつくりだすためにそれらを組み立てます。しかし、こんな単純な方法では「全体性」は生じません。私の考えでは、「センター」は他の「センター」のみからつくられ、それ以外に根源的な要素は存在しない、という状況においてのみ、「全体性」が生じることになります。

私たちは、あるものを、それが他の異なるものからできていることを示すことで説明しようとする傾向にあります。有機物は細胞から、原子は電子から、といった具合に、です。しかし、こと「センター」については、それがあまりにも根源的なものであるため、他のそれより根源的なものによってつくりあげられたものとして説明したり理解したりするのは不可能である、という状況に直面することになります。「センター」は他の「センター」からのみつくられるのです。これが最も大本となる概念です。これら「センター」の本質は、それゆえ再帰的、反復的にのみ理解することができます。このために、「全体性」は、機械論的思考に固執する人々にとっては、極めて奇怪なものに見えるのです。

6 次のような興味深い一節から、アラン・ワッツは「場」のような「センター」の概念を予見していたことがうかがえます。「理論上では、科学者の多くは、一個の身体が皮膚というカプセルに入った自我ではなく有機的環境の「場」であるということを知っている。有機体自身は「場」の凝縮した点であり、それによってそれぞれの個体が全体の「場」の性質を個性的なものにしている。それは究極的には宇宙それ自身である。しかし、理論的にこのことを知ることは、そうであるとそれを感じることとは異なる」。Alan Watts, "The Individual as Man/World," reprinted in Paul Shepard and Daniel McKinley, *THE SUBVERSIVE SCIENCE: ESSAYS TOWARDS AN ECOLOGY OF MAN*（New York: Houghton Mifflin, 1969), pp.139-148参照。

7 物理学では、「場」は可変のシステムとされています。その価値は空間全体を通じた体系的形式の中で変化します。最も単純な部類の「場」は、スカラー場です。これは、空間内のそれぞれの点にひとつの一次元の変数が量として対応しているような場です。スカラー場の例としては、人体におけるホルモン（特殊な化学物質）の分布があります。この化学物質は、体内の各所で一定の異なった密度で存在します。この場合、スカラー場は体内のスペース全般にわたる密度のパタンとなります。それによって、この化学物質が体内の異なる場所でそれぞれ異なったスピードで生成され得るのです。そして、それによって、美しく複雑な構造の生成がコントロールされていくのです。ベクトル場はより複雑です。古典的なベクトル場は、その量だけでなく、方向性と量によって空間のあらゆる点を関連づけます。例えば、ボウルに注がれた水の流れはベクトル場と考えることができるでしょう。それぞれの点において水は特定の方向と特定の速度をもって流れています。流れの速度および方向はいずれも点の位置によって変化します。このように変化する速度と方向によりつくられるパタンによってベクトル場が構成されるのです。

高度な物理学ではより複雑な「場」が扱われます。しかし、残念ながら、そのどれもが、私がここで説明したような「場」の特性を持っていないのです。

8 この状況は、かつてジェフリー・チューによって提起された、粒子におけるブートストラップ理論を想起させます。そこでも同じように、究極的な実体は存在せず、すべての粒子は別の粒子によって規定されるというものでした。Geoffrey Chew, *LECTURES ON MODELLING THE BOOTSTRAP*（Bombay: Tata Institute of Fundamental Research, 1970）参照。

9 この段階ではまだ解決できていないこの問題は、補遺4で徹底的な議論がなされています。補遺4では、このような「場」を定義するための数学的試みのいくつかの段階について示しています。それは、これまで数学的に定義されてきた他の「場」とは異なります。これらの特性を形態化する新しい種類の「場」を定義することは、原理的には可能であるべきで、私としては、これをもって「場」と「場の効果」と呼ぶものであると思う

第4章

のです。「センターの場」において、空間全般にわたって可変的であるのは、他の「センター」によってつくり出されるすべての方向性です。この「場」の概念を正確なものにするのに伴う多大な困難については、補遺4に述べられています。今のところ、私が知る限りの数学理論で、こうした特性に適応できるモデルを有したものはありません。この「場」を正確に扱うには、このような特性に適した新しいタイプの数学的構造の定式化を待たなければなりません。

10　「センター」の近似としての、局所的な対称性についての詳述は、第5章と補遺2、6にあります。

11　ここで引用したいくつかの項目は、このあとの第5章に出てきます。記述の順番が前後してしまったことをお詫びします。いずれにしても、議論をもたらすには効果があったようですが、15の幾何学的特性については、第5章で完全な定義、議論がなされます。

12　すべての「センター」は「生命」を持つ、という概念は、「センター」の「生命」を、この理論における最も原初的なものにします。これは、「もの」ではなく「質」こが最も原初的な存在であるとする、ロバート・パーシグによる概念と対比できるかもしれません。パーシグによれば、「『質』は物体を考える上で用いられる言葉であるが、いまだ曖昧で未熟なもののようである……しかし、慣れてくれば、質が物体をつくりだすという概念は徐々に奇妙なものであると感じなくなってくる」。Robert M. Pirsig, *LILA* (New York: Morrow, 1991), p.98, and pp.97-106, and *ZEN AND THE ART OF MOTORCYCLE MAINTENANCE: AN INQUIRY INTO VALUES* (New York: William Morrow, 1974)参照。私もこの点に関して似たようなことを述べていて、それが「生命センター」へとつながっていきます。

13　「生命」が漠然とした実体の中で反復して出現し得るという考えは、ダグラス・ホフスタッターによっても言及されています。ダグラス・ホフスタッター著、野崎昭弘、はやしはじめ、柳瀬尚紀共訳『ゲーデル、エッシャー、バッハ：あるいは不思議の環』（1985年、白揚社）参照。この点は、ホロンの概念を通してアーサー・ケストラーによっても論じられています。アーサー・ケストラー著、田中三彦、吉岡佳子共訳『ホロン革命』（1983年、工作舎）参照。

14　この絨毯の端切れは、私が仕事をする書斎に何年もの間、飾ってありました。私はこれをシカゴの美術商から購入したのですが、彼によれば、これは百年前にアルハンブラから盗み出されたものだ、とのことでした。まだこのような品々をきちんと保管しようという考えがなかった頃のことです。

15　もし、これをやってみてもうまくいかないようでしたら、第8章、第9章を読んで、そこに説明されている方法を用いてみてください。

16　ここでの「ブートストラップ」という言葉もまた、「自らのブートストラップで自分を奮い立てよ」という文言から引用されています。一般的には素粒子物理学の理論に適用されます。それによると、素粒子というものは存在せず、それぞれの粒子は他のすべての粒子から「つくられる」ということになります。Chew, *LECTURES ON MODELLING THE BOOTSTRAP*参照。

17　しかしながら、そのためには、これらのことが起こり得るような空間的な概念が必須となります。結局のところ、既存の空間の概念を、この特徴への対応を明確に伴った空間の形態へと改めない限り、この一見堂々巡りのような状況を理解することはできないでしょう。補遺4および第11章の最後の数ページを参照のこと。この反復的で一見循環的な関係の集まりが、「生命」の現象の鍵として認識されるであろうと私は確信しています。

18　Bill Mollison, *PERMACULTURE*（Washington, D.C.: Island Press, 1990）参照。

19　例えば、第10章から第11章にわたった議論を参照のこと。機能と幾何学の融合について詳細に論じています。

20　この美しいデザインは14世紀末か15世紀はじめ頃に描かれたものですが、今ではふたつの端切れとひとつの絵として残っているだけです。これは、以前なされた議論の続きでもあります。Christopher Alexander, *A FORESHADOWING OF TWENTY-FIRST CENTURY ART* (New York: Oxford University Press, 1993), pp.176-179参照。

21　すべての「生命」——抽象的なパタンや芸術作品だけでなく——はこのように見なすことができる、というのが私の考えであることを心に留めておいてください。すなわちそれは、濃密な構造の多様性や、高密に凝縮された一貫したパタン、ここに示されたような正の「センター」などは、生物学、自然界、生態系における「生命構造」の中にも等しく見られる、ということを意味します。

数年前、核磁気共鳴映像（MRI）による人間の首の断層写真を見たときの衝撃は、今でも忘れられません。私が最も驚いたのは、その組織が極めてコンパクトに収まっている、という点でした。私は（それまでは）人体についてはむしろ単純で極めて不正確な見方をしていました。器官や組織や神経などが漠然と詰め込まれた、バッグのようなものと捉えていたのです。人体に関する古臭い図解などは、そういった見方を助長するものでした。しかし、MRIによる首の断層写真を見てはっきりしたのは、それが精密に構築され、一貫した形状を持ち、組み合わされ、重なり合い、濃密に紡ぎあげられた、驚くべき内部構造である、ということでした。それは幾何学的にあまりにも複雑で美しく、スペースというスペースはどこも単独ではなく、多様な機能を伴っており、そのすべてが多様で一貫した幾何学的構造を形づくることに寄与しているのです。

この点において、人体は、私が論じてきた装飾と同様の総合的な特性を持っており、あらゆる「生命構造」もそれと同様であるに違いありません。少なくとも、私はそのように信じています。

第 5 章

15 の幾何学的特性

1／はじめに

　私は、空間には「生命」があるという考えを提起しました。ものにどの程度の「生命」があるかは、その「生命」の「センター」の構成要素とその多さに起因していると考えています。つまり、大雑把に言うと、物や建築物、組織の「生命」は、この「センター」が首尾一貫してお互いにどの程度、助け合うかに依存するという理論的図式が存在することになります。本章において述べるのは、上記の事例が起こり得る異なる特性についての検証です。

　約20年前に、私は、「生命」を持つものや、建築物はすべてが特定できる構造上の特性を持っていることに注目し始めました。どれを見ても同様の幾何学的特徴が目に付いたのです。当初は、この特性について、私的に書き留めていた程度でしたが、だんだん注意深く「観察」し始めました。

　私がしたことは、直接的で実験的なものでした。単に何千もの例を見て、より「生命」があるものとないものを比較したのです。ふたつの例を比べた場合、どちらがより強く私の中に「全体性」をうみ出すか、を問うことで、どちらが強い「生命」を持っているか、また「全体性」を持っているかを決めることができたのです。このように、私は、多様な価値観の並存する社会では当たり前である曖昧な判断をしませんでした。他の誰かの価値と私の価値とを比較して悩むことはありませんでした。私は、これらの例を通じて自分の中により大きな「全体性」を喚起させるもののほうが大きい「全体性」を持っていると単純に判断しました。そして、そのリアルさとその自信は、全く同様に他の人も共有できると確信しました。

　私は、自問自答しました。「生命」に満ちたものにはあり、そして「生命」の乏しいものには欠けている構造上の特徴を見つけられるのではないか、と。言い換えれば、ものの中に存在する「生命」の強弱と、繰り返し現れる幾何学的構造的特徴との相関性が発見できないか、と。これを発見するためには、何千もの比較をし、ものがもつ「全体性」の強弱に相関する特徴がみつけられるかどうかを、絶えず自問しなければなりません。私は次のようなことを行いました。20年にわたり、私は、ふたつ一組のもの（建築物、タイル、石、窓、カーペット、図像、花の彫刻、小径、ベンチ、家具、街路、絵画、噴水、戸口、アーチ、小壁など）を観察し、日に数時間を過ごしました。そして、自問しました。どちらのものが、多くの「生命」を持っているか。そして、たくさんの「生命」を持つ例の一般的特徴は、何であるか、と。

　こうして私は、ようやく「生命」を持つために事物に繰り返し現れる15の構造上の特徴を探し当てることができました[1]。それらは次の通りです。
　1.「スケールの段階性」、2.「力強いセンター」、3.「境界」、4.「交互反復」、5.「正の空間」、6.「良い形」、7.「局所的に現れるシンメトリー」、8.「深い相互結合と両義性」、9.「対比」、10.「段階的変容」、11.「粗っぽさ」、12.「共鳴」、13.「空（くう）」、14.「簡潔さと静謐さ」、15.「不可分であること」

　最初は、これらの特徴を、それらが何であるのか理解しようとせずに観察し、単に記録しただけでした。そして、実際に1985年頃に至るまで、これらの15の特性が何であるのかわかりませんでした。つまり、この15の特性の一つひとつが、それ自身、「生命」のシステムの中にかなり頻繁に存在する何ものかであるということは理解していました。ただ、それがあるものが「生命」を持つか持たないかの指標となるという程度にしか思っていませんでした。しかし、この研究の最初の10年間は、なぜこれらの15の特性がこのような効果を持つのかについては、わかりませんでした。それどころか「センター」の果たす重要な役割、「全体性」の重要な役割さえ、全く理解していませんでした。これらの15の特性のリストについてですが、1975年から1985年までの未公表原稿では、15のうちのひとつに、「センター」が含まれていました。しかし、そのときはこの「センター」がその他の特性よりも論理的優先性を持っている、ということに気づいていませんでした。私は、単純に、強い「センター」の存在が、ちょうど他の14の特性の存在のようにそのシステムが「生命」を持つ可能性を強化するとしか理解していませんで

した。

　長年観察を続けながら、私は、これらの15の特性が何を表すのか、いったい何ものなのか、どんなはたらきをするのか自問してきました。そしてついに、それらすべてが実際に「センター」が相互にはたらきかけて「生命」を宿させるための15の手段そのものであると理解するに至りました。それらの特性は「センター」が空間において互いに助け合うための手段であるが故に、機能し、事物に「生命」をつくり出すものだと理解するようになったのです。

　筆者として私には2通りの提示の仕方が考えられます。まず、この15の特性をほぼそのまま頭に浮かんだとおりに提示する方法です。ものには「センター」への依存に関係なくそれ自体の「生命」というものがあるからです。この説明の方法では、私は、これらの特性を15のバラバラの独立した特性として最初に目にしたまま、訳のわからない観察の最終結果として述べることになるでしょう。そして、最終的にこの15の特性とは「センター」が互いに助け合う姿そのものであり、だからこそ「センター」が存在し、このような強い力を持つ所以であると説明することでしょう。

　また、次のような別の説明の仕方も考えられます。つまり最初にこれらが「センター」が互いに助け合っている15の姿そのものであることを示し、これらの「センター」との関係を強調し、どのように機能しているかを示す方法です。しかし、この説明では、私が元来行った観察そのままの迫力と実験の臨場感は読者には伝わらないでしょう。私の説明にはあまり手を加えすぎて、ほとんどつくりあげたものだと思われる点があるかもしれません。観察の過程で経験できる興奮は味わえませんし、そし恐らく自分なりの観察によって「生命」の特徴としてのこの15の特性が真実であり、必要なものであると自分自身で感じることができなくなってしまうでしょう。だとすれば、それは大変に残念なことです。そこで私はこのふたつの説明のしかたの中間を試みようと思います。私は最初にこれらの15の特性に注目し始め、それらを定義して明確にしようしたとき、私が感じたそのままの興奮を読者にも感じていただきたいのです。

　しかし、私はまた、この15の特性がいかに第3章から第4章に提示した理論と合致し、理論の土台のひとつとなっているかも読者に理解していただきたいのです。これは当初、私には理解できなかったもので、観察を始めた最初の10年間は私のひらめきとして全く思い浮かばなかったものでした。私の仕事は純粋に科学的なものでした。つまり観察と理論化によって「生命」の構造的相関性を発見することでした。

2.1／スケールの段階性

「生命」を持つ対象を研究し始めたとき、私が注目した最初のものはそれらすべてがさまざまなスケールを含むということでした。私の新しい表現では、これらの対象物を構成している「センター」は美しい大きさの限定を持つ傾向があるといえます。そして、それらのサイズが一連の識別可能な段階の差を持って存在するのです。端的に言えば、大きな「センター」、中位の「センター」、小さな「センター」そして非常に小さな「センター」があります。私が最初にこうした表現を使うようになった当時は、多くの異なるサイズの多種多様な均整のとれた「全体性」に注目したと単純に言い切ったものです。またこれは、しばしば偉大な「生命」を持つものに対してまず最初に気づくことでもあります。

　この観察は明白なことのように思われるかもしれません。同じようなことは何度も繰り返し言われてきているかもしれません。

　しかし、実際これは全く明白ではないのです。これから見ていきますが、私たちの時代につくられた多くのものにはこの特徴がないのです。

　146～147ページには一組の例が載せてあります。ひとつは優れた「スケールの段階性」を持つもの、もうひとつはそれが貧弱なものです。ヨゼフ・アルバースの絵画はスケールの段階は実に貧弱です。要素の間のサイズの微妙な違いはありま

第 5 章

すが、目につくレベルではありません。その結果、この絵画は、「生命」がなく、深みが欠如しているように見えます。一方、マティスの絵画は素晴らしいスケールの段階性を持っています。「センター」として若い女性の身体があります。それらの「センター」は、背中の大きく開いた部分によって生まれています。彼女の頭、帽子、帽子のつばには中間的な「センター」があります。さらに花のような小さな「センター」があります。そして、花の中の花弁、そしてレースやボタンなどの大小さまざまな「センター」があります。この幅広いスケールが、緩やかな変化をつくり出していて、それが絵を一体的なものにし、「全体」をつくり出しているのです。これが絵画に「生命」を与えるのです。

より多くの「生命」を持つものと、より少ない「生命」しか持たないもののふたつを比較するとき、おそらくより「生命」を持つもののほうが良いスケールの段階性を持っているのでしょう。この考えは一見するより遙かに微妙です。この微妙さを理解するには、次の一組のドアを考えてみて下さい。どちらのドアもサイズの異なるパネル、わき柱、蛇腹、取っ手等の部分を持っています。しかし、右側の古いアイルランドのドアはさまざまなサイズを持っていて、左のドアよりもはっきりと区別でき、スケールの段階が多いのです。それは、

マティスの絵：
美しく展開した「スケールの段階性」を持っている

3つのサイズのパネルを持っています。このドアは、下から上までスケールの段階を持っています。それは、パネルより細かい縦框を持っており、そして、それらの框は、縦框より小さいです。取っ手には、それ自身の中に錠前と指板が「スケールの段階性」として存在します。

では18の等しいパネルを持つ左側のドアを考えてみましょう。どうしてこのドアは右側のドアと同じスケールの段階の特性を持つことができないのでしょうか？右側のドアは、ふたつの理由でもっと深くその段階性を体験できます。第一には、実際に右側のほうがレベルの数が多いのです。パネルがみごとに区別されるのです。中間的スケールで形成された「センター」があります。それは、一番上のパネルと中間のパネルによって形成されているものです。例えばそれがもう一方のドアにはないのです。しかし、何が欠けているかといえば、それらの「センター」が相互に助け合う段階です。右側のドアでは「スケールの段階性」により、この相互援助が起こるのです。それぞれの「センター」に実際の「生命」が生まれるのは、その「センター」が近くにある次のさらに大きな「センター」のサイズと位置、そして、その近くにある次のさらに小さな「センター」のサイズと位置によって活性されているからです。

左側のドアは、ディテールがあります。しかしディテールは、さらに大きい「センター」に「生命」をうみ出すことに何のはたらきもしておらず、したがってほとんど無意味な存在です。表面的には左側のドアには多くのパネルがあります。それ故に、多くの「スケールの段階性」があります。しかし、たとえドアにスケールの印象を与える多くのパネルがあっても、これらのパネルは、古風なドアのように見せかけようとするときよくやるように、機械ノコで自動的に切り出されたものです。したがって、パネルの「センター」には真の「生命」は存在しません。そして、このことは「センター」がお互いに本当に助け合うようになっていないために起きるのです。ドアの製作者はこういうことに気を使っていなかったと私は自信をもって言うことができます。おそらく、一つひとつのドアに対して何の注意を払われることもなく、工場でつくられたのでしょう。したがって、「スケールの段

15の幾何学的特性

「スケールの段階性」を持っているように見えるドア。しかし実際にはない

素晴らしい「スケールの段階性」。この段階性は美しく、実際に存在する

階性」は、かなり貧相で空虚なものです。

このように、「スケールの段階性」を持つという特性は、単に幅広く異なったサイズがあればいいというような、機械論的なものではありません。この特性はそれぞれの「センター」が次の「センター」に確実に「生命」を与えるときにのみ、正しく生まれるのです。

ひとつの構造の中に「スケールの段階性」を持つためには、異なるスケールの間の落差が大き過ぎてはいけないということも、極めて重要です。例えば、下の写真におけるコンクリート製の壁を見てみましょう。まず壁そのものを「センター」と見なすでしょう。そして同じく、型枠の痕の小さな個々の「センター」(ボルトやボルトの穴)も見てとれるでしょう。ある人は単純に言うでしょう。「小さなボルト痕があるコンクリートには『スケールの段階性』がある」と。しかし、この特性における私の定義によると、そうはいきません。これらの2種類の「センター」(壁全体と小さなボルト)は、スケールが全く違っていますので両者が互いに整合することはないのです。壁そのものの各パネルはおよそ幅36インチ、長さ72インチでしょう。個々のボルトはさし渡しおよそ1インチでしょう。こ壁全体の部分の全面積は2,000平方インチになる一方、ひとつのボルト痕の面積は1平方インチ未満です。スケールの差は2,000：1にな

ヨゼフ・アルバースの絵：「スケールの段階性」はほとんどない

コンクリートの壁：ボルト穴の痕から1枚のパネルへはスケールが1から2,000に増加しており、効果的に「スケールの段階性」をつくるにはその差はあまりにも大き過ぎる

第 5 章

ほとんど均等質の花瓶。差し口と胴部の間で、スケールの変化がひとつだけあるが、この変化は約 20：1 もある

最も美しく連続した段階性のある陶器製の馬

優れた段階性を持つ美しく形づくられた花瓶。
その胴部は縁の 3 倍であり、
そして、その縁は装飾部分の 3 倍である

り、「スケールの段階性」を形成するには落差があまりにも大きく、良いレベルの連鎖や、良いレベルの段階を形成するには大き過ぎます。

段階がひとつしかなく、その差が約 20：1 のものとしては、いちばん上に示す花瓶のようなモダンですっきりしたものが考えられるでしょう。こ

こでの 20：1 のスケールの落差、首部分と胴部分の間ではあまりにも大き過ぎます。この差では構造に「生命」を吹き込むことはできません。

これより遙かに良く、美しく釣り合っているのは、陶器製の馬の「スケールの段階性」です。それは明快で強く達成した「スケールの段階性」を持っています。その胴体は、頭部の約 2 倍の大きさであり、頭部は脚の約 2 倍の大きさであり、脚は足とひづめのサイズの約 2 倍の大きさです。こうしたディテールは生きている馬のそれと比較すると全くリアルというわけではありませんが、劇的に美しく表現されています。まさにその結果、各レベルが実際その隣のレベルと助け合っています。この陶器製の馬はその結果、「生命」を持っているのです。

その下の花瓶においてはスケールの変化は、またいっそうに美しいものです。それらは見事に計算されています。花瓶の胴体部分は首の部分の大きさのおそらく 3 倍あり、首の部分はふたつのパートから成っていて、一方は他方のサイズの 3 倍あり、この「首のバンド」の上の部分はそこに彫られた装飾のサイズのおそらく 3 倍です。何らかの理由で、特に花びんの胴体部分の印象の中で、「スケールの段階性」は、ぞくっとさせるような真の「生命」の力を持っています。

スケールの差が重々しく、よく考えられていて、幾分均等に、「スケールの段階性」の間隔がとられてあれば、物体はしばしばこのような強力な「生命」を持つことでしょう。例えば、良い花瓶において、その差は、スケールが下がっていくにつれて一段一段、約 3：1、3：1、3：1、そして再び、3：1 になります。この場合、そのものにおいて達成される「生命」は実際に極めて大きいものです。例えば同じく、反対側のページで示されたマシェッドのイスラム教寺院の外壁を見てください。

これらの例で、「センター」の「生命」が最も強力になるのは、隣接する「センター」との間のサイズの関係がある特定の場合――おそらく元の「センター」の半分もしくは 2 倍である場合――であることがわかります。しかし、そのサイズの差は<u>極端に</u>大きくても、<u>極端に</u>小さくてもそうはなりません。ある「センター」を強力なものにす

15の幾何学的特性

るためには、他の「センター」を最初の「センター」のおよそ半分か4分の1の大きさにする必要があります。小さいほうの「センター」が大きなほうの10分の1より小さければ、それを強めるための助けにはなりません。

　それでは、この「スケールの段階性」が対象物において何を実際にどのように働いているかをしっかりと捉えてみましょう。それは、ひとつの「センター」が他のより小さい「センター」で強められる手段を提供します。ある窓を強い「センター」にしようとするならば、敷居やわき柱や窓の隣の壁に元の「センター」をサポートするための別のさらに小さな「センター」をつくることにより、この「センター」を強めることができます。この第2の「センター」は、それが窓敷居とさほど異ならないならば、最初のもの（窓そのもの）を強める際に大いに役に立つ傾向があるでしょう。しかし、釘によって強められるということはなさそうです。そして、「センター」を強くするには、大きい敷居のほうが小さい敷居よりもうまくできることが多いでしょう。このように、「センター」は、最も実践的に相互を助けるために、かなりうまく配列されたサイズおよびスケールを必要としています。

　マシェッドのタイル装飾においては、この法則が巨大な塔のような構造から多くの中間レベルを経てタイルそのものに至るまで適用されているのがわかります。ふたつの間のすべての段階には明白な統合体、つまり「センター」が見られます。

　同じことは、次のページで示したイスファハン近郊の細長く、格子のある高台のポーチにも当てはまります。そこでは、部屋、部材（構造材）およびスケールは、深く実際の「生命」を支えることで、私たちの感覚に訴えかけてきます。ル・コルビュジエのマルセイユのアパート（右の写真）のより悲惨な構造においては、どんなデザインにも見られる単に2、3の識別できるサイズのものが見られるだけです。しかし、各レベルが「センター」を持っていて、より小さい「センター」やより大きい「センター」を強くしたり、生き生きとさせているとはっきり感じられる姿は見られません。異なるサイズの部材は単にサイズが違っているだけなのです。しかし、次のページのポーチのような優れた

マシェッドにおける装飾タイルによるスケールの深遠な階層

マルセイユのル・コルビュジエのアパートメントにおける、わずかにしか形成されていない「スケールの段階性」

例においては、「スケールの段階性」は、「センター」に「場の力」をうみ出します。小さな「センター」が大きな「センター」を強めることがあるのは確かです。しかし、同じく大きな「センター」も小さな「センター」を強めます。この特性は、「センター」が相互を強めるのに役立つことによって「生命」を形づくります。

第 5 章

イスファハン付近にあるポーチに見られる、荘厳なまでの「スケールの段階性」

参考：パタン・ランゲージとの相関

　本章を通して、*A PATTERN LANGUAGE* (New York: Oxford University Press, 1977（邦訳『パタン・ランゲージ』平田翰那訳、鹿島出版会、1984年）を参照しているところはAPLと略記し、その後ろにパタンの名称とページ数を示すこととします（訳注：パタンの名称の次は原書ページ数、カッコ内の#は邦訳版見出し番号と同ページ数を表す）。

　「スケールの段階性」は、建物の分野の多くの実例にとって必要であり、APLにおいて極めて多くのパタンが、この問題を扱っています。建築部材は、特に相互の関係において、小さな断片の見切り縁により助けられ、補足されます。見切り縁は最後の「スケールの段階性」をうみ出して、欠点をカバーし、そして、仕上げをさらに実用的にします（<u>半インチの見切り縁</u>、p.1112（#240、邦p.589））。窓は、さらに小さな窓に分割されるとき、最も良く、そして感情にもはたらきかけるように機能します。窓ガラスの細分化された部分は、窓の視界をつくるのに役立ちます。窓ガラスの棒部分（桟（組子））にも、力強さが加わり、また壊れたガラスを交換するのを無駄なく簡単にします（<u>小割りの窓ガラス</u>、p.1108（#239、邦p.587））。

　「スケールの段階性」のさらに大きな例は同様に重要です。地域、コミュニティおよび近隣の構造を考察してみてください（<u>自立地域</u>、p.10（#1、邦p.6）、<u>7000人のコミュニティ</u>、p.70（#12、邦p.38）、見分けやすい近隣、p.80（#14、邦p.43）および<u>段階的な屋外空間</u>、p.557（#114、邦p.295））。これらすべては、都市の大きな構造における明確な一定の「スケールの段階性」が人間のコミュニティの維持の助けになることを示しています。

　あるいは、建物の中の部屋のサイズの種類を考えてみて下さい。APLにおけるいくつかのパタンはこの問題を扱っています。建物の中の必要なさまざまな種類の活動と、その結果生じるさまざまなサイズの種類の異なる部屋を扱ったパタンです。部屋がすべて同じサイズである建物は、どちらかというと古臭いです。しかし、大きな部屋や小さな部屋を持つ家は、社交的雰囲気、そして建物が提供する「生命」の可能性の幅が強化されます。ひとつの非常に大きな部屋とふたつの小さな部屋とふたつの小さいアルコーブがある小さい家さえも、小さな4つの同じ大きさの部屋のある家よりも非常によく機能するでしょう（<u>アルコーブ</u>、p.828（#179、邦p.438）、<u>ベッド・アルコーブ</u>、p.868（#188、邦p.459）、<u>天井高の変化</u>、p.876（#190、邦p.463））。

　これらの例すべてにおいて、小さなスペースは、何らかの方法で、大きなスペースの「生命」を支えています。サイズの変化がたくさんあれば、サイズが同じときよりも大きなスペースはさまざまな部屋の「生命」を支えます。このように、これらの例において、機能的な「センター」の間の「スケールの段階性」は、建物の実用的な活動に影響を及ぼし、そして、建物が「生命」を支えることがより可能である状態にします。

2.2／力強いセンター

次の特性――「生命構造」において「力強いセンター」が頻繁に出現すること――は、1975年頃の特性リストの表の中にメモされています。それは、あらゆる「全体性」の鍵となる要素のひとつとして、この「力強いセンター」がより基本的であり、より一般性を持った役割を果たすことに気づく遙か以前のことでした。最初にそれに気付いたのは、それは単に生命構造の中で観察した「全体性」の特徴のひとつにすぎませんでした。

「センター」が基本的な要素として遙かに重要な役割を果たしていることに気付いた今もなお15の特性のひとつとしてリストにこの「センター」を残しておくとしているのは奇妙に見えるかもしれません。にもかかわらず、私がこれをリストに残したのは、私が第3章と第4章で述べたように「全体性」をうみ出す要素としての「センター」の存在を強調するためと、それとは別に、すべての「センター」が持っている特徴として、「生命構造」の中で「センター」が持っている力強さに焦点をあてるためです。ここに今から示そうとしていることは本質的なことで、ここまでの討論ではまだカバーされていません。

「スケールの段階性」という特性の次に、生き生きしている構造の中で、おそらく最も重要な特徴は、異なったスケールごとに存在するのは、単なる「センター」や「全体性」や「実体」というものではなく、実は「力強いセンター」として存在するのだということです。

ふたつの建物を比べてみてください。下のカイロワンのイスラム教寺院と152ページの写真のブルース・ガフによる住宅です。イスラム教寺院には、多くの相互に補強し合っている「センター」があります。大きな中庭、大きなドーム、階段、

非常にポジティブな「センター」の例、カイロワンのイスラム寺院：
すべての部分とすべての部分のすべての場所が「力強いセンター」であり、
そのすべては、同じく他の「センター」すべての効果によって形成された「力強いセンター」です

第 5 章

非常にネガティブな「センター」の例：
弱い「センター」で満たされた建築家・ブルース・ガフによる家

入り口、個々のアーチ、屋根上の小さな部分さえも。一方、ガフの住宅には見た目にも「力強いセンター」が全くありません。この住宅を有機的なものと考える人もいるでしょう。しかし、それは、私が述べている「力強いセンター」の集積した力に欠けています。皆さんは、この住宅の構成している「全体性」について問う前に、この住宅が「力強いセンター」をうみ出していると主張することがまずできないでしょう。その要素は明確で意図的なスタイルとしてまとまりを欠いており、それらは「力強いセンター」となることを妨げています。

ある程度までは、ふたつの建物の間の違いは、対称性のあるなしによって引き起こされています。イスラム教寺院においては、存在するさまざまな「センター」は「局所的に現れるシンメトリー」となっています。ガフの住宅ではほとんどの部分も「局所的に現れるシンメトリー」となっていません。しかし、一方の建物に「力強いセンター」があり、他方にはないという事実は、「対称性」だけには頼れません。イスラム教寺院においては、一つひとつの「センター」が、個々の部分が持つ「局所的シンメトリー」を超えて「場」のような効果が現れます。例えば、カイロワンのドームの力は、3つのドームが徐々にせりあがっていく連続性に起因しています。あるひとつのドームは他のドームよりも高く、頂点としてのメインドームに昇華されています。構造全体がメインドームに向かって組立てられているのです。私たちが「センター」をドームに認めることは、ドームの形によってではなく、このドームが「全体性」として建物内に占める位置および幾何学的な役割によって引き起こされます。

それとは対照的に、ガフの住宅において、このように発展していく質は全くありません。それぞれの部分は、「全体性」におけるそれらの位置によって強められていません。中央の塔上で恐らくひとつふたつの小さな葉のような屋根があるのは別かもしれませんが、他の要素は孤立しており、相互において「センター性」という感情をつくり出していません。

この質をもっとよく理解するために、18世紀のアナトリアのカーペットの断片を見てください。その「センター」を形づくる特徴は驚くべき、かつ、並外れた水準です。ほとんどすべての良いカーペットには、「力強いセンター」があります。それは幾何学的な「センター」である必要はなく、注意を引く「センター」や焦点となる「センター」です。もし、「センター」が単に中央にあるものならば、それは人がそこに座ったときに消えてしまい、ほとんど力を持たなくなってしまうでしょう。「力強いセンター」として機能するために、通常カーペット全体がこの中央部を支え囲むための層をなして組織されているという感じがあります。この中央部に向かった視線はそこで止まり、この中央部から離れていって、戻ってきて、また離れていくという感じがします。手短に言えば、全体の意

15 の幾何学的特性

原始的なアナトリアのカーペットは、カーペットのちょうどその縁から始まっている「場」の効果によって
「力強いセンター」があり、そして、「センター性」は構造全域に放射状に広がり、内側に向かっていきます

匠がベクトルの「場」を形成しているのです。すべての点が「センター」のある方向へ向かうような特性を持っていて、ひとつは「センター」に向かい、もうひとつは離れていくというようにアレンジされています。結果として、視野全体は「センター」のほうに向けられて、全体の場として「センター性」を感じます。あなたが中央に手を置いたときにさえ、あたり一帯の層によってベクトルが組み立てられているのを見ることにより、「センター」を感じることができます。この大きいアナトリアのカーペットにおいて赤い形は、中央まで徐々に視線を導きます。そして各部分は、何度も繰り返し別の部分に視線を引っ張っていき、視線は再び中央へ移動していきます。端部にある十字

第 5 章

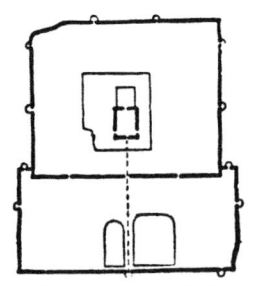

北京の王宮の内宮:「センター」が組み上げられて
偉大な「センター性」を形成しています

形は外を指しているように見えながら、不思議にも、真ん中への方向性を持たせる「場」としての効果も持っています。縁取りの斜線は、繋がっていないように見えます。けれども、強力に眼を斜めの流れに送り込み、究極的に真ん中に引き込んでしまいます。

　建物において「センター性」の創出は、よりいっそう繊細なものでしょう。北京の王宮の内宮はその「センター性」の質を持っています。それは入れ子状の領域が層をなす仕組みで、徐々に内宮へ導いていきます。最後には、内宮の内なる聖所へ至るのです。階層をなす層が「センター」の深い感情と強さをうみ出し、深い「センター」は内宮の心臓部に現れます。それは入れ子によって生成された「場」の効果からうまれます。私たちは強さを増す一連の領域を経て建物に入っていきます。大きくなっていく強度の変化が中央部に「センター」をつくり出すのです。

　このページ下のポタラの中庭は立体的に同様の構造を持っています。アーケードや円柱、柱頭などのそれぞれの詳細が、全体としての「場」をうみ出し、これらの「センター」を大小にかかわらずそれぞれ強化していきます。このポタラの例で柱頭が柱間の空間を強める「場」の効果をつくり出している様子を見てください。柱間の空間は「センター」として強力になり、今度は撮影者が立っている中庭に「場」の効果をつくり出し、この中庭をより強力な「場」のセンターとしています。

　現代の建物ではこの「センター」の階層秩序をつくり出すことが困難です。なぜなら、何よりも問題なのは——実践的に言っても——「センター」として何を設定すればよいかわからないからです。現代の家族の典型的な住宅があるとします。「センター」は何でしょうか。このページの左上にいくつかの部屋を持っているが、ほとんど明快さを欠いている住宅の図を示しましょう。そこでは人々が中や外を動き回り、家族関係も変化し、全く安定していない状況を反映しています。平面計画そのものが「センター」を欠いています。物理的な空間の組織化の点でたぶん現代的な考え方の上にたった家族としての「センター」という概念すら欠けているためでしょう。しかし私たちがこ

チベットのポタラの一部:ここには力強い「センター性」が形成されており、三次元的にも非常に強力です

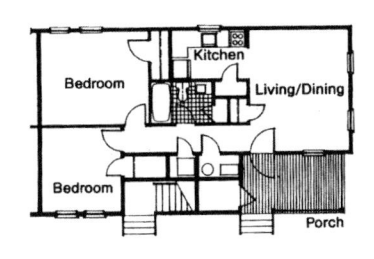

15の幾何学的特性

とても貧弱な「センター」を持つ住宅のプラン：
部屋自身も弱い「センター」です

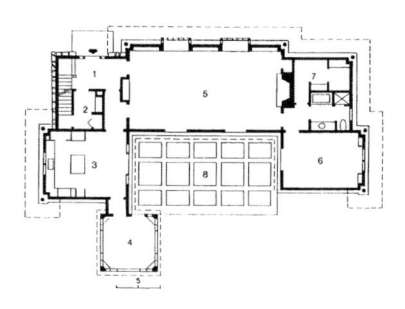

豊かな「センター」を持つフランク・ロイド・ライトの住宅の
プラン：部屋は、「センター」として強く、それらによって、
同様にひとつの「センター」として家が強くなります

の問題を修復する方法を知りたいと思うなら、私たちは自問している自身の姿を見出すことになります。「建物にこのやり方で一連のレベルを持たせるのに十分な『センター』の機能はいったい何だろうか。台所か。映画や、ミュージックCDなのか。それともリビングルームなのか」。これらの機能は重要ではありますが、強力な幾何学的「センター」を担うには、余りに無感情です。かつての強力な「センター」は暖炉であり、新婚夫婦の契りのベッドであり、テーブルでした。しかし、もはやこのパワーはありません。なぜなら、個人としても家族としてもそれらは私たちにとって「センター」ではないからです。現代の家族の感情的な混乱は、家の「センター」のパワーの欠如に表れています。

しかし、いったん住宅が明快な「センター」を持つように組織化されると——例えば、エネルギーを集める「場」が間取りに存在し、住宅のひとつの場所にエネルギーを集中することができる「センター」を配したとき——住宅は直ちに力強くなります。そして、そこに一緒に生活する人々の生活に「センター」をうみ出します。未知で未発展な傾向を活性化する力を与えます。

「力強いセンター」の考え方を明確にするために、右上図のフランク・ロイド・ライトの例を見てください。これから「センター」をうみ出す「場」の効果を学ぶことができます。すなわち「センター」をうみ出す「場」の効果と「センター」のパワーは、それに繋がる一連の小さな「センター」によって基礎付けられています。例えば、ある細長い宗教建築の列柱の間の空間がある一端に延びていくとき、その最終の至上の場に繋がっていく

その空間のとり方がより緊密に狭くなっていくほうが、柱間を均等に割り付けていくよりいっそう意味深くなるでしょう。一般的に言って、ある種の主導構造が存在し、その他の小さな構造はそれを補強するという関係です。「全体」を導き出す最も大きな構造がひとつ存在するのです。

ときにはこの重みあるいは「センター性」が小さなディテールでつくられているかのような場合もあります。例えば、祈祷用の絨毯に描かれた祈祷者のアーチ（ミフラーブ）にぶら下がっているランプの模様は極めて明快な機能を持っています。それは眼を捕らえて「センター」をつくるのです。しかし、ランプ模様がひとつの点では不十分です。それ自身が最低でも大きな点であって、さらにその下に3つのより小さな点を伴ってひとつの「構造」となるような「センター」になっていなければなりません。上下さかさまの水差しでさえ力強い「センター」の「場」を確立する十分な構造を持ったデザインとなる可能性があります。

15世紀の5つの壁の「くぼみ」の模様が入った絨毯の例では、上記のランプ模様が壁の「くぼみ」を「力強いセンター」に見せる重要な役割を果たしています。壁の「くぼみ」がランプの存在によって効果的な「センター」となっていますが、ランプ模様自身は「センター」ではありません。ランプは単に空間の方向性を定め、より大きな空間の「場」の効果を設定しているだけです。こうしてつくられた「センター」は「センター性」があり、方向性のある領域であり、ランプだけよりも五、ないし十倍の大きさがあります。そして、この絨毯に深い感情をつくり出すのです。

このランプは、一つひとつの壁の凹みの中央部

第5章

空っぽで弱い祈りの
カーペットのアーチ模様：
それは模様を構成するため
のキーとなる「センター」に
欠けている

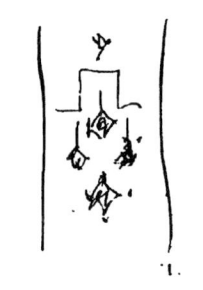

「センター」のさらに小さな
システムによって
「センター」として完了された
祈りのカーペットのアーチ模様

心をつかんでいるのです。

多くの場合、それでもなお「全体」で構成されたひとつの主要な「センター」があります。それは休息の場であったり、中央のどこかであったり、最も重要な場所であったりします。他の同じような、思わず息を呑むようなケースでは、ひとつの「センター」はないが、しかし波を打つような一連の小「センター」です。（次ページに示された皿の上に描かれた鹿のように）しかし、これらのような場合においてさえも、私たちは、さまざまな点で、別の「力強いセンター」をうみ出し、自らを形成する「センター」を特定できます。

次ページのアルベロベッロのトゥルッリの各屋根の先端は「力強いセンター」です。この「センター」は単純に小さな「ノブ」のような形からできているだけではありません。屋根全体の形がこの先端に焦点を絞り込んでおり、その先端が白く塗られていてこうして形づくられた「センター」の核として最高点に置かれていることで生まれるのです。その右の鍛造された鉄の取っ手は、扉にネジ止めされた2枚の上下の板によって「センター性」を与えられています。トルコの皿の鹿は、繰り返された円形の要素や縁取りから飛び出すように描かれることで、「力強いセンター」となっています。それによってすべての注意が鹿へひきつけられているのです。サンマルコ広場ではサンマルコ寺院の正面の不規則な広場の形、すべてがカンパネラの立つひとつのスポットに焦点を結んでいます。この「場」の効果をつくり出すべく丁寧に神経を注いでいるからなのです。

分に向けて少しずつ方向性を生じさせるような運動感覚をうみ出している多くの構造の内のほんのひとつです。その全部があらゆる異なった「センター」が協働する効果を統合し、力強い「センター」をうみ出します。ひとつの点では「ランプ」以下のはたらきしかしない理由は、ランプ、それ自身は「センター」の連続のひとつであって、「センター」の連続性こそ、この場所においては単独の「点」がなし得る以上の「場」の組織化を実現するからです。

この例のように、あらゆる「力強いセンター」は、多くのほかの強い「センター」や、「センター」の重なり合いによって成り立っています。「スケールの段階性」の特性と同様に、「力強いセンター」の概念は循環的な考え方です。それはあるひとつの大きな「センター」を参照しているのではなく、多種多様なスケールで生きているものの中に「センター」の存在を感じることができ、そしてこの多数の異なった水準の「センター」こそ私たちの

多重のニッチ（引っ込み）を持つ15世紀のトルコのカーペット

15 の幾何学的特性

アルベルベッロのトゥルッリ

鍛鉄の取っ手の中の「センター」

ペルシャの鹿の皿

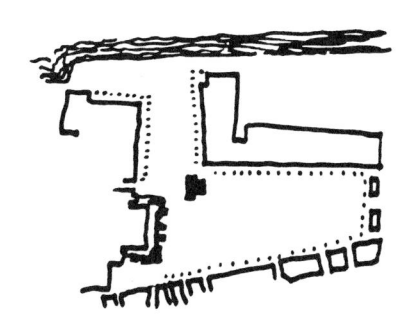

サンマルコ広場

参考：パタン・ランゲージとの相関

　APLで論じられた多くのケースは、いかにスペースがさらに有益になるかを示し、それらが「力強いセンター」になったとき、さらに深く感じます(おも屋、p.485 (#99、邦p.256))。例えば、炉火、または、メインの居間の中核として同等の何かを供給することは、必要なことです (炉火、p.838 (#181、邦p.443))。すべての他の通路が1点において接している点として家の「センター」をつくることは必要です(中心部の共域、p.618 (#129、邦p.328))。そのひとつは、ちょうど家の外の南向きのエリアの核としての陽光と見なすべきです (南向きの屋外、p.513 (#105、邦p.271)、日のあたる場所、p.757 (#161、邦p.401))。部屋の中の座る場所を、それ自身囲いがある保護された活動の核、または動線から保護されたそれ自身の端と見なすことは必要です (隅のドア、p.904 (#196、邦p.478))。

　「力強いセンター」はまた、街の中に必要な焦点をつくる際に、都市スケールで重要な役割を果たします(例えば、都市の魔力、p.58 (#10、邦p.31)、小さな広場、p.310 (#61、邦p.162))、小高い場所、p.315 (#62、邦p.165)、ほぼ中央の焦点、p.606 (#126、邦p.321)、木のある場所、p.797 (#171、邦p.422) 参照)。

　そして「力強いセンター」はまた、プライバシーの保護と、建物の中の深い感覚の変化する段階の構築においても、基本的役割を果たします。公的な入りやすい部屋は、さらに奥の部屋へ徐々に導き、他のものもまた、さらに奥へ導いています。それぞれの「センター」の「場」のような性質は、「全体性」としての「段階的変容」から起こります(親密度の変化、p.610 (#127、邦p.323))。時折、本当に最も奥まった部屋が公的なもので、必ずしも私的ではないこともあります。しかし、それらはもし、このような段階的な変化の末に配置されていたとしたら、美しい静寂を持っていることでしょう。

　最後に、施工からの例をひとつ。窓を取り付けるとき、私たち最初に「センター」として窓の位置（その大まかな枠組み）を定め、その大まかな枠組みの中に完成したサッシを取り付けます。その結果として、そこに配置されている垂直の炉火調節、土台、木枠、そして、炉火の木枠などが、その一角に「センター」を形成すべく一体的に機能することとなります。そのようにして、「全体」としての窓は「センター」となるのです。「力強いセンター」は、粗い開口に正確な四角いサッシを取り付け、それをできる限りきちんと整っている状態にしようとするときの実際的問題から生じてきます。

157

2.3／境界

私がこの研究を始めてすぐに、「生命センター」は——ほとんどいつでも——「境界」で囲われて強化されていることに気がつきました。伝統的建築にはこの特徴が強く表れており、現代の建築にはそれが欠けていることに気づくでしょう。次の例を比べてください。ノルウェーの倉庫はどのスケールにおいても、「境界」で満ち溢れています。一方、反対側のページの建築物——1950年の頃のマンション——を見てください。ここにはどのスケールにおいても「境界」は全くありません。

「センター」を囲む「境界」の狙いはふたつあります。まず第一に、その囲む「センター」に目を向けさせ「センター」を形成します。それは、囲みをうみ出すことで「センター」をつくり出し、強化する力の「場」をうみ出すわけです。第二に、「境界」で囲まれた「センター」とその「境界」を越えた外側の世界とを結びつける役割も果たし

伝統的なノルウェーの倉庫：建物は「境界」で満ち溢れており、
ほとんど「境界」のみででき上がっているようにさえ見えます。
この建築では、「生命」も構造も、ほぼ「境界」以外ではうまれないかのように見えるのです

15の幾何学的特性

20世紀半ばという最悪の時期に開発されたこの典型的なマンションは、「境界」がない建物であり、その結果環境とも一体化せず自分自身とも一体化していません

ます。このためには、まず囲んでいる「センター」と「境界」は区別される存在でなければなりません。そして、それはその囲んでいる「センター」を守りつつ、外側の世界とも区別されていなければなりません。しかも、同時にその「境界」の外側の「センター」とも結合する力をも維持していなければいけません。「境界」は結合と分離を同時に行うのです。このふたつの作用により、「境界」で囲まれた「センター」はより補強されることになります。

「境界」は囲い込むことや、分離すること、結合することなど、さまざまな幾何学的原理によって複雑なはたらきをします。しかし、いちばん重要な特徴は、どの原理においても「境界」として機能することでなければなりません。「境界」は囲い込んでいる「センター」とほぼ同じ規模の大きさであることが必要です。もし「境界」が囲んでいるものよりも小さ過ぎれば、「センター」の保持もその形成もできません。2インチの「境界」では3フィートの直径の広さの場を保持することはできません。部屋の場合でも床と壁の「境界」は6インチの巾木でなければなりません。腰羽目も30インチ位の高さが必要です。両方ともこれ以上は必要なのです。セーヌ川の力強い「境界」に当たるものは、道であり、壁であり、小径であり、突堤であり、ほとんど川幅と同じくらいの大きさがあります。概して、「境界」は大きいものと考えなければいけません。

このことを「境界」に関するルールとして真剣に捉えると、事物を構成していく上で大きな影響があります。例えば、口の「境界」としての唇はほぼ口と同じ大きさです。建物の「境界」としてのアーケードもほぼ建物と同じくらいのサイズです。とても優雅な窓枠は窓の「境界」としては深い窓枠を持っており、窓と同じくらいの大きさがあります。湖の「境界」としての湿地も、柱の「境界」としての柱脚や柱頭もそうです。どの場合でも「境界」はそれによって囲まれているものと比べてみると——時にはびっくりするほど——<u>大変に大きいものです</u>。

161ページに「境界」の効果を示すために、単純な「センター」の例として扉をお見せします。「センター」としての扉（図A）は、その周りに美しい枠（図C）を加えることで強化されます。「境界」を

第 5 章

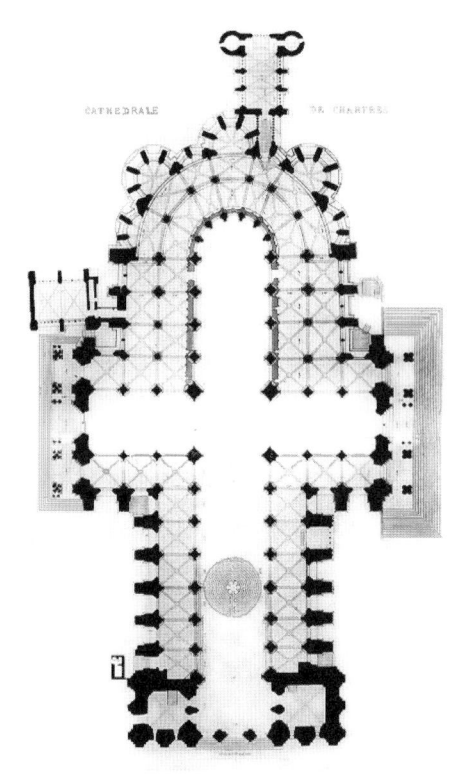

シャルトル大聖堂の平面図:「境界」は巨大です。
全平面が「境界」でできているように見えます

アルハンブラ宮殿の壁の表面:
その「境界」は囲まれている部分に比べて非常に大きい

有名な日本の茶器:「境界」はそれが囲んでいるものと同じくらい大きい

つくっている小さな「センター」は同時にその周りを囲むさらに大きな「中心」によって相補的に強化されています。例えば、(図B)のように扉部分を抜いて枠を見てみましょう。枠の「センター」は素晴らしく、それだけで強烈な形になっています。次に(図C)のように扉を加えてみますと、外側の「境界」としての枠はさらに強烈になります。この効果は相互にどちら側にも働いているのです。いかなる「センター」の「生命」も、「センター」そのものと、それを助ける「センター」とが強く「境界」として表現されるとき、うまれてきます。

「境界」の大きさを確立したなら、次に「結合性」と「連結部」を実現するために必要なのは、「境界」そのものを「センター」として形成させることです。例えば、次のページの写本の「境界」を見ますと、「境界」が大変大きな面積を占めていて、時にはページ全面を覆ってしまうこともあります。そして、その「境界」は外側の世界をも結びつけるような存在なのです。その実現方法はかなり具体的で幾何学的な原理です。「境界」の本質は「センター」であると同時に「センター」が交互に作用する仕組みです。内側に向ける顔と、外側に向ける顔があるのです。「境界」の内部との結合とその外側との結合を、そのふたつにまたがる新しい「センター」をつくることで実現しているのです。ある場合は、純粋な「結合体」のときもあります（例えば、反対矢印のような「境界」）。いくつかの場合、「境界」は絡まるつる植物のような形をしていて、交互に片側と関係を持ったり、反対側と関係を持ったりして、両方とつながる関係をつくり出しています。またある時は、「境界」が大きな正方形のタイル上になっている場合もあります。その一つひとつのタイルに花が描かれています。直接的な結合性はありませんが、形や色によってその両サイドのタイルとの間に親密さをうみ出しています。

「境界」の原理は二次元的平面だけに適用されるものではありません。一次元的なものでも端部を包み込むことで実現できます。例えば、伊勢神宮の木製の棟木は端部を保護する真鍮の金物で包まれています。部屋の中の二次元的平面も空間的二次元的面で囲まれていることがあります。例えば、部屋の壁は使途を巾木や腰羽目で押さえ、上は梁

図A：ドア枠なしのゴシックのドア

図B：ドアなしのゴシックのドア枠

図C：ドア枠のあるゴシックのドア

第 5 章

大きな「境界」を持つペルシャの写本

「境界」としての土漆喰の中に埋め込まれた石：
漆喰はほぼ同じくらいの厚さを持っています

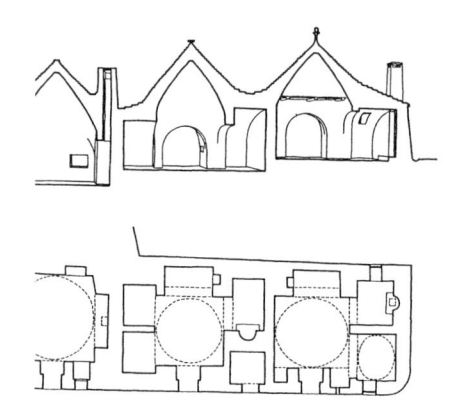

アブーリア州のミツバチの巣状の住居：
各部屋はアルコーブで囲まれています。
各空間は重く厚い石のヴォールトで支えられています。
それぞれの部屋の主な「センター」は石や空間などの三次元的な
大きな塊で囲まれ、それが「境界」を形成しています

や天井漆喰でまとめています。

　この原理はボリューム（容積）にも適用されます。三次元の空間もその周辺に囲まれた小さな領域によって括ることができます。例えば、建物や中庭を囲むアーケードや、奥行きのあるアルコーブ群で囲まれた部屋、パリのセーヌ川の川岸に並ぶ突堤や素晴らしい並木のボリューム感などがそうです。

　もうひとつ注意しなければいけない点があります。「境界」の原理はそれ自身では単純です。しかし、この「境界」の原理は、ものの外側だけを言っているのではありません。繰り返しこの原理を適用しようとすれば、どの部分にも、どのレベルでも、それ自身の「境界」を持つとわかります。この原理には「境界」自身も含まれているのです。「境界」自身もそれ自体の「境界」を持っています。たったひとつの原理で言えば、周りに巨大な奥行きを持つ構造が染込んでいるような特質です。こ

の原理は何百回何千回と実際は適用されて、事物のあらゆるスケールに存在します。

　この事実は、この原理がいかに莫大な大きさを持っているかだけではなく、「全体」の周囲の外側に「境界」が存在しない場合も説明が可能となります。なぜなら、いちばん外側の「境界」は（あるなしにかかわらず）「全体」のあらゆるレベルに存在する99の「境界」の残りのひとつにすぎないかもしれないからです。したがって、この原理は単に、建物や町のように「生命」のあるものには必ず「境界」がなければならないと言っているのでは決してないのです。「主なる境界」という限定された考え方もそれ自体でこの輝くような感覚を伝えることはできません。それは「境界」の中にまた「境界」があることや「境界」による「境界」などのそのすべてが重なって構造的に周りに浸透していくときにのみ生じるものだからです。

15 の幾何学的特性

グァリオーの城：建物の正面はすべて「境界」でできています。「境界」の中の「境界」です

柱とアーケードでできている建物の「境界」：
各柱の内的「境界」として柱頭と柱脚があることに注意
してください。そして、このふたつもお互いに
詳細としてのひとつの線で「境界」づけられています

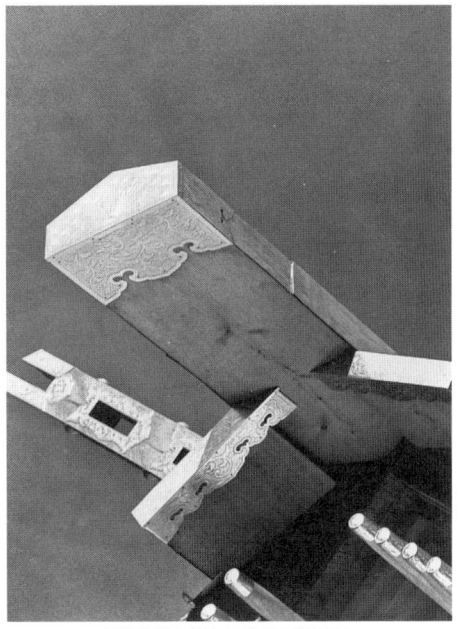

伊勢神宮の棟木の端部の「境界」：
棒のような、個別的には一次元のものの形状の要素は、
端部を金物で包み込んで木口を美しく見せています

第 5 章

セーヌ川の川岸。奥行きのある構造的な「境界」。層に次ぐ層。例えば、歩行路の層、壁、石垣、突堤、樹木、それらのすべての層が河を包み込み、パリを便利なより生き生きした場所にしています

参考：パタン・ランゲージとの相関

　ここではAPLで示された「境界」の効果の機能的で実用的なニーズを示しましょう。近隣には、それらの周辺に力強い「境界」が必要です（サブカルチャーの境界、p.75（#13、邦 p.41）、近隣の境界、p.86（#15、邦 p.46））。開口部の周辺を強化するためには、窓やドアを厚くすることが必要です（厚い縁どりの枠、p.1059（#225、邦 p.562））。部屋のスケールにおいて、その中の戸棚や押入れを利用して、窓側の座席、アルコーブ、または、厚い壁に囲まれているようにすると、多くの部屋は、美しく、有益になります（アルコーブ、p.828（#179、邦 p.438）、窓のある場所、p.838（#180、邦 p.441）、厚い壁、p.908（#197、邦 p.480）、部屋ざかいのクロゼット、p.903（#198、邦 p.483））。建物は戸外のスペースとの関係部分がいちばん快適になります。屋外と屋内の間にギャラリー、アーケードおよびテラスがあるならばとても快適です（外廊、p.777（#166、邦 p.412）、アーケード、p.580（#119、邦 p.307）、戸外室、p.764（#163、邦 p.405））。コミュニティ活動の輪、p.242（#45、邦 p.127）はコミュニティの「中心」を強めるために、小さな公共サービスセンターをメジャーな公共の建築物の周辺に置きます。

　これらのパタンはどれも「境界」の具体化ですが、異なる機能を持っています。「アルコーブ」は大きい空間に「厚い」境界を付加することで小さな空間が内部の活動を活性化します。音を分離するものもあります。戸棚は、部屋の間で音響の「境界」を形成しています。ある場合は、「境界」としての「センター」はそれより大きな世界の「生命」に焦点を合わせることがあります。それは、屋内と屋外の間でアーケードや回廊をつくることであったり、部屋の周辺の窓側の席や厚い壁のような境界層を形成することで実現します。

　どの場合でも言えるのは、分離するゾーンと混合するゾーンをうみ出す機能を強化したり、絶縁する一組の空間を手助けするのが「境界」です。キーポイントは、「境界」をうみ出すための「センター」の機能を正しく選択しなければならないということです。そうすれば、小さな「センター」を促して「境界」を形成し、それによって囲まれる大きな「センター」の機能を強化するようになります。

2.4／交互反復

「センター」同士が補強し合う最も効果的方法のひとつに「センター」の反復があります。「センター」は反復することで別の「センター」を強化するのです。「センター」が反復するリズムは、ゆっくりとしており、まるで太鼓の響きのように「場」の効果を高めますが、そのような場合、そのリズムは単なる反復ではありません。

事物が反復するのは、この世界においては、事実なのです。反復によって形成されているさまざまな段階での主な例としては、原子、結晶、分子、波、細胞、体積、屋根、トラス、窓、レンガ、柱、タイル、などがあります。しかし、「生命」のあるものの反復は、特別な種類の反復なのです。反復する「センター」が持つリズムは、その中のある

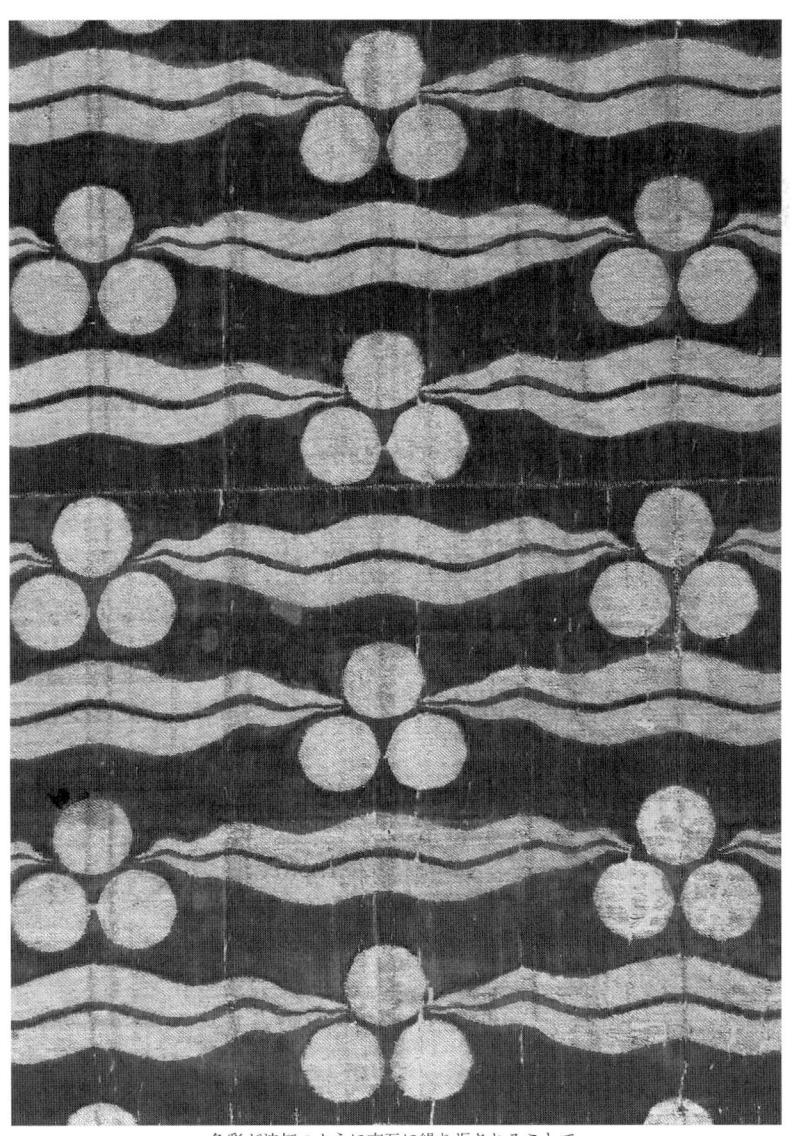

色彩が波打つように交互に繰り返されることで、
情熱的な「生命」をうみ出している15世紀のトルコ風ベルベットのチンタマニ・デザイン

第5章

ひとつ目のセンターと重なり合い交互に繰り返す二番目のリズムにより明確になり強調されます。またふたつ目の「センター」のシステムも並行して反復するのです。ふたつ目のシステムは、ひとつ目のシステムと対照的もしくは反対のうなりのようなものを与えることで、ひとつ目のシステムを強調します。

このことを十分に表していることが見られるような一般的な事例としては、屋根瓦の美しい反復や、大洋の波、体の細胞、魚の大きさ、草の葉、壁のレンガ、頭の髪の毛などがあります。

これらすべての場合、その「生命」そのものの発生は反復が大きな要因となっているようです。これはしばしば絵の中に見受けられます。それは鉛筆書きによるある種の単純な反復の描写によって「生命」が与えられます。建物においても、ある単純な区別された要素が繰り返し反復することが見受けられます。反復は、それ自体がすでに十分な調和をうみ出し始めます。なぜか要素が何度も何度も繰り返されるという事実だけでものごとのなかに秩序があらわれます。そして、最も穏やかな「生命」は、例えば籠のように、事物がとても小さな要素の反復でできているときに、しばしば現れます。

入り江と山、谷と波、すべてが交互になっています

15の幾何学的特性

ある水差しの表面に描かれた美しい「交互反復」

レオナルド・ダ・ヴィンチの絵

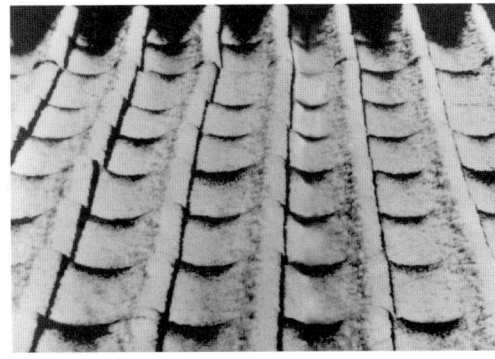

屋根瓦

籠の編み方に見られる「交互反復」

自然石でできた石壁の石

第 5 章

ギリシャの刺繍に見られる美しい「交互反復」。刺繍の形体の反復と反復の間にある空間など、
どこを見ても「センター」が形成されています

不毛な反復。ここには交互性がなく、反復する形体や空間の中で形成されるような意味のあるセンターがありません

15の幾何学的特性

　もちろん多くの場合、ある構造は反復により「生命」が強められますが、その反復が精密でない傾向があります。そのような場合には、十分に「生命」を与えるような反復を持ちつつも、微妙な変化があるのです。これはその要素が同一でないため発生するのではなく、「全体」における位置によって微修正を行うために、その反復に微妙な変化をつくり出しているのです。

　また一方で、反復にはそれらの変化よりも重要なさらに深い一面があります。それは、反復の根本的性質と要素の反復する仕方に関係しています。それによって、「生命センター」の根源的で十分な反復であるか、単なるありふれた要素の反復になるかが分かれます。

　この考えをより明確にする決定的な比較を、向かい側のページで説明しています。あるギリシャの島産の繊細で優美な刺繍の例をお見せしましょう。表面が全面的に「全体」となっています。それはその形と空間が明滅的に交互になっており、すべてが反復し、すべてが交互になってからです。反復している中の最初と二番目の「センター」は、「生命」があります。それは交互になっているため、私たちの目を釘づけにします。167ページ左上のガラスの水差しには、美しく重なり合った杉あや（矢はず）模様が刻まれており、同じような「生命」を感じさせます。それはあまりにも鮮烈であるため、白黒写真でも花瓶の緑がかった色が感じられます。

　向かい側のページの2番目の例は、現代のオフィス建築のファサードです。ここにある交互性は、野蛮で不毛です。この退屈でありながら強烈な反復は、一次元的な反復であることに原因があります。ここには「交互性」は言うまでもなく、反復する「生命センター」もないのです。そして一番目の「センター」の間で反復する、極めて重要であるはずの二番目の反復する「センター」もないのです。

　「生命」があり「生命」を支える反復と、不毛な反復の違いは、常にこの交互性の中にあります。

　170ページ上の写真の建物、ブルネレスキによ

シダの森林地帯にみられる「交互反復」。
葉、葉の間の空間、シダの間の空間

第 5 章

ブルネレスキによるフローレンスの孤児院。支柱と支柱の間やアーチ、円、柱などにみられる交互性は、
建物に生き生きとした「生命」を与える深く静かな交互性をつくり出します

交互性を伴わない反復。この反復は、「センター」のもつ「生命」的特徴を高めるようなことはありません

る孤児院では、(デラ・ロビアによる) 円形装飾が、柱と柱間の一区画において交互に現れています。柱、アーチ、柱間の空間、隣接するアーチの間にみられる三角形の空間、これらの三角形にある陶製の円形紋について、繰り返しが見られます。反復しているこれらはそれぞれ、素晴らしく形づくられており、「生命センター」となっています。そしてその結果は美しい調和となり、「生命」を持つのです。

一方、下の写真の建物には、柱と柱間の間に柱廊があり、反復もみられますが、重要な「生命センター」はありません。「センター」が交互になる「生命」を持っていないため、そこでは反復が交互に起こらないのです。確かに、柱は反復し、柱間の空間も反復しています。しかし、柱だけでなく柱間の空間も深い「センター」を形成せず、テンポも無く交互性による「生命」もありません。

その建物は生気がなく、死んだようです。

なぜ「交互反復」は単純な反復に比べて、より充足されていて、より深みがあるのでしょうか。ひとつの答えが、前にも述べましたが、法則の循環性の中にあります。ある「全体」の中で繰り返されるものは単にその部分ではありません。ある「全体」の中において部分の間の空間もまた繰り返されます。そして反復そのものでさえもしばしば繰り返されます。そのように反復の法則はその「全体」の中にあるすべての要素に与えられます。そしてすべての要素や実体、実体の間の空間、また反復している実体そのものの連続にその法則が与えられるとき、その結果として「全体性」がそこに存在するのです。

もう少し厳密に言うと、実際に起こっていることは反復というよりは揺らぎのような感じです。例えばあるものがあり、そして別のものがあり、

15の幾何学的特性

そして再び最初のものがあるというように、ものごとが波のように反復するのです。例えば、165ページのオスマンのベルベットにおいて、その揺れや「交互反復」はすばらしく、また深みのある巧妙さを持っています。唇形の波が揺れていて、3つの円が揺れていて、円と唇形の間の空間が揺れていて、そして繰り返されます。模様全体がひとつの深みのある統一体なのです。

またこれは、熊手でならされた日本式の砂の庭園が持つ深い「生命」についての一応の説明にもなります。この熊手の歯が砂に波形を形づくっています。砂でつくられた尾根の反復と谷の反復が交互に繰り返されており、それらが合わさって大きな「交互反復」のデザインをつくっています。熊手によりつくられた波と渦巻きの形は、熊手自身がもつ平行性と大きく交互する軌跡を砂の上に残しているのです。

次ページに示しているマティスの単純で波打つような形と輝くような色合いは、彼のトレードマークであり、色紙を切り張りする方法で、彼の絵には同様の波や交互性があります。

ある構造の中で「センター」が反復する場合は、大きな「センター」を強めるように統一されることが一般的です。その場合は、「センター」が集まってつくられた二次的なシステムがその中に加わって二次的な交互システムを形成し、また時にはそれらふたつのシステムによって三次的なシステムがつくり出され、そしてそれらは再び波形をつくり、交互に繰り返され、揺らぐのです。

交互性はなんと巧妙に機能していることでしょうか！悪い例の場合、その反復はある種の交互性を形成しますが、そこには美しさやすばらしさのかけらもなく、それは機械的なのです。良い例の場合は、そこに繊細な美しさがあります。「生命」が起こるのは、交互する「全体」というものが美しさを持ち、かつ配置や差異に巧妙さを持つときだけなのです。

砂の庭にある波紋はその空間に「生命」をもたらします。それは「生命」をうみ出す砂の波でありくぼみです。そして砂の波すべては、「生命センター」となるのです

第5章

美しい切り紙による繰り返し、アンリ・マティスの作品です。彼の特徴である繰り返しが使われ、波のような繰り返しが、切り紙によって内に外につくられています

参考：パタン・ランゲージとの相関

「交互反復」が「生命」の源として用いられているAPLのパタンには以下のようなものがあります。フィンガー状の都市と田園、p.21（#3、邦p.12）、街と田舎の交互になっています。平行道路、p.126（#23、邦p.67）、道路と建物が交互になっています。歩行路と目標、p.585（#120、邦p.310）、歩行路と目標点が規則的に交互になっています。大物倉庫、p.687（#145、邦p.364）、居住のための部屋と倉庫が交互になっています。段状の斜面、p.790（#169、邦p.419）、壁とテラスが交互になっています。部屋ざかいのクロゼット、p.913（#198、邦p.483）、部屋とクロゼットが交互になっています。人と車のネットワーク、p.270（#52、邦p.142）、歩行路と歩行路間の空間、歩行路に直行する自動車用道路、その道路間の空間、ふたつのネットワークが互いに交差する点によって、複雑に5種類に短縮された繰り返しになっています。

2.5／正の空間

「正の空間」というものは、空間のある部分が外側に膨らむときに発生し、それ自身の中に実体があるのですが、隣接した形状からの残りもののようには決してなりません。成熟するトウモロコシのように、おのおのの実は膨らんで他の実と接します。それぞれが正の空間をもち、ひとつの基本組織として内部から成長することによって起こります。

あらゆる場合に、その「生命」や「全体性」の基本は、そこに存在する「正の空間」の大小によって決まると、私は観察を通じて確信するようになりました。芸術作品は多かれ少なかれ「生命」を持っており、それを構成する部分や空間のすべては「全体」であり、良い形であり、正の空間となっています。空間の中で「生命」をつくり出す特性において、この「正の空間」がおそらく最も単純で、最も基本的なものといえるでしょう。それは空間のどの部分に対しても、比較的強力な「センター」である状況を保証するものだからです。

「正」でかつ一体的な空間状態の典型例が、17世紀のノッリのローマの地図に見られます。この地図では、すべての道路のどの部分も「正」であり、

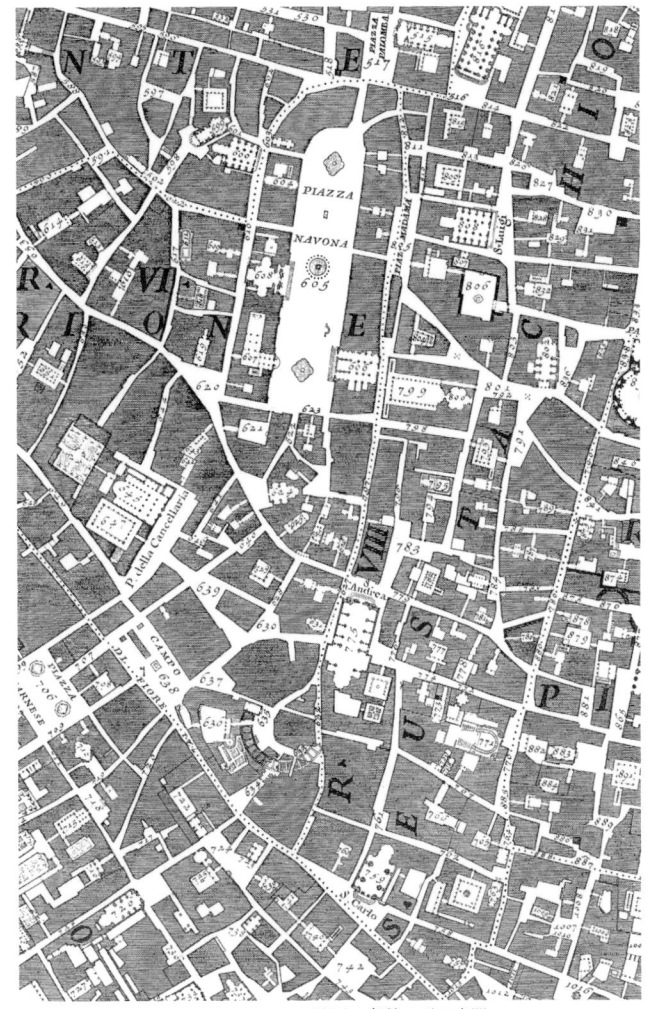

ノッリのローマの地図：多数の正の空間

第5章

建物の塊も「正」であり、公共的な内部も「正」なのです。明確で「正」の形を持たないような「全体」は部分を持ちえません。その地図は明確な実体を詰め込んだものとなっているため、おのおのの部分が明確で本質的です。道路や広場、建物が集まっているブロックなどの空間は、それらに手を加える人々によって長年かけて形づくられたため、明確であり、意味や目的を持って手を加えられた造形となっているのでしょう。そしてこれらの実体は、各「センター」が長い間ゆっくりと計画的に強化されて形成されたのです。

空間に対する現在の西洋的な見方では、ノッリの地図にみられるような空間がもつ強力な力を忘れてしまっています。それは古の文化では当たり前のことであったのです。何もない空間に建物がぽつんと立っているのを見ると、その何も無い空間は何も無い海のように錯覚してしまいます。このことは、建物ははっきりとした物理的形状を持って存在しますが、建物が建っている空間というものに形がないため、建物を孤立した意味の無いものにしてしまうということを表しています。これは重大な影響力を持っています。公共空間などの活動の場は私的な空間同士や共有空間との接着剤のような役割を持っているのですが、そのような私たちの社会的空間をばらばらにして、関係性のないものにしてしまいます。「正」、すなわち「形ある」空間の特性は、個人の庭、部屋、置物や絵画、織物などの空間、また私たちが使うパソコンのディスプレイ面においても忘れ去られてしまっています。

ここで、現在日本で保管されている有名な喜左衛門の茶碗を見ると、とても巧妙につくられたものの中にその現象が見られます。この茶碗を注意深く見ると、その美しさがわかります。実際、その茶碗は美しい形状を持っているだけでなく、茶碗に接する空間にも美しい形状があるのです。逆に、茶碗に隣接する空間が美しいから、その茶碗の美しさが出ているのだという人もいるでしょう。これは「正の空間」が機能しているすばらしい一例です。粗雑な芸術作品で深みのある形ですが、そのものに隣接する空間がそうではない場合もあります。このページの右下に3つのブロックを無作為に配置した1960年代の彫刻作品の写真があ

喜左衛門の茶碗は、内面も外面もすべて「正の空間」です

茶碗に隣接して形づくられた「正の空間」の形

ブロックの周囲とそれらの隙間に形成された空間は「正」ではありません

ります。これがこの種の典型的な事例です。

アナトリア絨毯のデザインを用いて、「正の空間」の例をもう少し考えてみましょう。セルジューク絨毯の縁は、特にすばらしいものです。これは「正」と「負」の形が極端であり、むしろ独創的といえるからです。多数のくぼみを持つアナトリアの礼拝用の絨毯を見ると、どの「全体」も隣り合う「全体」の形状によって実質的に形づくられ、空間のどの部分をも「正」にし、「生命センター」を形づくっています。「神のしるし」として絨毯があるため、それは完全な統一体なのです。「正」の特性をもつこと、すなわち空間内のすべての部分を「センター」化するということは、絨毯の「生命感」において物質的、精神的な面で重要なことなのです。

貧しいデザインは、実体に「良い形」を与えようとしても、背景の空間が残りもののような形であったり、もしくは形を全く持っていません。「生命」のあるデザインの場合、残りもののような形は全くありません。個別の部分はおのおのが「全

デザインの要素がすべてにわたって「正」の空間である例

多くのくぼみのある16世紀トルコの祈りの絨毯

第 5 章

マティスの切り絵による裸婦。切りとった紙を配置した作品をつくることは、「正」と「負」の驚くべき波形をうみ出します。体の部位間の「正」の空間は、ほとんど生きているようであり、その女性の体に「生命」を与えるのです

「正」の三次元空間

体」です。切り絵でできたマティスの青い裸婦については、どの部分も「正」であり、そのため「生命」を持っています。下の写真の古代ムガールの装飾帯については、花や葉、および葉脈の間などそれらの間にあるすべての部分が「生命」を持っています。

建物内部の三次元空間において「正の空間」を見つけるのは特に難しいことでしょう。良い建物ではさまざまな部分において空間的に「正」となっています。これはクロゼットや残りもののような小部屋、廊下、部屋と部屋の間の空間でさえ、すべてが「正」の性質を持ち、また、使いやすく美しい形状を持っています。もちろん同様のことが室外においても起こっており、建物周辺の室外空間はすべてそれぞれが「正」の特性をもっています。「残りもの」のような空間はひとつもないのです。「正」の例として、このページの左側にイタリアのアーケード、次ページ下に日本のお城のすばらしい部屋の写真を載せています。しかし、他の「現代的な」空間の例では失敗に終わっています。ルイス・カーンによる部屋は、おもしろさや現代的な効果をねらって「新しい」手法で組み立てられていますが、空間的に失敗に終わっています。それはそこに「正の空間」がなく、そのため「生命」もないからです。

「正の空間」の決定要因は明確です。それは、おのおのの単一部分がひとつのセンターとして「正」の形状をもつことで、無定形で意味の無いものが存在しないことです。どの形状も「力強いセンター」を持ち、それぞれの空間が複数の「力強いセンター」を持つように空間同士が補い合っています。それ以外のなにものでもありません。

葉と葉の間に美しい「正の空間」が見られるムガール装飾帯

15の幾何学的特性

ルイス・カーンの「正の空間」のない失敗例

ルイス・カーンによる「正の空間」の形成に失敗した三次元空間

三次元内で「正」の内的空間をもつ日本のある城の大広間

第 5 章

参考：パタン・ランゲージとの相関

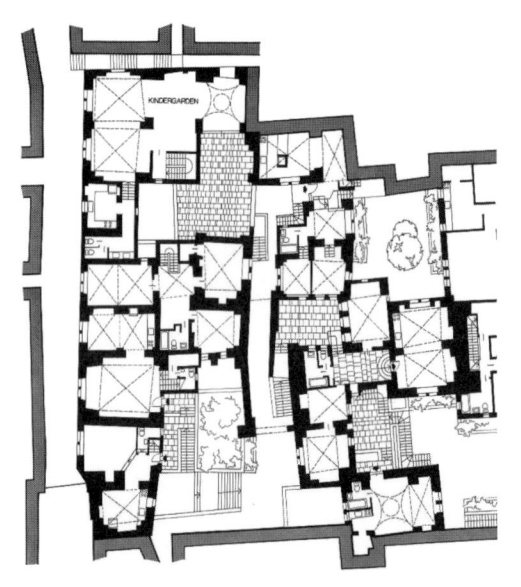

「パタン・ランゲージとの相関」のふたつの図版は、
建築間取りにおける美しい「正の空間」の参考図です。
この居住地区の各部屋は、
とうもろこしのさやに収まっている実のようであり、
まるで成長し、互いに押し合っているようです

色を塗ることは効果的です。このトルコ風細密画を見ると、
空間はどこも「正」となっています。
この画法は人を惑わすような心地良さを持っています。
そして画家の才能によってその中に盛り込まれた力強さや
計算された組み合わせはすぐには気づきにくいことでしょう

　「正」の空間の機能的効果についてAPLの<u>正の屋外空間</u>、p.517（#106、邦 p.273）において細かな説明をしています。また、他の例の説明も、以下のパタンの文中に散見できます（<u>屋内空間の形</u>、p.883（#191、邦 p.467）、<u>あいだの家</u>、p.256（#48、邦 p.135）、<u>見えない駐車場</u>、p.477（#97、邦 p.251）、<u>敷地の修復</u>、p.517（#104、邦 p.268）、<u>一間バルコニー</u>、p.781（#167、邦 p.414）、<u>窓のある場所</u>、p.833（#180、邦 p.441）、<u>天井高の変化</u>、p.876（#190、邦 p.463））。
　建築に関する実用面での問題は明らかです。
　「中性的」な特性を持つ部屋と通路は建物の「生命」を減少させます。どの空間も「正の空間」を持つ場合は、<u>すべての部屋がお互いに調和し合い、それと同時にそれらが必要とする大きさや形状、型、特性をもつように空間の配置に工夫があるのです</u>。それによりその「完全」な特性は力強く印象深くすばらしいように強められるのです。それらは単に「平凡な」計画のように、隣り合うだけではないのです。
　より一般的に見ると、さまざまな型の中で「正の空間」がもたらす効果のうち主なものが次のふたつです。それは(a) 空間のすべての部分がとても役に立つということと、(b) 役に立たない残りもののような無駄な空間がないということです。このふたつの組み合わせにより有用で効果的な空間がうみ出され、それに伴いとても頑丈な「生命」のある特性がうまれるのです。
　建築界では多かれ少なかれ、固体であれ、中空であれ、つくられた「正」の部分がどの程度「正」であるかということが、実際的な「生命」をもたらす鍵となります。タイルを貼るとき、タイル間に十分な重量感を持つようにグラウトを厚く詰めますが、グラウトの線上でさえ「正の空間」となります。椅子をつくるときは、部材を用い、その部材の間の空間に「正」でかつ幾何学的に単純な形状をつくり出します。それは、椅子の構造上、これらの形状は強固でとても有用的になるためです。

2.6／良い形

私が「生命構造」を追究し始めた頃、異なる特性が混ざり合うことで、分析と相反する形の存在に出会い、驚かされることがよくありました。それはとても華麗で美しく強い形を伴う要素が含まれていました。この形の美しさは難解、複雑で、分析の範疇を超えているとさえ思ったことも時折ありました。私はそれが「良い形」だと感じられる、特別な質に気づくようになりましたが、その説明や定義づけはできませんでした。

扇の形をしたビロードの錦織の花模様（下図）。ルーマニアのどっしりとした木製柱の彫刻とその愛らしく力強い形の数々。日本の伊勢神宮の力強い形（次ページ）。アバシッド・ストーンの浮彫りに見られる単純な繰り返し模様の彫刻装飾（次ページ）。私は長きにわたり、これらの資料を収集し、それぞれが「良い形」であると記録してきました。しかし、その意味とは何でしょうか。「良い形」とは何なのでしょうか。

この「良い形」という特性にも「センター」が関わっていることに気づくのに、随分と長い時間がかかりました。つまり、私たちが事実良い形と見なすのは、形それ自体なのです。それは、多くの「全体性」を持った「センター」の集合体そのもののことなのです。例えば、トルコのビロード織における扇状の葉の形の美しさは、個々の形が「センター」の集合体で独特な形につくられていることからきます。

要点を明確にするために、良いものと悪いものを比較するとわかりやすいかもしれません。ひとつは形自体が美しさを持つもの、もうひとつは美しい形を持たないものです。181ページにある、以前にも検証した日本の急須台は「良い形」の美しさを自身の内に秘めています。その形のどの部分にも「センター」があります。そしてそれこそが「良い形」なのです。それに対して、未来的な外観を持つ椅子は凄まじく悪い形をしています。この椅子を構成する要素のどこにも「センター」はありません。このことが形を悪くさせています。「良い形」とは何でしょうか。何が形を良くするのでしょうか。繰り返される法則を利用して「良い形」を理解するのがいちばん簡単でしょう。繰り返される法則で説明するならば、「良い形」の

模様入りビロードの要素としての「良い形」。16世紀、トルコ

素朴な彫刻が施された柱の「良い形」。ルーマニア

第 5 章

アバシッド石の浮彫り：この浮彫りは繊細な「はざま飾り」のように見えますが、その車輪とスポーク状の内部の装飾は、
全く単純かつ頑丈にできているために、実際はがっしりしています。装飾の「良い形」は、どの部分をとっても、
どのひとつをとっても、ポジティブで明快な形をしていることからうまれます。
このように全体的な組織化を部分が助け合うことで、その結果巨大な車輪の壮麗さがうまれるのです

日本の神殿：形が非常に素晴らしく、コメントの必要はありません

15の幾何学的特性

急須台の美しい形

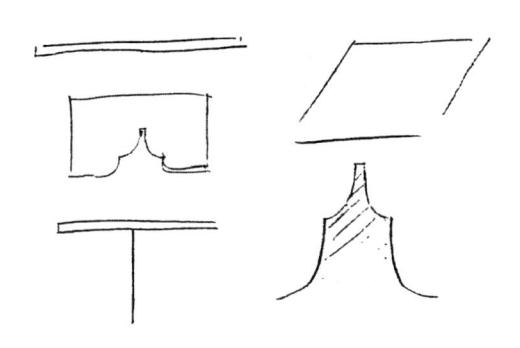

急須台の美しい形の基本的「センター」となる形の数々

　構成要素それ自身が常に「良い形」なのだ、ということです。また、これを「センター」によって説明してみましょう。「良い形」というのは、力強く、それぞれが良い形をした「センター」がまとまったひとつの（大きな）「センター」のことなのです。

　それに加えて、さらにシンプルで基本となる「良い形」は、基本図形からつくり出されることに私は注目しています。それが最初にわかるのは、「良い形」は多くの場合、たとえそれがどんなに複雑な形でも、最もシンプルな基本図形から組み立てられていることです。急須台は、図に示したような単純化された形で構成されていることがわかります。それぞれが「良い形」をしています。構成要素のひとつとして、急須台の縁の下の「正の空間」が含まれていることに注目してください。

　これに対して、未来的な椅子の無定形の塊は、単純な基本形で構成されたものとしては、全く理解できません。もし誰かがこれを分解し、組みなおしてみても、やはりみっともない形にしかならないでしょう。なぜなら、この椅子が「センター」でつくられていないからです。空間が真に「全体性」を持つとき、何らかの理由により、構成要素はより普通の形からなるものなのです。

　次ページのペルシャ・カーペットを観察しながら、より細部まで理解することから始めましょう。表面的には花の模様に見えます。しかし、接近して観察すると、単純な形によって構成されていることがわかります。三角形、菱形、六角形、矢印、円形の断片、そのすべてが規則的といえます。そしてそれは、形が内包する多くの曖昧な相互関係の構成でうみ出される規則性なのです。花々、葉、

未来的デザインの椅子のひどい形

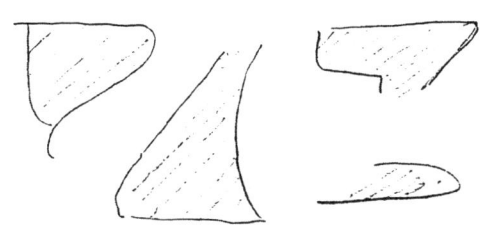

未来的デザインの椅子の無定形の形体

181

第 5 章

初期ペルシャの絨毯：個々の花々ですら「良い形」でつくられています

つぼみ、果樹の花、茎、すべてが単純でしかも力強い幾何学的な形でつくられています。花びらですら基本的には直線状の形、四角形、三角形等の要素でできています。色がついた部分や、三角形、六角形等のいずれもが、幻想的で有機的な形をつくり出すために、非常に複雑な方法で組み合わされています。このことが、なぜそうも重要なのでしょうか。単純な形の規則性こそ、大雑把で見せかけの有機的な形の集合では決してうみ出すことのできない、相互関係を持ったより複雑な集合体システム空間の源であると私は確信しています。そして、一見複雑な「センター」に見えますが、実はそれはより単純な、生きている「センター」からできているのです。つまり、この複雑さに「生命」を与えているのは、この「単純化されたセンター」なのです。

このことを明快にするために、ここに極めてシンプルな例を示しましょう。これは先ほどとは異なるカーペットの縁取りの装飾です。ここでもまた花模様を見てみましょう。近づいて観察することにより、色づけされた部分や空間同士の間は、もっぱら菱形、正方形、三角形で構成されていることがわかります。結果的に生じる装飾は全体的に「良い形」をしています。「良い形」は「全体性」

花柄の絨毯の要素は種として菱形と三角形でつくられています

15 の幾何学的特性

コペンハーゲン警察本部：これは「良い形」ではなく、むしろ漫画です。それはただひとつの非常に簡易な形体です。他の形の部分は「良く」なく、その結果「センター」相互の助け合いが起こりません

正方形、線の区分、矢印、鍵型（の突起部分）、三角形、点の列、円、バラ模様、菱形、S字形、半円、星型、階段型、十字、波型、螺旋、樹形、八角形などです。「良い形」とみなせるものは、上記の形を組み合わせて「力強いセンター」をつくり出し、その集合体がそうなるのです。

しかし、これを適用しようと試みても、これらはすべて繊細なものです。例えば、円の場合をみてみましょう。左右対称のコンパクトな形——これは「良い形」と目に映りますし、誰もがそう思うでしょう。しかし、円には大きな問題があります。隣接する空間を「正」にするのが難しく、「センター」にしにくいのです。円をデザインに用いる場合、いとも簡単に全く「良い形」ではなくなってしまいます。そんな例を、コペンハーゲン警察本部の中庭に見ることができます。馬鹿げた計画で、円の隣にくる空間が形としてなっていないのです。それゆえ、無意味なものになってしまっています。円を「良い形」としてつくるのに必要な

が持つ特性であり、部分の特性からうまれるものではありません。しかし、「全体性」をつくっている部分自身が単純な幾何形体の「全体性」を持っているとき、その特性がうまれてくるのです。

ある意味では、これはすべて明白なことです。デザインにおいて、目に見える部分はいかなるレベルにおいても「良い形」であり、力強い「実体」でなければならないのです。すると、明らかに無定形の形や曖昧な形を除外します。そしてその代わりに、正方形や六角形や8つの花型や45度の直角三角形などに置き換わるのです。しかし、この問題をもっと深め、形の良さという特性を区別するために正確な規則性を定義しようとすると、それはかなり困難であることのがわかるでしょう。以下は、「良い形」をつくる特性と、「良い形」がつくられるための要素の部分的リストです。

1. 高度の内的シンメトリーの存在
2. 左右が対であること（ほぼいつでも）
3. よく目立つ「センター」（幾何学的に真ん中の必要は無し）
4. 「センター」を形成する空間に隣接する空間もまた「正」である（「正の空間」）
5. 周囲を取り囲むものと全く異なること
6. 相対的にコンパクト（いわば、1：1と1：2の間に生じる何らかの比の差であり、例外的にも1：4ぐらいで、それ以上ではない）
7. 終止点がある。閉ざされて完結する感じ

私の経験では、概して「良い形」をうみ出す形の要素は、以下のようなもので共通しています。

オスマン帝国のビロード：ここに、円の素晴らしい効果があります。円の「良い形」を利用して、強力な「センター」をうみ出す方法です。これは、コペンハーゲン警察本部ビルのつまらなさとは全く反対で、芸術的です。
大きな円と、その中の小さな円と、円と円との間のスペースは、すべてが自然に美しく力強い基本形体になるように計算し尽くされています

第 5 章

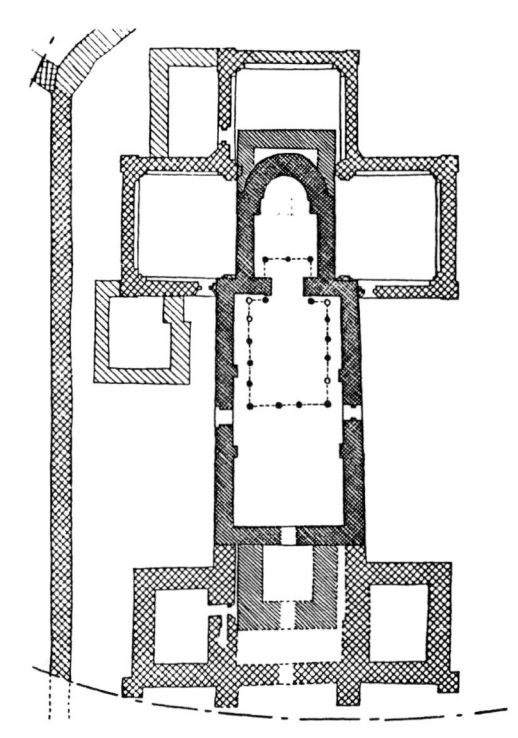

初期キリスト教の教会：部屋、空間、壁および開口部すべてと、
平面計画にも「良い形」があります。
すべての構成が美しい形状でできています

洗練されたテクニックは、183ページの素晴らしいオスマン帝国のビロードに見ることができます。そこにはふたつの円が月の形になるように引き伸ばされたり細く歪められたりして組み合わされています。円と円の間の空間、そして小さな円と大きな円の間すべてが「センター」として働きます。模様は自らの持つ力によって非常に美しいのです。

何より「良い形」の質をうみ出すには、「全体」も桁外れに力強くなければならないことを忘れてはいけません。それは、ここで述べた原則に沿って形づくるときにのみ生じるのです。古代ギリシャの古典的な馬の頭像、初期キリスト教会の平面計画、ルーマニアのログハウスの深く彫り込まれた木の部材、これらすべてはこの大きく素晴らしい意味をもって極度に「良い形」を表現しています。

特に、球根の形の目を持った馬は、立体的な「生命センター」から刻み込まれたような形をつくり出し、忘れ難いものになっています。そして、初期キリスト教会は、それとはほとんど反対に極度にシンプルで静的であり、そしてそれらがすべて同様な方法で単純な構成要素によってまとめあげられて、忘れ難い形になるように構成されています。後陣（教会東端に張出した半円形の部分）、そして多くの正方形が局所的シンメトリーの形をつくりながら、いかにリアルで単純な「全体性」をつくりあげているか——それは古代から伝わる忘れ難いメロディーのようなものです。

そしてたぶんすべての中で最も美しいものですが、右ページのこの愛らしいエジプト船の帆は並外れた強い「良い形」の質を持っています。私たちはそれを見て即座に感じるのです。激しさ（熱情）と愛らしい特質をその内に感じるのです。しかし、もう一度分析的な見地に依ってみると、この複雑な形は、帆の中に巻き込む形の集合で構成されていることがわかります。そしてこれらすべてが優しい曲線を描き、おのおのが「センター」を持っているのです。「良い形」を持てば、いくつもの「センター」がつくり出されます。この帆は「生命」を持っています。それは、その形故に、その中に多数の「センター」をうみ出しているからです。

機械論的、機能主義的な伝統の中で育った人には、建物、部屋、庭、街路における「良い形」がそれらの機能においても重要な役割を果たすとい

ギリシャの馬：目、頭部をはじめ、
すべての部分に「良い形」があります

15 の幾何学的特性

帆の「センター」によって引き起こされた形の並外れた美しさ

うことは、驚くべきことかもしれません。本質的に起きているのは、機能的である事物は自身の中に多くの「センター」を持つことが必須であり、そしてより多くの「センター」を持つことによって「良い形」になる、ということなのです。そうであるならば、「良い形」はそうした事物をより美しくするだけでなく、より素晴らしく、より機能的に働かせることもできるのです。

参考：パタン・ランゲージとの相関

「良い形」がなぜ実用的なのか、という具体的議論があります。(前節2.2～2.6の中で)生き生きした事物には良質の「正の空間」があることを見てきました。したがって、機能的事物とは、すべての部分部分の間も「良い形」であることです。

この特殊規則は一般規則の一部です。生き生きしているものは、目に見えるほとんどすべての部分とすべてのレベルにおいて「良い形」をしています。それ故に「生命センター」になるということなのです。植物の葉は、その形が「センター」でできていることを見てきました。「良い形」の橋においては、それを構成するすべてのものが効果的、効率的に構造の役割を果たします。「良い形」の窓では、アーチ、窓かまち、窓枠、脇柱等、すべてが効果的にうまくそれぞれの役割を果たしています。

一方、無定形のシミのような形には全く「センター」を見ることができません。このように明白に「センター」がつくられることなく、また明確に「センター」の場の導入もないとき、機能の美も、明快で微妙なそのはたらきも、悪くなるのです。

「良い形」の本質は、空間のそれぞれの部分が「正」であり、明確である、ということです。結論として、単純な形は「良い形」であり、「良い形」は単純な形でできています。これが基本です。

「蟻継手」をつくるときには、木の継手の両側に強い丈夫な「センター」をうみ出すように加工します。それによって継手の部分として構造的一体性を保持するためです。「良い形」を常に支配しているルールは、構造的正当性です。壁の開口部を見てください。その開口部の形を最高の「良い形」とするために、その開口の形自体とその扉が双方とも単純かつ構造的一体性を持つように定めます。APLにおいて、歩行路の形、p.589 (#121、邦p.312)、建物の正面、p.593 (#122、邦p.314)、柱のある場所、p.1064 (#226、邦p.564)、屋根飾り、p.1084 (#232、邦p.575)等はすべてその例です。実際の部屋の形を決定するための議論の中で、APLでは、部屋の形、空間、その通路、その平面と断面などが絡み合って検討され、決定することが説明されています(例えば、屋内空間の形、p.883 (#191、邦p.467))。

2.7／局所的に現れるシンメトリー

　私たちは「力強いセンター」とはそれぞれが空間に存在する「全体性」の広がりの縮図であることを見てきました。また、実例では暗黙のうちに次のように了解されてきました。それは、場における「力強いセンター」の存在は、多種多様に連結し、重複する「局所的に現れるシンメトリー」の数の多さに依る、ということです。このことは、「センター」と「局所的シンメトリー」の存在が密接に関連することからみても明らかです。「局所的シンメトリー」があるところには、「センター」があります。「生命センター」が存在するためには、「局所的に現れるシンメトリー」がしばしば必要になるのです。

　しかし、「生命」とシンメトリーの厳密な関係性は、はっきりしていません。生命体は対称性を持っていることがよくありますが、完全なシンメトリーではありません。実のところ、完全なシンメトリーは、事物において「生命」よりも「死」を表すことがしばしばあります。この問題は、「局所的シンメトリー」と「包括的シンメトリー」の差異を明解にできないことから生じているのは、間違いありません。

　まず最初に注目すべきは、システムの中の包括的シンメトリー自体は「生命」および「全体」の力強い源にはならない、という点です。例えば、このロールシャッハ試験のインクの染みの「全体性」は大変に弱いものです。その「生命構造」は大変にささやかで、その「センター性」は全く不十分です。ひとつの大きなシンメトリーの存在は、それ自体では「センター性」を弱めるのです。

　さらに見ていきますと、過度に単純化された建物の包括的シンメトリーは、簡素に過ぎ、野蛮ですらあります。ムッソリーニ独裁時代の新古典主義者による一連の建築には、インクの染み同様に、完全なシンメトリーをなすものがたびたびありますが、それらには「生命」が希薄です。下の写真に見られるアルバート・シュペーアによるツェッ

ロールシャッハのインクの染み：
完全な包括的左右対称、それ以外無し。
かなり弱い「センター」

アルバート・シュペーアによるツェッペリン広場：非常に短絡的なタイプの暴力的な包括的シンメトリー。
一方で「局所的なシンメトリーは」ほとんど無い

15の幾何学的特性

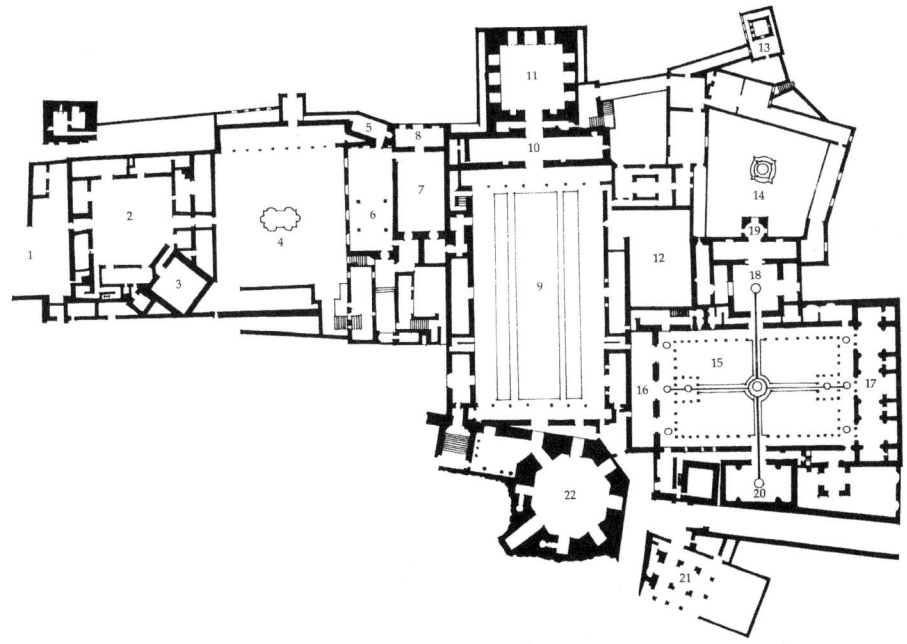

アルハンブラ宮殿の平面図：そのプランは、1000もの組み合わせによる「センター」の驚異と、それに伴う、空間のあらゆる地点における美しい「局所的なシンメトリー」の秩序です

ペリン広場のデザインは、同様の例です。ある実在する建築家により実際に計画されたデトロイト・ルネッサンス・センターにも、同様に厳密で、誇張されたシンメトリーがあります。明白なことですが、もしこれがこの通りに建設されたとしたら、「生命」が存在することは無かったことでしょう。大きな構成とその部分には力強い包括的なシンメトリーが存在しています。しかし微妙な「全体性」が感じられないのです。その代わり、ほとんど非常識とさえ言えるような厳密さを感じてしまうのです——それは、「生命」の対極です。

一般的に、単純化された新古典主義タイプの大きなシンメトリーは、「生命」に貢献することはありません。なぜなら、世界中のいかなる「全体」にも非対称性が存在するからです。それらには複合的な力が働いています。例えば、配置、文脈、機能などです。それらのはたらきにより、ひとつの大きなシンメトリーが解体されるのです。

このページから次のページにかけて示されているアルハンブラ宮殿には、「生命」を持った「全体性」の驚異を明らかに見ることができます。そこには包括的シンメトリーは存在しませんが、そのデザインの部分部分には有機的かつ柔軟に敷地に適応する、驚くべき数の小さなシンメトリーが存在しています。

「局所的に現れるシンメトリー」が曖昧で繊細に織り交ぜられたアルハンブラ宮殿の美しさを深く理解するために、前述したデトロイト・ルネッサンス・センターの計画と比較すると良いでしょう。アルハンブラ宮殿には、各部屋、中庭、庭園、ホー

都市計画における厳密で大袈裟な包括的シンメトリー：デトロイトのルネッサンスセンター。
ここでのシンメトリーの数々は、粗雑で全体主義的です。
彼らは概念的に課された秩序に従っており、「全体」の中の自然に適合していません

第 5 章

グラナダ：ヘネリフェのアルハンブラ宮殿と庭。秩序はこの壮大さの中で完全な非対称を形成しています。
しかし、無数の局所的シンメトリーで覆われています

ルごとにその存在感があります。なぜなら、「局所的なシンメトリー」が個々の空間を良くする手助けをしているからです。ルネッサンス・センター計画には全く異なるものを感じます。そこに現れているシンメトリーのさまざまな表現が、その空間の敷地的特色に応じて多様性を表しているのではなく、個々の部屋や庭園の特色に無関係な、巨大なシンメトリー体系の拡大に過ぎなくなっています。また、局所的に生じる「生命」に対しては、全く見当違いの巨大なスケールの秩序を自動的かつ全体主義的に当てはめているだけなのです。このように、現実の建物が持つ「生命」の形成に寄与するシンメトリーの力は、建物全体のシンメトリーの存在ではなく、建物の部分部分と「全体」の中の小さな「センター」としての「局所的なシンメトリー」が一緒になって生じさせているのです。

包括的シンメトリーではなく「局所的なシンメトリー」が「全体性」をうみ出す、という事実は、私がかつてハーバード大学認知学センターで働いていた時行った実験で劇的に証明されました。この実験で私は黒と白の細長い紙片をたくさん比較し、異なる実験テーマにより、それらの「全体性」が感じられるときの体験、感知、記憶を測定しました。そのとき使用した白黒の紙片は、189ページに示しています。（私の実験で測定された結果によって）その「全体性」の強さの順位が並べ替えてあります。私は、紙片の帯の「全体性」が自らのパタンに存在する「局所的なシンメトリー」の数の多さによることを証明することができました（「局所的なシンメトリー」は、帯全体の中で黒と白の正方形の一群の短い区分として定義され、自らが局所的に左右対称となるのです）。明らかに異なった区分パタンで知覚された「全体性」は、それが内包するシンメトリーの区分け部分に完全に依存します。各区分のブロックの中がシンメトリーのとき、それを「局所的なシンメトリー」と定義します。そこで私はこの実験結果を次のようにまとめました。最も「全体性」を持っているパタンとは、最も多くの「局所的なシンメトリー」を持っている

すでに紹介したアルハンブラ宮殿の装飾タイルの断片：
「局所的なシンメトリー」は明白です

ものをいう、と。

　別の一連の実験で、私たちは、「局所的なシンメトリー」の重大な役割を非常に明確に証明しました[2]（実のところ、その実験はさらに深まり、私が第3章で定義したように「センター」の複合構造としての全体性の存在を確認しました。しかし何よりも、それらは「局所的なシンメトリー」が「全体性」の創造で演じる重要な役割に焦点を合わせています）。

　実験は灰色の背景上に35本の白黒による帯で実行されました（このページの写真）。それぞれの帯は正方形7つ分の長さで、黒3個、白4個の正方形で構成し、異なるアレンジで並べ替える、というものです。このようにすると、35通りの帯をつくることが可能です。

　まず第一に、私たちは、知覚的に見やすい実験方法をとることで、異なった区分パタンでも、相対的一体性は人によって異なってしまうものではなく、客観的な質である、ということを確認しました。すなわち、一体性とは、人によって異なって見られるパタン特有の主観的特徴ではないのです。それは、認識処理の客観的尺度であり、およそ皆同じなのです。

　第二に、私たちは、「一体的」であると知覚されたこれらのパタンの構造上の特色を特定することができました。結果として知覚された一体性は、区分区分パタンの中に局所的に現れているシンメトリーの数に依存することがわかったのです。しかし、ほとんどのシンメトリーは隠されているわけですから、この特徴は明白どころか、パタンの中に深く埋め込まれている構造なのです。

　私たちは最初に、どの区分パタンが人々に最も規則的に、最も一体的に、最も簡潔に、または「最も多くの構造を持っている」ものと認識されるかを見出せるような、さまざまな実験方法の工夫をしました。その方法は多岐にわたりました。まず、どのパタンが最も規則的かを簡潔に問うことから始め、そして、どのパタンがいちばん早くそれを認識され得るか、また、どの方法が覚えにくい状況でも客観的に覚えておくことができるか、などいろいろな点に対応するようになっていきました。

　私たちは、覚えなくても良いようにするために、口頭説明式に主観的に「簡潔である」と判断してもらう試験方法にしました。また、タキストスコー

帯番号	局所的なシンメトリー
15	9
1	9
10	7
35	9
6	7
29	7
24	7
31	8
20	7
21	8
2	6
22	6
25	6
4	7
12	6
8	6
33	6
26	6
14	6
5	6
32	6
34	6
27	6
30	6
16	5
28	6
9	6
17	6
11	6
3	6
23	6
18	5
7	5
13	5
19	5

35通りの帯：実験によって測定された「全体性」の順列　　それぞれの帯における「局所的なシンメトリー」の数値

プを用いて簡単にした、異なった測定方法をとっても、結果として、相対的には同様に強い相関性があることが裏付けられました。したがって、別々の実験結果を利用しても、35のストライプの認知的一体性のランクオーダー（順位決定テスト）確定のデータとしてまとめることは可能でした。

この最初の一連の実験から、ふたつの重要な結果が浮かび上がりました。第一に、いずれの実験でも異なるパタン間に見られる一体性に対する強弱の感じ方は個人差があまりなく、かなり普遍的でした。このことは、一体性が人によって異なって見られる主観的事象とは違うということを意味しています。第二に、区分パタンごとの相対的一体性の測定結果は、実験の方法が異なる種類の認識処理をもととしても、おおよそ同様でした。

要するに、これらふたつの結果は、判断する人の如何にかかわらず、また、それを判断するために用いる特殊な種類の測定方法にもかかわらず、パタンの相対的一体性が認識処理の客観的問題であることを示したことになります。したがって、35の帯のパタンのための、一体性の、単一的で包括的な秩序の定義が可能となるのです。189ページの写真は、認識された一体性の結果が示されています。一番上のものが最も一体性があり、一番下はほとんど一体性がないものです。

この実験を行ってから3、4年の間、私は、35の白黒の異なる区分パタンにおける一体性の順番の構造的特色を説明する別の方法を見つけるために、ほぼ休みなく作業に取り組みました。「より一体性を持つものの共通点は何か？」「より一体性を持たないものの共通点は何か？」この問題を解決するために、私は秩序の性質を測定する尺度を見出すことに取り組み、この35の異なるパタンについての秩序性の測定を計算し、尺度を割り出し、さらに、この尺度によって導かれた順列秩序が、以前に実験で得たものと同じかどうかを確かめたのです。

それは、大変に難しい作業でした。問題のキーは、35通りの中の非常に異なったタイプの帯に「良い」ものがあるという事実です。例えば、そのひとつは完全に対称であり、白黒の正方形が交互にあるものです。他は完全に非対称で、その一塊の中で、すべての黒い正方形が連続しているもの、そして同様にその塊の中にすべての白い正方形が連続しているもの。その他に、連続しているものと、シンメトリーのものと、その双方のもの、さらにいずれでもないものがあります。

1960年ごろは、一般的考えとしては、認知学上では簡潔さとして「連なり」と「シンメトリー」の説明が中心でした。それ以上の説明はとても困難でした。私は、そのふたつのさまざまな組み合わせを試みたのですが、いつでも連なりと<u>包括的なシンメトリーの何らかの組み合わせになってしまう</u>のでした。

結局、正しい答えに辿り着くまでに3、4年を要しました。その理由は、「局所的なシンメトリー」が（包括的なシンメトリーと対立するものとして）それまでの論文で全く議論されなかったからです。さらに「局所的なシンメトリー」は、区分パタンではほとんど目に見えないのです。そのパタンは目の前に飛び出してくることが無いから厄介なのです。例えば、子供向けの「木々の中のトラ」の絵本のように、目を混乱させ、トラを見失わせてしまうのです。

さらに、大きな連なりという概念と、シンメトリーという概念をどのように結合させるかは、全く不明瞭でした。包括的シンメトリーと大きな連なりの両方の内部に更なる「局所的なシンメトリー」が含まれていることがわかったとき、最終的な解決の鍵が与えられたのでした。例えば、正方形の長さ4つ分の白い連なりは、全体的に見て対称です。しかし、そこに正方形ふたつ分の対称的部分を3つ、そして正方形3つ分の対称的部分をふたつ含んでいて、正方形4つ分の連なり自体とともに、合計6つの局所的なシンメトリーを持っているのです。そしてそれらの内の5つは隠れているのです。しかし、隠されているとは言え、「局所的なシンメトリー」は包括的なシンメトリーの存在と大きな連なりの存在の両方を示し、測定することができます。別のふたつの例が反対側のページに示されています。

そうして4年間にわたる作業と数多くの試みの末、異なる帯の一体性と非常に強く（ほとんど完璧に）関連した簡単な尺度を発見しました。

この尺度は、<u>帯の区分パタンが含む「局所的なシンメトリー」の数</u>です。

これらの帯のひとつの中にある「局所的なシンメトリー」を数えるために、私は7つの正方形が隣接して形成されているものとして、帯を考えてみました。帯の中に、ふたつ、3つ、4つ、5つ、6つまたは7つの隣接する正方形で形成される21の連結した区分パタンがあります。ひとつ目の区分は7つの正方形の長さ、ふたつ目の区分は6つの正方形の長さ、3つ目の区分は5つの正方形の長さ、4つ目の区分は4つの正方形の長さ、5つ目の区分は3つの正方形の長さ、6つ目の区分はふたつの正方形の長さ、全部で21の接続した区分になります。黒3つと白4つの正方形の特殊パタンでのいかなる特別な帯でも、私たちはこれら21の区分パタンをそれぞれひとつずつ検査して、それら自体の中で対称的かどうかを求めることが可能です。私は、それぞれの区分パタンの中の対称性を「サブシンメトリー」と呼びました。黒3つ、白4つの正方形でつくられた35の区分の中で、内的左右対称の最も高い数値の帯は、9つのサブシンメトリーを持っています。最低の帯は5つでした。

35の帯は、視覚的一体性の順で並べられています。189ページの写真の右側に、それぞれの帯に含まれているサブシンメトリーの数が示されています。

このように、実験的に最も一体性を持っている帯はまた、高度な相関関係のサブシンメトリーを最も多く持っています。また、実験的に最も一体性を持たない帯は最も低い数値となります。区分パタンが本質的に含む「局所的なシンメトリー」の数こそが、いかに「良い」のかを予測するのです。

この測定法は、繊細で洗練されたものです。21区分のパタンの内、最も一体性のあるパタンでさえたった9つ、最も一体性の低いパタンでは5つしかありません。つまり、21の区分パタンの中で、局所的シンメトリーの数の変化は大変微妙なのです。にもかかわらず、その変化は、実験で測定された実際の認識的な一体性の変化をほぼ完全に反映しています。

この結果がデザイン上での包括的シンメトリーをほとんど無意味なものにしていることを今一度強調しておきます。当時私はオリジナルの実験データを分析して、まず「局所的シンメトリー」と知覚できる一体性との間に相関性があることを

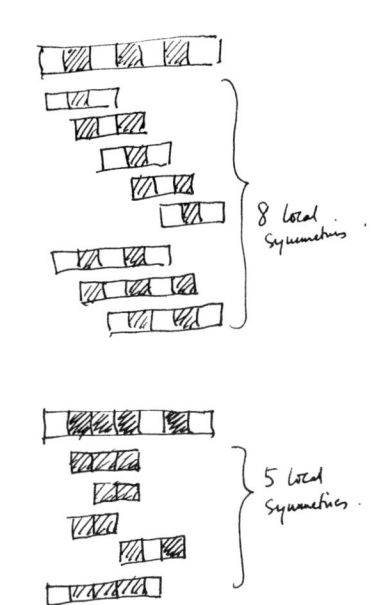

「局所的なシンメトリー」で説明される区分パタンのうちの2例。
上のパタンは、自分自身を含み9つの「局所的なシンメトリー」を持ち、一体性の秩序の順位では高く現れます。
下のパタンは、5つの「局所的なシンメトリー」があり、一体性の秩序の順では低くなっています
（訳注：この例図は黒4つ白3つになっており
本文実験とは異なる（考え方はこれでよい））

発見しました。私はさらに別の基準での試験を試みました。そこでは、対称性の区分の長さで測定しました。この2番目の評価基準では、対称性区分が長いほどポイントが多く、それによって大きな包括的シンメトリーの帯のほうが余分のポイントを得られます。しかし、この2番目の評価基準では一体性はそれほどうまく相関しないことがわかりました。どうやら大きなシンメトリーは帯の一体性に寄与することがほとんどないようでした。重要なことは、「局所的なシンメトリー」の<u>数</u>なのです。

なぜデザインにおいて「局所的シンメトリー」が多いと一体的になり、忘れ難いものとなるのでしょうか。まるで対称性の区分は空間をひとつにまとめる一種の接着剤のようです。接着剤が多ければ、空間はひとつになり、固く統一されて一体性を得ます。そして、もうひとつの点に注意してください。接着を効果的にするためには、対称性区分の多くが重合されなければならないようなのです。21の帯の区分パタンは決して別個の部分か

第5章

らなるのではなく、またバラバラではありません。ひとつの対称性区分が互いに重なり合う——それは対称性区分の中の「局所的なシンメトリー」の数の多さだけではなく、さらに連続的な重なり合いが接着剤となって、デザインが「全体」を持つようになるのです。

この世の「全体性」は何らかの形で「全体」が重なり合う構造ではないかという疑問を持って以来、これらの実験は「全体性」の理論を見出そうとする私の努力にとって、非常に大きな役割を果たしました。サブシンメトリーが見えないことに注意してください。それはひとつのパタンの中に重合化されているのです。知覚される実体は、この重なり合う構造であり、この場合は「局所的に現れるシンメトリー」で定義でき、見たり感じたりすることができる明確な「全体性」を形成することができるのです。後年、この実体は（実験では「局所的なシンメトリー」だけで考えましたが）、「全体」へと拡張され、そして後に「センター」へと広げられて考えられるようになり、理論の基礎を完全に提供するようになりました。本質的なことは、これらの帯のパタンにおける「局所的なシンメトリー」が決定的であり、全く予測されない役割を果たすということです。視覚からは隠されていますが、それらが本質的にパタンを見る方法と働く方法とをコントロールしているのです。

もう一度アルハンブラ宮殿の平面図を見てください。それは、壮大に「局所的に現れるシンメト

アムステルダムの運河沿いの住宅

15の幾何学的特性

ケルズの書のページの部分的拡大。渦巻きや奇怪な形は曲線で形成されていますが、それらを近くで見てみると、折り重なる「局所的なシンメトリー」で満たされていることがわかります。そして、全体で見れば、これこそが美の源なのです

リー」のキーポイントを例証しています。アルハンブラのプランは包括的には全く非対称で、新古典主義との共通点もありません。——それは自由です。鳥のように自由です。しかし、詳細に見ると、多くのレベルでシンメトリーが満ち溢れています。内部的に対称である中庭、対称である部屋、壁の部分、窓、円柱などが存在します。平面上は微妙で小さいシンメトリー、サブシンメトリー——複雑なシンメトリー——などによる迷路です。しかしこのいずれも、「生命」が無く、死んでいる恐るべき包括的な新古典主義的シンメトリーをうみ出すことはありません。

少しスケールが小さくなりますが、アムステルダムの運河の家々の並びにも全く同じものを見ることができます。「全体」としての家々の並びは対称的ではありません。どの家をとってみても、その平面や正面外観などにも完全な対称性は無いのです。しかし、平面、立面、各家と家々の並びをそれぞれ「全体」として見ると、そこには膨大な数の力強い対称性の要素があります。そのために、シンメトリーとその秩序の感情が、構造全体に溢れてきています。この美しい秩序を引き出しているのが「局所的なシンメトリー」なのです。

このシンメトリーと「センター」の関係はどうなのでしょう？シンメトリーをどう扱えば「センター」同士を強め合うように調整できるのでしょうか。

多くの場合、シンメトリーは「センター」の基礎を確立するために用いられます。実に「センター」の圧倒的多数は「局所的なシンメトリー」です。「局所的シンメトリー」はふたつのより小さな「センター」の間にひとつのシンメトリーを確立することで、より大きな「センター」をつくり出すのです。

第 5 章

実際に、ほとんどの人は"疑しきは対称性(シンメトリー)"というでしょう。

「センター」はシンメトリーであれば、そのほとんどが力強いものとなります。ただし、前提としては「シンメトリー」でもって必要な非シンメトリーをこわしてしまってはいけません。常に局所的状況には、忠実でなければいけません[3]。

そこで、局所的条件の不規則性に逆らわなければ、「局所的なシンメトリー」は「センター」の場をまとめ上げ、「センター」群が「全体性」を持つように手助けします。私たちはこれを、ケルズの書における9世紀のイラストレーションの原始的で美しいパタンに見ることができます。そこには明らかに、多くのシンメトリー構造が力強く働いています。——しかし、全体としては、力強い非シンメトリーです——職人の手作業の工程で自らの法則に従い、素直に曲げられた曲線になっています。

「センター」を創造し力強くしたいと思うとき、「センター」の間に「局所的なシンメトリー」をつくることにより、いつでも容易にそれを行うことができます。そして、実際に複雑なものをつくる最も簡単な方法は、シンメトリーで形成された断片を非シンメトリーの断片で継ぎ接ぎしてやれば良いのです[4]。この構成方法は、左の写真の素晴らしいペルシャの装飾タイルにより説明されています。この野性的で力強い構成に簡潔かつ対称的なタイルが結びつけられ、シンメトリーがうみ出す新しい「センター」で充満しています。

ガツール=ガーフのモスクの装飾タイル

参考：パタン・ランゲージとの相関

機能的な事例——起伏のある丘陵での粗っぽい柵のつくり方——これは、正方形や直角のある木片をつなぎ合わせて、丘の不整形に合わせてつくっていけば簡単にできます。これと同じことが、備え付けの家具でもあります。まず、普通の対称形のタンスをつくり、各部分にぴったりするように不規則な（部屋には大抵完璧な直角はないので）装飾枠で調整して取り付けます。

さらに重要なレベルとして、環境レベルの問題でも同様のことが言えます。例えば、レース状の田園道路、p.29（#5、邦p.16）は、道路のシンメトリー性と田舎の道路の間を埋める広場とを頼りにすると、規則的な構造に辿り着きます。段階的な動線領域、p.480（#98、邦p.253）によれば、複雑な都心部の交通空間を整頓するにあたり、対称的な「センター」をその移動目的の「センター」の核として定めます。通りは明らかに対称的につくられているのです。不規則な交差点や庭、地形からくるプロムナード、p.168（#31、邦p.90）や連続住宅、p.204（#38、邦p.108）等は、対称性からは外れています。屋内に関しても、まずは対称性から始めて、ささやかな修正を加え、ちょうど屋内空間の形、p.883（#191、邦p.467）のように変則的な状況を調整し、継ぎ足しをしていくのです。

2.8／深い相互結合と両義性

驚くほど多くの場合、「生命構造」は何らかの「結合」形態を持っています。結合とは「センター」と「周辺環境」が互いに「絡み合って」いる状況のことです。逆に、これは「センター」を周辺環境から切り離すことは困難であるという結果をうみます。

時折、文字どおりに絡み合っている結果があります。タブリーズ・モスク（198ページ）の装飾タイルの星型装飾のように。その他の例では、空間的「両義性」として創造されることで、似たような統一を完成することもあります。それは、「センター」でもあり、周辺世界でもある、といえる、両義性のあるゾーンの存在です。このふたつを切り離すことは困難です。建築におけるこの例は、住宅群のつなぎとしての回廊やアーケードを持っているものです（次ページ写真参照）。回廊にしてもアーケードにしても、周辺に「センター」を溶け込ませて、より多くの「生命」をうみ出しています。私は、上記2例のような「センター」とその周辺部との関係の持ち方を「深い相互結合と両義性」と呼んでいます。なぜなら、「センター」とその周辺は、大きめの「センター」のふたつが中間的「センター」を持ち、相互に浸透し合うからです。

下の写真のように、異なった要素が互いに手を伸ばし、掴んだりしているように見えます。建築

ログハウスの接合の源としての「結合性」　　　　木製柱頭の彫刻に見られる「結合性」

第5章

インカの石細工の緻密な「結合性」

囲碁：盤上で白と黒の石の「結合性」により、
試合が成立します

アーケードと回廊の大きな「結合性」

15の幾何学的特性

殷代の青銅器：模様の「結合性」で特徴づけられています

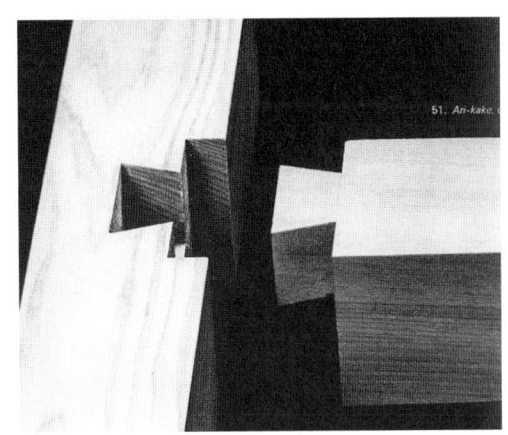

蟻継ぎ：「深い結合性」の例

では、建物の外側の空間、例えば回廊やアーケードで囲むことで、その他の建物と結びつくことになります。回廊空間は外部世界に属し、そして同時に建物内部にも属します——すなわち、ふたつの融合が存在します。建物の「センター」は、アーケードのつくる「センター」と結合します。外部空間の「センター」は、アーケードという外部空間の「センター」と結びついています。そして、アーケード空間の「センター」と建物の「センター」は、ほどけない結び目で橋渡しされているのです。その「相互結合性」と「両義性」のふたつが両方の「センター」を力づけます。そして、そのふたつの「センター」は、それらを結びつけている真ん中の「センター」からその力を得るのです。

第 5 章

16世紀のタブリーズ・モスクの装飾タイルとレンガ

　16世紀のタブリーズ・モスクの素晴らしい装飾タイルに見られる「結合性」(上写真)と並んで、ピエール・ボナールの有名な絵画「アトリエ・ミモザ」(1939〜46年に制作)に見られる「結合性」(次ページ)には、心を奪われます。続いて殷代(紀元前2500年)の銅板彫金の魅惑的な「結合性」を示す模様(197ページ)を見てください。「結合性」は絶え間無く用いられ続けます。時代も場所も選ばないのです。

参考：パタン・ランゲージとの相関

　APLには、かなり多くの階層にわたって「深い相互結合と両義性」が存在しています。最大の地域的尺度から最小の物理的尺度まで、物理的世界にはさまざまな尺度にわたって「深い相互結合と両義性」がつくり出されています。

　まず最も大きなスケールの「相互結合」の例として、都市と農村の「結合」です(フィンガー状の都市と田園、p.21 (#3、邦 p.12))。次に、都市と産業の「結合」として、工業の帯、p.227 (#42、邦 p.120)が当たります。建物のスケールでも同様に屋内空間と屋外空間が「深い相互結合」の関係になければなりません。これは、すべての部屋に適切な光を採り入れるということに繋がります。開

15 の幾何学的特性

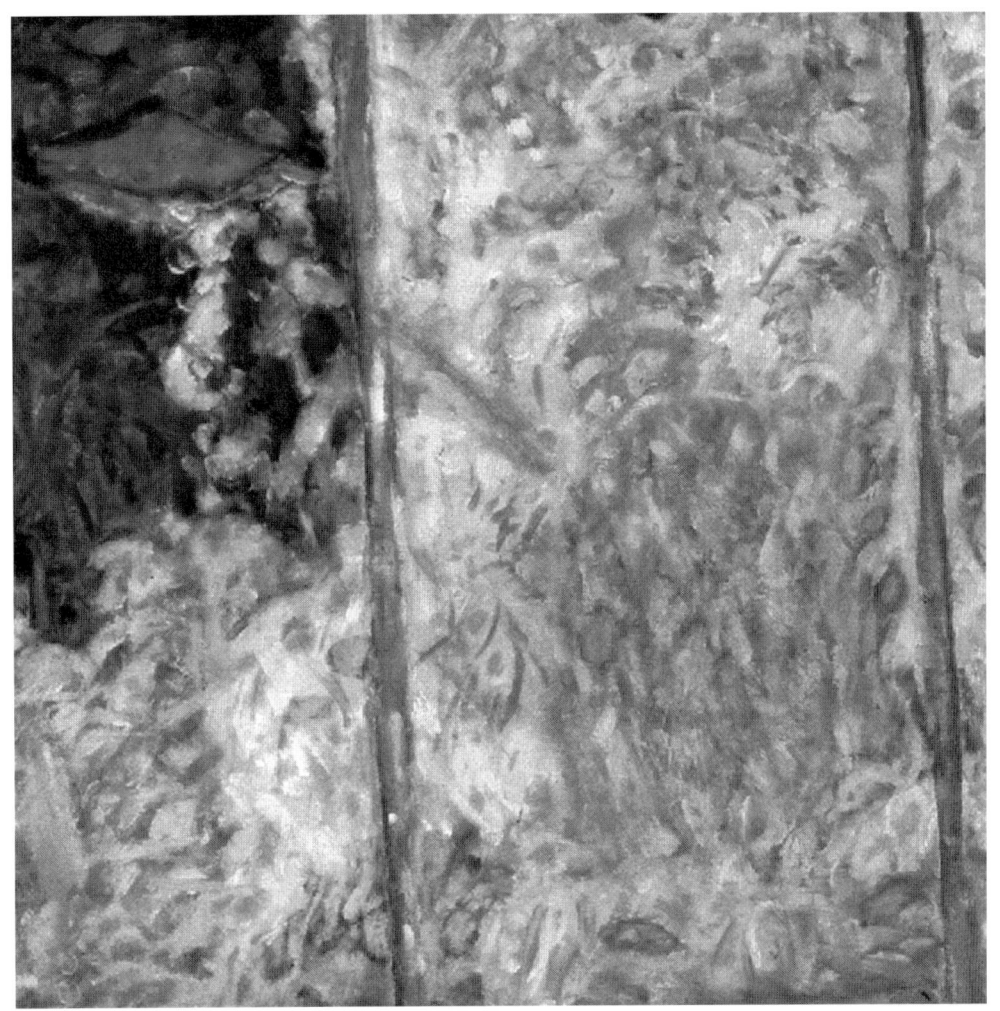

ボナールの絵の部分的拡大。「黄色いミモザ」あるいは「アトリエ・ミモザ」：
撚り糸の「結合性」と黄色い筆跡が光をつくり出します

口部が2ないし3あるとき、最も生き生きした部屋となるのです(光の入る棟、p.524(#107、邦p.276)、どの部屋も2面採光、p.746(#159、邦p.396))。そのひとつは、ちょうど家の外の南向きのエリアの核としての陽光と見なすべきです(南向きの屋外、p.513(#105、邦p.271)、日のあたる場所、p.757(#161、邦p.401))。この実現のためには、内部の「センター」(部屋)と壁の「センター」(窓)、そして外部の「センター」(外部空間)の間の構造的関係を必要とします。

屋内と屋外の間に横たわる「両義性」は、社会的人間関係にとっても重要です。アーケードやテラスと呼ばれる屋内と屋外を「結合」する代表的な例へと導かれるのです。このことは、アーケードとテラスについての機能的議論で明確に説明されました(アーケード、p.580(#119、邦p.307)、街路を見おろすテラス、p.664(#140、邦p.351))。その他の例には、いっぱいに開く窓、p.1100(#236、邦p.583)があります。ここでは「結合」は窓枠と外部の空気のことであり、格子棚の散歩道、p.809(#174、邦p.428)では、格子棚がそのまわりの空間を「結合」するという形で存在しています。

2.9／対比

　「私」が繰り返し発見してきた素晴らしい「生命」を持つ美術品のもうひとつの特徴は、驚くほど強烈な「対比」です。「対比」は私たちが想像するより遙かに「生命」の助けとなり、支えることを可能とするものです。以下は「対比」の顕著な例です。

　「生命」は、区別することによってうまれます。「統一性」は区別されることから生じるものです。つまり、あらゆる「センター」は、識別できる、周囲と反対のものでできているからです。その対立している非「センター」なものによって強化され、しかもそれが明確になると、今度はそれ自身が「センター」となるのです。「対立」は多くの形体をとります。しかし、それらすべてにおいて、ある種の「対比」があるのです。事物が真に「全体」となるためには、「対比」が明確にされなければならないのです。白と黒、そして明暗のコントラストなどは、最も一般的な例です。空っぽと満タン、実体と空虚、賑やかと静寂、赤と緑、青と黄なども皆「対比」といえるでしょう。しかしながら、最も重要な「対比」は、単に形体の多様さ（高—低、ハード—ソフト、凸凹—滑らか等）だけではありません。重なり合って本質的に相殺し合う真の「対立」もあります。ある意味で、次のようなものも「対比」です。手を叩いたあとの静けさの認識などがそれです。対立の間にある違いは何かをうみ出します。これは、陰と陽、受動と能動、光と闇の起源なのです。

　反対側のページに示す3つの事例、シルエット（門扉）、文字の間（アラビア書道）、そして隣接する白と黒のコントラストの力強さにより達成される色（特に青）の強さ——それらは「対比」によりうみ出される美を示しています。

　202ページのシェーカー教徒の学校教室の例は、「対比」が「生命」をつくり出すために実際にどう働くかを示しています。その教室では、内装に使用されている暗色の木の部分と明るい漆喰部分の間の「対比」が穏やかさと統一性をもたらしています。次のページに、反対のケースとして、近年建設されたロビーがあります。そこでは「対比」

ペルシャのお椀の白と黒の表面

15 の幾何学的特性

「対比」の美しさ

美しさは極端な「対比」からもたらされます

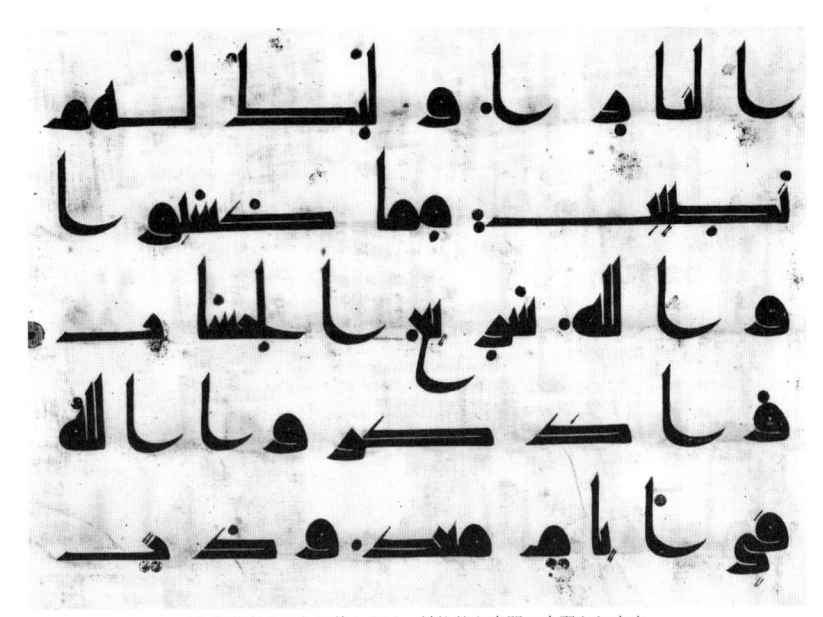

文字を書くことの美しさは、対比的な空間に支配されます

が「生命」をつくり出す代わりに破壊をもたらしています。このロビーの例では、窓からの光とその手前の階段の暗さがどれほど暴力的であるかを示しており、その「対比」は「生命」をうみ出すことは全くできません。強いて言えば、それは「対立」でしょう。

シェーカーの教室の場合、「対比」はさまざまな「センター」を統一させるために繰り返し繰り返し使用されています。例えば、肩の高さより上の木製の2本の帯は「対比」によって明確な「センター」を形成していますが、もしこの帯がおぼろげな色であったり、ペンキで塗ってあったりしたならば、その「センター」は全く無いか、あまり強くは感じられないでしょう。このように形成される「センター」は部屋を統一し、ひとつにまとめる手助けをします。もしこの写真の「センター」(2本の帯)の上に指を置いて隠し、それがそこに無いものとして見ると、どれほど統一感が無くなるかがわかります。「対比」は、事物を分割する代わりにひとつにまとめ上げるのです。同様に、壁の漆喰、そして木の台と羽目板の暗色の木の部分との間の「対比」はいくつかの「センター」をつくり出します。それら「センター」の(見かけ上の)対立は、実際には壁と床を結合させ、室内の空間と生徒用のベンチとを結合させるのです。これらの例においても、その「対比」は「センター」が互いに統一するのを手助けします。

他方、まぶしいロビーの階段の例は、全く異なります。ここにある「対比」(暗い階段と明るい窓)は統一ではなく、分割をするのです。それは単に偶然のコントラストの一種であり、愚かであるだけです。それは「センター」が生き生きとするた

シェーカーの教室の「対比」

15の幾何学的特性

まぶしい空の前の階段：これはどぎつくて、「対比」とは言えません

めにつくり出された「対比」ではありません。それは単なるデザインの誤りか、人目を惹くための装置に過ぎません。そして、こうした理由で、それは失敗なのです。

ここで、15の特性が理解できたかどうかわかるためのルールを説明してみましょう。「絵を描いてみましょう。何かをつくり出すための実験です。まず、スケッチで、ある特性を持った何かを描いてみましょう。自分で決めた特性を描いてみるだけでは不十分です。その特性が存在するからこそ、深い感情を備えている、そういう特性を持った何かを描いてください。それができれば成功です。できあがった特性が、あなたにとって真実に感じられたときにのみ、あなたはうまくやったといえるのです」。例えば、光に対して暗い階段をつくることが「対比」に関する事例と考えるのなら、このようにしてできたその特性が深い感覚を持つことに失敗しているのを見て、自分自身で検証することによって、誤りを理解することができるのです。このシェーカーの教室または次のページに示すトスカーナの教会のような特性を持つ事例に辿り着いて、事物に深い感情をもたらすことができたと自分で確信できたとき、その特性を理解したということができるのです。

効果的な「対比」はその他にも多くあります。機能的状況下において、ふたつの材料が全く異なっていても、おのおのが自身の機能に対応しているならば、共に最高の状態で機能的になるでしょう。例えば、机の天板の革張りや、漆塗りの表面などです。木工において、漆は清潔で美しいものです。革は柔らかく高級感があります。それぞれがすべきことを最も効果的に行っています。ランス大聖堂（次ページ）の平面プランには、外側の太い窓枠と内側の細い支柱の「対比」を見ることができます。その「対比」は、教会全体としてつくり出された統一感と「生命」の中で素晴らしい役割を果たしています。

機能的で認識的な明快さのためにも「対比」は必要なものです。近所のお店は、その横に続く家々とは異なります。正面玄関のドアと裏口のドアは異なります。屋根と壁は異なります。台所と居間は異なります。寝室の光と通路の光は異なります。以上の実例はどれも、異なったものが鋭く見えるがままの違いでおのおのの「センター」ごとの、その自然な振る舞いを感じさせます。そして、個々の機能に強い注意を払うことを指示します。それは人々をリラックスさせる特別な感覚をつくり出しています。なぜならば、それは別次元の体験を承認し、容認するからです。

「対比」は、区別することをつくり出し、許容するものなのです。それは、「空」なるものの中に違いをうみ出す現象なのです。あらゆる区別の現象にとって、何かをうみ出すことは、空間に「対比」をうみ出すことなのです。

第 5 章

トスカーナの教会の正面：粗く滑らか、そして光と闇、実体と空虚、すべてが共に機能しています

参考：パタン・ランゲージとの相関

APLでは、異なる人間集団の間の「対比」の重要性は、モザイク状のサブカルチャー、p.42（#8、邦p.22）で強調されています。仕事と住まいの「対比」と、このふたつが互いに育て合う必要性については、仕事場の分散、p.51（#9、邦p.27）で議論しています。空間と構造の「対比」およびそれぞれが一方を定義する方法は、生活空間にしたがう構造、p.940（#205、邦p.498）に記述されています。より詳細で不可欠な「対比」、例えば光と闇は、明暗のタピストリー、p.644（#135、邦p.341）、そして、明かりだまり、p.1160（#252、邦p.615）で説明されています。より繊細な種類の「対比」、そしてその効果は、生活を見おろす窓、p.889（#192、邦p.470）、そして、炉火、p.838（#181、邦p.443）に記述されています。

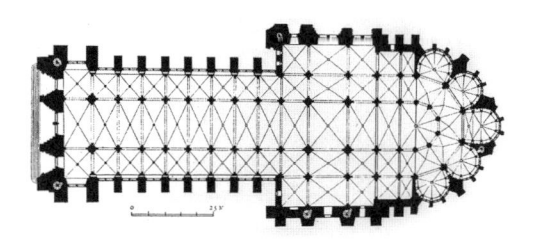

集団で形成されるボリュームの「対比」：ランス大聖堂

2.10／段階的変容

すでにお気づきと思いますが、「生命」を真に持つあらゆるものは、ある種の柔軟性を備えていると確信できます。質は、ゆっくり、繊細に、そして徐々に、事物全体にわたって横断的に変化します。ここに「段階的変容」が発生します。あるひとつの質は、空間を横切ってゆっくりと変化しつつ、別な質になるのです。

世界がそれ自身で調和状態にあるなら、「段階的変容」は、単に条件変化によって発生します。質の変化としては、そこに存在する「センター」が変化に対応して、サイズを変え、間隔を変え、強さやその性質を変えることです。例えば、日照は都市部のビルの最上階から最下階の間で変化します。天井高と窓は、その変化に応じてサイズや性質を調節しなければならないでしょう。

「段階的変容」とは、空間の状況変化に応じた自然な対応のことです。空間を横切っていく変化に対して「センター」が正確に適応する、と言って

蛇腹を形成する美しい「段階的変容」

第5章

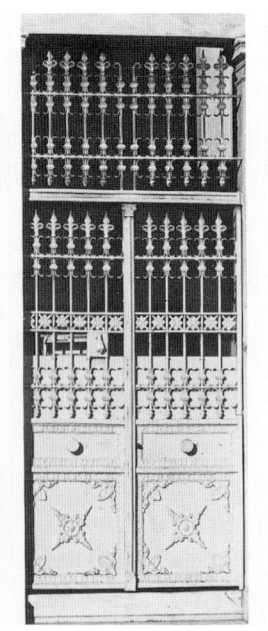

ギリシャの鉄細工

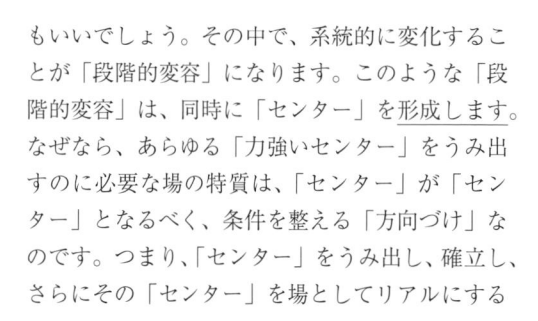

ドイツのハーフティンバーの家

もいいでしょう。その中で、系統的に変化することが「段階的変容」になります。このような「段階的変容」は、同時に「センター」を形成します。なぜなら、あらゆる「力強いセンター」をうみ出すのに必要な場の特質は、「センター」が「センター」となるべく、条件を整える「方向づけ」なのです。つまり、「センター」をうみ出し、確立し、さらにその「センター」を場としてリアルにする

ことです。状況の変化に応じて、段階を持った「センター」がうまれ、さらに、より大きな「センター」が創造されることになるのです。

ここに示した事例を見てください。窓のサイズは建物の上から下まで変化しています。手の指の長さには「段階的変容」があります。門扉の鉄細工の間隔とパタンは上から下にかけて変化します。古代ペルシャのガラス瓶の溝の深さは、ボトルサ

ペルシャのガラス瓶

レオナルド・ダ・ヴィンチによる手の描写

15の幾何学的特性

ノルウェーの木造教会の屋根の重なり

イズに比例して、小さい首のあたりから、ボトルの直径が下のほうに向かって大きくなるにつれて、溝も変化しています。形、線、サイズ、間隔、そのすべてが突然ではなく、段階的に、そのものを横切りながら変化するのです。これらすべてのものの中に「生命」が存在するのです。

「段階的変容」の無い建物や芸術作品は、機械的です。そして、「生命」が希薄です。なぜなら、内部の全容を表現する、緩やかな変容がないのです。

「生命」を持つものには、中心から境界へ、また境界から中心へと移動する「全体」の隅々にまで、段階を持った変化する場が存在します。明らかに「段階的変容」は本質的に生き生きとした「センター」と結びついています。ほとんどいつもそうですが、力強い「センター」の場とは、小さめの「センター」が新しくより大きな「センター」をつくる段階の中でうまれてくるものなのです。場の中に配置された矢印や段階性が「センター」に力強さを与えることは、しばしばあります。

例えば、205ページの写真にある、繊細な蛇腹ですが、建築に「段階的変容」を引き起こす、何本かの多様な幅の帯です。この「段階的変容」や進行運動が視点を上部へと向かわせるように方向づけるのです。こうして、建物の上部の存在を感じたり、見たりします。この「段階的変容」を感じたり見たりさせることで、境界の始まりを示すのです。そして、この「段階的変容」をつくり出すことにより、その蛇腹の下に建物の塊を感じさせ、建物そのものが「センター」となるのです。この場合においては、「センター」に「生命」を与えているのが「段階的変容」なのです。同じような現象の例として、ノルウェーの木造教会の屋根の重なり合いや、ドイツのハーフティンバーの住宅における、ファサードの上方にいくにつれての窓の連続的変容や、ギリシャの鉄細工や、レオナルド・ダ・ヴィンチが描いた手の指の変化などにも見ることができます。

また、「段階的変容」が自然の中（第6章も参照）や、そして多くの伝統的な芸術においては普通に存在していましたが、現代の環境においてはほとんど存在していないということは、指摘しておくことが重要でしょう。私が思うに、第一には、単純な標準化、大量生産（例えば8フィートサイズの合板で決まってしまう部屋の天井高）、第二には、大きさの規制（例えば、用途区域制や金融機関の取り決め等）、といったすべての取り決めがこぞって建物や近隣に「段階的変容」をうみ出すことを許容し

大聖堂の内部

第5章

なくなっているからでしょう。その結果、「生命」の形にとって最も力強く、不可欠なもののひとつである「段階的な変容」が環境の中からほとんど取り除かれているのです。

金門橋のタワー部分の開口部にある美しい「段階的変容」は、コストと構造効率のバランスの必要性に迫られた結果うまれました。しかし、この美しい事例は、私たちの時代においては稀なことです。

真の「段階的変容」のためには、柱、屋根、窓、軒、開口部、ドア、階段などを人が建物の中で通り抜けていくとき、サイズと質のたゆまぬ段階的な変化を示すことができるよう、形の要素のルールが必要です。このためには、ものづくりと生産と工場の新しい仕組みが必要です。これは、現在はまだ幼年期なのです。

床スラブ、鋼鉄構造、およびガセットプレートに「段階的な変容」が見られる金門橋のタワー

15の幾何学的特性

ヴェニスの総督宮殿：非常に複雑な「段階的変容」

参考：パタン・ランゲージとの相関

　幾何学の「段階的変容」は、機能上重要な多様性に応じるリアルな「場」が存在するとき、いつでも用意されていなければなりません。その結果、「生命」を持つ建築あるいはその複合体は、必ずそのような「段階的変容」を特徴として備えています。例えば、建物の上部までの窓の大きさの変容、屋根瓦の、屋根の傾きや高さや割り付けに応じた大きさや形式の変容（カスケード状の屋根、p.565（#116、邦p.299））梁のスパンに応じた柱の太さや梁の厚さの変容（補強柱の配分、p.995（#213、邦p.527））ドアの取っ手の大きさは、その重要性で変容します。天井高に合わせたドアの高さや家具や棚の大きさの変容。中心からの距離と重要性に応じたドアの大きさの変容。建物の内部配置に応じた床厚、屋外の使用に合わせた大きさやラフさ。どの場合でも、より小さな「センター」の「段階的な変容」は、それが示す方向のより大きな「センター」の「生命」を力づけるのを手助けします。

　大規模構造では、鋼鉄を最も経済的に使用するにあたり、フレーム構造の構成上異なるサイズの部材を用います。金門橋のタワーでは、鋼鉄を倹約して、力が最も必要とされるところには多くの材料を配置するために、タワーの最上部から下部に至るまで、セルサイズ、部材サイズおよび鉄板の厚さの細かな「段階的変容」が存在することになるのです。同様のことは、APLにて補強柱の配分、p.995（#213、邦p.527）により説明されています。

　都市スケールにおいても、「段階的な変容」は、例えば都市の中心（密度のリング、p.156（#29、邦p.84））から系統的に減少する密度や、商圏に関する地域センターの、その地域の中心へのばした線上との相対的位置関係（中心をはずれた核、p.150（#28、邦p.80））等があります。

　一連の建物が、その大きさや間隔を変容させていくときにも「段階的変容」が生じます。例えば、部屋の連なり、小さいものから大きなものへ、公共的なものから詩的なものへの変容のときなどでしょう（親密度の変化、p.610（#127、邦p.323）、入り口での転換、p.548（#112、邦p.290）、公共度の変化、p.192（#36、邦p.102））。大きなものから小さなものへの連続性や部材の隣同士の接合部の合わせ目のモールド飾りなどにも見られます。さらに「段階的変容」は、中央部に向かっていく部分にも起こります。

2.11／粗っぽさ

「生命」を持っているものには、必ず何らかの形態的な「粗っぽさ」があります。これは偶然ではありません。技術文化の低さのためでも、手づくりであるためでも、不正確さのためでもありません。それは、ものが「全体性」を持つとき、避けることのできない、本質的な構造の特徴なのです[5]。

下の写真に示したペルシャのお椀は、その実例です。お椀の内側は小さな模様（シネクリ）で覆われています。この模様は、ふたつの滴のような球形とふたつの筆さばきによる線でできており、一つひとつは非常に素早い筆致で描かれています。

このお椀を見るたびに、その筆跡の美しさに心を打たれます。その模様は、全く同じものはひとつもなく、みな異なっているのです。模様のすべてが「粗っぽい」のです。個々の筆跡の大きさも、その間隔も、形、長さ、すべてが一貫して皆異なっています。

この微妙な変化こそ、このお椀の魅力と調和の要因であることは、直感的に明らかです。しかし、もう一度繰り返しますが、ここに誤解したり、誤って解釈しがちな傾向があります。それは、そのお椀が手づくりであり、その「粗っぽさ」の中に人間の手の跡がついていたりするのがその魅力の要因であって、それ故に個性的で、人の手による不正確さで満ちているためなのだ、と言ってしまい

ペルシャのお椀に描かれた美しい装飾の中に見られる「粗っぽさ」：
それらは、大きさも位置も方向性もまちまちで、それぞれのスペースは隣り合う装飾によって形づくられているのですが、
それらが相まって完璧な調和をつくり出しています

15の幾何学的特性

がちなのです。

　この解釈は間違っています。そして全く間違った強調をしています。このデザインの「粗っぽさ」がこのお椀の「全体性」をうみ出すのに大きな役割を果たしています。もしこの模様が正三角形のグリッド上に描かれたならば、球状の表面を適切に満たすことはできません。この模様が全く同じ単位の形でできていたら、それは失敗です。なぜなら、グリッドの点はお椀の中心に近くなるほどきつくなって描けなくなってしまうからです。そこで、お椀の中心付近では、三角形のグリッド内に数学的に配置するのが不可能なので、模様を余分に詰め込むことによって解決しているのです。中心部の周りでは、筆先か狭く近づいてしまうために、その模様の過度な密集を避けるために小さく描かれてさえいます。もし模様が完全に「規則的」ならば、これは不可能でしょう。

　模様は全体を通じて筆さばきが微妙に変化し、その間隔も変化しています。一つひとつの模様がその場所に応じた適切な大きさとなるように調整され、目で観察しながら、最も美しく、その模様の間の余白が最も「正」となるように配置されているのです。画家は筆をとるとき、この作業をほとんど考えること無しに行うことができました。なぜなら、画家の手と目は<u>知的労働を伴うこと</u>なく自動的に調整されていたからです。しかしそれでも、このお椀を完璧なものにつくりあげているのは、まさに<u>この</u>「粗っぽさ」であって、この模様の筆跡が全く同じ大きさで、全く同じ間隔に描かれていたのでは、このような完璧さは不可能だったことでしょう。

　同様の例で、次のページのカイロワンのモスクの美しい手描きタイルと、いわゆるポストモダンのレンガ積みの絵の不毛な繰り返しを比較してみましょう。カイロワンのタイルの繰り返しは美しく、微妙で心温まり、楽しくさえあります。もう一方のポストモダン絵画のレンガ積みの繰り返しの絵は、不愉快でちょっとギョッとさえします。手描きタイルのほうは生き生きとしています。そこには統一された深遠な感じがあります。一方、ポストモダンのレンガの絵は生気が感じられず死んでいます。統一感もほとんどありません。このふたつの例のフィーリングの差は大いに、一方の「粗っぽさ」の存在と他方の内容の無さからくるのでしょう。しかし、この「粗っぽさ」は、単に手描きタイルや他の「生命」を持つものの偶然的な特徴からうまれるものではありません。それは、「生命」を持つものの本質であり、深い構造が要因なのです。

　213ページの写真のカーペットの例で、波状の模様の縁取りとその帯状の模様が角にきたときの処置の方法を見てください。古代のカーペットの帯模様は、角にくると「不規則」になります。そこで模様は崩れて角の部分は「継ぎ接ぎ」状態になっています。これは、気まぐれや正確さの不足からうまれるのではありません。その反対です。織り手の人は角の部分で「正」と「負」の関係、「交互反復」の状況、織り模様の「良い形」を守り、その余白部分すべてに細心の注意を払っているのです。すべての努力が帯の模様として「正しく」働くように気をつかっています。帯模様の縦に沿っては完全に正確に、また曲がり角のところではゆったりとした変容を起こす構成を備えるようにしています。

　もし、織り手の人がいわゆる「完璧な」角の模様をつくり出そうと計算したり企画したりするならば、帯の模様の一つひとつに正しい大きさや正しい形や正しいネガポジの関係を考えることは<u>放棄しなければならなくなるでしょう</u>。なぜなら、そのようなやり方は、全く別の考え方――帯のデザインを支配するグリッド――に機械的に委ねることになるからです。この角の処置を機械的方法に委ねてしまうと、織り手はすべての点で正しい模様を処理する能力を放棄する方向へと道を譲ることになるでしょう。そこでデザインの「生命」は破壊されます。

　すべての例は、いかに「粗っぽさ」を持っているように見える処理方法でも――表面的には不正確に見えても――<u>実際はより正確で、それ以下ではありません</u>。なぜならその「粗っぽさ」による解決は、より大切なことに注意を払い、より大切でないことは無視をする、という結果からうまれるからです。この完成したカーペットの持つ力は明快です。正しいバランスのとれた「正」の余白を持った帯模様と比べて、完璧な角の模様では全く歯が立たないでしょう。<u>その「粗っぽい」模様は</u>、

第5章

「粗っぽさ」の完全な欠如：レンガ積みをモチーフにした
ポストモダンの絵画

遙かに正確なのです。それは、模様全体の本質的な「センター」を守るように注意深く配慮されているからです。

　ものづくりの中で適切な「粗っぽさ」のもうひとつの本質は、「奔放さ」でしょう。「粗っぽさ」は、意識的にあるいは意図的につくり出されるものではありません。それは結果に過ぎないのです。ものを生き生きさせるためには、その「粗っぽさ」は無我の産物であり、無意思の産物でなければなりません。カイロワンのモスク寺院の緑色のタイルの配列は、この質を持っています。わずかでも違いのあるタイルの山から選択すれば、でき上がりは特別につくり出された感じを受けます。しかし、子供っぽい、奔放な——意図的に何か「面白い」ものをつくり出そうという気持ちを持たないで——選択していったとしたら、どうでしょう。この意味で、「粗っぽさ」は「奔放さ」の産物なのです——「粗っぽさ」は、本当に自由で本質的なことのみを実行しているときにうまれます。一方、つくり手が完全に奔放になりきれず、自由でないときは、人工的で過度に形式ばり、慎重な計算づくの質がうまれてきてしまいます。

　この「奔放さ」の質——「粗っぽさ」と同様のもの——は、日本の柳宗悦が若い頃、韓国の木椀づくりの年老いた職人の工房を訪ねたときの話によく描かれています[6]。この古老は偉大な師匠でした。柳はこの師匠との会見を許されたときの畏敬の念について書いています。柳はそのとき、この尊敬すべき古老が、若く乾燥していない木でお椀をつくろうとしているのを見て驚きました。最初、柳は言い出すこともできませんでした——それは、師匠に対する批判を口にすることになるので——しかしとうとう勇気をふるって師匠に言ったのです。「師匠は、まだ未乾燥の、樹液がろくろのまわりに飛び散るほどの若木を使っていらっしゃいますが、それではお椀にひび割れが入ってしまうのではないでしょうか」。古老は振り返らずにつ

美しい「粗っぽさ」：カイロワン・モスクの手描きタイル

15の幾何学的特性

角が「不正確」なアナトリアのカーペット

ぶやきました。「ああ、時折な」。若き宗悦は、もう一度勇気をふりしぼって、心の引っ掛かりをたどたどしく述べました。「しかし、それでは、お椀にひび割れが入ってしまったら、どうなさるのですか」

「継ぎ当てをすればよい」。古老は静かに答えてろくろを回し続けていました。

話はこれでおしまいです。それは、古老が自分でつくるお椀に気をつかっていないということではありません。古老の心は、ゆったりしていて、焦りがないのです。古老の心の中には、ものすごく重要なものは何もなく、心を脅かすような何物も存在していないのです。古老は、偉大なる美はおのずから自然に現れるものであることをよく知っているのです。つまり、「それ」こそ「粗っぽさ」という特質が息づき「生命」をもって立ち現われてくる状況の心なのです。

「粗っぽさ」の特性の基本的な意味に立ち戻ってみましょう。「全体性」に対応して規則性や秩序を緩めることができるためには、つくるべき各部分の必要に応じて完全につくり出せるような、無心の状態にならねばなりません。「粗っぽさ」は、設計を重ねる中で、勝手な秩序を求めていくものでは全くありません。そうではなくて、大きなスケールの秩序を緩めて、デザインのさまざまな部分の局所に起こる要求や要件に応じて修正を加えていくことなのです。

偉大な建築は、多くの場合、全体で見れば大ま

第5章

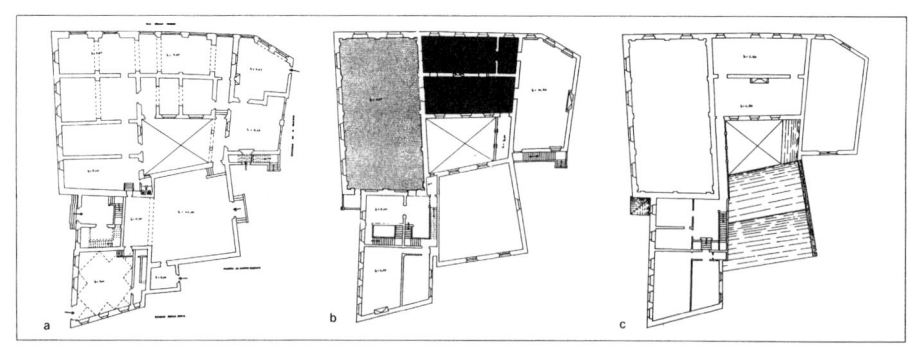

すべての機能が完璧となるために、平面計画上必要とされた「粗っぽさ」

かにある程度のシンメトリーな構成でまとまっていますが、そのほとんどにさまざまな小さな不規則性があるのに気付きます。また反対に、完全に規則的な建築は、死んでいるように見えます。これは、建築が、外部環境の不規則性にリアルに対応していないためなのです。そのためには、部分的に不規則になる必要があります。ペンキを含ませた筆で点線を描くとします。筆をバシャバシャと下におろし、リズミカルな線を描くでしょう。もちろん、点の間隔は不規則で、線も真っ直ぐではありません。それは、そうである必要もないからです。必要な範囲に全体的な構造をうみ出すことのみに注意を払うことで、ずっと新鮮で生き生

きとした線がうまれるのです。

このページと次のページの伝統的な建築や都市計画の例を見ても、完全な形の例として、この「粗っぽさ」の存在がはっきりと見てとれます。

上の住宅の平面図は、ここで述べたすべてのことをまとめて表現しているといえます。この住宅をきちんと建てようとすると、「粗っぽさ」が明らかに自然に出てこざるをえません。現在の風潮では、この住宅の持つ「粗っぽさ」は、古風な建築のひとつとして、建築技術が未熟であったために「粗っぽく」ならざるを得なかったのだ、と片づけられてしまうでしょう。これからの視点は、この見方を逆転させ、もう一度新しい建築もこのよ

空間に完全に調和した柱群

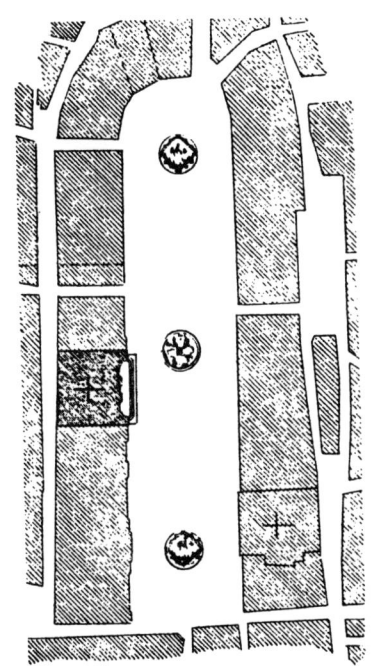

15の幾何学的特性

街並の平面プラン上に見られる「粗っぽさ」

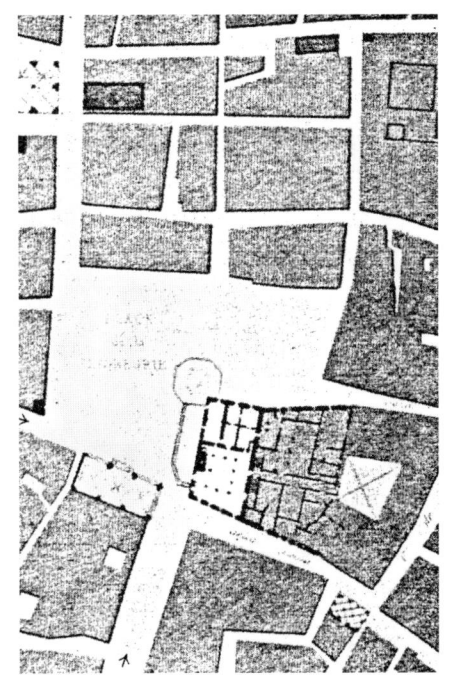

街並の平面プラン上に見られる「粗っぽさ」

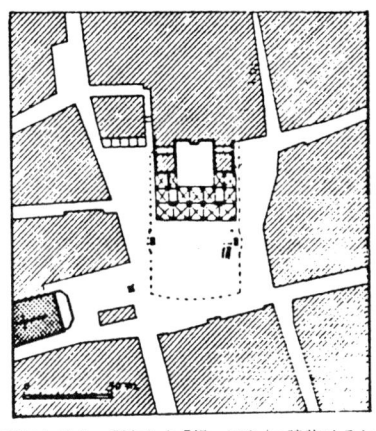

公共広場における、調和した「粗っぽさ」：建物はそれぞれ広場に面した側が削ぎ取られているかのようです。
しかし、それには明確な理由があるのです。
結果的には粗っぽく見えますが、
リアリティに対しては完璧に対応しているのです

うな「粗っぽさ」を持つべきだ、と再認識させるでしょう。なぜなら、構造の中に現れている大きさや間隔や方向性や調整された直角は、正確に外部環境に適応することでしか生じてこないのですから。将来的に利用可能となる、より新しい工法や技術は、自然のシステムのように、再び有機的な構造を利用するものとなるでしょう。そして、そのときには、このような考え方を恥ずかしく思うことはなくなるのです。

参考：パタン・ランゲージとの相関

「粗っぽさ」の必要性の実践的な例。
　建物の壁面に窓を取り付けるとき、さまざまな部屋の採光や景色、日光、プライバシーを考えるならば、単純に窓を並べるだけでは済まないでしょう。その壁面の長さや、上記のような機能に合わせて位置の調整や変更をしなければならないでしょう（自然なドアと窓、p.1046（#221、邦p.555））。
　そして、美しさはここにうまれます。上記のような、窓の配置に対する注意の払い方から生じる「粗っぽさ」です。この、無意識で——完全ではないけれど——ほと

第 5 章

柱の配置や柱の形状における「粗っぽさ」はすべて、建設のプロセスや実際に生じる細部の適応に起因するものです

んど完璧に近い故に調和しているものは、常に美しいのです。2×4で住宅の柱枠を組み上げるとき、等間隔で柱を組んでいき、最後の柱を別の寸法の間隔で入れることは簡単にできます。14.75インチ間隔で組んだりするのは、馬鹿げています。

もっと大きなスケールでは、カミロ・ジッテの都市空間の有名な実証的研究が、公共広場の「生命」がいかに幾何学的な形に影響を受けているかを解明にしました。彼は、「公共広場はほとんど不規則である。この不規則性こそが、広場の打ち解けた雰囲気をもたらす。そして、広場の形が町や建物に結びついている」と述べています。カミロ・ジッテ著、大石敏雄訳『広場の造形』（1983年、鹿島出版会）参照。しかし、不規則であっても、「センター性」のフィーリングの重要性は強調しておきます。広場の中心近くに何かを配置することで軸性をうみ出し、「局所的なシンメトリー」を形成することが必要です。さらにはっきりとした力強いシンメトリーを持った建築の正面を、重要なポイントや方向づけとして配置することも重要でしょう。

平面計画に慎重過ぎたり、あらゆる事物に秩序を必ず付与することに固執し過ぎたりしていると、かえってその機能性を犠牲にして適切な適合性を抑制してしまう、という指摘は当たっています。例えば、建物の部屋が全く同じ大きさで、必ず主な廊下に通じていなければならない、などと言っていると、部屋は縮こまってしまい、最適な陽光を採り入れる間取りにはできないかもしれません。もし、そのような決定をもっと「粗っぽく」、もっと楽天的に運に任せるようにしたら、それぞれの部屋は、最適な採光ができるような配置にすることが可能となる

かもしれません。このような、機能に対する劇的かつ慎重な配慮の結末を得るためには、この種の「粗っぽさ」と自由度が、その平面計画に必要です。平面計画には格式ばった概念からうまれる余計な条件は必要ありません。「粗っぽさ」によってひとつの「センター」が他の「センター」を力づける例を挙げましょう。例えば、寸法の「粗っぽさ」によって、建物と建物の間の空間をうみ出し、そこに陽光の「センター」をうみ出すこともあるのです。

APLでは、必要な機能の関係性をうみ出すかなり多くのパタンが、「粗っぽさ」の考え方にその源を持っています。例えば、<u>ほぼ中央の焦点</u>, p.606 (#126、邦 p.321) は、広場の中央に焦点をあてます。しかし、それは「ほぼ」中央でなければなりません。なぜなら、その広場に通じる別々の通りからも見える場所といった、重要な判断基準によってその位置が決定されるからです。<u>野生の庭</u>, p.801 (#172、邦 p.425) では、「粗っぽさ」によって庭の有機的調和が力づけられます。<u>柔らかいタイルとレンガ</u>, p.1141 (#248、邦 p.604)、<u>禅窓</u>, p.641 (#134、邦 p.340)、<u>見えがくれの庭</u>, p.545 (#111、邦 p.288)、<u>重ね張りの外壁</u>, p.1093 (#234、邦 p.580) はどれもみな、最大の効果を得るために、微妙な「粗っぽさ」によってさまざまな外部条件に合わせることで実現しています。例えば、材料の選択であったり、視点であったり、場所であったり、表面の質感であったりするのです。<u>床・天井ヴォールト</u>, p.1027 (#219、邦 p.544) は、各部屋にとっての完全なヴォールトは完璧な幾何学的形態で厳密に決定されるのではなく、部屋の形と各ヴォールトを張っていく相互作用の中で決まっていく、ということを示しています。

15 の幾何学的特性

オーストリアの村落では、美しい漸進的な適応のプロセスが、「粗っぽさ」のような、深い機能的な完璧さをもたらすのです

注意深くはめ込まれた石垣

2.12 ／共鳴

深遠な「生命」を持つものを探求していく中で、私は、あるひとつの重大な特性にいつも突き当たりました。それは、正確に定義するのが非常に難しいものでしたが、極めて重要なものでもありました。一般的に言えば、ある要素間の深いところに横たわる類似性——集合的類似性のようなもの——の存在です。それは大変に深遠なために、すべての要素がつながりを持っているように思えますが、なぜ、そして何がそれを引き起こすのかは、全く理解できないのです。それが「共鳴」です。「共鳴」は、私に言わせれば、デザイン全体にいきわたる「角度」あるいは似かよった「角度」の集合と関係しています。

「共鳴」が存在すれば、大きな「センター」群の要素である小さな「センター」群やその要素のすべてが同じ集合の一員となります。それらの「センター」はお互いに「共鳴」し合い、唯一の統一を形成し、結びつける深い内的類似性をうみ出すのです。

この集合的類似性は、次の悪い例で示すほうが簡単です。下の写真のミケランジェロの建築

トルコの祈祷用カーペット：すべての要素は、八芒星の形状を基にした直角と45度の角度の組み合わせとなっています

ミケランジェロによる折衷主義的建築：「共鳴」の特性は見られません。あまりに多くの異なった形態がモチーフとなっており、その構成が混乱しています

15の幾何学的特性

タイアンボッシュ僧院：エベレスト山麓

は、私が知る限り最悪の継ぎ接ぎ建築です。これは、図形とその要素の「てんこ盛り」に過ぎません。正方形、円、崩れた円、三角形が不調和に取り付けられています。角度はすべて異なっています。角度によってできている形もすべて異なっています。

ミケランジェロの建築と、ペルシャの祈り用のカーペットを比較してみてください。カーペットのほうは、どの中心図形も異なっており、明確な違いがありながら、たったひとつの感情を持つようになっています。どれもみな、同じ布地から切り取られ、型に流し込んだような感じがあります。カーペット模様の基本は、カルツーシュ（渦型装飾）です。これは、直角と45度に傾いた角度の交互の組み合わせでできた、八芒星形の要素と、背景として花を格子状にあつらえたものでできています。この「角度」の組み合わせが引き起こす同じような感情が、この花格子模様のあしらわれた太い縁帯の部分にも存在します。この部分の模様は、表面的には形やその特質は全く異なっているのですが、実は、全体のカルツーシュ模様と同様の直角と45度の同じ「角度」の組み合わせでできているのです。

ペルシャ・カーペットとミケランジェロの建築の両方とも、1500年頃につくられました。しかし、ミケランジェロの建築は、リアルな「生命」を持たない、ほとんど死んだ混乱にしか過ぎず、一方カーペットのほうは、調和し、生きています。

「共鳴」の単純な例は、部分的に集合的類似性がある場合です。例えば、角度などによって形の類似性を生じさせているときです。ヒマラヤの修道院の例ですが、すべての部分——石、屋根飾り、扉、階段——がずっしりとした水平線や浅い角度で一致しています。アルベロベッロの家は、すべて

アルベロベッロの家：南イタリア。形としては、円錐形と屋根の急な傾斜が、円形と組み合わされて構成されています

第 5 章

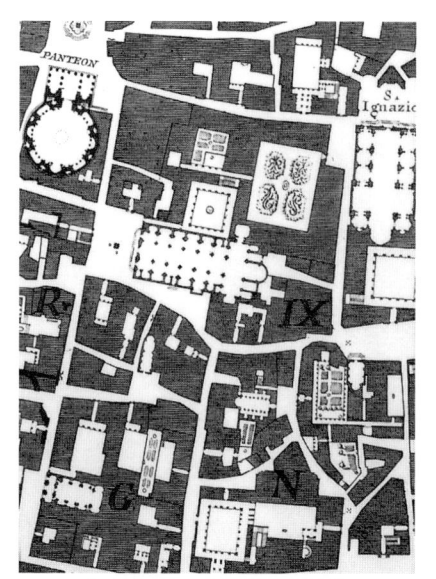

ノッリのローマの地図:「全体」は、
小規模の後陣と半円を伴った長方形で構成されています

のモチーフが円錐です。ノッリのローマの地図は、長方形と変形長方形でできています。しかしながら、これらは簡単な例です。

モチーフのグループ化で、集合的類似性を感じるさらに興味深い例はあります。しかし、「角度」による集合的類似性はかなり深遠で、どうしてそのような感情をうみ出せるのかは、簡単には説明できません。タイアンボッシュにあるエベレストの山麓の丘の僧院（219ページ）の例では、この建物が、山の一部、ヒマラヤ山脈の一部であるような、深遠で繊細な感じを受けます。屋根の角度、大屋根の上の小さな屋根の取り付け方、大屋根の「頂上」、屋根の外縁部、そのすべてがお互いに「共鳴」し合い、それは、山自体の構造的な感情とも「共鳴」しています。

このような込み入った例でさえ、「共鳴」を感じるのは、その「角度」なのです。しかし、建物をうみ出すのは、そのプロセスです。石の使用方法は、おそらくその真下の丘から切り出された石であるという事実や、その性状もごく類似しているでしょう。それをつくり出した人々も、深く直感的に石と山との連携を知って、山と同じふるさとのようなものをつくり出そうとしていたのでしょう。

「共鳴」という特性の本質は、最も深い構造のレベルに存在します。例えば、このノルウェーの納屋の扉（下の写真）は、すべての異なる長方形同士の「共鳴」を感じます。扉、扉についたのぞき窓、扉の鉄板、窓の下の鉄板——これらすべてが同じ形態的感情を持っています。長方形と菱形の組み合わせという異なった要素同士が調和をうみ出しています。最初、この「共鳴」の原因は、特別な形の長方形である、と仮定してみます。その長方形はすべてが同じような比率で細長いものです。確かに何かがここにあります。しかし、ここにもうひとつ、深い構造上の事実が存在します。長方形は、両側にひとつずつふたつあるという事実です。このふたつの鉄板は、ふたつの扉となり、ふたつの窓となります。一つひとつの窓には、ふたつの鉄板がつき、ちょうど本を開いたときの両側の 2 ページ分のようになっています。この秩序の感覚の原因のひとつは明らかに、この長方形のふたつのカップリングでしょう。これこそ「共鳴」の構造の中心テーマです。

このノルウェーの納屋の扉のデザインは、菱形と円と枠で構成され、そこには真に強い「共鳴」の感覚が存在します。そこで菱形と円の共通のものはいったい何かと考えます。重要な事実はまず、この円が、菱形の上にあるという事実です。この

円と菱形が段階的に組み合わさって細部を構成している
納屋の扉の部分的拡大：同じ「共鳴」、同じ角度と
プロポーションのバランスが常に維持されています

15 の幾何学的特性

ノルウェーの納屋の扉

円が菱形の中心、つまり4つの菱形の出会うところにその中心を置いていることも重要です。枠は、円を強調し、その両端に菱形の角を残し、4つの枠がもう一度菱形をつくり出しているのです。これが最も深い構造的関係性の存在、つまり「共鳴」の生じるところなのです。これは形の上の表面的な類似性だけではありません。また「共鳴」はその結果をうみ出すプロセスの深層での類似性こそが機能的かつ実践的な幾何学的構造の類似性をもたらすのです[7]。

参考：パタン・ランゲージとの相関

　実践的な例：よくできた古い納屋においては、すべての異なる部材がある種の同じ方法によってつくり出されています——斧で切り出された梁や柱は、杭やほぞ継ぎで組み立てられていることで、単一の集合となります。このことは、実践的で機能的な考察により姿を現します。しばしばあることですが、すべての異なる細部がみな同じ集合の一員である場合、建物づくりはより簡潔になり、建設のリズムはより速いものとなり、より経済的となります。必要な多様性は、混乱することなくつくられます。一方で、もし細部がそれぞれ異質なものであったなら、建物づくりは、精神的に極めて大変な労力を要することになり、そこには多様性や創造性が入り込む余地は限られてしまいます。その結果、「共鳴」を伴わない建物では、建物に必要な最終段階での調整の効果がしばしば弱いものになってしまいます。

　機能が真剣に考慮されるときには、大抵の場合、機能的要件としてのさまざまな幾何形態上のルールが存在します。繰り返し繰り返し適用されるこれらのルールは、親しみやすい角度や線や形のフィーリングをつくり出すでしょう。それは、形式的な理由によるものではなく、単純に、機能上の要求に注意深く忠実であろうとしたことによる結果なのです。例えば、丘の上の建物はみな、傾斜や陽光や水はけや地くずれに対して、類似の対応をとるようなかたちになります。丘の上の建物密集地では、そのすべての建物がこれらのルールに従い、その結果、それらの物理的形体において「共鳴」が生じるようになるのです。

　もし、このようなタイプの「共鳴」を持たないものがつくられたとしたら、確実で深い要求は無視され、さまざまな非「共鳴」的形体が、さまざまな機能上の欠陥をもたらすことになり得るのです。

　APLでは、次のような類似のケースについて述べられています。玄関（見分けやすい入り口の集まり、p.499（#102、邦p.264））、柱と梁（順に固める構造、p.962（#208、邦p.510））、窓と陽光（どの部屋も2面採光、p.746（#159、邦p.396））、身のまわり品（自分を語る小物、p.1164（#253、邦p.617））。

2.13／空(くう)

最も完全な「全体性」を持った深遠な「センター」の核心には、「空」が存在します。それはあたかも水のようであり、底なしで、周囲にある物や構造などのすべてのものと好対照をなしています。

下の写真に見られるギオデスの祈祷用カーペットには、中央に深い青色の「空」がつくり出されているのがわかります。

ある種の宗教建築にもそれを見てとることができます——それらも、同種の「センター」、中央の「空」の空間にです。教会の祭壇や、教会やモスクの身廊と翼廊の交わる場所にできる大きな空の空間——そこには静寂があり、心の琴線に触れる場です。

「空」の質を明確に理解するには、ふたつの例の対比がわかりやすいので、そうしてみましょう。カイロにあるベイバールのモスクの平面図と、1970年代のアメリカの典型的なオフィスビルとを比較してみましょう。モスクの「センター」は「空」であることが意識できます。オフィスビルには、果てしない雑然さと雑音しかありません。そこには何も無いのです。

このふたつの例の違いは、宗教建築とオフィスビルとの間にある違いとしてごまかすことができるものではありません。「全体性」があるときは、「空」は仕事場の中でも、はっきりと現れるは

ギオデスの祈祷用カーペット

15の幾何学的特性

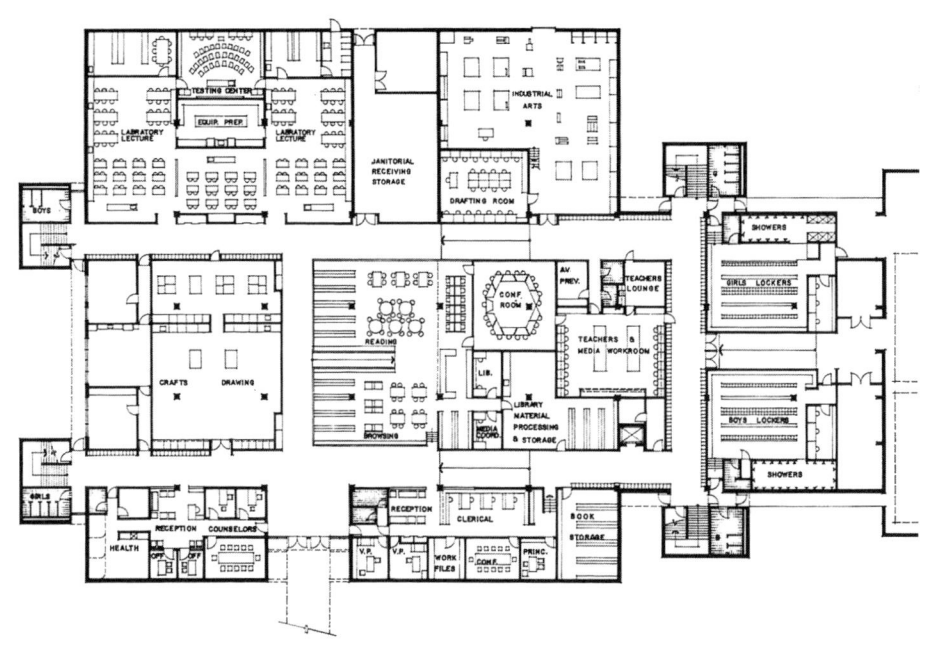

典型的なオフィスビル

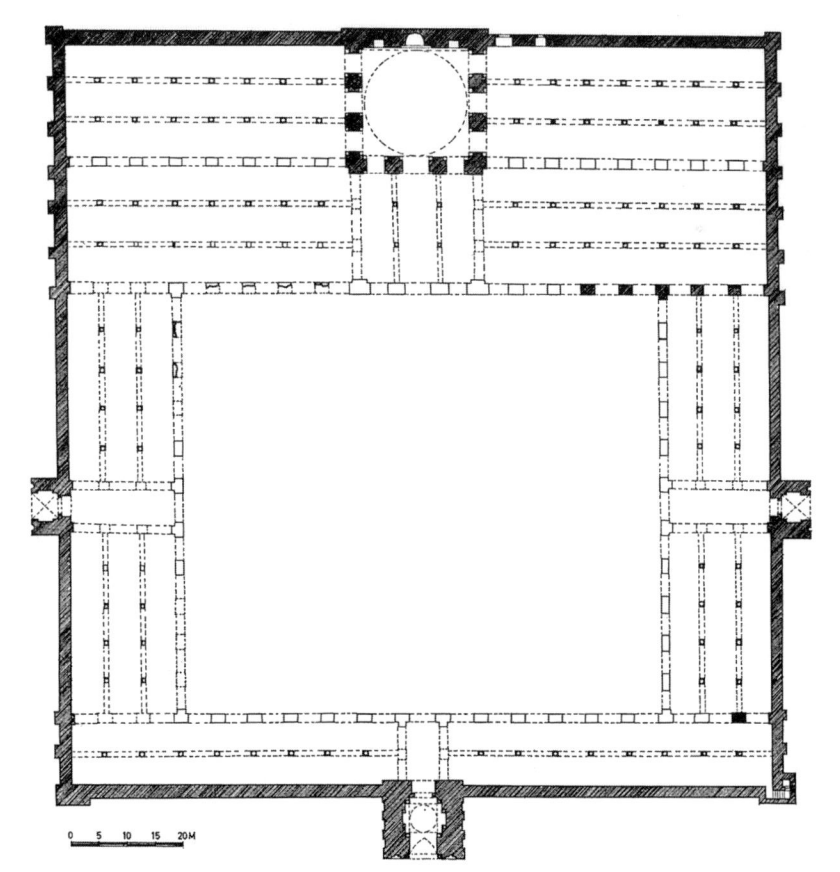

カイロのベイバールのモスク

第5章

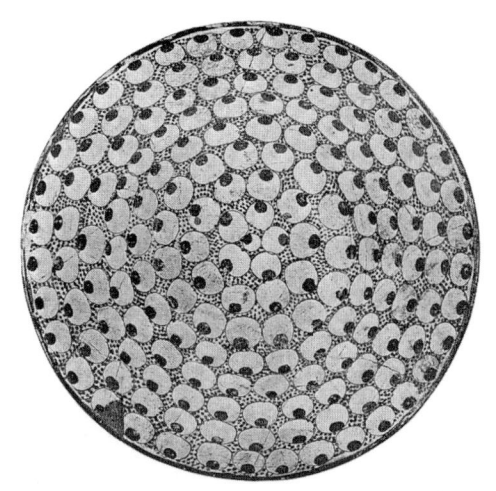

「空」は、一見構造が細部まで満たされているように見えるものにも見出すことができます。黒点を伴った大量の円の集団それ自体が、その多様性にもかかわらず、「空」をつくり出しています

ずです。想像してみてください。例えば、トウモロコシ畑や農家の納屋、農園のアヒルの池にすら、存在します。これらはすべて農業の中の仕事場です。それぞれが「空」を持っているのです。トウモロコシ畑には静謐さがあります。簡潔で整然としたものとなっています。なぜならそこで起こっていることが明白だからです。アヒルの池も同様です。岸辺には雑草が生え、その中には水面の静けさがあります。納屋はとても実用的な建物ですが、そこにさえ深遠な「空」があります。その構造や、建物の金物、干し草の山、通路に立てかけられた農機具、仕切り棒や飼葉桶などに囲まれ、機能しているのです。

この「空」は、何らかの形で、大小にかかわらず、どの「センター」にも必要です。

静けさこそが、「センター」のエネルギーを「センター」自身へと集めていくのです。そしてその強さのもととなります。「空」が今日私たちを取り巻く建物や環境にそれほど頻繁には見られないのは、「全体性」を形成するための余地が日常的に阻害されている結果なのです。そのようなものはオフィスビルに必要な基本的な質ではない、という判断によるものです。多くの建築は今日、あまり

チベットのポタラ宮の前のスペースにある「中空」

にも多くの小部屋をその中につくり、混ぜ合わせます——それはしばしば、多くの面白くて小さくて「人間的な」空間をつくる、という理由で行われています。しかしそのため、簡潔さ、静謐さ、「空」、巨大さ、冷静さ、空間などが、大幅に欠落してしまうのです。

「空」の必要性は、すべての「センター」にあります。カップやお椀が持っているような「生命センター」は、そのお椀自体の空間の静謐さやその静けさにあるのです。絵画では、ある色が大きな面を占める場合、それがある種の静けさを持った、一体化した色の場をつくり出し、区別を曖昧にし、それ自体へ静けさを集中させています。建物の中では、窮屈でない大きな居間——窮屈でない広い廊下——のゆったりした装飾なども同様です。それらはすべて仰々しくなることはありません。騒々しい装飾に対して静けさと「空」でバランスを取るのです。大きい「空」という「センター」が、小さな「センター」たちにも生命をもたらす方法なのです。

これが、シンメトリーや差異化などと同様な原理として定式化され得るのでしょうか。「空」の存在が、構造をひとつに結びつける数学的方法があるのでしょうか。あるいは単に心理的な要求を満たすだけのものなのでしょうか。答えは後者です。

フェルメール作「手紙を読む青衣の女」この絵画は、そのエネルギーは、白い美しい空間と椅子の上方の女性の背後にある壁の色によってもたらされています。
この「空」が静謐さを与え、女性に力を与えています。女性は、その「空」の静謐さを受けて動きが豊かになっています

「生命構造」は、すべての細部にあるわけではありません。雑音は最終的には発散し、自分自身の構造を破壊していきます。雑音を和らげるために静けさが必要なのです。

参考：パタン・ランゲージとの相関

機能的な例。ひとつの素材の広い区域が、小さなその他の素材に囲まれている場合は、経済的で効果的です。ふたつの素材が拮抗する場合、それがうまく機能する例を見ることはほとんどありません。

同様のことは、建物の平面にも言えます。小さな機能の間取りがうるさいとき、常に必要なことは、相対的に大きく、ゆったりとして、落ち着いた雰囲気が、それを包み込む空間です。この失敗例は、近代の建築の平面の中で多く見られます。その主なものは、住宅でしょう。——どんなに小さな住宅でも——大きな空間と小さな空間の対比が不可欠です。それによって、社交的な場と感情的場との区別がうまれるのです。

APLでは、聖地、p.131（#24、邦p.70）において、偉大な「空」を表現しています。山岳や湖などが聖地の例として出ています。水への接近、p.135（#25、邦p.72）では、まとまった広さの水辺による「空」を示し、人が佇む場としての重要性を述べています。人が相対的にこれらの水辺に佇むことで、「空」の周りにある「センター」となっています。泳げる水、p.358（#71、邦p.187）では、水自体に静けさを求め、「空」をつくり出しています。親密なヒューマン・スケールに則ると、同じ「空」をくるま座、p.857（#185、邦p.453）の中に見ることができます。それは、それ自体がつくり出す円です。その円の中心がつくり出す「空」の空間、それは小さなスケールの「空」の表現に他なりません。同じような小さなスケールの例では、入浴室、p.681（#144、邦p.361）の静謐さが挙げられます。家事の空間やざわめきの中に「空」が必要であるという例は、開かずの間、p.930（#204、邦p.491）です。小さな場所、かくされた、住宅のどこかにあるような場所です。しかしながら、「空」としての本質的な機能がそこにあり、小さなものですが、完全な静謐さが備わっているのです。

2.14／簡潔さと静謐さ

「全体性」や「生命」はいつでも「簡潔」であろうとします。ほとんどの場合、この「簡潔さ」は、幾何学的な形の簡潔さとその純粋さとして存在し、幾何学的形体として現れます。

この特質——カーペットにはあまり見られませんが、他の素晴らしい芸術作品などには、かなり一般的に現れます——は、「全体性」を完成させるために不可欠なものです。それは、「静謐さ」と私が呼んでいる、ゆったりさ、威厳、静けさと関係があります。下の写真のシェーカー教徒の飾り戸棚には、それが存在します。しかし、1920年代の奇妙に様式化されたイタリア製の椅子では、ほぼ完全に消えています。

この特質は、不必要なものがすべて取り払われたときにうまれるのです。自分以外の「センター」を支援していない「センター」は、すべて剥ぎ取り、切り取り、消去します。すると、煮詰められて残るのが「静謐さ」の構造です。偉大な美や装飾のきめ細やかさは、この「静謐さ」を壊してしまわないように、そっとうみ出すのが肝心です。

「静謐さ」の完璧な実例は、シェーカー教徒の家具でしょう。このシェーカー教徒の家具から、私たちは何を学ぶのでしょうか。まず、それはアーリー・アメリカンの家具によく似ています。しかし、他のアーリー・アメリカンの家具と比較してみますと、衝撃的で根本的な違いがたくさんあることに気づきます。

- 大変簡潔な形状（実際に使用されている木材は、簡単で、しかもそのほとんどが製材された形そのままである）
- 装飾はほとんど無い。——時折、古典的な装

シェーカーの戸棚：最も美しい「静謐さ」

イタリア製の椅子：鈍感で、「静謐さ」が完全に欠如した例

15 の幾何学的特性

飾を崩す、カーブしたラインが所々にありますが、アーリー・アメリカンの家具ほどではない

- 形のプロポーションが変わっている。——材料が異常に細長かったり、異常にのっぽだったり、幅広かったりする。シェーカーの家具は、その微妙で時に驚くべきプロポーションで有名で驚かされる。しかし、このプロポーションの異常さには理由がある（例えば、いかなる空間も利用しつくすため等）
- シェーカーの家具の多くは、その奇妙さで有名な独自の個性がある。例えば、異なる側面から開く引き出し付きタンス、ふたつの小さなベッドがスライド式に出てくる大きなベッド、脚の両側に袖板がぶら下がるようになっている引き出し付きテーブルなど。どの場合でも、この「奇妙な」形には理由があり、機能的に頑固に固執し、その論理的な結論に従っている。常識にも逆らっているのです。極端な自由がある
- 着色されている。——木材は着色されている。数々の美しい色を（時折塗装ではなく）染み込ませている。そして、それぞれの家具の種類の機能によって色分けの規則がある。黄色、青、赤、緑などです。しかし、その色はどれも渋い。この「渋さ」の原因は明らかではないが、「静謐さ」の本質といえる
- 最後に、そのすべての家具が静かで沈黙している

「簡潔さと静謐さ」は、簡潔であることだけでは、つくり出せません。前のページの写真にあるイタリアの椅子は、間違った方法で複雑になっており、そのために「静謐さ」を欠いています。カットすべきものがカットされていません。しかし、（次のページの）野生的なノルウェーのドラゴン像は、その複雑な形の中にも「静謐さ」を持っています。必要なものはすべてそこにありますが、余分なものは一切ありません。結果として、深い意味で「簡潔」になっています。それは、表面上の形の上では簡潔ではないのです。外的な簡潔さが内的な静謐さをうみ出すのではありません。それは、内的な簡潔さであり、そのもののうみ出す心が持つ真実の「簡潔さ」なのです。

ペンシルベニアの家の厚い下見板張りにある「静謐さ」：この家には直接的に目に見えるスピリットがあります。まるでこちらを見つめているかのようです。この場合、「静謐さ」はひとつの「存在」となっています。本文で言及した「不思議さ」が容易に見てとれますが、同時に「静謐さ」は大変に力強く、「簡潔さ」は大変に素晴らしいものです

最も荘厳なレベルの「簡潔さと静謐さ」：日本の神社の円柱

第 5 章

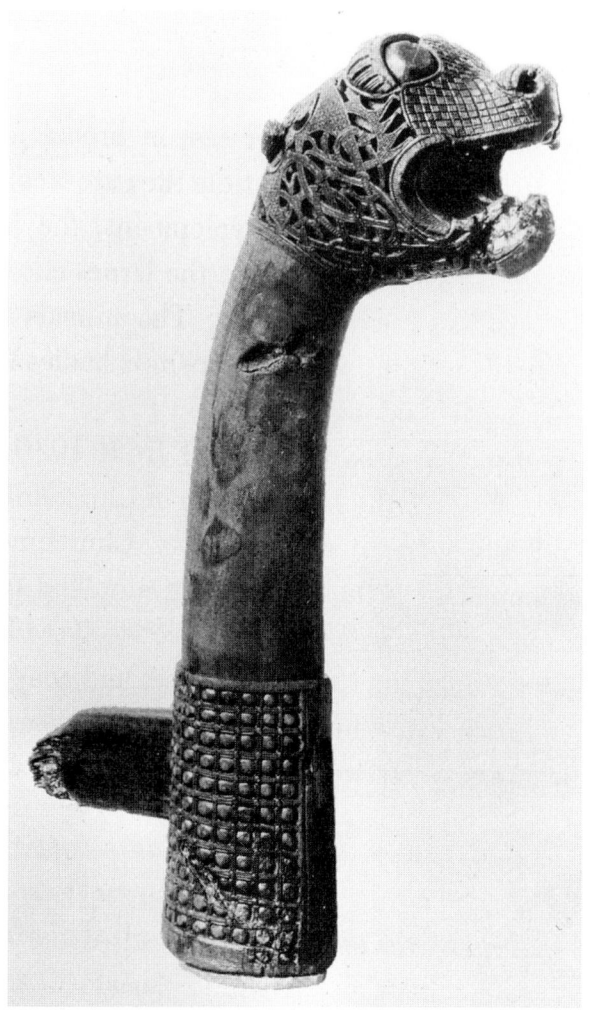

ノルウェーのドラゴン像：
非常に複雑ですが、「静謐さ」を持ち合わせています

　正しくつくり出された、生きている「全体性」の中にこそ、特に「簡潔さ」があるのです。例えば、幅広の頂部を持つ厚く低い壁は、最も堅固で、つくり出すことも容易で、耐久性もあるでしょう。建築の形の主線が簡潔なのは、それはもっと大きなものごとと深く関わっている場合でしょう。例えば、太陽や風景、傾斜などです。この「簡潔な」対処によって、人と風景との間のより深い関係をつくり出し、より豊かな実りをつくり出しているのです。

参考：パタン・ランゲージとの相関

　APLにおいて、この種の究極の「簡潔さ」を扱っているパタンは多くあります。これらのパタンは、台風の目のような中心をつくっているようなものです。「生命」の一部の心臓部に「簡潔な」核をつくり出します。例えば、緑路、p.266（#51、邦p.140）、池と小川、p.322（#64、邦p.168）、低い戸口、p.1050（#224、邦p.560）、柔らかい内壁、p.1096（#235、邦p.581）、キャンパス屋根、p.1128（#244、邦p.597）参照。

15 の幾何学的特性

素晴らしき「静謐さ」：カシミールの屋形船のベランダ

2.15／不可分であること

15の特性の最後——究極的には最も重要かもしれません——「不可分であること」とは、結合している、ということです。「不可分であること」とは、いったい何を意味するのでしょうか。簡単に言えば、私たちの生命の「全体性」は外世界と一体化している。そしてそれは「全体性」の強弱に応じた「不可分」であるということです。

この「不可分であること」の最も美しい例として私が思いつくのは、7世紀の建築である大雁塔です。シンプルで調和がとれていて、穏やかに周囲と結びついており、その周囲の情景からも切り

「不可分であること」：大雁塔

15 の幾何学的特性

X邸、ニューヨーク。「不可分であること」が完全に欠落している例：切り離され、エゴで満ちています

離すことができないのです。しかもこの建物は、それ自体の特徴や性格を失うことなく、それを成し遂げているのです。

一方、その正反対の例は、「生命」を欠き、「全体」ではないものです。それは世界からも、そしてそれ自体からも分離されているように感じられます。それは目立ちます。こうした孤立の極端な例——最も惨憺たる失敗例——は、このページの写真の住宅に示されています。この住宅は、完全に孤立しています。孤立するように意図されています。自分は勝ち組である、と始末に負えないような自己主張をしています。「不可分であること」とは全く相反しているのです。

この特性を、構造的に要約し直してみましょう。「生命」と深く結びついている「センター」は、感情的にもその周囲と結びついており、切り離されることなく、孤立もせず、その周囲と「不可分」です。深く一体化している「センター」には、分離というものは無いのです——そして、「センター」とその周囲の「センター」との間には、完全な結合状態があります。さまざまな「センター」がお互いに溶け合っており、全く「不可分」なの

です。そこでこの質の良否は、外世界全体との接続の強弱で決まります。

最終的に、これはおそらく最も重要な特性でしょう。建物の形の実験で、「センター」を生き返らせるその他14の方法は、「センター」をコンパクトで、美しく、決然として、繊細なものにすることを発見しました。しかし、この15番目の特性が無い場合、どういうわけか妙に分離されます。周りのものから切り離されてしまうのです。心細い孤独感。あまりに脆く、あまりに鋭く、おそらくあまりに詳細な輪郭で区別されてしまうのです。その上、あまりに自己中心的に叫んでいます。「私を見て、私を見て、私がどんなに美しいか見て」と。

癒しの力があるこの不思議な存在と深さ、本当の「全体性」が持つ内的光は、そうであってはならないのです。決して分離されず、常に繋がっています。通常、どこが繋ぎ目になっていて、次はどこから始まるのか、本当に見分けることはできません。なぜなら、それらは周りの世界に煙のように引き入れられ、また、外世界を柔らかくそれ自体に引き戻します。それは繋がっているのです。それは、空間の連続性、私たちすべての連続性、

第5章

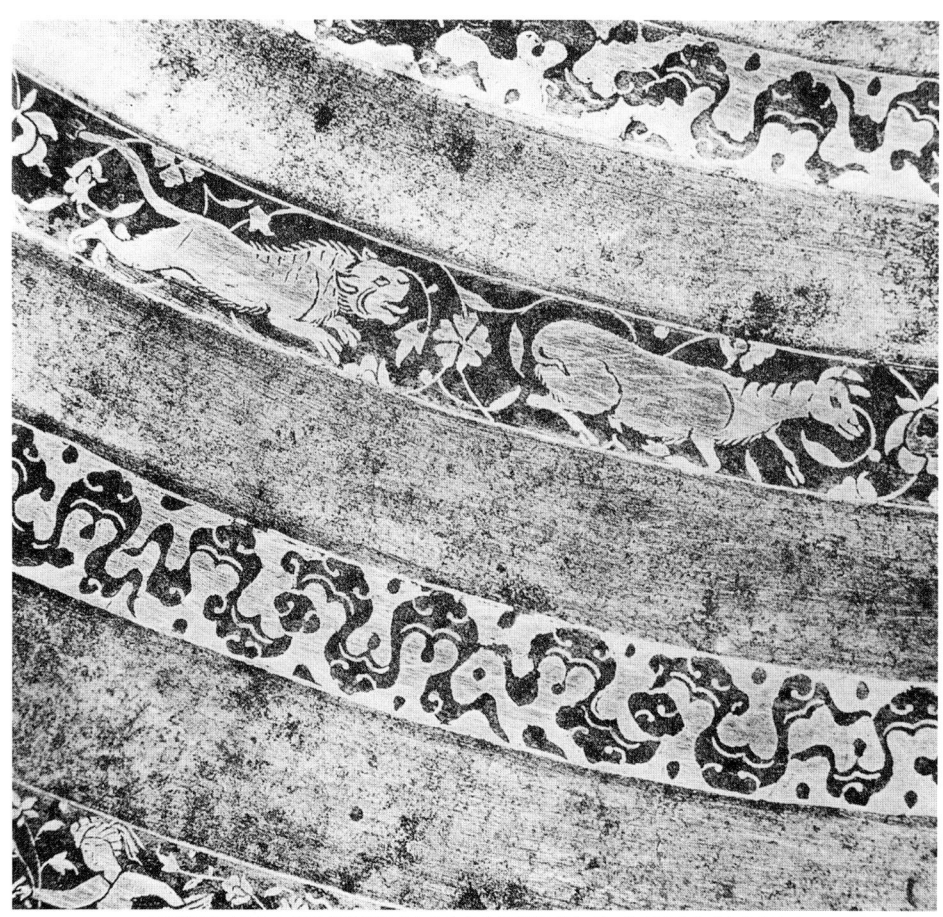

16世紀のペルシャの兜の表面にあしらわれた装飾に表れている「不可分であること」

古のイギリスの小麦の納屋に表れている「不可分であること」

花咲く野原を夢のように覆う一筋の朝霧や、テムズ川の谷の向こうのオックスフォードの夢見るような尖塔群のように溶け込んでいます。

　この特性はとりわけ、ものづくりの態度に関係します。自分のつくり出しているものが、自己充足的なものであると信じていたり、そこで、どれだけ自分が賢いかを見せびらかそうとしたり、そのものの美しさを強調するようにしたりすると、この「不可分であること」はつくり出せず、失敗するでしょう。外世界との正しい結びつき方は、意識的に、意図的に、自分のつくり出そうとしているものが、その周囲と区別ができないようにしていくことでしか、うみ出せません。本当に、そ れがどこで終わってどこから始まるか、しかも、そう見分けたいとさえ思いもしないでしょう。

　この精巧なルールは、ものづくりに適用すると、つくり出されたものに何度となく生じてくるのですが、穏やかな夕方の煙のような雰囲気がうまれます——それは、そのもの自体の中に「全体」を引き込むのです。自分の一部分もひけらかすことなく、周囲から目立ち過ぎないように抑制し、隣り合ったもの同士が融合するように力づけ、「全体」が周囲と溶け込むように調整しているのです。これは、ちょうど金色が区切りの線としてものの「全体性」を保持しながら「共鳴」をうみ出して、ものの内部の緊張感によって分解してしまわない

大地と結合している径

第5章

ようにするはたらきとよく似ています。

　この「不可分であること」をもたらす簡潔かつ癒されるような情感を説明するのにいちばんわかりやすい構造的特質は、おそらく、唐突過ぎたり、鋭敏過ぎたりしないことでしょう。「不可分」なる状況にある事物は、深い平和な感じがあります。周囲の世界に深く溶け込んでいるからです。この「不可分であること」の質は、特に「境界」のつくられ方に大きく影響を受けます。この「不可分であること」を持つ事物は、はっきりした境界線を持たず、部分的に不完全な縁取りになっていることがほとんどです。美しく古い多くのカーペットにもこのランダムに断続する縁取りの無限のパタンがあります。ちょうどそれは窓のデザインによって間取りのデザインの閉塞感を破るのと同じです。また、「境界」にはしばしば「段階的変容」が見られます。縁のスケールの大きさが小さくなっていく（ちょうどウサギとカメの模様のように）「段階的変容」は、隣り合うものと混ざり合って「境界」を形成するのです——これが、縁取りがだんだん小さくなっていく理由です——こうしてはっきりした境界を消し去ります。最後のポイントです。現実としての「境界」は、周囲から単純で完全なかたちで切り離されることのないように、意図的にかなりランダムに見えるものが多いようです——実際の「境界」はランダムであり、それが外世界との結びつきをうみ出しているのです。

　ゴーギャンによる湖の絵と、日本の庭の中の敷石、これらは達成された「不可分であること」の質の高い例です。

夕暮れの村落に現れている「不可分であること」

15の幾何学的特性

ゴーギャンの絵画「海辺で」に現れている「不可分であること」

参考：パタン・ランゲージとの相関

　さまざまな機能的理由で、環境システムがより「全体的」になったり、より「生命」を持つことになります。それは、システムの内部に自分を超えた別のシステムや、外部のシステムと結びつく結合力があるときで、世界に環境システムの連続的な構造をうみ出します。このテーマは、APL全体で扱われており、多くの異なるスケールの例があります。

　地域的、都市的、社会的スケールで、不可欠な社会問題としての結合性を扱っているのは、次のパタンです。仕事場の分散、p.51（#9、邦p.27）、どこにも老人、p.215（#40、邦p.113）、自主管理の作業場とオフィス、p.398（#80、邦p.207）

　それは、建物の建設の物理的なテーマとしても扱われています。隣同士でお互いが接し合うことで、つながった建物、p.531（#108、邦p.280）、また、屋内と屋外を結びつける通りぬけ街路、p.492（#101、邦p.260）、戸外室、p.163（#163、邦p.405）、そして車との結びつき──車との接続、p.553（#113、邦p.293）などです。

　それは、周辺の小規模な建物と近隣の結びつき構造としての社会的テーマとして同様に扱われています──つながった遊び場、p.341（#68、邦p.179）や人前の居眠り、p.457（#94、邦p.239）等です。

　それは、心理的な問題としても現れます。内側と外側の微妙な結びつきとして、柔らげた光、p.1105（#238、邦p.586）といっぱいに開く窓、p.1100（#236、邦p.583）等です。

　APLでは、建物の端部においては、実用的かつ生態学的理由から、建築資材の変化をうみ出すべき、と示唆しています。そのために、おのおのの資材は、それぞれの隣同士が共存できるように配してあります。例えば、木材とコンクリート、コンクリートと地面です。この資材の変化は、経年変化にも耐えられるように、唐突な結合は避けるようにしているのです。その他の例は、テラスや歩行路と地面の結びつきに見られます。石や舗装が柔らかな地面と自然に、正確に、ほとんどわからないように接しているときがベストであり、「全体的」なのです。それと比較して、テラスは土台柱の上にあり、空中にあるわけですから、人が太陽と空気に触れることが第一であり、地面との接触は認められません。こういった課題は、大地へのなじみ、p.785（#168、邦p.416）、さわれる花、p.1132（#245、邦p.599）、すき間だらけの舗石、p.1138（#247、邦p.602）の中で十分に検討されています。「不可分であること」は、庭と歩行路と建物端部の壁とがお互いに機能的に支え合うことを可能にします。そして、現実的な相互支持を強化することで、お互いの接合の適切な量の決定をしています。

3／15の特性の本質と意味

15の特性はどれも「生命」の特徴を表しています。この「生命」の特質の領域は、大変に幅広いものがあります。お椀や絵画、建築、森、お寺の回廊、ロンドンの住宅の出窓など、15の特性が何度も何度も繰り返し繰り返し現れているのを見ればみるほど、その「生命」のを持つ場所や事物の深遠さを目にする可能性も多くなります。15の特性を強く持つ空間システムは、生き生きしています。この特性が増えれば増えるほど、この特性のシステムは生き生きしてきます。

これらの例は、自然の生活の中に最も多く見られます。それは沼の草の茂みや中世の彩飾図、イスタンブールのトプカピ宮殿の素晴らしい部屋の窓などです。もっと普通のレベルでは、日常の生活品や場所などもそうでしょう。例えば、あなたの気に入っているガソリンスタンドのテラスであったり、オーストリアのエッツタール駅の外のビアホールや、缶や瓶の転がっている湖の干潟の上に横たわる海藻などもそうです。

15の特性すべてを持ち合わせていなくても、そのうちのいくつかしか持っていないものでも、何らかの「生命」の特徴を感じることができます。例えば、リグリーフィールドの球場や、一組のローラースケートや、歯ブラシひとつでもそうです。

人工的なもの、イメージだけで支配されたもの、システムなど、例えば、不毛な団地計画や、生態系を台無しにしているシステムや、汚染された川には、これらの特性はほとんど見当たりません。

このように、これら15の特性は、かなりの量の場所や事物やシステムの集団の例を決定します。そうしたものやシステムは、ある量の「生命」を有しています。特性は、すべて一緒になって、素晴らしい量の「生命」を持ったものやシステムについて、大雑把ですが把握することができます。逆に、この特性を欠くものやシステムには「生命」はありません。こうして、大雑把ではありますが（ここで強調しておきますが、これは最初の段階のラフなまとめです）、かなりの可能な限りの「生命」を持ったシステムの種類を特定できます。

集合で事物を特性ごとに分類できるという事実は、驚くべきことです。この定義された分類集合は、形として見ると、とても複雑です。表面的に見ると、本章で示した多くの例は、お互いに全く似ていません。それらの例は、時と場所、そして文化や気候や技術によっても異なります。しかし、より深いところで観察しますと、この異なって見える場合でも、全く同じに見えるという意味がわかります。これらの例に存在する深い「質」はどれも同じです。それらを通して何度でも繰り返し同じ構造を発見するでしょう。

こうして、私たちは初めて、「生命」のあるシステムのリアルな幾何学的特徴を語ることができるのです。どんな建物でも、「生命」のあるものは、この特性を持つ集合として認識できると言っても過言ではありません。いかなるドアノブでも、窓でも、庭でも、庭の小径でも、「生命」のあるものならば、必ずこの特性を持つ集合として認識できるのです。

この事実が、建築理論に関して言えば、全く明白であるということは、注目すべきことです。1940〜90年代の建築は、これらの特性が意識的に見過ごされてきているのは事実です。私は、これは意図的であると考えています。20世紀のさまざまな異質な建築理論は、建築家やデザイナーたちが、自分たちの特殊な様式を広めるために、意識的にこれらの特性を避けるような代物となっています。こうした近代のデザイン理論で洗脳されてしまった人たちにとっては、これらのリアルな15の特性の本質に直面するのは、不快なことでしょう。それは仕方のないことだと、あきらめています。

例示した作品のつくられた年代を示すことは、役に立つと思います。すると、読者の皆さんや学生さんたちは、これらの特性が古代のものに多く見られることに気付かれたことでしょう。「どうしてもっと近代に建てられた建築を特性の例として取り上げないのですか」とよく訊かれます。最近50年の作品は、これらの特性を利用したり、それに理解を示すことを放棄しているのが、悲しい事実です。そのような作品は、明らかに悪い例

として示すのにしか役に立たないのです。このことは、15の特性というものが、近代と対立していて古代にしかないという意味ではありません。20世紀にも多くの例（ネガーポジ関係＝「正」の空間）があります。全体として見ますと、例示した作品の年代は、紀元前1500年から紀元後1997年の間の約3500年間にわたっています。作品例は、この非常に長い年代にわたって、大体均等に分布しています。最後の70年間からの例が比較的少ないというのは、争点になるほどのことではありません。ちょうど良いくらいの比率、というのが、実際のところです。

4／特性の相互作用

1966～73年の間に、私は、15の特性の最初の定義をしました。1976年までにその定義は明確となり、「生命」のある作品には繰り返しそれらの特性が存在することは明らかとなりました。その後、これらの特性が、あらゆる自然の中にも繰り返し存在することがはっきりしてきたのです（第6章参照）。

しかし、1976年の時点では、これらの特性をどう解釈したらよいのかが、はっきりしませんでした。その当時はまだ、観察による生々しいデータに過ぎませんでした。これらの特性が、偉大な建築や、芸術作品や、自然の中に繰り返し存在することは、わかっていました。しかし、それがいったい何を意味し、どうしてそれがうまれてくるのかについては、さっぱり見当がついていなかったのです。

さらに、特性の相互関係に起因する謎がありました。15の特性は、それぞれが独立の存在ではありません。それらは重なり合っています。多くの場合、15のうちのひとつの特性の定義を理解するためには、別の特性の定義を理解する必要があるのです。例えば、私たちが正確に「交互反復」を定義しようとするならば、交互にある「もの」あるいはそのような「力強いセンター」が交互に現れることを明らかにする必要があります。これらの「もの」が「全体」として区別できるためには、しっかりとした「形」を持っていなければなりません。そこで、「交互反復」の定義にとって、その繰り返されるものは「良い形」でなければならず、その「良い形」の間で繰り返される別の繰り返しも「良い形」でなければなりません。また同様に、繰り返される「もの」の間は「正の空間」になっていなければならず、その繰り返される「もの」の間で「対比」がなければなりません。

「スケールの段階性」の定義についても同じことが言えます。異なったレベルについての「全体性」が把握できなければ、その異なったレベルの区別ができません。つまり、各レベルにおける「力強いセンター」と「良い形」をはっきりと仮定し理解しなければなりません。「スケールの段階性」は同時に、その要素のいくつかが「空」の定義によって決まる大きな開放系でなければうまくいきません。そして、そのレベルの段階性の実現のためには、下部レベルのものが繰り返したり、「交互反復」する必要があります。

「良い形」の場合、それは、その形の「境界」の部分に強力な「センター」が入っている形のことです。「交互反復」の場合は、交互に間に入ってくる実体が「正の空間」ならば、うまくいきます。「センター」は、それ自体が「力強いセンター」でできている「境界」で囲まれているとき、より強力になります。

15の特性のうちどのひとつをとっても、同様のことが言えます。慎重に考えれば考えるほど、より正確に定義しようとすればするほど、おのおのの特性は、部分的にその他の15の特性により定義されることを発見することになります。15の特性は、一見独立性を持っているように見えますが、実際は絡み合い、折り重なっているのです。

次ページのマトリックス表は、特性の相互依存の大まかな概要です。私が最初に15の特性をとき、この相互依存の関係パタンは、わかりにくく、厄介なものに見えました。なぜなら、それは、特性が「最小単位」ではなく、またシステムの中で完全に独立した特徴でもないことを意味していたからです。しかし私は次第に、これが厄介という

よりもむしろ、重要で大切なものであると考え始めました。この特性の相互依存は、何か別のことを示唆しているのではないだろうか、特性そのものより、より豊かな何か、より複合的な何かがあるのではないか、と。そしてそれは、特性の背後に横たわる、もっと統一的な何かではないか、と思えてきたのです。これらの15の特性は指標であり、「すべてをまとめる」ように感じ、見ることのできる、より深い構造のラフな「まとまり」ではないだろうか、と考え始めたのです。

この「深い」構造は、空間の延長である「何物か」でなければならないし、また、空間を横切る存在の「何か」でなければならず、そこから15の特性がうまれてくる「何か」でなければなりません。1970年代の後半になって、この「何か」とは、一種の「場」であると考えるようになりました——

それは、「センター」が「全体性」を創造し、そこで「全体性」が「センター」を力づける「場」なのです。

私は最終的に、この「センターの場」こそが主要なものなのであって、15の特性が主要なのではない、そして、これらの特性は、その「場」の機能を私たちが具体的に理解できるように手助けしてくれる「場」の一側面に過ぎない、と理解しました。

この段階で私は、「全体性」に基礎を置いた新しい空間の世界観の基礎の定義を始めたのです。この世界観の中では、「全体性」の本質から自然かつ不可避的に15の特性がうまれ、その「生命」がどのように、どうして生じているのかが、明快になりました。それは、生きている有機体から生じる「本性」ではなく、<u>空間自体の「本性」からうまれる</u>のです。

THE INTERACTIONS OF THE FIFTEEN PROPERTIES

If property A depends on property B or we need property B for a complete understanding of property A then an asterisk appears in cell AB

PROPERTY A \ PROPERTY B	LEVELS OF SCALE	STRONG CENTERS	BOUNDARIES	ALTERNATING REPETITION	POSITIVE SPACE	GOOD SHAPE	LOCAL SYMMETRIES	DEEP INTERLOCK AND AMBIGUITY	CONTRAST	GRADIENTS	ROUGHNESS	ECHOES	THE VOID	SIMPLICITY AND INNER CALM	NOT SEPARATENESS
LEVELS OF SCALE		*	*			*			*						
STRONG CENTERS				*		*		*	*			*			*
BOUNDARIES		*		*		*	*	*							
ALTERNATING REPETITION		*			*	*		*	*						*
POSITIVE SPACE	*	*	*			*	*	*		*		*			
GOOD SHAPE	*	*		*	*		*		*		*			*	
LOCAL SYMMETRIES	*				*				*			*			
DEEP INTERLOCK AND AMBIGUITY				*	*				*		*	*			*
CONTRAST			*		*			*		*		*			
GRADIENTS	*	*				*			*		*	*			*
ROUGHNESS		*			*	*			*					*	*
ECHOES	*				*	*			*	*					*
THE VOID	*		*		*	*		*						*	
SIMPLICITY AND INNER CALM						*	*					*	*		*
NOT SEPARATENESS			*		*				*				*	*	

15の特性の相互依存関係：特性Aが特性Bに依存もしくは特性Aを完全に理解するために特性Bが必要である場合に、＊印がセルABに記入される

5／「センター」に「生命」を与えるために 15 の特性が果たす役割

今一度、15の特性個々の特有の役割を検証しましょう。15の特性を注意深く観察して「全体性」と「センター」の構造に関して、それが何であるか、をより深く理解することは重要です。簡単に言えば、15の特性が生じるのは、「センター」が他の「センター」によって強化される主要な方法なのです[8]。それらは言うなれば、「センター」について語る15の方法です。そしてそれは、「センター」の存在と「生命」こそが世界中の「生命」の存在を支配することを語る原理なのです。

1.「スケールの段階性」とは、強い「センター」は自身の内部にある小さな強い「センター」によって部分補強されることと、また自身の外部にある大きな強い「センター」によっても同様に部分補強されることで強化されるという原理のことです。

「スケールの段階性」

2.「力強いセンター」とは、強い「センター」はその力の主要な源泉として他の「センター」がつくり出す特別な「場」の効果を必要とするという原理のことです。

「力強いセンター」

3.「境界」とは、「場」の効果を持つ「センター」がリングのような形の「センター」を創造することで強化されることを言い、それは、最初の「センター」を囲み強化する小さな「センター」でできています。この「境界」がさらにそのまわりの「センター」をも結びつけていくとき、より補強されるという原理のことです。

「境界」

4.「交互反復」とは、反復する「センター」の間に反復する別の「センター」が挿入され繰り返されるとき「センター」が強化されるという原理のことです。

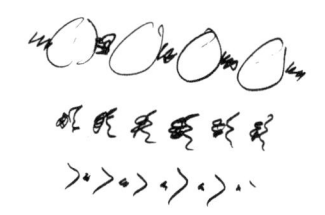

「交互反復」

5.「正の空間」とは、ある「センター」を強化するには空間的に隣接する別の「センター」から部分的に補強されることで実現できるという原理のことです。

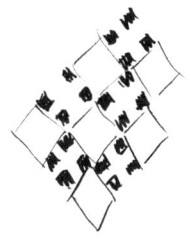

「正の空間」

6.「良い形」とは、特定の「センター」の強化はその実際の形に依存し、この力の影響が輪郭にも境界にも周囲の空間にも現れ、それらも「力強いセンター」によって成立していなければならないという原理のことです。

「良い形」

7.「局所的に現れるシンメトリー」とは、ある「センター」の強化は自分自身の中の別の小さな「センター」が存在する領域内に局所的に現れるシンメトリーのグループの数によって決定されるという原理のことです。

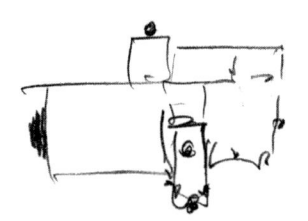

「局所的に現れるシンメトリー」

8.「深い相互結合と両義性」とは、ある特定の「センター」の強化は隣にある力強い第2の「センター」によって引き起こされるが、その両方に曖昧に属している第3の別の強い「センター」によって補完されるときにより強化されるという原理のことです。

「深い相互結合と両義性」

9.「対比」とは、ある「センター」を強化するには自分の持つ特質とその周辺の「センター」の特質が鋭く異なっているときであるという原理のことです。

「対比」

10.「段階的変容」とは、ある「センター」の強化は新しい「センター」に向かってその「場」の効果を強める方向に段階的に一連の大きさの変化する「センター」によって引き起こされるという原理のことです。

「段階的変容」

11.「粗っぽさ」とは、ある「センター」の「場の効果」が強化されるのは近くの別の「センター」の大きさや形や配列の仕方が必然的に不規則性を伴うことによって実現できるという原理のことです。

「粗っぽさ」

12.「共鳴」とは、ある「センター」の強化は「センター」が特別な角度を形成するシステムや方向性によって類似性をうみ出し、その「センター」を含む大きな「センター」をつくり出すときにできるという原理のことです。

「共鳴」

13.「空」とは、あらゆる「センター」の強さはだいたいそれのつくる場の内の静かな場所（空のセンター）の存在に依拠するという原理のことです。

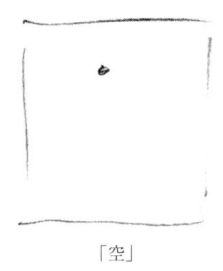

「空」

14.「簡潔さと静謐さ」とは、「センター」の強さはその単純さからうまれるということで、内部に存在する多様な「センター」の数を減少させるプロセスによってその「センター」の力の重みが増加することになるという原理のことです。

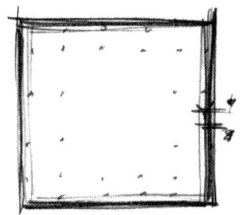

「簡潔さと静謐さ」

15.「不可分であること」とは、「生命」と「センター」の強さはその「センター」ができるだけ滑らかに融合される範囲に依存しているという原理のことで、時折その周りの「センター」と見分けがつかなくなることさえあります。

「不可分であること」

15の特性は依存し合っています。15の特性は重なり合っています。多くの場合、ひとつの特性の定義を理解するために別の特性の定義が必要になります。これは、15の特性が最重要なのではなく、その15の特性がつくり出す「場」自体のほうが重要だからでしょう。これらの15の特性は「場」の一側面に過ぎません。ただその「場」のはたらきを具体的に理解する手助けとなるだけなのです。

15の特性は「センターの場」を提供しているに過ぎず、むしろ「全体性」のほうが重要なのですが、別の見方をすれば、15の原理であらゆる「場」の機能が語り尽くせるという事実のほうが重要です。特性の一つひとつは「センター」同士を強化できるひとつの可能な原理を明示しています。つまり、ひとつの特性はふたつもしくはそれ以上の「センター」に関する空間的関係性をひとつずつ決定しています。そして、その限定された関係性の中で、お互いがどう強化し合っているかを明示しているのです。

実質的に、15の特性は接着剤です。そして、それによって空間は統一されることができます。15の特性は、「センター」がお互いを強めることができる原理を提供します。「センター」の強さを通して、空間には秩序ができ、生き生きします。15の特性は「生命」を与える「原理」なのです[9]。

これ以外の原理がさらにあるでしょうか。これは「センター」が場をうみ出す可能な限りの原理を無造作に拾い上げただけのリストに過ぎないと思われますか。それとも、これで最大限の完全なリストなのでしょうか。

15の特性の「15」というのは、おおよその数に過ぎません。

この理論をつくりあげる過程で、この数は12であったことも、14、13、15、16であったこともあります。ぴったり15であるということは、重要ではありません。しかし、私は、数の規模のほうが重要だと思います。この特性を原理化する作業を通じて、特性の数が5でも100でもなく、わずかに15ぐらいであったのは、常に明らかでした。無制限に新しい特性を増やしていくことは、不可能だったのです。

このリストが完全であるかどうかは、確かではありません。一方、この特性のいくつかを組み合わせて、このリストと別の特性原理を考え出そうとしても、そうたやすいことではないこともわかるでしょう。「センター」が他の「センター」からつくり出される原理や、ひとつの「センター」が他の「センター」を強化する原理を数学的に計算してみても、その可能性には数の限りがあります。

注

1　これらの特性は、『時を超えた建設の道』の第23章に書かれた観察記録の推敲結果に見られると思います。1979年に書かれたその章の内容が、本書の記録観察を始めるきっかけになりました。

2　Christopher Alexander and Susan Carey, "Sub-symmetries," PERCEPTION AND PSYCHOPHYSICS 4 (1968): 2, 73-77, Christopher Alexander and Bill Huggins, "On Charging the Way People See," PERCEPTUAL AND MOTOR SKILLS 19 (1964): pp.235-253 参照。実験は、さらに補遺2でも論じています。

3　第2巻(第14章)の終わりまでに、建築における「生命」のほぼすべてが最終的には「シンメトリー」によって理解できることがわかるでしょう。そして、「全体性」と「センターの場」の概念についても、動的に考え直せば連続的に「シンメトリー」を展開していくことで完璧に理解できる原理であることも知るでしょう。

4　ある「場」における「局所的に現れるシンメトリー」の存在と「センター」の存在の間に深い関係があるのは明らかです。「全体性」の体験的研究の追究の中で、「シンメトリー」はいつでも大切な役割を果たします。「シンメトリー」は空間が「全体」的であるための強力な原理のひとつです。空間の一部でも「シンメトリー」であるとき、その空間は内部的には「全一的」となっています。

5　水晶の場合、ハンフリーズの論ずるところでは、わずかに不規則となる格子構造(グリッド)の方が、多くの構造を持っていると言います。なぜなら、それは既に格子構造を保持しており、さらに不規則性によって付加的に分化された構造やその他の構造を持ち得るからです。Lund Humphries, L. L. Whyte, ed., ASPECT OF FORM (Bloomington, Indiana University Press, 1951) 参照。

6　Soetsu Yanagi, THE UNKNOWN CRAFTSMAN: A JAPANESE INSIGHT INTO BEAUTY (Tokyo: Kodansha International, 1972) 参照。

7　物理学と生物学で「相同関係(ホモロジー)」と呼ばれるもの。

8　第4章参照。

9　読者の皆さんに了解していただきたいのは、15の特性は重要ではあるがそれぞれの特性自体は本質的なものではない、ということです。最終的に重要なことは、「センター」による「生命」の方なのです。特性の意義は、「センター」が「生命」を持つ原理を理解しやすくしてくれるだけなのです。私はよく学生に、この15の特性を一つひとつ表現する小さな絵を描いてくるように、という課題を出します。学生がこの課題に取り組むと、ふたつのタイプの結果がもたらされます。ひとつは、Aとしますと、この場合、特性が形式的には描き込まれています。しかし、このAの場合には、何もうまれてこないのです。その絵の中には「生命」が無いのです。なぜなら、その学生はこの特性の意味を全く理解していないからです。そこには「生命」もフィーリングも感じられません。それは、特質の本質的な内的意味を理解していないからです。

もうひとつの場合をBとしましょう。Bの場合、学生は絵に「生命」をもたらすように特性を利用します。そのとき、特性は絵の中に「生命」とフィーリングをうみ出すのに役立ち、生き生きとし、強力なものとなるのです。このBの場合のみ、私は学生が特質を理解したとみなします。

このA、Bのふたつの場合の真の違いは何でしょうか。絵の中の「センター」が「生命」を持つとき、その絵も「生命」を持ちます。これがキーポイントです。その絵には数的に多くの「生命センター」が存在し、その「センター」に深く力強い「生命」が存在する場合です。絵に「生命」やフィーリングがあるのは、その絵の中の「センター」が生き生きしているときのみです。その意味は、特性そのものが重要ではないということです。重要なことは、「センター」が濃密でなおかつ「生命」を与えられていなければならないという事実のみです。

これが、特性が本当にさほど重要ではなく「放棄」さえできる、という意味です。そして、実際に大切なことは、「センター」を見る能力と、もっと多くの「センター」をうみ出しそれに「生命」を与えることができる能力を持つことです。しかし、私は特性を過小評価しているわけではありません。「センター」をうみ出すプロセスを学び、「センター」が生き生きとする意味を理解するには、おそらく数年——3年、5年、10年はかかるでしょう。しかし一方、特性は非常に有用な道具です。特性が「センター」に注意を集中させる原理となるのです。特性を守ることで、たとえ盲目的にでも、ちょうど機械的道具のように、次第に「センター」の「生命」について理解できるようになります——私たちは特性によって「センター」の相互の関係性の原理を理解し、ひとつの「センター」に別の「センター」を「付加」したり、側に添えることで、より強い「生命」をうみ出す方法を学ぶのです。そして特性が、より具体的に、よりずっと「センター」に「生命」を与えることができる方法を教えてくれるでしょう。それが究極の結末なのです。

第 6 章

自然における 15 の特性

第6章

1／はじめに

15の特性は芸術作品で表現されるような単に目に見えるようなものだけではありません。第3章と第4章で提案した理論に基づけば、これらの特性こそ世界の至るところにある「全体性」が存在するための基本と見なされなければなりません。それ故にこれらの特性は、あらゆるシステムの生成と創造の中心になっている「生命」の現象の根本となっているに違いないのです。

この考えが正しければ、これらの特性はあらゆる種類の物質構造の基本となっていることになります。だとすれば、素晴らしい芸術作品の中だけではなく、自然の中にも姿を現すはずであると予想できます。

本章では、自然界の至るところのあらゆるスケールで明確に現れる15の特性を紹介したいと思います。読者の皆さんは、これを重要でむしろ驚くべき結果であると理解することが大切です。単に何気ない観察などではありません。これらの特性が多くの自然体系の中で明らかに出現するのを理解すること自体は、全く難しいことではありません。しかし、今日の自然体系の学説においては、なぜこれらの特性がこれほど広範囲にわたって見られるのかを説明してはいません。自然におけるこれらの特性の出現を説明するには、パワフルで新しく、またダイナミックな分析方法が必要となるでしょう。この方法については、第2巻の中で説明しています。

2／認知を超えて

もし私たちがこの「センター」の理論——「生命」の概念と言ってもいいのですが——が、すべての建築の基礎であるとすれば、「センター」に「生命」をもたらす特性の存在とその「全体性」こそが物質存在のリアリティの必要十分条件となるのだと確信するでしょう。それは、芸術作品を認識するときの単純な心理的な作用だけではありません。

前の章では、「全体性」や「センター」による「場」によって建築や絵画、器、柱、椅子、彫刻などに対する理解を深める方法を見てきました。私たちは、この「全体性」が建築や芸術作品の中に存在し、またこれらの質が「センター」の考え方(特に個々の「センター」が互いにもたらす「生命」の強弱)によって決まるという多くの物的証拠を見てきました。この「センター」の「場」がより顕著であればあるほど、「センター」はさらに強化され、結びつけられ、その濃密さを増し、ものの中により多くの「生命」が存在することになるのです。

しかし、疑い深い読者はこれらの主張を比較的安易に解釈しようとするかもしれません。

認識論で考えれば、「センター」とは認識の産物、つまり心の眼に写し出されたもので、「センター」を有効にしている15の特性も、やはり認識上の人工物なのです。この解釈に従うならば、建築や芸術作品が私の説明したような「センター」を用いてつくられれば、良質に見えるものができるでしょう。なぜならば、そうすれば認識作用の深層構造がともかくも反応することになるからです。その結果、人間の知覚や認識が応えるわけです。この解釈に基づくこれらの説明は、建物や芸術作品の心理的理解を深めるためには強力なものとなりますし、この世の中で表現される視覚的な現象の重要性や意義を示してくれます。しかしこれらの説明は、心理的な分野を超えるような関連付け、つまり物質世界の中で実際に相互作用するときの仕組みを示してはいません。これらの説明では、建築に対する新しい視点は、物と空間の関係の新しい見方や、世界の創造原理に繋がるという私の主張を立証することはできないでしょう。

ここで私は、原子や川、建築、彫像、樹木、絵画、山、窓、そして湖など、部分部分を形づくっているものがひとつの分かちがたい連続的な体系であることを主張します。そのために、自然は「全体性」

という概念を通して理解できるし、この考えで理解しなくてはならないという議論をしていこうと思います。では、私が、単なる認識よりも深く立ちいって「全体性」と呼んでいる「センター」の構造を明らかにしてみましょう。この「センター」の構造は、自然界の機能性や実質的活動と深く結び付いており、建築のそれというよりは、物理学や生物学の土台となっています。この考え方は、いずれ、自然の性質を考える上でも新しい見方として受け入れられるでしょう。自然界で生じる「全体性」の展開が自然の中にある構造の本質であるという視点、最終的には、「全体性」の展開こそが、私たちが自然として認識しているすべてのものの背後にあるただひとつの法則として、理解される日が来るのではないでしょうか。

3／自然における15の特性の出現

「センター」「全体」「境界」は、自然世界の至るところでしばしば繰り返して生じています。例えば、川の水は決して、完全に均質ではありません。温度、深さ、速度、化学イオンの集中などさまざまな変化があります。もしこれらの変化が存在しなかったら、川の中で特定の区域を見分けることはできないでしょう。しかし、実際には私たちは川の中である一定の特徴のある場所を見分けることができるようになります。急流、緩流、暖かい川の上層部分、比較的冷たい川底、日当たりのよい場所、ぬかるんだ浅瀬、などです。私たちがこれらの異なった場所を識別できるのは、単に比較的似かよっているからではなくて、区別と均質性の両方が、構造上、生態学的な帰結として生じているからなのです。中流の流れの速い場所では、魚、動物、船が速く動きます。穏やかな浅瀬の流れでは、植物が育ち、動物の生息が促進されます。水底の冷たい流れは、さまざまな魚にとって最良です。水底の泥は、虫、幼虫、魚の残骸などが留まるのに好ましい場所です[1]。それぞれの場所は、異なる二次的、三次的な条件を引きつけ、そして最終的に「システム」として定着するのです。このように識別していく中で、非均質な区域には次第に、自身の特性、特有なはたらき、事象、有機体、反応などが現れてきます。

これは全く典型的モデルなのです。よく似た識別は、太陽や火、砂漠、化学の「スープ」、成長過程の結晶、発展途上の萌芽、また星と星の間の空間においても生じます。実に素朴な方法で世界はつくられます。それは、非均質な空間がその差異を展開させることで、多様なシステムや境界領域をうみ出していくという方法です。条件が比較的定常的な「ゾーン」では、ひとつの「型」となります。翻って、これらの空間とは対照的に、移り変わりのある激しい「ゾーン」では、「境界」となります。

この種の区別は、この物理的な世界で絶えず生じており、私たちの知覚の問題ではないのです。これは実在する物理的組織であり、世界の中で明らかに表現されているものですし、複数のシステムの振る舞いの機能的結果でもあるのです。例えば、私たちが葉っぱを見るとき、葉肉とあばらのように浮き出ている部分の間の、葉のかたい部分に気づくでしょう。これは、単なる知覚上の違いだけではないのです。それは、自然界の中で表される2種類の構成要素の違いであると同時に葉の全体的性状でもあるのです。かたいあばらのような部分は構造を担い、柔らかい葉肉の部分では光合成が行われます。もし私たちが、これらの「全体性」を維持しながら葉をばらばらにしたとすれば、葉は全く生き残るでしょうが、私たちはこれらの「システム」を切り裂くようにしてしまえば、その結果として「全体」的一体性は破壊されてしまうでしょう。

さらに言えば、「全体性」もしくはサブシステムの「一体性」が「センター」を形づくっているのです。細胞は、細胞核と外側の「境界」域を持っていますが、有機体の中で「センター」として振舞うとき、「境界」域や細胞核それぞれを単体で見たときよりも、力強い存在となります。それは、より大きな「システム」の中で担う役割の結果、機能的に一貫性を増していきます。これは、第5章

における「センター」の力強さに対する認識的な見方に対応する「機能的」な見方と言えるでしょう。

一般的に、あらゆる「センター」の「力強さ」は、「生命」の強弱として言い表されて、有機体の「力強さ」の基準になっています。人は、これを、有機体としての存続期間や、崩壊を回避する能力、または周りの「全体」に及ぼす影響などから評価測定します。これらの基準のどれを見ても、「センター」が力強くなればなるほど、近くの別の「センター」に与える影響はよりパワフルになります。また反応や動作、凝固作用等の影響下に生じる再編成などに及ぼす影響力も大きくなります。したがって、この世の、力強い「センター」の「システム」は、周囲の「センター」の反応に対して、実際的で直接の物理的影響力をもっています。

周囲の「センター」との関係は、私たちがすでに学んできたような図式から生じています。何度も言いますが、15の特性が生じているとは、自然界の中で空間が有機的に結び付けられるような幾何学的な特徴を持っていることであり、空間の中で生じた「センター」が分布するような幾何学的特徴を持っていることなのです。

4.1／スケールの段階性

なぜ、この写真（次ページ）における電気の放電は「スケールの段階性」を併せ持っているのでしょうか？大量充電されたものからの急激な放電では、ある電気を持った領域を残しながら広がっていきます。その電気の量は、明らかに放電元よりも小さい量となっています。そしてそれらの小さな領域の放電も、繰り返してより小さな電気量の領域を残していき、さらに同じような放電が連鎖していきます。「スケールの段階性」は、この「システム」の秩序の法則に従って生成されるのです[2]。

似たような形式で、「スケールの段階性」は、自然の「システム」の至るところで広く出現します。例えば、木では、幹、大枝、枝、小枝などです。また、細胞では、細胞壁、細胞核、染色体なども挙げられます。河川では、川の湾曲、支流、ほとり、ほとりの水たまりなどです。山脈では、高山、個々の頂上、まわりを囲む小さな丘、ささやかな小丘などです。石灰岩では、大きな粒子、小さな粒子、わずかな粒子などが、それぞれのより大きな粒子の隙間に存在します。太陽と太陽系では、惑星とその軌道、衛星とその軌道などがあります。分子では、複合分子、原子やイオン、中性子、陽子、電子などです。花においては、花頭、花芯、花弁、がく、雄しべ、雌しべなどが挙げられます。

一般的に見ると、理解することは難しくはありません。どのようなシステムであれ、優れた機能的な秩序を持っていれば、必然的にそれぞれの段階に応じた機能的な一貫性は備わっています。だからこそ、このように機能的なシステムを組織化したときに段階ごとに目に見えるようになるのです。このように構造の連続的な連なりが、さまざまなスケールで、しかも隣同士あまり飛躍することなく存在することは、無機物でも有機物でも共通です。例えば、木には、幹があり、大枝、枝、小枝があります。それらが、多量の葉を支えたり、樹液を全体に届けています。そこには段階が存在します。1本の大枝も、ある一定の容積しか許容できませんし、この容積を直接負担させることはできません。おのおのの部分によって小さく分割し、より効率よく小さな容積に分けることによって初めて可能なのです。銀河や星、太陽系、惑星、また衛星の体系では、重力による凝縮という全体プロセスの中で、常に残存物が生まれます。それは、ひとつのレベルの力では説明できません。その凝縮は、通常、さまざまな異なる要素の力がわずかにはたらく、つまり別の階層の構造レベルの力によって発生するのです。同じように、分子は、個々の原子やイオン（またそれらは中性子、陽子、電子から成る）を含む複合要素から成り立っています。これらの基本となる粒子は、それ自身が、基本的なクォークの結合や組み換えなどの何らかの方法で構成されます。この場合、解釈は異なります。どのような大きさの粒子もその構成している要素は十分に複雑です。2、3、あるいは10個の粒子をあるときに生じる組合せの構成は、全く新

自然における 15 の特性

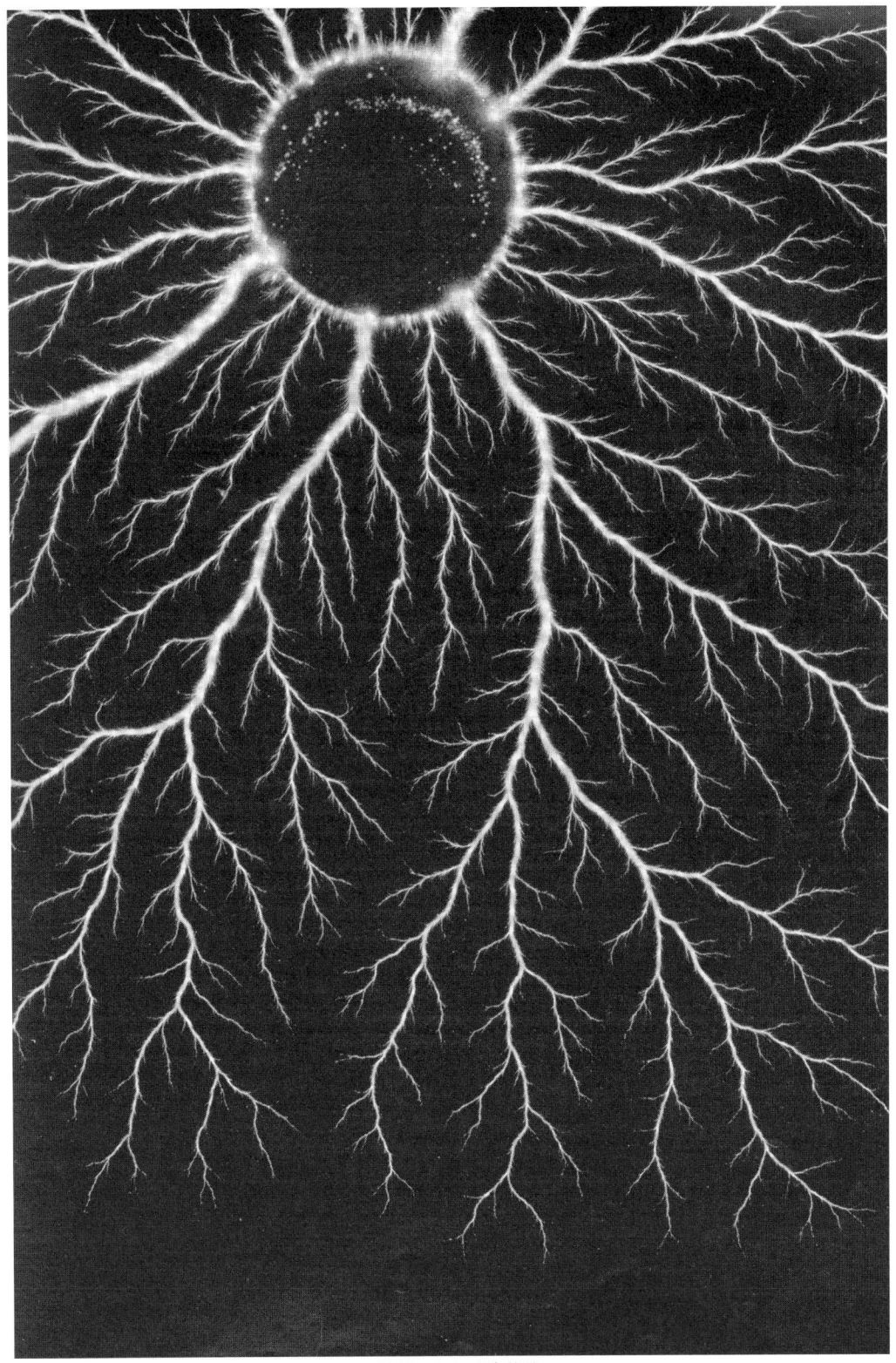

電解場における電気放電

第6章

しい振る舞いをうみ出し、その結果として、より高度なレベルの不安定な属性を持った存在となります。このように説明されるレベルの段階は自然界にはよく見られ、人間の認識システムの物理学においても、記憶や思考の情報処理現象として取り上げられています[3]。

段階構造が欠けている自然のシステムはほとんどありません。なぜなら、自然においてスケールは非常に大事な役割を果たしているからです。私たちが一定のものを2倍、3倍にするとき、そこにはすでに異なった力、異なった事象の相互作用がはたらきます。そこで、物理的な理由で、新しい「全体性」がうまれます。したがって、細胞よりも大きい「植物」というスケールの中では、異なる法則に従い、新しい「全体性」をつくり始める細胞の集合と見ることができます。集合は、また新しい法則とともに、さらに大きな集合をうみ出します。そして、現象秩序の大きさが変化するとすぐに、それぞれ新しい段階に移り変わります。

しかし、一般的な事象や、存在するほとんどすべてのシステムの中に一般的に存在している自然界の「スケールの段階性」を説明するような理論を定式化するのは大変難しいことです。その試みは、これまでさまざまな学者によってなされてきました。例えば、L. L. ホワイトや、アルバート・ウィルソン、ドナ・ウィルソン、シリル・スミス、マイケル・ウォルデンバーグなどです[4]。しかし、私の知る限りでは、一般的な数学的説明では、これらの段階の構成や、段階間の飛躍の大きさを推測し得るような解説がなされたことはありません。個々の学説は、一般的な段階構成を扱っているのではなく、単なる特定のケースにおける段階構成を扱っているにすぎないのです。また確かに、このような事象の出現を推測できるような数学体系を定義するのは、決して容易なことではありません。分岐点理論は、システムの発展の中で、ブレイクポイントを識別することによって、できる限りの解決の手がかりを与えてくれるでしょう。しかし、私の知る限り、分岐点理論の試みが成功したとは言えません[5]。特性について理論が明らかにしたとしても、しなかったとしても、「スケールの段階性」は、それ自身、自然界の至るところに見られるのです。

アルマジロの二重の殻。
この構造の存在理由はまだ推測の域を出ていません

自然における15の特性

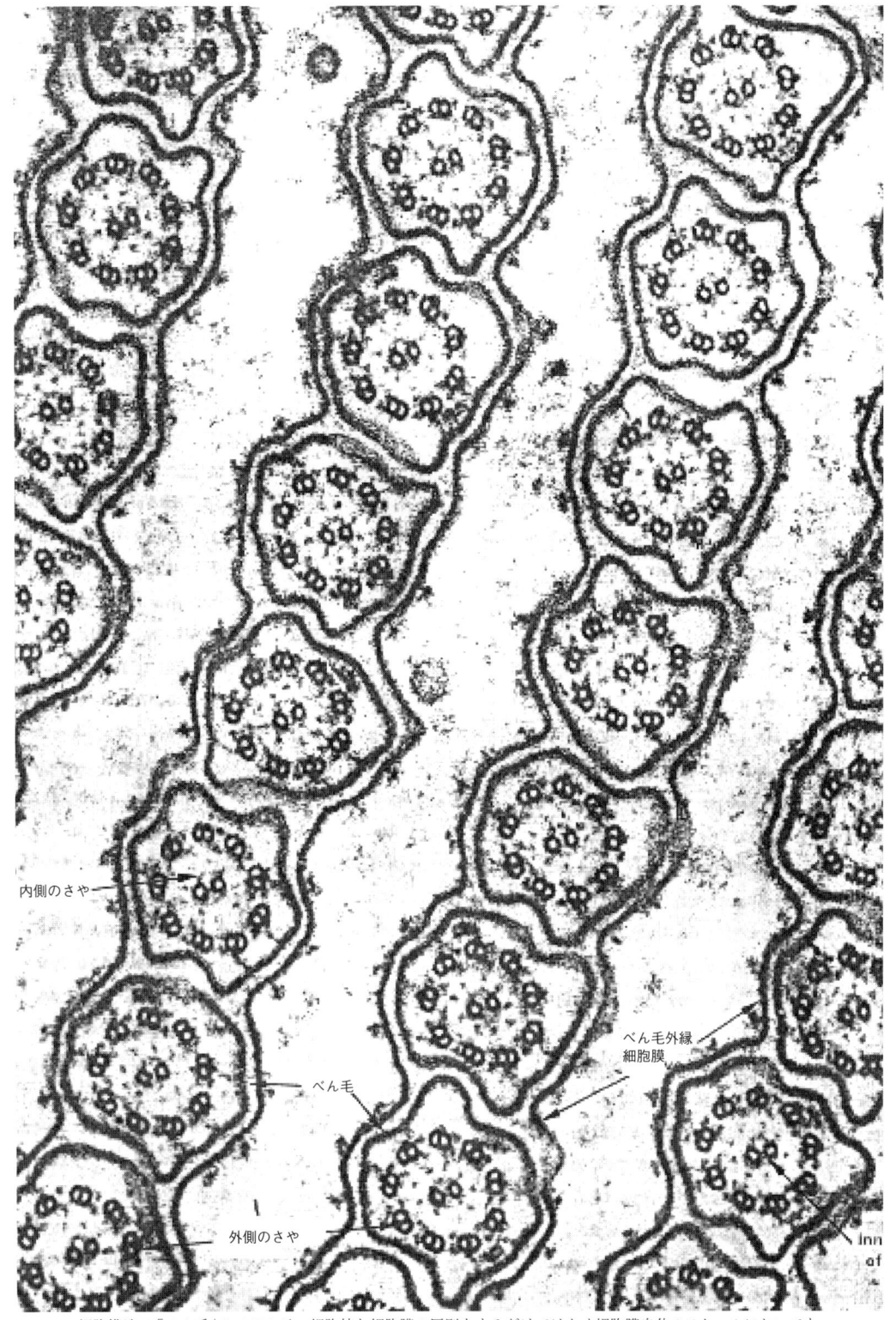

（内側のさや）

（べん毛）

（べん毛外縁 細胞膜）

（外側のさや）

細胞構造の「べん毛」システムは、細胞核と細胞膜の区別をするだけではなく細胞膜自体のスケールにおいても、内側さやと外側さやの区分もうみ出しています

第 6 章

サグアロサボテンの「枝」にはふたつのレベルがあります。ひとつは枝にある溝とさらには、その溝を区分している刺です

ボロ砂漠の表土の割れ目では、大きな1枚の皮の中に小さな皮に割れ目が入り、
その小さな皮の中にまた小さな割れ目、その中にさらに小さな割れ目が入っています

4.2／力強いセンター

なぜ、ミルクは、これほど完全な「センター」を形づくって飛び散るのでしょうか？それはまるで中世の王冠のようです。この質問には、第2巻になるまで完全に答えることはできません[6]。しかし、私たちはここで何が起こっているのかを理解することはできるでしょう。まず、こぼれ落ちる滴には放射状のシンメトリーがあります。つまり、滴が落ちるとき、ミルクはほぼ均等にすべての方向に飛び散ります。しかし、小さな滴が、放射状にまるで王冠のような構造をつくるのはなぜでしょう？また、これらの小さな滴が、中心に形づくられた輪の「センター」を強調しているようになっているのはなぜでしょうか？

私たちは確かに、自然世界の至るところにある、「力強いセンター」を見てきました。多くの自然作用には、活動的な「センター」があります。活動、発展、または力の場は、ある種の「センター」のシステムから外側に向かって生じます。これは、物理学や生物学の考え方を含んでいます。物理学において、電気的な力や、磁気的な力、重力、原

ハロルド・エドガートンによるミルクの滴の跳ね返る写真。美しい「センター」をつくって、その「センター」の周りには 多くの「センター」が形成されています

第6章

子力などの力は、空間的なシンメトリーの広がりによって伝わり、その結果、中心に、また双方にシンメトリーの構造を引き起こすという事実があります。生物学の中の中心秩序化の現象では胚の成長が有名です。胚には成長の「まとめ役」をする瘤があり、化学的な場を形成する上での中心となっています。そこは、成長を制御するさまざまな内分泌物が集中することで形成した場です[7]。これらの瘤によって形成された「センター」は胚を構築していく中で重要な役割を果たします。これらの成長した「センター」の跡は、成長した有機体の中に現れる「センター」の実際の階層性の中で見ることができます。このような「場としての中心域」は、流体の流れ、水力学、圧力システム、静電気学に現れ、粒子力学にも適用されてきました[8]。よく知られているものには、非常に大きいスケールのものもあります。それは、電磁場によるプラズマの相互作用で生じるより紐のような「センター」です。そこでは、銀河や銀河系、星や惑星が創造されています[9]。他の多くの非有機体の中にも、先ほどの複雑さではありませんが同じような過程が見られます。例えば、よく知られているのが、電子核と電子軌道でできている分子のシステムでしょう[10]。

しかし、「スケールの段階性」のように、「センター」の出現や「センター」がベースになって起こる反応に対して、<u>一般的な</u>説明をするのはとても困難です。私たちは、あらゆる現象の広範囲におけるそれらの存在は事実として認識できました。しかし、このことを明確にする、<u>一般的な数学的</u>学説はないのです。

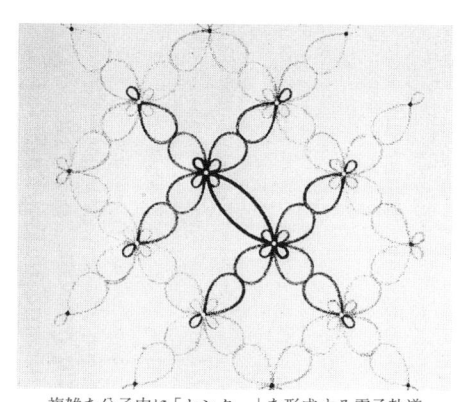

普通のまだら蘭の花：一つひとつは対称形ではありません。しかし花が開くと「センター」として統一感があります

サンゴの塊：「センター」ははっきりしています

複雑な分子内に「センター」を形成する電子軌道

自然における 15 の特性

「婦人の編み髪」という蘭の螺旋形で生まれる「センター」

第6章

4.3／境界

自然界では、多くのシステムには力強く厚みのある「境界」があります。厚みのある「境界」は、ふたつの異なるシステムの間で、機能的に区別する必要性と、相互に行き来する場の必要性の結果として生じています。なぜなら、基本的に、ふたつの異なる反応が起こるところではどこでも、「相互作用の区域」が生じるからです。これは、システムを乖離するそれ自体も重要な、システムになります。

太陽の表面について考えてみましょう。何千マイルも厚みをもって、太陽の内部の炎が吹き出ている空間があります。ここは、真空空間に近く、太陽内部の核反応に影響を及ぼしています。この相互作用は非常に特殊で、太陽の表面では、それ自体の存在として、太陽の容積を占めています。

また、非常に異なるスケールの話ですが、有機物の細胞壁について考えてみましょう。どっしりとした厚みを持った構造をしており、細胞の内外の流れをコントロールしています。細胞壁は、まるで細胞内部と同じくらいの厚みをもっていま

太陽の周りの「境界」：太陽のコロナ

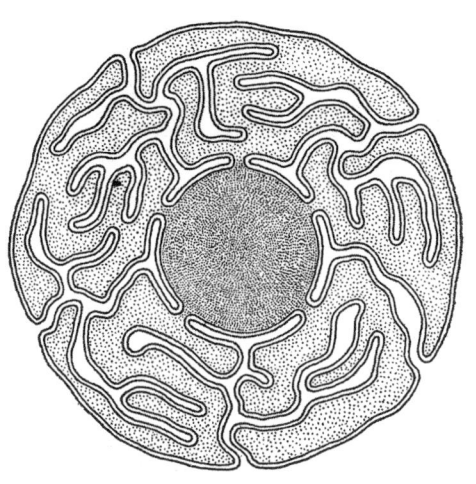

細胞核の大きさと比較して「境界」の大きさを示した図

す[11]。次に、川の土手について考えてみましょう。実際の川の流れにおける動力学のシステムと、それを取り囲む野原や土地の間に位置する区域のことです。ここでもまた、壮大な「境界」が存在します。土手という、特定の動植物や、独自の限られた自然環境が発達している浅瀬、泥地などの地域のことです。繰り返しになりますが、ここでも、独自の法則や、なくてはならない構造が存在します。ミシシッピ川の場合、高速の流れは、泥を運び、メキシコ湾を沈泥でふさぎます。このとき「境界」をつくる要素である土手ができてきます。土手は、メキシコ湾から遠く離れていて、海から100マイルほど離れた所に、川の「境界」を空からはっきりと見ることができます。リオネグロ川がアマゾン川に注ぐ地域でも、似たような現象を次の写真で見ることができます。

このような例から、他の多くの自然界のシス

アマゾン川に合流する地点でのリオネグロ川の土手とその大きな「境界」のシステム

第6章

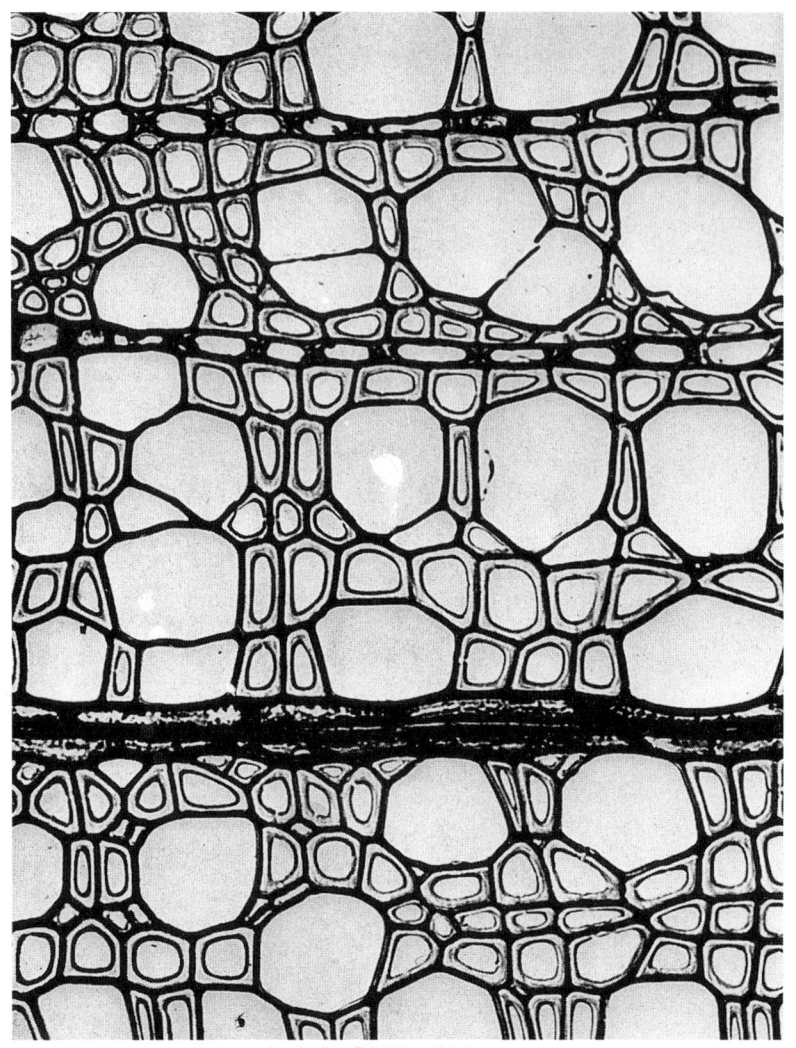

木の組織の「境界」の重なり

テムにおいても、ふたつの反応の間に存在する「境界」は、単なる大きさのない「境界」ではなく、それ自身が独特で首尾一貫した特性や形をもつ、確固たる区域だということは周知の事実でしょう。ですから例えば、細胞壁は、内側と外側のやりとりをコントロールするために、多くの化学構造が必要なので、細胞と同じくらいの厚みをもっているのです。肺の壁は、肺の「はたらき」のすべてが行われている、かわら状になった「境界」です。ヘモグロビンによって、酸素が吸収され、血流に取り込まれます。また、二酸化炭素を排出するために、カルボキシヘモグロビンが分解されます。原子の外側（それは電子の貝殻のようなものですが）は、原子核よりも遙かに大きいのです。そして、この外側の殻では、原子が結合して分子をつくるように、結合と相互作用が正確に行われています。

これらの事例は言葉の上で理解することはできますが、<u>一般的な学説</u>で、「境界」の出現を解説するのは非常に難しいのです。

4.4／交互反復

　第5章では、単純反復と「交互反復」の違いについて明らかにしました。自然界では、ほとんどの反復は、単純反復ではなくて「交互反復」です。なぜなら、単純反復には限られた数の「原型」しかなく、同じような条件のときはいつでも同じような「原型」が何度も反復するからです。例えば、原子は水晶格子の中で反復します。波は水面で反復します。雲は絹雲において反復します。山は山脈の形で繰り返されます。木も同じように、森の中で反復します。また、葉は木で、原子は結晶で、土の割れ目はかわいた泥の固まりで、花びらは花で、花は藪の中で反復します。

　このような自然反復において、繰り返されるまとまりは、派生的な構造（これもまた反復します）と入れ替わります。例えば、原子が反復するとき、電子軌道をふくむ空間も、同じように反復します。波が反復するとき、波と波の間のくぼみも反復します。山が反復する場合の谷、森の木々が反復するとき光が降り注ぐ下草の部分、葉が反復するとき太陽の光をすみずみまで行き渡らせる葉と葉の間の空間、泥の割れ目が繰り返されるとき割れ目の間に存在する固く一体化した土のかたまり、花

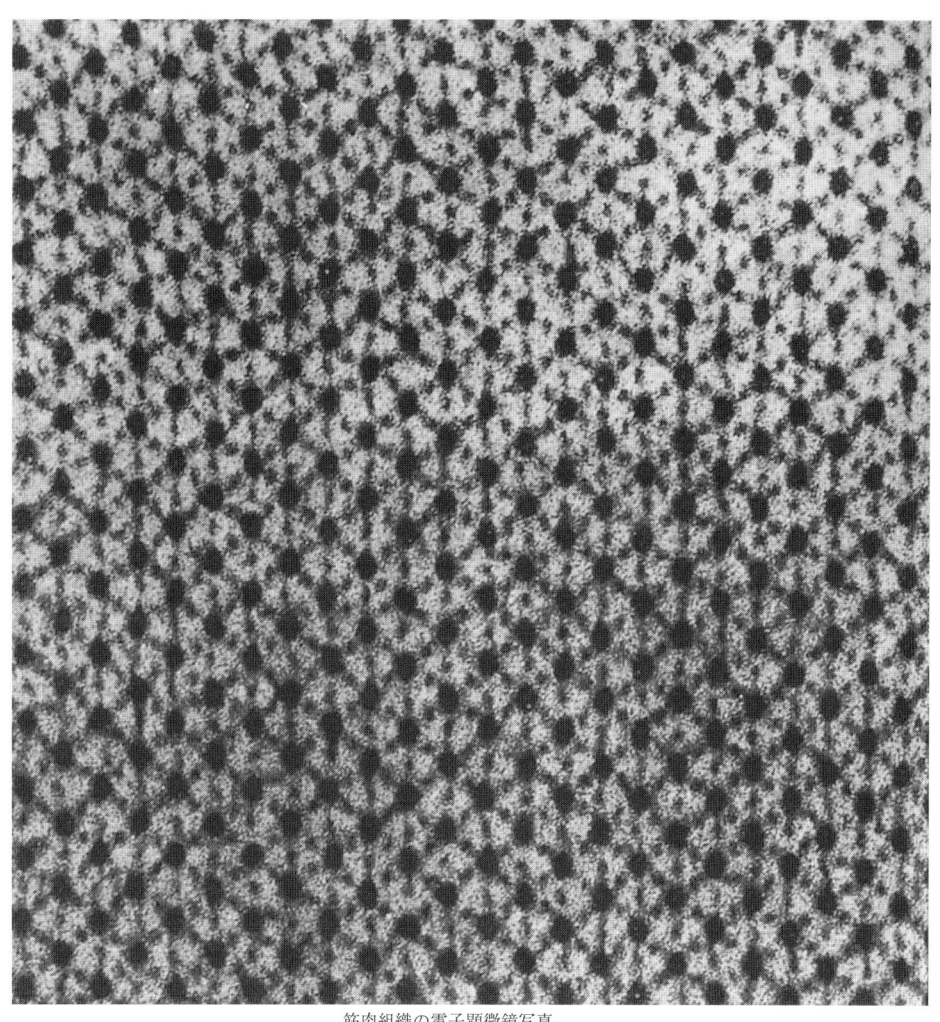

筋肉組織の電子顕微鏡写真

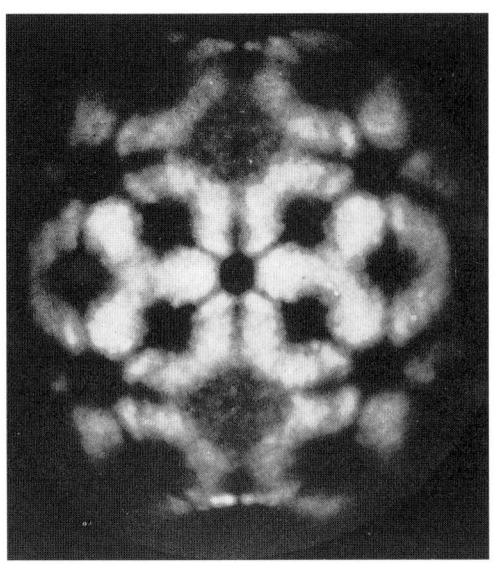

第6章

びらが反復するとき花びらの裏側にあり花びらと重なり合っているがく、やぶの中の花が反復する場合、花と花の間の空間、また、トラのしま模様が反復するとき、しまとしまの間の白の模様もまた反復されます。

　これらの事例（例えば、波とその間のくぼみなど）は、あまりに明らかすぎて、トートロジー（反復）のように見えます。まるで、次の繰り返し構造が表れるのが当然のように感じられ、物理的理由ではなく、論理的理由によって起こっているように見えてしまいます。しかし、そうではありません。すべての事例で重要なことは、派生的な二次的「センター」が対になって現れるということなのです。「交互反復」の特徴は、当然のように派生的な二次的「センター」が対になって現れることです。決して余りものとして出てくるということではありません。これは、ほとんどの自然界のシ

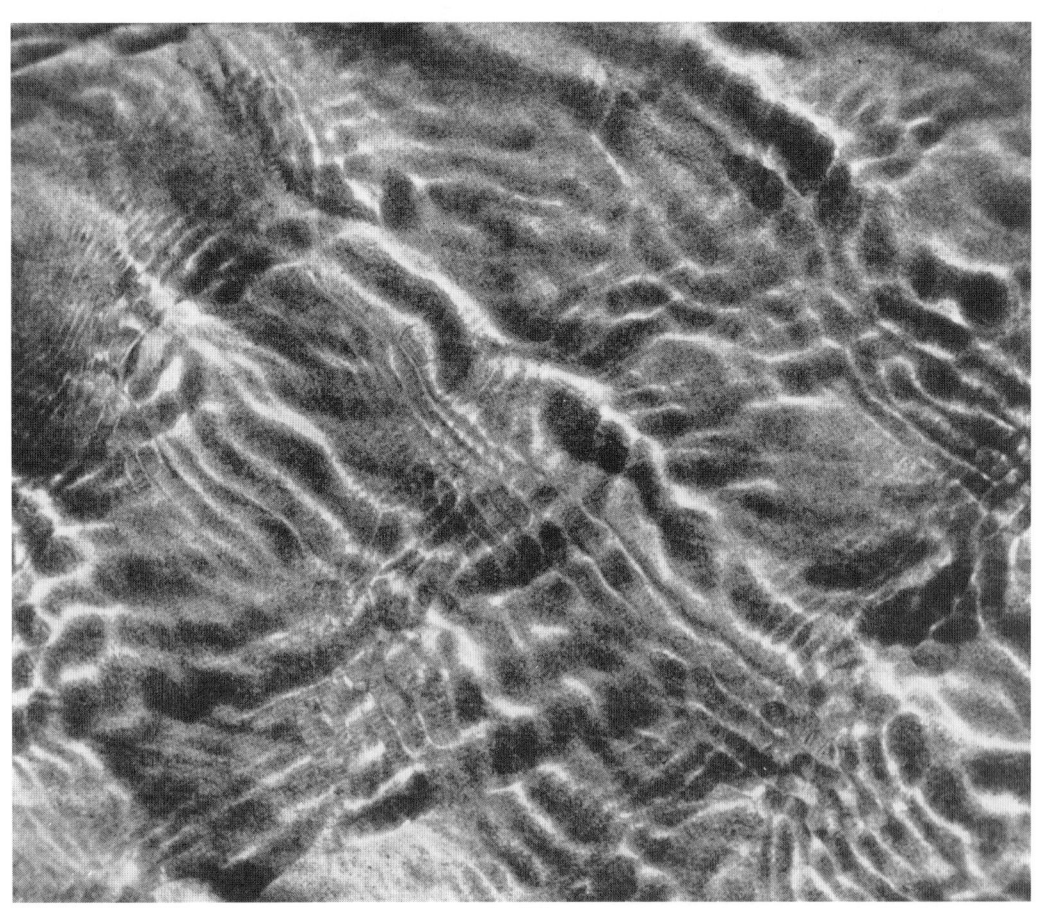

タングステンのウラニウム酸化物

水の波紋

自然における15の特性

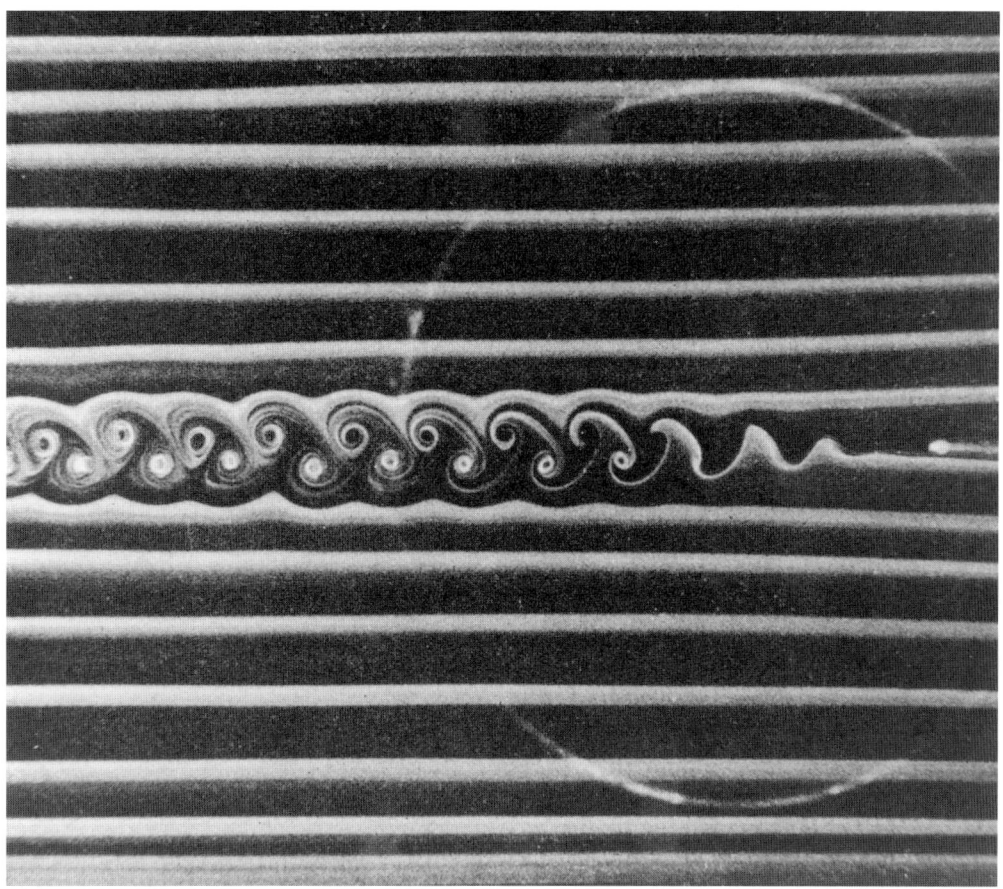

翼で起こる気流の軌跡：見事な交互反復の例

シダの葉に見られる交互反復

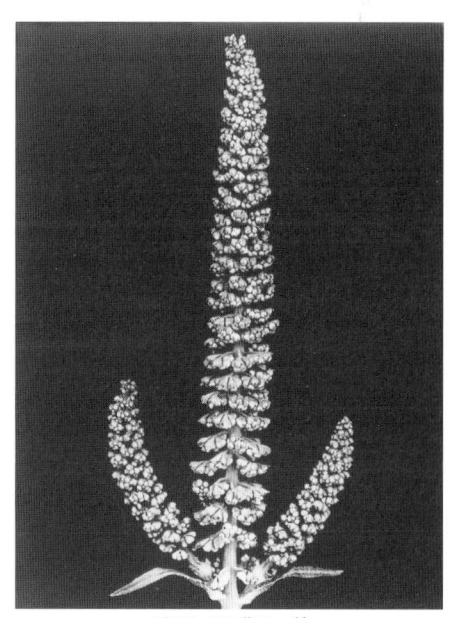

別のシダの葉の一種

第 6 章

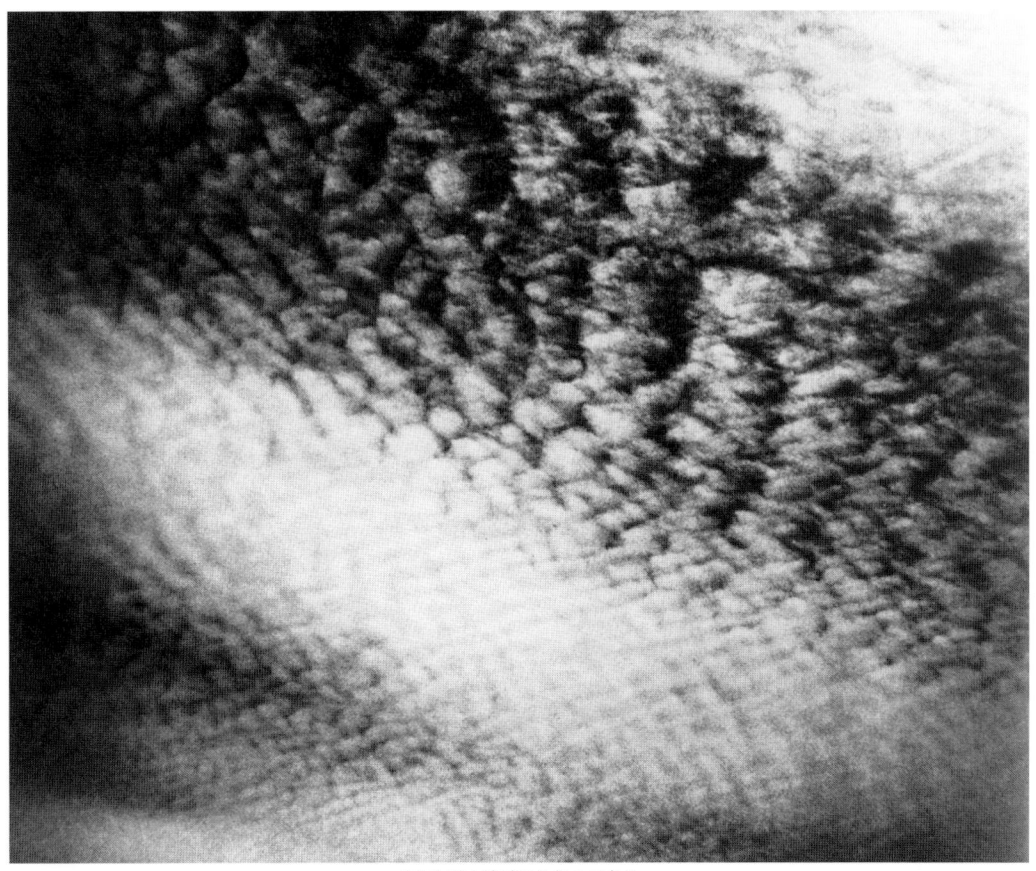

イワシ雲：鱗雲になりつつある

ステムの中で起こります。なぜなら、派生的な二次的「センター」は、独自の法則、作用、安定性を持ったシステムとして現れるからです。

また、派生的に反復するものの大きさが物理的に見ても、しばしば元の反復するものと同じような大きさの秩序を持つという点も重要です。上図のようなイワシ雲では、なぜ白い雲の部分とその間の大きさは同じなのでしょうか。水蒸気の形成運動は、ある決まった大きさの雲をつくります。この水蒸気の塊の中で水蒸気は水滴化し水蒸気の「取り去られた」空間をうみ出します。すぐとなりのゾーンでより密度の高い水滴が形成されると、その空間にある水蒸気は奪われていくのです。このように雲が形成されるにつれて、水蒸気で満たされた空間と満たされない空間とが交互に形成されて、私たちが見るような筋の模様となるのです。

この事例が明らかにしているように、私たちは、自然界の至るところにこの「交互反復」と同じものをみています。ある特定の例では、この出現は神秘的ではありません。しかし私の知る限り、この現象が広く一般的に見られることを予測、解説しているわかりやすい学説はありません。

4.5／正の空間

私たちは、さまざまな自然のシステムの中に、第5章で述べた「正の空間」とよく似たものを見ることができます。自然の中で展開される「全体性」の多くは、「全体」とその「全体」同士の間の空間とを合わせて連続的な統一体を形成しています。なぜなら、その独自の機能組織に従いながら「全体性」は内側から外側が形成されるからです。そのため、それぞれの「全体性」はポジティブになるのです。「正」となるためには「全体性」を保全しなければならないのです。

例えば（次のページのように）、石鹸の泡の集合は外側に向かって押し合っています。うまく釣り合いが取れているので、泡の壁は平らになっており、泡の内側の空間は「正」になります。次のページにあるふたつ目の例は、ゼラチンの上でインクが流れる様子です。インクの流れは、ゼラチンと全く同じ、独自の法則や圧力をもっています。同じようなことは、互いにぶつかり合い成長する、密着した多面的形状をもつ水晶にも見られます。「正」ではない空間をつくる単一の水晶とは違い、おのおのの空間は外側の水晶に押しつけられ、空間はすべて「正」になっています。

下図のような、磁器の表面のひび割れにも同じような効果を見ることができます。表面が冷やされると上薬が縮んでひびができます。ひびに囲まれた部分は似たような形になっています。なぜならひびは最大の力がかかった線に沿っていて、その最大の力を和らげるような形になっているから

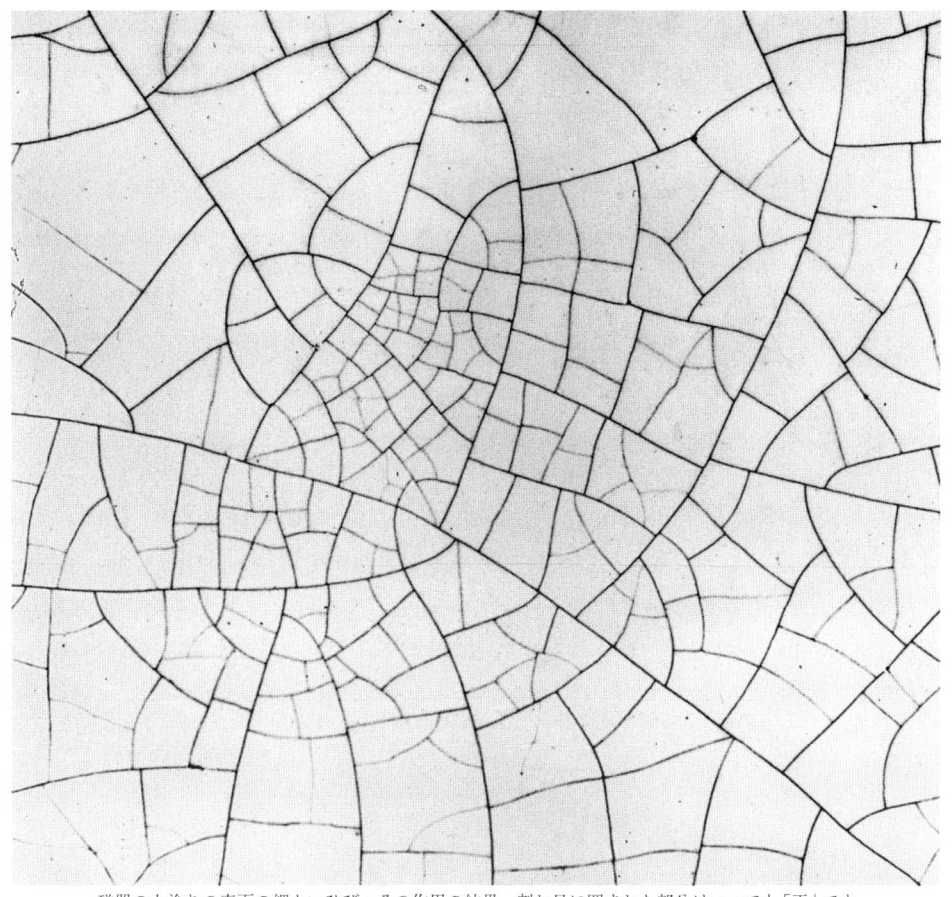

磁器の上塗りの表面の細かいひび：その作用の結果、割れ目に囲まれた部分はいつでも「正」です

第 6 章

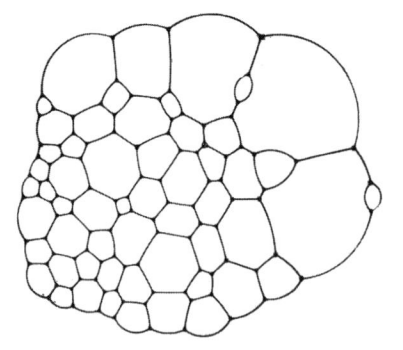

石鹸の泡：空間がポジティブな性質を持っている

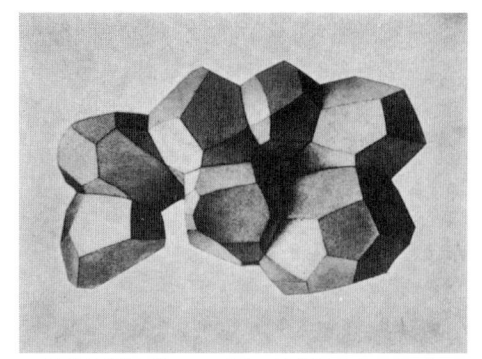

結晶多面体の塊：一つひとつが「正」となっている

インクとゼラチン：インクもゼラチンも「正の空間」を形成する

です。その結果、ひびに囲まれた部分はすべて「良い形」になり、多かれ少なかれコンパクトで概ね同じ大きさになります。表面のひびのエネルギーが放出されて、その「正」の形を確保します。

こうした事例では、空間の「正」（「センター」が凸状にコンパクトなまとまりを見せる空間とも定義しますが）とは、物理的な組織体系として、内部的な一貫性が外側に表出しているということを示しています。したがって私たちは、なぜそれは繰り返し起こるのだろうか、という直感的な疑問を持つでしょう。しかしこれも、一般的基準の解釈で明らかにするのは難しいのです。なぜなら、生きている「センター」という概念を語ることばがなければ、「正の空間」という考え方を明らかにはできないからです。

自然における 15 の特性

美しい葉とその間の「正の空間」

4.6／良い形

多くの自然界のシステムは、閉じた美しい形に構成される傾向があります。例えば、葉や、くずれる波のくねり、コヤスガイの貝殻やオウムガイ、イトシャジン、骨や頭蓋骨、渦巻、火山、滝の水が描くアーチ、馬のひづめ、ガやチョウの輪郭。また、バイオリンの弓によって、砂をのせた鉄のプレートが振動する「チラディーニ」と呼ばれる形状などです。これらのものは皆、自然の美しい形をもっています。

自然において、これらの美しい形が広く存在していることを理解するために、「良い形」は幾何学的な形をしていると知らなくてはいけません。それは、小さな「センター」群で強化されている大きな「センター」を含んだ曲線であることが多いのです。注意深く「クラドニの図形」を見てみると、一定の目立つ特性をもった曲線に気づきます。それは、おのおのの曲線がひとつの「センター」を取り囲み、さらに反対側ある「センター」をも囲んでまた曲線が戻ってきたりします。曲線のいちばんの特徴は、固定な中心点の振動によって形づくられる、曲線内部の「センター」が、二重のシステムになっているということです。そのおのおのの場合で当てはまるのは、大きな強い「センター」がさまざまな小さい「センター」に囲まれており、物理的なシステムの動きと結び付いている点です。独特の形をしているプラタナスの葉には、その先端に、完全な曲線と全く逆の曲線があります。それは、周囲の異なる部分の成長が、互いに影響し合っているからです。言いかえると、「良い形」ができるのは、それぞれの部分（完全な曲線の内側や、先端のとがった部分など）が「センター」となって存在しているからです。そしてこ

百合の木の葉：素晴らしい形

の「センター」は、成長過程の中で十分に発達します[12]。分子内の電子軌道においては、同じような理由で湾曲した表面がみられます。それは、曲線の相互作用から生じる三次元の「良い形」です。

自然界における「良い形」の出現は、多くの学者によって提唱されてきました。特にダーシー・ウエントウォース・トムソンが挙げられます[13]。しかし私は「良い形」は自然の至るところで生じているという一般的な解釈は明らかにされていないと思っています。なぜなら「良い形」という概念が、正確な定義でまだ明らかにされていないからです。繰り返しますが、生き生きとした「センター」という概念がなければ、正確にこれを解釈することはできないのです。

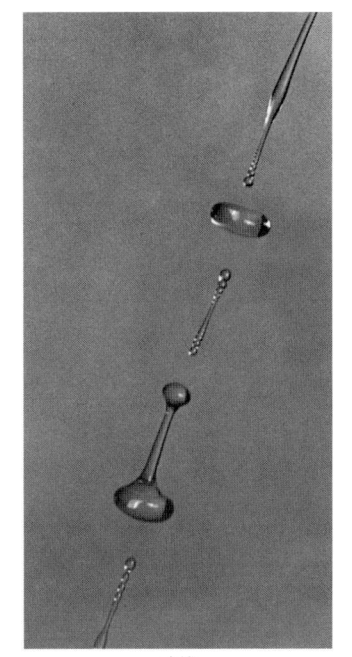

水滴

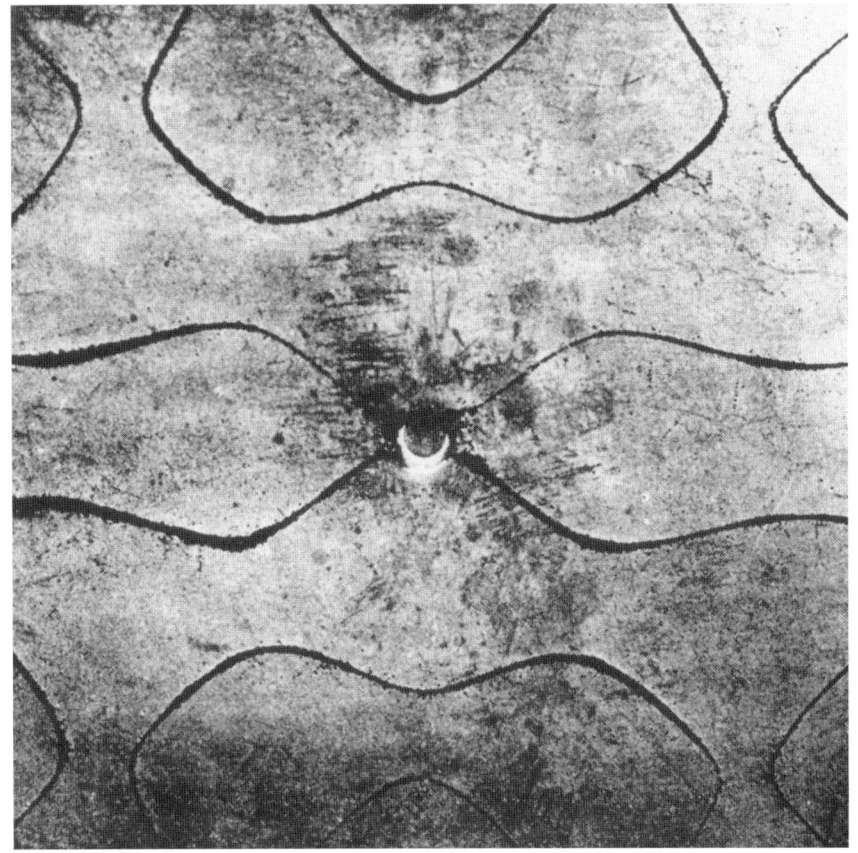

クラドニの図形：鉄板の上の砂をバイオリンの音で振動させてできる形

4.7／局所的に現れるシンメトリー

「局所的に現れるシンメトリー」は、自然の至るところで広く見られます。例えば、太陽は（概ねですが）シンメトリーです。火山においてはその中心の周りはそうです。木では幹の周りが、また水晶がそうです。人間の体では、左右相称と個々の部分（指や目、指のつめ、女性の胸、ひざなど）がシンメトリーになっています[14]。河川では流れの曲線が、クモの巣も、木々の葉も、また葉の表面にある静脈でさえも、多かれ少なかれシンメトリーになっています。植物では、全体でも葉のような隅々の部分においてもシンメトリーになっています。もちろん、「局所的なシンメトリー」は、単純な現象の中にも生じます。例えば、星が形成されるとき、回転する球体としてその回転軸の周りがシンメトリーになっています。垂直に落ちる水の滴は、その垂直の軸に沿っておおよそシンメトリーになっています。自由に流れる石鹸の泡もシンメトリーです。まっすぐな光線も、

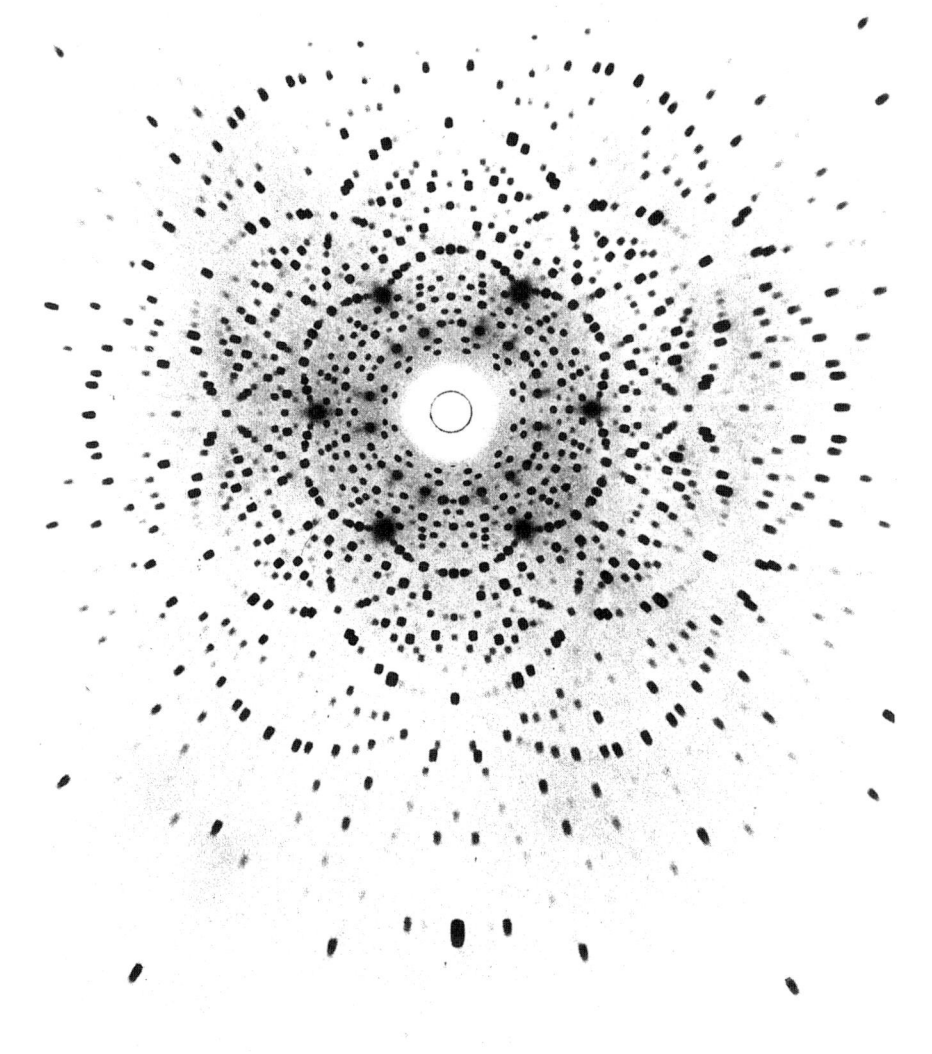

ベリリウム原子の散乱：かなり複雑なシンメトリーのパタン

自然における 15 の特性

結晶の成長

軸に沿って端から端までシンメトリーです。また、分子にもいくつかのシンメトリーの軸があります[15]。

一般的に、自然の中ではこれらのシンメトリーが生じます。非シンメトリーはありえないのです。非シンメトリーは力が加えられたときに現れます。例えば、空中を落ちる水の滴は、長さ方向では非シンメトリーです。それは、流れの広がりは落下方向によって力の変化があるからです。そしてその垂直な中心軸の周りの水平方向には力の変化がないのでシンメトリーになります。つまり、不つり合いにさせる一定の力がはたらかない限り、物体は釣り合おうとするのです。

また、自然界の中で「局所的に現れるシンメトリー」は、最小限のエネルギーや活動の法則とよ

第 6 章

アルミ表面の構造：ここには「局所的なシンメトリー」が多く見られます。まだ完全な結晶化をしていないものも成長しかけようとしているものもそうです。それぞれの成長の部分が「局所的なシンメトリー」になっています

御膳立花：もうひとつの「局所的なシンメトリー」の例

く似ています。例えば、石鹸の泡はシンメトリーです。シンメトリーになっている部分は、表面張力によって、潜在的なエネルギーを最小限にします。また、水晶もシンメトリーです。等しい粒子の連続的集合体は、幾何学的に粒子を整列させ、全体的なシンメトリーになります[16]。

これらの事象の大多数では、小規模なレベルまでサブシンメトリーが重なりあって存在するところが重要です。「ロールシャッハのしみ」は「全体」としてのシンメトリーをもっています。しかし、下位のレベルにおいては、意味のあるシンメトリーは見られません。この種の形状、つまり下位のレベルにおいては無原則ですが、大規模に見るとシンメトリーを持つようなものは、自然においてあまりないのです。では、いろいろな段階でシンメトリーを表わす雪の結晶と比べて見てみましょう。雪の結晶は、全体的に見てシンメトリーです。しかしそれは、「全体性」の中に細かく組み込まれたシンメトリーでできています。それぞれの枝は6回繰り返されます。そしてそれらは六角形の枝から伸びています。6つの枝の一つひとつ

は、その良いほうに向けて左右相称のシンメトリーです。そして、主要な6本の枝から、60度の角度で派生した小さな「芽」も、それ自身がシンメトリーです。この、複合的で重層なシンメトリーが、私たちに雪の結晶の「構造」の存在を確信させます。

自然界においてシンメトリーは、15の特性の中でいちばんよく知られた存在でしょう。このことは、今までに多くの研究者によって書かれてきました。そして、「局所的に現れるシンメトリー」は、とりわけ、アラン・ターニングの著 *Morphogenesis* の中で論議されました[17]。その後のシンメトリーの破れの研究の中で、一般的にどのようにして「局所的なシンメトリー」が形成され、また、さまざまな種類の物理的システムの中で普及していくのかが説明されてきました[18]。そして、この特性に関しては、一般的な理論で、自然界のシステムの至るところで見られる、局所的なシンメトリー構造から全体的シンメトリーの出現を説明することができるようになっています。

4.8／深い相互結合と両義性

深い相互結合は、自然界のシステムの中で多く発生しています。それは、システム同士が隣接すると、表面の拡張あるいは拡大に伴い容易に影響し合うためです。そこでは、その表面積は体積に比べて大きいためです。

有名な例に小脳の表面があります。表面積を増大させるため、そして周囲を取り囲む細胞同士のつながりを最大にするために、小脳は深いしわを寄せるのです。鉄の結晶における磁気の領域は同様な構造を有しています。ふたつの物質が有するふたつの領域は深く重なり合い一定の体積で膨大な表面積を接触させることになるのです。

両義性、つまり同様の現象は、重なり合うふたつの大きな異なるシステムが、あるひとつのサブシステムに同時に含まれる場合に発生します。この種のもっとも重要で印象的な例のひとつに、分子のケースがあります。簡単に説明すると、分子は、原子殻の外側にある電子殻を電子が取り巻く多重構造で決定されます。この特性に関して重要なことは次のようなことです。分子もしくは結合エネルギーの安定性は、電子殻の重なりの深さによって決まります。バーナード・プルマンの著作の表は、深く重なり合うほど分子が安定するということを説明しています[19]。

「深い相互結合と両義性」が浸透していることを説明する一般的な理論は、システム間の表面領域やそれらの反応、相互作用によって定式化されるかもしれません。このことを定量的方法によって完全に一般化が可能なように定式化することは難しいでしょうが、定性的であれば行えることでしょう。

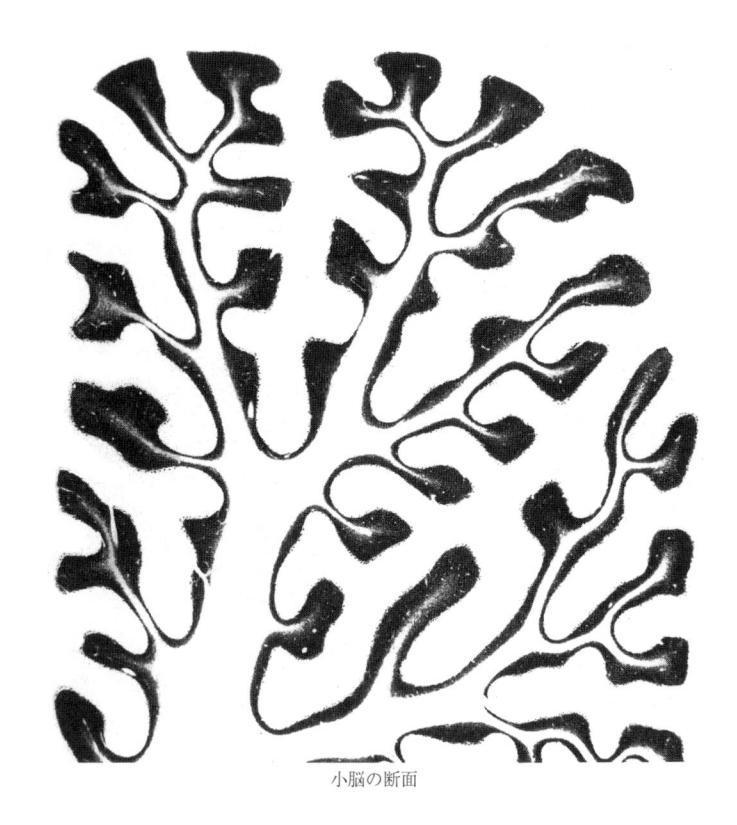

小脳の断面

自然における 15 の特性

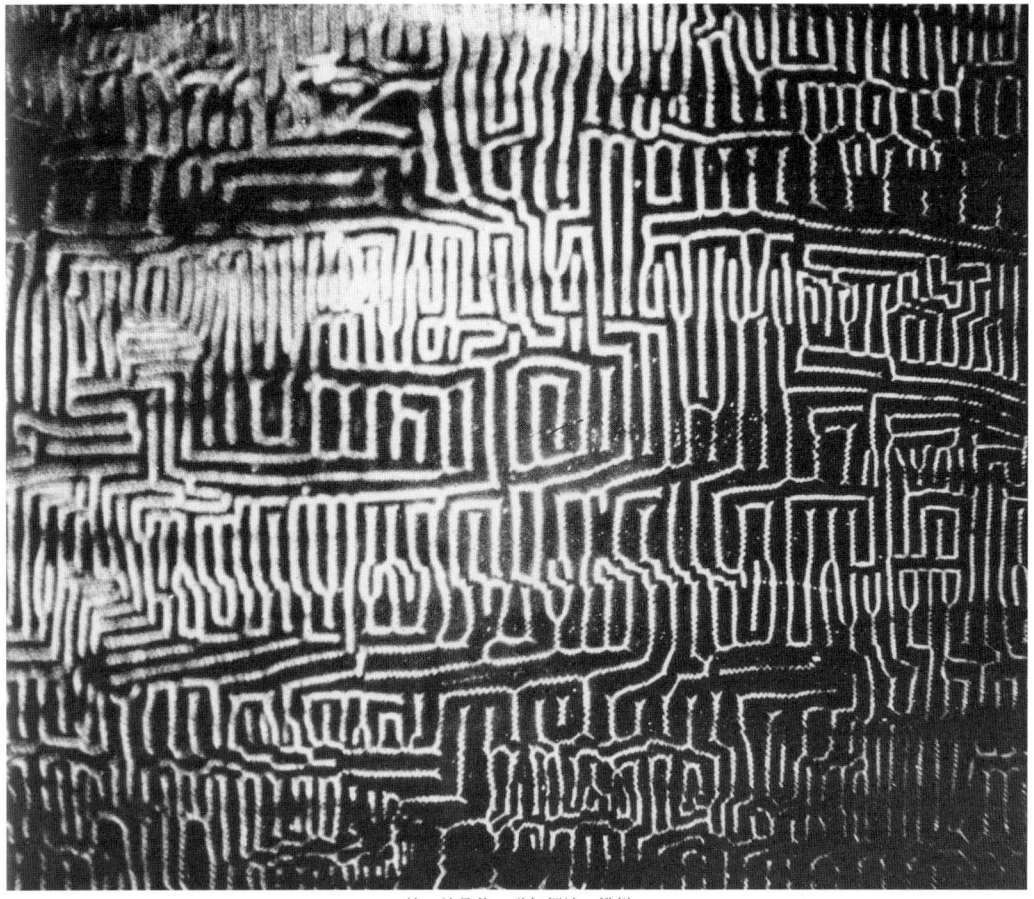

鉄の結晶体の磁気領域の模様

キリンが身にまとっている石積み状の模様

4.9／対比

おそらく数多くの自然界のシステムは、相対するシステム間の相互作用によって組織化され、またエネルギーを得るのです。このことは、次の素粒子の図に示すような根本的レベルにおいて見ることができます。素粒子には、粒子と反粒子、プラスとマイナスの電荷、チャームと反チャームクォーク、アップとダウンクォーク、反アップと反ダウンクォークなどが含まれます。

生物学的レベルでは、有機的組織体のほとんどすべてに、雌と雄の「対比」の存在がみられます。また、この特性は太陽の光の中を地球が回転することにより、昼と夜のサイクルの中で引き起こされます。さらに、化学反応による作用や、接触反応による固体と液体の「対比」の中にも見ること

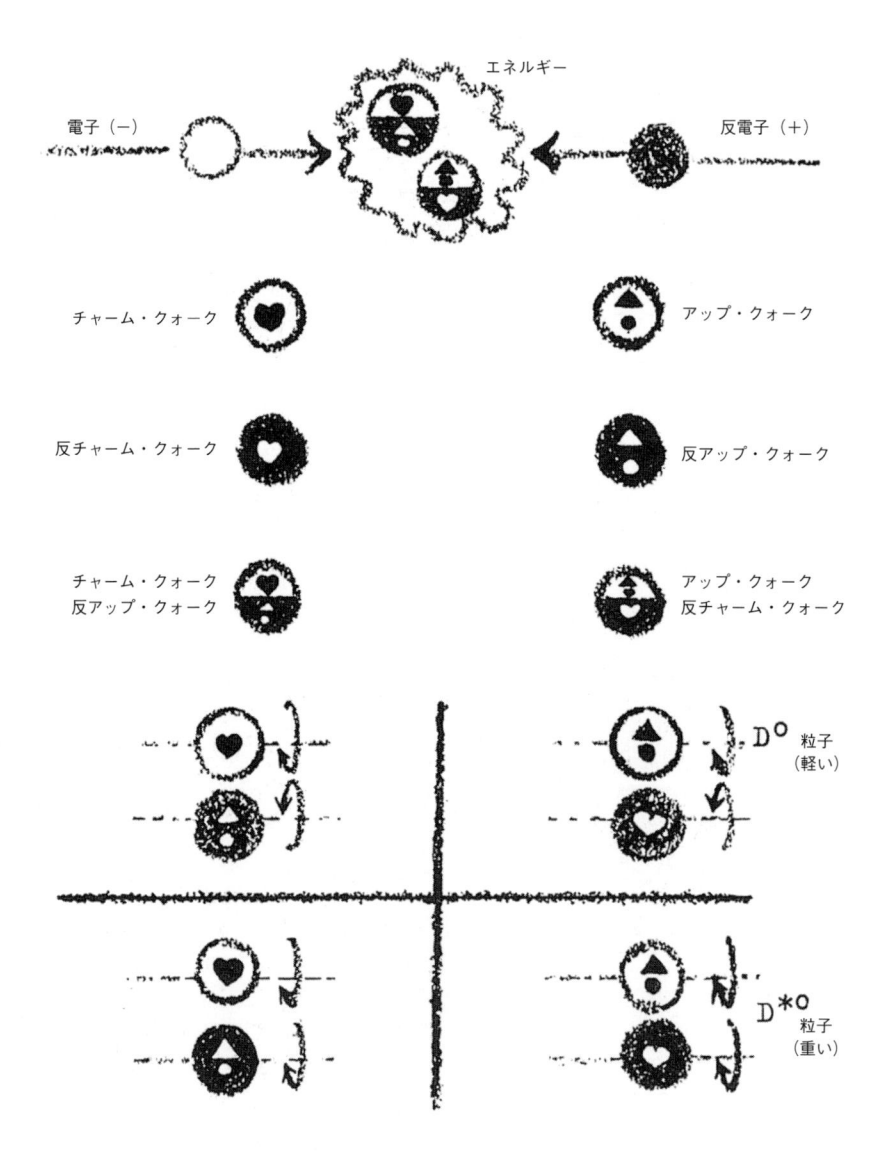

素粒子の相関図

自然における15の特性

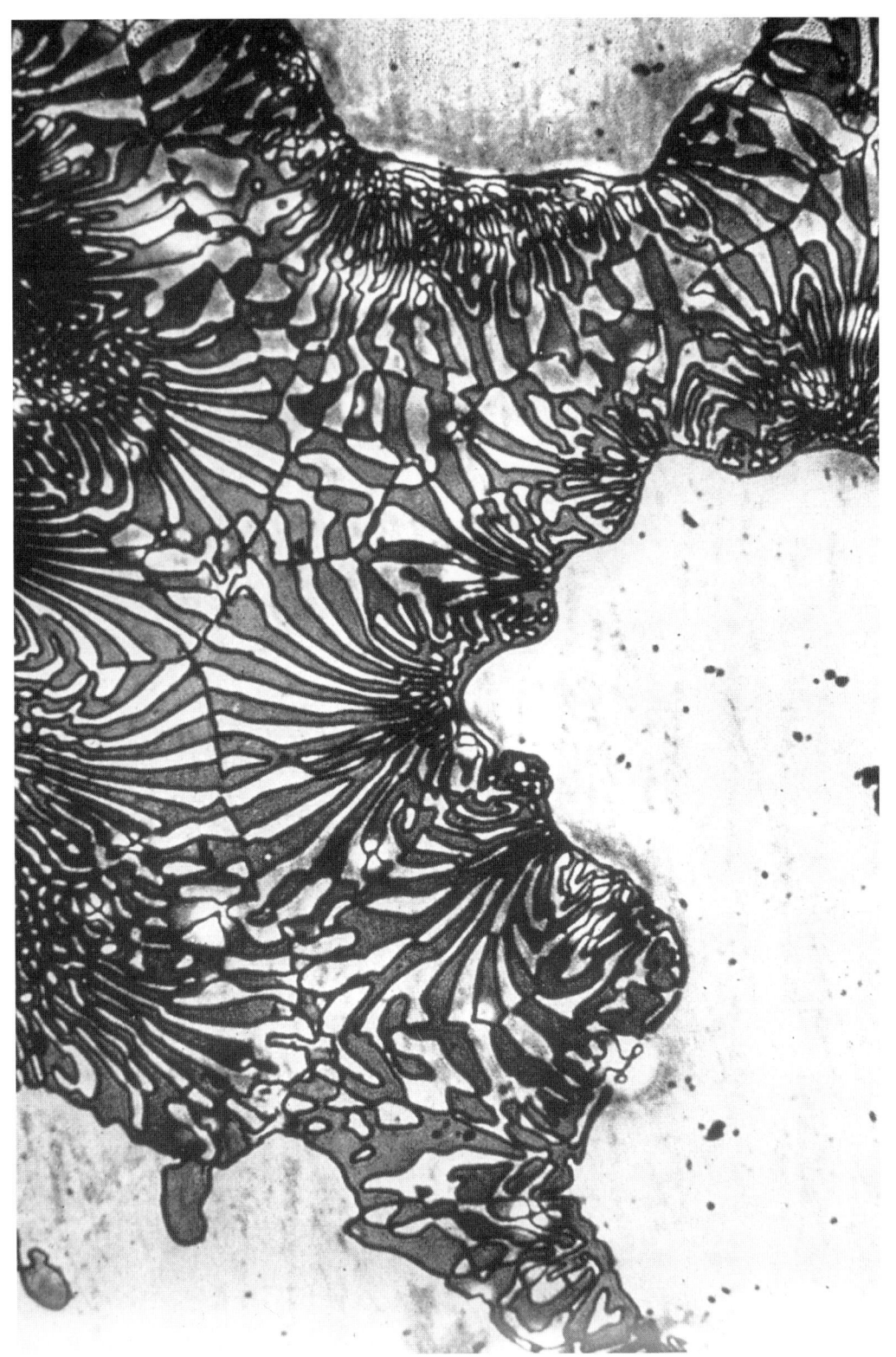

ベリリウムと鉄の混合物において、両者の相互作用の強さが模様となって現れています

第6章

ムラサキコチョウ

ができます。もっとくだけた例では、蝶が異性を魅了する蝶の表面にある明暗の「対比」の中にもそれは見られます。

他の特性と同じですが、特殊なケースで「対比」の機能が明確であったとしても、一般法則として説明し、予測をするというのはほとんど困難なことです。簡単な原理で、なぜ「対比」が自然発生するシステムの特性として必然的に現れなければならないのかを示すことはかなり難しいでしょう。「対比」とは認識によるものではないのでしょうか。「対比」は、私たちが認識をする上で必要なことであり、そのため私たちはそれを重要だと感じます。しかし、明暗や陰陽などの根本的な「対比」は、私たちの認識による産物では全くないのです。

その現象について私が一般的な説明に近いと思うものとして、スペンサー・ブラウンによる説明があります。数学を用いた彼の美しい説明は、ないものとあるものの対比（区別する特徴）から成り立っており、最も根本的レベルにおいてすべての構造と形式が「対比」からどのように生じているのかを示そうとしています[20]。しかし、なぜ「生命構造」のあるシステムでは、他と比べて力強く「対比」をもつのでしょうか。それは神秘的なものとして残されています。

4.10／段階的変容

「段階的変容」は、自然界で大きな役割を担っています。量的なものが自然界のシステムに従って変化するときはいつでも、空間的に「段階的変容」が形成されます。例えば、山を登るとき、高く登るほど気温は寒くなり、空気は薄くなります。段階的に変化するこの条件下では、木々はよりまばらになり、さらに芝や岩となり、そして最終的には岩と氷になります。

電場においては、場の力は電荷からの距離に応じて変化するため、強さの段階性が形成されます。成長する植物や胚においては、化学的な「段階的変容」が異なった成長ホルモンの集中により引き起こされます。そしてそれらは細胞の隔壁や細胞の種類の形成をコントロールし、それゆえ生物が成長する過程において形態の「段階的変容」に影響を与えるのです。

川においては、川岸付近に水流の乱れや速度などの「段階的変容」があり、波が崩れてできる波しぶきの周りには滴の大きさに「段階的変容」があります。また、ほとんどの現象はその外縁部に視覚的に判断できる大きさの「段階的変容」を表します。生物は、化学的ホルモンがある中心から外側に集中するなかで変化しその結果として成長します。木は中心から外側に向かって小枝の大きさを段階的に変化させます。温度変化のある地域では、氷の結晶は段階的な振る舞いを見せます[21]。

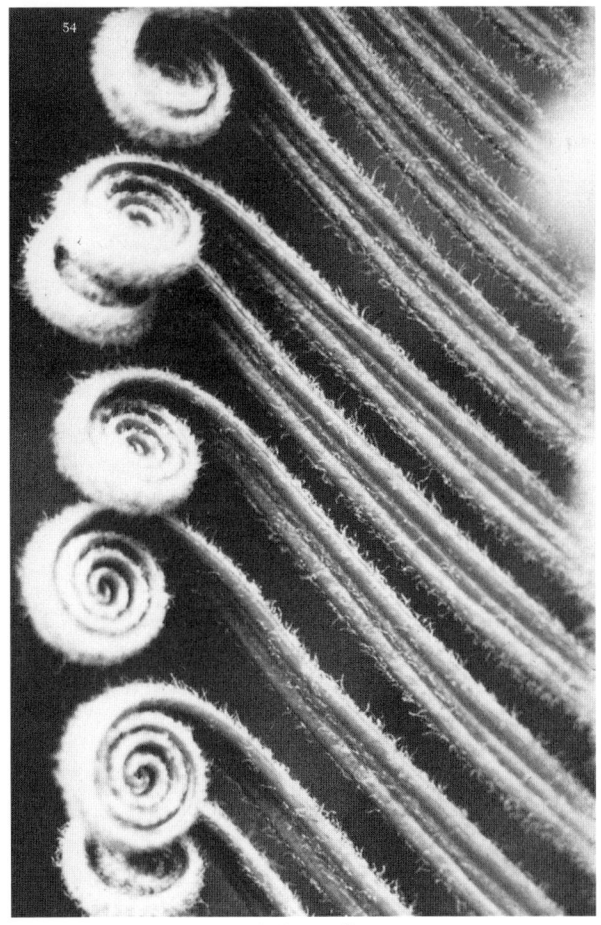

サゴヤシの葉

第 6 章

ヒマラヤの丘の「段階的変容」

成長による構成要素の大きさの「段階的変容」

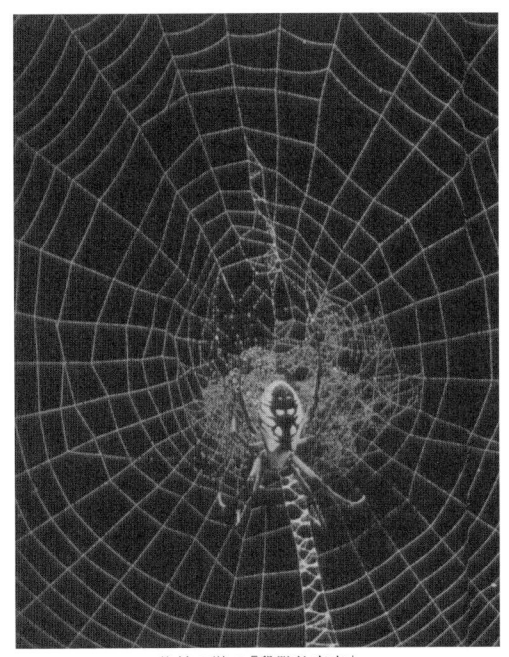

蜘蛛の巣の「段階的変容」

　規則性のある「段階的変容」を考えるには、微積分学が基本になります。実際、この数学的手法は、多くの自然現象に対して密接に反映されており、それは数理物理学の成功によって基本的に信頼できるものなのです。電磁場や流体力学の場、重力場における「段階的変容」に関しては、テンソルの微積分学が役立ちます。そしてそれらは数多く存在する物理現象について強力な分析結果を与えてくれます。

　これらの「生命構造」が岩や植物、動物といった環境の中で安定的に存在しつつ、なぜそのように浸透し目立つ形態で「段階的変容」をもつのかを複雑系理論は説明してくれますが、その理論で一般的な自然まで、説明してはいません。

4.11／粗っぽさ

「粗っぽさ」、または、不規則性というものは、自然界のシステムに広く浸透し現れます。それは、明確な秩序と三次元空間の制約との相互作用の結果として現れるのです。

例えば、1本のトウモロコシの穂にある実はすべて数珠のように連なっていますが、つぶされた場合にはそれぞれの実は少しずつばらばらの状態になります。それは、取り付いている芯の形の複雑さに合わせているためです。また、海の波はすべて同じようですが、風や速度、周辺の波との配置の変化に伴いそれぞれの波は異なっています。エンドウのさやの実は、すべて概ね球形ですが、さやの形状によって大きさが異なります。小枝の線は概ね直線ですが、より小さな小枝が伸びる個所でふしくれだったりしています。山の傾斜は概ね一様なものですが、岩が存在することでより大きな傾斜になっている個所や水がたまっていることで水平になっている個所などがありその一様性は分断されます。

結晶のように規則的に見えるものでも、位置の

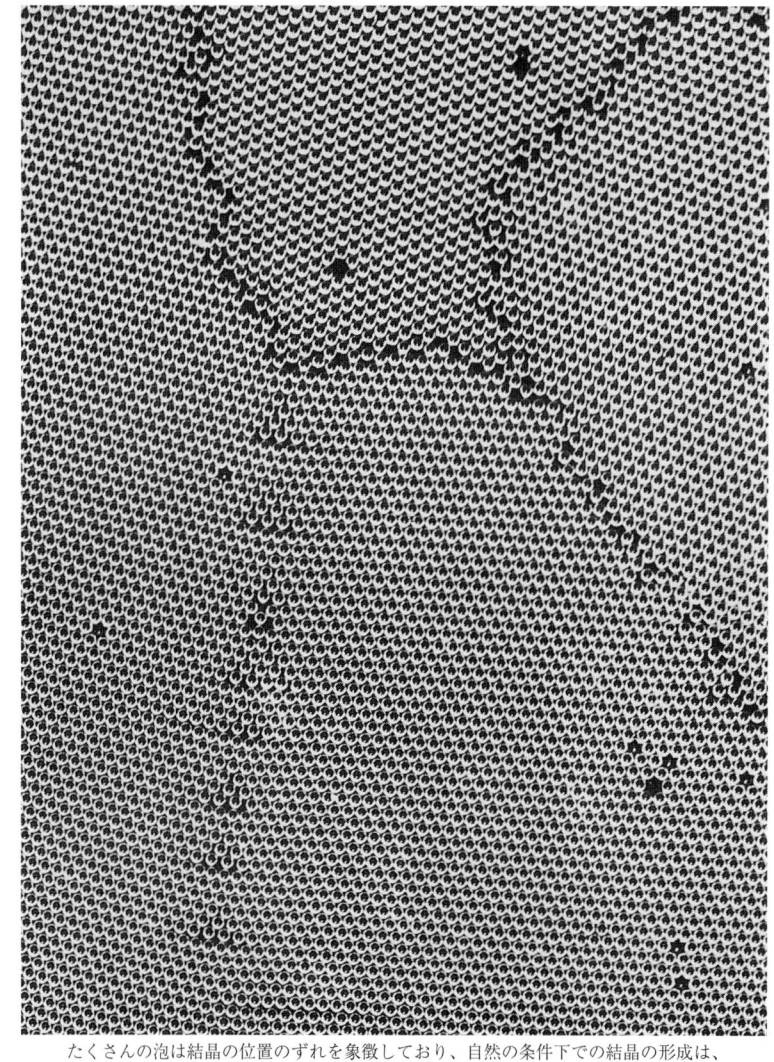

たくさんの泡は結晶の位置のずれを象徴しており、自然の条件下での結晶の形成は、
「粗っぽさ」が不可避であることを示しています

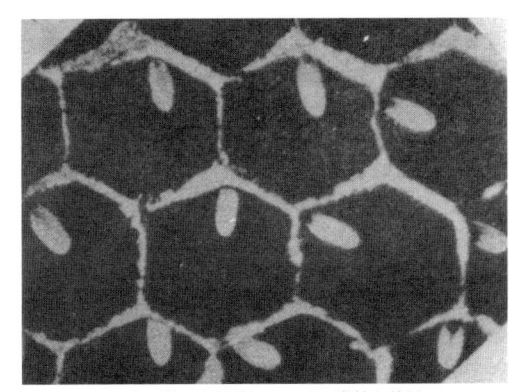

ハチの巣の小部屋についての微妙な差異

ずれという不規則なものによって分断されてしまいます。これは誤差のわずかな増加でも、周期性や格子構造の正確な連続性を不可能にしてしまうためです。しかし今日では、結晶の位置のずれは通常の結晶の成長において不可欠な特徴であることが理解されています[22]。規則的であろうとしながらも不規則性である世界は、普通と異なる配置によって分断されながらも、大抵ある規則性のレベルには達します。それは空間の三次元的制約に逆らっても規則性を導きだそうとする力によってうまれるのです。

自然の「粗っぽさ」のすばらしい一例として、ヘルマン・ワイル氏によって紹介された放散虫があります。この生物の外郭は六角形のメッシュで形成された球面です。よく知られたレオンハルト・オイラーの定理では、辺と頂点の数が正しくあわないと、六角形のメッシュで球面はつくれないことが証明されています[23]。そのような空間自体の特性により、放散虫でも6辺よりも少ないセルをもつはずで、実際にセルの5パーセントは五角形になっています。これは「粗っぽさ」の質というものが具体的にどのように起こるのかを示しています。つまり「粗っぽさ」は、不正確さや「ずさんさ」によって引き起こされるのではなく、明確な秩序とその空間や配置との間に不適合が部分的に生じ、それによって引き起こされるということなのです。明らかにこれは、それ自身の目的のためではなく、より大局的な規則性を形成するため、不規則の部分をつくっているのです。

それほど鮮明ではありませんが、生き物の模様や外皮において同様のことが見受けられます。シ

オウムガイの殻にある変化する溝のサイズ

第6章

シマウマのしま模様にあらわれる「粗っぽさ」や明確な不規則性

マウマのしま模様は単に複雑な外皮の表面と規則的な形成過程との相互作用によりできたものです。仮に完璧に規則正しく馬の体にしま模様を描いたとしても、それは全く適合していないことでしょう。それは実際のシマウマ模様に比べて規則的でなく、秩序的でもないようなものに見えてしまうことでしょう。繰り返しますが、明らかな不規則というものはできる限り秩序的になろうとするシステムの試みから起こるのです[24]。

魅惑的なことですが、原子の集合体は完全な繰り返しという様態が果てしなく続く典型例と考えられますが、その原子でさえとなり合う原子から微小な電子軌道や境界条件が引き起こす相互作用に伴って、変化することは今日知られています。最近になって初めて結晶内の個々の原子とその形を、写真によって物理的に見ることができるようになりました。規則的に配列した各原子でも、その位置によってわずかに違いがあるのです[25]。私の知る限り、「粗っぽさ」というものは、形態論的に局所的な適応を含むシステムの必須な特徴として今まで捉えられていませんでした。

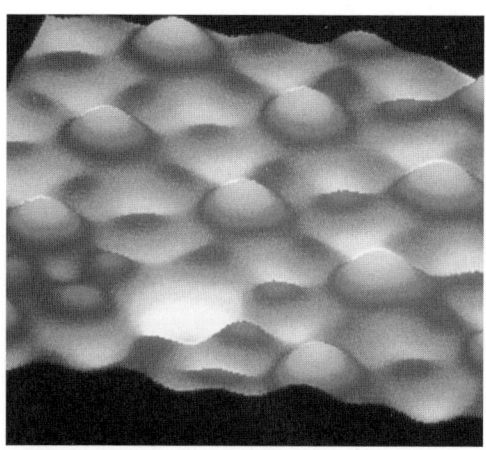

珪素原子の写真を見ると、それぞれの原子は微妙に異なっています。電子軌道は、一般的には同じなのですが、相互作用によって規模や位置がわずかに異なるものが形成されます

4.12／共鳴

多くの自然界のシステムでは、深い根源的なプロセスは、最終的に幾何学的な形体を与え、そのシステムの安定構造へと導きます。このプロセスは、ある特有の角度や均衡を何度も何度も繰り返します。これらの角度と均衡は安定的な特性であり、部分的には違っているように見えても、そのシステムやその一部分の形態論的特性を決定します。例えば、ある年老いた男の顔はごつごつした特徴をもっており、それは鼻や眉、あご、無精ひげ、のどに見受けられます。皮膚の張りや弛み、風化などの同様の変化は、何度も同じような角度の組み合わせが繰り返されます。それこそ

日に焼けた顔にある同じ線の連なり

第6章

X線でみたユリが示す相似的形体の「共鳴」

　が人の顔の異なる部分でも美しく一貫した特性を与えるものなのです。

　ユリは特徴的な曲線とそれと同様に繊細な均衡を保ちます。それは異なった構成要素の中で類似した成長過程によって形成されます。その結果として、その葉柄、花びら、雄しべなどすべてに、同様の均衡や同様の角度の組み合わせがあり、私たちはそのシステムに「共鳴」を感じるのです。類似的特性つまり「共鳴」とは、成長の法則にある重要なサブシステムの結果なのです。木々の樹液の流れに関するピーター・スティーブンスの詳細な研究事例によると、ある種類の木が枝を伸ばすとき、角度を常に同じようにする仕組みをもつのは、樹液の粘性と関係しておりエネルギーを少なくする活動の結果なのです[26]。

　一般性のある理論を求めるならば、「共鳴」というものは自然界に現れるものと言えるでしょう。なぜなら、どんなシステム内の異なる部分にも、一様な成長過程は自然的に同一形態を形成させるからです。しかしながら、自然界における「共鳴」の出現を説明できる正確な理論はいまだに定式化されていません。

自然における 15 の特性

エベレストの北の尾根にある特徴的な岩のパタン：繰り返される形状の「共鳴」により、同じ角度が繰り返し現れている

4.13／空(くう)

小さなシステム間の分化が発生するのは、大きくてより安定したシステムのもつ「静けさ」に関係しているという事実がありますが、「空(くう)」というものがそれに相当します。

そのため、小さな構造はより大きくより同質の構造の外縁部に現れる傾向があります。このことはプラズマ物理学の例にすれば、銀河系システムの形状に示されます。そこには同質性の高いゾーンとそれを取りまく混み合った境界ゾーンがあります。境界ゾーンの構造はより激しく密度がとても高くなっています[27]。

なぜ複雑系システムにおいて「全体性」を保つために「空」が発生するのかということは、いつか一般的な理論にまとめられるでしょうが、まずその手がかりとなるのは、説明はしませんがフラクタル幾何学の一般モデルなのです[28]。これ以上の説明はほとんどありません。

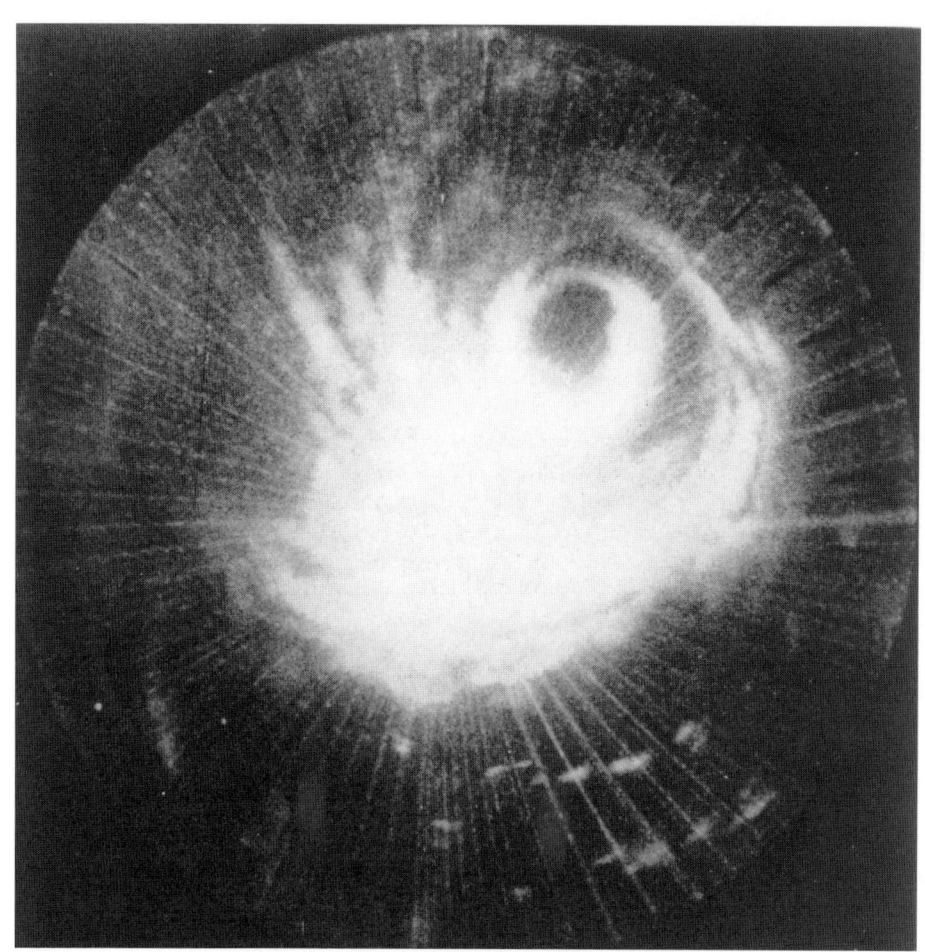

大きな暴風の目

自然における 15 の特性

渓谷の中の「空」

第6章

「簡潔さと静謐さ」の例として、サハラ砂漠の孤立した木が挙げられますが、これは終わりなき砂漠のなかにある小さなオアシスであり、このことは「生命構造」の特徴としての「空」の永続性を簡単には説明できないことを表しています。
　細かな複雑構造は巨大な反復する簡潔さ（サハラ砂漠）とは対照的に現れています。この特徴はなぜ繰り返されるのでしょうか？

4.14／簡潔さと静謐さ

一枚のイチョウの葉の穏やかさ

「簡潔さと静謐さ」は、自然界のシステムにおけるオッカムの剃刀（無駄をそり落とすこと）です。自然界に形成されるおのおのの形状は、それぞれが関わる条件の下でもっとも単純なものとなっているのです。

例えば、ミッチェルの理論では典型的な三次元の葉の形状は、その平面や断面が端から端まで変化する特徴をもっており、腕木が等分布に荷重を受けるときの最小重量構造となっています。それゆえ葉の自然な形状は「理想的」で軽くて単純な形状に近いのです[29]。煮えた液体の表面は単位質量あたりのエネルギーがもっとも小さい形をとっています。多くの自然発生的な形状はこの種の最小原理により起こっています[30]。

自然界はなぜこれらの最小エネルギーの原理に従うのかということは、驚くべきことに全く明らかになっていません。しかしながら、第2巻第1章で議論しますが、最小作用の原理については、単純さと効率さの観点からかなり昔より公式が与えられています。それは高度な一般則の条件に近似します。

トスカーナの景観の簡潔さ

4.15／不可分であること

「不可分であること」は、どんなシステムにも完全な分離というものはなく、またすべてのシステムの各部分が常により大きなシステムの部分であり、より深遠な相互作用において関係しあっているということです。

すべて物体の相互作用は、20世紀後半に科学の分野で広く議論された量子物理学の観点から把握することができます。しかし、これを直接的に扱う実際の科学的調査はほとんどありません。このことに関わる理論の例については、理論から少しばかり離れて、つながりが見えないところまで隠喩的に拡張しなければなりません。

一般的な洞察方法はマッハの原理によって与えられました。それによると、すべての粒子は深い部分でつながっているというものです。重力そのものや重力定数Gは世界の物質の総量に依存しているため、すべての粒子と直接的に関係しているのです[31]。

現在の理論では、このことはベル理論で知られる原理に関係していると理解できるでしょう。それは物質と空間の構造は深い部分で結びついているため、世界の部分は一般的な機械的なもしくは因果的な変換過程によることなく結びついているのです[32]。

この特性や前述のふたつの特性（「空」「簡潔さと静謐さ」）はとても複雑であり、現在の私たちのように機械論的な認識をしていては、正確な言語で形式化することや、そのような現象がどうして起こるのかを示す一般的理論を与えることは全く困難であり、むしろ詩的なことと言えるのです。

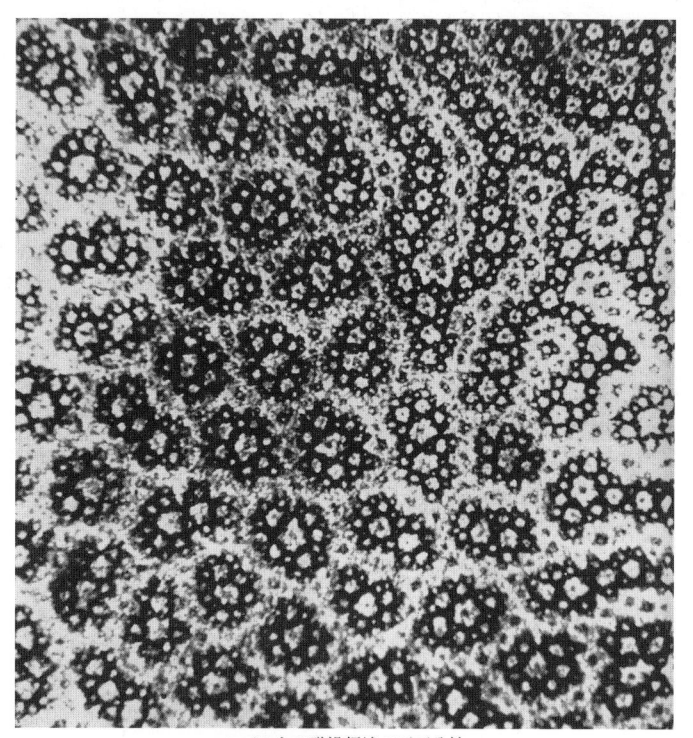

コバルトの磁場領域の不可分性

池の淵での不可分性

5／なぜ、自然の中に15の特性が生じるのか

本章で示した例から、自然の中では15の特性が繰り返し繰り返し現れることが理解できたと思います。それは、あらゆる規模で繰り返し起こります。——素粒子や、原子、結晶、有機体、岩石、山岳、森林、広域的な自然現象、そして、大規模な水の振る舞い、気象など。そして、植物、水の流れ、雲、動物たち、花、渓谷、そして川など。つまるところ、自然の中至るところに現れています。——明らかに、普遍的な展開のシステムとなっているのです。

第6章

　実質的にはいつも、ある与えられた例における「センター」の特定の構造は、従来の考え方における機械的な力とプロセスの結果として説明できます。例えば、山の傾斜は、繰り返し現れます。なぜなら、どのような角度であっても、物は転がり落ちるからです。その結果、山の形を形づくる傾斜、岩、頂の共鳴が生まれるのです。水の滴りが飛び散って、ほとんど球形の美しい形をつくります。それは、その滴の表面張力が引っ張りあい、その最小の表面積になろうと動き、風の摩擦や、重力、そして弾性力も多少かかわりながら、球形を形づくろうとはたらきかけるからなのです。

　しかしながら、このような機械的な説明は、特性そのものがそのように現れ続ける理由を説明してはくれません。特性は幅広い規模にわたって現れています。まさに、「日常的」なスケールの中に現れているのです（まさに、私たちの身の回りの規模の中にです）。加えて、極小の世界、素粒子の世界同様、銀河の規模、宇宙的規模の中にも現れているのです。つまり、これらの幾何学的な特性は自然の中ではすべての規模に普遍的に現れるものなのです。しかし、そうであるにもかかわらず、先ほども述べましたが、一般的な解説、あるいは一般的な理論で、なぜ実在する特性がこの世界の中で繰り返し繰り返して、例外なく現れるのかを説明することは、通常は困難なのです。

　この議論をもっと詳細に説明してみましょう。「境界」の例で考えて見ましょう。なぜ、「広域な」あるいは「太い」「境界」が、異なる仕組みの中で、繰り返して現れるのでしょうか。人間の赤血球には厚い「境界」がありますが、それは処理領域が必要なためであり、そこで細胞内に取り込まれるものが細胞核に到達する前に選別され、分配されるためなのです。一方で、リオ・タパヨスも広大な「境界」を持っています。そこではアマゾン河の水が入ってきています。河から来たシルトの沈殿物が、大きいほうの河になだれ込みます。その結果、流れの両側に沿って島の連なりが生まれ、それらが100マイル近くも連なっています。その結果として「境界」が生まれます。そして、太陽も太い「境界」を持っています（コロナです）。それにもまた異なった理由があります。そこでは太陽内部の高温から外の低温に至る温度の変化があ

ります。これらのふたつの領域の間で相対的に冷えつつある領域は、信じられなくらいの広大な空間を占めます。それは、10万マイルの広がりで、そこではプラズマ現象や炎、太陽の内部とはまた異なった放射などが生じています。つまり、巨大な「境界」が実際に、3つの事例の中に出現しているのです。——しかし太い「境界」が存在する理由はそれぞれ全く異なっています。

　それは偶然と言えるのでしょうか。とてもそうは思えません。厚い「境界」の存在を意味のないもの、あるいは偶然の一致として無視することは不可能に思えます。「境界」という特性が繰り返して生じることに対する高次の説明がきっとあるように思えます。そして、より一般的に、15のすべての特性が自然界の中で繰り返し現れることを説明する高次の理論があるはずだと思えるのです。

　この説明はどんなものになるのでしょうか。第5章で学びましたが、15の特性は、実在する「センター」がそれぞれ相手の「センター」を強め、大きな「センター」を形成することができるための15の異なる振る舞いのことです。

　それならば、普段使っている言葉よりも、機能について説明するより普遍的な言葉があれば良いのです。——その言語は、最も本質的な繋がりと、仕組みの中にある関係を示すためだけのものであり、「センター」を基礎とする言語です。そのような言語ならば、特性を明快に、さまざまな定常システムや半定常システムの構造的補完機能を持つものとして、説明できるでしょう。まさに私が提

コロナの写真：
太陽と宇宙空間との間の何十万マイルにわたる「境界」

案した第5章の15の特性は、おのおのの相手の流れを持続させる原理なのです。そして、さまざまな定常システムや半定常システムの中で成立している自然界では、これらの機能の全体に、私の提案が当てはまると思うのです。システムの副次的な「全体性」の間にある「持続性」を支持するのが15の特性の役割でしょう。

この視点から、太陽の「境界」の特性を考察してみましょう。コロナは数十万マイルの広がりがあります。それが、太陽の内側との間の中間の領域を占めています。太陽の内側では核融合が生じ、冷たい領域が太陽の外側の部分に広がっています。この、中間の境界領域では、ある空間的な動きが発生します。そこでは、磁性体から太陽のプラズマへ、全体システムの均衡を保つような動きが発生します。この場合では、完全な調和、すなわち境界層の「全体性」が、太陽の内部の完全な調和を保つのを助けるという重要な役割を担っていることがわかります。

一方では、細胞核の「境界」も生きた細胞の「全体性」や安定性を持続するという重要な役割を担っています。そして、リオ・タパヨスの流れの「境界」やアマゾン川のシルトの堆積も、川の流れの結果自然と生じたものです。それらもタパヨスの川の流れをダイナミックに自然にアマゾンの川の流れから分離し、それを持続しています。

もちろん、これらの説明可能な議論が、なぜ自然界のプロセスが持続的なシステムを創造しようとするのかを説明するわけではありません（この問題は第2巻で取りあげます[33]）。しかし、観察をしてみると、その存在のために、どのような根拠であれ、「境界」が自然界のシステムの一貫性と持続性に寄与していることがわかります。同様のシステム上の理由で、——同じ議論を進めると——他の14の特性もほぼすべての自然界のシステムの中で現れます。それが、機能的に持続したり、半持続することで、一貫性と持続性に対して何らかの形で寄与するのです。15の特性のそれぞれが特徴的な本性に何がしかはたらきかけて、自然界のシステムの完全性や生存を持続させているのです。これらの特性が現れることは世界の持続性と強健さに結び付いているのです。

これらの特性は、極めて基本的な振る舞いを表現しています。その中で空間がつくられるようになり、特性を形成し、形を成し、独自の構造を形成していきます。その構造は、特性を保持し、振る舞いを持続し、他の構造との有益な相互作用や結びつきができるようになります。

こうも言えるでしょう。15の特性こそ、自然の強健で実際的な性質の担い手であり、世界が機能し、事象が起こり、物の振る舞いの担い手なのだと。風が吹き、牛が乳を出し、山から川が流れ落ちる。岩石が形成される。木が倒れ燃え落ちる。春に大地が生まれ変わる。地震が起こる。建物が揺れ動き、時折、揺れに抵抗する。そして、鳥は木に止まり、蛇は草むらをうねって動く。そして人間社会はこのようなすべての隣接した生態系の中にある。つまり、大地の持つたくましさとも

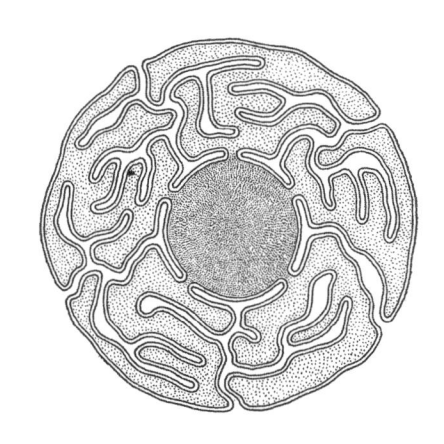

人間の細胞の周辺にある「境界」

リオ・タパヨスの流れがアマゾン川に注ぎ込んでできた、シルトの堆積による泥の「境界」

いうべきものが、15の特性から現れているのです。それは、自然の素材の持つ性質からうまれます。すなわち「生命構造」「センター」によって授けられたものなのです。そして「センター」は互いを支え合い、互いをより生き生きとさせていくのです。私たちが理解している、自然が普段安定して持っている性質とは、強健さ——発展した形態のはたらきからきているのです。

6／「生命構造」の言葉の枠組み

前述の議論を正しいとするならば、15の特性が自然界のシステムで繰り返し顕れることは、意味深い結論であって、今日多用される、世界の機械論的説明の単なる副産物ではありません[34]。むしろ、新しいすべての自然の見方、すなわち「生命構造」という見方を提示しているのです。第1章から第5章にかけて定義した事柄——ものの持つ「生命」の強弱、15の特性によって空間の中に「生命」をうみ出す空間が描き出されることなど——の全体像は、単に人工物に対して適用可能なだけではなく、自然の中で生じる事柄に対しても拡張して適用できることを示しています。この見方において、自然自体は、19世紀や20世紀の物理学者たちがイメージしていた機械論的なそれとは全く異なる全体像として描かれることになります。

先に定義した「生命」の問題に立ち戻って見ましょう。第1章から第5章までの中で性格付けを行った構造は、「生命」を持ったものであると紹介しました。自然界では、これらの構造が、構造と現象の両方に幅広く多様に現れています——実際すべての構造、有機体（文字通りの「生命」）だけではなく、すべての自然の構造体に現れています。ある意味では、同じ形態学的な性質が生じているのです。山であっても、川であっても、海の波であっても、砂の風紋であっても、銀河でも、雷雨であっても、稲妻であっても、そうなのです。そこには「生命」があります——それ以上でもそれ以下でも——無生物の自然の中にも在るのです。

しかし、このすべて——すなわち、漠然と伝統的に呼んでいる「自然」——は、優れた人工物の中にも同様に存在する実際の「生命」によって性格づけられます。私の定義においては、「全体性」としての「自然」——そのすべて——は、「生命構造」によってつくられていることになります。森林や、滝、サハラ砂漠や砂丘、嵐の渦や、氷の結晶、氷山、大洋、それらすべて——有機体と同じく、非有機体も——「生命構造」の多様な型を持っているのです。有機体であろうが非有機体であろうが、その多くは私の定義する言葉では「生命」を持っているのです。これらの構造における「生命」の特徴は、考え得る他の構造のそれとは異なります。そして、この特徴こそ、まさに自然の「生命」の特徴というべきものなのです。

私たちが全体的にそれを考察するとき、この結論では理解できない異例なことのように見える場合があります。自然現象の中では、明らかにほとんどすべての事象の中で、15の特性が表現されているように見えます。しかし、人がつくり出したものの中では、15の特性は優れたものの中にしか現れません。人の手がつくり出したもののうち、優れた構造が表現されたもののみにしか全く同じような特性が現れないのに、自然界のものごとにはすべて現れるのはどうしてでしょうか。自然の事象を「優れた」構造にするものはいったい何なのでしょうか。

問題の要点は、私の知る限りでは、次のような事実に注目していなかったということです。つまり、自然の中では、すべての形体が相対的に想定されるすべての小さな形体の集合体の振る舞いに依拠しながら振る舞うという点です。私が思うに、それがある構造体に階層分けされて「生命構造」がうまれるのです。

このことをよりはっきりさせるために、任意のふたつの数学的な形体集合を考えて見ましょう。まずはじめに、Cという領域です。この領域には、それが存在することによって生じるであろう三次元的な形体配列がすべて含まれています。それは、想像もつかないほど広範ですが、それでも（原則的に）、可能な形体配列は限りある組み合わせし

かありません。ふたつ目はLという領域です。そこでのすべての組み合わせは、私が定義したような「生命構造」を持った形体です。Lもとても広範ですが、それでもCよりも小さい範囲です。どのくらい広範かは、「生命構造」が、そうでない構造との限界に依存しています。

これらふたつの領域、CとLは共にむしろ人工的です。私の定義では、それらをすべて完璧に定義するにはまだ不十分です。ですが、それらを名付けることによって、他の言葉ではなかなか言い表すことのできないその重要性を説明することができるのです。私の論点の本質は単純です。すべての自然発生で生じる形体は「L」の領域に当然収まりますが、一方で、人の手による形体のすべてが「L」の領域に収まるわけではないのです。

このことが真実であると言うためには、以下のことが示せさえすればいいのです。つまり何らかの理由によって自然は、そのからくりの帰結として「L」の範囲に該当する形体をつくり出すが、人類がつくり得るものは、何らかの理由で「L」の領域を飛び越えて「C」の領域に入ってしまう。それこそが、人のつくるもの、特にデザイナーと呼ばれる人たちがつくる理に適っていない不自然なものなのです。

「C」の領域で起こり得ることのすべては、（想像だろうと実在だろうと）この世の中の起こり得る形体のすべてを網羅しています。しかし、自然は起こり得るすべての形体をつくり出してはいません。実際、私たちが自然と呼んでいるものたちのつくり出す形体は、「L」の領域の形体に例外なくおさまっています。それらは自然の中で生じるさまざまなタイプの形成過程の中で厳格に制限されています。つまり、自然界は常にある法則に従っているのです。その法則とは、それぞれの「全体性」が存在するようになるにはその前に存在する「全体性」の構造を保持するようになる、ということで

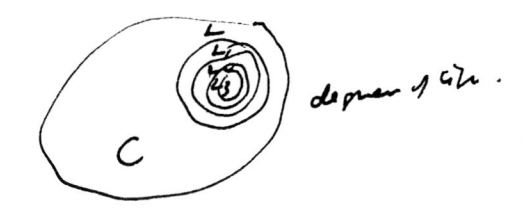

「C」領域。すべての形体の可能性が含まれています。そして、「L」領域。すべての「生命構造」が含まれています。L_1、L_2、L_3……L_nとこれらの領域は小さくなっていきます。それらは、「生命」の大きさに反比例して次第に小さくなっていきます

その結果、自然界のすべてのものはまさに、前の構造を継承して連続的に展開していくプロセスによってつくられていくことができる構造となっているということなのです[35]。

これが、なぜ15の特性が自然界のすべてに、そしてほとんどすべてのスケールにわたって見られるのか、という理由なのです[36]。加えて、自然界にある「生命構造」は自然の法則に適ったものだというのに、建築や人のつくるもの、つまり頭の中でつくり出した作品は、これらの前のプロセスを継承した構造に沿う約束事に則る必然性が無いのです。デザイナーたちは自然界では（原則）起こり得ない不自然な構造をつくり出してしまうことが——いとも簡単に——可能なのです。自然界では「全体性」展開する原則（これは第2巻で述べる予定です）が常に瞬間ごとに「生命構造」をつくり出します。人のつくるものは、このような展開による強制がはたらかないので、もし彼らがそれを望んで、「全体性」を侵害し得るのです。それ故に、彼らの選ぶものが「生命構造」を持たないということは十分あり得る話しなのです。

肝に銘じておかなくてはならないことは、自然界は「生命構造」なのだということです。よく考え、洞察力をはたらかせて、私たちの自然に対する考え方やそのはたらきに関する理解そのものを修正する必要があるのです。

7／自然に対する新しい視点

構造として示した「全体性」の概念は、異なる「センター」は異なる「生命」の強さを持つという考え方と、それ故に空間に生じる「生命」の強さの変化が存在することがこの世の現実だ、という考え方に依っています。いわば自然のいかなる部分においても「全体性」があるということ

第6章

は、自然の中にある「生命」の区別——すなわちその価値——を理解することなくして正確に自然を見ることができないということなのです。

自然のある部分を思い描くとき——例えば、木星と土星の間の宇宙空間など——この空間のほかと比べても相対的に何の変哲も無い性質に驚きを感じてしまいます。たとえ、この空間がその中に微小ながらも重要な相違点を有していたとしても、それは岩石や、樺の木や草原の構造に比べれば相対的に見て変哲がありません。「センター」という場の持つ明瞭さと複雑さは宇宙空間の中ではあまり発達していないということなのです。

伝統的な科学界の視点は、このより複雑な空間とそうでない空間の違いが明らかであるにもかかわらず、いまだに、多くの学者たちが、これらの構造——つまり、真空空間と岩石、天体——などが「同質」の価値にあるという考え方を支持し続けているのです。

「全体性」が存在することを前提とした世界の見方は、異なるものの見方へと導きます。もし、「センター」によって形成される場が、現実の物理的な現象に存在する構造を支配するならば、そこには、重大な客観的視点があることがわかるでしょう。それは、何も無い空間にはほとんど価値が無く、岩石には何がしかの価値があり、さらには樺の木にはよりいっそうの価値がある、といった、何かが存在する、ということなのです。

このような客観的な意味においては、相対的な価値の強さ、すなわち「生命」の強度は、物質の異なる部分部分の中で、基本的で客観的な現象であり、実体であるはずです。すべての自然の事物が、等しく美しいわけではありません。また、すべての自然の事物が、同じような深さの「全体性」を備えているわけではありません。ある自然の事物は、他の自然の事物の部分に比べて「より良い」かもしれないのです。

このことが真実ならば、これらが、深遠な問題についての思考を刺激するはずです。この世界には、傷めつけられ、一貫性を失い、不透明となってしまった構造を有している場所が、少なからずあることを認めなければいけません。人が、自然に対して干渉するとき、素朴で味わい深い美しい構造を、いともたやすく荒涼とした荒地にも似た場所にしてしまいます。例えば、ニューヨークにあるラヴキャナル。1960年に有名になったこの場所は、化学汚染によって水の「生命」が破壊され、多様な生物種と生態系による複雑な構造が置き換わってしまいました。ある化学物質が導入されることでこの複雑な構造が破壊され、有害な汚泥が残され、また極わずかな種類の種しか残されなかったのです。水辺の動植物の生息地が持つ複雑な構造は破壊され、深刻な影響を受けたのです。

「全体性」の視点に立って、そして「生命構造」の存在を認識する視点に立てば、現代科学の最も基本的な主義のひとつ——価値とは自然科学の範疇には入らず、すべての物体は、科学的な見方からいえば、同じ価値なのだという主義——はもはや存続することはできないのです。もし、異なる「センター」がそれぞれ、多くの「生命」と少ない「生命」を持ち、強力な「生命」と弱小な「生命」を持っているのならば、より強い「生命」を持った物質の構造——つまりより密度が高い構造——は本質的により価値があるのです。

これは、視点の転換と言えます。新しい視点では、自然の奏でるハーモニーは、何か自動的なものというわけではなく、驚くべきものです。——それは秘蔵されたものであり、受け継がれたものであり、その結果でもあり、手入れされたものであり、活発さの結果なのです。自然界の新しい見方に導かれて、今世紀普及している科学的機能主義の視点とは異なる地点に私たちは立つことになるのです。価値は自然界の「全体性」の中の深遠な「生命」として現れます。それが、自然自体の基本的な見方であることは明らかです。さまざまな価値の多様性は、氷の結晶にさえ生じます。森の植物にも、宇宙の仕組みにも、ひとつの山にも、社会にも、人間にも生じるのです。自然の多くが相対的に中立的であるにもかかわらず、価値の差異の始まりは自然自体の中から始まります。

人間が地球上にひとたび現れると、その自然との差異が鋭く強調されます。多くの人間の活動は、概念や方針に左右されます。これらは、そこにある「全体性」と調和するかもしれません。——しかし簡単にそうではないこともあります。基本概念の影響を受けて、「全体性」が現れる調和を残すことが次第に困難になってきています。しばしば、

私たちの行動によって、意識的であろうと無かろうと、その「全体性」は中途半端なものになっていきますし、世界の「全体性」を中途半端なものにしています。そして、価値が徐々に現れることは徹底的に脅かされています。この世の建設活動——建築と称する分野——はこの過程の中で大きな役割を演じています。——渓谷や、草原、小川など——これら未だに自然なままである世界の一部、——集落や、建築物、街路、庭、美術作品など——はっきりと人間が創造したもの、その両方とも、より偉大な価値と「全体性」を獲得するか、より醜く混乱したものとなるかのどちらかしかないのです。

私たちの時代、この状況はさらに深刻なものとなっています。世界はひとつのシステムで、その中では深遠な「全体性」を現実の客観的なものとして生じさせられると認識できるかもしれません。しかし、それは必ずしも現れてはきていません。建設行為——いわゆる建築や、プランニングと呼ばれる手法や、エコロジーや、農業、林業、道路普請、エンジニアリングなど——も、「全体性」を増加させることによって価値を深いところまで突き詰められるかもしれませんし、逆に「全体性」を破壊することで価値が失われることもありえます。これは、言い回しの問題や、文化的背景の相違や、視点の違いなどではありません。これまで議論したことが真実ならば、世界の「全体性」については、これこそ現実なのです。「生命」はその力を増すか、失わせるかしかありません。それは、人間や、人間の営みによって世界の「全体性」が支えられているか、損なわれているしかないのです。

このような状況の中で、建築の役割とは、この世の「生命構造」の増加に寄与するのか、それとも寄与しないのかという類のものであり、それは、自然界のすべてに関わるとても重要な課題となっているのです。

注

1　Rachel Carson, *THE SEA* (London: Hart-Davis, MacGibbon, 1964); Paul Colinvaux, "Lakes and Their Development as Ecosystems," *INTRODUCTION TO ECOLOGY* (New York: John Wiley & Sons, 1973); and J. David Allen, *STREIAM ECOLOGY: STRUCTURE AND FUNCTION OF RUNNING WATERS* (New York: Chapman & Hall, 1995).

2　Michael J. Woldenberg, "A Structural Taxonomy of Spatial Hierarchies," *COLSTON PAPERS*, 22 (London: Butterworths Scientific Publishers, 1970); and Peter Stevens, *PATTERNS IN NATURE* (Boston: Little, Brown & Co., 1975), pp.108-114.

3　George A. Miller, "The Magical Number Seven, Plus or Minus Two: Some Limits on Our Capacity for Processing Information," *PSYCHOLOGICAL REVIEW* 63 (1956): pp.81-97.

4　この話題に関するシンポジウムとしてL. L. Whyte, Albert G. Wilson, and Donna Wilson, eds., *HIERARCHICAL STRUCTURES* (New York: American Elsevier Publishing Company, Inc., 1969). 他に、階層の表現が必要だということを述べた著作として、Cyril Stanley Smith, *A SEARCH FOR STRUCTURE: SELECTED ESSAYS OF SCIENCE, ART, AND HISTORY* (Cambridge, Mass.: MIT Press, 1981), Michael J. Woldenberg, *A STRUCTURAL TAXONOMY OF SPATIAL HIRRARCHIES* (Cambridge, Mass.: Laboratory for computer graphics and spatial analysis, Graduate School of Design, Harvard University, 1970).

5　分化理論の説明として、次を参照のこと。ルネ・トム著、彌永昌吉、宇敷重広共訳『構造安定性と形態形成』（1980年、岩波書店）

6　より詳細な説明は、第2巻を参照のこと。第1章「自然界における全体性展開の原理」、第2章「構造保全変容」

7　スピーマンの理論による組織化については、次を参照のこと。H. Spemann, "Experimentelle Forschungen Bum Determinations-und Individualitatsproblem," *NATURWISSENSCHAFT* 7 (1919).

8　ひょっとすると普遍的な基礎となり得るような、極めて大胆な考えは、「センター」に関しては、粒子のプロセスを説明する方法としてのスピナーやツイスター理論で用いられているものかもしれません。Roger Penrose and Wolfgang Rindler, *SPINORS AND SPACE-TIME* (New York: Cambridge University Press, 1986).

9　Hannes Alfvin, *WORLDS-ANTIWORLDS: ANTI-MATTBR IN COSMOLOGY* (San Francisco: W.H. Freeman & Co., 1966).

10　Bernard Pullman, *THE MODERN THEORY OF MOLECULAR STRUCTURE*, trans. by David Antin (New York: Dover, 1962).

11　Stephen W. Hurry, *THE MICROSTRUCTURE OF CELLS* (London: John Murray Ltd., 1965) THE LIVING CBLL (San Francisco: W. H. Freeman and Company, 1965)

曲線が凹凸による最も重要な特質によって定義されるという考え方――すなわち「センター」が曲線内で形成されるということ――については、次の文献において詳細に展開されています。Louis Locher Ernst, *EINFUEHRUNG IN DIE FREIE GEOMETRIE EBENRR KURVEN* (Basel: Birkhauser Verlag, 1952).

13　ダーシー・ウェントワース・トンプソン著、柳田友道、遠藤勲、古沢健彦、松山久義、高木隆司共訳『生物のかたち』(1973年、東京大学出版会)を参照。

14　自然界におけるシンメトリーについての非常に優れた総合的な議論は、Hermann Weyl, *SYMMETRY* (Princeton: Princeton University Press, 1952)参照。また、A. V. Shubnikov, N. V. Belov, and others, *COLORED SYMMETRY*, William T. Holser, ed. (Oxford: Pergamon Press, 1964) も参照のこと。

15　H. ジャッフェ、ミルトン・オーチン共著、斎藤喜彦訳『群像入門：化学における対称』を参照。

16　例えば、Brian P. Pamplin, ed., *CRYSTAL GROWTH* (New York: Pergamon, 1980).

17　L. Fejes Toth, *REGULAR FIGURES* (New York: Mac-Millan, 1964); Andreas Speiser, *THEORIE DER GRUPPEN VON ENDLICHER ORDNUNG* (Berlin 1958), H. S. M. コクセター著、銀林浩訳『幾何学入門』(1965年、明治図書出版)チューリングによる形態学の初期の理論は、サブシンメトリーは形態学を発展させ、重要な役割をになうであろうとする考え方を包含しています。A. M. Turing, "The Chemical Basis of Morphogenesis;" in *PHILOSOPHICAL TRANSACTIONS OF THE ROYAL SOCIETY*, B (London: 1952), p.237以下参照。

18　イアン・スチュアート、マーティン・ゴルビツキー共著、須田不二夫、三村和男共訳『対称性の破れが世界を創る：神は幾何学を愛したか？』(1995年、白揚社)を参照のこと。

19　Pullman, *THE MODERN THEORY OF MOLECULAR STRUCTURE*.

20　スペンサー・ブラウン著、大沢真幸、宮台真司共訳『形式の法則』(1987年、朝日出版社)参照。

21　Stevens, *PATTBRNS IN NATURE*.

22　例えば：Simon Toh, "Crystal dislocations," in *INTRODUCTION TO MATERIALS SCIENCE* (University of Queensland: Department of Mining, Minerals, and Materials, 2000).

23　Weyl, *SYMMETRY*, pp.89-90.

24　シマウマのしま模様の配置についての詳細な説明は、拡散反応モデルとして、以下の文献に記されています。James D. Murray, "How the Leopard Gets Its Spots," *SCIENTIFIC AMERICAN* 258, no. 3 (March 1988): pp.80-87.このモデルにおいて、拡散反応システムの法則とシマウマの体表上の幾何形体との相互作用の結果として生じる「粗っぽさ」は、はっきりと必要なものとして述べられています。

25　ハンス・フォン・バイヤー著、高橋健次訳『原子を飼いならす：見えてきた極小の世界』(1996年、草思社)原子を最初に捉えた写真。

26　Stevens, *PATTERNS IN NATURE*, pp.94-96.

27　例えば、Hannes Alfven, "Galactic Model of Element Formation," *IEEE TRANSACTIONS IN PLASMA SCIENCE*, 17 (April 1989), pp.259-263 を参照。

28　ブノワ・マンデルブロ著、広中平祐訳『フラクタル幾何学』(1984年、日経サイエンス)を参照。

29　H. L. Cox, *THE DESIGN OF STRUCTURES OF LEAST WEIGHT* (Oxford: Pergamon Press, 1965), pp.105-113, fig. 44.を参照。

30　変異の問題の多くの事例については、次の文献を参照のこと。Stefan Hildebrandt and Anthony Tromba, *MATHEMATICS AND OPTIMAL FORM* (New York 1984); See also L. A. Lyusternik, *SHORTEST PATHS: VARIATIONAL PROBLBMS*, translated and adapted from Russian by P. Collins and Robert Brown (New York: Macmi11an, 1964).

31　例えばチャールズ・ミスナー、キップ・ソーン、ジョン・ホイーラー共著、若野省己訳『重力理論 GRAVITATION：古典力学から相対性理論まで、時空の幾何学から宇宙の構造へ』(2011年、丸善出版) およびヘルマン・ワイル著、菅原正夫、下村寅太郎、森繁雄共訳『数学と自然科学の哲学』(1959年、岩波書店)を参照。

32　ベルの定理の非数学的な観点による論述については、次の文献を参照：*David Peat, EINSTEIN'S MOON: BELL'S THEOREM AND THE CURIOUS CLUEST FOR QLUANTUM REALITY* (Chicago: Contemporary Books, 1990).

33　第1章、第2章参照。

34　ニコス・サリンガロス教授との議論を通して、この点を明らかにすることができました。彼にはとても感謝しています。

35　この問題は、第2巻において、さらに突っ込んだ議論がなされます。その中では、自然の創造作用と人間のデザイナーによる創造作用の相違の動的起源が明確になります。そこでは、15の特性が自然界に存在するシステムの中に頻繁に生じている一方で、人間がつくり出すもの――建築や芸術作品や社会環境――の中にはあまり頻繁に生じてこないという点について述べています。建築にそれらの特性が生じるのは、人間が自然がそうするように振る舞うことができたときだけです。第2巻「『生命』をつくるプロセス」第1章から第4章参照。

36　第2巻第2章において、私は、構造保全変容による「全体性」の展開が、否応なくこれら15の特性をつくり出すのは、「全体性」が自然に展開され得るときであるのはなぜか、という点を示そうと思います。

第 2 部

第1章から第6章の中で、「秩序」を「生命構造」の強弱で理解する基礎を導いてきました。より巧妙にできた構造であれば建物にさまざまな生命の強弱をうみ出し、あらゆる空間部分にも生命が生じてくるのです。

そこで、第2部では、同じ問題に対して2番目の見方を導入します。次の5つの章で、「オーダー」つまり「生命構造」は単純なデカルト的空間の事象としてのみの理解や、自分自身を対象から切り離した機械主義的見解では理解を十分に得ることができないと知るでしょう。「生命構造」は構造であると同時に人間的なものです。それは、空間の形がどのように機能するかということで成り立っているのです。「生命構造」は人間自身と関連しています。私たちの中に深く結びつき、私たちの内部が反映しているようです。いずれの場合も、私たち自身が何者であるか、誰であるか、どんな人間として、個人としてどのように感じるのかと固く結びついているのは間違いありません。この「生命」は究極的に「感性」に支配されているのです。

この事実は——私がこれから述べることでわかってほしいのですが——私の定義する「オーダー」の「本質」が原則的にアルフレッド・ノース・ホワイトヘッド氏の主張する「自然からの乖離」というギャップを埋める橋渡しをする初めての事実なのです。この原理によって客観性と主観性が統一されます。「オーダー」こそがすべての（建築についての基本となる考えであるばかりでなく）物質に基づくものと感情に基づくものとの科学的な一体化なのです。例えば私たちのありのままの姿としての秘密で傷つきやすい心をもった人間を描く、そんな詩のもつ感情の意味さえも実質的に一体化するのです。

この原理は科学的にも芸術的にも希望にあふれた、驚くべき融合です。この原理によって400年にわたる客観性と主観性の分離は消え去ります。科学や技術から切り離されてしまった人間性や芸術を全く新しい方法で統一することができることを意味するのです。この方法によって私たちはハードでクールになることができ、熱くソフトになることも可能なのです。この原理によって芸術と形体と秩序と「生命」が客観的なリアリティを持った感情のもとで統一される精神世界へと導かれることでしょう。自分たちが本当に人間的に生きていく生活の形への扉を開け放つのです。何よりも、これこそ新しい客観性の世界観の入り口なのです。

第 7 章

個人的な秩序の本質

第7章

1／「個性的」であることとは何か？

現在の一般的な世界観では、「個性的」という言葉は「固有性」であるという意味で使われます。「何か個性的だ」というとき、それは個人が与えられた特有な何かを対象を映し出しているときです。例えば、「オートバイが好きだ」とか、「大好きな色は緑色だ」とか……。

私が思うに、このことは全くの表面的な意味に過ぎず、「個性的」の本当の意味はもっと深いのです。ものごとが真に「個性的」であるときとは、それが私たちの心の中にある人間性に触れているときなのです。すなわち、例えるなら、このユダヤ教会の細密画は「個性的」と言えるものです。それが個性的なのは、それを見ると私たちの人間性と個性の根源的な感覚が揺り起されるからです。その絵は、お母さんのひざの上にいるような弱々しく甘えるような心が生まれてきます。私の子供っぽい部分を呼び起こします。私たちの急所をついてくるのです。

そこにはつくり出した人の「個性」とのつながりはありません。それに、見る側にとっての「個性」もまた、ないのです。私たちすべての内部に存在する普遍的な「子供っぽさ」なのです。

フィンセント・ファン・ゴッホによるヨットの絵を見てみましょう。またもや、「この絵には個性がある」と簡単に言ってしまうかもしれません。しかし、個性的であることは認めるにしても、それはどのような意味を正確には持っているのでしょう。「個性的」という言葉の俗っぽい意味は、この絵はファン・ゴッホの独自のもので、彼の個性の力——固有の特質から生まれたものだというものです。例えば、彼の人生は全く異常なものであったということや、やがて正気を失って耳を切り落としたりした人だというようなことです。しかし、本当の意味は、この単純に見えるヨットから感じるものが、この絵が私たちの中にある「個」の部分に触れてくるということなのです。この絵が、どこか深い世界を感じさせるのです。この絵が持っている何かは、もっとも個性的な感覚の世界へと私たちを滲みこませてくれます。その感覚は恋人同士や子供たちが深く没頭するものであり、より幸せで、いっそうのんびりとして、か弱く、脆いものなのです。

「個性的」という言葉の通俗的であり、現在の風俗文化の一部ではありますが、それは機械主義的な世界観にどっぷりと浸かったものです。しかしながらこの本の中で示した世界観から言えば、「個性的」とは事物の中に備わっている素晴らしい、客観的な、質なのです。「固有」的ではなくて「普遍」的なものなのです。それは、真実を表現していて、そのもの自身の根源的なものから由来しているのです。

私は、深い生命と全体性を備えている作品すべてが、その意味において「個性的」であると確信しています。間違いなく、この質は、ものの生命として定義したものの中で、本質的で必要不可欠なもののひとつとなっています。私たちが「センターの場」と言うとき、「個性的な」感覚の世界をさしています。そこでは、感覚は事実として受け止められています。それは太陽からの光の輻射や、振り子の振動と全く同じなのです。

「センターの場」が存在するとき、それは必ず「個

古代の写本からの、石のドームの素朴なスケッチ

浜辺のボート：フィンセント・ファン・ゴッホ

性的なものです。正しいセンターの構造のように見えても「個性的」でないとき、それは空虚なものであり、生命のふりをしているだけです。そして、この場合には、この構造は正しくなく、誤解していたことも判明するでしょう。あるものやシステムの中の個性的なフィーリングの存在は、ある限定された有効性しかない主観的な質ではありません。その存在は、どのような条件の下でも、ちょうど私たちが慣れ親しんでいる機械主義的事実以上に根本的で客観的な質なのです。

2／日常的な個性的フィーリングと「センターの場」

「センターの場」と私たちの深い個性的なフィーリングとがどのように結びついているのかをはっきり理解するために、もっと日常的な例を挙げてみるのが有効でしょう。

例えば、ほとんど誰もが花が好きです。初春の野の花が咲き乱れる草原ほど感動的なものはありません。キンポウゲ、デイジー、小さな蘭、勿忘草、野バラ、リュウキンカ、桜草、ヒヤシンスなど……あまりにありふれていて名前も知らないような花々たち——谷間に咲く白百合、黄色い菊、水色のツリガネソウ、赤いハコベソウ。あらゆるもののうちでどうしてこの花たちが私たちにとって特に愛らしく、美しく思えるのかと問う人はいません。しかし、「全体性」の考え方から見ると大変うまく説明がつきます。花は、自然の中に見られる最も完成された「センターの場」のひとつなのです。花が集団になり、茂みをつくり、木立となって牧草地に散らばると、高度に複雑な生命の「センターの場」をうみ出していくのです。これは自然の中でいちばん美しいものでしょう。もし

第7章

「センターの場」それ自体が私たちと深く結びついているのが真実ならば、そしてその場こそ私たちのフィーリングを刺激するものだとすれば、花でいっぱいの牧草地——すなわち最もよくできた単純な「センターの場」——は、私たちの知っている感動的な質（深み、やさしさ、憧れ）をうみ出すのです。

同じ現象、同じ感情の力は、その他の日常的なものの中にも存在します。例えば、子供の誕生日のお祝いで最高潮のとき、蝋燭の灯が点ったケーキが運ばれてきて、テーブルの真ん中に置かれた瞬間を想像してみてください。テーブル自身が「境界」を伴った「局所的なシンメトリー」を持ち、「力強いセンター」となっています。「境界」をもっと強めるために、テーブルの周辺部にテーブルセッティングを施します。そのときも周辺のセッティングが「センター」となるようにします。そして、主たる「センター」をつくるために中心に大きな花瓶を置くか、ケーキを置きます。テーブルの中央に向けて「段階的な変容」をつくり出します。それぞれのテーブルセッティングに併せて小さなテーブルマットを敷き、ナイフとフォークを置き、中心をより強化するようにテーブル周辺にシンメトリーに飾り付けておきます。さらにテーブルを素敵にするために、レースのテーブルマットをおきます。そうするとそれ自身のレースによって中心となりますし、そのマットの周辺部のレース編みがそのマットの小さな中心をさらに強めることになるでしょう。

テーブルのセンターにある花の大きな花瓶の横には、たぶん2本の蝋燭が立ち、花瓶を強め、その淵を形づくります。バースデーケーキ自身は、小さなセンターとなって「交互反復」の大小のバースデーの蝋燭の輪によって飾り付けられ、センターを鎖のように結びつけて「境界」をうみ出しています。

それぞれの蝋燭それ自体は、同じような構造を持っています。炎という境界によって先端部分は

ツリガネスイセンと森

個人的な秩序の本質

バースデーケーキ

光が点り、それ自体が強いセンターとなります。中間部分の暗いところには芯があり、角の周りは明るくなっています。そこで炎が燃えています。炎の色の中には「対比」があり、外側では、炎のつくる形が「良い形」を形成しているのがわかるでしょう。

「この構造の存在は誕生日では付随的なものである」とか、「感動したり、琴線に触れたりするのは、友人がいたり、プレゼントだったり、わくわくすることだったりするような事柄の方が大切なんだ」と言いがちです。しかし、この構造を明らか

多くの「センター」を持った1本の蝋燭

結婚指輪

第 7 章

民族衣装をまとったアフリカ女性

に——単純で純粋な形のセンターという場で——私たちが使いこなす中で、まさにこの瞬間のできごとを固定し、晴れがましいものにしているということなのです。この構造こそが、このできごとの意味付けを強めていて、私たちの心の琴線を揺さぶり、感動的な記憶を残し、私たちの感動する力を強めてくれているのです。

同じようなことが他の日常的な構造として起こっていて、それは深いフィーリングと結びついています。例えば、結婚指輪を考えてみてください。指輪それ自体がセンターです。小さな宝石が周りを囲んでおかれています。あるいは、とても印象的なのは伝統的な衣装です。例えば、このアフリカの女性を見てみましょう。彼女の服装の着こなし方。幾重にもわたって上質な「センター」をうみ出しています。人は、これを偶然のことだと言うかもしれません。しかし、人々が日常的な場面で身に着けているような他のドレスや衣装が、この構造を持っていないのと比べると、目立つのは偶然と言えるのでしょうか。

では、もっと単純な花瓶を考えて見ましょう。この花瓶は、隅から隅までたくさんの「センター」をまとっています。極めて普通で、質素でありながら、そこには力が張っています。もし疑うのならば、なぜ同じような例でこのような構造を持っていない場合、それらが感動的ではなく、また深みがなくなってしまうのかを考えてみてください。花瓶に美しく剪定された枝が入っているとしましょう。そのとき、心地よく、自然への奉げものとして研ぎ澄まされた感性の高度な美があります。しかし、もしこの枝が春先の緑の芽のついた枝だったら、もっと力強い感動をうみ出すものになると思いませんか。この例も根源的な構造を持つことで生まれる例なのです。さらに例えれば、花が散らされた平皿を考えてみてください。これも素晴らしいでしょう。でもここには「センターの場」の構造はありません。もし、それが深い皿の真ん中に一輪の花が浮かんでいるタヒチや日本で見られるような演出であったならもっと感動的でしょう。

単純な握手の行為であっても、構造として捉えると、「センター」の特色が見られるのです。そこには、ふたつの腕と拳による「局所的な対称性」があり、手を握り合うことで「強い相互の結合」が生まれ、同時に結びつき自体が中心同士の「境界」となり、その手の振り方の動作は「交互反復」となり、ふたりの間では「不可分であること」が生じます。この握手のようなあまりにも当たり前のことを詳細にわたって主張するのは馬鹿げていると思われるかもしれません。でも、体の動きでメッセージを送る力については感じられたと思います。ほとんどあらゆる意味を持っているものに

ガラスの花瓶に入った美しい花

は、この「場」の構造が存在することを理解しなければ物理的に世界を形づくる努力に何の進歩ももたらさないでしょう。

　同じことはインドのナマステという挨拶にも言えます。西洋人が両手を合わせて祈りをすることと同様のことなのです。もう一度繰り返しますが、手が「局所的な対称性」をつくり、手や体、顔、そしてもう一方の人の体が「力強いセンター」をうみ出しており、上方に伸びる指先はその上に「空(くう)」をつくり出すことでさらに強化された「センターの場」となっています。

　「センター」の生産とその反応プロセスは、人間的プロセスの最も根本的なものです。それは極めてありふれていて、完璧に自然なものです。デイジーでできた花輪、バースデーケーキ、結婚指輪、一束の花、テーブルセッティング——そのすべてが広くあまねく存在する日常的な「センターの場」の例なのです。その一つひとつが個性的なフィーリングの大海原との結合をもたらすのです。

　文化における多くの感情の高まりは、このような「場」やそれによく似た「場」の中にあるのです。こうしたものの中に存在する感情を強める「センターの場」のことなのです。この「センターの場」日常的なできごとにいちばんの意味を与えているのです。

3／全体性とフィーリング

　「生命構造」とは、その本性として、人間的であり、感性に満ちています。そして「センター」の場が存在するところでは、人間的感性の存在度合いによって強弱があります。この証明は、形に影をつけることでやっと見えるくらい難しいことなので、まず簡単な比較からはじめましょう。まず、白紙の紙を2枚、数インチほど離して並べてみます。左側は白紙のままにしておきます。右側は、ちょうど真ん中ぐらいに「菱形」の小さなダイヤの形を描きました。

　たいていの人は右側の紙の方が感性があると賛成するでしょう。右の方がずっと人間的です。「センター」の場がより強く存在するのは1番目の紙よりも2番目の紙であることも事実です。

　「どうして紙の真ん中にダイヤを描いたのですか」と質問する人がいるかもしれません。では、その紙のどこでも好きなところに小さな曲がった線をフリーに描いたとしましょう。どうですか？紙に何を描こうとも真っ白な紙に比べたら感性を感じるのではないでしょうか。結局のところ、真っ白な紙はあまりに人間的ではないので比較はあまり意味を成しません。

　そこで、3枚目の紙を用意しましょう。そこにはでたらめないたずら書きを描きこみ、真っ白な紙の左側に置いて、2番目の例を並べて見てみましょう(次のページの図のように)。この場合、左側の殴り書きの紙は、ダイヤが描かれた紙よりは感性が少なく、そして人間的ではありません。それは何も描かれていない真っ白な紙よりも感性が少ないようにさえ見えます。

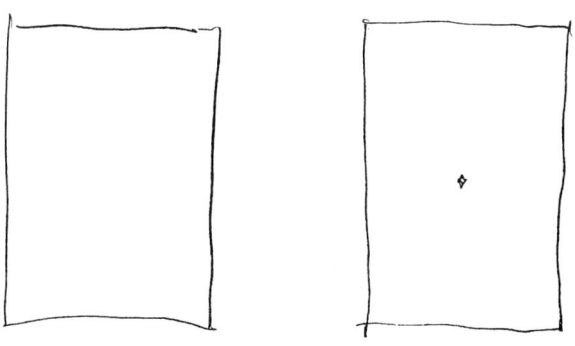

どちらがより人間的ですか？右の方ですよね

第7章

非対称な殴り書きを加えた3枚目の紙を並べてみても、まだ右端のものがいちばん人間的です

　この件に関して「センター」の場の考えで説明してみましょう。3枚のうちいちばん右側の紙を見てみると、世界がひとつにまとまってそのダイヤに集中しています。ある織物の中心の結び目や、焦点を結んでいるような感じがします。この単純な「センター」の場に一貫性があります。真ん中の紙は、そんなに強くは感じないのですが、納得のいく落ち着きを持って、世界に溶け込んでいると思います。ですからここにも首尾一貫した「センター」の場が存在し、わずかですが結合力を持っていると思います。もちろん右側の紙ほどではないのですが。いちばん左端では、どこか邪魔をする感じがあります。殴り書きがその紙自身も周囲の世界に溶け込まないようにしているような感じがします。「センター」の場としては一貫性がなく、全体としての結合力は邪魔されています。

　私の説明としては、真ん中にダイヤの点をつけた紙がこの世界の中で最も全体性をつくり出しています。殴り書きが描かれたものは最低となっています。付け加えるならば、ダイヤの紙はいちばん人間的であり、殴り書きの描かれた紙はいちばん非人間的です。

　どうして「ダイヤの描かれた紙が最も<u>人間的な感性にあふれている</u>」と言えるのでしょうか。私はこのことを説明するのに次のような実験で説明します。まず、第9章で説明するように、3つの紙のうちどれが最も「自分らしく」「自分の魂を映し出してる」ものかを選んでくださいというのです。きっとあなたはまず右端のものを最初に、真ん中のものを2番目に、左端のものを最後に選びます。これには賛成するでしょう。しかしそれでもどうしてダイヤの紙が人間的と言えるのでしょうか。たぶん、普通の意味では人間的ではありません。

　あなたが他のどれよりもそれが人間的であることを確認できるように、もうひとつの思考実験を提案させてください。あなたがいちばん愛する人と一緒にいるとしましょう。それは、一緒にいるだけで、快適で、幸福で愛しく、無垢になれて――しかも、お互いに傷つけやすい所もあるのですがそれも怖れないような関係だとしましょう。たぶん、その信頼度や傷つけ合う度合いから見て、ちょうどあなたは5歳の子供のような感じなのかもしれません。そして、私たちが見てきた3枚の紙を用意したところを想像してください。

　想像してみてください。今、この3つのうち1枚の紙を楽しい特別な贈り物として、気持ちを込めてこの人にプレゼントをします。小さな贈り物です。5分後には風に飛ばされてしまうかもしれません。しかし、この人と自分の心の秘密を分かち合うような気持ちでこの贈り物を贈るのです。では、3枚のうちどれを贈りますか。最も可能性のあるのは、いちばん右端の紙でしょう。ダイヤの描かれた紙は、大切な感じで、贈る価値もあり、3つの紙の中でいちばん心がこもったものですから。

　私はこの考えを押し付ける気はありません。しかし、次の事実は心に留めておいてほしいのです。それは、人間的である「もの」が直接的に、明らかに感性の世界では認められること。それが本当かもしれないということ。さらに、「センター」の場の存在と一致しているかもしれないということなのです。

　もう少し複雑な例を見ましょう。ここに3枚の婦人の絵があります。どれも20世紀の有名な芸術家によるものです。パブロ・ピカソ、ヘンリー・

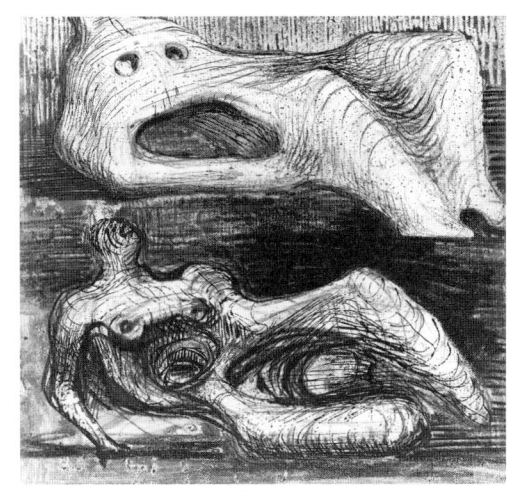

個人的な秩序の本質

ヘンリー・ムーアによって描かれた婦人像

パブロ・ピカソによって描かれた婦人像

アンリ・マティスによって描かれた婦人像

ムーア、アンリ・マティスです。3つの小さな紙で説明したのと全く同様に「人間的」な違いがこの複雑な絵画の中にも見られます。注意深く比較してみてください。15の幾何学的特性やその他のポイントで私ははっきりと結論付けますが、マティスの絵が「センター」の場をいちばん強く持っています。マティスの婦人像は多くのセンターがあり、最も力強いセンターです。そしてそのセンターの助け合いの関係も強力です。それは第4章で説明されている構造にいちばん近いでしょう。

マティスの作品は微妙な感性と人間的な感性で満ちています。この3人の芸術家をそれぞれどう評価するかにかかわらず、これは真実でしょう。

しかし、それは誰の、どんな感性について語るかによって違うと思うかも知れません。(ピカソのような)大胆な感性か、(ムーアのような)不気味な感性か、(マティスのような)柔らかな感性かで違うでしょう。

けれども私はそんな複雑なことを言っていません。私はただ3つの作品のうちどれがあなた自身にとってのか弱い感性や人間的な感性に最も近いかと考えてほしいといっているだけなのです。この場合であれば、きっとあなたはマティスを選ぶでしょう。もう一度申し上げますが、強力な「センター」の場を持つものと、深い人間性を持つものとは一致するのです。

4／単純に幸せを感じること

生命というものは——その構造である「センター」の場によって——人間の感性と深く結びついていることにやっと気づき始めたのではないでしょうか。今まで生命がある例として挙げて来た建物や、場所、風景、絵画を見直してみると、きっとそれらが深い人間的な感情と結びついて、心にそれを呼び起こすことがおわかりになると思います。それは深い感性を持っています。それはその感性を私たちに呼び起こしてくれます。それは自分自身の存在を感じさせてくれます。この私たち自身の中で感じる生命の強い感覚こそ、それらのものが重要であることを教えてくれるのです。この感性があるならば、それが私たちの心に訴えるものであるという事実を切り離したり、意識しないことは不可能なのです。

この深い感性こそがものに生命があるという印であるのは確かです。人の目から見て、これが建物の生命としてのいちばん大切な面であると思うのです。なぜなら、それこそいちばん直接的であり、素晴らしく、私たちが生きていることやその存在と結びついている面であるからなのです。そして、建物の機能の面でも、それ自身が生き生きする面でも、私たちとのつながりといった面でも建物の生命は人間的なのは明らかです。

近代において通常科学原則の中では、客観的な事実とその本質としての人間的なことが一致している例はありません。しかし、この結合こそ私が「全体性」と呼ぶ新しい構造の最も驚異的なところであり、重要な側面なのです。「センター」が深まりを増すにつれて、人間的構造としての感性が強くなります。人間的な感性が増加しないとき、その構造は深みを持ちません。この感性の要素は、正確で素晴らしい資質なのです。

さらに根本的な言い方をすれば、この深みを持った全体性の存在さえあれば、私たちは幸せになります。生命を持った建物の中にいれば、私自身の中にも幸せを感じ、快適で深い全体性が得られるのです。科学の名のもとでは、これらの構造は追究されていますが、私たちからは遠く、また機械的なリアリティに支配されているだけです。「センター」の場は、私たちの一部であり、人間の本質と結びついているのです。

建築のつくり手のひとりとして、私の唯一の使命は、すべての人々にこの幸せをもたらすものを創り出すことなのです。全体性の本質は、幸福感が自分の中で感じるのであれば、同じものに触れている他の人も同様に幸福感を感じているということです。

ものの客観的な生命と私自身の深いところに存在する幸福感との結びつきに対して正しく理解することは、根本的なことであり、まさしく秩序の本質にまで至ります。一度理解すればこの結びつ

きこそ人間と17世紀頃から出現した世界観との差を埋め合わせることができるのです。この新しい解釈の下では構造としての全体性が「外側」あるものと理解をしても、それは私たち一人ひとりの心の中の「内側」にもリアルな結びつきを持つことを知るでしょう。

この考え方では、デカルト式の世界観では渡ることのできなかった深い溝を渡ることができ、新しいポスト・デカルトの世界観へと手を伸ばすことができるのです。デカルトの世界観では、世界の客観的構造が一方にあり自分たちの幸福は、全く別のものであり、遠く離れた存在でした。しかし、ポスト・デカルトの世界観では、世界の全体性と、私たちの幸福感はお互いに補完し合うひとつに結合された存在であると理解されるのです。

5／生命の内的様相としての感性

少しずつですが、第1巻から第4巻までを見ていく中で、「人間的であること」とは、宇宙の中や「秩序の本質(ザ・ネイチャー・オブ・オーダー)」の中での固有の実体であるというテーマに向かって歩んでいこうと思います。科学者が考えるような謎に対する新しい見解ではなく、むしろ、時間の源でありすべての物質の下にひそんでいるものです。

このテーマ——ある人々にとっては奇想天外と感じるでしょう——絶対に証明できないかもしれません。これらの4巻の中での主張は正しいであろうと認められる可能性と、さらに言えば、建築や母なる芸術がこの主張の方向へと転換し、体験として確認される可能性に向けてのごくわずかな歩みに過ぎないのです。私はただこの目標に向かって少しずつ歩いていくことしかできません。そして読者の皆さんも遠くのこの目標を見て、少しでも近づくように努力をしてほしいのです。この章を終えるにあたって、ほとんど詩のような文章で終えたいと思います。しかし、この方が第8章でもう一度理性的な理由付けをする手助けになると思えるのです。

この章で述べた人間の感性が深く「秩序」と「生命」に結びついているという主張は、私の内面の傷つきやすい自分が外の世界と結びついているという主張への出発点です。それによって私自身がすべてのものとの結びつきに参画できるという私の感性を強化するのです。それは感情ではなく、感性です。それは、幸福感や悲しみや、怒りの感情とは——直接的には——繋がりません。

それは、いわば自分が大海の一滴であるとか、空の一部であり、道路のアスファルトの一部であるといった感性的なものなのです。

したがって、自然の中に表出する人間的な「秩序の本質」と建物や工芸品に表れるものは同じものです。次ページの波の写真は美しいだけにとどまりません。この波の中の持つ荒々しさと美しさは、上記の説明と全く同じ意味で<u>人間的</u>であり、感性的です。人間性。それは、自然の中で生じたときですら、「人間的なもの」を呼び起こすのです。しかもそれが「人間的なもの」でつくられているとすら感じます。そして、私たちの内部の「人間的なもの」と結びつくのです。「秩序」を理解するには、深く<u>この点</u>を理解しなければなりません。生命は「人間的」なものです。ものの中にある生命を理解することは次のように言い切ることなのです。「宇宙は"人間的なもの"でできている。機械的なものでできていると考えてきたが、それは違うのだ」

荒波の逆巻く大洋、それも全く同じです。宇宙はそれが私たちの内部に形づくっている全くの人間的な存在です。この章の最後の写真の野生の雁の一群でさえ、究極的に「人間的」です。それが愛らしく見える本当の理由なのです。人々が建築をつくり出すときには、人間的なものが生命を得るように創ります。そしてそのものの中に人間的な生命を育むようにつくり出すべきでしょう。

一度「感性と生命がなぜかひとつのもので、同じものである」と理解し、「<u>全体性と呼ぶ構造と物が人間性を持つという地平で結びついている</u>」ことが理解できたとき、この全体性の思想が導く革命の深さを理解するようになるでしょう。世界の

第7章

海辺の野性的な波

　全体性という外部現象と人間的な感性や内部化された全体性としての内部現象とは結合されています。それらは、あるレベルで、一体で同じものなのです。

　第3章から第6章の間で空間が生命を得るのは、空間に集約されている「センター」のせいであるという考えを論じてきました。私はこの考えの意味の可能性と取り組み——最後にはデカルトの機械主義の考えにまで至りました。だんだんと理解していただけてきたと思いますが、「センター」の考えは客観的存在としての生命——空間に宿る質——と、私たちの中に生じる人間的感性とが一体化した何かであるということです。「センター」が生じて、強化されてくるとき、次の章で見ていきますが、空間が人間自身に似てきます。そして人間的なものへと結合されていくのです。生命を持った構造は、「全体性」を持てば持つほど、ますます「人間的なもの」となります。なぜならば、そうなるとさらにずっと深く自己が吹き込まれていき、自己を形成する体験を持った完成に染まっ

太陽の下、移動する雁の群れ

ていくからなのです。そうなると、不思議なことが起こってきます。それは、空間自身がさらに機能的になるのです——より秩序立ちます。すると、さらにもっと生きている人間によく似てくるのです。これは、心理学的な意見ではありません。また芸術の心理学的側面を述べているのでもありません。私の考えでは、自然に関する事実なのです。それは、手を触れられずにいる自然のような建築の中にも存在する自然の何かなのです。

だからこそ「自然の中であるものがうまく機能するかどうか」その究極的な判断基準は、それが建物であっても同様なのですが、健康的な人間自身によく似ているかどうかということになります。この極端な結論は、デカルトの機械主義的世界観と私がこの本で主張する宇宙観との間に横たわっている大きな断層に関する明快かつ簡潔なまとめとなります。そしてこれは、建物をつくることは、深く心に呼びかけるものが存在することを示しています。それは、芸術というものがささやかな興味深い実践であることにとどまらず、人間存在にとっての根本的なものであり、かつその本性に関わるものであるということです。

生命が存在するとき、どんなときでもそれは本質的に「人間的なもの」であるはずです。波、空を飛ぶ雁、野原の花々、それらは深い全体性であり、だからこそ生き生きしています。そして、それらが深く生き生きしているからこそ、深く人間的なのです。私たちの心を驚かす仕事の数々、偉大なる作品とは、より深く全体的であり、生命に満ち溢れているものです。そして、この生命は、建物の中にも生じています。ちょうど野原の花々のように、その瞬間は建物に深い人間性を宿しているときなのです。

秩序と感性の結合が根本となります。ある様式の中で、深い秩序が私たちの存在を感じさせてくれます。それに触れることで、私たちの内面は深い感銘を受けています。そういうものはそれ自体に深い感性があります。全体性とは<u>外見的な</u>現象であるのですが、同時に<u>内面的</u>と考えられる自分自身の実存感と切り離すことはできないのです。私たちの建物に対する理解と、この現象の理解を前提とした建物のつくり方が、客観性と主観性との間にある差を埋める力となるでしょう。そしてそうすることで、私たちの外側の世界と内側の世界が正しく結合された世界で生き、はたらくことが許されるのです。

全体性と感性はたったひとつのリアリティの裏と表といえます。近代の時代では、私たちの使い慣れた考えでは、「感性とは、何か主観的に体験するもの」であり、一方の「生命とは、もし存在するならば、機械的な世界である外側に客観的に存在する何かである」というものです。このような思考の枠組みの中では、感性と全体性がひとつの物の裏と表にすぎないという考えは受け入れがたいものでしょう。

しかし、私が試みたように、全体性の現象の研究をするにつれて、その理解を変革する必要性を学んできました。そして、生命構造と深い人間的な感性は同じものであるという世界観に到達し、しかもこれこそ私たちの存在にとって根本的な事実であるということを知ったのです。

この深い全体性を宿している何かに触れるとき、<u>私たち自身の全体性</u>をも強化してくれます。世界で、より深い全体性や生命と出会えば、出会うほどより深く自分たちの人間的な感性に影響を与えられます。生命を持った「センター」は、私たち自身の生命を強化してもくれます。なぜなら私たちもひとつの「センター」なのですから。「健全な全体」を持ったものに、出会うとき、私たちはより「健全な全体」となります。なぜなら、私たちもその他の「センター」たちと同様にそれによって強化されるからなのです。

第8章

自分を映す鏡

第 8 章

1／序説

客観的な「全体性」の存在、中立的な存在としての「構造」、そして建物の中に「生命」を見出す可能性、それらはすべて統一的な「リアリティ」の世界を教えてくれます。それらは「生命構造」というこの全体性からごく自然に生まれてくるのです。「生命構造」という概念は、建築というものの理解に対して、明快に一貫した希望を与えてくれるのです。たったひとつの言語によって建築の機能や生態や人工美を語ることができます。——この「生命構造」という概念が、世の中のあらゆる側面のもたらす結果と、その意味を教えてくれます。そして、それ以上にものごとの道徳的な視点すら教えてくれるのです。何故ならば、世界の至るところに生命（真に良きもの）が存在することをこの視点から学び、この「構造」によって客観的に理解することができるからなのです。

次項では、この視点はこれまで強調しなかったある特徴があることを示そうと思います。<u>その特徴は、人間の「自己」に深く、そして必然的に結びついています</u>。

ここ 300 年の間、機械主義的な世界観によって私たち自身が「自己」から切り離されてしまいました。私たちは、強力で極めて正確な世界観を手にしています。しかし、その概念には「自分自身」の存在意義を明らかにするはっきりとした説明がないのです。これこそホワイトヘッドによって主張された有名な「自然からの乖離」現象なのです。私たちは極めて頑丈で客観的に見えながら、完全に「リアリティ」から断絶した世界観にとらわれ、<u>自分自身</u>を失ってしまっています。自分自身の体験も、自分自身のリアリティも、毎日の自分自身の体験ですらいわゆる「客観的」な世界観では居場所が存在しないのです。したがって、毎日の世の中との出会いも、その世界そのものと触れ合うことのできない世界観で対処しているといえます。空振りしながら戦っているのです。

次項では、私の提案する世界観によってこのような状況が変化することを体験するでしょう。この新しい世界観、「全体性」と「中心構造」を基礎としている世界観によって、外部や客観的世界と自分自身の体験が一体化します。その体験は深くそして即時性を持ったものです。そこには、分別があり、説得力があります。加えて直に働くのです。「自分自身」と世界観との新しい関係を理解するために、「どちらのものがより『生命』を持ち、どちらが持っていないか」をどのように決めるのかという問題に立ち戻ってみましょう。私が第 1 章から第 7 章で述べたことは、まさに「生命」は世の中に存在する「センター」による現象として見られるのだ、ということでした。「全体性」は「センター」で構成されます。「センター」たちは空間として見られます。「全体性」が強化されると、建築や作品、自然、行動行為などでもそれらを「生命」として体験することになります。「センター」それ自身の生命の強さはさまざまです。加えてどの「センター」の生命もその他の「センター」に依存しています。それによって「生命」はより強くも弱くもなるのです。建築の生命もこうして何度も繰り返しうみ出され、異なるセンターがお互いを助け合い、協力し合い、強め合っているのです。そしてこれは建築の機能としての「生命」（その役割）と、形としての「生命」（その美しさ）の源泉となっているのです。そのふたつは全く同じものなのです。

しかし、このあらゆるものごとの根本にまだ謎があります。その謎とは、<u>「センター」それ自身の持つ「生命」</u>のことです。さまざまな「センター」のプロセスを経た実体としての生命とその強弱は、いまだ完全に明らかな概念ではありません。しかし、簡単に空間自身が力を宿し、「生命」をもつようになるという考え方——「センター」が空間の物質自体の中で「生命」を宿す場所となることを否定できません。これは困ったことであり、また驚きでもあります。なぜなら、現在の物理学の解釈とは一致していないのですから。しかし、仮にこの点について了承したとしても、これが何を意味するのか、いまだわかりません。<u>これは何でしょうか</u>。空間に「生命」を宿させるこのものとは一体何でしょうか。中心によって増殖し、建物や装飾に花咲かせるこの「生命」とは何でしょう

か。……さらに言えば、生きているものの「生命」そのものとは何なのでしょうか。

　私がここまで語ってきたことは、すべてこの点をどう扱えば妥当であるかの一点に集約できます。この空間の「生命」の考え方が「全体性」の客観性を担保し、そして建築を客観的に把握するための基礎の哲学となります。そのすべては、事物に生じる「生命」に対する信念と理解の度合いと確信度合いによって決まるのです。

　私たちは生命の強度を測定する方法、「センター」に本来ある生命の強弱を測る方法、そしてそれが何者であるかを発見しなければなりません。もし本当に「全体性」がそれほど重要であるならば、私たちはそれについて客観的な理解に到達することができ、当然目を向けている世界のあらゆる部分に客観的に存在しているものとして認識できることは、本質的──当然必要なこと──です。「生命」の存在の客観性について述べてきましたが、まだそれを客観的に見出すために求められる具体的な方法については提案していません──その方法は、これまでの論争から抜け出して、合意に達することができる方法です。

　結局のところ、外部の(客観的な)「全体性」と内部の(主観的な)「自己」との関係性と、そしてあらゆる場所における「生命」の強弱を見分ける具体的な方法とは深いつながりがあります。これは、ひとつの考え方のふたつの側面にすぎないのです。次の質問に答える必要があります。「一方のものが他方のものより「生命」が強いと判断したとき、その判断基準は何ですか」

2／心から好きになること

　「好き」ということについて議論を始めましょう。芸術家としての振る舞いは、建築の世界では「何が好きか」ということと深く関わっています。社会も人々が「何が好きか」を共有することを通して築き上げられています。しかし、「何が好きか」ということに関する現代の思想は非常に混乱しています。「自分の望むものが好きなもの」ということが現代信じられていることであり、同時に「自分の好きに何でも決定できる」ことが民主的自由の本質の一部と見なされています。この考え方は、人類の歴史上マスメディアが人々の「好み」について代弁し、それがさらに未知の領域にまで展開するようになった頃から生まれました。そのため、悲観的な考え方をする人は、私たちの時代には正統な「好み」などというものは存在しないとまで言い出したのです。人の「好み」は信用できなくなってきました。なぜならその「好み」は心の底からの声ではないからです。

　一方、心の底からくる真なる「好み」は、事物の「生命」という考え方と非常に密接につながっているのです。「心から好きなこと」は、私たち自身に「全体性」を感じさせてくれます。それは私たちを癒す効果を持っています。より人間的にしてくれます。さらには私たちの内なる「生命」も強くしてくれます。しかも、「心から好きになること」で世界のリアルな構造を知覚することができるはずです。その行為は、事物の存在の根源にまで伝わり、「そのものをあるがまま」受け入れる唯一の方法だからです。

　「心から好きになること」の良さがわかり始めるとき、次のような多くの重要な事柄に気づくことでしょう[1]。

1. 「全体性」から近いか遠いかを「心から好きになること」で感じることができる
2. 自分が心から好きなものをつくっているときに、「全体性」を感じることができる。そういうものをつくり出そうとしているとき、全体性を感じ、安らぎを感じ、世界と一体化していると感じる
3. 心の底から好きであることに対して、「本当に好きである」と正直になればなるほど、他の人々も同じようにそれらのものを認めてくれることを発見する
4. 「心から好きであること」は、ものに宿る「生命」や「全体性」の客観的な構造と一致している。私たちが「それ」を心から好きになることを理解していくと、次第にこれこそがそこに存在する最も深いものであることを知る

それはあらゆる判断にも適用できる。——例えば建築物や芸術作品のみならず、行動や人間、それこそどのようなものにも適用できる
5. 私たちが「心から好きなもの」を発見するのに役立つ具体的な方法はある。しかし、「心から好きなもの」を発見することはそれでも簡単ではない。「心から好きなもの」との接触は決して自動的にできるものではない。努力と、厳しい作業、個人的な「悟り」を得ることでようやくそれを理解し感じ取ることができる。意見や思い込み、自我から解放されることで、その「好きという感覚」を経験することができる
6. この「深い好み」が存在することの理由は神秘的で、明らかではない。これらを理解するためには、ものごとの本質——究極的には物質そのものの本質まで——を注意深く検討していかなければならないだろう。しかし、それでもそれら理由は具体的である。私たちは、あるものごとに対して「心からの好み」を引き起こす力がどれくらいあるかを体験的に決定できる。それは個人的な問題ではなく体験的な問題なのである[2]
7. なぜか本当に好きなことを体験することと「自己」とは関係がある。どのようなものが自分にとって本当に好きなものか、その気持ちを発見していくにつれ、自分自身が何よりも先にそれと一体化していることに気づくのである
8. 「本当に好きなもの」を発見すると、そこにあるものすべてが自分と「一体化」していく

　本質的なことは、「私たちが心から好きなもの」は、誰でも合意するということです。これは、近代思想とは衝撃的に異なっています。したがって慎重に検討を重ねる必要があります。この考えを納得するための大きな突破口は、次の2点の違いが判断できるようになったときです。それは日常的な好き嫌い（当然、好みに違いがあります）と、深いところで合意できる好き嫌いの2点です。これをこれから示そうと思っています。究極的にはこの合意できる「深いところでの好み」が建築の世界での判断基準なのです。私の議論の要点は、「より深い好み」の存在を示すことだけではなく、それが「生命構造」の存在とも、客観的かつ構造的な生命とも正確に一致することを示すことなのです。

3／さまざまな「中心」の「生命」の強度を比べてみる実験的なテスト

　ふたつのセンターのうち、どちらがより多くの「生命」を持っているか、どちらのセンターがより少ないかを客観的に決定するために、主観的な好みにとらわれず、それこそ本当に心から好きなものにのみ集中させるような実験的な手法が必要となります。

　どうしたらそれができるのでしょうか。しかし建物の「生命」や「全体性」を見抜くことのできる唯一の方法というものが果たして存在するのでしょうか。その手法は、観察者がものの持つ本質として「生命」や「全体性」を理解する際の手助けとなり、先入観や経験不足、他人の意見や圧力を乗り越えてその質を浮かび上がらせるものでなくてはなりません。

　私はそれが存在すると確信しています。私の提起する方法は、次の事実を利用したものです。それは、誰でも観察者として「全体性」の現象に直接自分を合わせていくということと、どのような状況であれその場にある、ものの「全体性」それ自身とその強弱を見ることができるという事実です。自分の情感から直接生まれる判断を求めることで、その全体性に気づかせる方法です。それは単に「どちらが最も良いと感じますか」と問いかけているわけではありません。「具体的に、どちらの方があなたの心にいちばん全体的な感情を湧き起こさせてくれますか」と私は問いたいのです。

　私の提起する観察方法では、ふたつのもののどちらの方が強く「自分自身」を映し出しているものであるか、そうでないかを問うています。私はこの質問によって自分自身の全体性、たぶん「永

遠の自分」の存在を問うているのです。

あなたと私がコーヒーショップでこのことについて議論していると考えてみてください。私は実験に使えるものがないかどうかとテーブルを見回します。たぶん、このページに示された、テーブルには昔ながらの塩入れとひとつのケチャップの瓶があるでしょう。私はあなたに尋ねるでしょう「これらのどちらがよりあなた自身に似ていますか？」もちろん、その質問は少し馬鹿げています。「それは意味のある答えにはなりません」と、あなたは正当に答えるかもしれません。しかし私はその質問を繰り返します。そこで私に調子を合わせて、全体として<u>自分自身を表現するのにより近い方</u>として、ふたつのうちのどちらかを選ぶでしょう。

その前にもう少し言葉を足しましょう。そのふたつのもののうち、どちらの方があなたのすべて、<u>あなたの「全体性」</u>をよりよく映し出しているかを問うていることをはっきりさせます。その表現しているものは、あなたらしさであり、希望に満ちたり、恐れ、弱味、成功も愚かさも――でき得る限り――自分がそうありたいと願うものすべてが含まれています。別の言い方をすれば、あなた自身の弱さや人間性や、愛情、憎しみ、若さや老い、あなた自身の善良さや性悪さ、あなたの過去、現在、未来、夢やそうありたい望み、そして今の

あなた自身であることを含めて、そのすべてにより近いものを考えて欲しいのです。

もう一度塩入れとケチャップの瓶を比べてみてください。ふたつのうちどちらの方がそのすべて<u>を通じてよりよく反映しているものを決めてください</u>。私が施したこの実験では、この質問を受けた人のうち80パーセント以上の方が塩入れを選びました。私の行った実験が示す限り、結果は文化や個性とは関係ありません。若かろうが年を取っていようが、男だろうが女だろうが、ヨーロッパ人だろうがアフリカ人だろうが、アメリカ人だろうが人々は同じ選択をします。

しかしこの実験結果の価値とその成功は、彼らが回答する質問の側にあります。そして、<u>その質問に対して</u>本当に回答しているのかという点に価値があるのです。ケチャップの瓶を選ぶ人々はいつもいます。そう答える理由はいろいろあります。ケチャップはハンバーガーをおいしくする。それが現代の生活の象徴である。そういう結び付け方は一般的で心地よく、日常の生活らしく、大変わかりやすい。とても素敵と言えるでしょう。それに比べて塩入れは少々古臭い。このタイプの塩入れは今でも多くの人の周りにありながら、まるで生活から消え去ってしまっているようにすら感じますし、別の塩入れに取り換えられてしまっているようにも感じます。その指摘は全くその通りで

ありふれた塩入れの瓶　　　　　　　　　　ありふれたケチャップの瓶

第8章

ニューヨークの会議室にある青色に塗られたベンチ

す。そして20パーセントの人たちがこの質問に対してケチャップの瓶を答えとして選んだ理由なのです。しかし、この理由による選択では私の聞いた質問の答えにはなっていません。私のしている質問は、どちらの方が深く「普遍的なあなた」に結びついていますかということなのです。どちらの方が自分の普遍的な存在や強い心、自分自身の内部にある真髄を映し出している気がするのでしょうかと問いたいのです。

　質問は自分の深い「全体性」との関わり合いを問うています。そして、ふたつのものの深い全体性との関わり合いを問うているのです。それは観察者の個性や性格を聞いているのではありません。質問は自分の好みや意見から切り離してしまうようにできています。一度明確にこれを説明し、人がその答えを出そうと思えば、この質問は非常に有効で確実な実験となり、「生命」の強弱を生々しく分別することができます。

　私が試してみた結果、この質問はほとんどどんなふたつのものの比較でもその全体性の強度を比べるのに有効であることがわかりました。ふたつのものを比べるとき、「このふたつのうちどちらが自分自身をより映し出していますか」と必ず問うてみてください。ふたつの建物でも、絵画でも、ご近所の景色でも、ドアノブでも、スプーン、道路、衣服、テーブル、椅子、屋根、壁、扉、窓、塔、町並み、公園、庭、それぞれについて同様に問うことができます。ある行動でも、1曲の音楽でも、その和音でも、道徳的な質に関する選択でも、複雑な選択でも可能ですし、土の中のひと握りの石であっても、そう尋ねることができます。

　ここで、この現象に関する別の実例を示しましょう。1985年、およそ100人の人が出席するニューヨーク州で開催されたとある会議で、私はこれらの問題について講演をしていたのです。自己を映す鏡の考えを示すために、私は2個のものを議論に取り上げました。両方とも私たちがいた会議室にたまたまあったものです。ひとつは丸い座面がついているグレーのスツールで、もう片方は青色で塗装された木製のベンチでした。

　私は、これらのふたつのものを私たちの話の輪の中に引き入れ、ふたつのもののどちらが自分自身をよりよく映し出しているものか決めるようにお願いし、そのお願いの説明を私が先ほどここで書いたようにしました。数分間の沈黙のあと、私は挙手を求めました。約100人のうちのひとりを除いたすべての人が青いベンチの方が自分自身をより映し出していると言いました。ひとりの人が

グレーのスツールの方が自分をより映し出しているものであると主張しました。

グレーのスツールを選んだ人はそのように孤立した立場になったためか、動揺し、大変雄弁に主張を始めました。彼は自分の主張は正しく、正当で、公正であると主張しました。彼は、こんなことが真実であるはずがないと特に論じていました。彼の主張は、このような問題は一人ひとりで考えるべきものであって、それぞれ人が自分の個性に従って選ぶものが、その個性によって違っていることは明らかであるというものでした。私は彼に対してこう指摘しました。「もし、その仮説が正しいならば、99人の人が青いベンチを選ぶということはあり得ないのではないでしょうか」。彼はさらに動揺し、より議論を求めてきました。彼が満足するまで、私は彼に好きなだけ長い間、話させました。最後まで彼は自分が正しいと主張しました。

2週間後、私がカリフォルニアの家に戻ると、この男性からの手紙が届いていました。「私を覚えていますか。あのオメガ会場の参加者のひとりで、ベンチではなくスツールを選んだ問題の男です。水曜日まで全くその問題を忘れていました。身近なものごとの方が大切でしたから、スツールに対する執着心も消えていました。その結果でしょうか、金曜になるとベンチとスツールに対しての見方に変化が生まれたのです。ベンチの持つより全体的な実体や、私自身を表現する可能性を秘めたベンチの質の区別がわかるようになったのです。この問題が私に投げかけた示唆は、最初のものから全く違ったものとなってきました。私はベンチの方がより私を豊かにしてくれると感じたのです。このような自分の見識の根本的な変化を目の当たりにして大変な衝撃を受けました。全体としてこれこそワークショップの成果でした。自分の見識が根本的にかつ心の底から変化してしまったのです。私を驚かせたのは、この変化に伴って経験するようになった感情の力です。ここ何日もワークショップを思い返しながら、私はとても感動しています。私自身の深い部分が長い間基本的な真実に触れていなかったことを認めるようになったのです」

私の実験の、「どちらのものの方がより多くあ

ニューヨークの会議室のグレーのスツール

るいはより少なく自身について全体的と感じるか。つまり、最も自分らしいか」という質問に対して、人々が驚くほど一致することを一般的に示します。驚くべきことにこの判断は人間同士の個々の違いや文化の違いに無関係であるように思えるのです。加えて言えば、この質問によって人がより成長する機会をうみ出していることです。人はまず初めに質問そのものに混乱します（例えば別の質問の仕方「このふたつのうちどちらの方が生き生きしていますか」でも同じです）。しかし、そのあと自分の力で学び、ものごとを判断する力を身につけることができるようになります。

ご覧のように、この質問は観察者に一種の内的な発達と成長を余儀なくさせます。そして、人々は全体性とは何かということに真に直面し、徐々にゆっくりとですが、「何が美しいか」ということに対する個人的な思い込みを捨てて、普遍的で正確な判断へと変わっていくことができるようになるのです。

「生命」あるいは「全体性」が客観的であることを理解するためには、「自分を映す鏡」の実験のように質問自体が正しく問われなければならず、理解されなければなりません。したがって、例えば「あなた自身の過去の歴史から見て、これらふ

第8章

たつのうちどちらがあなたらしいですか」のような質問は意味をなさないのです。「これらのふたつのうちどちらが自分の個性を思い起こさせますか」という質問も意味をなしません。

これらの質問はどちらも正確な考え方を反映していません。それは、ものはあなた自身の映し身であり、あなた自身であるとともにあなたの望む姿であるという考えでなければなりません。そこには、潜在的な美への気づきがあります。それは私たちの内部に備わっているもので、そのことがこの質問の重要な核になっているのです。もし私たちが求めるものに対して、成し遂げてきたことと同じように潜在力をも反映することを求め続けるならば、選ばれるものは全く異なるものになるでしょう。それは私たちの現在もっている偏った自分に対する印象を反映したものを選ぶことではないはずです。

先のふたつの質問は、「在るがままの私たちを真に反映するものか」という考えを正しく問うていません。つまり、それは私たちには愛も、憎しみもあり、勝利もあり、後悔もあります。歓喜もあれば、深い恐怖心もあるのです。「それは自分に似ている」あるいは「それは全く自分の感じだ」という言い方で選ばれるものは、大概一面的であり、私たちの特性の一部にすぎません。そこには普遍性はありません。なぜなら私たちの未熟さ故でしょうか、私たち自身の内面の悪しき部分、無能な部分、弱い部分と呼んでいる部分を見落としてしまいがちになるからなのです。しかし、そのすべてを反映するもの、例えば私たちの弱さと幸せ、脆弱性と力強さなどすべてを追求していくならば、私たちは全く違う次元の中に進むことになるでしょう。この問いは違った方法で行ったとしても、選ばれるものは、やはり同じだということがわかります。

この質問はもっと素朴なものにすることができます。例えば、「このふたつのうち、死を迎える日までになりたいとしたらどちらを選びますか」という質問です。これならば、自分の特殊な意図も自分の過去がどうかといったことも取り除かれた質問となるでしょう。私のクラスの学生は、もうひとついつでも使える便利な質問形式を考え出しています。「ちょっと仮定してください。あなたが生まれ変わりを信じているとして、このふたつのうちどちらかに生まれ変わるとしたら、自分の2番目の人生はどちらが良いとあなたは考えますか」と聞くのです。

次のページに、これらの実験から得たさまざまな特徴的な例を載せました。各組み合わせのうち、上側のもの、または左側のものが自分自身をよりよく映し出しているものです。私たちはまた尋ねます。「どちらがより多くの生命を持っていますか」。これは、ほとんど同じ質問です。

ここに、2個のカップがあります。小さいチョコレート色のカップと大きいマグカップです。「ふたつのうち、どちらが自分自身をよく反映する姿ですか」。尋ねられた人々の85パーセントは、小さいカップが、より良いと言うでしょう。ここでの注意は、ケチャップの瓶に関するケース同様です。大きいマグカップはより便利です。そして、私たちの多くがコーヒー好きであるならたぶんそちらを好んで選ぶものです。朝のコーヒーを飲むものとして。それはもちろん尋ねている質問の答えではありません。問われている内容は、本当にかなり高度です。「私たち自身の真実の姿をよりよく反映している姿はどちらですか」というものです。このとても深い質問によって、別の答えが出てきます。ほとんどの人々は、小さく繊細な形で花模様で飾られている小さいカップを選びます。

次に、2個の道具について例を挙げてみましょう。斧とプラスのねじ回しです。「ふたつのうち、

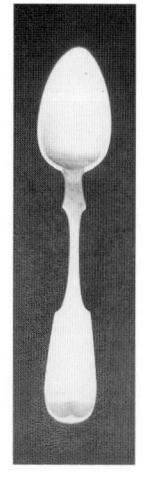

ふたつの匙

自分を映す鏡

次のそれぞれの事例では、左側のものの方がより、自分自身を反映しています。

ふたつのカップ

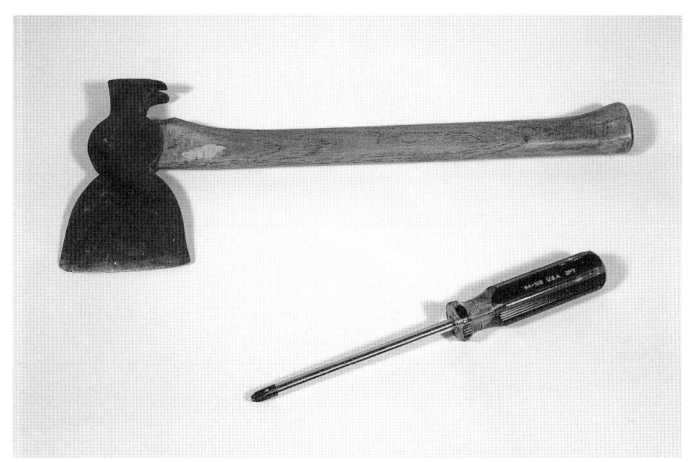

斧とねじ回し

5セント硬貨（ニッケル）と10セント硬貨（ダイム）

はさみとゴム接着剤の缶の組み合わせ

どちらがより生命を持っていますか」。88パーセントの人々が、斧の方がより生命を持っていると言うでしょう。

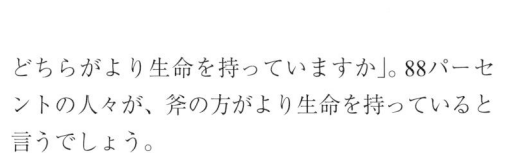

では、コインを考えてみてください。写真にはアメリカの5セントニッケル硬貨と10セント銅貨が写っています。ほとんどの人々が、10セント硬貨が5セント硬貨より多くの生命があると言うでしょう。彼らの選択は金銭価値と関係があるわけ

第 8 章

今度の事例では、上の写真の方がより自分自身を反映した写真です。

古い車の並ぶ並木通り

ロンドン中心街の近代的な通り

自分を映す鏡

左側の方がよりいっそう、自分自身を反映しています。

動物が描かれているトルコの花瓶：16世紀　　　　　四面に花をあしらった柿右衛門の壺：18世紀、日本製

日本製の壺は非常に美しいです。私がこれを右側に置いたのは、何か欠点があるからということではありません。私が単に言いたいことは相対的なことです。左側のトルコ製の壺の方が、右側の壺よりもより自己を映し出しているということなのです

ではありません。65パーセントの人が、10セント硬貨の方が5セント硬貨より多くの生命があるといいます。その効果は、より小さいコインの方は小さく輝いて濃縮しているということに関係があります。

ここに、ふたつの事務用品があります。ひと缶のゴム接着剤と、1丁のはさみです。どちらがより生き生きしているように見えますか。90パーセントの人は、右側のはさみの方がより多くの生命があるというでしょう。

ここで重要なことを強調しておきます。ちょうど前に書いた「生命」の判断と「深い好み」の判断と同じように、――「どちらが自分をよりよく反映していますか」――という質問は、自分の嗜好とは無関係な判断なのです。または、あるスプーンが自分自身の一方のものより良い姿であるというとき、私は読者のあなたにはそれが好きかどうかを問いません。それは自分自身をよりよく反映する姿ということであり、またその答えを求めて

努力する人たちにはこの事実を見出すことができるということを私は述べているだけなのです。

数年前、私はロンドンで友人のビル・ハギンズにこれらの事実について説明していました。彼は興味を持ち、いくつかの例を教えてほしいと言いました。競売のカタログをたまたま持っていました。そこにはいくつかのカーペットが出品されていました。そのあるページに2枚のカーペットがカラーで図解されていました。

私はビルにそのふたつを比べてみるように言いました。そして、どちらが自分自身の全体性、良いことも悪いことも、過去も現在も、将来の希望もよりよく映し出していると感じているか教えてほしいと言いました。それは、私の今まで述べてきた質問と同じでした。

彼は、長い間、座って絵を見ていました。ようやく口を開くと彼はこう言ったのです。「これは非常に難しい。はじめのもの（次ページ図右側）は美しい。私はそれが好きだ。大胆な色使いで、美

第 8 章

エルサリの礼拝用のカーペット：
こちらはビルがあまり好きではないものでした。
しかし、自分自身を良く映していると言いました

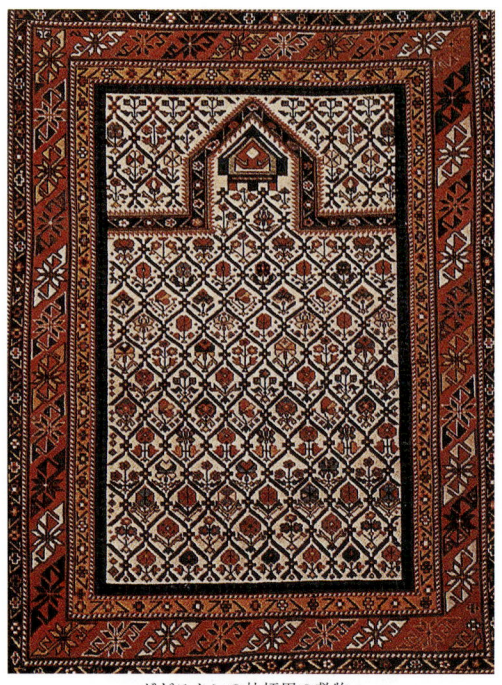

ダゲスタンの礼拝用の敷物：
ビルは、こちらの方が片方よりも好きでした。
しかし、自分自身を良く映しているわけではないと言いました

しい図形の特徴がありますし、その他いろいろ、力強く、よくデザインされている。もう片方（左側）はより柔らかく、より静かな感じです。私はそれが好きではありませんが、どういうわけなのか、あなたの質問に対しては、1番目ではなく、2番目の方が、よりよく私を反映しているように思えます」

私は言いました。「あなたが好きだとか好きでないとかということは忘れてください。あなたが一方よりもう片方が好きであるかどうか、一方が片方より良いデザインだとかどうか、どちらがより美しいと考えるかどうかとかについて、私は気にかけません。私は、そのひとつがあなたとしてのあなた自身の姿、またあなたがなりたい姿に近いものかが明らかになるまで何度も何度も見てもらいたいのです」

「その場合……」。彼は言いました。「……しかたない。私は好きでない方を選ばざるを得ない」。

そして、彼は1番目のものを指差しました。

ビルが好きではなく、彼自身の本当の姿だとわかったカーペットは珍しいエルサリの礼拝用カーペットでした。もう一方のカーペット、友人は自分の姿として選ばなかったが、それはダゲスタンの礼拝用の敷物でした。それは明るい色のきれいなものですが、しかしそれほど重要でないものでした。カーペットの初心者はしばしばダゲスタンを選ぶでしょう。なぜなら、それは色彩に富み、綺麗で魅力的ですから。カーペットの専門家は皆がエルサリを「良いもの」として重要なカーペットであると評価するでしょう。お金の価値もあります。

「自分自身の姿の基準」を用いることで、ビルはほんの数分間のうちに初心者から初期の専門家までの目利きのレベルを向上させることができたのです。

4／自分を映す鏡

　では、「自分らしさ」をよく映し出しているいくつかの建築や工芸品を見ることにしましょう。序文（11ページ）の大雁塔から始めても良いでしょう。第1章（31～57ページ）で示したいくつかの建築やものや状況の写真も良い例です。次の5ページにわたって、下図の農家から始まり、<u>実に見事な良い例が示してあります</u>。

　これらを見てどう感じたか問えば、あなたはこれらが生命で満たされていることに賛成するでしょう。大雁塔がつくり出している「中心の場」が見えるはずです。小さな中心の段階的な連続性が屋根によってつくり出されています。窓の完璧な配置、それらは壁の中に完璧な形で納まっています。しかし、違う質問をあなたに投げかけることもできるのです。——大雁塔や下の農家がどうして「自分らしさ」を思い起こさせるのかという問いです。塔や家畜小屋、そのどちらにも注目すべきことは、私たちにとって深いレベルで「私たちらしさ」を反映しているのです。私も、あなたがそれが「自分らしさ」を反映していると同意してくれると信じています。それは私たち一人ひとりにとって、「自分らしさ」とその魂を映し出しているのです。それを発見するのは難しくありませんが、理解することはとても難しいことです。その塔は、1,400年も前の西暦600年の頃、私たちとは全く違う習慣や思想を持った人々が建てたものです。文化的にみても、今日の私たちとは全く別の時代につくられたものです。次の4ページにわたる写真の小屋や建物や工芸品も同じことが言えるでしょう。こうした建物には今日の私たち誰もが持っている何かを反映しているようです。どうも、その「何か」は時間や文化を超えるとても深いレベルに存在しているようなのです。それは歴史、文化、および個人の特性にかかわらず、すべての人の中に「そのものらしさ」を驚くべき強さで映し出しています。私はいかなる場合でも「自分らしさ」を反映する建物は、生命構造、すなわち「中心の場」を深く備えていると確信しています。

　第4章で「生命構造」を定義しました。そして、

雪の中のペンシルバニアの農家

第 8 章

ササン朝ペルシャの絹のセンムルグの綾織り：7世紀

　どちらの建築物が生き生きしているか、していないかを区別する方法を示しました。私たちはそれらの持つ「センター」を見ることで、最も生命を持つとき、最も強力な「場」を持つときの「センター」が「場」をつくり出す方法を見てきました。表面的にはよく似ている一組の例を見たときでも、事例ごとにどちらがより生命構造を持っているか、どこにある「センター」が強力で、どの「場」が強く存在し、その結果としてどちらがより生命が強いのかをほぼ間違いなく判断できる方法を学びました。

自分を映す鏡

北京の故宮にある玉座の間

第 8 章

紀元前 5 世紀のギリシャの儀式の面

チベットのラサにあるポタラ宮

自分を映す鏡

　私たちは、今、さまざまな同じような一対の建物を見たとき、「自分を映す鏡」の基準を適用することで同じような判断を下すことができるでしょう。例として、この一対の高い建物を比較してみてください。ひとつはギリシャの島のアトス山の修道院で、もうひとつはルートヴィヒ・ミース・ファン・デル・ローエによって設計されたミシガン州デトロイトにある集合住宅です。「センターの場」に関して言えば、修道院には力強い中心の場と「生命構造」があります。「センター」は個別で見てもとても力強く、繊細にひとつにまとまっています。また、生命の強さの判断をするなら、第2章で示した方法により、修道院の方がデトロイトの集合住宅より多くの生命を持っているという解釈ができるでしょう。「自分自身を反映するもの」という基準で評価した場合、私たちは同じ結果を得るでしょう。アトス山の修道院はデトロイトの集合住宅より、多くの「不変のあなた自身らしさ」を反映しているでしょう。

　次ページから、一連の対の例を示すことにします。いずれの場合も、ふたつのうちのどちらがより「自分自身らしさ」を反映しているか、より多くの生命があるかがわかるでしょう。また、あらゆる場合において、「自分自身らしさ」をより反映しているのがどちらなのかを知ることは、より生命があるものがどちらであるか理解することであり、どちらの中心がより強い場にあるかを理解することと同じだとわかるでしょう。

ギリシャ、アトス山の修道院

ミース・ファン・デル・ローエによるデトロイトの集合住宅

第 8 章

一組の写真の例を比べると、左側の方が「自分らしさ」を表現している。

ル・コルビュジエ

ミース・ファン・デル・ローエ

ミース・ファン・デル・ローエ

ル・コルビュジエ

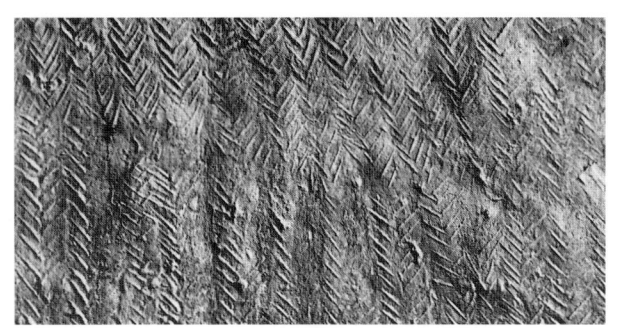

壁の模様

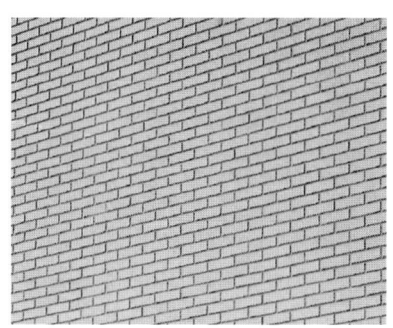

壁の模様

自分を映す鏡

一組の写真の例を比べると、左側の方が「自分らしさ」を表現している。

サンフランシスコのフラチロンにある角地の建物

バルセロナの学校にある角地の建物

ポストモダンの建物

ポストモダンの建物

ル・コルビュジエによる室内

ル・コルビュジエによる室内

第8章

一組の写真の例を比べると、左側の方が「自分らしさ」を表現している。

フランク・ロイド・ライトによる建築 　　　　　　フランク・ロイド・ライトによる建築

レストラン 　　　　　　レストラン

自分を映す鏡

一組の写真の例を比べると、左側の方が「自分らしさ」を表現している。

ささやかだが深みのあるロマネスク建築  / ささやかであるが深みがないロマネスク建築

ロンドンの百貨店  / ブラジルの議事堂

自分らしさを表現した舗装材  / 何の意味づけもない舗装材

生命構造の強弱と「自分を映す鏡」のテストはどちらも生命に対する理解の取っ掛かりを与えてくれます。空間の中に生命構造が生まれたとき、まるで自分自身がそこに存在しているような形になるのです。その場が強ければ強いほど、中心が強ければ強いほど、感性が強ければ強いほど、「自分らしさ」を反映するものになります。

「自分らしさ」をより反映するものの特徴は、(「生命」の基準と同じで)、常に強弱の問題だということを理解しておくことはとても重要です。私が示したいくつかの例は自分らしさを反映する強弱の程度によって、全く違ったものになります。これは明らかにしておかなくてはいけません。あるものは「自分らしさ」があり、あるものにはないというのは間違った捉え方を与えることがあります。実際それは、間違っています。すべてのものに生命の強弱はあるのです。

「自分を映す鏡」の実験で事物の生命の強弱を測るのと、「生命構造」の強度を計算するのと、事物に存在する15の幾何学的特性の存在を測る結果との相対的な生命の強度の結果は同じになります。これらの例の多くが、「自分らしさ」の鏡の実験だけではよくわからない場合もあります。しかし、どの場合でも、強弱の差はあるのです。ご覧の通り、どの対比でも（おおよそ同じレベルのものならば）、生命の強弱は、はっきりと選択できます。例えば、331ページの上の角に建っているふたつの建物の例を考えて見ましょう。最初の左側の例は、「自分らしさ」が強く出ています。たぶん、わざとらしいイメージが少ないからでしょう。ここで、強調しておきたいのは、左側の建物は特に私は好きではありませんし、美しい建物だともお勧めできません。事実、美しくないと思います。私はただ単に、この実験をするとき、右側より左側のほうが、ふたつの相対的比較の上では、「自分らしさ」が多いと言っているだけです。

333ページの比較も微妙です。例としてはふたつともロマネスク様式のドアです。どちらもアーチ形です。どちらも美しいです。しかし、よく見てください。「どちらが本当のあなた自身に似ているか」、自分自身に問いかけながら見てください。そうすると、次第にひとつのほうが強く感じるということがわかってきます。左側の方が右のものより「自分らしさ」をより反映しています。

どんな段階でも、どんなふたつのものでも、どんなふたつのデザインでも、どんなふたつの事実でも、私たちは、自分を映す鏡の特性がふたつのうちのどちらの方が強いかを決めることができます。この手段によって、私たちは、何かを創造しているとき、どちらに多くの生命と「生命構造」があるかを正確に測ることができます。

私が提示したいくつかの例は明解です。人は、不思議に思うかもしれません。「こんなに明らかにわかっていることを、こんなにしてまで確認する価値が本当にあるのでしょうか」と。しかしながら、驚きでもあり重要なことですが、「鏡に映し出す自分らしさ」の実験は全く日常的な好き嫌いに一致しないのです。事物の中に「自分らしさ」がどれくらいあるかのみに集中して、生命の強度を実験するならば、確かに実験結果は自分の好みや嗜好を裏付けることもあります。しかし、全く異なる結果となることもあります。型どおりの良いデザインではなく、自己満足を揺さぶられ、驚かされる結果となるのです。そしてこれは、必然的な結果として受け入れることで、多くの教訓を与えてくれます。

5／「自分らしさ」の驚くべき資質

あるもの中でどれが多くの生命を持っているか尋ねることと、どれがいちばん「好き」かと尋ねることは同じでないと理解することは大切です。例えば、ポストモダンのイメージが非常にポピュラーであった1980年代の建築科の学生に336ページのマリオ・ボッタの筒状の家と伝統的なスウェーデンの小屋を見せたとき、多くの学生が下側のボッタの建物が好きであると言いました。下の家は教師が学生たちに教えたことと同じだったからでしょう。つまり、ポストモダンには野暮でまともでない印象が付きまとっているが、良いポストモダンはこうあるべきだと教えら

れたからでしょう。1988年に在籍していた学生の70パーセントは、もう片方よりボッタの建物が好きだと言いました。しかし、同じ学生たちはふたつの建物のどちらにより生命があるかと尋ねたら、65パーセントは上側のものを選びました。

今回の例では、今までの他の実験とは違って圧倒的な多数を占めることはできませんでした。この点は注意が必要です。質問が、まず回答者に対して不快感を与えるからでしょう。20世紀の建築学科の学生にとって、この質問は、自分たちが仮定する考え方の核心を突いてきて、ボッタの住宅が好きであることに対して疑問を投げかけることになったのです。学生は、ある部分ではまだボッタの住宅に執着しており、質問によって考えがひっくり返されるのを望んでいなかったのです——そこで、圧倒的な多数にはなりませんでした。

しかし、不快にもかかわらず、その質問には真実があります。自分たちの価値観に挑戦を仕掛け、不快感を与えられても、学生の多くは、この真実から逃れることはできませんでした。事物の中にある生命や自分自身は驚くべきものです。しかしながら、それに常に目を向け、明らかにし、お仕着せの好みや嗜好とは違うものとして区別していくのには、大変に気を使います。

同様に多くの生命を持つということは「伝統的な建築」であれば良いという甘いものではありません。337ページに別の一組の例があります。乱雑な車の修理工場とプラスチック製の「素敵な」レストランでは、たくさんの生命を持つことが必ずしも甘美でもなく、楽しくないことがわかります。このふたつの例の比較では、車の修理工場の方に、より多くの生命があります。それは工場的で機械的で汚いです。しかし、素敵でとても甘美なレストランには、あまり生命がありません。

ある人は機械工場が、複雑であるからだと主張するかもしれません。本当にそうでしょうか？いいえ、そうではありません。生命があるものは外観上いつも複雑であるというわけではありません。339ページの一組の例では、デンマークの小屋はシンプルで様式張っていません。アンバリッドのドームのバロック様式の例は、非常に複雑で装飾的で様式的です。そこには生命や「自分らしさ」はほとんどありません。

それでは様式的なものと比べて、様式張らないかという問題でしょうか。いいえ、そういう分け方でもありません。338ページには、様式的なものの中にも多くの生命があり、様式的ではないのに生命が少ないという例が出ています。1600年頃、イギリスにつくられたハードウィックホールはとても様式的です。1960年頃にカリフォルニアに建てられたヒッピー風の屋根板で葺いた田舎風の家は、ほとんど様式張らない建物です。しかし、生命や自分自身がほとんどありません。

それは装飾的であるか、装飾的ではないかという問題でしょうか。340ページでは、1960年頃に建てられたイームズの家を示しましょう。それは、簡潔で機械的です。しかし、偽物の伝統的な建物で飾り立ててあるカリフォルニアのオークランドにあるホッパーのチョコレートショップよりは多くの生命があります。

しかし、装飾的でないことで「自分らしさ」があるというわけではありません。341ページの最後の例は、暗い濃紺のタイルで重量感をもって飾られたセルジュクの墓です。これには膨大な「自分らしさ」があります。下の殺風景で飾りのない墓石には、生命がほとんどないように見えます。

ここで、はっきりと決断を下すのは難しいかもしれません。もしあなたがこのふたつのお墓のうちどちらが墓石として似合っているか自分自身に問いかけたとき、下の殺風景なものの方が、より「死んでいる」ということがわかるかもしれないのです。確かに、それはより標準的です。そして、好みから言わせてもらえば、とても装飾的で、彩色されたセルジュクの墓は墓石として少し極端に見えるかもしれません。しかし私はどちらが良い墓石かを尋ねているわけではありません。<u>ただ、「どちらがより自分自身を反映していますか」と</u>尋ねているだけです。その質問に対して自分の好き嫌いに関係なく、人々はセルジュクだと答えざるを得ないと思います。

何が「自分らしい」か、何が「自分らしくない」かは簡単な公式で導かれるわけではありません。私はそれが正確に「中心の場」とその強弱により導かれると信じていますが、経験的には判断しにくいでしょう。「自分らしさを映す鏡」の概念は慎重かつ大胆なものであり、根本的なことです。

第 8 章

> 最初の例、ソフトで伝統的な建物は、ハードで機械的な建物より
> 多くの「自分らしさ」があります。

仮説：なぜ、様式的でない建物の方が、「自分らしさ」を持っているのでしょうか。一方、338ページのように、様式的なものにも「自分らしさ」があるのに。様式張っていたり、対称であったり、予定調和的であったりするものは、決して「自分らしく」なる土台とはなりえません。「自分らしさ」にたどり着くものは、それ自身を生成している力の問題です。そして、それが、最終的にうみ出される場所の問題です。ボッタの住宅のシンメトリーや、様式性は知的な構図で、個人的感情や機能的必要性からは離れています。このスウェーデンの家には真実の生命と必要性の結果に達する深さがあります。しかし、別の場合（338ページの例）では、様式的で、シンメトリー構造の建物の方が、ふたつのうちでは深みがあり、まとまりのない質素な建物よりも、ずっと「自分らしさ」を表現しています。

スウェーデンの伝統的な草屋根の家

マリオ・ボッタによるシリンダー住宅

> ソフトで伝統的な方が「自分らしい」のでしょうか。違います。
> このひと組の例では機械的でハードな工場の方が「素敵な」レストランよりも「自分らしい」です。

仮説：作業場に対して、直感的に好感を持つ理由は、その作業場が、リアルな毎日の仕事の必要性からうみ出される一種の「乱雑さ」の秩序がいきわたっているからでしょう。すべての道具がそれぞれの持ち場にあるという機能の要件によって、この秩序は生まれてきます。作業場の床をきれいに保ち、すべての道具が手の届く場所にあり、内外で車を修理できる十分な空間があるなどです。また、レストランの例でも同様に秩序はあることがわかります。しかし、その秩序はリアルではなく純粋ではありません。もっとお客を集め、もっと売りたいという計画の下での一種の人工的に調整された秩序です。

車の修理工場：汚れた感じで、乱雑であるにもかかわらず、シンプルで普通で親近感があります

バークレーのレストラン：素敵で清潔です。人々が好きだと思う種類です。しかしそれにはほとんど全く親近感がありません

第 8 章

> 3番目の例では、様式的で明らかに人間味のないエリザベス朝の別荘の方が、様式的ではないヒッピーの建築よりも「自分らしさ」があります。

仮説：イギリスの別荘の堅苦しさと対称性は一連のリアルな必要性から生じています。——芸術的で、機能的で、その時代の生命の顕著な例です。したがって、対称性は必要に応じて至るところで破られています。……大きな窓、全く違う形の部屋、装飾、その他すべてがゆったりとして、本来あるべき場所に収まっています。全体の建物の形と調和して当たり前のように収まっています。もう一方のヒッピーの家で見られるのは、すべての種類の窓の大きさや屋根の形が違った大きさで、勝手気ままな感覚をうみ出し、主要部や部材は全体性をつくり出すように強く結びついていません。ちょうどボッタの家が内的な「自分らしさ」とは違う知的な構造物であるように、ヒッピーの家は確立した秩序に反動する「自由を」表現する時代性に影響された流行の構造物です。したがって、構造物としては、反発だけが表現され、より深い感覚には結びついていません。

様式的なハードウィックのホールは、より「自分らしい」

ハードウィックより「自分らしくない」非様式的なヒッピーの建築

自分を映す鏡

> 4番目の組、シンプルで様式的ではない静かなデンマークの小屋は、パリのアンバリッドの尊大で様式張っているドームより遙かにたくさんの「自分らしさ」があります。

仮説：デンマークの小屋には大変な静寂があり、木製の軸組みや白い漆喰には安定したリズムがあります。それは私たちの内部の生命に浸透する静かな雰囲気を醸し出します。装飾に覆われ、バロック様式の厳格で様式的なシンメトリーのアンバリッドの大ドームは、美しい原則的なルールがあるだけで、私たちの内部にあるリアルな感性には届いていきません。

デンマークの小屋：
様式的ではない構造、比較的多くの「自分らしさ」があります

アンバリッド：非常に様式的な構造。「自分らしさ」は少ない

第8章

> この例では平凡でそれほど飾られていないイームズの家には多くの「自分らしさ」があります。
> 下の偽の伝統的な建物は、飾りたてられて、より甘ったるいのですが、
> 「自分らしさ」がなく、生命もありません。

仮説：装飾は本来あるべき場所になければいけません。美しさと大きな構造をきわ立たせなければいけません。これは宝飾品を着こなすときと同じです。下のオークランドの店の場合、装飾の形とそれがある場所は無規則で、建物自体と何の関係もなく、一面に散在していて、かなり無分別です。この唯一の目的は、屋根と建物の大きさを壊して、チョコレートを一般大衆に販売するために、「かわいらしく」することです。一方のイームズの家は、スケールの段階性によりガラスや金属が明確に構造に対して忠実で、囲まれた樹々以外に、それ以上補強する必要はありません。イームズの家はボッタの家のように知的な構造物ですが、イームズの家をつくった知的なプロセスは、別の要素を取り込んでいます。——例えば、周囲に対する感性や、ガラスと金属の使い方の遊び心が重要な役割を果たしているのです。

イームズの家：この場合は、装飾的ではない方が、
多くの「自分らしさ」があります

チョコレートの店（オークランド）：
より装飾的ですが「自分らしさ」や生命はありません

> 6番目の組では、装飾的な方が簡素なものより多くの「自分らしさ」があるということです。とても装飾的なセルジュク王朝の墓には、多くの「自分らしさ」がありますが、形式的で冷たい墓石にはあまり「自分らしさ」がありません。

仮説:メブラーナの墓は偽のオークランドのお店より装飾で満ちています。それは飾りですべて覆われています。しかし、その装飾は、ものから必然的に「生えている」ようであり、墓の形と一体化しています。それは、長さとその丸味を強調して、確実に生命をたたえています。青と黒の対比の色による装飾のスケールと反復は、無味乾燥なグレーの簡素な墓石より、複雑な「自分らしさ」が深いところで反応しています。

メブラーナの墓:とても装飾的なセルジュクの墓には深遠な「自分らしさ」があります

簡素な墓石には、あまり「自分らしさ」がありません

第8章

6／全体性と本当の好み

　ず、私たちは「本当の好み」の問題を取り上げます。私がこの章のはじめに述べたように、私たちは、人々の好き嫌いが疑わしい流行によって左右される時代に生きています。――マスコミによってそれらは、しばしば支持されてきました。すべての人間社会の中で、「人々の『好き』『嫌い』は良いと思える仮定によって左右される」という、これ自体かなり極端な仮説の上に成り立っているのです。自身の心の声に耳を傾け、本当に好きなものだけを認めることが唯一の成長の方法なのです。

　実のところ、人々が本当に深く好きであるものは、非常に高い精度で自分らしさを反映している特質があることは確実に断言できます。これは、私たちが成熟するとき、私たちの個性や若さの恐れが取り除かれ、自分自身の好き嫌いが徐々に収束し、本当に好きになることとは、他者と共感するような深いものであることに気がついてきます。

　これについて2枚のカーペットに接した私の友人ビルの体験によって説明しましょう。彼自身の判断では、カーペットAよりカーペットBの方が好きでした。しかし、そう思っているにもかかわらず、彼が自分らしいと感じたのはカーペットAの方でした。この実験を行った時点では彼自身が認めなかったとしても、結局は、彼はカーペットAに対して長い目で見れば好意を持っていることに気づいていくでしょう。彼自身の好みに対する仮定は、彼自身の実体験とは合っていませんでした。

　これは、単純ですが経験則的な意味があります。私たちが好きなものであるか否かは、長続きするか否かで試すことができるということです。私が初めてふたつの絵を見るとき、私はBよりAが好きかもしれません。しかし、私がふたつの絵をベッドの近くにピンでとめて、毎日何時間も、何日も、何ヵ月も一緒に暮らすならば、徐々に、私はふたつのうちどちらの方が私により永続的でより長続きする満足感を与えるかわかってくるでしょう。

　15の特性は、私がAとBとの差を見分けるのに重要な役割を演じます。私がAにはより多くこれらの特性があると確信した場合、徐々に時間が経てば、Aの方が長く続く力を持っていることに気づきます。私はその構造がそのような前兆となる力を持っていることに気づき、確信を持つことができ、私の判断力は洗練され、感じる能力が

私自身が力強く存在するもうひとつのもの：
紀元前1500年頃、秦代の中国の青銅像

正確になっていきました。

これは注目に値することです。かたちの特性をこのように使うならば、正確に感じる能力を洗練し、純化します。しかし、それは生命の基本的な基準についての私の感覚を強化することはありません。それは、意見と観念によって、私の感覚の中で不足している感情の部分を埋めてくれるだけです。それら事物の生命の認識を深め、正確に区別し、違いをよりよく見ることができるようになるのです。

最初にいちばん好きだと思ったＢがこの種の実験で生命の短い質であることがわかり、最初はその価値を認めなかったＡには何度も何度もそれに戻ってきたくなる長続きする質があるとわかることが、しばしばあります。

これは、本当に好きなことと表面的に好きなことが異なることを意味しています。そして、これは意見の相違ではなく、判断と知識の問題です。それには、あらかじめ多くの体験が必要です。ふたつのうちどちらに持久力があるかを試してみることが必要なのです。これこそ自分を映し出す鏡、「ミラーテスト」を可能とさせる本質です。ふたつのもののうちどちらの方がより永久に好きか、どちらの方が私たちの心に長続きする関係を持つかを確定するのです。

これは、「全体性」についての非常に重要な点を明らかにします。事物の生命または全体性は、単に抽象的であったり、機能的であったり、ホリスティックであるかだけではないのです。生きているものこそ、私たちが本当に好きなのです。ファッションやポストモダニズム的なイメージや近代的な形のファンタジーに対する表面的な私たちの好みは異常です。せいぜい気まぐれか一時的なもので、長続きする持続性も価値も存在しません。長い目で見る「構造的な全体性」こそ私たちが好きなものなのです。そこにはその深みの中に静けさと永遠の結びつきが存在するのです。

しかし、妙な事実は、私たちが本当に好きなものを発見することがそれほど簡単でないということです。生命のある構造を正確に見て、完全にそれを把握し、それを完全に体験することができれば、自分の内部に永遠に存在し続ける本当に好きなものと自分の好みとが一致する状況をうみ出します。そのためには、その生命ある構造を敏感に感じ取ることができる技術と芸術の力があってこそ可能なのです。だから自分を映し出す「ミラーのテスト」が必要なのです。このテストは、私たちは生きた構造を発見して、正確に見るためのツールになるばかりだけではなく、さらに本当に何が好きかを発見するのを手助けしてくれる道具なのです。

7／私たちが本当に好きであるものを特定する訓練

私は、「ミラーテスト」が常に正確な答えと合意を得る機械的なテストであるという印象を与えたかもしれません。本当の状況はそれほどきちんとしてはいません。このテストを正しく実行することを学ぶには、年月がかかります。また、それを学ぶ過程で、人は、ますます自分自身について学ぶことを求められます。このように、自分自身に対する理解も、この「ミラーテスト」を実行することよって変化させられます。「ミラーテスト」を適用するプロセスでさえもが観察力の成長次第なのです。この「ミラーテスト」は決して機械的なものではなく、また必ずしも常に正確ではありません。

このことを明確にするために、この実験をするときに起こり得る実際の問題をより詳細に解説したいと思います。第一に、いろいろなものを見て、どれがいちばん自分自身に似ているかを決めようとしてください。場合によっては、これは簡単で、食卓用塩入れとケチャップ瓶の場合のように、実験ははっきりした結果を得ます。しかし他の例では本当に困難な場合があります。あなたはふたつのものを見るとします。そして、どちらの方が自分らしいとして選択をするかを決めようとします。それがたいへん難しいことがあります。何度も見て、そして最終的にひとつを選びます。しかし、他の人と情報を交換すると、あなたは、彼らと違

う選択をしたことを知ります。

　実験は失敗したのでしょうか。しかし、他の人が言うこと、もしくは考えたこと、コメントしたことを聞いたあとに、あなたはさっきのふたつを振り返って、もう少し見てみます。そして、徐々にあなたは自分の考えを変えていきます。あなたは、何か無関係な理由でそれを選んだとわかってきます。ちょっとかっこよく見えた理由——例えば古い住居を思い出させるやさしさを持っていた。そして、あなたにXやYやZのことを思い出させてくれた……など。しかし、何度も何度も何度も見ることで、あなたが選んだ理由が、ふたつのうちでは取るに足らないものであることが、徐々により明らかになります。それは結局あまりあなたを映し出していない。自分がはじめに選ばなかった方がもっと持続する力を持っていると気がつき始めます。つまり、長い目で見ることで、より自分に似ているのは別のほうだと気づくのです。

　このコメントを読んだ札付きの経験主義者はこういうかもしれません。「これは何の意味もない。これは全く実験になっていません。実験のようにみえるおしゃべりだ」と。しかし、これこそが問題なのです。全体性とはリアルなものです。ある事物が全体的かどうかチェックし、その他の事物よりもどれだけ全体性に差があるかをチェックしていきながら次第に収束していくものなのです。——しかし完全に発見するのはかなり困難です。それが実験であり体験によるリアリティなのです。時には、どちらの方が本当に自分を映し出しているのかを発見するだけに5年も10年もかかることもあります。

　私は、古いトルコのカーペットで、しばしば、劇的に自分自身でこれを体験しました。長い間、私はカーペットを集めており、この「質」が最も深く表れているものを見つけようとしました。私は、それが本当に良いものとわかるまで、何時間、何週間、そして何年と特定のカーペットを見つめなければなりませんでした。しかし、常にリアルなものが発見できました。これは、私たちの主観的なえり好みが単に変化している（そうであることもあります）だけのプロセスではありません。あなたが徐々に一群の中でどれが最も生きているかについて知るプロセスなのです。ここで「ミラーテスト」が、その焦点を定め、手許の問題を明快にし、無関係な基準を心から追い払い、スピードアップを図る役割を果たすのです。

　このように、実験は現実的かつ正当です。しかし、それは、非常に複雑なプロセスです。そこでは、世界のさまざまな事物における生命の相対的な強度とあなた自身の「全体性」と自分自身を同時に発見していくプロセスなのです。

　私が知る限り、この全体性と生命構造について知るためのこのプロセスは、単純化することができません。それは、大変困難です。思想の混乱、生命構造の個人的なえり好みからの乖離、意見交換の持つ困難さ、文化的差異からくる偏見、他者から強制される意見の数々、そのすべての迷路から抜け出していくことで最後には必ず報われます。はっきりとした頼りにできる真実が少しずつ姿をあらわし、その本当にリアルなものがそこに存在するのです。

　このテストの結果で何がわかるのでしょうか。なぜこの実験によって生命構造の相対的強弱が評価できる信頼性がある方法と言えるのでしょうか。私たちの心は、意見やイメージや思想に惑わされています。そのために、相対的な生命と全体性の強弱を正しく見ることができないことが良くあります。確かに、生命の強弱は、その事物がどれくらい自分自身に似ているかの度合いで測られるものです。しかし、この判断をするときも再び混乱します。「自分自身」の捉え方自体がイメージや思想や意見によって混乱させられている場合があるからです。次第に自分の熟度が増していくと、自分自身の心や自分自体がさらに大いなるもの——大いなる自分——の一部に過ぎないことが理解できるようになるでしょう。この自分より大いなるものを自分の「心の源」と呼びます。このとき初めて建築の全体性の強度や生命強弱をこの「源泉としての心」の描き出す姿に照らし合わせることが可能となります。この「源泉としての心」は最初から私の一部ですから（あるいは私自身がその一部ですから）原則的に言っていつでもこの実験をすることは、可能なのです。しかし、まだ私の判断の成功はあくまで私自身の心と自分自身の中の誤りを取り除くという程度のところまでに過ぎません。

　これは、長く苦しい課題なのです。

自分を映す鏡

ペルシャの椀と青い丸のついたタイル

鳥のお椀はより親しみやすく見えます。
はじめはそれに惹きつけられます。
青い円のついたタイルは簡素です。
そして安っぽいデザインに見えます。
しかし、最終的に長い間両方を見比べていると、
青いタイルの方がより多くの力があることが
わかってきます。
そして、最終的にはこちらの方が
「自分らしさ」がよりよく映し出されていると
わかるのです。

ペルシャのお椀：9世紀

宝珠をあしらったトルコのタイル：16世紀

第8章

カザックのカーペットと
アナトリアのカーペット

一見するとカザックのカーペットは、
よりカラフルでより自分を映し出す鏡のようです。
もう一方は、破れていて、あまり魅力がありません。
しかし、長い間見ていると、
下のいくつか繰り返される模様の
祈りのためのカーペットは、
自分自身を映し出したものであり、
より深く、より力があります。
これを発見するために
何年もかかることがあります。

カザックのカーペット：18世紀

アナトリアのカーペットの断片：15世紀

ふたつの有史以前の中国の像

ヒツジは美しくて深いです。
壺は、最初単にあやしく見えます。
しかし、長い時間がたつにつれ、
壺には私たちの内部の自分と確かではっきりとした
繋がりが見えてきます。
そして、しだいに私たち自身を超えた、
繋がりを感じるでしょう。

中国のブロンズ像：3本脚の壺

中国のブロンズ像：ヒツジの形をした板

第 8 章

「モロッコのアーチ廊下」アンリ・マティス作、1923 年

マティスのふたつの絵

初期のモロッコの絵画は、
マティスのすばらしい作品のひとつです。
直接感情の琴線に触れ、
自己の深みに到達するでしょう。
自分自身のあらわれとして
力強さがあります。
切り絵の王の悲しみは、
最初は不穏で警告的でさえあります。
しかし次第にその壮大さが滲みていきます。
何年か後に見ると、
モロッコの絵は美しいですが、
王の悲しみの方が永遠の自分に
より近づいていると確信します。

「王の悲しみ」アンリ・マティス作、1943 年

幸運なことに、自分の「源泉としての心」に近づくことを支持する「逆作用」があります。この「ミラーテスト」を行うとき、テストするものを見ながら、どれくらいそれが「自分自身を映し出す鏡」になっているかを問います。すると、私自身の内部で少しずつですが、「思い込み」や「意見」に支配されて良いと思われていたものごとが取り除かれていくのです。——そして最後に<u>本当にリアルな生命に溢れるもののみが残余物</u>となるのです。このプロセスが続くことで、自分自身の意見に惑わされていた概念が、やすりで削り取られていくようにゆっくりと本当のリアルな自分自身に取り替えられていくのです。このように、「ミラーテスト」を実施することは、徐々に「源泉としての心」との接触へと近づけてくれるのです。そしてもちろんテストを繰り返すことで、この「源泉としての心」が「実用的」に私にはたらきかけ、建物の「生命」や「全体性」を測る基準として役立ちます。より純化することで、より正確に見えるようになり、より建築に対しての判断力が正しくなります。
　私たちは建築物や芸術作品の中に存在する「生命」が測定できるものだと了解しています。しかし、その観測者自身の認識の開発度合いや啓発度合いに大きく依存した、測定と評価の可能性なのです。
　デカルト主義の思想では、この観測方法は有効と考えられないかもしれません。デカルト主義の科学的観測方法は、観測者の誰でも可能なものとしています。私たちの観測方法は、ある所定のものが測定できるということは、その「生命」や観測者自身の姿を映し出すことができる強弱で決まるとか、観測者自身が「全体性」を感じる強弱で決まるという考えです。するとこれは主観性の順位付けとなるとみなされ、デカルト主義の方法では測定としては除外すべきものと分類されてしまいます。

　しかし、私たちが「生命」と呼ぶものを客観的に測定する方法が他に無かったらどうでしょう。その状況ではデカルト主義の狭い観測条件に縛られてしまい、正しい環境の障害をうみ出す原因となってしまうのではないでしょうか。なぜなら、「生命」というものは、正しく測定したり観察することのできない主観的な存在としてしまうからです。私は1950年代から建設され続けられている醜い生命の無い環境をうみ出しているのは、公共団体や公共世論がデカルト主義の考え方を土台にしてものごとを測り、評論することで満足していることがその原因だと思っています。そして、すべての質がだめになってしまったのです。

　この問題を正し、建築の「生命」を通常科学の理論としてみることができるようにするためには、何が測定可能であり、どうやってそれを測定することができるかの科学的思想の変革が必要です。

　これは科学の歴史の中では目新しいことではないのです。科学の歴史は何が測定可能であり、どうすれば測定が可能であるかの測定方法の調整の歴史なのです。歴史の流れの中で、生命構造の存在を測定するのに「自分自身を映し出す鏡」を利用するいうことは、一見かなり異常に見えますが、これは単にそのリアリティに基づき真実に対処する測定方法の進歩の第一歩なのです。

8／多様な文化とひとつの物差し

　私はこの章が提出するアイディアがプロとしての建築家や過去の科学的思考に支配されている人たちにとってはとんでもない問題と感じると予測しています。いかなる合理的経験主義の世界観から見ても、この真実が「自ずから」の内に存在し、自分たち自身の世界の外側にあるのではないという思想は、どう見ても疑問となるでしょう。そしてこの考え方は、現在「他者」を「共感」や「参加型」や「人類学的知識」等を用いて理解しようとして究極の真実に向けて歩もうと努力している人々から見てもばかげたことに思えるかもしれません。

　しかし全く正気で申し上げたいのですが、私の考え方は真実なのです。私は今まで多くの外国からの人々、ペルーやメキシコやインド、日本、ブラジル、イスラエル、ドイツからの人々と一緒に

仕事をしてきました。どの国の人々ともうまくいきました。それは、その国の人々、インド人、日本人、ペルー人の内面から見ることのできる人になろうと思って、その国の人々になりきって、その国の文化圏でどのような感情を持ち得るかを探ったからなのです。

私は文化ごとに多様性があり、気候の違いがあり、地域ごとの差があり、その違いをもとに建築が建てられていることは十分に理解しています。このような多様性の存在は疑いようもなく確信しています。しかし、最も基本的な建築の原則は、1. 人々が何を望んでいるかを問うてみること、2. 次に彼らの内部から生じるそれらに対する反応の「大切なもの」を発見し、それを保全するように間違いなく提供することのふたつです。

しかし、上記の原則が実施されたとしても、「自らの存在」「鏡に映し出された自分」はまだその深みに沈んでいるのです。現代文化の中で古い文化の滅亡のためにその遺産が奪われてしまったというよりも、現在はびこっている文化が人々の中に残っている感情を奪い取ってしまい、本当の感情を失わせ、本当に自分の好きなものを見失わせてしまっている方が重大だと思っています。

ただ、もちろん人々の真の好みも文化ごとに異なっていることは承知しています。私は、私が真に好きなものをつくり出すことで、現代の日本様式を説明するルールブックを読みながらつくり出すより、もっと日本人が本当に好きなものをつくり出すことができます。世界中にはびこっているお金を中心にした民主主義は、間違って本当の人間性を拒否することで、信じられないほどの「画一性」を世界にもたらしていることは事実です。人間性にとって大切なものや人間の内的存在に対して尊敬の念を払う「生命構造」をうみ出すことを正しく受け入れていくことの方が文化の違いで生まれるささやかな多様性による違いよりもずっと真剣で深いものなのです。

この内的な真実を正しく受け入れるならば、文化的な多様性を取り入れることが可能になります。全くの自然に人々が「自分」に対して素直になれば、それは自動的にすら生まれてきます。しかし機械的に近代の参加型民主主義や、技術主義の社会や金本位経済の基準を守っているのでは、人々の心からは真の価値観を追い払ってしまい、深い悪をまるでうわべだけの大げさで良いものであるかのような仮面をかぶせてしまうのです。

1970年代頃からこの章で示されている真実は、ひどく人々の気分を害することを見てきました。これらの真実は20世紀に育ってきた人々の気分を本当にひどく害するのです。確かにこの事実の理解は困難です。受け入れがたいでしょう。理解しにくいでしょう。これは現代人の気持に反するのです。しかしこれらは真実なのです。いかにそれが受け入れにくくても理解されなければなりません。

いかにそれがあり得ないことに思えても、この事実はありのままの説明なのです。これがものごとの存在のそのままの本質的な説明なのです。

注

1　この要点はさらに第8章で展開されます。第4巻「輝ける大地」でもさらに追求されます。特に第2章、第3章、第5章、第9章、第10章に出ています。

2　ものと「自分」との結びつきをつくり出す事物についての側面の検討は複雑です。私のこの結合についての定義する試みは第4巻の大半を占めています。まずこの「自分」というものは何かと言えば、まずもって「個人的」なものです。抽象的で普遍的ですべての奥に横たわっているものですが、大変に「個人的」であり、第4巻全体ではこの存在を「私のようなもの」と名づけています。すべての生命構造の根本に当たる存在としてのこの事物の側面は、物質的であり、心理学的存在であり、物理学的な一側面でもあり、この章に述べているように実験体験できる世界の一部でもあります。

第9章

デカルトを超えて
科学的観察の新しい方法

あるふたつの建物「A」と「B」が与えられたとき、経験的に「どちらかの方がより生命がある」とわかりますか？その質問に対して皆が納得するような方法で、言い切れますか。——つまり、「客観的に」というように……。

1／共有体験への呼びかけ

現代科学の特徴——いわゆる「客観性」というもの——は、主に結果を共有できるという事実から成り立っています。デカルト的手法は、限定的かつ機械主義的にとらえ得るような現象の、限られたできごとを観察することなのですが、これは同様の実験をすれば誰もが概ね同じ結果に辿りつくという状況をつくり出しています。それは私たちに共有可能なイメージを与えてくれるとともに、そのつくり出されたイメージは"客観的イメージ"へと私たちを導きます。

客観的現象の本質は、その本質を観察することによって共有可能な結果に至ることなのです。ですから、客観的なイメージに到達するためには、私たちは共有可能で、共有された結果を与えてくれるような観察方法を見つけなければなりません。そのためには、現象自体が客観的なものである必要があり、そうであれば徐々に同じイメージを共有できるようになるでしょう。

しかし、この本で述べている結果の共有方法——私が求めている生命に対して適切な見方ができるような方法——は、デカルト的方法に基づくものではありません。ありのままの生命の現象を理解しようとするとき、これまでの手慣れた方法は、そのメカニズムを理解する上で役に立ちませんし、観察と結果を共有するための基礎となり得ません。

例えば、第1章と第5章で述べたように、トレーニングをして、あるものの全体性や生命を観察する場合、私自身の主体性を抜きにした見方をしようとはしませんでした。その代わりに何度も見分ける努力をしました。ふたつのもののうち、どちらが私自身を映し出したものであるのか、またどちらがより生命らしさをもっているのか、どちらが私自身の内面においてより大きな全体性を経験させてくれるものなのかなど。そして私が観察し

たものと自分がどう関わりがあるものなのかを見つけようと努めました。この種の観察方法は、現代科学の基準では認めがたいものと思われます。しかしそうしなければ、この本で私が示した主観的なものごとはみえるようにならないでしょう。

そのため、それは主観的な幻想への扉を開ける質問ではないのです。この本で示したものは、客観的なものです。——つまり経験に基づくものであったり、共有したり、繰り返したりできる結果を与えるようなものであったり——デカルト的方法として認められる実験や観察なのです。しかし、それらは、観察者自身が客観的な手法でイメージの中に入っていけるように、拡張し、許され得る科学的観察の範囲を補うものなのです。

空間はまるで生きたような存在であると主張してきました。それはそれ自身の中に組み立てられたものが繰り返される構造をとるものであり、徐々に生命を強めていくものであるからです。もちろんすべてが機械的だと主張する観察方法をとるうちにあっては、このような考え方は受け入れにくいことでしょう。この本で説明している空間と時間の基本的考え方では、それらが機械的ではないという特徴をもっており、すべてが機械的であるかのようにものをみる方法では実際をありのままにみたり、その特性を認めることはできないでしょう。

しかし、私がお見せした空間と時間の新しい見方とその新しいイメージは、実は誰にでも受け入れられることです。私が特に言及したことは、空間のさまざまな部分ごとに異なる生命の強弱があるということです。しかし、デカルト的な観察方法では、これらの事実、またはこの種の事実を観ることを禁止しているため、これらの観察や観察結果は現代の意識からは抜けてしまっているのです。これこそ現代の私たちの不完全で生命感をも

たない見方が定着した原因です。

　この本を書くにあたって、私はまず異なった観察を提起しました。私たちの内なる感覚の見方や、多かれ少なかれいろいろな芸術作品が私たちの内面的な幸福感に影響を及ぼすという事実こそが、本当の現象の根本だと私は直感的に信じています。ですから、私はものごとや、特に建築物に見出される情感の奥深さにいつも注意を払っています。センターの「場」というものや、すべての建築物の土台を形成している全体性がもつ意味深い特徴というものが、私の観察方法に対して有効でした。なぜなら、そのような見方によって、作品のもつ相対的な生命の存在を客観的な事柄として確かめることを可能にしたからです。

　この観察方法は、デカルト的方法のような見方と同様に、いつも経験に当てはまるものであると私は強調します。これは本質的に経験に基づくものなのです。それは空想を拒否し、絶えず空論を避けて探し求めます。この意味では、デカルト的方法と同様に経験的なのです。デカルト的方法では、観察は世界の仕組みについて単に外部的な現実に焦点を当てているものでした。しかし、私の方法では感覚のような内面の現実にも同様に焦点を当てるものなのです。

　つまり、私の結論は経験にもとづくものであり、経験のまとめであり、また経験を表現しているのです。経験の核は、内面のフィーリングの体験なのです。しかし、この経験についての外面的現実と内面的現実を重ね合わせるという結論は、究極的には世界について——異なる場所には異なる強弱を持った生命が存在する——という事実——に当てはまるのです。だからこそ、事実に関する認識を共有できるのです。

2／生命に関するより一般的なテスト

　私が「ミラーテスト」を最初に発見したのは1970年代後半です。そのとき、私は驚きとともに喜びを得ました。こんな簡単なテストによって、芸術作品が持つ質と生命について、経験的な確認ができるのですから。

　そのあと、この特別な方法は、よく似たたくさんのテストのうちのひとつにすぎないことがわかってきました。観察者に対して経験的な方法として「全体性」を認識させる方法のひとつでした。今日では、この「ミラーテスト」は実践的方法として基本となっていますが、私の同僚も始終使っているわけではありません。日常的に実施するにはあまりに風変わりで、専門家の日常的な仕事としては、少々眉唾でしょう。近年、建築物のデザインを比較するとき、私たちは自分自身に問うことにしています。何が自分たち自身の生命を、より強く感じさせるものなのか。何が最も生命らしいのか。何が最も深く魂に触れるものなのか。そして、何が私の中に最も素晴らしい全体性の感覚を作り出すだろうか、と。つまり、どんなテストでもその要となるのは、より生命らしさをもつものならば自分自身の全体性に強力な影響を与えるということを観察することなのです。この「全体性」を自分自身の中の体験として観察することが鍵です。つまり、自分自身の中で「全体性」の大小の区別ができることで、自分が観ている「生命」の振る舞いの強さ弱さの区別が可能となることが肝心なのです。

　読者は、私がどうして前章で観察者の全体性に対する感覚に基づく一般的なテストについてから説明を始めなかったのかと思われるでしょう。しかし、1980年代半ばにこのことがすべて明確になる前に、私は第8章を書き上げていたのです。そしてひとつのまとまった章としてさらにミラーテストの原形としての側面を重視して、その章をそのままにすることにしました。「ミラーテスト」は、観察手法の基本として残り続けています。それは別の型の基礎的な支えとなっています。しかし、それを実際に汎用的な形で使ってみることはたやすいことではなく、日常生活の中で、たまに使うにしても難しいことでしょう。

　一方、より一般的なテストの方はより強固であり、より簡単に実施できます。日常の中で、もっともよく機能するのは次の質問だとわかりまし

た。「AとBを比較するとき、どちらの方がより自分の中に全体性を感じさせますか。どちらが私自身の生命に近づいていますか。またどちらの方が自分に深い生命を経験させてくれますか」。この質問に答えることはいつも簡単ではありませんが、だいたいは可能なのです。

3／測定技術

測定の考え方の基本は次のようになります。あるセンターを他と比較したとき、そこでの生命の強弱の程度は、前にもお話ししましたが、客観的です。しかし、この生命の強度を測るとき、現代科学において慣例的な方法と見られている「客観的」手法は通用しません。実用的結果を得るため、私たちは私たち自身を計測の器具としなければなりません。それは（必然的に）人間の観察やその観察者による自身の内面の観察に依存してしまうという新しい形態の計測方法なのです。しかしながら、このようになされる測定は、一般の科学的な意味でも客観的なのです。

この計測手法の裏にある考え方の基本は、ふたつの異なるセンターを比べるとき、どちらがより大きな全体性の感覚を私たちに引き起こすのかを問うことです。そして、より大きな生命を内部に引き起こす方こそ、より生命を持っているものと言えます。一般的に言えば、そのような測定方法はかなり主観的に表現されてしまうかもしれません。そのため人によって異なる見方で異なった結果になってしまうのでしょう。もしそうなら、すべての客観的な観察の考え方というものは無効になってしまい、意味がなくなります。しかし私が提起している新しい手法の本質は、それとは反対に異なる人がこの実験を行っても、観察結果はとても似通ったものになるということがわかります。観察が集中します。すると、異なった観察者による観察が集中することで、その観察されている生命らしさの強弱についての客観性への鍵を得ることができるのです。

私は、1978年頃に初めてこのような観察手法を使い始めました。1978年以来からです。「ミラーテスト」はいくつかの可能性のあるテストのうちのひとつであり、他のテストと本質的な内容において、すべて関連し合い、似ています。どの場合でも、客観的で外部的な世界の仕組みによって、心の中に全体性についての主観的で内面的な感覚を引き起こさせます。そして観察された仕組みの客観的な洞察を得る方法として、この結果を用いることでしょう。

1978年以降に試しているテストの種類は、一般的なテストも含みます。私は直接、人に尋ねます。比較するふたつのものの中でどちらがより健全さを感じるかを相対的な程度で示してもらいます。また、相対的な「フィーリング」の深さについても質問します。他には、神との相対的な近さを尋ねるものも含んでいます。そのほかにも数多くの方法があります。もうひとつの比較方法の例として、（日本の武術である）合気道の型として自分自身の状態を見極める方法があります。合気道で修練を積んだ人は、調和した自分の内面的理解を見分けることによって自分の行動の良さの指標として用います[1]。

これらのすべてのテストにおいて、観察者はAとBというふたつものを比較し、どちらがより生命を持っているかを決めるために、自身の内部の心の状態を観察するのです。

質問としては以下のようなものが可能でしょう。

- どちらが自分の中に生命のフィーリングをより大きくうみ出すのか？
- どちらが自分自身の生命をより意識させるものか？
- どちらが合気道でいわれるように、自分の体や精神により調和をもたらすものか？
- どちらが自分自身の中により全体性を感じさせるか？
- すべての自分の特性、多くの内面的な負の面も含めたひとつの全体として自分自身を考えるとき、自分の普遍的なイメージとしてどちらがより近いか？
- どちらがより信心を感じさせ、どちらが自分に信心を抱かせるものか？

- どちらがより神の存在を感じさせ、神を近くにいると感じさせるものか？[2]
- 自分の人間らしさが膨らんだり、縮んだりすることを感じようとしたとき、どちらが自分の人間らしさを、より大きく膨らませるものか？
- どちらが内面的によりフィーリングを感じることができるか。もう少し正確に言うと、どちらが、より自分自身の中により深く一体化したフィーリングを感じられるのか？

以上のようなテストには、次のような共通の事実があります。それは観察者ができるだけ自分に誠実であることが望まれます。なぜなら、その程度によって自分の内部の「全体性」が大であるか小であるかが測定され、比較されるわけですから[3]。しかも比較するものがあることによって、観察者は内面的体験を伝えることができるのです。

4／私たちの人間らしさの膨張と収縮

いろいろなテストについてわかりやすくするために、そのうちひとつをできるだけ詳しく説明しましょう。観察者が自分の「人間性」が高くなったり低くなったり、大きくなったり小さくなったりする体験の強弱で判断する方法です[4]。私は日常の各瞬間、各場面において内なる全体性の強弱を感じますが、これはその強さについて注目するためのひとつの方法であり、また自分自身に最も近いイメージを観察する方法でもあります。

日々のできごとの中で自分の心の状態に注目すると、その時々で自分がより人間らしくあったり、あるときは無気力であったり、愛情や世界に対する感謝に満ち溢れていたりします。またあるときには最低であり、また愛しているときには愛らしくあり、また他人の世話をしたり心配するときもあれば、逆に感情を傷付けるようなときもあるということがわかります。つまり、日常の各瞬間に体験することに対して注意深く目を向けてみると、自分の中で大きくなったり小さくなったり変化を続けている「人間らしさ」を発見することができるのです。

昔の話ですが、あるレコード店に向かう途中のバークレーのテレグラフ通りでのできごとです。私は足を止め、よくそこに座っているホームレスの男性としばらく話をしました。道端で私は彼の隣に座りました。彼は自分が観察している人たちのことを話してくれました。彼が見ている人たちには大丈夫な人もいればダメな人もいるそうです。ちょうどその前に何か困難なことが彼に起こったようでした。——私はそれを彼の中に感じました。

でも、私たちは座って話し続けました。すると突然彼は一方の手を私の掌の上に乗せ、反対側から3本の指を押し付けました。そしてしばらく無言のままでした。それからゆっくりと手を離しました。その間私は自分の中で自分の人間らしさが広がっていくのを感じました。そして、彼が3本の指を押し付けたときに、ひとりの人間としての自分の存在、自分の人間らしさが大きくなったのです。しばらく沈黙が続きましたが、そのときの私はいつもの私以上の、ひとりの人間として以上の何者かであるようでした。

もちろんそれはずっと続きませんでした。彼と別れて立ち去っていくと、私の人間らしさは再び減少し始めました。私は店の中に入りました。数分後私は1枚のレコードを買うためにレジの前に居ました。店員に少し話しかけました。彼は私のクレジットカードを受け取りました。二言三言言葉を交わしました。良い男でした。でも特別変わったこともありません。機械的なやり取りでした。クレジットカード。それには何の問題もありません。でも、それで支払いをする間、私の人間らしさはほんの少しですが下がっていきました。

このようなことはいつも、私たち一人ひとりすべてに起こっています。私が世界で経験している各瞬間に、私に起こっていること、私がしていることのために、私の人間らしさはいつも広がったり縮んだりしています。あるときは大きく、あるときは少し小さく起こっています。

人間らしさが大きく広がったり、小さく縮まったりするのは、人間に限ったことではありません。

第 9 章

ペンシルベニアの納屋の壁面装飾　　　　　　　　　　　ブラジリアの象徴的な装飾

左側のペンシルベニアの納屋の壁面装飾やブラジリアの象徴的な装飾の前に居るとき、
どちらの方が私の魂の「全体性」を、より大きくするでしょうか。
左側の写真の前では、私は人間らしさが大きくなるような気がしますが、右手の写真では小さくなる気がします

これは私の周囲や私の経験、私が関わる物理的な世界、そして私のとる行動など、<u>すべてにわたって存在します</u>。建築の詳細についても同様なのです。それらはさまざまな強さで私を助けたり、一方で否定したりします。平凡な鉄の手摺ですら心強く思えるときもあります。それは大きなことではありません。ものごとをありのままに見、それと心が一体化するとき、わずかなことですが、人間らしさや価値を感じることができるのです。また別の状況で、壁のエアコンの温度調節機を見ているとします。私はまるで反対の感覚を抱くかもしれません。そのリモコン自体——単なる箱——は醜くはありません。いたって普通のものです。しかし、よく見てみるとその箱に収められた機械と心を一体化した状態を考え始めると、ごくわずかですが私は非人間的なものを感じます。すると人間らしさが失われていく感じがしてしまいます。

このページにあるふたつの例を見てみましょう。ペンシルベニアの納屋の壁にある装飾についてです。——その前面に立って観察し、それと心を一体するとともに自分自身を深く掘り下げてみます。——すると、私は幾分人間らしさが増して広がるような感じを得られます。しかし、ブラジリアの装飾は、少し違うものを感じます。この装飾がなにがしかの象徴的なものを表現していることは真実でしょう。確かにある時代の流れに乗った新しい精神や、精神の向上を表現しているといえます。でも、実際その前に立ち、中に入り、それについて考え、それとともにある自分自身を深く掘り下げて感じても、私の人間らしさは小さくなってしまいます。

私がこの本で書き続けているものの「生命」は、直接私に影響を与えます。「生命構造」を持つものは、私を自分ひとりの人以上の状態にさせることができ、「生命」が少ないものはその逆となります。私が世界と関わるときは、いつでも私の人間らしさが広がったり縮んだりすることを感じます。もちろんそれは私自身の中から起こり、自分が起因となって生じ、また私が世界と相互作用を起こすことによっても起こります。それは私が直面するそれぞれで異なっています。

5／比較

このような体験は毎日起こっています。
私が1992年にダラスを訪れたとき、私を招待した人々は、さまざまな場所に私を連れて案内してくれました。最初はダラス美術館でした。その前には広場がありました。そこには大きな鉄の彫刻がありました。その場所は不愉快で飾り気も

なく、ダラスの太陽の下で暑く、私は人間らしさをあまり感じませんでした。私も人間らしさを失っていたでしょう。私の人間らしさは低下していきます。しかし、美術館の外に出て右手に300フィートほどの短い歩道が続いています。通りに沿って小さな明るい緑の木が立っており、葉が生い茂り、風通しが良く、規模は小さいですがその通りは喜ばしく、涼しく、木陰がありそして寛げます。そこに立ったときや道に沿って歩いていると、私の人間らしさは再び高められるようです。このような瞬間に私はひとりの人間以上の何かになるのです。

次に、テキサス商業銀行のビルに行きました。入り口の前には、ベンチと灌木があります。誰かが快適で使いやすいものにしようとしたのでしょう。確かに面白さは所々にありますが、適切とはいえません。そのベンチはベンチの機能を持っていません。とても狭く、座ることもできません。実際のベンチではなく、ベンチとしてのイメージでしかないのです。そうなのですが、面白みはあります。左右で微妙に違いがあります。右側は灌木の間に配置されています。これは全く意味がありません。そこに誰も座らないでしょう。そこに居たいとも思わないでしょう。そこに居ると人間らしさが減る感じがします。しかし、左側は微妙に異なります。成長した灌木はわずかであり、下の土との関係が良いものにしています。ベンチは全く適切ではありませんが、左側の方は居ることで歓びを得ることができます。わずかですが、人間らしさが増加していくのが感じられます[5]。

なぜ人間らしさの変化を測るリトマス紙テストのようなものが必要なのかと問われるかもしれません。テキサスの例（噴水、美術館、木々とベンチのある小径）はその質の面での判断は、欠けている面もありますが、明らかです。美術館の広場は良くなくても木々やベンチは素晴らしいと、すべての人が言うことでしょう。

これは事実なのです。しかし20世紀後半、その時代にはびこっていた思想によって建築に関するあらゆる判断基準は歪められてしまったことは心しておいてください。多くの建築家はこの美術館の広場のようなデザインを指向し、（小さなベンチや木々のような）単純で良いものを避けようとし

人間らしさの増加：ダラス美術館の片側の通り

人間らしさの減少：テキサス商業銀行の外のベンチ

てきました（例えば建築科の学生や特にこの種の小さなプロジェクトに取り組んでいる女学生に対して建築家は軽蔑の笑いを浮かべていたのです）。

その建築家たちは当時はびこっている思想を守るために「生命がある」や「生命が無い」という価値観とは無関係の間違った価値システムの樹立に大きな努力を払ったのです。この思想は建築文化の分野で完成しました。建築家たちはその深い意味を持つ考え方を冷笑し、その人工的な価値観とその流行を支持し、この問題に関する常識的な理解をねじ曲げてしまうことに最大の努力をしたのです。

第 9 章

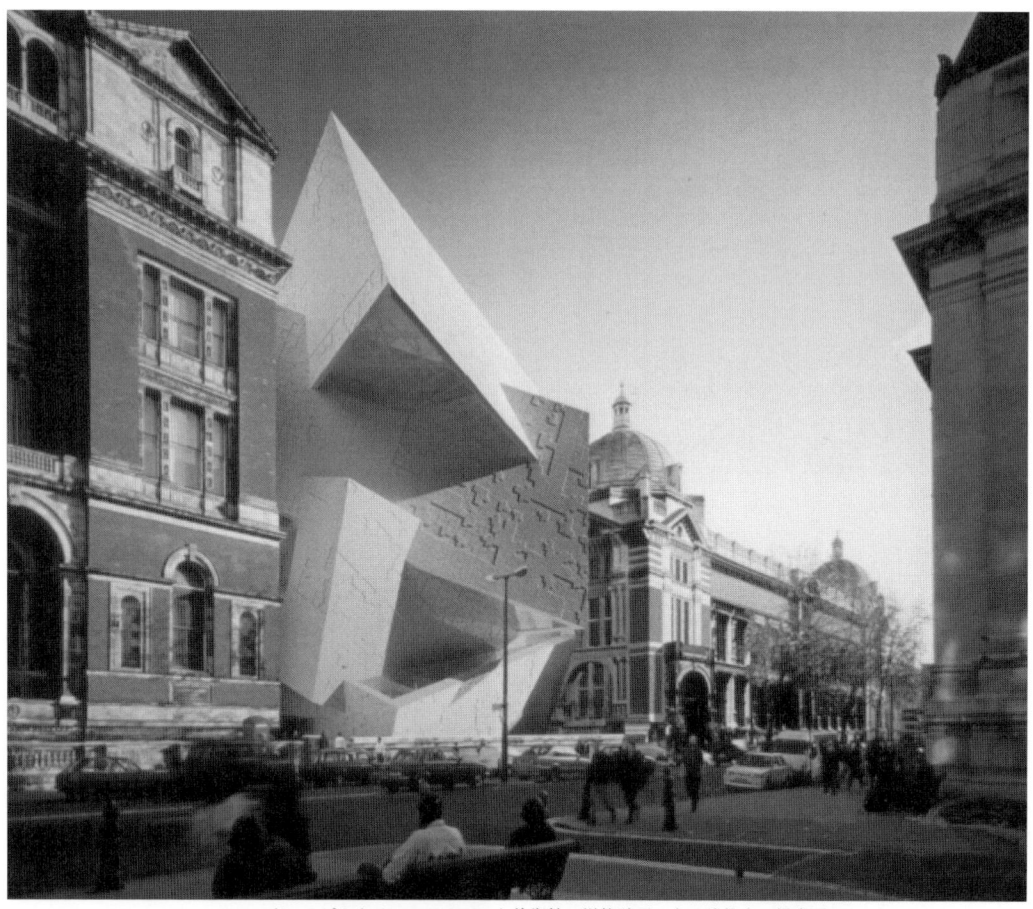

A：ロンドンのビクトリア・アルバート美術館の増築計画のある建築家の提案図

　私がここでつくり出そうとしているのは、明快な手法を持った正式な方法の必要性であり、それは極度に困難（有毒）な状況の世界に対処する解毒剤となるようなものです。今の世界では、人々の常識はねじ曲げられ、ほとんどの人々が正当に建築物の生命に対応する方法が分からなくなっているのです。

　今日でさえもそれは続いています。ビクトリア・アルバート美術館の館長は、つい最近日常生活を送る人たちが持つ一般的な価値や意見に反してロンドンに奇形なものを建てる自分の決定を正当化しようとする発言を行いました。それはロンドンのビクトリア・アルバート美術館の増築計画の絵です[6]。この場合は、Aはここで提案された写真です。Bは、別の（イメージ的な）提案です。Aの建物の形は生命の構造の特性にことごとく反する

という意図が存在します（この構造は特性から極端に乖離しており、偶然に発生したとは考えられないため、私をそれを芸術的と呼ばれる努力の意図的な表れであると考えます）。

　美術館や通りに対するこの拡張部分の構造が、私たちの「全体性」の感覚を助長しているかというと、私は全くそうではないと確信します。もちろん、別の基準で判断を下すことも可能です。この通りが深い自分の存在を映し出しているものになっているのでしょうか。（別の言い方では）これが通行人にとって自分らしさに忠実になることを手助けしてくれるのでしょうか。「生命」を感じられるものなのでしょうか。

　このような美術館建築物の増築ですら、当然多くの重大な問題が含まれているのです。そこには建物への到着、際立った入り口の重要性、交通の

デカルトを超えて

B：別提案の増築計画案による同じ通りの写真

影響、重要な建物が見えたり感じられたりするということの可能性、そのすべてが建物への到着した一瞬に起こるのです。それは、美術館に展示されたものとも関わっていきます。このデザインはこれらの基準のすべてを満たしていない失敗作でしょう。しかし私が言いたいことは、自身の及ぼす「全体性」の力を基準にすると、<u>全体性にはこれらすべてが含まれる</u>ということなのです。全体性に関して観察者が経験するテストの結果は、弱々しいものではありません。その環境の一部として「生命」の根幹とさえなるのです。

このように全く簡単な道具立てでも、合理的な確信をもって決定できます。その方法が単純であるが故にロンドンの環境に対してこの建物が「生命」を与えることに寄与する強弱が確定できるのです。

少なくとも100年もの間難しいものとして放置されていたこの課題（建築物の品質についての判断）を議論するにあたり、このような簡単な基準を用いることで、上品で洗練された人々は戸惑いを感じるかもしれません。しかしながら、それが私がこの本で言わなければならないことの本質であり、またポスト・デカルト的観察手法の本質なのです。それはかなり明確で扱いやすく、すぐに結論を導き出せるのです。

この観察手法による結果に上層部の人たちが満足するかどうかは別の話です。この手法はばかげたことは認めていません。これは芸術に関する不明瞭で不可解なスター中心主義のばかげたコメントとは無関係なのです。まさにそれ故に、この手法が自分たちが弄んでいる知的ゲームの核心に切り込んでいきますので、冗談として退けてしまう

第9章

家に向かって直線的に延びる庭の小径をつくろうとした
大雑把な試み

S字の曲線。それは段ボールによる大雑把な出来ですが、
とても良いことはすぐわかるでしょう

より正確な曲線となり、
リアルな寸法で美しく装飾された曲線

かもしれません。ビクトリア・アルバート美術館の館長は、アバンギャルドのイメージ的な特徴を好んでいるため、このテストによる判断を退けてしまうかもしれません。しかし、いかにしてもこのテストは真実であり、効果的で体験的なのです[7]。

もちろんふたつのデザインを全体として比較して、この判定方法が事実として一般的な結果を提供してくれるだけではありません。より重要なことは、計画やデザインを<u>つくり出せるツールを提供してくれる</u>ことなのです。それはデザイン作成の各ステップを判定するとともに、その次のステップについて生命や全体性に関する判断を認めてくれます。また各ステップで最も全体的であるものを選んだり、さらにその次のステップへと進めさせてくれるのです。この体験的手法を用いることは、判断の手助けになるだけではなく、その時代のデザインの発展にも貢献すると私は思います。

次の例として、カリフォルニアのバークレーのある家の入り口について説明します。その家は私のスタッフが建て替えてデザインも新たにしましたが、はじめは正面玄関と入り口だけでした。その既存の入り口は陰気で好ましくないものでしたので、持ち主はなんとか変えたいと思っていました。それは簡単なことではありません。私たちはどのようにすれば良くなるのかをつかみ、模索する中で、段ボールを組み上げて実験を行いました。最初の写真のとおり、まず段ボール紙を配置し、幾分直線的なアプローチにしてみました。これではあまりにフィーリングがつかめませんでしたし、可能性もあまり感じられませんでした。生命の感覚や自分自身の魂を感じさせるようなものとしては、明らかに全く意味をなしていませんでした。より良くしようと考え、あるとき長い段ボールのシートを2枚目の写真のようにS字形に曲げてみました。これは見込みがありそうでした。それがあることで自分の生命や魂の高まりの存在が感じられ始めたのです。私たちは石工で実際に作る前に、どのようになるのか、石の寸法で再び段ボール紙を用いてつくってみました。それはより実感のあるものでした。最終的にその壁は3枚目の写真に見られるような形としてコンクリートを打ち込み、つくられました。完成した入り口が右

デカルトを超えて

原寸模型づくりをもとにして完成した正面玄関

側の写真に見られます。

　この簡単な基準の適用の結果、とても快適な庇や壁や入り口をつくることが可能となります。単純な基準の適用の繰り返しの結果に従うだけででき上がっていくのです。建物のデザインや計画の大小、コンセプト、構造、容積、レイアウト、ディテールのいろんな面の発展によってこの手法は第2巻で述べるような生命プロセスの根本になります。

　これらの選んだ例を見ると、全体性を感じる観測者の尺度によって変わる微妙な差異に気がつかれるでしょう。次の写真ではふたつの実物大の模型が隣り合っています。これは私がカリフォルニアのサン・ホセで建てたジュリアン・ストリート

第 9 章

タイル工事の最後にタイルが繰り返されて窓に達するふたつのパタンがありました。
これについては、決定が難しかったのですが、徐々に明確になりました。
右側のものは、観察者の内面に全体性についてずっと素晴らしい空気をつくり出します。
窓周りのグレーの余分な空間は、ぱっと見ると不完全のようですが、形にうまく収まっていて、
より完全な左の例よりも感性の関連性をより強く感じさせます

シェルターというホームレスのための施設としてつくったものです。私たちは2階建てのファサードに貼るために私の作業場にて4,000枚ものタイルを手づくりしました。ローズ・オレンジ色のタイルを斜めの格子縞に配置し、隙間にはグレーの石膏を詰めました。そして、窓枠部分の格子の配置に苦しんだのです。左側のAの場合、タイルを窓枠まではギリギリまで嵌め込んでいき、枠の線に沿って不要部分を切り取って完全に当て嵌めたものです。Bの場合、タイルは窓枠から少し離れており、窓枠の横のエリアは、1枚のグレーの漆喰で埋められているという考えです。

2枚目の写真を見るとわかるとおり、AではなくBを最終的に選びました。この選択は簡単ではありませんでした。隣り合うふたつの原寸模型を最初に見たとき、Aを選びたくなります。Aはより型に嵌っていて、整然としています。まるで何か「全体性」の正当性を主張しているかのように見えます。Bは少し変だとは感じていました。それで、もっとテストする価値があると思いました。そして、ミラーテストを行うと同時に、私自身の感性の確認を行いました。この尺度を用いたところ、少しBの方が私の全体性の増加衝動があったのです。ここで強調しておきますが、これはとても難しい作業でした。この判断はとらえどころが無く、全く明快ではありませんでした。しかし、私は同僚とAとBを交互に繰り返し比較しながら質問をした結果、AになったりBになったりしたのです。これは単純に「どちらが良いか」あるいは「どちらがより生命をもつのか」という問いにのみこだわりすぎた場合、Aを選択するというひとつの例です。注意深く微妙な内面のフィーリングによって精査することによってのみ、AではなくBがより全体性や人間らしさを観測者の内面にうみ出すのです。それ故に本当に深い真実の生命なのです。

ジュリアン・ストリート　ホームレス・シェルターの窓
様々な選択を得てすばらしい「生命」がうまれました

6／判断と建築を極めること

建築についての重要な問題は、特に私たちの時代の問題なのですが、建築の良否を判断する根本的な基準にあります。それは、何が良くて何が悪いのか。何がより良くて何がより悪いのか。という問いです。

私たちの社会にとって、これらの問題は重大です。もし、これらの疑問を解決できるような共有可能な根拠が得られ、それは信頼でき、理解もしやすく、まさしく誰もが共有でき、誰もがそれに賛成できるならば、徐々に私たちの町や環境は良くなっていくことでしょう。なぜなら、そのような人間的判断基準こそが徐々に町や環境を良くするように働くと考えられるからです。しかし、もちろんここ数十年を見ても何も起きてはいません。それはその問題に対してはっきりしないことが数多くあるからです。つまり何でもありなのです。誰もが異なる意見を持っています。また誰もが異なる哲学を持っているのですから。

同じことが、すべての建築家や施工者にも当てはまります。何が良くて何が悪いのか、何がより良くて何がより悪いのかを決めるための安定した明確な原理を持つならば、意思決定もうまくでき、かつまた必然的に良い結果を得ることのできる時代へと移行できるでしょう。しかし現在私たちはそのような道具を持っていません。意見は明らかに持っているのですが。判断を正しく組み立てる信頼のおける判断基準を持っていません。その結果として、建築家やデザイナーはそれぞれ、何か大事なものを失っており、意味しているものが何かを知らぬまま、良い仕事をしようと知的にじたばたしているようなものです。なぜなら、私たちは仕事の各瞬間に求められる判断基準については、流れる砂の土台に乗っているようなものだからです。

何がエコロジカルに妥当なのか、何が社会的にかつ心理学的に価値があるのか、また何が美しく見えて、何が魂にとって心地よいのか。——これらはすべて「全体性」という総合的判断でとらえると、うまくまとまるのです。自分が観察している自分自身の内部の体験を尺度として「全体性」

の強弱を測定するのです。同様にして、このようなテストはすべてある状況で存在する生命の客観的な強さを理解するのに役立つことでしょう。他の観察者と比較したとしても、それらはすべて幅広く同意をもたらすことでしょう。

観察の究極的な目標は、観察者自身の反応に対する観察ではなく、世界の「システム」について観察するということであり、このことを理解しておくことが極めて重要です。山から流れるふたつの小川があったとします。そこでそのふたつの小川の存在を自分自身の中で体感することで、全体性の強さを比較すると、それは生命の強さであり、全体性の強さであり、そしてその「システム」——つまり生命らしさをもった小川——に関するエコロジカルな健全性で測るのです。それは観察者の個人的満足で測るものではありません。最近、サンフランシスコにあるオークランド・ベイブリッジのデザインに関する議論が巻き起こりました。それは、どの橋のデザインが良いかという比較をする問題でした。どちらがより生命があるのかを見たり、感じたりすることができるのです。なぜならどちらが私たちの中に全体性をより感じさせるものが、より生命を持っているものだからです。

このような観察方法は、さまざまに観察されている目前の物を自分自身の内部に生じる全体性の存在を観察するという方法に依拠した一般的方法の具体例です。観察者自身の体験をその「システム」を測る物差しとして使用し、その「システム」の生命の強弱の客観的強さを測定するのです。

これらの測定のすべては、客観的指標として非デカルト、もしくは「ポスト・デカルト」を受け入れることでしか可能ではありません。

7／近代科学の方法から脱した新しい観測方法の出現

この新しい観察形体はとても新しいものです。また、この方法は現代科学における他の観察方法と連続性をもつと確信しています。

単純な「センター」の生命を測定することは、現代的な考え方からみても、基準となるものを見出す行為です。全体性の大本の定義に戻ってみましょう。「全体性」というものは、「センター」同士が互いにはたらき合い、関係し合って空間の一部分の「システム」となることです。それではここで、基本要素の「センター」に分解してみましょう。それは、センターの力が弱い空間要素から切り離すことですが、単純なケースであれば、それほど難しいことではないでしょう。ひとつの実体としてリンゴを見るときに、リンゴの芯、リンゴの種の穴など、私たちが普段何気なく見ていても、それらの数を計算したり、注目できます。これらは「センター」です。それらは他の重なり合う別の部分よりも突出していて、より一貫しているということから把握できます。別の例として、白地の黒い線を見てみましょう。黒線はひとつのセンターとして明確にわかります。その黒線は、区切りをつくり、「対称性」をもち、色としては「対比性」をうみ出しています。ひとつの「センター」として見えることができるのは、その違いを引き起こす特徴があるからです。実体として円をつくる線の客観的特徴は、同様の現象として認知心理学上でも事実としてよく知られています。

同様に、紙の上に単体の点を描いてつくられた「全体性」は、一連の囲まれた部分ゾーンによってできています[8]。また、その他の部分集合の可能性を検討し、これらのゾーンに秩序があり、より「センター」化されていると特定して初めて「全体性」として定義されるのです。こうした判断基準ならば、議論の余地なく受け入れられるでしょう。実際、1930年代のゲシュタルト心理学の実験における論点は、多かれ少なかれ同様な方法でこれらすべてを判断できるということを正確に定義しようとする試みでした[9]。彼らは「プレグナンツ」というものをある図の特徴として定義しました。それは、私が「センター」の強さと呼んで、「全体性」として特徴付けているものでした。1930年ごろまでには、センターの強さと弱さを定義するという問題に対して、文献化することができていました（ただ、そのときは、「図の良さ」というタイト

ルで、単純な場合に限られていました)。1940年ごろまでには、その「図の良さ」は、形態的特徴として定義付けができていました。それは凸状であるとか、分化されているとか、境界とか、私が15の属性と定義付けるものの「先駆的なもの」でした[10]。この「図の良さ」は私が「生命」とよぶ「質」についてあいまいな定義形態でした。

ではもう少し複雑で、より興味深いケースを考えてみましょう。ホテル・パルンボの庭の「センター」のはたらきについてです。ホテル・パルンボのテラスは111ページでご覧になった「センター」です。誰も疑問に思うこともないでしょう。このケースでは、「センター」に関する相対的強さ、もしくは、生命は、とてもすっきりしているので、誰にでも受け入れられることでしょう。しかしながらこの場合では、ある「センター」はとても目立ち、別の「センター」はそうでもないと判断をするために「センター」を純粋な数学的分析で計測しようとすると難しい複合的問題の壁にぶちあたることになるでしょう。認知用のコンピュータープログラムを用いれば、いつかこのような「センター」を選んだり、生命らしさの強さでランク付けをすることも可能になることでしょう。しかしこの場合、現代のどんな数学理論よりも人間による認知こそが、より複合的問題についての信頼のおける計測機器であることで、歩み寄ることになるでしょう。

今パルンボのテラスを<u>ひとつの「全体性」としてとらえ</u>、その生命らしさの強さを測るとしましょう。そこには「センター」がひとつあります。しかし、<u>とても複雑な「センター」</u>です。生命らしさの強さを測るために、上品なレストランが持つ生命らしさの強さと比べて考えてみましょう。私たちは今、建築の判断基準に関する分野に入ろうとしています。ポストモダンが好みの人は、パルンボテラスを超えるような上品なレストランを選ぶことでしょう。パルンボテラスの生命の強さは、簡単に理解できるものではありません。なぜでしょうか。私がその中にどれだけ「センター」が含まれているのか、またこれらの「センター」の密度はどれくらいかを導く説明をするまでは、その生命らしさがどれだけ強いものなのか理解することはできないでしょう[11]。このような場合

は、「センター」の数や「センター」の密度で説明していますので、議論の結論としては役立つでしょう。しかしこれは特別な計算方法による分析的評価です。同時に、疑わしいという判断も可能です。しかし、<u>計測そのものが純粋な判断となる</u>ような場合は、こういう人間そのものによる直接的な手法が必要なのです。

第8章の終わりで、もっと困難な比較の例をお見せしました。中国製銅像の組み合わせとマティスの絵の組み合わせの比較というようなケースとなりますが、どちらがより生命をもっているかについての正しい判断は、観察者がもっている自己認識があるレベルに達している必要があります。これを開発するには時間がかかります。ものを見る訓練をして、違いを見分ける力を磨きあげるまでは、その能力は存在し得ないのです。この場合「自分の中により大きな全体性をうみ出すものはどちらですか」というテスト方法だけでは困難でしょう。なぜなら、その感覚はとても奥深く、より大きな「全体性」をつくり出しているものを感じたり、知ることができるような「自覚」にはなかなか到達し得ませんから。

近年、そのような高度に複雑で議論の余地のある実験がいくつも実施されています。そこではそれらは最終的に客観的なものと証明されています。ロバート・M.パーシグは彼の著書『禅とオートバイ修理技術』[12]の中で、同様の実験を描いています。私の生徒のひとりであるクリスティーナ・ピザ・ド・トレドは比較するものを組み合わせて、どちらがより生命らしいかを尋ねた場合、この「質」についての驚くべき強い同意が存在することを立証しました[13]。カリフォルニア大学バークレー校の建築学科のハイヨ・ナイス教授の研究においても、同様の結論に至りました[14]。

もしかすると、この研究は「人の好み」を洗練した判断基準に過ぎないと言う人もいるかもしれません。しかし、私がここで述べた同様のテスト方法を用いてこれらの現象を測ってみて、大いに役立つ実用的な結果が導かれることが、世界中で立証され始めています。これは、単に個人的な喜びや満足を満たすという程度のものではありません。1967年、ロバート・ソマーとケン・クレイクは窓のある部屋と、ない部屋を比較しました。こ

れは建築家たちが学校の1階の窓は、子供たちを困惑させ、学習の妨げになるので窓無しの教室の方が良いと主張したため行われました[15]。この研究では、被験者はある部屋の中に座って、物語を描くように依頼されました。窓のない部屋にいる人が書いた物語と窓のある部屋にいる人が書いた物語は、混ぜ合わされ、実験には立ち会わなかった第三者によって「気分が落ち込む」かという観点から評価がされました。さまざまな、判断指標が用いられました。結局のところ、窓がない部屋で書かれた物語の方が、窓がある部屋よりも気分を落ち込ませるものであり、創造性がないということが、客観的に立証されました。もちろんこの手法はデカルト的な手法として行われています。しかしながら、ここでは観察者の心理状態という「全体性」が必須の測定計器であるという手法に制限があります。

　教育や健全性、快適性などの環境の状況を直接まとめ、かつその状態を判断するといった他の同様な観察もあります。それは人類学者や心理学者、社会学者などが紹介しています。その中には、レン・ドゥールやランディ・ハスター、クレア・クーパー・マーカス[16]などが含まれます。すべてのケースで表現されているのは、人間の経験したことについての主観的なまとめこそ、建築物の評価に関して重要な意味をもつということを示しています。しかしながら、客観的な場の客観的な状態の説明とこれらの主観的なまとめを結びつけることは、この著者たちはしません。

　さらなる飛躍は、アリス・コールマンが1985年に行った英国における公共高層住宅に関する大規模な研究でした。彼女は「快適性」や「健全性」についての間接的な指標を用い、政府の住宅プロジェクトが客観的に居住者に悪影響を及ぼしているという証明を行いました[17]。しかしながら、コールマンの研究では、私がこの本で述べている観察方法を用いることの難しさを示唆しています。彼女が研究対象とした住宅土地は、家庭環境としてはとても良くなかったことは誰が見ても明らかです。「生命」や「観察者が経験する全体性」によって測ったとしても、ただ単に常識によって測ったとしても、その環境が居住者を育むということができないことは明らかでした。

1985年の社会的な風潮の中では、これらのフィーリングは客観的な事実を示す指標として、正統で信頼できる指標とは考えられていなかったのでしょう。一方で、「通路上での小便禁止」のような指標は、信頼できるものとして、またデカルト的観察手法に基づく指標として考えられていました。そういうわけで、コールマンの観察は私がここで提案している観察方法の先駆者でしたが、彼女の成果は説明をしたということにとどまり、1980年代では私の観察方法が正当であるとして人々に受け入れられ、学ばれるまでにはなりませんでした。

　1985年、人間のフィーリングに関するいろいろな研究報告は、主観的なフィーリングとしての証明方法としてしか受け入れられませんでした。これらが世界の真実についての客観的判断であるということを証明するために、通路での小便禁止や他の機械的な指標の例が用いられました。そこでは、困難であるが、正当であり、社会科学的であるということを証明する方法として用いられたのです。しかし、これは実に手品のようなトリックです。それは、多くの住宅計画の中に何らかの客観的な間違いが含まれているという隠れた事実を示すための実に婉曲的な方法であり、また、その時代の科学では、正当な探求の目的としては適しないという事実を示すことでもありました。

　別の同様な例は、示唆的です。1989年から1992年までの間、バークレーでは、ローズ通りとシャタック通りの交差点のあるマンション建設に関して議論がありました。開発者によるその計画の説明会に、100人以上の人が聴きに訪れました。参加者からいろんな観点から反対意見があがり、その計画は不適切だと言われました。しかしながら、一方で機能的な観点からその反対理由を説明することが義務のように感じられていました。それは、「その計画により駐車場問題が発生する」「交通混雑が増大し、汚染される」などです。実際彼らが言いたかったことは、ちらほらと発言されたことは、提案された新しい建物は単純に近隣との調和がなく、そこにふさわしくないということでした。それは巨大で高層であり、施工方法の面でも不愉快で通常と異なっているものでした。この判断は明らかであり、正当でした。100

人くらいの出席した人（おそらく数千人もの出席していない人もそうだったでしょうが）たちは、その計画を拒絶するための、科学的もしくは社会的正当性を持ち合わせていなかっただけなのです。「その計画は間違っている感じがする」と言ったとします。すると、その計画を中止させるための理由としては、それは不適切であるという法的な反対理由が提出されるでしょう。なぜならその意見は主観的であり、客観的ではないためです。交通や駐車、汚染といったことを述べ、機械論的な説明と結びつけることでのみ、これらのフィーリングが妥当なものであることが裏打ちされたのでした。しかし、この件の本質は、このフィーリングの明快さと客観性が結びついています。それは、近隣との調和を図るためにその計画は、より小さくしなければならないということです。

これらすべてのケースの中で、私たちは、何らかの形態で、不完全ではありますが新しい考え方の出発点を見ることができます。人間の内面の状態を観察することで、人間の外部にある生命らしさやそうでないことの特徴の信頼できる、客観的な情報を与えてくれるということです。

私が引用したこれらの研究は主に社会科学の分野の研究です。そこでは、心理学的考察が建築の評価の上に乗るべきだということが示されています。その有効性は物理学的ではなく、心理学的な価値観としてみられます。一方で、私の提案する方法は、これらの研究と協調しており、さらに重要な飛躍の一歩となるのです。明らかに「心理学的」なこれらの手法は、ある場における客観的な状態に対して客観的な見識を与えるものなのです。この状態を測るものさしについては、物理学の一部としてとらえられるべきであると考えています。

私の提案は、観察者の内面を観察することは、単に人間としての気持ちの反映や心理学としてだけではなく、外部の世界そのものを現実的に計測することに実際に使われるべきものなのです。

8／新しい観察手法の核心

私の提案する手法は、それゆえ現在受け入れられている観察方法とは異なっています。それは一般的に言われている「直感」というものに直接的に結びついており、またそれを観察技術という形式的なレベルにまで高めることなのです。自分の内面的なフィーリングや「全体性」について、計測することが要請されます。これは観測をしている外部の世界の場に存在する生命の強さを測るものとして使われます。この技術は現代科学の中では全く新しいものですが、古代では馴染みがないものではありませんでした。孔子いわく「支配者は自分の心に耳を傾けられるならば、そのままで良い政治が行えるでしょう」[18]。ソクラテスも同様の格言を述べています。

この種の技術は、最も洗練された仏教の教えのひとつ「ヴィッスディマッガ」にもあります。その中には、仏教の弟子が各瞬間におのおのの内面の状態に対する正確な理解と感性と体験を認識する方法を習ったことが書かれてあります[19]。この手法のカギは、仏教徒による修練のように、内面の健全な状態を理解することであり、そしてその次には、観察者の中にこの健全な状態をつくり出すような内面および外面の世界にこれらの現象を（実現するように）導くことです。つまり、そこでは健全性が最も重要で最も根本的な内面の条件であると考えられるのです。ヴィッスディマッガの教えは、1枚の絵図を示します。そこには、私たちの意識は瞬間瞬間の意識の集まりでできており、パーリのシッタスと呼ばれる89の異なった意識と呼ばれます。仏教の教えによる主要なプロセスのひとつに、事実を発見するということがあります。それは、これらシッタスの一部は健全性（パーリのクサラ）であり、また一部は非健全性（パーリのアクサラ）なのです。ヴィッスディマッガにおいて、健全性と非健全性の内部状態に関してその区別を正確に集中することの困難さをわかりやすく説明しているのが興味深いところです。自身の中にあるこれらの状態を区別する検証方法は、人が成長するための主たる手法なのです。

一般的に自分の内面の状態を正確に把握するこ

とは難しいため、この問題に注目し、そして内面の状態の高まりをより正確に、より身近に把握できるための訓練技術が、フレデリック・ピールズのゲシュタルト心理学やそのほか多くの心理学を含めて、現代心理学全体での主要な課題でもあるのです[20]。

私が主張した手法の何が新しいのかというと、内面的な体験を通じて正確に見ることが可能であるという事実から、人が体験する時間的および基本的な部分は、主観的とか個人的なことであるとは分類されないということです。代わりに、それは、観察者の外側にある現実世界の構造を測る基本的な道具として、理解され、用いられるのです。

自分の「全体性」について注意を払うと、外部世界の状態の強さが私たちの「全体性」を高めている事実に気づきます。つまりそれは予測可能なことがキーポイントです。そして観察者に対するこれらの状態が及ぼす効果は信頼できるものであり、複製可能です。この考え方によると、私たちのフィーリングは単に主観的で変わりやすいものではなく、それ自身が信頼できる道具であり、このフィーリングを感じているときの状態は、客観的真実の源となるのです。

つまるところ、この測定技術の中心思想は、生命の強度は、世界の中で実験的に測定可能な質だということです。

9／デカルトとの関係

私はデカルトを尊敬しています。何年も前に「瞑想録」を読んだときのある一節を覚えています。そこで彼は次のように言っていました。「小さな思考が機械であるかのように考えることを続けなさい。そして観察し体験をすれば、この機械が世界なのかそうでないのかがわかることでしょう。世界中の多くの人間が皆、この体験を始めるようになれれば、200〜300年後には、世界で現実に起こっていることをほとんどすべて知ることができるでしょう[21]。

これは私の意訳です。私が覚えていることであって、その一節はどこに書いてあったか見つけられません。そのため私が美化しているのかもしれません。しかし私がこれを読んだときとても驚きました。なぜなら、デカルトが発見した観察手法を、私たちは数百年もの間、変えていなかったわけであり、加えて彼は、それがもたらすであろうものをはっきりと見ていたということがわかったからです。つまり1641年に、彼は科学の歴史を効果的に予言していたのです。

デカルト的手法は、世界についての共通理解をわれわれに与えてくれた最初の観察手法であると言えるでしょう。現在ではこの最初の観察手法——世界についての正しい見識を与えてくれるプロセス——が、現代科学を統治するものになりました。それは、世界に関する客観的情報を得るための、唯一の方法となりました。

この章で私が説明したことは、第2の観察手法と位置付けられると思います。もしこれが正しければ、いつかその価値が最初の手法と対比され、またそれを補完することになると思います。

第1のデカルトの手法は世界がどのように機械的に動いているのかを私たちに教えてくれました。そして、科学的理解が広がった状況の中でそれを用いることで、奇跡を起こすことができたのです。第2の観察手法は、私たちにさらなる奇跡を導いてくれることでしょう。おそらくそれは別世界への入り口を開けてくれることでしょう。そこでは、科学や技術についての機械的な見方を超えて、存在に関する第2のレベルを見たり、感じたり、意識したりすることでしょう。そしてそれは建築を検証するものであるとともに、世界に対する私たちの感情的、精神的な関係性の原理なのです。

最初の観察手法のように、第2の手法は世界の実際の構造の中にある客観的な真実に関する見識を与えてくれます。そしてその事実は、高度に重要です。それは美の側面や生命の本質、私たちの存在についての深い側面、そしてもしかすると神の本質について、真実を見せてくれるかもしれません。それによって展望が見えるかもしれません。それは現代科学による展望のような形であるかもしれませんし、客観的な存在のようなものであり、

また私たちの観察を究極的に有効なものとしてくれます。このことは、私がここで描いた観察手法に関する長期的にみた答えとなると私は信じています。

デカルトによる手法と私がここで定義した手法のうちどちらを選ぶのかという選択ではないことを理解する必要があります。このふたつの手法はお互いに補完し合っています。ある事実が機械的なつくりになっているようであれば、デカルト的手法が最も適切です。そのときは、対象を機械であるととらえ、その振る舞いを説明できるモデルを見つければよいのです。しかし、異なった「システム」が相対的な全体性が関連するような場合には、デカルト的手法それだけではうまく機能しないことでしょう。そのときは全体性の相対的強さを明確にし、客観的に理解できるような手法が必要となります。そのような場合には、私が説明した手法を用いなければなりません。私たちの外部のことや機械的な説明がつくことについてはデカルト的手法をとり、全体性の研究や判断をしなければならないときは私が説明した手法をとるというように使い分けをするならば、私たち自身を含んだ世界と人間的本質を理解することができる世界観を得ることができるのです[22]。

注

1　合気道によるこの例は、スコット・ハンターから教わりました。彼には感謝しています。このテストのその他の多くの様式についても疑いようがありません。

2　この質問はもちろん、それが明らかな意味をもっと感じる観察者にとっては成功につながるものでしょう。

3　*A BETTER PLACE TO LIVE* (Emmaus, Pennsylvania: Rodale Press, 1981) の中でMichael N. Corbett によって、憶測ではなく率直で基本的ですばらしいテストが説明されています。「喜びの感情をしみじみと理解できました。それと同時に建築というものは、その空間がデザインされた目的に則して使い、そのときどのように感じるのかによって判断をされるべきだと気づきました」

4　後に続く議論は、私が1992年にダラスシティホールの商工会館で行った演説に基づいています。

5　後日ダラスの訪問で、私はそのダラスの商工会館でこの事例や他の同様な事例を講演しました。そこでは100人ほどの人たちが私の話を聞いてくれました。事例の一つひとつは彼らにとって身近なものでした。事例を提示するたびに、うなずいたり、同意している人々の姿を見ることができました。私が説明したダラスの通りでの経験は、特別なものではありません。そのときに私の話を聞いていた方々すべてが同じように感じてもらえるような例を挙げたにすぎません。ダラス美術館の前庭にいると、ほとんどすべての人は自身の人間らしさが減少し、一方、美術館に並行した小道にいると増加することが感じられるでしょう。

ここで私たちが証拠として示しているのは、私たち一人ひとりに起きている人間らしさの増加や減少というものです。一般的に言えば、それは私たち一人ひとりに同様な方法で、同様な強さで起こっているのです。もちろん、個体差はありますし、これらの判断について完璧な同意が得られるとも限りません。しかしもっと広い観点から私たちの内面的なフィーリングについて細かく注意を払って観察すると、私たちの全体性は、その瞬間やそのときの場所によって上がったり落ちたりすることがわかります。そしてこの経験は、同じような方法で大まかにみれば同じような強弱を感じていることがわかります。

6　*THE NEW YORK TIMES*, 1992年2月2日号の記事を参照。

7　そのため一部の読者の方には次のように感じられるかもしれません。それは、価値や品質について複雑に考案された定義によって、その存在や不在を決める手法と結びついています。そのためにそれは現在の社会的状況を逆転させるような特徴を持っており、建て方についての強固な土台をつくりなおす必要さえあります。このフィーリングはとても実用的で便利です。それは何をするのかを教えてくれます。そして、より全体性を感じさせてくれるものは、よく機能するものであり、すべきことなのです。全体性を感じさせないものからは離れるべきです。

8　これらのポテンシャルの部分は私が第3章で定義した「センター」です。

9　Wolfgang Koehler, *GESTALT PSYCHOLOGY* (New York: Liveright, 1929) と *THE PLACE OF VALUE IN A WORLD OF FACTS* (New York: Liveright, 1938)、クルト・コフカ著、鈴木正弥訳『ゲシュタルト心理学の原理』(1988、福村出版) を参照。

10　これは徹底的に調査されました。例えば、Marian Hubbell Mowatt, "Configurational Properties Considered Good by Naive Subjects," *AMERICAN JOURNAL OF PSYCHOLOGY* 53 (1940): pp.46-69, reprinted in David Beardslee and Michael Wertheimer, eds., *READINGS IN PERCEPTION* (New York: Van Nostrand, 1958, pp.171-187).

11　もちろんそれでもこれは変化に影響を受けやすいものです。1935年の(第4章でお見せした)テラスは

第9章

想像を超えた美しさがありましたが、1997年には生命がほとんど無くなってしまい、単に良いだけとなりました。前の主人の息子がそれを改築しました。以前は魅力的でしたが、今は単に心地よいだけとなっています。そうなったのは、建て替えによりセンターを変化させてしまったことが原因です。

12　この種の体験はロバート・パーシグによって『禅とオートバイ修理技術』(五十嵐美克他訳、1990年、めるくまーる社)という彼の本の中でも説明されています。(自叙伝の中で)彼は想像についての説明をしています。彼は英文学の教授であり、さまざまな学生のエッセイの相対的品質は事実であって、意見ではないということを経験的に確認することで、世界観の劇的な変化を主張しています。

13　Cristina Piza de Toledo, *OBJECTIVE JUDGMENTS OF LIFE IN BUILDINGS* (unpublished master's thesis, University of California. Berkeley, 1974).

14　ハイヨ・ナイスは、生命の強さや異なった対象や状況、芸術作品についての品質の高さを比較するような主観的な質問をして、その体験のさまざま種類に関する実験を行いました。

その体験の結果は、出版はされていませんが、カリフォルニア大学バークレー校建築学部のハイヨ・ナイス教授から入手できます。

15　ロバート・ソマーによる窓がついていない創造的な部屋の効果に関するさまざまな研究や、インターネット上の教育的設備の研究に関する参考文献を見てください。

16　カリフォルニア大学バークレー校にて。

17　Alice Coleman, *UTOPIA ON TRIAL: VISION AND REALITY IN PLANNED HOUSING* (London: Hilary Shipman Ltd., 1985). コールマンは、道端での小便の臭いや、壁に描かれた悪戯書き等を、居住者たちがその居住地で経験する健全なフィーリングについての負の指標として用いています。その研究は、統計的にかなり高い信頼性をもっています。それはその環境における異なった特徴についてのものであり、これらの負の指標の存在と大きく関係しています。

18　孔子『論語』の中の「中庸」を参照。

19　Nina van Gorkom. *ABHIDHAMMA IN DAILY LIFE* (Bangkok: Dhamma Study Group, 1975) と *BUDDHISM IN DAILY LIFE* (Bangkok: Dhamma Study Group, 1977)を例に見てみましょう。そこには仏教の主要な教えがまとまっています。

20　Frederick S. Perls. *GESTALT PSYCHOLOGY VERBATIM* (Lafayette, California: Real People Press, 1969). 例えば、とても大きな研究の試みが1960年から1980年にかけて起こりました。それは人間の潜在力を見直す運動であり、人間は自己の内面のフィーリングを理解し、体験し、正確に記録に残せる範囲までは健康であるとの知恵が含まれていました。

21　デカルトの「瞑想」を参照。

22　これは第4巻のテーマです。

第10章

人間生活に「生命構造」が及ぼすインパクト

第 10 章

1／はじめに

「生命構造」と人間の自我との関係についての私の考え方をより完全なものとするために、以下のような、極めて実践的で、私たちすべてにとって本質的な問いについて考えていくことにします。それは、「人間の生活に「生命構造」がもたらすインパクトとは、どのようなものであるのか」という問いです。

人工物や建築の中に存在する「生命構造」の強弱は判定や測定が可能であり、また、人々が実体験を通じて「生命」の強弱を推計することによっても計測できるであろうと、ここまで述べてきました。要するにこの世の「生命構造」の存在は真実かつ客観的であるのみならず、私たち人間の自我の本質と切っても切れない関係にあるようだ、ということです。

この世の物理的構造、とりわけ私たちが生活の大半の時間を費やす建物空間が私たちに多大な影響を及ぼすことは、ほとんど疑いの余地がありません。私たちの人生における幸運や未来、生きていく力は、私たちの周囲に「生命構造」が存在するか否かと根本的に直結している点も明らかです。

本章では、建築と人間の相互関係がどのように機能しているのか、その利害関係がいかに大きいか、そして私たちの日常生活のあらゆる瞬間に「生命構造」がいかに重大な影響を及ぼしているか、について示してみようと思います。

2／世界は私たちにどれほど影響を及ぼしているのか

自然や建築や人工物の中の、「生命構造」と称するこの複雑な構造は、私たちの日常生活にどのような影響を与えているのでしょうか。

一般的には、物理的環境は私たちの生活に影響を及ぼすと考えられます。建築の形状もまた、私たちの生活能力、福祉、あるいは習慣などに、確かに影響を与えていると言われています。ウィンストン・チャーチルは「建築は人によって形づくられるが、人もまた建築によって形づくられる」と述べたそうです。しかし実際、建築は人間にどんな影響を及ぼすのでしょうか[1]。

まずはじめに議論したいのは、物理的世界、その空間——の幾何形態が人間に最も根本的なインパクトを与える、という点についてです。そのインパクトは、すべての人間の形成要素、内面の自由、各自が持っている感性にとって最も重大なものなのです。そしてそれは、内面的自由、精神の自由にまで直接的に及んでいくのです。

次に議論したいのは、「生命構造」を持ち、人間の精神的自由を育むのにふさわしい物理的環境についてです。誤った環境下では「生命構造」は欠落し、精神の自由は破壊されるか、もしくは弱められてしまうでしょう。私の説が正しければ、物理的世界の形態的特質は、人間の存在における最も崇高な部分に強いインパクトを与えている、ということになります。これこそが「生命」と呼べるものです。それは、この物理的環境の「生命構造」を成し、人間にこのようなインパクトを及ぼすのです。

このような「生命センター」からつくり出されるさまざまな環境は、第7章で述べた機能的条件を満たします。また、驚くべき「ミラーテスト」もクリアし、文化、社会に影響を及ぼします。さらにこれらの環境は、人間の存在をサポートすべく15の幾何学的特性を持ち、私たちが最も自由を感じられるような場所なのです。このような「生命構造」を持たない環境では、人々は生気を感じられず、死んだ存在となってしまうことでしょう。

人間の感情の解放や、私たちのスピリットは、それ自身が「生きている」環境によって育まれるのです。「生命構造」を伴った環境では、人間一人ひとりがより容易に「生命」に満ちた存在となることができます。

3／魂の自由

　自由と同じぐらい得るのが難しくかつ人間にとってより根源的な能力といえるようなものの存在が、前述のような環境によって左右されるものである、というのは、果たして本当でしょうか。また、粗雑な壁や窓や道路の形状は、人間の自由あるいは「全体性」と同じぐらい繊細で崇高なものの存在に悪影響を及ぼし得るものでしょうか。

　これらの影響は大きくかつ繊細なものです。それは人体の組織内に存在する栄養素の存在に似ています。特定のビタミンや微量の金属が、その量に比べて不釣合いなほど、人間の健康を維持する上で重大なはたらきを担っているという事実はよく知られています。これらの物質は多量に摂取する必要はなく、これらがつくり出す物質も人体を構成する要素の中で大きな割合を占めるわけでもありません。にもかかわらず、これらの物質は、人体にほんのわずかな分量ながら必須なのです。これらの存在によって初めて、頻繁に繰り返されるタンパク質合成のための重要な触媒となる酵素をつくり出すことが可能となるのです。

　これら栄養素が重要なのは、体内のさまざまな活動のプロセスにおいて触媒の役割を果たすからです。これらは1日何百万回と繰り返される活動の中で、繰り返し繰り返し使われます。この触媒がなければ、体内の主要でより大きな活動のプロセスは簡単に機能不全を起こしてしまうでしょう。生活環境の中における幾何形態が及ぼすインパクトも、それが「生命構造」を持つか持たないかによって、私たちの感情や社会、精神、物理的存在に対して、体内における栄養素とよく似た役割を果たすのです。

　目的に向かって邁進し、社会に貢献し、世の中に価値のあるものをつくり出し、あるいは愛情を注いだり、快活に楽しんだりするために、健康な人間は、本質的に問題を解決することができます。このような前向きな活動を自在に行う能力は、ごく自然なものです。それは自らの中から湧き上がってくるものです。無理矢理つくり出されるようなものではありません。しかし、解放され、存在する余地が与えられる必要があります。このような能力が発揮されるには、一定の助けが必要です。それは単純に、その人がどれくらいこのような活動に集中することができるか否かにかかってきます。そしてこのような確固とした喜びに満ちた意思は、その人の日常生活において、それとは関係ない未解決だったり解決不可能だったりする事象のために精神的・物理的スペースが侵されることにより、ダメージを受けてしまうのです。

　このようなダメージを与える、外部要素から生じる障害にはさまざまな形態があります。それは空腹や飢餓、疫病や身体的危険などに直面した結果として生じます。これらは皆、より繊細な問題に取り組む余裕を失わせるような不安感を人々に与えます。またそれは、家庭崩壊のような、不健全な社会環境の結果としても生じます。さらにそれは、解消不能な内面的葛藤の結果としても生じるのです。このような葛藤が解消されない限り、多くのことを成功に導くことはできないでしょう[2]。ひとたび、このような葛藤や障害の大きな要因となっているものが取り除かれるか、うまく処理されたなら、より繊細で前向きな、「生命」を追い求めるような肉体的な力が、挑戦や欲望や目的や希望といった形で現れてくるでしょう。

　より繊細な問題もまた、個人を拘束し、ひいてはダメージをうみ出します。例えば、職場での争いなどは、その人のエネルギーを消耗させ、他のことをほとんど蔑ろにしてしまいます。私的な不幸も同様です。大抵は短期間ですが、時には長引くこともあります。このような状態が続く間は、人間は自らの役割を適性に果たすことができなくなってしまいます[3]。頭を悩ませる多くの事柄、自らの精神疾患やノイローゼ、あるいは家族の問題、お金の問題、退屈な仕事、愛する子供の虐待（いじめ）とその成長——このような問題はどれも皆、解決されない限り、頭の中にこびりついて離れないことでしょう。

　さらにいっそう些細な問題も、些細なレベルながら、同様の影響をもたらします。それらは感知されると、1日か2日の間、その人の行動に何ら

かの形で支障をきたすのです。履き心地の悪い靴、頭痛、家の外から聞こえてくる苛立たしいバイクの音など、集中したり、問題を解決したり、クリエイティブな仕事をしたり、愛情を注いだり楽しんだりすることさえも、不可能にしてしまうのです。こういった行為は多くのエネルギーと注意力を必要とするのですが、これらの問題により、立ち上がるのが困難になってしまうのです。

もちろん、チャレンジは人間をより生き生きとさせるものだという意見も多々あります。未登頂の山に登ったり、家庭の問題を解決したり、困難な問題に光明を見出したり、走りづらい波打ち際を駆け抜けたり——これらはどれも刺激的です。人間をより生き生きさせてくれます。貧困に耐えながら屋根裏で暮らす芸術家の方が、十分に恵まれた環境にある者よりも、より良い作品をうみ出す、ともいわれます。ライト兄弟は、彼等自身の創意工夫の努力が削がれてしまうから、という理由で、多額の資金援助を断りました。この工夫するという行為こそ、彼等が飛行機を発明するにあたり、最も大切にしたものだったのです。

困難や葛藤によってうみ出される障害の本質は、これによって及ぼされる影響が明確に把握できると考えるその前に、それがネガティブなものであれポジティブなものであれ、しっかりと理解され、正確に評価されなければなりません。

4／自由とその喪失

さて、この節では、人間の自由について論じることにしましょう。最良の環境とは、そこに存在する誰もが皆、生気に満ち溢れてくるような場所であるという点は、受け入れられることと思います。そこでは人々は知的にも身体的にも道徳的にも、人間として到達し得る最高のレベルで生き生きとした存在となることでしょう。あるいは、そこでは誰もが行うことすべてを生き生きとしたものに自然のこととしてできると考えられるかも知れません。人生を楽しみ、追求し、目いっぱい生きたいという意志は、人間の持つごく自然な力です。このような環境を、人間は自然に熱望し、追い求めるものなのです。

心理学者のマックス・ヴェルトハイマーは、かつて「3日間の物語」という短い物語を書きました。その中で彼は、シンプルで驚くべき、自由の定義を試みたのです[4]。ヴェルトハイマーは、自由の定義について考えている男性について記しています。自由とは何か。本当の自由とは何か。彼はこの物語を通して繰り返し問い続けます。満足のいく解答を得ようとする努力の中で、彼はソクラテス哲学の問答法のように、立て続けに可能な限りの解答を提示していきます。そして人々を訪ねてはそれらを提示し、それらが正しいかどうか検証していくのです。

例えばあるとき、彼は刑務所の中に居る男性について考えます。牢獄の中にいるにもかかわらず、彼は驚くべきことに自由だというのです。彼は問いかけます。これは明らかに鉄柵がないことが自由の定義であるということではないのだと。また、投獄され牢獄の中で行動を制限されたとしても、それが自由の喪失に繋がるものではないのだと。こんな具合に、彼はまた別の仮説を立て、あちこちを訪ね歩いていくのです。

このヴェルトハイマーの寓話のような物語の中で、この探求は3日間続きます。そして最後の最後に、すべての既知の定義を通過し、考えられ得る限りの定義を検証し尽くした末に、この主人公は、真の自由とは、いかなる状況に際しても的確に対処できる人間の能力の中に存在するものである、と結論付けるのです。すなわち、完全に自由である人間とは、どんな事態に直面しても、的確に行動することができる者である、ということなのです。

では、自由の欠落とは、どのようなものなのでしょうか。この、状況に応じて的確に対応できる能力を妨げる要因となるものは、それが内的強迫観念であれ、精神の硬直であれ、政治制度であれ、檻の鉄柵であれ、自由の喪失の要因となり得るのです。言い換えれば、自由の欠落とは、その原因が何であろうと、それが内的であろうと外的であろうと、的確に行動できる能力の喪失なのです。

人間生活に「生命構造」が及ぼすインパクト

自由の喪失。現代の一般的基準ともいえる事例：今日一般的に受け入れられているとされる公共住宅。
しかし、これは死んだ構造です。自由は縮小されてしまいます。このような死んだ環境では、
ストレスのサイクルが生活を支配し、人々が自由でいようとすると、多くの困難に直面することになってしまいます

　環境が自由の喪失の要因となり得ることは明らかです。上司が社員に適切な勤務環境を提供することができないような会社は、自由が削減されていると言えます。日常の些細な事柄に対し、使用者にいちいち不便を感じさせ、結果として必要な活動に集中することを妨げるような建築物は、やはり自由が制限されてしまっていると言えます。環境もまた、それ自体を改善することばかりにかまけて、日常の感覚や実際的状況に対処することを忘れてしまうこともそうと言えるでしょう。

　人々の行動を制限するようなさまざまな状況が、世界中のあらゆる人間社会で日常的に生じているわけですが、そのどれもが自由の制限に繋がり、結果として、人々が人生を満喫することを困難にしているのです。これらの多くの状況が、環境やその物理的構造に起因しているのです。

　では、自由を妨げるような建築の事例とは、どのようなものでしょうか。このページにある写真の住宅プロジェクトでは、駐車場が直接住宅に接しています（これはフロリダ州のフォート・ローダーデールにある建物ですが、今日世界中にあるタイプと言ってもいいでしょう）。このケースでは、人々が日常生活の中で的確に行動するのを困難にする状況が生じています。ここには共有地が存在しないため、人々の生活の中で共有感覚や公共性やコミュニケーションの機会などが存在する余地がないのです。このようなコミュニティーの要素に対する要求の度合いは、それほど大きくないかもしれません。しかし、その要求が自然のはずみで沸き起こってしまった場合、それを満たすことはできません。それは妨害され、不満をうみ出しつつも、抑圧され、自然な行動表現は矯正され、収縮してしまうでしょう。

　この写真の住宅プロジェクトを、今度は別の観点から考えてみましょう。そこに住む家族は、彼等の個性を表現することができません。家族はそれぞれが異なる存在です。しかし、日常生活のための大雑把な物理的機能（調理、睡眠、洗面所の使用）だけが整った箱のようなものの中に押し込められたのでは、個性を育む機会は減ぜられ、収縮してしまいます。

　ふたつの意味で、この住宅プロジェクトは、自由を蝕み、妨害しているのです。

第 10 章

ナポリの高層住宅：このような環境では、母親とその子供たちは、ほとんど自由を得ることができません

5／ストレスの溜まり場

環境が人間の自由に及ぼすネガティブな影響について、ストレスという事象を考慮しながら、掘り下げていくことにしましょう。

未解決の問題や不快なことや争いごとに直面すると、概して、その度合いに応じたストレスが生じるものです[5]。最初の段階では、ストレスは実利的で生産的です。何故なら、それは問題を解決するために身体をより活性化させようとするからです。アドレナリンをはじめとする物質は、体内の組織を活性化させ、覚醒やエネルギーを生じさせます。これらにより、争いごとに取り組んだり、問題を解決したり、不快の原因を取り除いたりしていくことが促されていくのです。組織内の直面する争いや困難は、それが続く限り、それに対応するためのストレスを増し続けるのです。しかし人間個人にとって、受容できるストレスの量は限られています。個人差はあるにせよ、その受容可能な量は有限なのです。

実際のところ、生物の体内にはストレスを溜める場所があります。一定量のストレスは、その時々のレベルに応じてこの場所に溜められることにより、処理されていくのです。しかし、この場所がストレスを溜めきれなくなると、これをうまく処理する機能は低下していきます。こうして、いわゆる一般的に言うところの「ストレスが溜まって」いくのです。生物の身体は過負荷状態になります。それは更なる問題となり、より解決困難になります。こうしてストレスは生物が処理できる限界を超えてしまうのです。こうして状況は徐々に悪化していきます。ストレスが過大になると、ものごとを創造する機能は損なわれます。場合によっては完全に破壊されてしまいます。

ストレスに関する今日の研究における恐らく最も重要な発見は、<u>ストレスはひとつにまとまって蓄積される</u>、ということでしょう。お金に関するストレスも、身体的苦痛によるストレスも、らちの明かない言い争いによるストレスも、まぶし過ぎる光によるストレスも、どれも皆、同一の種類のストレスなのです。

これらは一見異なるもののようですが、どれも皆同一のものとして同じように溜められていくのです。

未解決の問題のほとんどは、それが些細なものであれ、ストレスを溜める結果となります。人間の能力を少しずつ阻害していくのです。ストレスが許容量を超えなければ、人間は困難に立ち向か

人間生活に「生命構造」が及ぼすインパクト

バークレーの大学美術館の屋外にある壁

う中で、積極的に問題を解決し、より生き生きとし、能力は向上し、その努力は報われます。しかし、ひとたびストレスが許容量を超えると、事態は全く逆になり、溜まったストレスは生産力を阻害し、愛情関係を阻害し、芸術的・知的想像力を阻害し、人間を役立たずにしてしまいます。

ストレスの蓄積とはどのようなものか、環境の中の「生命構造」と人間の自由との健全な関係はどのように阻害されるのか、より厳密に見ていくことにしましょう。(上の写真の)カリフォルニア州バークレーにある大学美術館の屋外にある壁のケースを見てみましょう。この壁は普通の垂直のものと異なり、傾斜しています。地表面も壁も共にコンクリート製で、このコンクリートの表面は水平な地表面から垂直な壁面にかけて連続的に傾斜したりカーブしたりしていて、それによって壁が形づくられています。これをデザインした建築家は恐らく、この方が楽しげだと、あるいはエキサイティングだと、いや、もしかしたらただ単に他と「異なる」ものを、と考えたのでしょう。しかし、実際にこの壁がもたらしているのは、ごく微量のストレスです。この壁の脇を歩いている人には、スロープがどこから始まっているのかはっきりとわからないので、躓いてしまうかも知れません。そうならないようにするために、壁から離れて歩かなくてはなりません。そしてついには、壁に躓かないようにするために注意を払うことを放棄してしまうでしょう。さらに、この壁に腰掛けようとして身体を傾けてみても、それは無駄なことです。壁の上端部は地面から離れ過ぎていて、足が地面に届きません。そんなわけで、楽しげで面白いとされるこの壁は、無用のストレスや不快感を、少なからずもたらします。こういったストレスは、この壁を高さ16インチ(約40センチ)で上端が座れるだけの十分な厚さと幅を持ったものにすれば、簡単に解消できたはずです。そうすれば、そこを歩く人は壁の位置を明確に認識することができますし、疲れたらそこに座って友人を待ったり、サンドイッチを頬張ったりすることができます。

もちろんこの事例は小さなスケールのものです。この類の2、3の問題に対処するだけで済むなら、人間の生活は楽なものだと言えるでしょう。あるいは言及するほどのことではなく、楽しんでデザインしたと思われる建築家を非難するのは酷と言えるかも知れません。

では、より問題の深刻な建築の事例について考えてみましょう。

例えば、5、6階かそれ以上の上階のアパートに住む、幼い子供を持つ家族の生活について。この

種のアパートは概して狭く、幼い子供を持つ母親が抱える問題は、容易に見て取れます。家の中にいる子供たちが6階下へ友だちと行きたがるのは、ごく自然なことです。母親も当然そうさせたいと考えます。しかし、アパートの中から外で遊ぶ子供たちに気を配るのは、容易ではありません。ひとたび何かあっても、上階からではすぐに子供のもとに駆けつけることもできません。かといって、アパートの中は狭過ぎて、子供たちを一日中外に出さないというわけにもいきません。結局子供たちは下の階へ行くことになります。母親は、子供たちが誘拐されはしないか、事故に遭いはしないか、と常に心配していなくてはなりません。しかし、どうすることもできないのです。もし母親にとってそれがあまりにも大きなストレスならば、彼女は子供たちをアパートの中に留めておくことになります。しかし、多くの子供たちの友だちを招き入れるには狭過ぎるアパートの中で1時間も彼等が跳ね回っていれば、物は壊され、ついには母親はこれも諦めて子供たちを再び外へ出すことになってしまいます。彼女はこのようなストレスに毎日苛まれることになります。子供たちを見守るために階下に降りてくれば、今度は家事がままならず、喜ばしくない結果を招くことになります。こうなると、どうしようもありません。いずれにせよこのような状態は、子供たちが外で遊び始めるようになってから、親が常に目を配る必要がなくなるまでの数年間続きます。このようなストレスのサイクルには「どうすることもできない」といったパタンの一連の事象が含まれています。ここに示したのは、ある種のタイプのアパートに現れる、常に葛藤を強いられるネガティブなシステムの一例です。これ以外の、つくりの良くないアパートにおける多くの事例も数多く報告されています。

しかし、重要な点は、前述の美術館の壁の例に続き、この例もまた、エネルギーを浪費し、生活をより困難にさせ、ポジティブな方向性を阻害するような構造的なシステムを見出すことができる、ということです。この事例は、美術館の壁に比べて、影響を及ぼす範囲も、影響そのものも大きいと言えます。しかし、引き起こされるストレスの**本質**は同じです。

どの事例も、人々が対処しなければならないストレスの蓄積量を増していきます。その結果、あらゆるものごとがより困難となり、有意義な生活に至らしめるのを少しばかり難しくしてしまいます。このふたつの事例によるストレスの程度では、人間が溜めきれないほどの量になるということはないでしょう。

しかし、こうした小さな要因が積み重なり、複合化していくことにより、ストレスは蓄積し、ポジティブではないネガティブな影響をもたらすのです。

このような事象間の微妙な相互作用により、環境は、それがネガティブであれポジティブであれ、人間の生活に影響をもたらすのです。

6／リアリティからの乖離

ストレスがいよいよ溢れかえってくると、人々はよりいっそう葛藤の泥沼にはまっていき、日頃の努力や向上心を維持し続けることは不可能になってしまいます。人々は格闘しつつも、あらゆるリアリティから切り離され、徐々に蝕まれていきます。さらには問題を解決し乗り切った過去の経験や、チャレンジに立ち向かい克服し、自由を獲得した過去の経験なども、忘れ去ってしまうのです[6]。

環境の中においては、一見小さな傷痕程度の葛藤も皆、ストレスの要因になります。しかし、これらはさらに深刻な事態を引き起こします。

これらは人々をリアリティから切り離してしまうのです。これらは日常世界を形成しているリアリティを人々の日常から乖離させてしまい、あたかも架空の世界に棲む人間のようにしてしまうのです。

30年前、映画監督のジャン・リュック・ゴダールは、「アルファビル（ALPHAVILLE）」というホラー映画を制作しました。この中で彼は、死と恐

人間生活に「生命構造」が及ぼすインパクト

環境──ホラー映画の1シーンではありません。実際にロンドンのテムズ川南岸にある現実世界のものです。
このような建物からは、深い不安に満ちた戦慄以外は何もうみ出しません。
明らかに、人間が人間らしく自由であることを促すような環境ではありません

怖を伴った静寂が支配する来るべき世界を描き出そうとしました。そこでは人々はまるでロボットのように振る舞うのです[7]。このページの写真の建築物は、テリー・ファレルの設計によるものです。現実にロンドンのテムズ河畔に建っているこの建築物は、前述の映画で表現された世界をそのまま体現しています。376ページの写真の高層アパートは、ナポリ市内に密集して建っています。エットーレ・スコラ[8]により先頃制作されたRomanzo di un Giovane Povero（ある貧しき若者の日記）という写実的映画では、反復的に大量に計画された公共住宅群による圧迫感に満ちた環境の中

で少年が次第に無気力になっていく様子が描かれています。

どの事例も明らかに恐怖を喚起させます。環境の非人間性や人間自身にもたらされる非人間性は、想像やフィクションの世界のことではないのです。私たち人間は、これらの写真や映像を観ることにより、心の中に、失望や絶望の感情や、不毛な世界の制限されたリアリティを、容易に思い浮かべることができます。私たちはこれらを本質的に感じとれるのです。無人のオフィスビルの中や、絶望的に静まり返った上階のショッピングモールや、ベッドと洗面室と小さな窓とベニヤ製のドア以外は何もないモーテルの一室などを通り抜けるときに、私たちは知ることができます——この絶望感がどれほど生々しいものか、このような雰囲気がいかに人間生活の役に立たないか、いや、そればかりかいかに私たちを絶望の淵に追いやるか、を。

7／人間の「生命」を増大させる世界

ヴェルトハイマーの自由の定義のように、人間の生活にとって最良の環境を定義することはできないでしょうか。その環境とは、人々が自由であるための最大限の機会を提供し、実際に人々が自由であることを<u>可能にする</u>ようなものでしょう。生き生きした環境とは、そこに暮らす人が皆、あらゆる事態に的確に対応できる、すなわち自由であり、より実りの多い生活を築いていくことを促すことが可能なものであるべきです。人々の気分や内なる力を解放させることが最大限にできるようなものこそが、あるべき環境なのです。そこでは、人々は自らの手で自らの生活を築き上げていくことができます。

そこでは、どこでどのような形であれ、成長を望めば、人々も環境も自由に成長することができます。

このような環境は、その特質や構造からして、見た目には、私たち建築家が考えるより、遙かに秩序を欠いたものでしょう。それは、より散漫としたものでありながら、私たち専門家がこれまで考えてきたものよりも、より深遠な秩序を伴ったものでしょう。どちらかと言えば、数百種類の生物が棲む潮溜まりのようなものではないでしょうか。そこには広範な構造を伴った繊細な生物の秩序が存在します。しかし、表面的・幾何学的には、ほとんど無秩序のように見えます。

この構造こそが、この本を通して私が述べ続けてきた「生命構造」なのです。

それは自然界にあるような、互いの存在を助け合い、それぞれが本来の姿で生き生きとすることができるような、高度に複雑な「センター」のシステムです。

このような環境は、人々を解放し、自分らしくあること、自由であることを可能にします。そこにあるのは安楽です。あくびがでるような、笑顔になれるような完全な安楽なのです。自分らしさと、それを守り、癒すような社会生活をも提供するのです。

このような安楽や自由は、前節で述べたような、葛藤やストレスを引き起こすような形とは正反対の「形体」です。言い換えるならば、環境エネルギーを浪費するストレスや葛藤を取り払うような正反対の形体という部分がキーポイントです。

このような「正反対」の形体こそ、より困難な問題に取り組み、人間らしい自由を得るための努力をうみ出すのです。

「パタン・ランゲージ（APL）」における253の形体は、この典型（モデル）です[9]。注意深く検証すると、それぞれのパタンではいくつかの課題が述べられています。課題を引き起こすようなシステム、とでも言った方がふさわしいでしょうか——このシステムは、ある種の過ちを含んだ環境をつくり出す要因ともなりますが、しかし、これをうまく処理・解決すれば、環境はふさわしいものになります。例えば「どの部屋も2面採光（APL#159）」では、1面にしか窓がない部屋の状況が述べられています。そこでは室内を明るくするのに十分な反射光は得られず、お互いの顔をはっきりと見ることができず、大きなストレスが生じます。このケースでもまた、構造を変えるの

人間生活に「生命構造」が及ぼすインパクト

リンツ・カフェでコーヒーを楽しむ人々

第10章

雪の（盈進学園）キャンパス。生徒たちはまだ寝ている時間です

は簡単ではありません。

　知恵を絞れば、建物を1面構造にしないようにするか、部屋の奥行きを小さくして、部屋の奥まで十分に反射光が得られるようにすることで、問題を解決するということになるでしょう。

「自立地域（APL#1）」では、規模の大きな国家の状況について述べています。気候や地域文化の相違によって区切られた地域は、それぞれにアイデンティティを持っていますが、国家が強大過ぎると、このようなアイデンティティは無視され、阻害されてしまいます。このパタン（これが記述された1970年当時は、小規模国家よりも巨大な国家の方が一般的でした）は大変に力強いものでした。巨大国家内にはやがて緊張が生じ、やがて歴史的・政治的なうねりとなり、ついにそれは最高潮に達し、結果としてソビエト連邦とユーゴスラビアは解体し、アフリカ、東欧、インド亜大陸には数多くの小規模独立国家が誕生しました。この例では、課題は小規模国家という形態をとることで容易に解消することができます。これによって、政治力や政治的見識は、文化的アイデンティティの自立を容認する方向へと向かっていくのです。

　上のどちらのケースも、形体が正しいものでなければ、課題は潜在的には残ったままになります。表層下に課題を抱えたままの状態では、良いことは何もありません。うみ出されるのはストレスだけです。問題に取り組む力も生じません。いずれにせよ、目に見えないストレスが蓄積するのみで、それが問題に取り組む力に転換できるわけでもありません。

「パタン・ランゲージ」はノスタルジックな雰囲気をつくり出すために書かれたものだと一部では考えられているようです。何故なら多くのパタンは過去に存在したものに似ているからです。しかしながら、その内容は遙かに実践的です。

　パタンは人間の環境に生じる253の最も一般的で繊細な課題を引き起こすシステムを説明したものです。そしてそれらは皆、どのような形態がストレスのサイクルを解消することができるかを示しているのです。それによって、人々が元来自然に備えている力は解放され、ポジティブな力、ポジティブな感情、ポジティブな人智が自由に発揮できる余地が与えられるのです。

　これらのパタンやそれに類似した形体が存在する世界では、人々の努力や人生における奮闘、幸福の追求は、報われていくのです。

人間生活に「生命構造」が及ぼすインパクト

リンツ・カフェのアルコーブ

8／アンドレ・ケルテのパリ

この先数ページにわたるパリの写真を見てください[10]。これらの写真には「生命」が存分に表現された世界が示されています。

それはストレスのない世界ではありません。それどころか、これらの多くの写真（すべてアンドレ・ケルテにより1930年頃パリで撮られたものです）に写っている人々は、貧困や、身体の障害や、束縛や、今日でもなお克服できないと思われるような問題などに喘いでいます。

しかし、この写真からは自由が見てとれます。「生命」は力強く生き生きとしています。ここに写っている人々は、ストレスや困難を抱えているにもかかわらず、自由なのです。ともかくも、本質的に自由なのです。そしてそのことは、見る側にはっきりと伝わってきます。これこそが、アンドレ・ケルテが偉大な写真家であるといわれる理由であり、彼の捉えた世界が、見る者に、私たちの生活にとって最も重要な何かを訴えかけているとされる理由なのです。

ケルテの写真の中の人々が自由であるとは、どういう意味なのでしょうか。そして、彼等の周りの環境が、自由でありたいという欲求を持ったこれらの人々を助けているということは、どういう意味なのでしょうか。

その意味するところは、私に言わせれば、この写真に見られる物理的世界が、これらの人々を助けているのです。この、人々と物理的世界の相互に作用し合っている世界こそが、彼等が自由である理由なのだ、ということです。

これらの写真の舞台となっているパリが偉大で永続的な場所であり得るのは、ここに見られる「生命」の深さによるものだ、という主張は妥当だと思います。しかしこの自由は、論理的にみると困惑を生じさせます。何故なら、この人々は現実に不健康や、空腹や貧困、不衛生、無情、孤独などに苦しんでいるからです。こうなると、前述した人々と環境の相互作用の本質を、理解する必要があるでしょう。

小鳥に空を見せてやるために、鳥籠は屋根の上に置かれています。踊り子たちは、共に一体となって踊っています。老人は義足を投げ出すようにしてテーブルに向かって腰掛け、片目を瞑（つぶ）っていま

小鳥に日向ぼっこをさせる

す。浮浪者は、早朝のセーヌ川で落ちた物を探し拾い集めています。子供たちは、パンチ・アンド・ジュディの劇を観て興奮のあまり大口を開けています。老婦人は、飼い猫を連れて通りを渡っています。男性はシャツ1枚で新聞を読みながらバルコニーで、午後の暮れ始めた陽射しを浴びています。足のない花売りは、急ぎ足で通り過ぎていく若い女性の気を惹きとめるのに失敗しています。恋人同士のふたりは小さな窓から顔を出しています。老婦人は、川岸にあるポスターの露店でポスターを眺めています。川は流れ、葉は落ち、埃が溜まっています。釣り人は早朝、静かに待ち続けます。どこからともなく車の騒音が鳴り響いてきます。女性は洗濯をしています。

ケルテの写真の中で起こっているこれらのできごとは「生命」の深遠な事例です。それは、これらの写真を見ただけですぐに伝わってきます。これらの写真は、幸せと悲しみを同時に携えています。ここに写っている人々は、本質的に「生命」のリアリティに満ち溢れています。それは、心地良さに溢れているわけでも、完全に不快であるわけでもありません。もちろん、明らかに甘やかされた状況でもなければ、あらゆる問題から解放されているわけでもありません。それは、ただあるがままなのです。やがて来る死を想い、「生命」が生き生きとしていた瞬間を知る手掛かりとして、これらは「生命」という事実が最も極端な形で起こったという時々の体験記録なのです。

自由は環境によってどのように強められ、助けられるのでしょうか。自由を助け、人々を自由にさせる「生命構造」を伴った、これらの、古めかしくて、垢抜けず、ラフでさえあるようなパリの写真は、いったい何なのでしょうか。

単純に、これらの写真の中で生じ得た、エネルギーを浪費する葛藤やストレスが取り払われたと考えましょう。するとそこに残るのは、外界からのストレスが解消された、何らかのバランスの取れたものの存在です。それはあたかもストレスのサイクルから解放された草原の草木のようなものです。

では、これらの「生命」を伴ったできごと、すなわち「センター」もしくは「センター」によってもたらされたものとは、何なのでしょうか。例えば、屋根裏で洗濯をしている女性の写真（390ページ）を見てください。この屋根裏自体、決して素晴らしい場所ではありません。洗濯そのものも決して快適ではないでしょう。彼女はひたすら懸命に作業をしています。決して楽なものではありません。ではなぜ、この写真が前述したような本質的なものを携えているのでしょうか。なぜなら、衣類の洗濯という行為自体が、屋根裏の一部であり、屋根の一部であり、家の構造の一部だからです。「生命」の「全体性」は、ここに体現されています。これがここに生じる理由は、洗濯板や流し場が、この使い道の無さそうな屋根裏の一角にぎこちなくはまり込んでいるからです。一切の無駄も無ければ、お金になるようなものもありません。ただ暗くて困難な状況がそこにあるだけであり、それによってこのシーンは完結するのです。

漣ひとつたっていないセーヌ川の早朝の水面に佇む釣り人たち——このような状況が、「生命構造」とどんな形で関係しているというのでしょうか。それぞれの釣り人はそれぞれが「センター」として各自の場所を確保しています。これらの「センター」としての釣り人たちと彼等の釣竿は、より大きな光景の中の一部なのです。個々の「センター」がそこに存在する他の「センター」を助けているのです。

このようなものは、果たしてつくり出せるものなのでしょうか。アンドレ・ケルテが記録したこれらの瞬間に存在していた濃密な「生命」は、果たして現実にデザインとして意図的に取り入れることは可能なのでしょうか。建築にそれが可能なのでしょうか。

私は可能だと思っています。物理的世界の「全体性」は、これらのできごとの中に、以下に示すような非常に特別な形で入り込んできます。これらの状況はどれも、干渉を受けないひとつの構造によって明示されます。どのできごとも起こるべくして起こるのです。何故なら、そこにはただ、現実世界の本質があるからです。余計な構造はありません。単純なものです。そこからは、安らぎや力強い「生命」が感じられます。何故ならそこには、余計なものや、建設業者の商標や、売り込みのための努力や、非本質的なものが存在する余地などは無いからです。それは、純粋なパリの光

第 10 章

朝の静かな水面での釣り

景であり、それ故これらのような「生命」の形体が存在できるのです。

　実質的でない「センター」や余計なものを取り除き、実質的な「センター」だけを残した、このようなものは、物理的世界の中につくることができるのです。そこには本質があるだけで、絶対的に必要ではない物理的な「センター」はすべて意図的に除去されます。

　このような生気に溢れたものに到達するのは、簡単なことではありません。あるいはすべての人間にとって人類の歴史を通して難しいことだったかも知れません。今日ではことさら困難なことになっているのではないでしょうか。貧困の中に暮らす人々の中には、最低限の本質も得ることができない者もいる一方で、一般的により裕福な人々でもまた、最低限の本質を得るに遠く及ばないのです。このような世界に私たちは暮らしています。本質によりつくられた世界には私たちはあまり馴染みがありません。それは、貧困の中にも富裕の中にも存在しないのです。利便性が追求された大

人間生活に「生命構造」が及ぼすインパクト

ポスターを眺めている。でも彼女は買うことができない

早朝の屑拾い

酒場で独り酒を嗜む

多数の中流の中にも存在しません。

しかし、このような必要とされる空気の存在あるいは不在は、物理的世界に埋没しているだけか、あるいは全く存在しないかです。これまで見てきたようなできごとが起こり得るようにするには、ある構造が必要です。それは、純粋で、空っぽで、必要最低限の「全体性」が存在するような構造です。そのとき構造が欠けていると簡単に言い切れるものでもありません。それは、特別な構造で、確実に存在しなければなりません。川のほとりにピクニック・テーブルを置けば、ピクニックはしやすくなるかもしれません。しかし、最低限の構

第 10 章

屋根裏の小さなアパートでわずかな午後の陽射しを捉えて
日向ぼっこ

完璧なベンチ

「パンチ・アンド・ジュディ」の劇を観て大口を開ける子供たち

人間生活に「生命構造」が及ぼすインパクト

飼い猫を連れて通りを渡る老婦人

一緒に外を眺める

足のない花売りを無視する女性

第10章

屋根裏のアパートの一角での洗濯

新聞を読む

川岸を覗き込む

造を生き生きとさせるのには役に立ちません。川沿いの高速道路も、この場所に存在する男と女と水の精神的な結びつきを強めるのには役に立ちません。ビジネスランチやディナーを出す高級レストランは、その場所の不動産価値を高めるのには役立つかもしれませんが、これまで述べてきたような本質の存在をうみ出す余地はないでしょう。

このような良くない例でも、ケルテの写真で見てきたような良い例でも、空間の幾何形態が人間の生活の深遠な部分の存在にとって果たす役割が

人間生活に「生命構造」が及ぼすインパクト

甘く、苦々しく、醜く、朝までつづく快楽の乱舞

以下に大きいか、容易に見てとることができます。空間内にある「センター」は、自由な「生命」の進化を助けたり妨げたりします。ケルテの写真にあった、老婦人が座っているベンチを考えてみましょう。ベンチの「全体性」は、陽射しの降り注ぎ方や、ここが風除けの場所になっているという事実や、座っている人々や、背後で遊んでいる子供たちをも包含します。これらはすべて「センター」です。一般的に「行動」と呼ばれる領域のものもすべて、「全体性」や濃密性の多少によって階層化された「センター」の一部分として幾何形態的に認識することができます。しかし、この「全体性」に含まれる「センター」は、日々の生活の中で分単位にダイナミックに生じる行動やできごとによって、成長したり減退したりすることが、ここまで見てきた例により理解できます。この新しい「全体性（できごとの「センター」を含む）」は、このシステムの中にある他の「センター」によって支持されたりされなかったりします。例えば、ベンチに陽射しを提供するような南向きの光を入れる建物間の隙間は、「全体性」を支持するかもしれません。ベンチの背もたれの傾斜は、人々がより心地良く座れるようになり、「全体性」を支持することになるかもしれません。

「全体性」はまた、純粋に行動により形成される「センター」によって支持されるかもしれません。例えば、もしベンチが遊歩道の傍にあれば、そこを歩いたり乳母車に子供を乗せて散歩したりしている人々の行動が、ベンチの「全体性」を支持することができます。もし木々に咲く花々が鳥たちを惹きつけ、それらの鳴き声がベンチの美しさを強めるとすれば、その鳥たちはベンチの「全体性」に直接寄与していることになります。花々もまた、鳥たちの多く集まる木々の「全体性」に寄与することにより、間接的にベンチのそれにも間接的に寄与していると言えるかもしれません。このように、「全体性」は、複雑な「生命構造」なのです。それは、その「全体性」の起こっているが空間を満たす、さまざまなシステムの、数え切れないほどの要素により、支持されたりされなかったりするのです。

第10章

落ち葉は隙間や記憶や塵をも埋め尽くす

9／自分を映す鏡

パリのこのような環境はどのようにして人々が本質的に自由であることを助けるのか、といえば、その答えは「生命構造」にあります。何度も繰り返しますが、「生命」に満ちた世界には「生命」の「センター」が存在します。そしてそれらは見ることができ、感じることができ、体験することができます。それらは私たちを取り囲み、私たちはそれに浸りきることができるのです。「力強い中心」「境界」「荒っぽさ」「交互反復」——これらは皆「生命」の「センター」をつくり出します。そしてそれらは前述のような環境をつくり出すために機能すべく振る舞うのです。しかし、それに加えてもうひとつ、大きくて圧倒的な要素があります。それは、こうした環境の中には、感性を力強くバックアップする存在がなければならないということです。単純に言うならばそれは、ケルテが撮ったパリにある構造に感じられる、圧倒的で深い心地の良さです。

この、感性をバックアップする存在とは何なのでしょうか。それは、写真が撮られた場所で今日でも感じ取ることができます。しかし、それは一体、何によるものなのでしょうか。その答えは、機能的パタンと「生命」の「センター」に加えて、第8章と第9章の中に見出されます。ケルテの写真の中に見られたのは「生命構造」の特に深遠なタイプのものです。それは、私たちと私たち自身の「自我」を非常に深く結びつけるものです。それによって、このような心地よさがもたらされるのです。それは、私たちの精神をサポートしてくれます。より形式的で経験的な言い方をするならば、ケルテの写真に見られるような場所は、「ミラーテスト」にかけると、非常に強力な結果をもたらします。

実際のところ、写真の中のこれらの人々は——たとえどんなに悲惨であろうと、どんなに喘ぎ苦しんでいようと、どんな問題に直面していようと——「自我」に満たされているのです。彼等は「自我」に取り囲まれています。彼等を取り巻くあらゆる分子、石ころの一つひとつ、歩道の一つひとつ、あらゆるドアや窓などにより、「自我」は想い

起こされ、はっきりとその存在を認識させられるのです。ここに生じているのは、無論「ミラーテスト」で生じるのと全く同一の「生命構造」です。それはただ単に美しくラフな類いのものであり、それ故、最も本当の「自我」を想い起こさせてくれるのです。それは悲しくも幸福であり、ありふれていながら深遠なのです。

これ以上素晴らしく構造維持をする形体はありえません。このような豊かな環境で、人々が自身の自我を強める術(すべ)を見出し、それによって自由を得るであろうことは、驚くに値しません。このように、環境が「自我」に似てくるという特性こそ、私たちにインパクトを与え、私たちを育み、サポートしてくれるのだと私は信じます。そしてそれは私たちに確かな自由と自由であるための力を与えてくれるのです。

ケルテの時代のパリ人たちが置かれた環境では、人々は手足を失ったり、職がなかったり、食べるものにも困ったり、といった現実的で生々しい問題に向き合っています。一方、現代においては、殺風景なモーテルや空虚なショッピングモールの中でストレスを抱え、希望を失った人々は、直接的な生々しい問題に苛まれているわけではありません。しかしその代わり、彼等はするべきことを見失い、周囲の環境や他人や自分自身とのつながりさえ見失ってしまっているのです。

当時のパリの生活は粗悪で大変なものでした。しかし、前のページにある写真に描かれているように、またそれらの建物が示すように、人々に肉体と精神の乖離を決定的にもたらすような事態には至っていません。

ケルテの写真はただ、このような世界を見る者に想起させるが故に素晴らしいと言えるのです。そこでは生活は生々しく、困難には際限なく直面しますが、そんな中で、川岸でタバコを一服するといった行為でさえ、それがほんのわずかなひと時であるが故に、贅沢で貴重なものとなるのです。

内なる「生命」を最も強力にサポートすることができ、最終的には「生命」をサポートすることで、人生の喜びとなるようなものが、良き環境と言えるのです。この環境の中でこそ人は、深い絶望も最も幸福な恋愛も同等に含んだ、あるがままの「生命」をサポートされるのです。それはあたかも、埃が吹き溜まり、岩が転がり、野バラがコンクリートの割れ目から花を咲かせるように。

しかし、これらのことは一筋縄ではいきませんし、過度に単純化して考えられるべきでもありません。

今一度、基本に立ち返ってみましょう。人間の強さ、自由な精神、自由を得る能力は、個人によって異なります。ネルソン・マンデラ氏は、25年間も獄中で過ごしたにもかかわらず、彼の意思は揺るぎませんでした。彼の内なる自由が彼を支え続けたのです。彼がいたような鉄格子の内側や彼を捕らえた南アフリカの残虐な悪人たちの餌食になるといった状況以上に希望のない環境を想像するのは容易ではありません。しかし、マンデラ氏は自由であり続け、このような経験を通じてより自由になったとさえ言えるのです。

マンデラ氏と対極の状況にあると言える人々は、たとえ最も希望のある環境の中にいたとしても、不自由であり、罪悪感や内面の葛藤あるいは意思の欠落等に苛まれ、それ故惨めであると言えるでしょう。

すると、このような問いかけが出てくるかもしれません。一体、環境との繋がりとは何なのか。環境が、人々が自由になることを助けたり妨げたりするというのは、一体どういうことなのか。

ひとつ言えることは、環境には「成長のためのポテンシャル領域」が存在するということです。このポテンシャル領域の起源、つまり環境や「生命構造」が私たち自身に及ぼすインパクトは、人間を取り巻くストレスの機械的分析ではわからず、複雑で深いものです。

環境との繋がりは単純に、ひとつの「センター」は他の「生命」の「センター」の安定的な質によって強められ、より生き生きとする、という事実によって決められます。つまり、私たち人間の「生命」の「センター」も同様に他の「生命」の「センター」によって支えられ、高められ、より生き生きとするのです。

それは、最終的には、ケルテの写真のように単純かつ深遠なものとなるのです。

クリストファー・アレグザンダー、フリオ・マルティネス、ハワード・デービス他設計による、低コスト住宅群
1976年、メキシコ・メキシカリにて

10／私たちの時代における実験

　このような環境に憧れを抱くことは可能でしょうか。ケルテの写真にある、あのような空気に、今なお憧れを抱くことは、果たして可能なのでしょうか。そもそもこのような空気を、そしてこのような愛すべき、時には憂鬱になるような、私たちの「自我」と環境の関係をつくり出すことが、私たちにできるのでしょうか。

　これは極めて重要な問いかけです。もし私たちがそれを再生したり、現代に即した形でつくり出したりすることができないとすれば、ケルテの写真の中の世界で実証された自由の検証は、空虚なものになってしまうでしょう。

　数年前までは私自身も、それをつくり出すことが可能であろうとも、私たちがそれに憧れを抱くであろうとも思いませんでした。しかしほとんど偶然に、私は、それが可能なのではないかと思い始めるようになりました。それは、この本で述べたような「生命構造」を有するものをつくり出そうと努力していた時期のことでした。その当時私がつくり出した建築が人々に、ある強い影響を及ぼしたのです。

　もし、この経験がなかったなら、私はこの章を書こうという気は起きなかったでしょう。最初にこの経験をしたのは、メキシカリでした。私はそこに複数のメキシコ人家族のための低コスト住宅を数軒建設しました。このプロジェクトで私が用いた手法は、この本で述べている理論と密接に関連するものでした。その詳細なプロセスについては、第2巻と第3巻に示してあります。これらの住宅に住んでいた家族たち自身も、その設計・建築に際し、大きな役割を果たしました。住宅が完成し、家族たちが引っ越しを終えたしばらく後、そのうちのひとり（ホセ・タピア氏）が私に言いました。

　「そうですねぇ、自分の仕事や自分の世の中に対する態度がこのすまいづくりから特に影響を受けたとは感じないのですがね、今自宅に居るときに、以前の家に住んでいた頃に比べると、随分と違うことをしているなぁと感じますね。昔の家に住んでいた頃は、仕事から帰ってくると、映画を観に行ったり、酒場に行ったり、とまぁ、そんな具合に暇をつぶしていたんですよ。でも今ではね、ここが気

に入っているし、この家はとても心地よくて自分にピッタリだし、もっといろいろと他にやることがあることに気がついたんですよ。何かを作ることもできる。妻と家をさらに改造することについて話したりすることもできる。兄弟と庭先で何かすることもできる…。こんな具合に、個人的な面でこの家は私を変えましたね。私の私生活を変えたと言うべきかな。自分はもっといろんなことができるんじゃないかと思えてね。いや、世の中に対して、とかいうんじゃなく、仕事から帰ってきて家で何かするような、普段の生活でのもっと些細なことがね」[11]

　私はメキシカリで、伝統建築における建築を生き生きとさせるような要素をどうにかして捉えることに腐心していたつもりでした。しかし、ひとたび建築が「生命」を帯びたものに達すると、そこに住む人々は文字通り自由を感じ、人々の生活はその建築によって変わるという事実には、ホセと話をするまで気がつかなかったのです。

　これに似た反応は、1985年、日本の東京西部、埼玉県にある盈進学園のキャンパスを建築した後にも聞かされました。このとき私の施主は、建築そのものの美しさについても言及はしたものの、それよりも「自分たちが望んでいた新しい形のキャンパスライフを見出すことができた」ことに感謝してくれたのでした。

　このような反応は、アン・メドロックが書いた詩の中で、彼女が、ワシントン州・シアトルのウィドビー・アイランドに私が彼女と夫のために建てた住宅に感謝するくだりの中にも見受けられました[12]。

　　「タブーリ」と「コールドバード」に舌鼓を打ちながら、私たちは、詩や絵画、トスカーナのテラスや自家製ワイン、仕事のこと、情熱、探求について、語り合う
　　この神聖な場所から放たれる優美さに惹かれて私たちはここに集い、友人となる

　以上のようなできごとをあれこれ語るのが少々手前味噌に過ぎるのは重々承知していますし、その点はお詫びしたいと思います。しかし、これらのできごとについて説明することは必要なのです。私が設計した建築がこのような影響を人々にもた

クリストファー・アレグザンダー、フリオ・マルティネス、ハワード・デービス他設計による、低コスト住宅群
1976年、メキシコ・メキシカリにて

1976年、メキシカリにて
近隣コミュニティの設計作業を楽しむ2人の男性

第 10 章

クリストファー・アレグザンダー、ハイヨ・ナイス他設計による、盈進学園キャンパスの光景
1985年、埼玉県にて

らすことに気がついて以降のことなのです。自分が模索してきた新しい建築が、想像していたよりも遙かに根の深いものであるということを理解し始めたのです。

私がそもそもこのような建築を設計するようになったのは、直感的にそれが正しいことだと思ったからです。私はこれらの建築にできる限りの「生命構造」を吹き込みました。それは極めて困難な作業でした。しかし、徐々に成果を得るようになり、一定の質を満たすようになるにつれて、やがてそれが人々の内なる自由に影響を及ぼしていることに気づいたのです。それはあたかもそれまで縛りつけられていたものが解きはなたれていくような、これらの建築物の中で人々が自分自身や自己の欲求により忠実になるかのようでもありました。

もし、これらの経験をせず、人々が語ったような、彼等自身のフィーリングを知ることができなかったなら、この章で私が説明しようとしてきた事情の関連——因果関係——を描き出そうとすることはなかったでしょう。そして、ケルテのパリが人々に影響を与え、サポートし、「生命」を与えたことや、そこで得られた「生命」が、獲得可能で、具体的なもので、同様の影響を人々に与え、それをつくり出すことが可能である、という発想が、私の中に生じることはなかったのではないかと思うのです[13]。

これこそが、私がこの理論に取り組み、この一連の本を書くという決意を固めた要因となったと言えるかもしれません。人々が精神的に自由で生気に満たされ、自らの現実と常に直接的に向き合っているような世界を、私たちの手でつくり出すことが可能であるということを、理解し始めることができるようになったのは、私が設計した場所における人々の体験を知ったことによるものなのです。

時には、これらの場所において、人々はより敏感に自由を感じることがあるようです。その場所にある特質、その幾何形体は、彼等自身——彼等の痛み、息吹、考え——と密接に結びついており、それが彼等を自由にし、状況に応じた行動がとれるようにするのです。そしてそれが人々の自由をサポートするような環境を提供するのです。

このような「幾何形体」、このような世界——それがどこで生じるにせよ——は、人々がその思想・行動においてより自由でいられる機会をより多くつくり出す、と結論付けることができるでしょう。そこでは、「生命構造」がくまなく存在し、それによって人々は、自分が心から望むような生き方ができるような勇気と自由を与えられるのです。

1985年、東京郊外、盈進学園キャンパス：文化祭の日の玄関道

11／「初めて自由になった」

人間の精神の解放が現代における「生命構造」の創造と係わっていることを示す根拠となる事例を、もうふたつほど付け加えたいと思います。いずれの事例も、私が同僚たちとともに1985年に設計・建築した、東京郊外の盈進学園キャンパスにおけるものです。

1991年12月7日、真珠湾攻撃50周年の一環として、NHKは、1945年以降の日米双方の協力により成された5つの事例を紹介するそれぞれ1時間番組を放送しました[14]。そのうちのひとつが盈進学園キャンパスについてでした。番組では、キャンパス内の光景とともに、理事長の細井久栄氏、教師、それに生徒たちが、このキャンパスでの学園生活について語るインタビューが流されました。

このときの重要な場面のひとつが今でも私の記憶の中にはっきりと刻み込まれています。番組のディレクターが、この学校の生徒のひとりにインタビューをしていました。彼はアート系の学生で、年の頃は18、19歳だったでしょうか。頭のてっぺんからつま先まで黒づくめの、パンクルックのようないでたちでした。彼はインタビューのため教室を出ました。そして、途中で教室に呼び戻されることがないように、ディレクターとともに建物の背後でインタビューを行いました。

インタビュアーはこの生徒に、このキャンパスが彼にとってどんな意味を持つのか、と尋ねました。彼は長い間考えた後、静かに答えました。「僕は東京で育ちました。その間ずっと僕は自分が何をすべきなのか、自分が何者なのか、わかりませんでした。生まれてからずっと、僕はいつも監獄の中にいるような気持ちでした。その監獄から外に出たという気分になることは決してありませんでした」

彼はしばらく間を置いた後、やがて真っすぐカメラの方を見つめて言いました。「（盈進学園）東野高校に入学してこのキャンパスにやってきたとき……」彼は再び間を置き、そして柔らかでありながら意味ありげな視線をカメラのレンズに向け、言いました。

「自分の人生で、初めて自由になった、と感じました」

このあと、彼は再び黙り込んでしまいました。

第10章

12／水の中に飛び込む映像

1千万人の視聴者がこの若者の静かな発言を目の当たりにしました。私は今なお彼の発した言葉に衝撃を感じるのですが、その発言の内容と彼の話し方を考えると、ある種の驚異をも感じるのでした。彼の鮮烈な表現方法も、その言葉そのものも、私の中にしっかりと留まり続けています。

このキャンパスでは、もうひとつのできごとがありました。

盈進学園の計画を始めるにあたって、私は元のキャンパス（東京都武蔵野市）で先生方に、新しい校舎での生活についてどう考えるか、新校舎の何が自分たちを幸せな気分にするだろうか、何が自分らしさを育むだろうか、といった質問をしてみました。彼等の頭の中には、高校の校舎はアスファルトの校庭の真ん中に巨大な箱形の建物が建っている、アスファルト・ジャングルのようなものだ、という概念がこびりついていたようで、こんな質問に何の意味があるのか、といった表情になりました。

しかし、私はこれらの質問にこだわりました。そしてこう言いました。「皆さんがこれらの質問に苛立ちを覚えるのはよくわかります。しかし、この質問の真意は、皆さんが思い描く夢の本質を導き出し、それを実現することなのです」。先生方ひとりひとりに向かって私はこう話しかけてみました。「目を閉じてください。そして思い描いてください。教師として夢見る最も素晴らしいキャンパスを。思い描いてみてください。あなたは今、完璧な場所、想像し得る最高に素晴らしい学校にいます。あなたはその中を歩いています。

雨の日の盈進学園の校庭
このような気楽な雰囲気が、この場所の物理的な構造によってつくり出されていることは、ほぼ疑いのないところです

学校の脇道で軽食を販売する生徒たち

まだ目は閉じたままで、そこを歩いている様子を想像してみてください。さて、そこには何が見えますか。それはどのようなものですか。あなたはどのような場所を歩いていますか」。

驚いたことに、この質問に答えた多くの先生方から異口同音に次のような答えが返ってきました。「それはこんな場所です。私は水のせせらぎの脇を歩きながら、静かに次の授業のことを考え、準備しています。そこはとても静かです。私は静かにそんな場所を歩いています」

別の先生は、池のほとりを歩いている、と言いました。もうひとりは、小川や池について語ってくれました。このように、彼等の説明の中には繰り返し水辺が登場するのでした。この結果の当然の反映として、キャンパスの敷地計画段階に入り、私たちは敷地の中央の低地の湿っぽい場所に、「池」を計画しました。

その数年後の1989年、生徒たちはすでに新しいキャンパスで学園生活を送っていました。その年の文化祭で、何人かの生徒たちが、低予算でささか超現実的な内容の映画を作りました。それは8分ほどの長さのものでした。

映画はまず、大勢の生徒たちが喉をカラカラにさせ、まるで犬のように舌を出しながら東京の通りを走り回っているシーンから始まりました。彼等は本当に火照ってクタクタになった犬のように、四六時中喉を渇かし、喘ぎ、舌を出しながら通りを駆け回っていました。1、2分ほどこのようなシーンが続いた後、今度は生徒たちがキャンパスにやってくるシーンとなりました。彼等は正門にたどり着くと、まるで楽園にやってきたかのようにそれを見つめました。やがて彼等は門をくぐり、ひとりひとり玄関道を走り抜けてキャンパスの中へと入っていきました。そして、前方にある池が近づいてくると、彼等はそれを目にしつつも、戸惑うことはありませんでした。生徒たちは池に向かって駆けていき、次々と、服を着たままで飛び込んでいったのでした。

彼等は服を着ているのを忘れたかのように、楽しそうに泳いでいました。

映画はここで終わります。

私はしばしばこの映画について想いを巡らせてきました。

生徒や教職員に、この学校でいちばん好きな場所はどこか、と訊ねると、池、という答えが返ってきたのは確かです。それは、このキャンパスの計画段階でパタン・ランゲージをつくる際に彼等が示したキャンパスに対する理想の想い——静かな気持ちで考えごとをしながらせせらぎの傍らを歩きたい、という欲求——に起因しています。それをもとに池は作られました。そして誰もが池を最も重要なものと感じるようになりました。さらに、生徒たちによってつくられた超現実的な映画により、その想いは、服を着たまま池に飛び込む、といった形で表現されることが試みられたのでした。

私は、この生徒たちによる映画で表現された内容すべてを、自由への賛歌のようなものとして受

生徒たちの学校に対する想いを表現した映画の1シーン

休み時間を楽しむ生徒たち。1988年、盈進学園にて

け止めました。人間の内側にある真のフィーリングが、このような形でついに解き放たれたのです。夢は実現することが許されるのだということが、表現されたのです。夢、自由、水に触れることのできる場所、そして魂の自由、これらすべてが実体化したのです。

興味深いことに、生徒たちが映画をつくったのと同じ年の1989年に、別の何人かの生徒たちが自発的に、学校に対する自分たちの想いを表現したポスターをつくっています。私はそれを偶然、それまで入ったことのなかった教室で目にしました。どうやら、生徒たちが何処に行こうと、彼等はこの学校によって自分自身の自由を体験することができるようでした。

13／平凡なリアリティ

細井氏はかつて、この学校で注目すべきことのひとつは、彼の目から見ると、生徒たちが男子も女子も自分たちの秘密の場所に行くことができ、独りになって、トラブルや監視から逃れることができることである、と私に語りました。「この学校を自分の家みたいに感じているんですよ。ここの生徒たちはね」。彼はそう言いました。

このような彼の見方は、この学校の管理を担う他の教職員から批判されました。しかし、彼は断固として次のように反論しました。「真の自由を体験することは、教育の過程において、教師や親の監視下に置かれ続けることよりも、遙かに貴重で重要なことである」

この日本の生徒たちが学校で感じ、今日も感じているであろう自由も、ホセ・タピアが彼の家で感じた自由も、アン・メドロックが彼女の家で感じた自由も、どれも皆、物理的なレイアウトに起因しています。その一部分は、実際的な自由から生じるのです。それは、その土地との繋がりを有する計画をつくり出す、真の「展開プロセス——センタリングプロセス」によって、認識されるのです。そこで起こったことは、本当のことです。単純に、空間のシンメトリーや、日常生活の中のありきたりのリアリティーから生じる真実なのです。ここには自由の息吹があります。それは、砂丘の砂が風紋をつくり出すのと同じです。なぜな

生徒たちによる、彼等の学校に対する想いを表現したポスター

ら、どちらも同じプロセスによって生じるからです。私たちは、「展開プロセス」によって解放された自由の力を認識することができます。そこでは空気をより深く呼吸することができるのです。そして、人々の自由もまた――少なくともその一部分は――これにより生じます。なぜなら、その建築空間も外部空間も、私たちの腹の底の奥深くにまで達するような、典型的な性質を備えているからです。それは、身の回りの実在する場所で体験することができます。それは、私たちと私たち自身の「自我」を結びつけてくれるのです[15]。

注

1　20世紀半ば頃、何人かの研究者がこの問題に取り組み、人間の日常生活と環境の構造との間にどのような因果関係があるのかを見出そうと試みました。この関連性の本質を明らかにするのは極めて困難な作業でした。これらの研究結果は、以下の文献に見ることができます。ハロルド・プロシャンスキー、ウィリアム・イテレソン、リーン・リヴリン共編、穐山貞登他訳編『環境心理学（全6巻）』（1974、75年、誠信書房）、Robert Gutman, ed., PEOPLE AND BUILDINGS (New York: Basic Books, 1972).

この研究の難しさの典型的な事例として、近隣地区の密集度（物理的パタン）と精神衛生の社会的方向性との間の負の相関を見出そうという試みが挙げられます。まず、過密な住環境に暮らす人々の精神状態は平均より悪いであろう、という仮説が立てられました。例えば、ネズミによる実験では、過密な住環境と肉体的ダメージと死亡率の間には、このような相関が明らかに見られます。人間の場合にも同様の相関があるであろうことは、一見「明らか」なように思えますが、この「明らか」であるはずの点が過ちであることが判明したのです。この研究結果の典型的な事例に、最も良好な精神的・社会的な健全性は極めて密集した近隣地区に見られる事例があります。――ボストンのノース・エンド地区の事例です。この場合の理由として考えられたのは、当時この地区がイタリア人街であった、という点です。イタリア人における家族や近隣との結びつきは非常に強く、そのためより密集度の低い地区に住む場合よりもより良好な精神状態を得うるということが判明したのです。似たような結果は、やはり家族の繋がりが強い中国人街でも見られました。しかし、これらの精神的・社会的な健全性は主に社会的構造や文化に起因するもので、物理的環境と直接的な関連性は見られませんでした（Robert C. Schmitt, "Density, Health and Social Disorganization," AIP JOURNAL 32 (1966), pp.38-40参照）。この事例は、物理的構造と人間の健全性との純粋で直接的な関連性を見出すのがいかに困難であるかを示しています。この事例はまた、あまりに安易な関連性を見出してしまいかねない危険性に対する警鐘でもあります。

このような混乱した研究報告は、一部の社会科学者たちを以下のような結論に導きました。物理的環境それ自体は人間生活に対し直接的な影響をもたらすことはほとんどありません。一般的に考えれば、いくらかの影響があるように思われます。しかし、それがどのような形で表されるのか、誰にもわかりません。心理学者や社会学者による学術的な試みの結果導かれたこのような奇妙

な研究結果は、おそらく彼等があまりにシンプルな結果を求め過ぎたことによるものでしょう。彼等はたぶん、以下のような問いかけを続けたのでしょう。ある特定の環境の物理的構成が人間のある特別な行動の要因となる——誘引する——ことがあり得るだろうか。例えば、環境が人々の精神状態を良好なものにすることができるだろうか。人々を友好的にすることができるだろうか。人々を熱中させることができるだろうか。役立つような人間にすることができるだろうか。積極的にあるいは消極的にすることができるだろうか。幸せにしたり悲しませたりすることができるだろうか。

このような問いの答えから、概して期待した成果が得られないのも無理はないでしょう。このような表面的な問いかけばかり繰り返したところで、環境と人間のシンプルな相関が見出せると期待することは、ほとんど不可能でしょう。人間の行動形態は、遙かに複雑なのです。人間は概して独立性の強い生き物で、したいと思ったことは必ず実現します。さらに、社会的行動や文化、行動を制御する規則が相互作用を伴って介在し、人間社会のあらゆるできごとに入り込んでいるのです。したがって、建築は人間の意思に反するような行動をとらせるような形体をとるわけにはいかないのです。

しかし、だからといって、建築の持つ形体そのものは大した問題ではない、といった、時折見受けられるような結論に至るのは、大きな間違いです。あまりに直接的な影響を見出そうとするあまり、このような問いかけそのものが、そしてその答えが、凡庸なものになってしまっているのです。そのような直接的な影響を人間環境における相互作用の中に見出すことを期待すること自体が無理というものです。しかし、実際に現れる影響そのものは、真に重要なものであると、私は信じます。

2　アブラハム・マズロー著、上田吉一訳『完全なる人間——魂のめざすもの』（1998年、誠信書房）参照。ここでのマズローの自己実現に関する議論が、このプロセスの大筋での根拠を供しています。

3　Alexander H. Leighton, "MY NAME IS LEGION", Volume 1 of THE STIRLING COUNTY STUDY OF PSYCHIATRIC DISORDER AND SOCIO-CULTURAL ENVIRONMENT: FOUNDATIONS FOR A THEORY OF MAN IN RELATION TO CULTURE (New York: Basic Books, 1959), 特に pp.133-178参照。（(1) 尽力的行動の中で、特定の人格が生涯を通じて継続的に現れ、(2) そのような努力の妨害がしばしば精神疾患へと至らしめる (p.136)）

4　Max Wertheimer, "A Story of Three Days," in Ruth Nanda Anshen, ed., FREEDOM: ITS MEANING (New York: Harcourt Brace, 1940), pp.52-64より。

5　私がここで要約した、ストレスとその溜まり場に関する研究は、ハンス・セリエ他によって、より広範にわたり行われています。ハンス・セリエ著『現代生活とストレス』（1963年、法政大学出版局）

6　病的環境に現れるリアリティとの繋がりの喪失は、多くの精神医学者たちによって認識され、議論されています。しかし、建築家たちは、この点に関する自分たちの責任と役割を理解するのに少々時間がかかり過ぎています。こうした理解の欠落は、アレグザンダーとアイゼンマンの討論における、ピーター・アイゼンマンによる主張に表れています。"Discord Over Harmony in Architecture: The Eisenman/Alexander Debate" (partial transcript of debate with Peter Eisenman), in HARVARD GRADUATE SCHOOL OF DESIGN NEWS, editor Yvonne V. Chabrier, May-June, 1983, Vol. II, No.5, pp.12-17参照。この討論の内容は、以下の雑誌にも掲載。40 LOTUS INTERNATIONAL, 1983, IV, pp.60-68., ARCH, March 1984, Vol.73, pp.70-73、中村敏男による邦訳版中埜博訳「建築の協和音と不協和音　ピーター・アイゼンマンVSクリストファー・アレグザンダー」『a + u』（新建築社）1984年9月、No.168、19～28ページ。

7　ジャン・リュック・ゴダール監督「アルファビル (ALPHAVILLE)」（1965年）

8　エットーレ・スコラ監督「Romanzo di un Giovane Povero」（1995年）

9　クリストファー・アレグザンダー、サラ・イシカワ、マレー・シルバーシュタイン、マックス・ジェイコブソン、イングリッド・フィクスダル・キング、シュロモ・アンヘル共著、平田翰那訳『パタン・ランゲージ——環境設計の手引き』（1984年、鹿島出版会）参照。

10　この節の写真はいずれも、Andre Kertesz, J'AIME PARIS (New York: Viking, 1974)より。

11　クリストファー・アレグザンダー、ハワード・デービス、フリオ・マルティネス、ドン・コーナー共著中埜博監訳『パタン・ランゲージによる住宅の生産』（2013年、鹿島出版会）参照。

12　Ann Medlock, END TIMES TWO (Whidbey Island, Washington: Bareass Press, 1996)より "Clergy" 参照。

13　人間の自由と環境の形体との相互作用に関する説明として該当するものとしては、第3巻中に約700ページに及ぶ事例があります。これらの事例は自由というテーマそのものを明確に扱ったものではありません——むしろ、人間社会の中に「生命構造」がどのようにしてつくりだされるかという問題や、それがとる形体について言及しています——しかしながら、これらの事例は、物理的世界において人間のポテンシャルが増していくとはどのようなことかを示すことにより、この問題を明らかにし、次第に確信へと至っていくのです。

14　NHKにて1991年12月7日に放送。ディレクター：オザワマコト。

15　人間の自由に「生命構造」が及ぼす影響とはどのようなものか、という難問に対する私なりの知的な解答は、本書においては第4巻第4章に至って初めて述べられることになります。そこでは、人間の存在の健全性、完全性は、外的世界そのものとの内なる結びつきを維持できる強弱に直接的に依拠している、という点について述べています。

またそれは、その外的世界の「生命構造」の強弱にも依拠しているという点についても述べています。

第 11 章

空間を覚醒させること

建物の機能

第11章

1／序

どんな建築でも（そしてそのどの部分でも）、深く確実に機能的でなければ生命を持つことはありません[1]。ここで私が主張したいのは、いかなる建築でもその美しさと力強さは、「全体性」から生じるということです。それは、そこに宿る深い意味での機能性をもった「センター」から生じるのです[2]。

自然界において、機能のない純粋な装飾とされるものは基本的に存在しないのです。逆にいえば、自然界においての装飾的美は、機能的であるとみなして良いのです。自然界においては装飾と機能の間に差がないということです。伝統的建築もまた、自然と同様にしばしば装飾と機能の調和がありました。しかし一方、建築に関する近代の考え方は分裂しています。この点で見れば、現代の有名建築はことごとくその機能と美が一致していません。「機能」は機械主義的概念として捉えられ、「装飾」は表面的かつ様式的な概念であるとされています。そのどちらの解釈も不十分です。現代のこの「装飾」と「機能」の不一致こそが建築の解体現象という病をうみ出した原因のひとつと言えるでしょう。この章では、私は、「装飾」と「機能」との分離をしない建築の捉え方を提示してみるつもりです。

2／装飾と機能

私は、建築の機能的なはたらきや、その中の人間の生活が、その空間の形と同じように、すべて「全体性」で理解することが可能であることを示したいと思います。

それは、感情、活動、明るさ、快適さ、環境、機能の調和、部屋の中での行動に適う部屋の機能、その工学的構造、その施工までを含めて、すべての実用的な事項が、その「センター」によって説明できるという意味です。建物の機能の完全なる調和は、深い意味で、それ自体が「全体性」や「センター」の場の成果物であることを論じるつもりです。建物の内や外での実用的な毎日の生活は、その性質上、私たちが思っているよりずっと幾何学的な「かたち」に支配されており、そのすべてが空間としての「かたち」の現象として把握が可能であり、またそうしなければいけないことを意味します。

では、その「秩序」と「機能」の関連はあるのでしょうか。この最後の章から、「機能する」建物という概念をどのように考え直せばよいのでしょうか。20世紀の初頭から半ばまで、機能についての概念はそのほとんどが機械主義的な精神によって理解されてきました。建築の機能を分析し、その機能をシミュレートする方法は次のようでした。つまり建物の機能とは、買い物の購入リストのようにその「目標」を書き上げることなのです。これらの目標を建築家や構造エンジニアが書き上げ、それを実現したのです。

この考え方は、マリノウスキーの人類学の流れと一致しています。人類学の機能の考え方も、さまざまな文化のルールに発見される必要性に一致するかしないかという一種の買い物リストのようなものを書き上げることでした。

しかし、この「必要性」や「目標」のリストの考え方には未解決の謎が存在しました。その機能のリストを書き上げた人たちは、そのリストが本質的には（それを作った建築家や施主の物忘れや洞察力不足などの）自分勝手さに支配されていることに気づいていたのです。真に「必要性」を洗い出したリストは何処にあるのでしょうか。どこでそれを見つけることができるのでしょうか。

私は高速輸送の駅が機能するための約390にわたる必要条件の長いリストを作成したことを覚えています。しかし、直感的に、そのリストが間違っているかもしれず、項目が欠けており、十分な機能の意味の深さがないと思っていました。項目が何を意味するか、また、一体どうしてそれが入ってきたのかわからなかったのです。チャーチマン、

リッテル、その他の教授連中がそのリストを書き上げたのですが、この知的な謎に対する解答には全くなりませんでした。リストに書かれた目標は絶えず本質的に独断的であり、改善されることもありませんでした。

さらなる困難がありました。この「必要性」と「目標」がどんなに慎重に書き上げられても、建物の物理的なかたちと結びつける困難さに遭遇するのです。そして、さらに、その美しさ、またその結果としての美しさは、全く扱われていないのです。物の美しさや、装飾性、外観の優美さなどの問題は、明らかに重要なことでしたが、別の部門に入っていました。

そのために、建築の視点が分裂してしまったのです。視点は「切り離されて対立するふたつの項目」となってしまったのです。——機能と美、装飾と機能という図式です。一部の建築家たちはフォーマリズムという運動に向かいました(それは、建物の形の上での美しさという側面のみに目を奪われていました)。また別の建築家たちは、機能の社会的なプロセスや、社会的な必要性や生態学的指向へと向かっていったのです。

装飾と機能の間の亀裂はほぼ1世紀にわたって持続した建築の時代の特徴となりました。このふたつは簡単には統一されませんでした。20世紀の間は、美しさと機能についてデザインしたり考えたりする方法を統一する可能性は遙かに到達不可能と思われました。私たちには正しい知的ツールが無かったため、知的にはそれは不可能でした。芸術としても不可能でした。なぜなら、美しくかつ素晴らしく機能的な作品に対して、そのふたつが融合して統一され、一体化された枠組みでそれを見ることができなかったからです。それが、20世紀を通じて変わることのなかった建築の世界でした。

しかし、この本で提唱してきた秩序の本質の中では原則として、この割れたふたつの半々をひとつにすることが可能です。建築を美しさと機能をひとつのものとして考えること——それらが生命らしさですが——は可能です。そのふたつを分離していないひとつとしてみることが可能なのです。

機能は、「全体性」そのものと同じく「センター」に基づきます。機能は、単に全体性のダイナミックな側面です。静的状態のときに見られる構造は、その中に現れる「センター」のシステムを(ダイナミックに)処理しなくてはなりません。何かが息づいていると、それが世界の中で活動し、世界と相互作用し、異なった「センター」が現れては姿を消すのです。動いているものもあり、一時的なものもあります。これらの動きの変化と、暫定的な「センター」が姿を現したり消えたりすることこそが、私たちが「生命」と呼ぶプロセスなのです。

私たちが「機能」と呼ぶプロセスは、私たちが生命と呼ぶ、動的な「センター」のシステムと調和している——ときや——あるいはしていないときの静的システムにおけるプロセスなのです。水は次々と流れ、生物圏で滋養物を育む。大梁にかかる力、道路を走る自動車、雨が降り、人々は座り語る——これはすべて、世の中で現れたり消えたりする「センター」です。このように、車が橋を渡るときにはそれらは「センター」をつくるのです。それぞれの車自身がひとつの「センター」で、車の流れも「センター」をつくるのです。交通妨害もひとつの「センター」なのです。道路システムは、それ自身が幾何学的「センター」を持ちますが、駐車したり、走ったり停車するなど、個々の車のシステムと調和したりしなかったりします。

それらが調和していて、共に適応したとき、私たちはそのシステムを機能的であると言います。本質的に、先ほどの謎の答えは、建築の目標は「かたち」の外にあるのではないという事実から導かれます。私たちは建物の目標を十分に語りつくすことができません。なぜなら、建築の目標を語れば常に、無限後退(訳注：ある事柄の成立条件の条件を求め、さらにその条件を求めるといったように無限にさかのぼること)に陥るからです。そうではなく、まず最初に「生命」の考え方を取り入れるのです。そして建物は「生命」に支配されていると考えれば、(幾何学的かたちとしての)「かたち」と(その振る舞いとしての)「機能」の両方を了解できるでしょう。

世界には「生命構造」以外、<u>何もありません。</u>そして、この生命構造が私たちが論ずる必要のすべてなのです。「生命構造」を通して、私たちはすべての機能を完全に説くことができます。そして、「生命構造」こそ生きた「センター」として何度も何度も繰り返されるのです。

3／鑿のはたらき

シンプルな日本の鑿を考えてみてください。柄、軸、刃、先端、その他でできています。それは「センター」によって機能します。鑿に存在するそれぞれのはたらきは、私たちが鑿に見る「センター」たちが一つひとつに生来備わっているのです。先端刃には切りこみ口があり、これは削るための「センター」です。柄は手になじむ大きさと形をしています。

柄の端部の桂は、金属のリングで縛られ、そのために金槌で打ち付けても割れることはありません。下端で結合している口金はもうひとつの「センター」で、木が割れるのを止めています。そして刃が柄と接合する軸は、柄を金属の部分に固く接続しています。この軸はもうひとつの「センター」です。柄を刃に固く接続するはたらきをします。軸側の、柄の部分にある木の部分もまた、「センター」であって——それらはたわみに耐えることができる接合をつくるはたらきをしています。よくできた鑿の幾何学的な「センター」たちは、活動（振る舞い）の「センター」と正確に一致します（すなわち、私たちがそれを使うときに鑿が外世界と相互作用すること）。それで木をどう切るか、手の握り方、木槌によって打ちこむことなどが決まります。

よくできた鑿の優秀さ、鑿の機能的な生命は単にこれらの「センター」たちが存在するという事実だけから来ているのではありません。アルハンブラ宮殿のタイル張り壁の小さな星の場合のように、それら「センター」たちが互いに助け合う事実があります。例えば、軸はひとつの方向に先細りし、そして軸の木の穴は反対方向に先細りする。その軸は木の部分をより「センター」に合わせます。柄は軸をより「センター」に合わせ、逆に木部はその締め付けで、より「センター」性を高めます。その木との接合の強化は、刃の先端からの力で生じ、かつ刃も中心としての締め付け力によって強化されているわけです。

「センター」同士の助け合いという考え方は、特に機能のひとつとして考えると、最初は奇妙に見えるかもしれません。機能性を理解するために、まず次の現象に着目してください。柄の端部の口金を取り去ってしまうと、刃の先端に伝わる力が減じます。その口金の存在があるから、刃は「センター」として力を持つのです。柄の端部を金槌で打つことで、柄はふくらみ、柄そのもののはたらきが「センター」として強化されます。

これらの事実は、まだ私たちの認識としての観察にすぎません。だんだんと、この「センター」と「センター」が助け合うという現象がただ単に認識にすぎないものではなく、世界のリアルな存在の仕方そのものであることを示しましょう。それは鑿の機能の作用するリアルな姿なのです。鑿は「センター」たちでできています。そしてよくできた鑿ならば、これら「センター」たちは生命を強めることを一方から一方に、そして相互に助け合うのです。

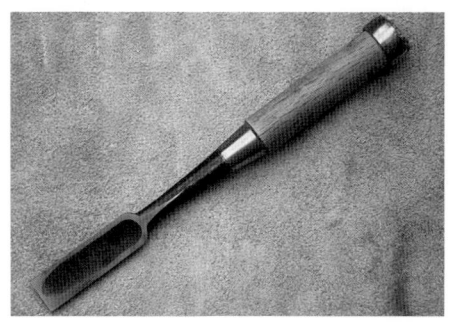

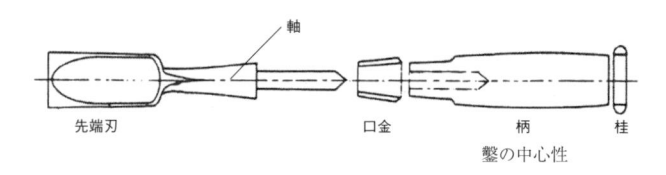

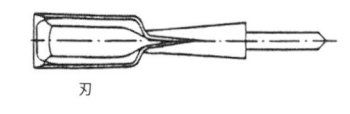

日本の鑿

先端刃　　軸　　口金　　柄　　桂　　刃
鑿の中心性

4／居間の役割

生命のすべては——建物の実際の毎日の快適ささえも——相互作用によって生まれる「センター」の所産なのです。「全体性」とその内部の支える「全体性」の存在によってそれが維持できているか否か、を判断することは、その装飾的美しさの見てくれからでは不可能なのです。それは、建物内で起こっている「生命機能」こそがポイントになります。

この考えを説明するために、建物の機能のはたらきが「センター」の強さで決まってくることを示してみましょう。まず、快適で、美しい居間をつくるための実際の問題点を考えてみます。これは建築家にとっていちばんの困難な任務です[3]。次に挙げるさまざまな課題が、その「センター」の存在に関して生まれ、その強さが問題になります。それは居間の幾何学的な形によるものです。居間は、それらの「センター」が本当に強く、そして自身の中に生命を持つよう形づくられるときにのみ、良くなるのです。

コアとなる休息の場所

うまくいっている居間には、中心部には、静かで、部屋の中で静止した場所、人々が保護され、そこには椅子が集まる焦点を持ち、通過する動線によって触れられることがない場所が少なくともひとつはなければなりません。これは、誰もが部屋に入ると自然に行く場所です。もし部屋にそのような場所がないならば、その居間は失敗でしょう。人々はそこに行きたい気持ちを失い、使用する気になれず、あまりそこに行くことで楽しさを感じることがないからです。

サリバンハウスの居間、クリストファー・アレグザンダーとディヴィッド・ソオファの設計による、1999〜94年

第 11 章

最終端に位置する居間

家の中の動線の最終端に居間があれば、その静けさが確保できます。それによってそこは静かで落ち着くでしょう。この機能的な問題は、その解決にあたって「センター」のシステムが関係しています。——入り口から居間までの間は「センター」の集合によって親密さの「変化度」が形づくられなければならないのです。それはちょうど宝石をかためたり、ちりばめたりするとき前の「センター」の配置に準じて配置するやり方と全く同じで、最終的に部屋の「変化度」によって居間へと辿り着くように配するのです。家の中を動き回って最後に休息をとれるべく、居間が最端部にあれば、ベストなのです[4]。

ウィッビー島、メドロックガーデンハウスの居間：静寂。家の最端部で森林を眺める

もうひとつの部屋
家の最端部にあるからその静穏が得られる

空間を覚醒させること

入り口とその経路の配置

住人の重要なエリアが悪い動線のパタンにより破壊されているとき、多くの居間は快適とはいえません。動線によって居間が分割されたり、いちばん大切な休息場所を切り離したりすることがあります。それを避けるように、居間の大切な「センター」をつくり出さなければなりません。——そこは、動きに乱されない静かな休息の場です。——ちょうど川の曲がりの部分に水がゆっくりと流れる場所があり——そこには魚たちが集まります。

そこで、居間への入り口の配置は——とりわけ居間の静かで集中したような「センター」部は——入り口からの動線が乱されないようにしなければなりません。要するに、部屋の中心の座っていられる場所が邪魔されないように、人の動線が自然にそれを守るように配することが肝心になるのです。居間へと人を導き入れるとき、動線は、その中心に接するように配し、横切ったりしてはいけないということです[5]。

左側のダイニングテーブルは、離れており静かです。
なぜなら、台所への自然と人の動線にわずらわされないからです。
アッパムの家、カリフォルニア・バークレー、クリストファー・アレグザンダー設計、1992年

第11章

居間の空間としての容量(ボリューム)

どのような部屋でも——特に居間はそうですが——部屋の形(ボリューム)がひとつの「センター」として機能するようになっているとき全体的快適性を呼び起こします。私には、部屋のボリュームを決める有効な比率の一般的なルールが存在するのかはわかりません。しかし、重要な部屋については、正しい比率が必要であると思います。ある場合には、天井高が高くなければなりません。またある場合は、低くなければならないでしょう。どの場合でも、異なってはいますが、部屋の快適さは、その内部の空間ボリュームの三次元的な形、一定のかたまりとしてのボリュームが「正」でなければなりません。大体は、はっきりとした球形の形でゾーニング構成されていることがわかります。天井高の高い、細長い、美しい部屋はふたつの球形ゾーニングの形でできています。その他にももっとたくさんの小さな球形のスペースでできている場合もあります。シェークスピアの誕生地の近くの農家小屋に、とても大きなボリュームの部屋がありました。たしか幅およそ28フィート(8.5メートル)、奥行き18フィート(5.5メートル)くらいで、その天井は大変低く、床から7フィート1インチか2インチ(2.2メートル程度)ぐらいしかなかったのですが、私はその部屋をよく覚えています。それはとても美しい部屋でした。そこは光にあふれた横長なスペースを感じるからです。天井は白く、柔らかい光に輝く漆喰でした。大きく、天井高の低い部屋でもたくさんの小さな球形のゾーニングで占められている場でした。これも、ボリュームとして美しい形(良い形)でできているのです。このように、捉えどころのない部屋の空間でも、そのボリュームは「センター」の仕組みで定義されていることがわかります[6]。

ボリュームと部屋の区画

窓のある場所

*部屋の重要な部分として窓の明かりによって形どられた美しい「センター」
このケースでは、ここから部屋の生命が現れています*

居間はしばしば窓の美しさによって決まります。美しくあるためには、窓はそれ自身が「場所」でなければなりません。これは「窓」というものが、壁の中の二次元的中心（例えば形、位置、ガラスの割り付けなど）でのみできているのではなく、三次元的な中心であることを意味しています。窓のすぐ隣の空間も実際はボリュームとしてそれ自体が「センター」とならなければなりません。それが確かな「場所」でなければならないのです。この存在によって人は窓に引きつけられ、その光の方向へ向かうことで、快適性を感じることができるのです。それが「窓」なのです。

そしてこの窓は、それ自身の美しさや、その窓からの視界でそれを実現するだけではなく、その部屋の座る場所としての「センター」としての役割を果たすことでその部屋の生命を支持しなければなりません。そのためには、窓が「センター」として（その大きさ、開口の形、窓台、視界）などが部屋の中の別の「センター」とも助け合うように調整されている必要があります[7]。

暖炉

人々は居間に何らかの小さな焦点の必要を感じます。西洋世界では、この小さな焦点は、しばしば暖炉です。日本だとそれは祭壇または床の間でしょう[8]。テレビにもその可能性がありますが、テレビには「貴重」な感覚が存在しないので、現代の部屋ではこのようなはたらきをする「センター」がほとんどないのです。焦点に円形に集まる何か、それが置かれる方へ人を方向付ける何かを整えるのは難しいことです。なぜなら、人はまず日光が入る窓の「センター」に向かいたがります。すると、火の方向に向かうひとつの「センター」と、光が入ってくる窓としての中心とのふたつが一緒になって部屋全体としてひとつの「センター」として助け合うようにはたらき、お互いが衝突しないようにしなければならないからです[9]。

第 11 章

ポピー・レインの暖炉、アッパムの家、バークレー

暖炉

室内の一部となる外部景観

素晴らしい部屋には、明快で美しい屋外との良い関係があります。これは、屋外に重要な「センター」(例えば花をつけた茂み、遠い湖の景色、山の頂き、樫の木の葉よりこぼれる光など)がなければならないことを意味します。そして部屋の内部の「センター」——これは大体が部屋の重要な場所であることが多いのですが——が、屋外の(遠いか近い)「センター」の焦点として、わかりやすい自然な視線の軸を形成するように配置されなければならないことをも意味します。こうして、(このふたつの中心を結びつけ)そのバランスを取る新しい「センター」が形成されます[10]。

自然な「センター」となる光

居間の「明かりだまり」

私たちは部屋の快適な雰囲気をうみ出すように照明を配置したいと思っています。暗すぎず、明るすぎず、部屋の生命をちょうどよく保つようにしたいのです。これを考えるには、照明器具の周りに形づくる光の輪が部屋の「生命」をうみ出す「センター」のシステムを助けるように配置することです(私の経験では、実際の光を出す模型をつくって、工事中の部屋で夜に実際試してみるのがベストです)。器具が正しく配置されれば、その派手な形や色に気を取られることなく、部屋の他の「センター」を強化するようになるでしょう。いちばんの光は、その光を出すそのものから新しく余計な「センター」をうむことなく、部屋の構造をより強化するものでしょう[11]。

第 11 章

5／「センター」の相互作用

リニューアルされたメドウ・ロッジの居間、1996年

　この数ページにわたって述べてきた「センター」こそ、居間の最も重要な構造です。もちろん、これらの「センター」の一つひとつが重要です。しかし、さらに重要なのは、これらの「センター」が組み合わさり、相互に作用し合うことによって効果をうみ出すことです。

　部屋の静けさの素は、「静謐なセンター」です。この静謐さは別の重要な「センター」に向かう通路に接していることで守られています。窓のある場所が機能するのは焦点をつくり出すときです。なぜなら部屋のより大きな「センター」は、窓を守り、強めることになるからです。天井に向かってふくらんでいる天井懐は、照明によって補われ、全体として基盤となる複数の「センター」をうみ出しています。他も同様です。

　うまくいっている部屋とは、こうした多くのセンターのただの集積ではありません。センターは、なめらかにひとつの部屋の形にまとまっています。そこでは、個々のセンターには気がつきません。ただなめらかに流れるような大きな全体としての部屋自身しか、目に入らないでしょう。このことを具体的に理解するために、新しい居間で、いくつかの「センター」がどのようにひとつにまとまっているかを見ていくのがよいでしょう。これは私がイギリスのメドウ・ロッジにつくった居間のスケッチです。このスケッチは私が定義してきた「センター」が、力強くしかもシンプルで質素な部屋として具体化しています。

　中核となる休息の場は、暖炉の前の行き止まりに位置します。窓の外側には木があり、窓は部屋の中とその木をつなぎます。ひとつのドアが角に置かれ、部屋の動線を最小限にしています。ピアノは部屋のなかの「正」の空間をつくり出し、そして「休息の場」の中心、「窓の場所」の中心とまくとけこんでいます。安楽椅子はぴったりと合っています、おそらく非対称的でしょう、し

かしやはり部屋全体を「正の空間」にしています。照明は他の「センター」を取り囲み、完全なものにします。特に、部屋の中核である休息の場を強化します。すべての「センター」が互いに補い、支え合っているのです。

これらの機能（作用）はシンプルで、わかりきったことです。にもかかわらず、新たにつくられた部屋にこれらを実現することは驚くほど難しいのです。考えるのは簡単ですが、現実の物理的構造に組み込み、実際にひとつの部屋でこれらすべての形体を同時に調和させるのは簡単なことではありません。慎み深く、繊細で、そして強い構造をつくり出さなくてはなりません。

ここで最も大切なことは、部屋のすべての機能の問題（見た目には機能の問題に見えますが……）は、実際には「センター」の問題にあるということです。生命を与えるために、そして起こり得る問題の解決のために、「センターを正しく位置付ける」必要があるのです。つまり、部屋を機能させるためには、密度の濃い「生命構造」をつくらなけれ

ばならないということになります。実際の問題とは、これらの「センター」を、互いに調和をもって働くように、調整配置することです。

これらの「センター」がどのように形づくられ、強さをもち、配置されるかが、いちばん難しくそして重要なことです。

メドウ・ロッジの居間改築のスケッチ。
内部の家具の配置の仕方、手前の廊下、ドア、景色、外側との関連性を示している

6／装飾と機能の結びつき

居間の例からは、「センター」はさまざまな構成からなり、「センター」がいかに協力しあって強度を増すかということで、主要な機能が働いていることがわかるでしょう。それぞれの居間の機能的な振る舞いは、本来、ほとんど幾何学的なものです。「センター」の幾何学的強度、活気、生命の強弱が部屋の機能を満たすのです。15の特性、「センター」の場、全体性とは美しい建物がどのように見えるかを支配するだけではありません。それらは徹底的に完全に、建物の機能性を決定します。

全体的に私は、建物の機能的生命と装飾の「センター」の場の効果は同じであると信じています。それぞれの機能的「問題」は、建物のなかでダイナミックに機能的「センター」の協調や統合によって解決されます。「センター」の場は、建物のなかの装飾とよばれるすべてのものと、機能とよばれるすべてのものを支えます。

デカルトの分析の中では、実在しているものは、機械的仕組みをもつと理解されます。これは、「実在」として理解できる機能は、構造効果、保温作用、音響など建物の「機械的に機能する」側面にしかすぎないということを意味しています。

私がここで述べてきた全体論の観念のなかで、それぞれの「センター」の空間としての形が、「生命」のなかの他の「センター」に影響し変化を与えると考えます。「全体性」とは、異なる「センター」が幾何学的な場の力を通じてお互いに変化を与える物理的な仕組みなのです。この観念のなかでは、「センター」は形と機能の両方において影響し合います。なぜなら「センター」間のすべての効果は同じ領域内で生じるからです。装飾と機能はまさに同じように重要です。実に、私たちはこのふたつを切り離すことはできません。「装飾」とよばれるものと「機能」とよばれるものは、ひとつの現象のふたつの解釈にすぎないからです[12]。

第 11 章

フランスの村 "G" にみる社会的結合

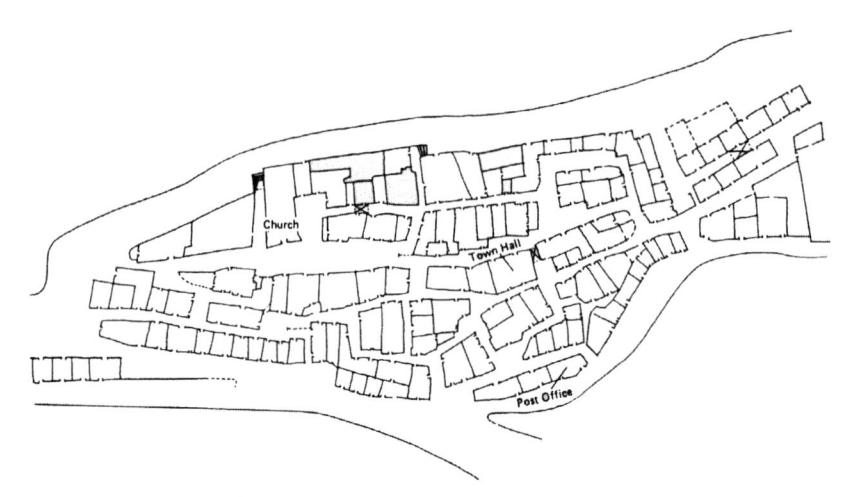

ヒラーとハンソン両氏による研究によるフランスの村 "G" は、
ループ状の「ビーズ玉構造」の「センター」により、密集地がコミュニティとして機能している例です

例証をすすめ、ビル・ヒラーとジュリアン・ハンソンによる研究について考えてみましょう。彼等は人間社会におけるコミュニケーションの問題と社会的空間構造がお互いにうまくはたらく方法を驚くほど徹底的に調査しました[13]。

彼等は、広く人類学の文献（論文）から収集されたデータをもって、ヨーロッパ中のコミュニティの現地を観察し、研究しました。注意深い実際の実地調査とコンピューター模擬実験による、270ページにわたる本のなかで、彼等は村・区域の平面図と、コミュニティの中で生じる人間のコミュニケーションのレベルや特質を関連付けています。なかでも、ヒラーとハンソンは人間のコミュニケーションの質を支配する、重要な、構造的に変化するものを探し求めました。

彼等が発見した、重要な機能的事柄のひとつは、人間のコミュニケーションの良し悪しは、村や近隣の人々が、「ビーズ玉構造」とよぶ構造をもつかに依存するということです。彼等の研究のなかで広範囲にわたり例証される伝統的なフランスの村 "G" の図面に示される「ビーズ玉構造」は、小さな囲まれた正の空間の（ビーズ玉と呼ぶ）を結びつけた完結したループであり、小道によってつながっています。Gの図面、公共の場、村の小道に沿った囲まれた正の空間によって、結果として生ずる「ビーズ玉構造」があとにつづく図面に示されています。

彼等は、村や区域における人間のコミュニケーションの質は主にこれらの一般的な「ビーズ玉構造」の存在、密度に依存していると強く結論づけています。

いくつかの詳細の例としてこれを取り上げます。なぜなら、慎重ですばらしい、長い解析によってわかることは、コミュニティを最も機能させる特性とは、人間的な点から言えば、特定の「センター」（彼等がコミュニティのなかで「ビーズ玉構造」と呼ぶもの）の存在であり、また、人々が家や店からそのような構造に近づけることだからです。また、彼らの土地のセンターが「ビーズ玉構造」である

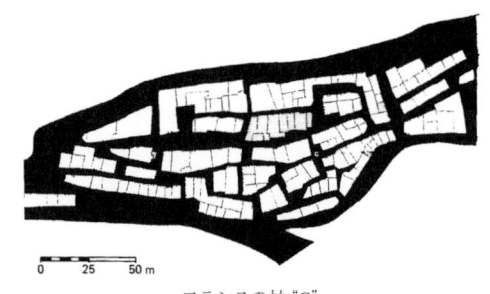

フランスの村 "G"
ここでは小道と公共の場の組織が黒で示されている
（ヒラーとハンソンによる）

空間を覚醒させること

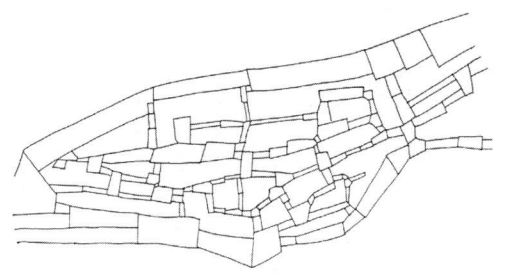

ここでは、囲まれた正の空間に細分されている構成が、
道と公共の場のシステムとして示されています

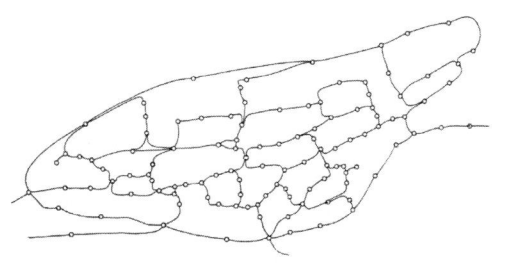

ここでは円（ビーズ）は囲まれた空間を表し、
線が近辺と道の接合を表しています
この図はこの村の29の「ビーズ玉構造」を示しています。この
村に発生する社会的結合と相互作用の形の主要資料として
ヒラーとハンソンが提示しています

ことが一般的な構成である、との主張に価値があるのではなく、それは小さく正の空間で形成され、ループを形づくる小道によって接合されたリングとなっていることにあります。

これらのビーズ玉のかたちは「生命構造」であり、どの近隣区域にもあるというわけではありませんが、それがある場合、家や庭や通りによってつくられる「センター」を強めるのです。「センター」を支えるものの存在と、結果として増加した「生命構造」の密度によってコミュニティが機能します[14]。

彼等の注意深い分析の至るところに、ヒラーとハンソンが到達した結論と私がこの章で示している空間と機能の統一との相似性を見ることはとても意味深いことです。彼等が言うように、「社会は空間の本質から表現されなければならない。空間は社会の本質から表現されなければならない」[15]のです。私の言葉で言うなら、彼等はこう言っているのです。機能と空間をわけて保つことは不可能である。むしろ、必要なのは、空間の「生命」の特徴が統一された「全体性」の特性として現れる、機能と構造の統合された概念であると。

ふたつの柱礎にみる構造的作用

柱礎の設計における次の「機能的」問題について考えてみましょう。今日の建築や工学技術では、純粋に構造的に考慮して設計することが一般的です。議論の目的として、柱礎の構造の解析が圧力、圧縮、水平のせん断に耐え、曲げモーメントのかからないピン接合の必要性があると仮定してみましょう。これは一般的に分析された柱礎の基礎の設計方法です。

この方法にしたがって、条件づけられた機能の点から柱礎の設計を見てみると、土台に溶接された三角形の鉄台に合うように、柱の底に三角形の鉄をもつ土台を設計することになります。そしてそのふたつがボルトで接合されます。ボルト自体とボルト穴から鉄の縁までの距離は、せん断と圧縮のために、必要最小限に設計されます。その土台は次ページのAのようになります（図）。

直感的には、これはかなり変わったかたちの柱礎です。明らかに私が柱の生命のよい例として示したかった土台とは異なります。生命のある柱は、概して、よりBに近いはずです（下の写真）。

これらの2つの考え方の違い、AとBの設計の違いは実際にどこから来るのでしょうか。私はそれが従来の機能主義のデザインによって導入された狭い制限から来ると確信しています。私たちが柱のはたらきに関して、より誠実であるなら、柱礎は少なくとも、以下の8つを含む多くの機能を持っているということができます。

1. 台は柱より大きいので、寄りかかることができます
2. 台はその隣の台とで正なる空間を定義する機能を持っています
3. その台は座る場所にもなり得ます
4. 構造的に、垂直荷重を基礎に広げることができます

第 11 章

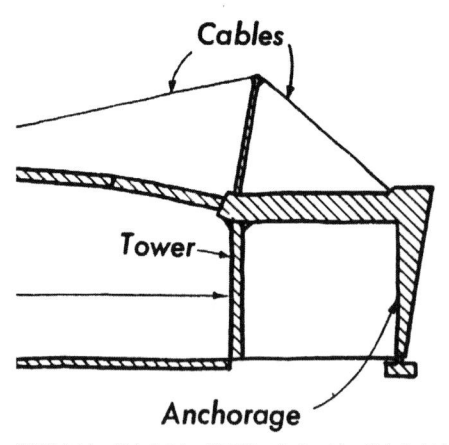

A.（純粋なピン接合土台）：効率性のため、ピン接合土台は、本文中の8つの機能リストの5番目の項目の構造のはたらきを強調していることになる
しかし、それは他の7つの項目を完全に無視している

B. 8つの機能が同時に存在するバランスのとれた柱の土台
生命となるセンターを作るようにかたちをなす柱と土台
この構造は8つのすべての機能を同じ強さで強調している

5. <u>柱がその位置からずれないように、土台が水平方向にもずれないように抵抗をもたなければならないでしょう</u>
6. <u>構造的見地から、ピン接続が地震でずれても、受け止める余裕がなければなりません</u>
7. <u>さらに、土台がモーメントを受ける設計が必要なときもあります</u>
8. <u>柱が立つべき位置に印をつけ、柱に接合締め具をつけるなど、柱を立てるに当たり土台は重要な役割を果たします</u>

これらの8つの機能はすべて柱礎の設計に関連しています。大事なことは、これらのどれを選択すべきかではなく、いかに8つの異なった機能をバランス良くもつかということです。

純粋な機能主義者の分析では、効率的に優れたピン接合に論を進めて、私たちが確認できるひとつの特定の機能(#5)を非常に重要視することになるのです。ピン接合の土台は主に機能#5に主に対応し、その機能に多大な重要性を与えます。それは多かれ少なかれ、他の7つの機能を無視します。もし、8つの項目の調整は個人の恣意性に任せ、設計者の選択に依存するというならば、ピン接合の土台は、理にかなった、完全で妥当なもっともらしい解決策となるでしょう。別の組み合わせ、8つの機能の異なった重要性から生まれる50いくつかの別の土台条件の設計と比較したとしてもです。このピン接合の土台は水平力の抑制に100パーセントの重みを置いており、<u>その他の柱にもたれかかる条件のものにも、その柱の隣同士の間の正の空間の条件にも、その他の項目もすべてゼロです</u>。

しかしながら、私たちが強めようとしているセンターの「生命」として土台をみると、「生命」が直接的な観察によって測られ、理解されると受け入れられ、8つの機能がよりいっそう調和し、より2番目の写真に近いものに到達します。向かい側のページに、現代版の、等しくすべての8つの機能のバランスをとる努力から生じた、コンクリート打ち玄関の柱を示します。しかし、これはまた、他のセンター（土台、柱身、縦溝、土台間のスペース、等）にも多くの注意を払っています。

ここで私たちは、柱の台を形づくる「センター」の「生命」の追求の仕方によって、機能的事柄の

柱と柱礎が生命をもつ、近代的コンクリート打ち構造の例。
マルチネスの家、カリフォルニア、クリストファー・アレグザンダー設計、1984年

すべてのバランスを左右するということを理解するでしょう。そして、もっと重要なことは、それは、ひとつもしくはふたつの機能に偏って選択することではないということです。

しかもここでは機能自体だけではなく、<u>全体としての振る舞いの総合的「生命」</u>に注意をはらい、より調和があり、より生き生きとし、より全体として一体化したものを目指す取り組みなのです[16]。

シェーカー教徒の部屋の「生命」

機能主義の問題は19世紀のシェーカー教徒の作品のなかで明確になります。シェーカー教徒は実用的な巧みさで有名であり、彼らの作品は完全で純粋な実用的考察から生まれたものであることは多くの人たちの知るところです。彼らの作品に、私たちは明確に機能主義の問題を見ることができるでしょう。

彼らの作品の実用的な例があります。彼らは、釘をつくって、壁にその釘を打ちつけ、その釘に椅子を吊しました。これは驚くほど実用的で、極端に超俗的です。彼らは式典のために床を空けておきたかったのです。そこで、すでに服や籠やその他のものがかけられていた壁の釘にはしご背の椅子を吊すという驚くべき（感動的な）アイデアが出てきました。形は機能に直接ついてきます。顕著で美しいということは、ここまで極度に機能を押し広げるということでしょう。

しかし、私は、この分析は間違っていると思います。そのようなシェーカー教徒の部屋の構成を少し考えてみましょう。きれいで散らかっていない床があり、部屋の壁の周りには、頭の高さにマツ材の板があります。板に沿って、等

第11章

間隔で、美しい形の釘があります。これらの釘にははしご背の椅子がかけられています。

これをセンターの仕組みとして考えてみましょう。全体としての部屋は、非常に美しく、純粋です。椅子の下のすっきりとした空間は「空」空間です。釘があり、椅子がかかっている縁板(ふちいた)は、王冠ににています。それは空間をつくり、その「空」を飾り、創造し、強めて囲んでいます。それは深く精神的な形です。まとめましょう。この部屋の空間は、「空」の「センター」であり、周辺は「センター」で囲まれその一つひとつが小さな「センター」をもっている王冠のように考えられます。まさに中世の王冠のようです。

シェーカー教徒たちが椅子を壁に掛ける考えを導き出した主要な力は、実はこの「王冠」をつくり出すことの方だったと私は考えます。私は、シェーカー教徒がそうしたのは床を空けるため、もしくは、すばらしく、高い実用性のある釘の使い方を見出すためである、という純粋に機械主義的な考えは誤解であり、それはただ私たちの「実用的」という意味の理解がとても限られていて、とても狭い、とても機械的であるためだと思います。

私は、シェーカー教徒にとって実用的であるということは、そのなかで明らかになった、純粋で精神的な光の啓示をもった「センター」の秩序を発見することを含んでいたと思います。この「王冠構造をもつセンター」の発明と創造と伝達こそがすべてなのです。なぜなら、この行為は教徒たちに染みこんでおり、その精神性を保全する唯一のすべてなのです。彼等がつくり出した部屋にそれを感じることができるのです。もし、シェーカーの人たちがつくった部屋がひとつの機械であったとしましょう。この部屋は、この部屋に存在する人たちに対して、その精神性を呼び起こし、それを強めるための機械なのです。

しかしながらここで、私たちが理解しにくい困難さがふたつあります。ひとつは、誰でもこの部屋に入ってきた人が必ずやこの精神性を呼び起こされるような、正しく「センター」をつくり出す方法がわからないことと、ふたつ目は、この王冠の創造(「センター」の秩序)が、形だけではなく、形であると同時に実用的であることが理解できるような考え方への道筋が容易に見つけられないことです。もちろん床を空けることも、壁の釘の独創的な使用もすべてそこに含まれています。しかし、私たちは実用性と精神性が同時に存在する思考を容易には理解しません。私たちにとってはどちらかひとつでなければならないのです。それは形として幾何学的であるが実用的かつ機能的でない、もしくは、実用的で機能的であるが幾何学的でも精神的でもない、というどちらか一方です。この概念的に限られた視点は、完全で複雑な「生命」の本質を理解するための私たちの努力を妨げ、それをつくる試みを妨げます。

私がこの本で説明している「生命」は、私たちがその構造が幾何学的であり機能的であることを理解したときのみにつくり出すことができるのです。片方だけでは成立しないのです。それはふたつが加え合わされてできるものでもありません。王冠を形づくる「生命」をもった「センター」の概念は、床が空いていて、埃がないから故に、その完全なる無によって精神性をもうみ出す概念でありかつ、その形は実用的でつくり出しやすいものなのです。

すべての「センター」の奥深くにある、形と機能の融合、それは真の機能の起源であり、私たちが心の中でつくらなければならない融合といえます。

釘にかかっている椅子

空間を覚醒させること

部屋の壁の釘にかけてあるシェーカー教徒の椅子
部屋に「王冠」をつくり出すことで「生命」をもたらす

シェーカー教徒の箱

もっと小さなものでこの考え方を説明するために、小さなシェーカー教徒の箱のつなぎ目を見てみましょう。まず、形としての美しさがあります。それは「段階性」、「深い連結」、「交互の反復」によって美しい組織をうみ出します。それはほぼ純粋な装飾です。しかし、それが深い実用性となります。例えば、私たちが単にひとつの層をもう一方に重ね、小さな釘でそれをとめたとしましょう。鋲と鋲の間は接着しにくく、縁にはしわがよってしまうでしょう。鋲をうち、鋲のうち方の形に合わせ指のように伸ばした形で重ね合わせれば（次ページ参照）、つねに鋲の近くまで接着できます。

これが実用的なアイデアから始まって美しさを生じさせる結果となったのでしょうか？ そうではないでしょう。

このことを注意深く考え、私が確信したのは、その作り手が「センター」の場という言葉を知らなかったとしても、「センター」の場の形に関しての直感がまずあったのだと思います。そして次第にそこに機能的問題が手元に入ってきたのではないかと思います。もう一度繰り返しますが、まず美しいものに対する本能があって、その作業中、作り手はそれ故ですが、「センター」の場という

「全体性」に集中していったと思います。重なりのつなぎ目の作業に入ったときに、私は彼が「センター」の場を強くする可能な形の選択肢の大部分を見出したと思います。彼は霊気をあたえられ、美と実用性の形へと導かれたのです。私たちがこのページで例として見ている形がそうです。

はじめに、彼は薄い木をもってきたとき、2枚の木をつなぐ美しい方法は1枚をもう1枚に一種の連結模様のように重ねることだと気づきました。鋲と空間の「交互の反復」、重なりをつくるカーブの「良いかたち」など、すべてがその箱を美しく統一されたものにするのです。

そして、この直感の副産物として、彼は、形としての美への本能が、解決しなければならなかった一つひとつの実用性の問題に相当することに気がつきました。小さな「センター」が大きな「センター」を強くし、「場」をうみ出していくことで、実際の箱の現実の物質に存在する実用的必要性に匹敵させることができたのでしょう。実際の箱が「生命」をもつためにも実用性を満たさなければならないのです。

こうして、一つひとつがカーブをもつ美しいかたちは左手側のセンターをふくらませ、右手端を

第 11 章

伝統的なシェーカー教徒の箱

薄く先細りにし、下の方では他の連結している「センター」を最大限強くします(写真参照)。

　ここには、「センター」の構造から直接につながる実用的な利点があります。「センター」が大きくなるのは、鋲の場所は、大きくなり小さくなる必要があるところは、接着剤の場所、曲がってゆがむことのない薄いものを必要とするところです。形の上でも、「センター」がともにはたらき合うとき、物質には直接的な実用効果が存在するのです。

　「センター」の「場」から始まって、実用的なものを発明することができたという考えは理解しにくく思えます。それは私たちの現代の道徳的な直感の考え方に反します。しかしながら、客観的に、理解しにくいとはいえません。「センター」の「場」の考え方には、「センター」は常に他の「センター」によって支えられているという概念があります。もし私たちが至るところに「センター」の「場」をつくるため、形から入る方法でアプローチしたとすれば、それは実用的な機能の温床をつくりあげることができます。なぜなら、「場」は、さまざまな「センター」が互いの機能を助け合う構造をつくろうとするからです。

　一方、もし私たちが、「センター」の「場」について考慮しないで、実用性だけをもとめて、もののかたちを決めたとした場合、良い結果を得

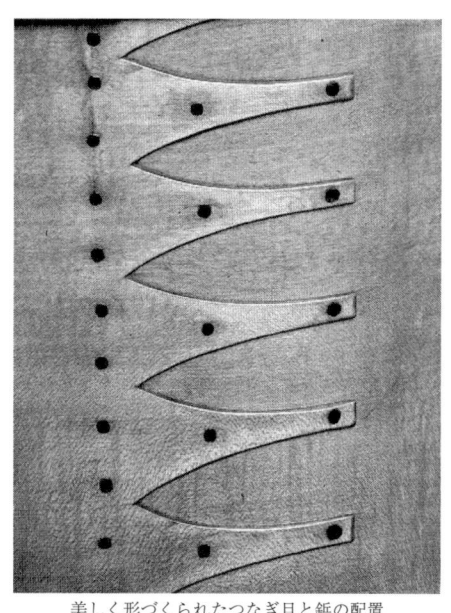

美しく形づくられたつなぎ目と鋲の配置

ることは可能ですが、あまり良くはないでしょう。「場」は、機能のために最も実り多い構造であると示唆します。私たちが「場」を無視するとき、私たちが実用的で機能的な方向へ向かう道を見つけることができないわけではありませんが、それは起こりにくいでしょう。

422

7／装飾から生じる機能

建物の何百もの深い機能の例で、事物に存在する「センター」の「場」を見抜くことと、形としての「センター」をつくり出すことによって物が機能的となることを、繰り返し反例もなく発見できました。私は、このことは、私が述べてきた物をつくった職人たちが経験してきたことだと確信します。このことが一般的にも真実であると示そうと思います。

今も続く20世紀の世界観に支配されているために、学生たちは「美」は実用的な効率性への関心の結果生じるものであると信じています。言い換えれば、物を実用的かつ効率的に作れば、美しいものとなるということでしょう。かたちは機能についてくるのです！しかし、私が出した例では、それがつくられたときにそのように起こったとはとても考えにくいように思われます。それは実用的につくられました。確かに。しかし、それらはつくり手が「センター」を強くしようと努めたことによって、深く実用的になったのです。どの例を見ても、最初にこのことがくることを力強く示しています。「センター」を美しくすることこそ、その原動力だったのです。それに伴っての実用的な効率性は完成品の重要部分ではありますが、それは私たちが今日信じる機械主義的な意味での原動力ではありませんでした。

しかし、今日、これを受け入れるのはとても難しいことです。これらの例について学生と議論する際に、機能的で良い構造とは、「センター」の幾何学的な「場」を作る作り手の意識的な努力から、そのクオリティにたどりつくものであると彼らを納得させるのに苦労しました。この本質は、ピューリタン的実用主義ではなく、美を強調しているので、私の学生の多くはそれを不道徳と感じ、異端とさえ思ったのでしょう。彼ら（しばしば最も合理的で最も知的な学生たち）は、これらの美しいものが純粋に機能的な考えでつくり出されたと立証しようと道義的な情熱すら持っています。私が、これらの構造が、「センター」の高度な形としての幾何学的な「場」を持っていると指摘すると、彼等はこの考えに尻込みしてしまいます。おそらく、彼等にはまるで私が軽薄で、何か不道徳な主張をしているかのように聞こえてしまうのでしょう。これらのものが実用的で効率的ですから、機能的で実用的な効率性の観点から創り出されたに違いないと彼等は信じているからです。

その間違いは当然でしょう。私たちの時代の機械主義的な世界観では、効率的なものとは、効率性を強く求めることによって形つくられたに違いないと仮定するのは当然です。しかし、実用的で効率的なものをつくる現代の試みではこの形の美が生まれないということはどう説明するのでしょう。私がそう指摘しても、学生たちは状況を理解するのに困難を感じています。

では、釘の例でもう一度考えてみましょう。14世紀の釘に存在するかたちは、機能と装飾、両方の質を驚くほどもつ「生命」をうみ出しています。対照的に、後の例、例えば19世紀の釘には、「生命」がより少なく、そして、近代の釘には、ほとんど「生命」がなく、物理的幾何学的な美すら全く存在しません。

中世の時代、釘のような普通のものでさえ、このように考えられていました。下の14世紀の釘に、私たちは強い「生命」を感じます。それは、美しく、物として飾りとして「生命」があります。また、それは信じられないほど機能的です。サイズ、およびヘッドの厚さによって、非常に長い寿命と強大な強度をもち、ときには600年もの間も寿命がもちます。20世紀の釘にはほとんど不可能でしょう。

14世紀の釘が装飾的であることと機能的で長持ちすることは偶然の一致でしょうか？釘における装飾と機能の関係とは何でしょうか？それは偶然の一致ではありません。「装飾」、ヘッドの重さ、かたちの本質である「のようなもの」のなかで、「センター」が機能する方法こそ、これが、何らかの理由で、釘の機能的「生命」において、長い持続性、強さ、耐久性、現代の釘のようには決して頭がとれたり、割けたりしない事実として、反映し繰り返してきた理由なのです。

ヒラーとハンソンによって研究されたフランス

第 11 章

の村に、強い社会的結合がありました。それは単に、社会的結合のためだけの、ある種の機能的な「生命」ではありませんでした。それは単に、幾何学における物理的結合のためだけの、ある種の幾何学的な美でもありませんでした。それは、分割不可能な、空間と社会にともに本来備わっている、一種の「生命」でした。

14世紀の釘にも、私たちは強い「生命」を感じます。それは機能的な「生命」であるだけではありません。それは、空間自体の属性として現れる、素朴な「生命」であり本質なのです。

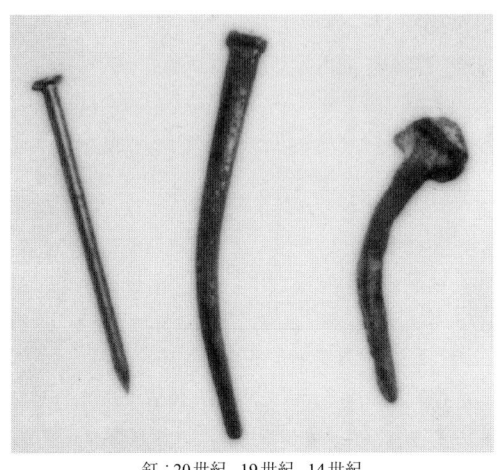

釘：20世紀、19世紀、14世紀

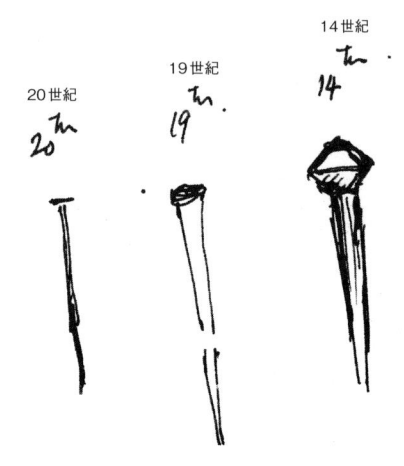

それらの特徴を表す3本の釘のスケッチ

8／「空間」と「事物」の源泉としての「生命」

第2巻と第3巻で述べられている建築は、ある世界観に基づいています。そこでは、私たちが息をする空気から、石やコンクリートなどの町の通りをうみ出すものまで、すべてがその中に生命を持つ、さまざまな強さの「生命」を持つという世界観です。

私たち建築家、建設業者、あるいは市民の仕事とは、死んでしまった空気や、石や、部屋や庭に、この「生命」を吹き込むことなのです。——すなわち、空間の構造それ自身の中に「生命」をうみ出すことなのです。これは、単なる詩的表現ではありません。それは、世界がどのようにつくられているか、どのように解釈すべきなのかを示した新しい物理的な考え方です。——仮にこの考えを受け入れたなら——徹底的に世界の見方が変わるはずです。

「空間」と「事物」それ自身がさまざまな程度でその特性として「生命」を宿すことができるということを理解することは、通常、極めて困難なこ

とです。私はここまでの章で、「生命」が「生命」をうみ出し、「生命」から「生命」がうまれるような回帰的繰り返しを説明しようとしてきました。「生命」の概念は、「事物」と「空間」の根源的で定義できない特徴であります。しかし未だに適切な意味付けをせずに、それを受け入れて理解するのは、非常に困難でしょう。この考え方を理解させてくれる建築の具体例が多く存在するという事実がなければ、納得して実践してくれる人は出てこないと思うのです。

しかし、ここで、第4巻の「輝ける大地」で述べられているこの考え方の説明を完璧にすることは不可能です。そうは言っても、少しでも目を通すことで、少なくとも、それが意味するものの理解を助けるヒントや何かを発見することはできると思います。この最後の章で著したことは、簡便な提案を用いて、空間の中にある「生命」の表現を比較する、という試みです。発見したものはまるで「生命空間」自体から生まれたものよ

うに見え、とても本質的で、目を開き、ハッとさせられるものです。この無限に可能性のある空間に対する目覚め、つまりさまざまな強弱をもって表れる空間の目覚めに気づくときこそ、人は建築物、山麓、美術作品や、人々の顔にこぼれ落ちる笑顔に「生命」を見出し、理解するのです。

9／デュニ・ディドロの仮説

だから、今私たちは、すべての機能的分析は、すべての「センター」を「いとおしく」思えるようにしようと実施してきたのです。これが意味するのは、機能の持つ基本的な法則は、簡単に言えば、この世のすべての部分をできるだけ「いとおしく」思えるようにするためなのです。子供じみているように聞こえますか。でも、そうではありません。

私たちが通常受け入れているデカルト的な思考の枠組みでは、「生命」を説明するのに、私たちのまわりの世界にある別の「センター」によって、別の条件との機械的結果として説明するでしょう。例えば、以前本書で「窓際の座る場所」の「生命」は、小割りの窓が理由であったり、2面採光であったり、木の淡い色であったり、椅子の上のクッションであったりすることから生じると述べたことがあります[17]。これらの分析は、全く正しいのです。しかし、これと同じ条件のある窓をもうひとつ用意するならば、そこに生命が生まれるかもしれません。しかしそれは、予想の範囲までで、それは本物ではありません。

もちろん、パタンや、(15の)特性たちは、事物の「生命」をつくり出すことを可能にする役割を担っています。まさしく、実際に役割を果たします。しかし、絶対確実というわけではありません。より確実さを得るのは、「生命」に対して感じる自分自身の「内面」の感覚なのです。したがって、「生命」こそは、まさに最も大切なものであり、その15の特性は、副次的なものなのです。デカルトの世界観であるが故に、「生命」は構造物であると仮定し、これらの初歩的な特性が基礎なのだと仮定しています。しかし、これは、頭の中の仮説に過ぎません。そして、精査すれば、この仮説はそれ自身間違っていると思うのです。

もっと正確で、もっと単純なのです。直接的にこの窓のある場所が「生命」を持っているということや、「生命」の強弱が私たちにも直に見て取れることを言い切ってしまうことです。

人は、「生命の強弱を見て取れるのですか？どうそれを客観的に裏づけるのですか」と、問うでしょう。もう一度言いますが、私は人々がこのようなことをやさしい言葉で話せない理由は、客観的か否かということではないと私は思うのです。よりリアルに言えることは、「窓辺の場所」には「生命」があるということや、それが持つ「生命」の強弱について現実に論争する以前に、知的対話で口にすることを禁じていることです。前にも述べましたが、ふたつのものを比較して見せて、どちらの例がより「生命」を持っているかについては合意できるのです。「窓辺の場所」が「生命」を持つという考え方は、じかに、私たちの経験と一致します。

したがって、特に強調したいことは、すべての空間の部分は何らかの「生命」を持つという考え方は、私たちの実際の経験を否定するものではないということです。世界を見渡し、さまざまな異なる空間の部分を見たとき、「これは生命が多くある、あれは生命が少ない」ということは相対的に容易なことです。否定されるべきものは空間のイメージ、すなわち私たちの頭の中にある、デカルトや、機械的な科学の仮定によって描かれたイメージなのです。デカルトは、空間が中立的、直接的、抽象的な幾何学の手段として空間を叙述しました[18]。ほぼすべての現代物理では、デカルト幾何学の代数学と計算を基礎としており、デカルトの考え方を継承しています。しかしこれはひとつの考え方で、観察事実ではありません。経験に基づいていません。デカルトの教義とその仮説は方法論的な教えであり、使い勝手の良い規範です。現在のように(デカルト方式が)定式化されてしまいますと全空間に「生命」が宿るという考えは(デカルトの思考方式)にとっては否定的なのです。しかし、経験はそれ自体は否定できません。

「生命」を持ち得る物という視点から事物を見る必要性は、250年前、啓蒙時代の偉大な人物のひとりであるデュニ・ディドロによって極めて直接的に取り上げられました。「アルバートの夢想」から引用した文章の中で、彼は空間の持つ「生命」という考え方を「素朴な仮説」として言及しています。その中では、「『素朴な仮説』を拒絶すると、あなたは、うわべの常識のなかに飛び込み、不可解さや、矛盾、不合理という溝にはまりこんだ状態になるでしょう。『素朴な仮説』を拒絶することは、すべてのものを説明し、すべての事物に共通する特性を見出し、事物の統合と調和を導き出す『感受性』を拒否することになるのです[19]」。

言い換えれば、ディドロの視点、空間と事物がさまざまな程度の「生命」を持っているという仮説の方が、物／空間が中立的な機械であって、全く不思議な質をうみ出すことができる機械として理解するよりわかりやすく、複雑ではなく、より素直です。

機械的なものの見方を否定するように学べば、現実をよりよく理解できます。機械的なものの見方は、有効ではありませんし、生きた「センター」という見方に集中できません——生きた「センター」の考え方は現代の知的環境とどんなに離れていても、<u>実際に有効なのです</u>。

10／空間自体が「生命」の源泉

私の例は、建築空間の「生命」を強める場合を示しています。「窓辺の場所」を形成する窓をつくることは、居間の「センター」を強化し、それらをもっと「いとおしい」ものにしていき、空間の「生命」を増加させていきます。

この例えを理解する方法は、ある必要性や、必然性の手順が存在し、そのようにデザインされた構造によって解決されているというでしょう。しかし、リアリティとして、この考えが、本当に筋が通っているわけではないのです。それで必要性や必然性が解決されることを理解するきっかけを得ることは絶対にありません。すべての「機能主義者」の空間についての説明は、非常に持って回った言い方で、その意図が真に心から理解することなしに、わかったような気にさせることにあるのです。

一方で、物や空間が——強くまたは弱く——「生命」を持つという見方は、前例のように、居間の空間が「センター」の場で組織されることによって、その「生命」により潤いを与えられるという、確固とした理解に寄与しています。ただし、空間それ自身がさまざまな強弱の「生命」を持ちうるという考え方を受け入れることができなければなりません。

「センター」がお互いを助け合いながら「生命」をもたらすと言いました。「助け合う」ということは機能的なものと幾何学的なものの両方を指すとも言いました。しかし、もし「センター」同士が視覚的に助け合うことと、機能的にも助け合うことが、結びついているとすれば、どのように結びついているのでしょうか。まず、最初の答えは、機能と形体のどちらかよりもより深い領域で、何かが生じているということです。では、それならば、領域とは何でしょうか。その答えは、次のように説明できるでしょう。すなわち、その領域は「生命」を出現させ、さらに空間を「覚醒」させる領域であることです。

それ故に、空間のある部分が覚醒され、それによって別のある部分がさらに覚醒されたりすると、そこには機能的な結合が生じています。この不思議な構造は、今までのところ、空間に生じている「センター」として表現されていますが、実際には、より根本的な領域の中で生じている連鎖なのです。

この視点、連鎖しているものが、「生命」——空間自身の中で表現されているもの——が、空間が覚醒するものとして表現していることなのです。何かが働きかけたり、「機能的」であるとき、その空間自身は非常に高い水準で覚醒されています。それは生き生きとしていきます。空間自身が生き生きとしているのです。

さらに、この点をきちんと確かめるために、もう一度ある事例を参照して見ましょう。私たちに

解りやすい機能的な事例がいいでしょう。部屋に差し込む陽光です。私たちは、複数の陽の光が入ることが望ましいことを知っています。このことは、『パタン・ランゲージ』で十分に議論されていました[20]。しかも、私たちを心地良くするような、部屋に差し込む光の実態の本質を注意深く観察すると、無数の光のまだら模様になっていて、壁や、天井に光の濃淡が生まれていることがわかります。木立や空から差し込んだ光が、ほぼまだら模様になり、無数の陽の光となって、部屋の周りを反射しています。このような部屋は私たちを心地良い気分にさせてくれます。

一方で、均質で人工的な光に包まれた部屋では、居心地が良くなく、そのような部屋では、自然な反射や、揺らぎなどが妨げられていて、人工的で、滑らかで単調な光に包まれていて、光は何の「遊び」も担っていないのです。

光が差す部屋は、「センター」です。この「センター」が光のパッチワークによって強められているという事実は、すぐにこの「センター」が光というより小さな「センター」たちの持つ生命に助けられていることを示してくれます。もし、光がどんなふうにはたいているのかを理解しようとするとき、1平方フィートあたりの光束（単位：ルーメン）というコトバによる説明や、必要有効エネルギーなどの説明では、何もはっきりとはしないでしょう。——なぜなら、私たちが計算可能なこれらの理由は<u>無限にあります</u>——、それは決してどのように調和を生んでいるか、どの程度重要なのかは教えてくれないのです。

問題をはっきりさせるためには、私たちは光に対する機械的な問いをやめなければいけません（それは何も理由づける必要はないのですから）。その代わり、全体的にひとつの世界として観ることです。私たちのはっきりした関心は、部屋の生命をひとつの「センター」として強められるのかという点なのです。このことを行うためには、ある方法を見出すことが必要です。部屋の「生命」は、「センター」として、より小さな「センター」に助けられているのです。さらにそれらの小さな「センター」の生命の強度が増す方法をはっきりと定義づけ、強めていくことが必要なのです。

きっと、こんな疑問をもつかもしれません。「どうやって、光にこのようなものが必要なのだと確かめることができるのですか。そして、どうやって、部屋の中に落ちるまだらな木漏れ日で満ちているかいないかが、生命を強めるのだと納得できる理由を見つけることができるのですか」と。その答えは、単純ですが、奇妙なものです。なぜ部屋の「生命」が増加することが、なぜそれが個々の光の斑(まだら)の「生命」が増加することに依存するかどうかはわからないが、——<u>しかし、それによってそうなるといえるのです。</u>

基本的な機能の洞察は、機械的な機能の分析が何であれ、すべてつくりごとなのです。——なぜなら、なぜそのように作用するのかを説明するればするほど、無限に理由が続いていくことを止められないからです。現実的に私たちの一般常識に合ったもの、私たちがこのような事柄について考えたときに本当に作用するものは、常に、唯一、より強い「生命」からより強い「生命」をうみ出すということなのです。——それが、それ自身に対する答えとなっているのです。それ以外に、理由などないのです。

この驚くべき機能に対する発見は、新たな機能それ自身の見方を私たちに示しています。もし、ものごとが、その本質を自身の「センター」同士の場から得たのならば、あるいは「センター」同士の本質的な相互作用が、おのおのの「中心性の強化」として統合することによって、互いに高め合うようなものとなるのであれば、そのとき、私たちが通常「装飾」と呼んでいるものは、機能から原則的に分かちがたいものとなってくるのです。もし、この「センター」の場という考えをよく理解していただけたのならば、——空間と物体——からなるものを生む、可能な限り生きたものをうみ出す世界観を持つことができます。それは、「センター」が「センター」を強めていく状況を澱みなくうみ出すものです。ものは、実際に変化し、「生命」を宿し、さらに変化していきます。「光り輝く」それは、あたかもその中で「センター」という場をうみ出しているかのようです。

この理解の中では、機能と装飾の差異は、おまけみたいなものです。「センター」という場を展開し、強めるすべての事柄が、世界の一部となっています。そこでは、すくすくと生命が生まれま

す。——私事ですが、このことをとてつもない至極の喜ばしい世界と考えたいのです。全体性が顕れると、世界はそれによって華やかになります。ものごとが顕在化する法則は、正確には、「純粋な」装飾と呼んでいるものの中にあるのです。

このような理解をするならば、花や河川、人、建物、それらすべてが同じような可能性をもった役割を持ちます。それらのそれぞれが、この純粋で光り輝く構造から拡張されることによって、あるいは、このような創造の結果として世界に降り注ぐ光が映し出す広がりによって判断されます。

だから、最終的には、「生命」と「機能」は純粋な構造として、あるいは空間の中に純粋に横たわっている、空間のある状態なのだという認識に立ち返ることになります。このことが、物と空間が生命を宿しているという真意なのです。そして、そのように機能するとき、私たちが長年「機能」と呼んでいたものと、「装飾」と呼んできたものとの間には、原則的に、違いはなくなります。

11／「センター」の「生命」以外の機能的説明のすべてを捨て去ること

私は、「センター」の「生命」の強さを評価することで機能を評価することが最も良い方法であると提案しています。——個々の「センター」の「生命」に着目することで実務的にデザインを選択する場面で何をすべきか、よりはっきりとしたイメージを持つこともできます。この技術は、知的にですが、私たちの世界に関する理解を劇的に変えて行きます。

機能実証主義的な思考方法では、まず、ある必要性や機能を明確にすることから仮定します。——そして、デザインをこれらの機能に結びつけなければならないわけです。幾何学と機能は、論理的にも全く違う世界からやってきます。ですから、私たちの心の中では、——機能と幾何学——のこのふたつは論理的に違うものとなっています。

しかし、そのさじ加減が「センター」自身の生命の中にしかないならば、これがひとつの概念に結びつき、すなわち、空間と機能、あるいは機能と幾何学は、真に分割できないものであるはずです。私たちは一方の手に機能を、一方の手に空間や幾何学を持っているわけではないのです。私たちが持っているものはたったひとつのもの——生きた空間——です。その「生命」の強さはさまざまです。それは、「生命」を持った空間なのです。私たちが、建築家として成し遂げようとすることすべては、生きた空間を整え、再整備することで、よりその「生命」を強めることなのです[21]。

中世の時代の鍛冶屋はそのように、鉄を鍛えることによって、活きた釘をつくり出します。建築家、あるいは技術者は、それと同じに、生きた柱の基礎を築きます。大工もそのように、素材——漆喰など——を扱うことで、漆喰の壁を生きたものにしていきます。生物学者は、そのように生きた生態系を扱うことで、池や森林を蘇らせます。地域計画の専門家は人の作った構築物の分布をそのように扱うことで、農業や交通などを改めて可能な限り生きた空間として強めていきます。画家は、色彩をそのように扱うでしょうし、彫刻家は削り出すことで「生命」をうみ出します。タイル職人もその上薬や模様によってタイルの「生命」を強化していくのです。これらの活動は、装飾的であり機能的なのです。すべての場合に作り出されているものは、生物学的なものでさえ、生きた空間なのです。すべてが生きた空間なのです。

空間と物質が一体となって生き生きとするであろうという考え方を利用すると、自然やもっと大きなシステム、例えば有機的システムまで語ることができます。牧草地を考えてみましょう。北カリフォルニアの丘陵状の牧草地の場所、そこは草原と、木々と、低木が自生しているところで、刈り取られていても、生き生きとした空間を形成しています。この牧草地は、まずすべて、防火帯です。大規模な山火事が生じやすい地域では、周辺部の中低木の茂みや林が取り囲む中に小さなオープンな牧草地があることで、火災の拡大を抑えていきます。そのような帯が、火災の拡散に抵抗しているのです。牧草地に差し込む光がさらに用途をうみ出しています。周囲の樹木が、ピクニック

空間を覚醒させること

バークレーの丘の牧草地

に訪れる家族に腰を下ろす場所を与えます。低い茂みは、仕切りをつくり、囲みをつくり、蝶や野鳥の居場所をつくります。牧草地の開けたところでは、野生の草花が咲き乱れます。あちこちにあるぽつんと立つ樫の木は、荘厳な「センター」となります。枝を払われた幹が庇を伸ばし、素晴らしい空間を提供しています。そこに、動物たちや人が集まってきます。オーストラリアから来た外来種であるユーカリの木の酸性の葉によって土壌が汚染されることがないように奥の方に抑えられています。エニシダもスコットランドやフランスから来た外来種ですが、太陽の下で輝いていますが、それらも生えすぎないように抑えられています。在来種の草花は、草花の種を含んだ苗の芝生をうみ出し、昔から続く自然の生態系を永続させています。

牧草地は牧草地自身でその「境界」を形成することで「強固なセンター」を手にしています。茂みと下草の交互の流れは、小さな動物や小鹿のための隠れ家をつくり、幾何学的な「交互反復」を形成していきます。荘厳さをもつ木々は、「サブシンメトリー」を実現しています。わずかな起伏は、サンフランシスコ湾のあちこちに見られる風景ですが、強固な「中心」を支え、「サブシンメトリー」を強めます。人や鹿たちがつくる小径は、もうひとつの「サブシンメトリー」と「共鳴」を風景の中で作ります。牧草地は「空」をつくります。それぞれは隣接する構造と区別がつかないものなので、「不可分」であるともいえます。そして、「段階的変化」もあります。影、湿度、植生、高低差など。これらの「段階的変化」が非常に多様な植物や昆虫を結びつけることを保証しています。それによって、豊かな生態系を形成しているのです。それぞれの牧草地には「共鳴」があります。より大きな土地や、丘という構造の中に表れます。

確かにその場所には「生命」があります。でも、正確に、何が「生きている」のでしょうか。私たちが命を持っているとみなす多くのもの、石や、小径、古い柵、コンクリートのポスト、大地や土は、まず有機的ではないといえるものですが、それにもかかわらず、小さな動物や植物の隠れ家になっています。総体的な「生命」は、相互依存の網の目として説明されるものかもしれません。さまざまな種の集まりの中で栄えるさまざまな種の間の中で成立しているのです。しかし、何が「生きている」と見なせるのでしょうか。

生きているということは、非常に多くのたくさんの「センター」がお互いに助け合っているところにあるのです。その構造が「生きている」ということであり、その幾何学が「生きている」と

いうことなのです。「生きている」ものは、大地であり、岩石であり、空間自身なのです。生命は空気も含んでいます、それも有機物ではありません。しかし、疑うことなく、そのすべては生きているのです。

私が述べたことは——私はそれをこう説明するしかないのですが——噛み砕いて言えば、「全体性」システム、物が伴った空間自体に生命が宿るということなのです。空間の中の生命ではなく、有機的な組織の集まりで満たされている無機的な機械でもないのです。それは、生きているひとつのものなのです。空間に生命が宿り、ふたつに分けるなど考えられないのです。

そして、もしこのように何かを敏感に感じ取ったとしたら、そのときディードロと共に、率直にこの考え方が簡単で、率直なものだというだろうし、わずかながら生きた生命が顕れている死んだ機械の世界だというよりも先に、まっ先にまず、それが協力し合いながらすべてが生きながらえているというべきでしょう。そして、空間自体も、私たちが一般的に活気のない、機械的で、冷たく、無機的な空間であると考えている場であっても、そこには生きたものがあり、それ自身をむしろ覚醒し、きらめかせ、燃え上がらせるべきであるというでしょう。

空間と物質自身がともに生きているだろうという考え方を用いて、より同じ効果をより小さい仕組みで考えてみましょう。私の家に置いてある日本の鬼瓦を説明してみましょう。素晴らしい伝統的な瓦で、それは屋根の上棟の両端に置かれるものです[22]。

この瓦を見てみましょう。理解できるようになると、これが以前より生き生きしたものとして映り、純粋な「生命」をもったもの、あるいは「中心性」をもったものとして見えてくるでしょう。ていねいによく見てみましょう。もちろん、この鬼瓦自体が生きた「センター」であることに気づくはずです。しかし、おそらく最初は、この生きた「センター」の存在に至る質が、それらの中にある「センター」たちの相互依存によって成立するということを、完全には理解できないでしょう。最初のうちは、瓦として目に見える「センター」は全くの文字通り中央部分が見えるだけでしょう。それは、U字形をひっ繰り返した大きな形をした空間で、全体の中間にあります。

なぜ、このU字がひっくり返った形が「センター」としてはたらくのかを理解しようとすると、逆U字形の周囲に「センター」たちが集まっている存在によって「中心性」が成立するのだと把握できるようになります。「境界」、つまり鬼瓦の下の境界とともに、その境界の周囲に表現されている丸いボールあるいは円も「センター」となるのです。

だから、私が示した他の例と同様に、そこに含まれる多くの小さな「センター」の協力によって、その瓦は「中心性」を獲得しています。瓦の周りの小さな丸は強力ではありますが、補助的な「センター」です。その丸が逆U字形の主となる造形の周りを取り囲むことで、U字に強さを与えているのです。境界線もそれ自体が「センター」となっています。そして、その「センター」としての強さ、生命力が同時に瓦全体がうみ出す「センター」の力や強さに結びついているのです。加えて、もちろん、緻密でかたちとして美しい瓦の「全体性」は、「センター」に生命感をうみ出しているのです。

それでは、それは一体何なのでしょうか。「センター」をつくっているのは何でしょうか。私たちはこの質問に立ち戻ってしまいます。私たちが「造形」とか「意匠」と呼んでいるこの幾何学的な操作の結果として空間の中で何が生じているのでしょうか。この粘土のかけらによって創られる空間の中にある「センター」とは何でしょうか。

この問いの答えを探るために、私は「センター」をさらに観察したいと思います。瓦のそれぞれの「センター」たちが独自の感覚と、深さをもっていることが分かります。それはより大きな「センター」が生命を獲得するように作用している事実からわかります。これは、重要な考え方です。端に並ぶ丸は特別に生き生きとした質を獲得しています。それらは単なる「円」ではありません。注意深くそれらを見、それらの「生命」を感じ、自身のそれらの生命を感じ取る感覚を研ぎ澄ますように努めるならば、それらが立ち現れる理由が「センター」たちそれぞれすべてが、総体としての瓦の生命を創造するように支えあっているからなのだということに気づくでしょう。「全体性」の中で

空間を覚醒させること

日本の鬼瓦

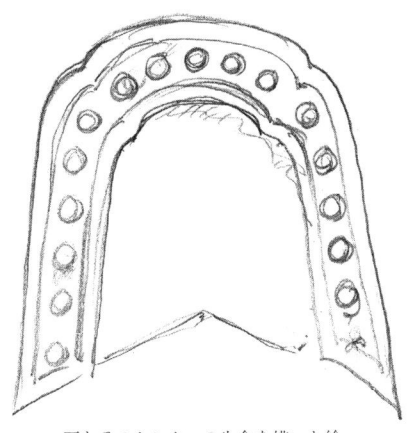

瓦とそのセンターの生命を描いた絵

　それらが存在し、「全体性」の生命を助け合っているという事実こそが、個々の要素が個々の「センター」として生命を宿していることにほかなりません。この観察の過程の中で、「センター」たちが「いとおしい」存在となります。

　もしかしたら、「人の足」をイメージすることで、もっと生き生きしたものと考えられるかもしれません。足先も「センター」です。それも「センター」として「生命」をもち、全体の総体を支えています。「センター」としての「生命」は、「センター」としての人としての大きな「生命」をうみ出すのを助けるという事実から由来しています。そのことが、足をすばらしい存在にしているのです。足先が全く切り離され、分離して見え、生きた人の足全体から切り離されているような場合、その部分は特別な質を持ちません。なぜなら、もはや大きな全体の生命を包含し導き出すのを助ける作用をしていないからなのです。

　すべての「センター」には次のふたつのことがいえるでしょう。

1. 通常、「センター」は、それ自身より大きな「センター」に生命を吹き込み、支えるという事実から、「センター」がそれ自身の生命をもつ
2. そうなることで「センター」はいとおしい存在となる

　このふたつ目の「いとおしさ」がキーポイントです。繰り返しますが、日本の鬼瓦に表現される丸たちを観察するのに有効です。それらは、単なる丸ではありません。それらは貴重な存在感があります。「センター」が、空間として生じてくるとき（あるいは空間がそうなるとき）、「いとおしい存在」となって現れるのです。それらは、いくつかの大きな「センター」の存在を助け、「生命」をもつように助けているからこそ「いとおしい存在」なのです。しかも、そのプロセスの中でこそ「いとおしいもの」に生まれかわるのです。したがって、突然に、空間が覚醒します。はじめは、中性的な状態から始まります。しかし、強力な「センター」となるにつれて、いとおしいものとなっていきます。この「いとおしさ」こそがすべての「センター」の生命の根幹なのです。

12／「生命」の回帰的繰り返しの性質

「センター」の場の奇跡的な性質は、ここに至ってはっきり見えてきました。もう一度、実例を通して「センター」の場のもつ回帰的繰り返しの性質について考えてみましょう。

まず、最初にこのページの下の魚の池を見てください。そこには、水があり、波があり、魚がいて、水草が茂り、茂みが覆いかぶさり、池にはユリが植わり、ユリの葉、底の泥、虫、岩の上の苔、水の中のヘドロ、池の中の水の流れなどがあります。それぞれの「センター」が「生命」を持っており、互いの「センター」同士が相手の「生命」を強め合っています。例えば、魚たち自身は、川に流れが生まれると、より強烈に生き生きします。なぜなら酸素が溶け込み、安定して供給されるからです。岩や、ユリの花によって生まれる水中の影は、魚たちの体を冷やす場所を提供しています。渦や、岸辺の波が、池を作り出して小川の流れ自身が「生命」を吹き込み、「センター」を強めていきます。

続いて、443ページには、玄関前のベンチとスモモの木があります。玄関前には、扉があり、階段があり、長椅子があり、柵があり、紫の木があり、玄関口と通りの間に空間が生まれています。扉はより生き生きとした空間をつくり出し、その空間の生命は、長椅子をより生き生きとさせています。紫の木は長椅子をより生き生きとさせています。手摺りによる守りで、木をより生き生きとさせ、動物の侵入などから守り、車の通りからも守っています。

これらの例の中では、全体性の持つ重要な点は、ひとつの「センター」がもうひとつの「センター」に「生命」を与えるように助けるようになっていることです。助け合う行為がさまざまな局面で違った形で生じているのです。しかし、いつでも助け合いが生じ、いつでも「センター」が助けられ、「生命」をうみ出すという事実こそが、唯一の共通の要素なのです。これが「生命」の生じる現象の本質なのです。頭の中での機械的な枠組みの中で、私たちは異なる仕組みをそれぞれの助け合いの例の中から見出します。そしてその違いに着目しがちです。しかしながら、私たちの結論は、さまざまな「センター」同士の助け合いの中に生まれる本質的な共通項に着目すべきなのです。その他の言い方でははっきりと表現しづらいことですが、それは極めて重要な、分析が可能ではない

魚のいる池の中の「生命」で見られる回帰的繰り返しの性質

空間を覚醒させること

玄関口の通りに見られる生きた構造の回帰的繰り返しの性質

概念なのです。

　それぞれの例の中で、センター自身の中に存在する「生命」は他のセンターの存在の結果として強められていますし、それらの「生命」や、相手方の「生命」を強める相互作用の結果となっています。この効果は、幾何学的であり、機能的です。これは空間の中で生じていることです。しかし、それが物の中にある一般的あるいは通常の生命が私たちが生命が強化されているように見えるという形で作用します。

したがって、生命とは、空間で生じ続ける相互作用の繰り返しなのです。生命と生命同士が相互に強め合うような回帰的繰り返しとして理解するしか方法がありません。センターのつくり出す場、それらが純粋に幾何学的な関係の中でセンターを強めることによってつくり出す場が、幾何学的な場の中で相互に助け合うとき、「生命」がうまれるのです。

13／東福寺

秩序の本質が、空間と事物の今まで考えられたことのない基礎によって成り立っているということが真実とし、そこでは事物が覚醒されて、装飾と機能が一体となって見える「生命」であるならば、この視点を無意識のうちに直感として時折感じることができるのです。時折、私は、これらの直感を垣間見ることがあります。

私は1967年に日本を訪れました。友人の瀬底恒子さんが、私の興味と嗜好をよく知っているので、ふたりの60歳ぐらいの書家に会わせてくれました。伝統的な禅の書道の家元である彼らのアドバイスをもらうためでした。彼らは瀬底さんに京都の中で特に訪れるべきお寺を教えてくれました――それが東福寺でした――。「そこだけが唯一、古くからのしきたりを守り、それを見ることができ、理解することができる場だ」と。私はぜひそうしようと思いました。その名前をメモし、京都に向かいました。友人のドイツ人建築家のところで滞在することになっていました。私は、彼に東福寺に行きたいと話しましたが、彼が言うには「東福寺なんてお話にならない。まず行くならば、大徳寺ですよ」ということでした。ためらいました。私が前もって受けた助言に従いたいと伝えましたが、彼はその助言はよくないと主張し、直接大徳寺に連れて行ってあげるからとまで申し出てきたのです。自分で確かめてみればいいと、彼は頑固でした。私は彼に招かれていたので、礼儀的に同意しました。

次の日、大徳寺へ訪れました。私は好きになれませんでした。造形的には美しいものでしたが、空虚な抜け殻のようで、ある種の観光地のようで、観光のために保存されているだけで、あまり生き生きとした場所ではありませんでした。例えば、美しい小径、苔むした庭を通り過ぎると、重々しい鎖によって苔と隔てられてしまっています。草の上を歩くなという標識が出ていました。しばらくして、私はその不自然さに我慢できなくなって、ここを離れて、自分で東福寺へ行くことに決めたのです。私は友人に詫びを入れ、私は三輪タクシーに乗っていくことにしました。

私は「東福寺」という言葉を、運転手が了解するまでゆっくりと何度も繰り返しました。町をずっと横切って行きました。そこはどこなのか私にはわかりませんでした。1時間ばかり乗ったでしょうか、町中を通り抜け、はずれの丘陵部に接するところに着きました。ほとんどそこは村はずれのようなところでした。寂れた場所に止まると、そこには大きな石の壁がありました。運転手は手振り身振りでここで待っていてくれると伝えてくれました。私は車を降りると、石の壁を抜け、寺の境内へと入ったのです。その瞬間、空気が驚くほど変わったのです。野生の草木、そして石たちがありました。それはまさに成熟した自然で、ほとんど完璧にあらあらしいものでしたが、それが手を入れて、利用されていることに気がつきました。大きいが簡素な建物たちを通り抜け、使われているけれどもやや荒れている農園を通りました。よく手入れはされているものの完璧ではなく、しかし至るところが利用されていました。小一時間ばかり建物の周りを散策し、小さな石庭を訪れたり、渓谷に架けられた木橋、本堂などへ訪れました。気がついたのは、細い小径が寺の境内から丘のふもとまで導かれるように伸びているところに出ました。その道を辿って丘のふもとまで登っていくと、草の中に石が据えられていました。道をたどり続けていくと、丘を登るように小さな階段が、生垣の間に据えられていました。進めば進むほどすべてが狭くなっていきました。頂上のほうには、背の低い幅広の生垣で囲まれていました。

突然、その小径はそこで終わっていました。驚

空間を覚醒させること

森の中の寺院

いたことに、もう進むことはできませんでした。小径はそこで止まり、生垣は閉じられていました。階段の上には小さな場所があるだけでした。振り返って腰をかけました。いちばん頂上の段以外に座れる場所がなかったので、そこに腰掛け、境内を見下ろしてみました。疲れたけれども、そこに腰掛けることで幸せな気持になり、お寺の作業の音以外は風の音しか聞こえない静謐な場所でした。そこに座っていると、青いトンボがやってきて私の傍らの段に留まりました。そこにたたずむトンボ。たたずむトンボと共に、私は今までにない特別な感覚に満たされました。突然、この場所をつくった人々は、全く意図的にこの場所をつくったのだと確信したのです——ことさら特別でもなく、時代がかっているわけでもないということは繰り返しておきますが——。その場所には、傍らに青トンボがやってくることが前からわかっていたようにしつらえてあったことを確信したのです。私がそこの段に座っている間に起こったひと時だけを切り取って話しているように思えるかもしれませんが、疑いようのないことは、私の心の中に、私が経験したことの無いこの場所をつくった人た

第11章

東福寺の一角

東福寺の石庭

ちが持つ技量の高さに感嘆したことです。私は自分の無知に気づき戦慄しました。自分のすぐ身のまわりに、高度な水準の技術と知識が存在していることを感じたのです。

2、3時間ばかりそこに佇んでいました——丸一日そのお寺にいました。これらの知識を持った人々に対する畏敬の念を持ちつつ、この美しい場所に感じ入りながら、丸一日過ごしたのです。私が純粋に衝撃を受けたことは、この場所をつくった人々が、万事において私たちが経験したことの無い水準で物を創造していることでした。例えば、庭木、階段、風、トンボなどこれらすべてが熟慮

東福寺にある橋

の上、それらすべてが自らの手で配置されているかのようです。

今日に至るまで、私はこれほどズドンと私の胸に響くできごとはありませんでした。これほどまでに完璧に自然に対する理解を表現した空間を見たことはありませんでした。振り返って考えてみますと、境内の至るところに「センター」の場が形成されていました。歩いていた小さな小径ですら、重要な意味を持ちます。幾何学的にも、構造的にも、道行く風景が変わる瞬間瞬間に「生命」が現れ、「センター」をいくつも内蔵した幾重にも重なる構造の「場」が立ち現れます。径を歩くとそれは一目瞭然です。そして最後に階段の上に立ったときトンボと私は出会ったのです。

すべての場所、すべての部分が多少なりとも不確定ではあります。自然が覚醒しているという感覚、そして人がその覚醒の手助けをするということは、明らかです。まるで、虫の羽音のような活気を取り戻したようになり、思い返すと、非常に生き生きと、そして静謐で、完璧だったのです。私はそれを見て歩くことによって、人生が変わったのです[23]。

14／空間が覚醒すること

この章の考え方すべては、第1章と第2章で導いた建築の構造的な考え方をバックアップするものとなります。この概念の中では、「生命」とは何がしかの形ですべての事象、建築物に存在する、日々の実用的な生活の中にでもあるものなのです。空間の構造の結果として──「生命」が花開く──というものなのです。

この考え方の本質は、古典的です。新しいことは、既存の科学的な思考を用いた構造的な形式という概念で説明できるということと、理解できるという点だけです。現代物理学の中でさえ、同じような考え方、デカルトの考え方では耳にしない概念が、ユージン・ウィグナー[24]によって提唱されています。同じような視点は、歴史を紐解くと、仏教の考え方やアメリカインディアン[25]の世界観の中にも表れています。仏教の世界観では、すべ

第11章

てのものの中には「生命」があると示されており、無数の経典によってそのことが記されています。フランシス・クック[26]によっても、具体的例を挙げて、はっきりと簡潔に述べられています。そして最先端の現代生物学の観点でも、今西錦司[27]などによっても同じ考え方が示されています。同じような考え方はアルフレッド・ノース・ホワイトヘッドの哲学や書物の中でも述べられています[28]。

これらの考え方では、世界の各部分——建築物、石、草の葉、窓ガラス、扉、絵画、レンガ、絵にのせてある色——それらすべてに対して、何がしかの「生命」があるのです。ホワイトヘッド氏の考え方では、「生命」の無いものは無いのです。「生命」の可能性は事物に本来備わっているのです。ものごとの組成が高度に組織化された有機物に生命が生じるのは、偶発的なことではないのです。それは生命を持つために、まさに事物が持った秩序の本質なのです。そして、もちろんこの考え方に従えば、どのような空間的な部分であっても、すべての建築物は何がしかの強弱を持った生命を備え、その各部分も何がしかの強弱を持った生命があるのです。

これまでの11章の中で、この考えについて数々の構造的な詳細例を示し、「生命」がどのように働いているかを示してきました。この枠組みの中で、すべての建築物がそれぞれ「生命」を持つ——すべての建築物の部分も同時に「生命」を持つ——、ということが重要な、そして実践的な見方なのです。それらがしっかりと構造的な仕組みの中で理解されるならば、「生命構造」の存在が自然と導き出されます。そして、その「生命構造」の存在は、空間として明確にまた現実的にその「場」とその強度として定義されます。

この段階でも、建築の本質的な機能として——「センター」の本来の姿とひとつの「センター」を創造すること——は未だに遠いところにあるといえます。それをよく理解するために、それぞれの「センター」が空間の構造の中で「生命」の種となり煌きとなることを完璧に認識することが必要です。私たちが理解しなくてはならないことは、このほとんどアニミズムにも似た方法によって、それぞれの「センター」が基点となり、空間を覚醒し、生命を宿すということなのです。すべての機能、すべての装飾、すべての秩序たちが生まれるのです。同時に、「センター」によって、空間自体に秘められていた「生命」が宿るのです[29]。

これらすべては、理論的な思考の結果です。もし、「センター」のはたらきについて納得したいのならば、空間自体が生命を呼び起こす力があるという考え方を安易に否定できません。加えて「センター」が、空間自体の中にある物質的なものの中に、「生命」の煌きとして現れることも否定できません。これは、苛立たせる考え方かもしれません。少なくとも驚かされます。なぜなら今までのデカルト的で、機能主義的な考え方ではないからです。

しかし、この考えを受け入れたいと思っていたとしても、少なくとも「どちらが空間を理解するのに役に立つと思いますか」と問いたいと思います。「生命を宿した」空間として空間に生じるこの「生命」とは何なのか。建築物や装飾に「生命」を形成するように増え、花開かせる「センター」の「生命」とは何でしょうか——さらに、生きているものの「生命」とは何なのでしょうか。

私がお伝えしたことのすべてはこの考え方に依拠しています。「全体性」の客観的な実存を示す根拠となるのがこの考え方であり、建築を客観的に評価できる基本的な考え方を示す根拠となるのがこの考え方なのです[30]。本書の補遺4の中で、私たちは空間の本質についての草稿を著しました。その中では、数学的手法を用いて、この考え方を近代物理の枠組みの中に当てはめて理解することを試みています。

第2巻から第4巻までの中で、この「生命」という考え方を深く究めていこうと思います。私たちはそれをどの様にして測定し、どのように与えられた「センター」の中に「生命」本来の強さを見積もるのか。またそれ以前に、それが何なのかを知る必要があります。私はこの考え方による経験則に当てはめるだけでなく、それがそれを意味づける、新しく、驚くべき概念を要求することをお見せしようと思います。

第4巻で私は、明らかに私たちは空間の覚醒を理解しなければならないことを提案します。空間の覚醒は「センター」が「生命」の力を強めるときに生じ、その強さの量と相関があります。それ

は、人間でいうところの「私」、つまり「自己」と協力することで形成されるのです。「センター」が立ち現れたとき、空間が覚醒した感覚が出てきます。そしてその感覚は明確になります。この体験は非常に生々しく、具体的に表現することは困難です。このことについてどんなことを言っても、よくわからないでしょう。限られたデカルト的機能主義の枠組みの中でそのような覚醒を認めると厄介なこととなるため、人はそれを圧殺しようします。しかしその考え方、すなわち空間それ自身が、花を開き始めた蕾のように覚醒し、何がしかの「センター」が生まれ、気がつかない間に何がしかの空間の変質が生じます。建築物が機能するとき、私たちが全く快適になるように世界が幸福な状況になったとき、空間それ自身が覚醒します。

私たちも目覚めます。庭も覚醒します。窓も覚醒します。私たち、私たちの植物、動物、身近な生物や、壁や光もそれらも互いに目覚めます。

このような考え方を身につけるために、私たちは空間が覚醒する力を持ったものとして理解することが必要です。これは、私が後に「大地」として参照しようとしているものです。大地はまさに空間の組織構造の中で現れるもので覚醒を促すものなのです。それは空間の背後、あるい空間の中にあるいは空間の下に概念的にあるものとして考えられるでしょう。もしくは、まさしく空間そのものとして想像できるかもしれません。しかし、同時にそのときに空間は、20世紀の物理学の中で考えられている空間に比べて、計り知れなく深遠なものとして認識されるのです。

注

1 建築の機能についての一般的な解釈、それに先立つ様式は、クリストファー・アレグザンダー他著、平田翰那訳『パタン・ランゲージ——環境設計の手引』(1984年、鹿島出版会)で紹介されている。

2 奇妙なことに、建築に関する書籍のほとんどが、この生命の強さや生命と建築との関係性について、建築について真に有益なかたちでは扱っていない。その例外は、ブルーノ・タウト著、篠田英雄訳『日本の家屋と生活』(1950年、岩波書店)とジョン・ラスキン著、福田晴慶訳『ヴェネツィアの石(「基礎」篇、「海上階」篇、「凋落」篇)』(1994、1995、1996年、中央公論美術出版)である。後者は特に第1章、石壁の性質とその製造についての部分が素晴らしい。

3 次の例で、どのように「センター」がはたらくかを示すだけでなく、これらの「センター」が、どのように、互いに助け合う15の特性から利益を得るかについて、一般的に記述したいと思う。それらの例のいくつかは『パタン・ランゲージ』で議論されている。次の部分より、『パタン・ランゲージ』での関連ページを記すことにする(APLと略す)。『パタン・ランゲージ』での議論は実用的である。私と私の仲間がその本を書いたとき、空間における形状と機能の一致は、私にとってまだ曖昧であった。

4 APL親密度の変化、p.610 (#127、邦p.323)。

5 APL隅のドア、p.904 (#196、邦p.478)。

6 APL天上高の変化、p.876 (#190、邦p.463)および屋内空間の形、p.883 (#191、邦p.467)における天井の高さと部屋のボリュームについての議論を参照せよ。

7 APL窓のある場所、p.833 (#180、邦p.441)。

8 日本の伝統的な家屋において、床の間には、儀式的なものや美しいものが飾られる。

9 APL炉火、p.838 (#181、邦p.443)。

10 APL生活を見下ろす窓、p.889 (#192、邦p.471)。

11 APL明かりだまり、p.1160 (#252、邦p.615)、光の議論のために。

12 装飾と機能はひとつの構造の異なる見方に過ぎないという考え方を提示した例として、Cyril Stanley Smith, *A SEARCH FOR STRUCTURE: SELECTED ESSAYS OF SCIENCE, ART, AND HISTORY* (Cambridge, Mass: MIT Press, 1981) を参照せよ。

13 Bill Hillier and Julienne Hanson, *THE SOCIAL LOGIC OF SPACE* (Cambridge: Cambridge University Press, 1984)。ヒラーとハンソンは、さまざまな村と近隣コミュニティの社会的関係について、多くの興味深い分析を行っている。彼等は、社会の相互作用は、その組織が存在する空間と切っても切れない関係にあると説明している。彼等に先立って社会的できごとと空間の関係について論じた研究者たちは、それを社会的できごとの分析であるかのように提示していた。または、その社会的できごとが起こるのに必要な背景として、空間ができごとに影響していると論じていた。ヒラーとハンソンは、彼等の経験にかなうように、空間と社会システムはひとつの分離不可能なものとして捉える必要があると明らかにしたのだった。ヒラーとハンソンのように、私はそのふたつがひとつのものとして捉えられる必要があると確信し、社会的できごととそのできごとが起こる空間の分離は、有益ではないと考えるようになった。

14 前掲、特にpp.262-268.

15 前掲、pp.26.

16 ここで明確にしておきたいのだが、418ページ

第 11 章

の円柱を制作した芸術家たちが意識的に「センター」の概念を用いたということを主張しているのではもちろんない。同じことが次に続く別の例にも当てはまる。私が言いたいのは、芸術家たちは本質的に「センター」の「生命」を強めるような何かを行っていたということである。

あるものは伝統文化の中にそれを見出すであろう。このことは、第4巻の第4章および第5章で議論されている。

17　第5章すべて、特に章末の236〜242ページを参照。

18　R. Catesby Taliaferro, *THE CONCEPT OF MATTER IN DESCARTES AND LEIBNIZ* (Notre Dame: 1964). 特にp.33。

19　ドュニ・ディドロ著、杉捷夫訳『ダランベールの夢』(1939年、青木書店)を参照。

20　APLどの部屋も2面採光、p.746、(#159, 邦 p.396)。

21　私がどれだけ説明しようとも、その概念はいずれにせよ私たちにとって捉えがたいものである。なぜなら、私たちは機械主義的で実証的な物の考え方によって育ってきているから。それはほとんど不可能なものである。私自身繰り返しそれを理解しようとしても、何度も何度も、ここ数十年来の思考様式が、機能と空間、および機能と装飾を分かれたものとして考えさせてきた。しかしながら少しずつ、私の心がひとつになっていくにつれて、それは癒やされ、本質的な概念を掴めるようになった。このような分離は存在しないのだと。また、世の中はひとつの生きている空間なのだと。そして、私の仕事はその「生命」を強めることなのだと。

22　この瓦は私の同僚であり仲間であるハイヨ・ナイス博士によって贈られたものである。ハイヨ博士は日本のサブコントラクターからこの瓦をもらい、それを私へのクリスマスの贈り物にしてくれた。それ自身でも、その瓦はとても美しいセンターである。

23　私は1992年に再び東福寺を訪れた。非常に残念なことに、その時には、東福寺は観光客向けに変えられており、大徳寺と同じジャンルになってしまっていた。私がこの章で描写した雰囲気はおおむね消えてしまった。小径は周辺地域の開発に呑み込まれ、すべて消えてしまっていた。

24　Eugene Wigner, "Limitations on the Validity of Present-day Physics", Richard Q. Elvee, ed., *MIND IN NATURE: NOBEL CONFERENCE XVII* (San Francisco: Harper and Row, 1982) に収録のpp.118-133、特にpp.129-130を参照。

25　例えば、トーマス・バジャーの小説に登場するシャイアン族酋長、オールド・ロッジ・スキンの言葉。トーマス・バジャー著、佐和誠訳『小さな巨人』(1971年、角川書店)より「しかし白人たちはすべてのものは死んだと信じている。石、地球、動物、人間、彼等自身ですら。それにもかかわらず、物たちが生きようと試みるならば、白人たちはそれをこすり落とそうとするのだ」

26　Francis Cook, *HUA-EN BUDDHISM: TRE JEWEL NET OF INDRA* (University Park: The Pennsylvania State University Press, 1977).

27　今西錦司著『自然学の提唱』(1986年、講談社)、同『生物の世界』(1972年、講談社)を参照。

28　Lawrence Bright, O. P., *WHITEHEAD'S PHILOSOPHY OF PHYSICS* (London: Sheed and Ward, 1958).

29　これまでのところ、未だ不可思議に見える。あなたは言うだろう。「結構。結構。だけど『センター』の生命って一体何なんだ？どのようにそれを計るのか？どのようにそれを観ればいいのか？」私の現段階での答えは、次のようなものである。「あまり急かさないでください。経験と実践が重要なのです。経験上のメソッドは、第8章と第9章で議論が深められるでしょう。しかし、最初にやらなくてはならないことは、実践上の技術を詳細に記載することではなく、これがいかに好ましくてうまくいきそうな見方であるかの大まかなアイデアを示すことです。ジョン・ダルトンは、彼が行った数々の化学実験の数的結果を説明するために、蒸気と分子の存在を1810年頃に提唱しました。その100年後になってやっと、人類は蒸気を実際に見、その存在を確認することができました。同じように、エコロジストは最近、様々な環境システムを説明するために、環境的『ニッチ』という概念を提唱しています。この概念が最初に提案された当時は、そのアイデアを大まかに理解できるかどうか、また、そのアイデアが物事を理解することを助けるかどうか、そして彼等にとって筋が通っているかどうかが問題であったのです。それと同じように、空間にあらわれる建築が『センター』であって、それ自身が生命を持つとの考えは、アイデアとしては大変驚くべきものでありますが、まず私たちは、そのアイデアが約束されていて、それを会得できるということを最初に明確にしなければならないのです。第8章と第9章で私が記述した客観的評価方法と課題点はその後に来るものなのです」

30　第4章で既に見たように、「センターの生命」の概念をリアルなものとして会得するならば、他のセンターが回帰的に存在することもうまく説明できるでしょう。つまり、私たちが不信をやめ、そういうこともあるのだと認めるとき、個々の「センターの生命」が互いを必要としていることがわかるでしょう。そして建築の生命は、この様々な「センター」が生来持つ生命によってつくりあげられていることもわかるでしょう。

結　論

結論

すべての建築の基礎となるもの

　私が表現しようとした手法は、すべての建築に当てはまるものです。その手法は空間の中に存在する「全体性」という概念とともに始まります。そして「センター」という概念と、「センター」同士が互いに助け合うという概念です。「生命構造」という概念を推し進めていくと――15の特性という詳細な概念に至り、その概念が「センター」を互いに助け合うことを可能にします。そしてこの構造をよく観察すると、自然や、人のつくるものの深い心地よさの実現までに広がっていきます。

　これが構成されることで完全で一貫性のある理論的な基盤が成り立ち、この基盤の上に目的にかなった建築物を構築することが可能となるのです。私たちが悩んでいること、特にここ最近の数百年間の間の話は、建築の古い起源――近代の知的環境以前の健康であった伝統的な部分――の大部分が失われたためです。そして、新しい建築を定義するという――近代建築家が行ってきた――これまた無法で勝手気ままな徒労が、全くのところ、根本に沿ったものではなかったためでもあります。

　私は新しい基礎、すなわち建築に対して新たな意味付けと内容を与える基盤を提案したのです。私が示したこの基盤の最も重要なことは、多くの人々が真実として、そしてリアルなものとして体験できることを基礎に成り立っていることです――つまり観察が根本にあるのです。この経験と事実からわかる本質が、原則的に私たちの間に合意形成をもたらすことを可能にするのです。

　現在へ至る100年の間に建築界の混乱は広がっていきました。なぜなら、人の感性との調和を観察すれば、常識的にわかる一貫した基本を欠落させてしまったからなのです。混乱は今もなお存在します。なぜなら「何をなすべきなのか」「何が真の価値なのか」「何が私たちの目指すものなのか」の合意が取れていないからです。これらの不一致は全体的な実験や論理的な裏づけなどによって追求されていないのです。その位置づけ――近代主義、ポストモダニズム、有機的建築とか、貧困者のための建築とか、ハイテック建築とか、極端な地域主義とか――さまざまに異なる位置づけ――それらが、どれが最も先端の流行かという洋服の流行と同じレベルで論争を繰り広げているのです。納得できる理論がないことをよそに世の中では金と権力とイメージによって支配された建築がつくり出されているのです。

　これらすべてが生じたのは、20世紀に祝福された理論である多元主義を目指した知的な空気の中で、「何々を信じる」とは簡単にいえても、どれが真実でよいものかを言うことがほとんど不可能な時代となってしまったためです。なるほど、すべてを犠牲にして何が良いかを真剣に議論することを避けることこそ、過去何世紀の建築の誤りのいちばんの原因です。

　しかし、その問いかけこそが避けてはいけないものなのです。評価の基準――それこそ必要な核心として――どんな建築であっても核心となるべきものなのです。評価の核心は、「どれが正しい」と声高に主張することによって作り出すものではありません。その代わり、判断の核心は誰かの心の中に深く訴えかけるものでなければなりません。だからこそ自分自身に問いかけることができるのです。そうです。これは全く私たちのなすべき根本なのです。それだからこそ、私たちはそこから前へ進んで行けるのです。

　明らかに、私がここで書き記したささやかな主張のみで、このような根本の構成を証明できはしません。もし、この「生命構造」の本質が人々が将来建築に携わるときの基礎として、自分たち自身の心でしか認知できず、自分たちの言葉でしか了解できないものであったなら、そこにアプローチするのは意味があります。しかもそれが建築物や町の構造に影響を与える芸術や美、正しさなどの深い感情と一致するものであるならばなおさらのことです。

　私の議論は単純です。それは、「全体性」の存在は世の中に実在するからなのです。それを進んで理解しようが注意を払おうが、払うまいが関係なくあるものなのです。それは、空間に存在する数学的な構造なのです。空間の「全一性」を把握す

る見方——つまり「全体性」として空間に表現される構造がどんなものか明らかにする見方です。まさに、部分的な対称性や「センター」の結果などによって——その存在は注意深く観察することで可能なのです。

私たちがうみ出す環境と建築の「生命」は、この「全体性」の中から生まれてきます。なぜなら、空間とはそのような「対称性」や「センター」を本質的にうみ出すことができ、そういう「センター」同士が助け合うことで空間はよりいっそう生き生きしたものとなるのです。そして、次々と発展的に深遠な構造が空間からうみ出されていきます。こうした構造こそが人類の芸術が極めていく偉大な歴史的遺産として認められる存在なのです。それが自然の中で生まれる仕組みや構造と全く同じ構造であることは重大です。自然の中で見出される構造も同様に「全体性」から生じます。そして、それらの「生命」たちも「センター」同士の深い結びつきから生じます。それは、私が提起する建築の基礎として論じているものと全く同じものです。「生きた構造」の存在を描くことで、願わくは、生命現象が、私たちが考え受け入れてきた生物に対して描いた「生命」のイメージよりも、より偉大で豊かな、そして普遍的なものであることを示したいと思っています。

現代科学によって、「生物における生命」がより明らかなものとして認識されるようになりました。自己増殖と自己保存のネットワークとして、生態学的、環境的なシステムの構造体という全体像を持ったものとして捉える色彩が強まっています。この見方は、大胆であるとともに、有望で、驚くべきものです。しかし、本質的には機械的なものの見方が依然として強固です。

私は、この見方が真実に迫るほどに十分な深さがあるとは単純には言えないことを示したいと思います。芸術と建築に携わるなかで生じる疑問、そして偉大な建築物やより良い建物や「生命を持った」建物を作り出そうと望む中で生まれる疑問などに対して、私は「生命」が生きた有機体や生態系の網の目の中にだけしか生じたり見られる現象ではないという考え方に目を向けようと訴えてきたのです。それは、ある質であり、構造であり、世の中にあるどのような場所でも仕組みに

でも生まれるものなのです。有機物であるか無機物であるかは関係ないのです。

私はまさに「生命」が自己増殖の機械以上に非常に豊かな現象であることを論じ——証明しよう——としてきました。それは、空間自体のものの本質に迫るものだということなのです。

そのように捉えると、「生命」という考え方が、「生命」を宿した世界の構築にとって、またすべての建築にとって共通の根本として捉えることが可能となるのです。

この根本に則ると、「生命」は現代生物学によって流布される概念よりもより一般的な概念として適用できます。なぜならば、静的な構造である石や部屋、水、砂、色でさえも、「生命」を見出し、生じさせることを提唱し、水やコンクリートにも言うまでもなく、うみ出されるこの生命が、人の存在の非常に根源的なものと関わっているということを提唱しているからなのです。

私はすべての「生命」の核心にはこの「生きた構造」というものが横たわっていると提唱しています。この生きた構造は、具体的な空間では非常に数学的な形で存在しているのです。それは空間自体の中で見分けることができ、数えることもでき、量を測ることができるものです。——関わっている「センター」たちの存在、そのすべてが構造として存在するからなのです。

私が説明した「生命構造」というものは、高度に具体的で存在感のあるものです。空間の中に実際にどこに存在するのか、しないのか、そしてその場にどの程度の広がりを持って存在するのかということが実際の問題となります。ほぼ保証されていることは、実際の世界の中で「生命構造」が存在するとき、それに対して反応してしまうことです。——つまり、この生きた「生命構造」を見たり、それに接したりするだけで生き返るような感覚を抱くのです。それは、少なくともまずラフに良質な建築へ至る鍵となるものです。それらは長い間、科学的な分析を飛び越えた直感的なものとして扱われていました。しかし、実は定義可能なものなのです。そして分析もできるのです。

「生命構造」を正しく評価することによって、根本的に建築の未来を変えることができます。私たちの世界の通りや建築物の中にこのような「生命

構造」をうみ出すために、自覚を持って主体的に選択するならば、真に生きた世界を創造することを可能となるきっかけをつかむことになるでしょう。それは、伝統的な大工や工芸技術を持った職人が成し遂げることができたものと同じ深さの質を産み出すものとなるでしょう。

第10章で述べた中で、この「生命構造」の存在――文化の中に含まれ、文化の基礎となり、文化と交じり合っていると確信できるこの存在――は、私たちの自由、私たち自身の可能性を開放する土台となっているものです。したがって、「生命構造」は生き生きとした実践的な社会的な行為の結果となります。次のようにも言えるでしょう。私たち自身の豊かさのために、世界はまさしく生きた「生命構造」を持つように、形づくられなければならないと。

第2巻や第3巻では、「生命構造」をつくることが可能となる方法について議論を進めたいと思っています。「生命構造」がどのようにつくられて、どの様に持続させていくのかを学ぶ必要があります。そう簡単ではありません。そして、唯ひとつある限られた方法と過程のみが、典型的に「生命構造」をうみ出すことができるのです。

世界の中で「生命構造」をうみ出せるような実践的な建築の理論となるために、古代用いられてきた典型的な過程を参照しつつ、遙か未来に繋がるように、その過程を発見することが必要です――その未来とは、可能な限り私たちの現在の能力や感覚とは遠くはなれたところです――そして、「生命構造」をつくり出すことが私たちの間で最も基本的な人類の仕事として理解されるようになった世界を目指すのです。

「生命構造」は、古代や原始の造形に非常に近しいものです。しかしそれは現代的でも古典的なものでもありません。いわば、最も深い最も古い建築形態から導き出されているものなのです。しかし、最近できたゴールデン・ゲート・ブリッジのように非常に近代的な技術の中にも表れます。「もの」は空間にある物質から私たちの魂のイメージの認識を通してつくられています。そして、その原料や課題、構成が、新しい建築の造形的かつ具体的な基礎となっています。

「生命構造」は建築物の重要な部分すべてに含まれています。とにかく、それは建築物の機能に対しても含まれているのです。建築物がよりよく機能するために、主張したいことは、「生命構造」が非常に強い形で現れるようにすべきだということです。

また、もしかしたら非常に驚くべきことかもしれませんが、この「生命構造」が私たちの「自己」と結びつき包み込んでいくということなのです。深い「生命構造」は、私たちすべての深い「自己」を映し出します。しかもそれぞれを個別に、深く映し出すのです。

これは新しい建築の見方でしょう。この視点の知的な基礎を成しているものは、空間自体や物自体がさまざまな強さで「生命」を持っているという考え方です。空間の中にある機能や幾何学、感情などが凝縮されています。この空間こそ――この構造を通して――これらが集められ生きた「織物」としてイメージされるのです。いるのです。空間は「生命構造」を単に含んでいるのではありません。空間は強弱の程度の差のある「生命」を宿します。空間はそれ「自体」が、その機能や効果や「生命構造」を宿し、さらには「生命」を宿すのです。宿した「生命」とは、まさに空間自身の表現となっているのです。

第2巻や第3巻、第4巻で述べている建築は私たちが呼吸する大気や石、コンクリート。私たちの町や通りからできている世界という考え方で成り立っています。その中に「生命」があります。すべてがさまざまな強弱の程度で「生命」を宿しています。建築家あるいは工務店、市民としての私たちの役割は、この「生命」を空気の中に石や部屋や庭などに創造することです――空間自身の織物として「生命」を宿すことなのです。これは単に詩的表現として用いた言葉ではありません。これが、どの様に世界を形づくるのか、どのように世界を理解すべきなのかを示した新しい物理的世界の考え方なのです。

補　遺

「全体性」の数学的定義と「生命構造」

補遺1
第3章の補足
「全体性」の定義

この文章は、技術的な説明としての補遺シリーズの第1号です。ここでは私の伝えたいことの背景となるものを見てみたいと思います。建築に関する全く新しいとらえ方についてだけではなく、ものの考え方についての新しい小さな一歩ということをここでは捉えていただきたいと思います。

「全体性」を「W」とおきます。それは物理的空間の特徴を示すものです。物質や空間のどのような部分もそれですべて表せるものとします。また、それは数学的に明確な定義として受け入れやすいものであり、巧みに定義づけられた数学的構造によって特徴づけられるものです。

「R」という空間領域を考えてみましょう。理解しやすいように空間をメッシュで区切り、交差点の数は有限とし、無限ではないものとします。そこではRはn個の点を持っていると仮定します。Rにおけるn個の点は、現実の世界では色がついていたり、なんらかの種類の区別があったり、特徴をもっているため、領域Rは視覚的に見えるか、あるいは識別可能な構造とします。構造をなしているものをもっとも単純な色で区別できるようにするならば、それぞれの点を白と黒に分けることです。二次元的に見ると、Rは特徴的なオブジェクトとして見えるデザインになるでしょう。色のように抽象的ではなく、物質的に可視化しようとするならば、点は現実の物理的な物質に関連するように分類化されます。例えば、それは「固まり」や「中空」であったり、その他さまざまな「物理的または化学的属性」として表現されます。その領域Rは全体を幾何学的な形体や組織体として現実世界の一部を示すようなものとなるでしょう。

ではここで、ある領域Rの「全体性」Wを構築するための方法を説明しましょう。空間Rの領域の中にn個の点があったとします。そこには2のn乗通りの区別できる部分領域があります。これらの部分領域のうち典型的なものひとつをS_iと呼ぶことにしましょう。異なる部分領域S_iの中の結合性を見ることで異なった相対的な強さがあることがわかり、それによりWを認知します。

空間の部分領域が統合力についての異なった強さをもつということは経験上、当然の事実です。例えばリンゴをひとつの一体的に結合した全体と仮定します。仮に半分のリンゴからなる組み合わせがあったとすると、おそらくひとつの全体のリンゴに比べて、結合力が欠けているように感じられるでしょう。同様に、リンゴの種自体は結合され、「全体性」をもっています。そしてこの相対的な結合力をもった、部分の「全体性」の考え方は、完全な全体性の集合に属するというだけではありません。「芯」をもち、かつ種を取り囲む内皮をもリンゴの部分集合として適度に結合されています。リンゴの中の部分は、あまり結合力は強くありませんが、それでもある程度は結合されているのです。つながっていない点の集まりとして、内皮や核や種、それらの混合などありますが、これらはまた結合力としては弱いものです。それはひとつの「全体性」なのです。

異なった領域、可能な限りのすべての領域においての完全な序列化を構築することは不可能かもしれませんが、私たちの「直感」力を用いれば、異なった領域がもつ結合力の相対的な強さをそれぞれに割り当てることができるのは明らかです。私たちは世界の「結合力」については理解できます。この結合力というものは、第1巻を通して私が説明した「生命」の属性にほかなりません。Wという全体性の構造は、生命の強さで区別を明確にし、それらを用いて構造を組み立てることができるという事実に基づいています[1]。

生命の強さという考え方を明確にするために、部分領域Rにおいて、「C」という生命の力の尺度を導入します。R内の区別可能な領域をS_iと呼ぶことにします。ここでiは1から2のn乗の値をとります。i番目の小領域S_iにおける生命力をC_iとします。どのC_iも0から1の値をとります。すべての部分領域Rで、その生命の強さが計測されま

す。より強力に結合された領域ではC_iは1に近く、逆に弱い領域では0に近くなります[2]。

数多くの異なる強さの生命力Cがあり、これがこのC_iの数値を決めます。あるCは経験的に計測され、また別のCはR内の構造的関数によって数学的に計算されます。そして、生命力の客観的尺度は存在すると信じています。その客観的尺度は与えられた「全体性」に含まれる部分領域に対して体験的に決定できるものだと私は信じています。このCを発見するための体験的な方法は、第8章と第9章で議論されています。しかしながら、この経験的に感じられる生命力を、さまざまな近似値として定義することも可能です。それはRやWの内的構造の関数としてS_iの生命力を計算することで得られます。この種の例をこのあとの補遺6にて取り上げてみました[3]。この補遺1の残りページでは、Cが計測できたり、計算できたりするという手法については具体的に説明しません。Cの特別な定義にかかわらず、C_iは相対的な生命力の尺度として理解しやすいものです。それは、もっとも結合力の高い領域S_iは1という生命力をもち、残りは0で、中間的な値をもつものもあります。

私はRの中の結合力の高い部分領域を「センター」と呼びます。領域は生命の強弱によってセンター化されていると考えられます。1に近いC_iを持つ結合力の最も高い部分領域S_iは、Rの「センター」なのです。「センター」の中でも――あるものは他より結合力が高いといったように――相対的に生命の強さに違いがあります。どんなセンターでも生命の力を通じて空間の「中心性」の現象を見せるのです。

Wについてよりわかりやすくするため、ある近似を用いましょう。そこではR内において結合力がほとんどない領域（順位付けした際に後ろから99パーセントの部分）を無視するものとし、また、それらは重要な生命をもつ「センター」をほとんど有していないものとします。残っている構造はWと比べるととても小さいのですが、Wよりは遙かに扱いやすいのです。ここでは、それをWと呼ぶことにしますが、それは近似であることは理解しておいてください。この近似において、全体性Wは「センター」の集まったひとつのシステムとして認識されます。つまり、そこは生命の相対的な強度で順序づけされた領域Rのいちばん強い領域で決定されます。例えば実空間の領域が、100万ほどの点を与えるようなメッシュになっている状態を考えましょう。Wは2の100万乗ほどの小領域を含んでいます。これらの小領域には、「全体性」は1,000ほどの部分領域によってかなり十分に定義づけできますが、R内のすべての部分領域と比べるとごくわずかな割合となります（ほとんど0.000000000000001％以下で、実際には2の999,000乗分の1です）。これはWのシステムを劇的に減少させます。そのため、R内のわずかな部分領域によって成り立っています。また、これは相対的な生命の強さによって順序づけられた1,000ほどの「センター」の領域Rによって「全体性」がうまくまとめられています。

全体性Wをあるシステムとして定義しました。それは領域Rによってつくられ、計量できるCやある基準以上の量をもつすべての部分領域が重ね合わさったものです。それ故それは「センター」として適格なのです。実用的にとらえると、全体性Wは、領域Rの幾何学的な相互作用と計量できるCによってR内の「センター」内につくられた順位付けによって決まってくるのです。

「全体性」Wの本質は形のトポロジーの一般化として考えると明確になるでしょう。このトポロジーの考え方は、次のようにまとめられます。それは、ある特別な多次元構造Rの特徴が、つながりあったRの一部のシステムに何らかの方法で依存しているという洞察によります[4]。仮に私たちがつながりあった部分すべてに対して、1という値、そして（つながっていない）残り部分を0という値を与えたとします。そうすると1という量の集まりはRの連結性をつくり出します[5]。

トポロジーの対象は豊かで意味深いものですが、それは次のような単純な直感からすべて生まれています。すなわち「形体」とはつながりあった部分領域でできた特別なシステムによって特徴をもち、一方でそれらはつながりあった部分領域としてお互いに重なりあったり、依存し合っているのです[6]。

私がこの補遺1で書き述べていることは、直感（実際にはもっと複雑なのですが）に基づいています。この直感によると、領域R内において私たちが理

解している「秩序」というのは、常に部分領域のなかの別の部分領域の相対的な生命の強さに依存するということなのです。

では、トポロジーの場合とは異なり、部分領域が結合の強さとしてたったふたつの関係性（つながっていなければ0、つながっていれば1）しか持たない場合はどうでしょうか。実はそこでR内の部分領域が生命の強さについて幅がもてるシステムを予想できます。ある部分では生命力が1をもち、別の場合では0.9、またある場合は0.001、さらに他の場合では0.000001といったようにです。

つまり、R内の異なる部分（もしくは、部分領域）は実際にそれぞれ異なる生命の強さをもつという直感的な考え方を仮説として受け入れなければなりません。しかし、生命の強さの直感的な観測については議論してきましたが、この仮定については、現代物理学において現存する計測方法や観測方法ではまだ定式化できていない状況です[7]。

全体性Wはトポロジーよりもより一般化されたものであり、より興味深いものです。なぜならそれは実際の事物が存在する一般的な世界構造を特徴づけ、かつ分類するものだからです。もう一度、部分Rに戻ってみましょう。部分領域にはたったふたつの区分、つまりトポロジーで説明する、開いているか閉じているかだけで区分するのではなく、私たちはR内の異なった部分領域の生命力の強さで計測することができるし、また生命力は異なる強さをもち連結性があるということでも了解できるのです。

注

1　すべての空間が「センター」を張り巡らしたようなシステムであるという考え方を最初に提唱したのは、アルフレッド・ノース・ホワイトヘッドであり、今はもう出典不明ですが、*Boolean algebra of sets*という著書だったと思います。ホワイトヘッドは、彼が「有機体」と呼んでいる連結した存在で構成されるシステムを提案しました。彼の考えでは、実在するすべてのものは空間内に存在する入れ子状に重なり合った「有機体」のシステムとして理解されるものだということです。——私が思うに、このホワイトヘッドの有機体は、私がこの本で「センター」として説明している実態とまさしく同様のものではないかと思うのです。

2　部分領域Siというものは、技術的にとらえた空間内に存在する部分集合です。——それらは物理的に連結している必要はなく、空間的に干渉しない離れた点同士のようなものも含まれます。

3　449ページの補遺2、468ページの補遺6を見てください。そこで「サブシンメトリー」の数が生命の計測単位として用いられることを説明しています。

4　（メビウスの輪やクラインの壺など）いくつかの形状Rをみてください。その形状Rのトポロジーは、R内の連結した部分領域のシステムによって定義されています。その集合Tはそれらをすべて含んでおり、Rのトポロジーです。ご存じの通り、このシステムTは特別な構造というものを与えてくれます。それは一部分の中に存在する相対的な連結性によって定義されます。大まかにいうと、T内の部分の重なり合いは、つながりあった形状Rの中での様相を定義し、私たちがそのトポロジー的連結性として直感的に理解するものにつながります。

5　結合されたトポロジーは、この基本的直感を使うことによって、与えられた形状の近似を記述することができます。計量の集合がR内の単体的復体である中では、有限的に網羅するためです。一般的トポロジーでは、この直感を無限の場合に拡張します。その場合、計量1の集合は開かれた集合として定義づけられ、そのほかの集合は計量0として与えられます。トポロジーの定義や基礎については、L. S. Pontryagin, *FOUNDATIONS OF COMBINATORIAL TOPOLOGY* (Rochester, N.Y.: Graylock Press, 1952)かM. H. A. Newman, *ELEMENTS OF THE TOPOLOGY OF PLANE SETS OF POINTS* (Cambridge: Cambridge University Press, 1951)の例を見てください。

6　トポロジー的不変量（集合など）は、（大変意味深いものではありますが）連結性の取り得るパタンを書き出すには間に合わせの方法にしかすぎません。

7　第8章と第9章での議論を思い出してください。与えられた構造において、ある集合は他の集合よりもより根源的であるという事実は、マックス・ウェルトハイマーやクルト・コフカ、ウォルフガング・ケーラーなどのゲシュタルト心理学者によって、一連の出版物の中でより深く議論されています。最近の数学的成果の中で、Rene Thom "SEMIOPHYSICS": *A SKETCH* (Redwood City, Calif.: Addison Wesley, 1990), pp.3-6, pp.41-43.があります。

補遺2
第3章のさらに補足
全体性の詳細な例

数学的指向のある読者によって「全体性」の理論が発展されることを期待しますが、「全体性」のはたらきの明白な数学的説明が(コンピューターの方法論などにより)将来的には成されるでしょう。ニコス・サリンガロスをはじめ、すでにこのことに取り組み始めた人たちがいます。補遺1で述べたWの意味を詳細かつ正確に捉えようと思っているこのような読者たちのために、このふたつめの補遺を最初の補遺の補足として加えます。この補遺2はひとつの作業例です。この例は、具体的な詳細によって、Wの抽象的定義を例証することを目的としています。

その例とは、必然的に、実にささやかな例です。Wの性質はパタンRの部分集合の相対的な生命によって決まってきます。Rに100個の点があった場合、そう、2の100乗個の可能な部分集合があり、そのすべてがWにおいて役割を果たす可能性をもつのです。これらの部分集合を詳細に調べるのは不可能でしょう。しかし、Wが本当に何であるか、何を意味するのかを理解するためには、異なった部分集合の相対的な生命がどのようなものであるかを、集合ごとに、実際に機能している例において明らかにすることが必要です。

そのためにとても小さなパタンを選びました。それは近似値のレベルで、ただ7個の点をもつだけのパタンです(図参照)。つまり2の7乗である128通りの可能な部分集合です。この数は十分に小さいのですべてを見ることができます。すべてを図に表わせ、それについて検討できます。この例にはもうひとつの利点があります。1960年頃、ハーヴァード大学で仲間たちと行った「認知学センター」の研究において、このパタンと他のいくつかのよく似たパタンが実験的に使用されたのです[8]。

公表されたデータは、他のパタンと比較して、このパタンの相対的な「結合力」を説明しています[9]。それらのデータは第5章で述べられています[10]。別のデータでは、異なった部分集合とこのパタンとの関係性、他のパタンとの類似性を異なった方法で説明しています。これらのデータについては補遺3で述べられます[11]。この例を使って、理論で定義された全体性「W」が、具体的かつうまく「全体性」の実際の体験的結果の予測を可能にすることを理解できます。

つまり、この例は、その部分集合と「センター」の詳細にわたる調査ができるほど小さく、かつ、「全体性」の実際の体験的な結果についての具体的でうまく予測を可能にする実証的研究としての要素を持っているというわけです。

このページの下部にあるパタンは、長さ7センチ幅1センチの帯です、背景は灰色で、1センチ四方の7つの正方形からなり、各正方形は黒か白の色がついています。この例証されているパタンでは、3個の正方形が黒、4個が白です。このパタンをRとします。これは7つの正方形で構成されていますが、隣接している白い正方形の部分は見えません。

このパタンRの全体性を得るためには、Rとは別の部分集合すべてのパタンの相対的「生命」を調べる必要があります。全体性WはRの最も結合力の強い部分集合からなる組織です。部分集合の調査を簡素化するために、Rを分割し、実際には1センチ四方の正方形ですが、「点」として考えます。この例の場合、Rには7個の点があります。

7つの正方形によるパタンのひとつ。3つの黒い正方形と、4つの白い正方形がある

これにより、Rの全体性Wへの最初の近似値が得られます。

Rには7個の点があるので、Rには2の7乗、つまり128の可能な部分集合S_iがあります。これらの部分集合のほんのわずかのパタンは、ある意味「結合」しています。そして、これらの結合した集合体がRの「全体性」を形成する一体系とみなされます。Rの部分集合の調査を簡素化するために、(13)や(27)のような、連続していない点の集合をすべて取り除き、(123)や(3456)のような連続した集合だけで考えてみましょう（左から右に読んで連続していると認識できる数字を使います。つまり(13)はパタンのなかで1番目と3番目の正方形から構成される集合です）。128の可能な部分集合のうち、100は連続していません。それらを無視します。なぜならば、それらはとても弱く、「全体性」において重要な役割のないセンターだからです。また、一つひとつの点だけで成る7つの集合も取り去ります。するとRの残っている21の部分集合はすべて、点以上であり、連続しています。長さ7のひとつ、長さ6のふたつ（訳注：参考として長さ5で3つ、長さ4で4つ、長さ3で5つ）、長さ2の6つまであります。これらの21の連続した集合は、Rのなかでもっとも興味深い集合であり、最もRの「全体性」に貢献しています。

いくつかの連続した集合について考えてみます。例えば、左に黒の正方形、そのとなりに白の正方形をもつ集合(12)としましょう。パタンRの中では、この集合は、注目すべき生命も結合もなく、Rの形態における役割はほとんどありません。一方、集合(1234)は両側に黒の正方形、中央に

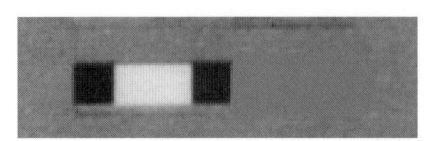

集合(12)

集合(1234)

ふたつの白の正方形で構成されます。この集合には「センター」としての強さがあります。それが目に見える要素、もしくは「準全体」としてRに現れ、Rのなかで強い「センター」を形成するのは、明らかです。したがって、これは、Wにおいて必要とされる集合のひとつであるといえます。

「センター」を形成するかを決めるために、Rの21の連続した部分集合をひとつずつ調べ、その「生命」もしくは相対的生命力を決定するという方法があります。それができたとき、すべての結合力のある集合の体系、「センター」がWを与えてくれます。

この調査は、この例の場合においてでさえ、たいへんな作業です。この調査を行わなくても、各部分集合の生命の近似値を得られる数学的関数により、Wの近似値を得ることが可能です。そのような機能のひとつの簡単な例が$C_{symm}(S_i)$です。

$C_{symm}(S_i) =$
  0…S_iが連続していないとき
  1…S_iが連続していて左右対称なとき
  0…S_iが連続していても左右対称でないとき

この関数は部分集合の局所的な対称性（サブシンメトリー）に基づいて機能します。それぞれの

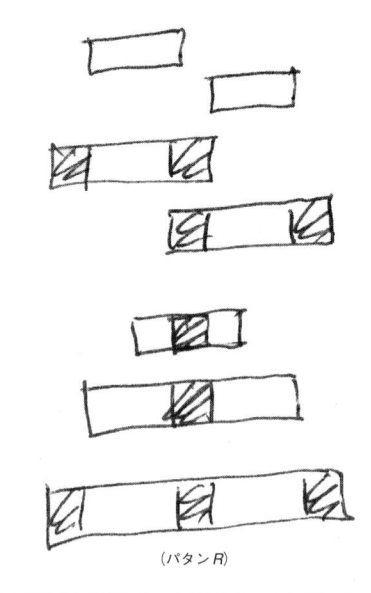

(パタンR)

パタンRはその内部に7つの「センター」を「サブシンメトリー」として形成している。（パタン：R全体も含めて）
最初の近似では、これらの埋め込まれた
7つの「センター」同士がパタンRの「全体性」を形成している

連続した左右対称の部分集合を1、その他すべての部分集合を0とします。別の言い方をすれば、Rの最も強い「センター」たちは局所的に左右対称(サブシンメトリー)の連続した集合であることを示しています[12]。Rの全体性W_{symm}は、「生命」C_{symm}の人為的測定によって定義され、以下の模式図のように示されます。ご覧の通り、Rは1以上の正方形の7個の局所的シンメトリー(=サブシンメトリー)を含んでいます。450ページの右図を見てください。おそらく、これらの7個のサブシンメトリーがこのパタンの最も強いセンターであり、この7個の「センター」の体系がこのパタンの「全体性」W_{symm}と言ってもよいでしょう。

この特有の関数c_{symm}は重要です。なぜなら、おおよそ、「全体性」の中の「センター」に確かに対応するからです。例えば、前に述べた結合力のない集合(12)は非対称です。前に述べた集合(1234)は結合力があり、対称です(450ページ左図)。

そして、(簡素化したとしても)「生命」C_{symm}の基準によって表された「全体性」W_{symm}には驚くほどすばらしく予測できる力があることがわかります。第5章で言及したように、Rとしての35パタンの知覚できる「生命」については、認識、記憶、知覚の速度、記述の容易さなど、さまざまな尺度により実験的に測定され、決定されました。パタンRは調べられた35片のなかの順位ではだいたい7番目に相当します。ただしそこには、他より結合力が弱い場合や、他より強い結合力が存在する場合があります。結局のところ、この対称の測定で決定された全体性W_{symm}の特別な解釈が、(この実験で決定された他のパタンと比較しての)順位の詳細な予測が可能になり、完全ではありませんが、極めてよい予測ができます。このように、W_{symm}によってこれらのパタンがどのように認識的に体験されるかをある程度予測し、説明することができます[13]。補遺3では、観察者が個別に体験する「全体性」の類似性近似を理解できるようになる例を取り上げます。

しかしながら、これらの実験的成功にもかかわらず、C_{symm}集合の「サブシンメトリー」は近似値にすぎず、パタンの中に自然に発生する「センター」を完全には特定しないことを認識することが重要です。例えば、このページ下図のパタン(WBWBBWW)では、区分(2345)、つまり(BWBB)は白の中の暗い塊として、そして実際のパタンにおけるセンターとして、はっきりと認識されます。しかし、それは対称でないため、C_{symm}によって承認されません。つまり、C_{symm}は常に正確ではありません。C_{symm}はすべての重要な「センター」を選びとるわけではないのです。

さらに言えば、パタンR(BWWBWWB)(450ページ右図)では、集合(1234)の強い黒と白のコントラストは実際にただ白だけの(23)より強いセンターです。しかしながら、両方とも対称であり、これらの両方の集合にとっては$C_{symm} = 1$となります。Rの真のWでは、C_{1234}はC_{23}より生命力は大きいはずです。この点においてC_{symm}は不正確です。別の言い方をすれば、C_{symm}はRに発生するすべての生命の集合の順位を正確に対応させていません。したがっておおよそのWを構成するにすぎない、そして世界に存在する実際のWの近似にすぎないのです。

そうだとしても、C_{symm}がかなり良い近似を与えるのは、重要です。アレグザンダーとケアリーによって実験的に測定されたように、異なった黒と白のパタンの相対的全般的な「生命」力を正確に予測します[14]。そして、それは、アレグザンダーとハギンズによって測定されたように、白と黒のパタンの総合的な「全体性」の類似性も正しく予測します[15]。

前に述べたように、数学的構造W_{symm}は、洗練されていて正確ですが、依然全く正しいというわけではなく、近似として見なさなければなりません。より近づくためには、例えば、もっと洗練された数学的方法——$C_{second\ other\ symm}$——を使うことができるでしょう。それによって、21の連続した部分集合の一つひとつが、いくつのサブシンメトリーを含んでいるか、そして、それ故にその期待される「生命」がどんなものであるかを2番目に計算するのです。これは新しい、より複雑なWの

パタン(WBWBBWW)

ための基準を形成するために与えられます。その W を「$W_{second\ other\ symm}$」とします。これは複雑で計算するのが困難でしょう。そしてこのふたつめのより複雑な W は依然として真の W (W_{true}) の近似にすぎません。W_{true} は、パタンのなかのさまざまな「センター」の強さは、知覚的体験測定の強度に依存します。

「センター」の「生命」の測定を可能にする方法として使うことができることがサリンガロスによって、もうひとつの複雑な計算の関数がクリンガーとサリンガロスによって提案されました[16]。彼らが提案した方法は「サブシンメトリー」に加えて他の特性も計算に加えます。それらは、異なった建物における相対的「生命」の体験による測定に非常にうまく一致します。

このように、W を得る試みは多くの方法によって可能です。体験的かつ数学的に異なった関数を選ぶことによって、異なった「センター」の「生命」の強弱を概算することができるのです。最終的には、現在の数理物理学のように W が真の「全体性」に限りなく近い概算値を定義し、すべての意義と目的にとって、直ちに計算可能な W_{true} を得ることで、深く十分な理解に到達する人が出てくるでしょう。

コンピュータ技術を使用して、反復する再帰関数を熟考することも可能です。つまりすべての集合の C_i の最初の近似値を計算するために、あるひとつの測定方法を使います。そしてこれを戻し、この最初の繰り返しを2番目の繰り返しに戻し、望む限りの繰り返しを計算する基礎として、使用するのです。この手法は、第4章で述べられ与えられた「全体性」の「生命」の強弱の基本的な数学の定義で熟考された再帰性に近いでしょう。

この例で読者が W の特性の意味の「感じ」をつかめることを願っています。おそらく W_{true} と呼ぶべき理想は、真の相対的強弱もしくは異なった部分集合の「生命」を基礎とし、手に入れるのが難しいものです。なぜならそれは、非常に多くの、R のすべての異なった部分集合に関する体験的測定を必要とするからです。それでもやはり、それが理想に近い W であり、「全体性」であり、それが結局はこの作業のテーマなのです。しかしながら、これまで見てきたように、部分集合について対称(＝サブシンメトリー)とその他の方法を使って得られた W_{symm} のような数学的に構成された近似値さえ、非常に有効で驚くほど正確な「全体性」の近似値を与えてくれます。あらゆる科学的モデルのように、それらは不完全ですが、それにもかかわらず、研究の対象である構造の実際のはたらきにかなりの洞察を与えてくれるでしょう。

注

8 この白黒パタンの見方の実験は、次の雑誌に発表された。Christopher Alexander and Bill Huggins, "On Changing the Way People See," PERCEPTUAL AND MOTOR SKILLS 19 (1964): pp.235-253.

9 この「視覚的にみた生命の相対性の実験」は、次の雑誌に発表されている。Christopher Alexander and Susan Carey, "Subsymmetries," PERCEPTION AND PSYCHOPHYSICS 4, no.2 (1968): pp.73-77.

10 第5章、189ページ参照。

11 補遺3、456ページ参照。

12 この測定方法では $C_i = 1$ となる「サブシンメトリー」の存在を1とすると定義する。

13 Alexander and Carey, "Subsymmetries" に記載。

14 前掲。

15 Alexander and Huggins, "On Changing the Way People See" に記載。

16 Nikos Salingaros, "Life and Complexity in Architecture from a Thermodynamic Analogy," PHYSICS ESSAYS (1997, Vol. I, no. 10): pp.165-173、およびAllen Klinger and Nikos Salingaros, "A Pattern Measure," ENVIRONMENT AND PLANNING B: PLANNING AND DESIGN (2000, volume 27): pp.537-547. Division of mathematics, University of Texas at san Antonio, San Antonio, Texas, and Department of Computer Science, UCLA, Los Angeles.

補遺 3
第 3 章、第 4 章の補足
「全体性」を見るという認識的な困難

世の中に存在する「全体性」を見ることは簡単ではありません。私たちは自分の言葉の構造によって迷わされ誤った方向に導き得るし、他の状況の姿に関心を寄せてしまうことが起こり得るのです。まるで、私たちが偏った、誤った全体性を見出してしまい、本来向き合うべき「全体性」に向き合えないことがあるのです。

私は第 3 章で、歪んだ全体性を知覚してしまう人間のプロセスこそが建築の病の元凶だと主張しました。同じことをデヴィッド・ボームが指摘しています。曰く「確かに科学における断片化的な自己世界観によってものを見たり、考えたりする傾向は、広範囲に及んでいます。何年にもわたって私たちの社会全体にまで広がってきています。……しかし、ご覧のようにそんな断片的自己世界観に支配されている人間たちは、長い目で見てみると自らを破壊し、世界をバラバラにしてしまうのです[17]。……」

事実、世界の「全体性」が誤解されている状況は見て取れます。全く「全体性」を認識できていない状況は、都会や田舎で目にする建築現場を目にするだけでも、そこに存在する全体性を全く乱暴に破壊し、その結果として景観や街並みを台無しにしてしまう状況を目の当たりにするので、はっきりわかります。近代建築のいちばんの問題点は、そこに存在する「全体性」を力づけたり、支えたりすることに対して、ほとんどうまく機能していないことなのです。これが、近代建築に対して失望する原因ですし、不愉快になる原因です。それらは「生命」とはほど遠いのです。

この話題は第 2 巻で非常に多くの紙面を割きました。――特に第 13 章から第 15 章にかけてです。実に、第 2 巻の全体が世界で必要とされるプロセスの説明と理解してもらっていいでしょう。すべての設計や計画、施工等のそれぞれの行為が（その行為の起こる）場に存在する「全体性」と一致し、それに貢献するように確認しなければなりません。それがすべてなのです。それが「命」の土台なのです。

しかし問題は、もし私たちが世の中に存在する「全体性」を見ることができないとしたら、当然のことですが、私たちはその場にある「全体性」と一致した行動を取ることができません。

驚いたことがあります。何年も前に気づいたことですが、私はラドクリフの学生たちに実施していた実験で、彼らの大部分が簡単なパタンの「全体性」ですら理解することができなかったのです。代わりに見出したものは、歪められたパタンの「全体像」であり、そこに存在する深い「全体性」に反応せず、自分たちの任意に作り出した知的枠組みの中で見てしまっているのです。私は彼らの歪んだ認識を思い切らせ、そこにあるものをそのままに受け取ることを手助けするのに莫大な努力が必要であることがわかったのです。簡潔に実験の結果をまとめてみましょう[18]。

まず基本実験で、私たちは第 5 章で説明されたともの同じ 35 の白と黒パタンを使用しました。この実験で私はグレーボードの上でそれらを類似性に従って分類するように指示しました。つまり同様なものをひとつにまとめることを指示したのです。

私たちの実験（ラドクリフの学生）で、その被験者たちは常にレイアウトが大きく 2 種類のバージョンになることがわかりました。ひとつは（次ページの上の図）ストライプを左から右へと読み解くことにより分類されるストライプのもの。そして、もうひとつは（下の図）総合的パタンまたは全体構成により分類されたものでした。

上側の並べ方では、パタンを左から右へと読み解くことで図書館にあるかのように分類しています。最初の列はふたつの黒い正方形から始まるすべてのものを含んでいます。次の列ではひとつの黒い正方形から始まるすべてのもの。確かにこれらはパタンを分類するひとつの合理的方法で私たちの頭の中で学んできたことをよく一致しています。

補遺

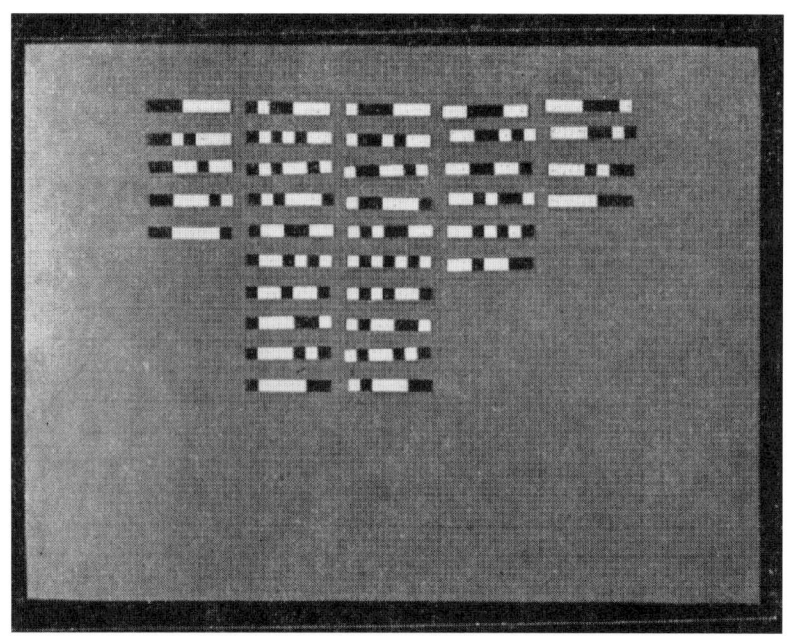

パタンを左から右へと読み上げることをもとにした並べ方の典型

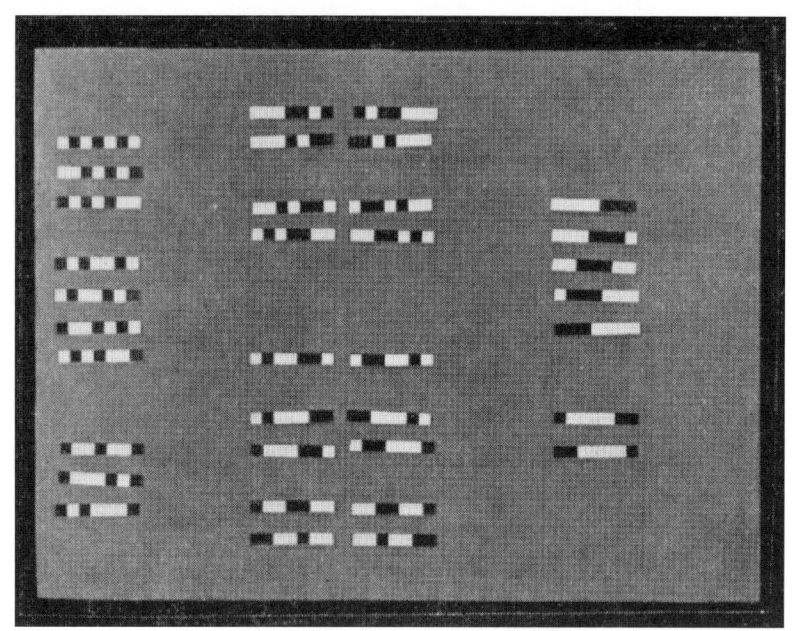

パタンの全体性をもとにした並べ方の典型

　下側のレイアウトでストライプは自らがつくり出すパタンによって分類されます。類似の構造、同様の構成があるものは互いにひとつの全体としておかれます。例えば左側、小単位でつくられている断続的なパタンがひとつになるようになっています。右側にいくにつれて、長い棒状のゆったりとしたパタンで、すべてが分類されてひとつになります。そしてストライプの真ん中にあろうが端にあろうが、右から見ても左から見てもふたつの黒、ひとつの白、ひとつの黒はひとつのグルー

プであると考えています。

　ふたつ目の並べ方は全体性に基づいています。一方最初の上の並べ方は、パタンを分類する気紛れな方法に基づいていますが、「全体性」に基づくものではありません。1960年、ビル・ハギンズと私はラドクリフの学生たちの大多数が「全体性」を見なかったこと、また「全体性」を見ることができなかったということに気づきました。その上で、彼らが「全体性」を見ることができるように知覚を変えることは非常に困難なことでした[19]。一方、他の実験で、幼児は決まって「全体性」を見ること、そして精神面で遅れた人々もまたいつも「全体性」を見ることにも気づきました[20]。大人や、高い教育を受けたラドクリフの学生だけが、そのパタンを左から右へ読み解くことで分類化します。そして「パタンの全体性」を無視するのです。

　最初にパタン分類の2番目の方法の意味はそれら全体性に基づくということはわかるでしょう。そして、上の分類方法はそうではないということです。補遺2で説明されたBWBWWBの黒と白のパタンを考えてください。このパタンの「全体性」の中で、次の組み合わせは最強です。その組とは、BWWBとWWBWWの組み合わせです。他の組み合わせのWWや、B...B...B...は、わずかに弱いですが、それでもかなり重要な組み合わせです。これら中心性のシステムは特定の「全体性」を定義します。全体的に見る実験者たちは多かれ少なかれこのパタンを見て、そしてそれ故にこのパタンを同様の構成を持つ他のものと、すなわち中心性同様のシステムが現れる他のパタンと分類するのです。例えばパタンBWWWBWBとBWBWWWBは黒い正方形の間に配置された長く白い棒状もまた同じようにセンターとしてみるシステムがあります。

　しかし左から右へ連続モードで読み解くことで、そのパタンを見る被験者たちは「全体性」の構造が見えていません。しかし代わりに中心性（全体性の要所）の相対的強さの異なる構造に対し注意を払うのです。そのとき被験者たちの視点が歪められてしまうのです。左側の端にBとBWそしてBWWを見ることを選びます。——それらが実際に強さを表すからではなく、彼女は心の中でそれらが強いと決めてしまっているからなのです。一種のアルファベット順の分類システムを使用するのが強いと決めてしまっているのです。

　ハンギンズと私は本当に驚きました。ラドクリフの学生——1960年代の高度な教育を受けた知的な人たちです——の実に80%が、気まぐれで重要ではないパタンに注目していたのです。

　ここで私は、ふたつの被験者のグループが両方とも有効なパタンの一局面を選んだに過ぎないし、そのふたつの視点は両方とも正しいという言い分について検討しておきましょう。そこで左から右読みの基本に基づくパタンのアレンジを選んだ受信者も「全体性」を完璧に見ることができたかもしれないと言う人もいるでしょう。ただ単に彼らはそれを分類する基礎としてパタンのもうひとつの側面を使用することを選んだだけだと言うかもしれません。

　しかし実験が示したことは、高い教育を受けた人々の大部分が、身の回りの世界にある「全体性」が見えていないと思うのです。したがって私たちの実験結果は遙かに深刻な文化的、社会的問題だったのです。現実的な機械的視点（特に私たちが今日の文化の中で、機械的であるだけではなく高度な言葉としてもそうです）に基づく文化、還元論的に「リアリティ」はバラバラで連続しているに過ぎないという視点が典型的ですが、一般的にそれらの考え方は、人々の「全体性」を見る力を衰えさせているのです。

　これが常であったわけではありません。多くのいわゆる原始的社会では、全体的知覚は知覚の正規モードでした。いわゆる伝統的文化——私たちがしばしば素晴らしい芸術を制作する能力を称賛する——の時代の人々は「全体性」の中にものごとを見るモードであることは無視できない証拠がかなりあります。それらが原始的であるとか、私たちが洗練されているとかいう私たちの観念は間違いで、私たちが「全体性」をたびたび見逃しているのですが、彼らはすべての重要な「全体性」を正しく認識していたと考えられるのです。

　子供たちもまた、大人たちよりも「全体性」を見るのが上手です。これは、私は信じていますが、つまり「全体性」は私たちに向かって生じ、それは私たちの心が開かれたときだけ、目に見えるのです。「全体性」を歪め、それを見ることを妨げる

力を持つのが「言葉」であり、学習なのです。もし私たちが部分に関する観念、理論、先入観を持っていて、個々の部分的ものごとに、私たちの心の焦点を合わせてしまっていたら、広げられ統一されたバランスのある「中心性」のシステムを見ることができないのです。

より厄介なこと、それは現代人を自然な全体的知覚の回復へと教育するのは簡単ではないということです。ハギンスと私がラドクリフの学生たちに実験の第2シリーズで、私たちはバラバラに見ることを教育されてきた人物に「全体性」を教えることが非常に難しいことがわかったのです。私たちは人の知覚を「全体性」の認知に向かって変化させるトレーニングのドリルを作成しようとしました。私たちはすでに人が白と黒のストライプを見るという客観的なテスト方法を確立していましたので、彼らの見方が本当に「全体的」なモードに向かって転換できるか、各種のトレーニングを実施できました。

数ヵ月にわたり、私たちは多くの異なったトレーニングテクニックを試みました。私たちはパタンで練習し、それらでモデルをつくり、「全体的」な観点からそれらを見せるようにして、目をつぶり、それらを想像で描いてみるように指示をしました。これらのどれもがうまくいきませんでした。これらのテクニックは実際に効果がなかったのです。私たちが首尾よく見つけたひとつのテクニックだけが、人の知覚を「全体的」に変えたのです。

成功したテクニックはこうです。被験者は35帯のパタンのひとつを示され、それがどんなものであるか、数秒間それを見ることができます。次に被験者に対して35の異なるパタンで長方形配列が示されます。それはただ詰め込まれた紛らわしい配列で、いかなる視覚的な調整もしていません。この配列がちょうど1秒間スクリーン上にひらめきます。被験者の課題は被験者が示されていた特定のパタンを、この1秒の間に見つけるというものです。もし被験者が成功すれば5セント硬貨（1960年代、1杯のコーヒーを買うことができるくらいの）を獲得できました。しかし5セント獲得は難しかったのです。この作業はとても難しく、1行を読む時間もないのに、およそ1ページの中の1語を見つけなければならないものでした。

この条件では、一つひとつパタンを見ていてもどうにもなりません。それをこなす時間がないのです。しかし、1秒間の締め切りというプレッシャーの下、繰り返しその実験を行うと、彼らが利用できる1秒間の中で、求めていたパタンを見つけることができる方法が見つかりました。彼らが行ったこと、しなければならなかったこと、うまくいかせたことは、心を空っぽにして集中しないで配列全体を見ることでした。次に自分自身の心を空にして受け止めやすい状態にしながら画面全体を一息で見るのです。あなた自身も試みてください。この受容的態度をとりながら個々のパタンから心を解き放して知的に「奥」へ移動するのです。すると、別の角度からパタンが見えてきます。ちょうど頭の中の目玉がぐるっと逆回転しながら見るような感じです。精神的にあなたはスクリーンから後ずさりして、非常に広い状態で目を開き、特に何も探さなくてもすべてが見えてきます。これによりあなたは"全体"を見る力が与えられるのです。

この心の状態では、1秒という短い間でさえ、探していた「もの」を見ることができるのです。あなたは完璧にそれを見ることはありません。なぜなら視覚的には見ていないからです。しかし、「全体性」という場として認知するのです。それは今まであなたが集中していなかった知覚の方法です。ですから、大変に受動的で受容的な心の状態でしょう。被験者にとって探していたパタンは、目の前にやってくるのです。探し求めるのではありません。目の前にやってくるものなのです。

50パーセント以上の人々がこの瞬時に判断するテクニックを学び、「全体性」を見分けることを身につけました。それ以前はわずか20パーセントの人たちのみが「全体性」を見分けただけでした。明らかなことは、この練習がパタンを見分けるために教え込まれた「言葉」の概念的形式を変化させ、そこにある「全体性」を真に見出すような、全体的な概念形式へと置き換える有効なテクニックでした[21]。

この実験は大変示唆に富んでいます。このことが示しているのは、全体性を見分ける能力は、目を凝らさずに見るという能力であるということです。注意を払ったり、意識的にある方向に集中し

たりして選択をしないことなのです。その代わりに私たちの目の前にある「全体性」の形態に対して、私たちはそのまま見る、監視する、飲み込むことになるのです。

私が第3章で述べたように、言葉や概念、知識は、そのすべてが「全体性」をそのまま見る力を妨げています。「全体」を正確に見るためには、偶然名付けられた単語で人為的に強調されたものを「センター」として選びとってはいけません。それらが現実の「全体性」のなかのいちばんの「全体」ではないことがしばしばあるからです。リアルな形態をそのまま突出する「センター」たちとして見るためには、じっと見る目と、静かに受容的に、しかも心を集中させすぎないようにしなければなりません。

同様の実験、人々が焦点と注意力を捨て、現状通りの現実を見ようとするのを助ける試みとして、かなり長い文章ですが、フランス人精神科医ユーベルト・ベノアにより *LÂCHER PRISE*（あるがまま）の中で述べられています[22]。一方、この実験でベノアは、言葉の構造に対する固執を捨てることで、私たちが「現実として存在する」リアリティをそのまま観ることができることを示しました。彼の禅のリアリティとして説明するリアリティとは私が主張する「全体性」と本質的に同じです。

注

17 デヴィッド・ボーム著、佐野正博訳『断片と全体』（1985年、工作舎）を参照。

18 Alexander and Huggins, "On Changing the Way People See."

19 前掲。

20 幼児と精神的に遅れた対象による実験は未発表。

21 ネルソン・ツィンクとスティーブン・パークスは独自に同じ現象を発見しました。彼らは人の目の正面に掛けられたスモールランプが視覚視野を非常に狭い視野の焦点に合わすことを知りました。抹消視力の視覚視野が、広く、深くなるほどに。そして「全体」への焦点へ視野が強制されることがわかりました。Zink and Parks, "Nightwalking: Exploring the Dark with Peripheral Vision," *WHOLE EARTH REVIEW* (Fall 1991): pp.4-9. を参照。

22 Hubert Benoit, *LET GO* (New York: Samuel Weiser, 1973)、オリジナルはフランス語で出版の *LÂCHER PRISE* (Paris: Le Courrier du Livre, 1958).

補遺4
第4章から第11章にかかわる補足

「生命構造」と「センター」を増幅する「場」を具体的に描き出すために必要とされる新しいタイプの数学領域

第11章における空間の「覚醒」という考え方を導入するには、空間に対する数学的観点が新しく必要になります。それは案外単純に整式化できるものかもしれません。本書の中で「センター」は、空間における幾何学的な「場」のような現象であると考えられてきました。この考えによれば、「センター」は純粋に幾何学的なものであり、空間内での他の「センター」の配置によってのみ定まるということになります。そして「生命」と呼ばれるものは、幾何学的、構造的な実体であり、それは、この「場」の強度という尺度で表されます。

この考え方はまとめますと、「センター」は<u>ただひとつの実在する「生命」</u>と見てよく、「生命」の中心として、日常のごくありふれた概念の中で空間内にシンプルに現れるということです。ですから、私たちが純粋に幾何学的なものとして最初に認識した幾何学的「センター」も実在する「生命」の中心なのです。「生命」、それは物質自身の組織化を通して、物質から生じます。これらはすべて「センター」の場の純粋に反復的な構造から出現するのです。

この考えを数学的、物理学的に矛盾なく説明するためには、私たちが従来持っている物理的「リアリティ」に対する見方に重大な修正を加えなければなりません。今日私たちの大半は、ある明確な物理的「リアリティ」の世界観をもとに生きてきました。この世界観は、物理学によってつくり出されたものです。それは、世界の物質をふたつの力の相互作用の場——重力や量子力学——という観点から説明したもので、私たちの物理的世界を説明するにあたり、微視的、巨視的ないずれのレベルにおいても、大いに成功を収めました。

しかしながら、私が本書の中で述べてきた諸現象を説明するためには、従来の空間の数学的捉え方に対して、新たな特徴を持った空間と物質の視点が必要になってきます。このような視点の存在は、これまで数理物理学によってしか言及されていません。

第4章において、私は柱を例にとり、それぞれの「センター」が互いを強め合うためにいかに助け合っているか、そしていかに柱全体が協調的な「センター」の「場」と見なし得るかを示しました。そのあとの章では、より複雑な「センター」のシステムの事例を見てきました。パリのセーヌ川近隣に見られた例などがそれです。それらは要素が幾重にも積み重なり、このシステムがいかに重大な役割を果たしているかを、機能的な観点から示しています。

しかし、この考え方がどれほど従来の物理学の根幹を揺るがすことになるかは、まだ明確には言えません。この考え方の特異性は、これら「センター」の「システム」の中に存在しているわけでもなければ、この「センター」たちがシステムを形づくるために助け合っている、という事実にあるわけでもありません。システムがより複雑な新しい属性を伴ったシステムを形づくるために助け合うという事実は、従来の一般的な考え方で十分に説明できます。こういったことは、現在の物理学や生物学、科学における常識とさえ言えます。

この考え方の特異性は、もっと別な点にあります。私はこれまで、個々の「センター」は「生命」もしくは力強さを持つ、という事実を説明してきました。柱は元来それ自体ではそれほど力強くはなれません。その一方で、隣り合う柱との間に生じる空間自体にも強力な「センター」が形づくられ、その結果として、その柱もまた「より良く」なるのです。これは次のようなことを意味します。柱における「センター」の力強さや「生命」は、隣の柱との間に生じる空間に「センター」が生じた——別の「センター」が「場」に入り込んだ——瞬間に大きくなる。そのようにして、柱自体により形づくられる「センター」と2本の柱間の空間に形づくられる「センター」は、<u>両方ともさらに</u>

一段と力強さを増すのです。そしてもちろん、柱頭によって形づくられた「センター」も、前述の他のふたつの「センター」の存在により、今や単独であったときよりも力強くなっています。さらに、柱頭に装飾を施すことにより、これらすべての「センター」の力強さのレベルが今一度上がるのです。

　これはかなり異質な事象です。ニュートン理論に基づいた空間では考えられないような類いの作用です。いえ、相対性理論や量子力学に基づいた空間においても、なじみのないものでしょう。

　現在の物理学や物理的宇宙の考え方によれば、組織の多くは要素から成り立っています。全体として組織を捉えたときに、それらが要素の相互作用による特性を持っているのは常識とされています。また、全体としてのシステムの振る舞いが、その結果として未知のものであったり、予測が難しかったりし得るのも、当然のこととされています。数学的な解釈では、この意味するところは、「全体性」のシステムの振る舞いを説明する尺度や機能が個々の要素による単純な計算とは異なることがたびたびあるということなのです。それは非常に複雑な機能かもしれません。個々の要素たちが複合した尺度によって機能しているのです。しかしながら個々の要素が複合した尺度は、大きい組織の中でそれらの要素が存在する結果として、それ自身が変化するわけではありません[23]。

　これは、宇宙のもつ機械主義的な側面の典型思考です。時計を作るとき、時計のさまざまな部品が、それぞれの基本的な特性を持ちながら、その特性を変化させることなく、時計の中にある自身の存在も変化をさせることはありません。物の機械的な側面においては、異なった要素の組み合わせは、その組み合わせられた「全体性」の中で新しい尺度をうみ出し得るのです。しかしながら、個々の要素の個々の尺度は、常に局所的に定義されています。全体的な中でではないのです。そして変化しないまま、組み合わされた当初の姿のままであり続けるのです。

　しかし、「センター」の場にある「センター」について私が述べたことは全く異なります。「センター」によって与えられたどんな「生命」も、その「センター」が存在することによって生じる「場」の影響を受けます。この意味は、それぞれの「センター」の持つ最も基本的な特性——「生命」の強弱——は「センター」自身で定義されずに、センターによってできる「場」の中の位置によって決まるということなのです。

　この考え方は、マッハの原理を思い起こします。——この概念は、どのような粒子の振る舞いであっても、宇宙全体による影響を受ける、というものです。事実、一般的な考え方は、宇宙の中にある個々の「センター」の生命は、とにかく他の「センター」の生命に依存しているのです。マッハの原理の帰結と同様な状況となるようなのです[24]。こうも言えます。「センター」に関する限り、個々の「センター」の最も基本的な特性（その強さあるいは「生命」や「中心性」）は他のすべての「センター」との相対的な位置関係による影響を受けているのです。したがって、「センター」の強さは、「センター」はそれ自身の局地的な特性としては理解できませんし、その局地的な構造だけを説明してもわからないのです。それは、常に包括的な特性です。そして他のすべてのものから影響を受けます。それ自身だけでは測定できません。なぜなら明らかに全体の中の位置づけによって決まるからです。この考え方は、私たちが「空間」や「物質」と言っている物理的現象に全く異なる視点を求めます。

　これが「センター」の「回帰反復」の定義の本質です。このことは第4章においてすでに述べられています。しかし、以前より明確にできていないことは、このような「回帰反復場」に対する有効な数学的概念が未だ確立していない、という点です。

　この「回帰反復場」の概念は今日における空間や物質の概念の外側にあります。つまり、本書の第4章と第11章で定義した反復特性を持つような物理的「場」の概念は、未だに数学的に説明する方法がないということなのです。

　伝統的な考え方では、「場」が持つ強さは常に外部からの何らかの力に依存しており、それが「場」を形づくっています。例えば、重力場は、空間においてその力を発揮します。このような力は、空間に存在する物質にそれぞれ配分され機能します。重力の配分が物質そのものに再配分され、時間の経過の中で「場」における変化の要因となる、というのは確かなことです。しかし重力は、重力自

身が力を持ち機能するというものではありません。電磁場は、電場と磁場のふたつの「場」を持っています。それぞれは互いに相手の変化の度合いに依存します。ここでもまた、そのシステムはそれ自身で影響し合い、それは非常に重要な効果をうみ出します。しかし、磁場は、他の場所において磁場自身が力を持ち機能するというものではありません。これらの「場」はそれぞれ自身以外の外部の何ものかに依存していて（例えば、磁場は電場の変化の度合いとしての機能がある）、この既知である別式によって算出できます。

しかし、第11章で説明したように、「センターの場」に生じる強度は、その「場」固有の因子に依存します。この「場」は、与えられた位置において、周辺一帯の空間の至るところに存在する多くの「場」の力強さに影響を及ぼすような特性を持っています。「場」の力強さは、他の「場」の力強さに作用します。その意味ではこの「場」は「独立性」があると言えます。

このような形で独立性をもっているような「場」というものは、伝統的な物理学には存在しません。私もまだこのような単独で成立しているような「場」のきちんとした数学的モデルを作り上げるまでには至っていません。このような「場」が何らかの階層的な構造を持っているであろうことは、ほぼ間違いないと思います。そこでは、異なる「場」の力強さが互いに入れ子状になっていることでしょう。また、この「場」の力強さは、第4章と第11章で説明した「サブシンメトリー」によってさらに強化されます。しかし、今のところ、理想的に十分な特性を持った「場」を構築することはできていません。

物理的世界の解釈はそれぞれの段階において、私たちは、空間は強固な数学的構造を持っている、と想定してきました。空間におけるこの数学的構造こそが、物理的世界に、私たちが知っているような特性を与えるのです。特に、最近盛んになってきている空間の数学的説明によれば、因果関係は局所的である、とみなしています。これは、空間を説明するために用いられる数学の幾何学的構造の中立性保持の結果です[25]。<u>空間についてのこの前提こそが、「センターの場」の考え方と相いれないのです。</u>本書でこれまで述べてきたような「センターの場」が有効に作用し得るような空間を理解するためには、これとは異なってモデルが必要です。それには、空間自体が異なった数学的構造を持たなければなりません。

空間の各々の地点における、ある種の尺度を考えてみましょう。この尺度を「場の強度」と呼ぶことにします。この「場の強度」は、与えられた地点における「センター」がどれほど強力であるか、その「場」がどれほどの「生命」を持っているか、を指し示すものです。

仮に「場」が、ここまで多くの事例で体験的に見てきたように作用したり、柱の事例で私が説明したように作用したりするとすれば、以下のような特性を持つようなタイプの「場」が示されねばなりません。<u>定められたいくつかの地点で「場の強度」が増加すると、他の地点の「場の強度」もまた増加する。</u>実際、個々の地点の強度は、それに近接する他の強度に作用します。このことは、空間内の各地点に電球が置いてあると想像してみると、容易に視覚化できるでしょう。その地点の「場の強度」は、そこに位置する電球の明るさで表されます。ここで、電球は互いにつながりを持つようにします。特性を持ったつながりをつくり出そうとして電球を明るくしたり、特定の地点に新たに電球を取り付けたりすることで、システムの別の電球がより明るくなっていくのです。

空間はある種の実体であり、そこでは「センター」とその「生命」は、ひとつの「全体」としての「センター」の形体のみではなく、非局所的なより広範な「場」にも依存しています。このような考え方は、非常に重要な鍵となります。これは、この世界が全く新しい概念のもと、予測しがたいものになることでもあります。なぜなら「センターの場」は個々の「センター」の中に「生命」の段階性をつくり出し、部分的な構造からだけでは把握することができなくなるからです。それはさらに「『生命』とは何か」すなわち「『生命』の質――機械的ではない――質とは何か」という問いに対する答えとなるものを含んでいます。その奇妙な問いは、機械主義的物理学や生物学において過去300年間にわたり、答えが得られないままでした。すべての生命組織は「センターの場」なのです。ここで説明したこの見方の範囲内では、「セン

ター」の明確な形体は、「センター」自体における内部の強度の全く新しい段階性を創造する組織的な力を持っていて、それは空間の物質的性質自体を完全に変えるものです[26]。

したがって、「センター」が互いに影響し合ったり、強め合ったりするような、空間と事物の基本的特性として考えられるような「ブートストラップ効果」つまり強化増幅効果こそが、一貫した考え方の道筋を示してくれます。それは、新たに非機械主義的な現象として定義された「生命」は、いわゆる「死んだ」ものの中にもつくり出される、ということです。しかし、これらは、ある枠組みの中でのみすべて理解可能なのです。そこでは、もの自体、空間自体は私たちがこれまで理解してきたものとは異なる実体となります。<u>そして、それによって初めて「回帰反復場」の存在を考える余地が生じるのです。</u>

つまりこれは、私たちはこの世界のものの見方に根本的なレベルから修正を加えなければならないかもしれないということです。100年以上もの間、この世界に存在する物質は粒子でできていて、空間内を浮遊したり動き回ったりしている、と考えられてきました。近年、「空間」それ自体にも立派な構造（真空と呼ばれている空間の中にある泡のような）があるらしいことがわかってきました。また、同じ空間でも、物質が存在する場所とものが存在しない真空である場所とでは、わずかながら違いがあるらしいことも判明してきました。つまり、世界に対する見方は変化しつつあるのです。それによると、物質と呼ばれるものが存在する空間には「さざ波」のようなものが生じている、ということになります。

しかし、私がここで提唱している見方では、これまで想定してきたものよりも、物自体がよりダイナミックなものになります。これまでのところ、この空間の中に見られる「さざ波」は、それ自身の存在として固定的でした。例えば、原子や電子のような素粒子は基本的には結合されて不変の性質を持つと常に考えられ、それによって、物とは素粒子が、一定の配列をもったものでその組成も、ほとんど変化しないものであると今までは考えられていました。

私がここで提唱する見方によれば、このことは必ずしも真実とは言えなくなります。空間に生じる「センター」は、それらが存在している状況によって異なり、その状況によってよりいっそう力強くなり得ます。もちろん、原子内の電子と自由電子は同じではなく、分子内の原子も、原子単体と同じではない、ということは、よく知られてきました。——しかし、このような違いは些細なことであり、素粒子の結合に関する従来の考え方で容易に説明できるとされてきたのです。

「センター」と「センターの場」の本質は——もしこれらが、私が示唆してきたように、「回帰反復場」の性質を備えているとすれば——空間と物がより神秘的でより制約のない質を持っていることを指し示しています。そして空間／物そのものは変化すると思えてくるでしょう——要するに、<u>空間はその「局所性」的本質において、根本的に何らかの変化をする、ということです</u>——そして次第によりいっそう組織化されていくのです。すべての空間はその内部に「センター」を持つ潜在的な可能性を持っています。ある「センター」がそこに現れると、他の「センター」はこの新たな「センター」の存在により強められるのです。「センター」全体の形状は、空間自体に影響を及ぼします。それぞれの「センター」が他を強めることにより、その内部に「生命」を自発的に生成することができる実体（空間と事物）となるのです。なぜなら、いかなる一地点（「センター」）における秩序の生成も、全体の秩序性を増幅し、他の「センター」に生じる秩序を強めるからです。

この見方は、量子力学の非局所的な解釈と一致します。それは、ある粒子の修正や性質は、宇宙の別の世界における構造に影響を受け得る、という考え方のもと、その別の世界が、どんな因果関係も機械的な相互作用も持っていなかったとしても、です[27]。

「センター」が形成された場所では、空間そのものが「生命」を帯びてきます。私たちが「生命」として認知するのは、いとおしい「生命」がそこに生じる状態です。——もしくは「中心性」です。——この生命の発生は、私が説明してきた回帰反復の理論に基づく空間内で幾何学として誘発されます。それこそが、数学的見地から見て、空間の「覚醒」から学ばなくてはならない点なのです。

注

23　例えば、Erwin Schroedinger, *SPACE TIME STRUCTURE* (Cambridge: Cambridge University Press, 1960) の全編にわたって示されている「場」の相関関係の全体像、または、チャールズ・ミズナー、キップ・ソーン、ジョン・アーキボルド・ウィーラー共著、若野省己訳『重力理論 Gravitation──古典力学から相対性理論まで、時空の幾何学から宇宙の構造へ』(2011年、丸善出版)を参照。

24　Ernst Mach, *SPACE AND GEOMETRY* (La Salle, Illionois: Open Court Publishing Company, 1960) 参照。マッハの原理についての討論は、ソーン、ミズナー、ウィーラー共著、若野省己訳『重力理論 Gravitation──古典力学から相対性理論まで、時空の幾何学から宇宙の構造へ』参照。

25　解析／座標幾何学における均一な空間の配列は、空間をニュートラルで生命のない、死んだ実体のように感じさせますが、それはデカルトのせいです。彼はこのような配列を以下の著書の中で最初に説明しています。"GEOMETRY," vol. 6 of *PUEVRE DE DESCATES* (1897〜1913年、パリ。チャールズ・アダムスとポール・タネリーによる統一版によって目にすることができるでしょう)。

26　再びMach, *SPACE AND GEOMETRY*参照。同様の考え方は、Alfred North Whitehead, *PROCESS AND REALITY*の一般的な哲学的事項の中で論じられています。宇宙の中における「生命」の存在が量子力学レベルに重大な変化をもたらし、それによって実際の空間や事物の構造に変化が生じる、といったより特殊な考え方は、近年以下に紹介するものをはじめ、多くの学者が文献を通して論じています。ロジャー・ペンローズ著、林一訳『皇帝の新しい心──コンピュータ・心・物理法則』(1994年、みすず書房)、Howard Pattee, "Biology and Quantum Physics", in *TOWORDS A THEORETICAL BIOLOGY*: 1. *PROLEGOMENA*, C. H. Waddington, ed. (Chicago: Aldine Publishing, 1970).

27　例えば、S. Freedman and J. Clauser, *PHYS. REV. LETT* 1972, 28, pp.934-941に示されている、J.クラウザーの実験や、Alain Aspect, P. Grangier and G. Rpge, *PHYS.REV. LETT*. 1981, 47, pp.460-466にアラン・アスペクトが記している実験、これらは、現象間における因果関係のない結合の存在はこれら現象の間を高速が表面的な相互作用を成すには離れて過ぎているということを表しています。

補遺5
第3章の応用補足

「全体性」(=「場」)のはたらきに影響を受けるひとつの電子の振る舞い

内部空間に存在する「全体性」によって支配されている世界の振る舞いは、建物や芸術作品に特定のものではないのです。それは素粒子の振る舞いですら規定するという根本的な事実です。物理学における最新の発見により、素粒子のレベルの物の振る舞いについても——ほとんどが「全体性」に支配されていると言えるまで——修正されてきています。

この問題は、有名な二重格子の問題に典型的に表れています。この実験は、熱で温められた鉄線から電子が放出し、ふたつの平行の格子の穴を通り抜けて壁に衝突させる実験です。実験方法は下に図解しました。

この検討に当たって、個々の電子が小さな定常波であることを納得しなければなりません(ちょうど小さなゆれる渦のようなものです)。それは空中を弾丸のように飛んでいきます。このページの図解では、右下に拡大された小さな白丸があります。これが電子が壁に当たったところです(蛍光発光するようになっている)。弾丸の穴のようです。

さらに、鉄線は弾丸が断続的に1回に1発放出するようになっていることを理解しておいてください。ですから電子の流れはお互いが干渉し合うほどの大きな流れではなく、大変ゆっくりしたものです。かなりゆっくりしたプロセスになります。熱線から一度に格子をすり抜けて壁に当たります。

さあ、ここでこれらの電子の素晴らしくかつ不思議な振る舞いを見てみましょう。ひとつの格子が開けられますと、その格子をすり抜けて電子は壁にぶつかり、染みをつけます。それはちょうど壁の穴を通して吹きつけのペイントをかけたと同じようなパタンです。真ん中が濃くて、端部にいくにつれ薄くなります。格子は"いちばん近いところ、ちょうど"格子の直線経路が1番濃くなり、格子から離れるにつれ、滑らかにどんどん薄くなります。結果として、壁に当たった弾丸は標準偏差の曲線のように分布します。下の図にこの標準分布の図解が出ています。P_1の行はスリット1が(自動)で開いた場合です。P_2の行はスリット2が(自動)で開いた場合です。これらのすべては全く当然でしょう。

しかし、同時に両方の格子が開放されると、こ

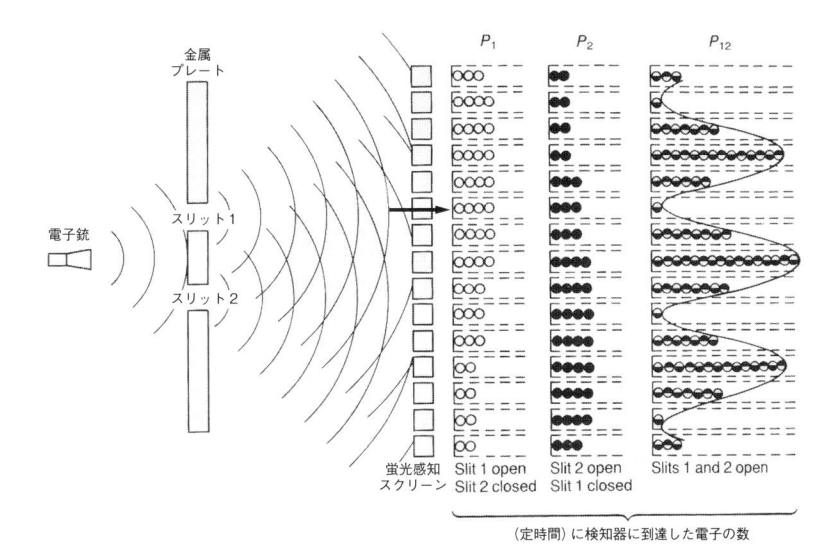

P_1とP_2はそれぞれスリット1かスリット2が開放されているときの粒子分布を示す
P_{12}はスリットの両方が同時に開放されているときの粒子分布を示す

のパタンは全くドラマチックに変化し、全く異常なことが起こります。電子の壁との衝突パタンは、今度は明暗の交互のパタン帯になります。そこでは明の帯に電子は集中し、その明の帯に囲まれた暗の帯は全く電子が来ないのです。このパタンはこのページの写真に出ています。前ページでは P_{12} の行の図がこれに当たります。

　光の場合も同じようなパタンが生じます。200年も前にフランスの物理学者、オーガスチン・ジャンフレスネルによって発見され、光の波の干渉によるその光の干渉帯とよばれています。数学的には光の先端が両方のスリットをすり抜けて壁にぶつかり、打ち消し合ったり、打ち消し合わなかったりすることで、明・暗の帯ができるのです。電子の場合でも波動による説明があり、光と同じ説明で数学的な現象の説明は完全です。これが量子力学の有名な波動方程式です。数学的なレベルでは二重格子の実験はうまく説明でき、完全な理解が成立しています。

　しかし、実際に起こっている現象を真に理解するのは別の話です。問題は電子です。ある側面では波のようですが、実際は小さな弾丸のようなものです。実際に撮影された蛍光写真では明点という形で弾丸の性質がはっきり見て取れます。波の場合では光は両方のスリットを越えて、もう一度重なり合うことで、干渉の説明はできます。しかし、電子の場合は特に、ひとつの電子ですからふたつのスリットを同時に通り抜けることはできません。スリット1を越えるか、スリット2を越えるかのどちらかです。ここのところを考えに入れますと、どうやって明暗の帯ができるのかが理解できません。これが不思議な量子パズルの始まりです。

　注意してください。電子はゆっくりと一度にひとつずつ入っていきます。そして、蛍光写真のパタンをつくり出します。まずスリット1が開いていて、スリット2が閉まっているとします。私が、黒矢印のついた壁の部分を見てください（463ページの図で）。P_1 列のところに4つの白ボールが入っています。これはそこに4回衝突したということです。ここは相対的に言って、標準曲線で見て当たりの濃いスポットになります。かなり多くの電子がスリット1を抜けてその場所に到達しているわけです。

　では、スリット2を開けます（P_{12} 列です）。突然にこのスポットは壁の中では空スポットのひとつになります。（私の矢印の位置は）この壁のこの部分には当たらなくなります。驚くべきところは、これによってすべての電子に影響が現れることです。もしスリット2を通り抜ける電子に、影響が何かあるならば、そう不思議ではありません。しかしこれは、スリット2を開けることでスリッ

壁の2つのスリットを開放したことによる
電子の干渉縞模様の写真

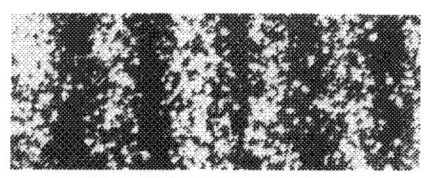

個々の電子によって起こされた
個々の光の点が見られる干渉縞の拡大写真
これが電子が弾丸のように
一つひとつで動作していることを示す。
しかし波のふるまいによっての干渉と同じに、
電子が「全体性」に誘導されて
電子が移動していることも示す確かな証拠である

ト1を通り抜ける電子に影響が出ることなのです。前の実験でスリット1を通り抜けていく私の矢印がついていた壁の部分に衝突していた電子たちも突然なくなります。そして今度は、壁の明線の部分にしか当たらず、開いた黒い影の帯の部分には当たらなくなるのです。

<u>こうしてスリット2を開けることで、スリット1を通り抜けていた電子の飛び方の機械的振る舞いを変化させてしまうのです。</u>しかもその同じ電子は、スリット2とは何の物理的相互作用はなく、そのほかの電子とも関係はないのです（一度にひとつずつしか電子は飛びませんから）。<u>ではどうやって、スリット2を開けることで、スリット1を通る電子の動作に影響を与えることができるのでしょうか。</u>

この実験こそ、物理学に革命を起こし、量子力学の重要性の根底になるのです。どんな物理的な活動が働いているのか。何がこの不思議な現象の物理的、機械的な説明になるのでしょうか。現在まで70年間も物理学者たちはこの現象理解のための努力を続けてきたのです。

物理学者にとっての問題は次のようです。近代物理学の普通の仮定では、物質の粒子というものはその他の物質との衝突、あるいは外力、例えば電磁力、重力、強い力、弱い力などの力によってのみ移動が起こされるのです。

しかしこの実験では、スリット1を通り抜けた電子はスリット2を開けることで移動（自らの動きの変化）をさせられるわけです。もう一度言います。数学的には完全であり、美しく収まっています。量子力学とは数学として与えられた名であって、その詳細に至るまでこの量子力学の現象は数学的には予測できます。しかし、<u>その意味するものは何でしょうか</u>。何が起こっているのでしょうか。何が電子の動きを生じさせているのでしょうか[28]。

リチャード・ファインマンの説明は面白いです。曰く「数学的には説明できる。しかしわけがわからない」彼は加えて「私の物理の生徒も理解できないそうだ。なぜなら僕も理解していないからだ。誰もね……。量子電気動態学の理論では、自然というものは常識から見るとばかげている。そいつは実験とは一致する。だから自然をそのまま受け入れてほしい——ばかげている！端的に言って何が起こっているのか視覚化はできない。量子力学の理論は信じられないほど数学的には正確で、完全に説明できる。そしてそれがすべてだ[29]」

別の物理学者は、数学的にはOKで説明がつかないところでそのまま納得。アインシュタイン自身は、この手の説明に不満で、人生の最後まで量子力学はその一点から見て完全ではないと言っていたのです。そのほか、多くの物理学者たちも、ファインマンのように気にしないで、何が起こっているかの「解釈」で済ませようとします。何の説明もないまま、数年を経てきました。1930年代からこの問題は議論の的でしたから、何も最終的に明確に合意することなしできました。しかし、数学的には完全に理解できるのです。——この実験でわかるように、物理学の実験以上に数学的には正確な予測は可能なのです。この解釈の試みはたくさんあります。いちばんのこじつけの解釈も物理的な歴史上にはあります。まず、最初のアイデアは、電子は実存せず、それが観測された瞬間に確率の波となるというもの。もうひとりのアイデアは、世界は常に何百万の選択肢のあるパラレルワールドに分離しているというもの。これらのばかげた考え方はSFの世界ではないのです。まじめな提案なのです。物理学の書物になっています[30]。これらの考えはすべて普通の物理学を仮定しているからこそ、導き出されます。スリット2を開放することでスリット2を通り抜ける電子の運動に直接影響を与えることはできないという前提に立っています。——ですから、誰も電子とその振る舞いを直感的に理解することも、そのような動きをする理由も説明できないのです。

しかし、この現象はそんな複雑な仮定を立てなくても理解できる全く素直な方法があります。<u>この電子の振る舞いは実験装置そのものの「全体性」に直接影響を受けていると仮定するのです。</u>この考え方をさらに説明しましょう。電子が装置の「全体性」と調和するように"欲している"ように動くということです。つまり電子は何らかの理由で全体をリアルな構造として捉え、それに合わせた振る舞いをするということです。

ある物理学者たちはゆっくりですが——またそう予測はできませんでしたが——この結論に近づ

補遺

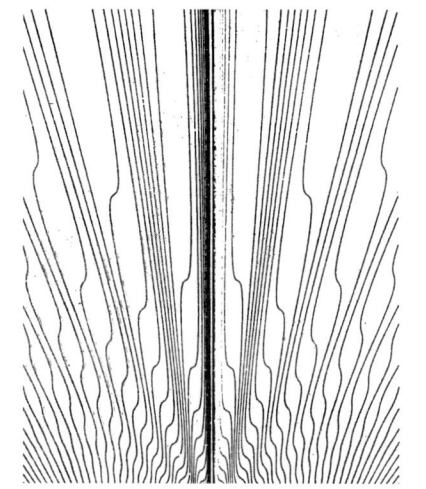

デイビッド・ボームの描くふたつのスリット開放実験の
電子の動きを誘導する「誘導場」の図
私はこれは「全体性W」を描く特定方法のひとつだと思います

きつつあります。量子力学の創始者であるニールス・ボーアでさえはっきりとそう予見しています。ボーアは次のことを理解しなければならないと強調しています。「実験装置全体がひとつの区切ることのできない全体システムである[31]。それがこの粒子の振る舞いに影響を与えているという考えはなかなか認められなかった──なぜなら、衝突と外力だけが物質を動かすという仮定と全く合わないからです」。ボーアは続けて、「粒子の経路をたどるか、干渉現象を観察するかのふたつのいずれかの選択は、状況を認める以外にはないのです。その状況とは電子の振る舞いはそれ自身が通り抜けないと証明されたスリットに依存しているという矛盾した論理結論が避けられないという状況です[32]」。別の言い方をすれば、近代物理学の設定全体は(例えば「相補性」にせよ「不確定性」にせよ)どれも実は電子が「全体性」に影響を受けるという解釈を全く受け付けないように丁寧に回りくどく説明されているからです。それというのも物理学はこの「全体性」を説明する方法を全く持っていないからです。加えて「全体性」という考え方自体を誰も考えてもみないからです。私たちは与えられた空間の領域の中に正確に独自の構造として「全体性」が存在することを学ばなければならないのです。

「全体性」がひとつのリアルな構造と見なすならば、電子の異なった振る舞いが具体的に全体性の異なる構造と同調していることは正確に証明できます。二重格子のふたつの実験形体を見てみましょう。一方では(1スリットのケース)で中心たちのシステムは非対称形で平たく伸びています。この「中心のシステム」では壁の上に、ひとつの広がった分布の汚れが出てくるのは容易に想像できます。もう一方の場合は、こちらは対象形で、ふたつの小石が池に投げ込まれたときに、ふたつの波紋が重なり合っていくのと、とてもよく似たふたつの中心たちが重なり合っていく状況です。こちらも、このセンターたちの状況では電子たちを誘導して壁に干渉帯をうみ出すことを想像するのはたやすいことでしょう。事実、この方法でデヴィッド・ボームの仲間たちは説明を試みています[33]。このページの「量子ポテンシャル場」というボームとその仲間の作った図をお見せします。これは空間の「全体性」がそれ自体が量子力学の数学的結果を用いて幾何学的に説明している図です。1989年にボームと会話したときに第1巻で定義してある「全体性」は本質的に彼の主張する「内蔵秩序」と同じ構造であろうと述べていました[34][35]。

いつの日にかこの考え方が受け入れられて完全

1スリットの「全体性」　　　　　　　　2スリットの「全体性」

なる承認を得たならば、物理学界の革命になるでしょう。「全体性」が電子の動作の変化の原因となるこの考え方は、物の振る舞いに関する考え方を大きく変化させることになるでしょう。この確認として、この知的条件によって建築すべてについても、その根底にある「全体性」の役割を明らかにして遙かに容易に理解できるようになるでしょう[36]。

ボームの特別解釈方法が究極的に真実であろうがなかろうが、中心となるキーポイントはひとつです。<u>「20世紀物理学の実験では、結論として「全体性」の中を動く電子は、その「全体性」の場に誘導されているということです」</u>。これこそ、二重スリットの実験の導く冷静な評価です。事実、明らかにこの事実を認めようが認めまいが、量子力学はそういうものなのです。<u>「量子力学は数学的には粒子はそれが動く空間の持つ「全体性」によってその振る舞いが影響を受けるものである」</u>と主張しているのです。

ヴィジェーたちは言います。「ボーアやブログリー・ボーム・ヴィジェー理論は両方とも、量子現象で示されている新しい特徴はアリストテレスの還元主義的機械主義の思想とは全く異なる「全体性」の考え方なのです。この古い思想では、終局的な分析結果として、すべての自然は単純に分別された孤立した存在部分で構成され、その運動は多くの基本的な力の相互作用で決定され、──すべての現象はこれで十分解釈できるであろうというものでした[37]。

ここで敢えて言わせてもらえば、ボームたちの仮説は、近代物理学における最大に重要な発見であるかもしれません。素粒子は他の粒子との間の力あるいは衝突といった作用でしか機械的に動かない孤立化したものではないと認定できるのです。──その存在の仕方も振る舞いも、その周辺にある世界の「全体性」との関係で規制されているのです。──私が定義してきた特別な意味としてか、あるいは何か似たような別の定義であるとしても──それこそがリアリティーの支配構造なのです。

もしこれが真実であれば、この第1巻を通じて私が提起し続けた──<u>「全体性」こそ機能性の重要性を担うと強調した主張が</u>──建築や芸術作品のみならず、私たちが長く歴史的に信じてきた自然の機械主義的な部分にさえも当てはまるということになります。

注

28 David Bohm, *QUANTUM THEORY* (Englewood Cliffs, N.J.: Prentice Hall, 1951)、特に第8章、"An Attempt to Build a Physical Picture of the Quantum Nature of Matter," pp.144-172参照。

29 Richard Feynman, *QUANTUM ELECTRODYNAMICS* (Princeton, N.J.: Princeton University Press,1985), pp.9-10.

30 最も奇妙な解釈がNick Herbertの*QUANTUM REALITY*の中で要約されています。

31 ニールス・ボーア、「原子物理学における認識論的諸問題に関するアインシュタインとの討論」、井上健訳『原子理論と自然記述　新装版』(2008年、みすず書房)。

32 前掲。

33 J. P. Vigier, C. Dewdney, P. R. Holland and A. Kypianidis, "Causal Particle Trajectories and the Interpretation of Quantum Mechanics," in B. J. Hiley and F. J. Peat, eds., *QUANTUM IMPLICATIONS* (London, 1987), pp.169-204.

34 "Taped public dialogues", Krishnamurti Center, Ojai, California, 1988.

35 David Bohm, *WHOLENESS AND THE IMPLICATE ORDER* (London: RoutledgeKegan Paul, 1980) を参照。

36 近年、量子的な仕組みの理論は、全体性を基礎とした理論が物理学者の中で最も経済的でも最も正確に電子の振る舞いを理解する手段として受け入れられてきています。(コペンハーゲンの会議の状況のように)不可思議で曖昧な感覚が量子の仕組みを取り巻いていましたが、ほぼ払拭されています。そして、物理を扱う上で最も実践的で普遍的な方法だというような見方を提供しています。基本的な概要は次を参照のこと。Peter Holland, *THE QUANTUM THEORY OF MOTION: AN ACCOUNT OF THE DE BROGLIE-BOHM CAUSAL INTERPRETATION OF QUANTUM MECHANICS* (Cambridge: Cambridge University Press, 1993).

37 P. Vigier, C. Dewdney, P. R. Holland and A. Kyprianidis, "Causal Particle Trajectories," p.201.

補遺6
第4章と第5章の補足

さまざまな有名建築物の生命の強さを計算する
——数学的処理による最初の概算

　第4章と第7章、そして結論の章の中で、繰り返し定義された「生命」が数学的に証明できることを示してきました。私が述べたことは、空間自体の数学的な関係から「生命」が生じるということです。生きた「センター」は、まず最初に「対称性」として、次に「対称性」を持った構造として生まれます。それらの存在と密集の度合いは、原則的には与えられた形体パタンで推定されます。では、これが意味することは何かというと、「生命」とは、原則的に空間の中に形体配列された結果として生まれ、計算可能なものであるということです。補遺1や補遺2、補遺4で、どのようにすれば予見が可能であるかを示してきました[38]。そして、第5章、188ページから192ページにかけて、私は35の白と黒のストライプパタンの実験を紹介しました。その中では、どのようにして「筋の通った」ランク分け（この本の中で「生命」と呼んでいる形の初歩的な実験形式ではありますが……）を35のパタンに適用するのかを示し、その方法がほぼ正確に分類されることを示しました。それは、対象物すべてがランクに応じて持っている「サブシンメトリー」を数え上げることでした[39]。

　これらの成功にもかかわらず、私たちは、今なお建築物において役に立つような大規模な数学的手法の可能性からかけ離れたところにいると思わざるを得ません。それは、補遺2や補遺4で述べられた数学的な課題が非常に困難であり、私が思うに、そのアイディアを将来、十分に使いこなせるようになるまでには、まだ時間がかかるだろうと思うからです。

　しかしながら、大変ラフにはじき出したもので、荒っぽい結論でありますが、力強い結論の研究論文があります。私は、この結論が「生命構造」が原則的に数学的な扱いを受け、それ故に物理法則として尊重されるべきだということを示しており、この結果は重視しなければならないと思います。

　1997年、テキサス大学の数学科の教授であるニコス・サリンガロス氏が、最初に「生命」（以下Lと表現します）のおおよその指標を構築しました。本書の中の理論からそのアイデアの多くを引用していますが、さまざまな建築物の「生命」の強弱を見積もるにはどのようにするべきかを示しています。「熱力学的な分析による建築の「生命」と「複合性」の研究」という論文の中で、予備的な概算対象として24の有名な建築物に対してLの見積りを行っています。古代から現代、パルテノンからポンピドゥー・センター、ソルズベリー大聖堂、ニューヨークのJFK空港TWAターミナル、シドニー・オペラハウス、ハギア・ソフィア、アルハンブラ宮殿、ブリュッセルのオルタ邸、ロンシャンの教会、ノーマン・フォスターの香港上海銀行などです[40]。

　サリンガロスがLの指標として、おおよそ考えていたものは次のようなものです。補遺2の中で著しているL値は、「サブシンメトリー」の組み合わせを数え上げることで、生きた「センター」を測るというものです[41]。これは、非常に小さな構造体には（例えば私たちが扱った白黒のストライプのような）よく当てはまりますが、巨大な構造物には当てはまらないものでしょう。他の14の特性の中の付加的な再帰特性もはっきりと使用できないでいます。

　それでもサリンガロスは、大きな形体の配列に適用できる指標をつくりました。それは、生きたセンターを直接数え上げるものではなく、それらを統計的に処理して測定するというものでした。これを用いることで、彼の指標は大きな、そして複合的な構造体にも適用可能となったのです。

　彼の指標は、ふたつの部分的な指標、「H」と「T」というものからなります。「H」は調和と呼ばれているものです。その指標は、対象性に関する5つの異なる形を点数で振り分けて、形体配列の中にある「サブシンメトリー」の数を測定するもので

す。したがって、「H」は「サブシンメトリー」を指標の中で最重要な部分として扱っていますが、幾千もの対称性を数え上げるのではなく、その代わりに全体的な「サブシンメトリー」の密度によって測定するようになっています。

「T」はサリンガロス自身が「温度」と呼んでいるものです。「スケールの段階性」「対比」「境界」、あるいは「強いセンター」等を測定します。——再度繰り返しますが、広くラフに適用しようとする方法では、個々の「センター」の強度を数えていくのではなく、それらの特性が生じる密度を測定していきます。

「T」と「H」を掛け合わせることによって「L」を得ます。サリンガロスの「L」は、それ故に「サブシンメトリー」や「強いセンター」、「スケールの段階性」、「境界」や「対比」などを評価する形体のおおよその指標となっています。

彼が著した論文の中で、彼はその評価を得るためのルールと、「T」や「H」の計算を大きな建築物に適用しています。ふたつの指標のそれぞれは、5つの変数の合算値であり、それぞれが0（無い）か、1（部分的にある）、2（強くある）のたった3つの値しかとらないようになっています。これらは、観察者によって測定されます。この方法は実践しやす

24の有名建築物の「生命」の強度
減少順に表現しています
「L」は次式によって表現されています　$L = T \times H$

年代	建築物名称	所在地	建築家	T値	H値	L値
14世紀	アルハンブラ宮殿	グラナダ	不明	10	9	90
17世紀	タージ・マハル	アグラ	不明	10	9	90
7世紀	石のドーム	エルサレム	不明	9	9	81
6世紀	ハギア・ソフィア	イスタンブール	インドロ（と設計師）	10	8	80
13世紀	コナラク神殿	オリッサ	不明	8	8	64
9世紀	パラティーヌ教会	アーヘン	メッツ出身のオド（と棟梁）	7	9	63
11世紀	平等院鳳凰堂	京都	不明	7	9	63
13世紀	ソルズベリー大聖堂	ソルズベリー	不明	7	9	63
1700年	グラン・パレス	ブリュッセル	不明	9	7	63
16世紀～17世紀	サン・ピエトロ寺院	ローマ	ベルニーニ	10	6	60
紀元前5世紀	パルテノン神殿	アテネ	イクシノス（と棟梁）	7	8	56
11世紀～14世紀	バプティステリー洗礼堂	ピサ	サルヴィ（と棟梁）	7	8	56
1898	オルタ邸	ブリュッセル	オルタ	8	7	56
1906	カサ・バトリョ	バルセロナ	アントニオ・ガウディ	8	5	40
1954	ワッツ・タワー	ワッツ	ロディナ	10	4	40
1974	医学部学生寮	ブリュッセル	ルシアン・クロール	7	4	28
1977	ポンピドゥー・センター	パリ	レンゾ・ピアノ	6	4	24
1986	香港上海銀行	香港	ノーマン・フォスター	3	7	21
1936	落水荘	ベアー・ラン	フランク・ロイド・ライト	4	5	20
1973	オペラ・ハウス	シドニー	ヨーン・ウッツォン	4	5	20
1958	シーグラム・ビル	ニューヨーク	ミース・ファン・デル・ローエ	1	8	8
1961	TWAターミナル	ニューヨーク	エーロ・サーリネン	3	2	6
1965	ソーク生物研究所	ラ・ヨーラ	ルイス・カーン	1	6	6
1955	ロンシャンの教会	ロンシャン	ル・コルビュジエ	1	2	2

く、納得がいく客観性があります。

　前のページの表は、24件の著名な建築物の「H」、「T」、「L」それぞれの値を著しています。これらの値は、サリンガロスが提唱している指標で導かれています。詳細は、彼の論文に記されています。

　これらの予備実験の結果は極めて意義深いものであることに気がつきました。アルハンブラ宮殿や、タージ・マハルは非常に高い点数90点で、ハギア・ソフィアは80点、ソルズベリー大聖堂は63点です。低い側では、TWAターミナルが20点、シーグラム・ビルが8点、そしてシドニー・オペラ・ハウスが20点です。中間では、ワッツ・タワーが40点、ガウディのカサ・バトリョが40点、そして、L.サリヴァンのカーソン・ピエール・スコット・ストア（訳注：表には記述なし）が56点でした。

　この数値について幼稚な値だと言われるかもしれません。もちろん、数値の設定は機械的で、問題の繊細さに見合った物ではないという指摘ももっともだといえます。そして、「生命」の基準値（第1章や第2章、第10章で記載したような）を適用した結果を使って比べるとするならば、あるいは建築家やその他の一般の人が下した世間一般に受け入れられている判断と比較すると、確かに、奇妙な点があります。タージ・マハルの90点はあまりに高いし、パルテノン神殿の56点はあまりに低い。ル・コルビュジエのロンシャンの教会は2点で、どこか低すぎるような気がします。そのとおりで、間違いはあります。関数がうまく働いていないため、「生命」の強さを見積もるには不完全なのです。しかし、予期以上のはたらきも示しています。この実験の成功は、間違いを上回っています。

　「生命構造」の本質の考察を基本として、単純に構築された算術的な方法は、それがいかに粗雑であろうとも、この結果は次のようなことを示しています。それは、この答えの出し方よりも何百倍も難しい課題であっても、「生命構造」が持っている「生命」の強度には全く比較可能な指標が存在するということです。

　もちろん、サリンガロスが表で表現した具体的な指標は、過剰に簡略化したものです。彼自身の指標の測定方法もそうです。これらの指標は、それぞれの建築物に対して1枚の写真をもとにつくられており、それ故に、ファサードの構成しか扱っていません。これは、本当に、入り口に過ぎないのです。それに付け加えて、「T」と「H」の指標もまだ構想段階のもので、「生命」の詳細な分析に耐えうる検討を経た水準ではまだないことは明白です。それに、サリンガロスの指標は、センターの「場」の中で本来備わっている再帰的な繰り返しは扱えていません。

　しかしながら、多くのただし書きのある中での評価であり、それでも結果がどこか人の直感的な評価に近いものだという点に気づくはずです。<u>そこに気づけば、さまざまな欠点がある粗い網であっても多くをすくい上げている点に対しては驚嘆するはずです。</u>

　物理学における昔ながらの伝統ですら、粗い計算を行い、性急で粗い結果を得る、そして与えられた理論が正しいかどうか確認し、重要さの序列を確認するに過ぎないものです。これは、その通りでしょう。私にとって、「T」や「H」「L」の指標の粗さは、定義の粗さに由来しているのですが、本当に驚くべきことは、それらが与える結論が、私たちが「生命」に対して抱く感情と矛盾していないところです。

　これが、可能性すべてを示した最終的な結論ではありません。もちろんそれは当然です。この結果の多くが、より深い分析を通して洗練していくことが必要です。例えば、ロンシャンの教会はまさしく巨大で、暗く、静けさが覆いかぶさっています。その内部空間に宿っている「生命」については、サリンガロスの指標では未だに捉えていません。これらは今後の課題であり、彼は外部に対してのみ試みたに過ぎません。重さも、重苦しさも、教会の冷たい雰囲気も、すべて「生命」をうみ出しますが、それを算術的に捉えることはまだ困難なものでしょう。同じようなことは、「共鳴」「正の空間」「静謐さ」などが構造の中に表れる場合、サリンガロスの「L」の最初の指標では未だに捉えることができていない特性です[42]。

　表では、ベルニーニのサン・ピエトロ寺院は、直感的に、想像以上の「生命」を持っているように見えます。なぜなら、サリンガロスの指標でも、彼の言う「温度」（「構造」の利き）に過剰に依拠しているために、そうなる可能性があります。より

精緻な指標——おそらく、2番目のLの試算になると思いますが——では単にノイズとして利いているものとして認識されるでしょうし、その結果として「生命」は低く見積もられると思います。

一部の建築家は、サリンガロスの実験で発見したことを「建築について十分理解していないまま実験を行っている」として一蹴するでしょう。そのような振る舞いは、近代建築の名作と呼ばれているものの多くがこの指標では悪者として扱われていることを恐れているのです。ルイス・カーンのソーク生物学研究所はこのリストでは2番目に評価が低いです。新しい方法による考察に対して偏見がない人であっても、このような思い切った評価を受け入れるのは難しいかもしれません。——だからこそ、「サリンガロスはわかっていない」という考えに逃げ込もうとしているともいえます。しかし、それは間違いだと思います。自分を偽っているともいえるかもしれません。ソーク生物学研究所とシーグラム・ビルはまさしく近代建築の潮流のひとつの象徴といえます。しかし、私が提唱する「生命」の分析によれば、特に「生命」の高い強度を有するものとしてみると割り引いて見なければならないものです。

この視点に立つと、サリンガロスの指標は、より正確に、多くの近代の建築物が持っているこれらの困難さを取り上げており、より注意深く、建物が真に生き生きしているか否かを確認することを強いています。まさにサリンガロスは建築界の流行に無頓着であるが故に、彼の指標はより信頼性を得たと。すなわち偏見が全く無い指標なのです。それは、物理学者の望んでいるものです。すなわち、経験と予見が非常によく一致するような指標を見つけることなのです。

サリンガロスのL値のような「生命」の強度は、表の建物の中での「生命」の経験と一致しますし、例えば、第10章にあるミラーテストのような自分へのテストを通して、評価することと同じといえます。この結果の力強さは、非常に勇気づけられるものです。サリンガロスの論文に表現されている算術的指標は、極端に粗い近似値であればあるほどさらに希望が持てるはずです。それでも、その結果が驚くべき正確さで、核心と予測的なものをはじき出しています。近似的な方法によっても、建築物の「生命構造」の広がりを見積もることができるのです。——それは、生きた「センター」が出現し、互いを支え合っているかの強弱を示す見積もりとなっています。

ハワード・デイヴィス教授（オレゴン大学建築学部）は、サリンガロスの結果を見て、私にこう言いました。「この指標は、さらに厳しいテストにも耐え得る結果を得るまで検証していくべきだと思う」。彼は、立面だけではなく、平面計画や断面などもテストすべきだということでした。「一般の人が感じているこれら建築物の序列づけの多くが、H値（対称性）によって説明されている。そして、温度値のT値は序列づけには相対的にあまり有効に働いていないと思えます」。T値はサン・ピエトロ寺院やタージ・マハル、香港上海銀行では極端に高い値がついています。その一方で、ロンシャンの教会やパルテノン神殿ではあまりに低い値となっています[43]。

私がみるには、指標の単純さが、「スケールの段階性」と結びつけば、「空」や「静謐さ」の発生を拾い出し「スケールの段階性」の重みが増加し、より高い水準の正確さで「生命」を見積もる指標となると思えます。

どのような状況であれ、サリンガロスの行ったことは、研究の領域を豊かに広げたものです。多様な建築物の「生命」の強さを測ることは、観察者の「全体性」に対する感覚やミラーテストよって見積もることでもあり、建物の中にある15の特性の算術的な相関関数をうみ出す試みに結びつき、さらに強力な指標となるでしょう。

この指標すべては、「センター」が対称性や多様性から形成され、これらが、数学的に計算ができる形体の幾何学によって生じるからこそ可能なのです。したがって、「生命」それ自体が、空間内の数学的な操作の結果としても生じています。将来、より精妙で複雑な計算決定を空間で行えば、その対称性や「センター」や回帰的再帰性の繰り返しの形によって、今以上に精緻な結果が出ると信じています。私たちはまさにその暗号解読に取り組むことが必要なのです。

しかし、相対的な「生命」の強さは、すでに計算可能な数学的な構造として空間の中に存在しているのです。

注

38　446〜448ページを参照。

39　188〜192ページを参照。

40　Salingaros, "Life and Complexity in Architecture from a Thermodynamic Analogy," *op. cit.*, pp.165-173.

41　450ページ参照。

42　サリンガロスは彼の最初の構想した指標を拡張し、改良する努力を始めています。次の指標では、スケールの段階性に着目するとともに、「センター」の配置についても重きを置いたものとなっています。クリンガーとサリンガロスの、前掲論文参照。

43　Personal communication, May 1998.

謝辞および図版クレジット

この24年間にわたり、この4冊の本の出版に対して、多くの人々からその内容、アイデア、ご意見を頂戴しました。そのすべての支援に対して限りない感謝の意を表します。

とくに個人的にお世話になった方々に感謝と愛情を込めて、シリーズ第4巻巻末にお名前を掲載させていただきます。

加えて、本書に以下の著作者、組織に属する図画、写真、イラストについて、使用させていただき、深く感謝いたします。なお、ここに出典のないイラストは、すべて著者に権利が属するものです。

序　章

p.9 ©1990, Amon Carter Museum, Fort Worth Texas, Bequest of Eliot Porter; p.11 F. W. Funke; p.12 left: Arthur Upham Pope, *A Survey of Persian Art*, Soroush Press, p.419; p.12 right: Kenzo Tange and Noboru Kawazoe, *Prototype of Japanese Architecture*, MIT Press, 1965, p.130; p.13 top left: Georg Kohlmaier and Barna von Sartory, *Das Glashaus*, Prestel Verlag, 1981, plate 612, p.655; p.13 top right: Georg Kohlmaier and Barna von Sartory, *Das Glashaus*, Prestel Verlag, 1981, plate 487, p.543; p.13 bottom: Yoshio Watanabe; p.14 left: Leonardo Benevolo: *The History of the City*, MIT Press, 1980, fig.1364; p.14 top right: Thom Jestico; p.14 center right: Lee Nichol; p.14 bottom right: Hiroshi Misawa;

第1章

p.19 right: Artemis Verlag; p.20 Paschall; p.21 Jan Derwig; p.31 K. Nakamura; p.33 Ace; p.34 ©1990, Amon Carter Museum, Fort Worth, Texas, Bequest of Eliot Porter; p.35 ©1990, Amon Carter Museum, Fort Worth, Texas, Bequest of Eliot Porter; p.36 Magnum Photos, Inc., ©1946 Henri Cartier-Bresson; p.37 bottom: Alfred Eisenstaedt/LIFE Magazine ©Time, Inc.; p.39 Henri Cartier-Bresson; p.40 Hirmer Verlag; p.41 Hans Jrgen Hansen; p.42 Roland and Sabrina Michaud/Rapho; p.43 top: Andre Martin; p.43 bottom: Japan Folk Crafts Museum, Tokyo; p.44 top left: Andre Martin; p.44 bottom right: Staatliche Museum, Berlin- Preussischer Kulturbesitz. Museen fr Islamische Kunst; p.45 Roderick Cameron, *Shadows from India*, William Heinemann, Ltd., 1958, p.73; p.46 Carl Nordenfalk, *Celtic and Anglo-Saxon Painting*, George Braziller, 1977, plate 1, p.33; p.47 top: Soetsu Yanagi, *The Unknown Craftsman*, Kodansha; p.47 bottom left: Inge Morath; p.47 bottom right: ©Smithsonian Institution, Freer Gallery of Art; p.48 top left: Gunvor Ingstad Traetteberg, *Folk Costumes of Norway*, Dreyers Forlog, 1966, p.28; p.48 top right: José Ortiz Echage; p.48 bottom: Roland Michaud/Rapho; p.49 Ajit Mookerjee, *Tantra Art*, Kumar Gallery, 1966, plates 2-4; p.50 Art Resource; p.51 Alfred Eisenstaedt/LIFE Magazine ©TIME, Inc.; p.52 top left: Artemis Anninou; p.52 top right: H. S. K. Yamaguchi; p.52 bottom: Alfred Eisenstaedt/LIFE Magazine ©TIME, Inc.; p.53 top:Artemis Anninou; p.53 bottom: Michel Hoog, *Paul Gauguin: Life and Work*, Rizzoli International Publications, 1987, p.185, plate 128; p.54 top: Hal Davis; p.54 bottom left: Kaku Kurita/Gamma-Liaison; p.54 bottom right: Jean Leymarie, Herbert Read, and William S. Lieberman, *Henri Matisse*, University of California Press,1966, p.112, plate 82; p.55 top: Pedro Guedes, *Encyclopedia of Architectural Technology*, McGraw-Hill Book Co., 1979, p.304; p.55 bottom: Andreas Feininger; p.56 Alfred Eisenstaedt/LIFE Magazine ©TIME, Inc., p.57 The Metropolitan Museum of Art, Mr. and Mrs. Henry Ittleson, Jr., Fund, 1956(56.13); p.59 bottom: Elliot Kaufmann Photography; p.61 Magnum Photos, Inc. ©1955 Henri Cartier-Bresson

第2章

p.64 left: Bruce Dale, ©National Geographic Society; p.64 right: Joseph Rodriguez, National Geographic Society Image Collection; p.69 top left: Magnum Photos Inc. ©1959 Bruce Davidson; p.69 top right: Vallhonrat; p.70 bottom left: ©Kevin Fleming; p.70 bottom right: Joanna Pinneo; p.71 left: Photo Stuart Franklin; p.71 right: Photo Stuart Franklin; p.73 right: Elliot Kaufmann Photography; p.75 left: Carl Nordenfalk, *Celtic and Anglo-Saxon Painting*, George Braziller, 1977, plate 1, p.33

第3章

p.88 Ullstein Bilderdienst; p.91 Photo Emil Otto Hoppe, ©1994 The E. O. Hoppe Trust, All Rights Reserved; p.93 Magnum Photos, Inc. ©1962 Henri Cartier-Bresson; p.97 top: Jack D. Flam, *Matisse on Art*, E. P. Dutton, 1978, p.118; p.97 bottom: Jack D. Flam, *Matisse on Art*, E. P. Dutton, 1978, p.136; p.99 top: Tony Hey and Patrick Walters, *The Quantum Universe*, Cambridge University Press, 1987; p.99 bottom left: Tony Hey and Patrick Walters, *The Quantum Universe*, Cambridge University Press, 1987, p.10; p.102 ©Ken Heyman; p.103 top: Magnum Photos, Inc. ©Henri Cartier-Bresson; p.103 bottom: Byzantine Institute; p.104 top: ©Ken Heyman; p.104 bottom: Magnum Photos, Inc. ©1938 Henri Cartier-Bresson; p.105 Manuel Alvarez/ Bravo

第4章

p.117 top: Bob Gibbons; p.117 bottom: Gareth Lovett Jones; p.123 The British Architectural Library, Institute of British Architects; p.126 left: Artemis Anninou; p.126 right: Martin Hurlimann; p.127 Georg Gerster; p.133 right: Gwathmey Siegel and Associates, Photo David Hirsch; p.135 top: Magnum Photos, Inc. ©James Nachtwey

第5章

p.146 Marguerite Duthuit-Matisse and Claude Duthuit, *Henri Matisse*, Vol. II, Claude Duthuit, Paris, Cat. #464, plate 70; p.147 top left: *Record Houses 1987*, Vol.175, No.5, April 1987, p.156; p.147 top right: William W. Owens, Jr.; p.147 bottom left: Eugen Gomringer, *Josef Albers*, George Wittenborn, Inc., p.151; p.147 bottom right: Shinkenchiku-Sha, The Japan Architect Co., Ltd., Tokyo; p.148 center: Neuberger Museum of Art, gift of Roy R. Neuberger. Photo by Jim Frank; p.148 bottom: Charles K. Wilkinson, *Iranian Ceramics*, Asia House Gallery Publication, 1963, plate 16; p.149 top: Hans C. Scherr-Thoss; p.149 bottom: Steen Eiler Rasmussen; p.150 Roderick Cameron, *Shadows from India*, William Heinemann Ltd., 1958, p.45; p.151 Andre Martin; p.152 Courtesy Bruce Goff; p.153 Otto E. Nelson; p.154 top: Steen Eiler Rasmussen, *Towns and Buildings*, Harvard University Press, 1951, p.9; p.154 bottom: Magnus Bartlett; p.155 left: Michael J.Crosbie, "Gentle Infill in a Genteel City," *Architecture*, New York, July 1985, p.46; p.156 bottom: Kurt

謝辞および図版クレジット

Erdmann, *The History of the Early Turkish Carpet*, Oguz Press, 1977, color plate III; p.157 top left: Edward Allen, AIA; p.157 top right: J. David Bohl; p.157 bottom left: Arthur Upham Pope, *Masterpieces of Persian Art*, The Dryden Press, 1945, plate 103; p.158 Toni Schneiders, Lindau; p.160 top left: Otto von Simpson, *The Gothic Cathedral,* Pantheon Books, 1965, plate 33; p.160 top right: ©Foto Mas, Barcelona; p.160 bottom: *Limousine City Guide*, Airport Transport Service Co., Ltd., Tokyo, Winter 1983, Vol.4, No.1, Cover Photograph; p.161 top: Gregory Battcock, "Die Aesthetik des Televideo," *Design ist Unsichtbar*, Loecker Verlag, 1980, p.363; p.161 center: Gregory Battcock, "Die Aesthetik des Televideo," *Design ist Unsichtbar*, Loecker Verlag, 1980, p.363; p.161 bottom: Gregory Battcock, "Die Aesthetik des Televideo," *Design ist Unsichtbar*, Loecker Verlag, 1980, p.363; p.162 left: Bildarchiv, ONB, Vienna; p.162 top right: Aris Konstantinidis; p.162 bottom right: Edward Allen, AIA; p.163 Roland Michaud/Rapho; p.163 bottom left: Foto Mas, Barcelona; p.163 bottom right: Yoshio Watanabe; p.164 ©Estate of Andre Kertesz; p.165 The Textile Museum, Washington, D.C., No. OC1.77; p.166 Norman Carver, Jr.; p.167 top left: Andre Held; p.167 top right: Ludwig Goldsheider, ed., *Leonardo da Vinci*, Phaidon Publishers (Phaidon Press Ltd.), 1951, plate 121; p.167 center left: Yukio Futagawa; p.167 center right: F. J. Christopher, *Basketry*, Dover Publications, Inc., 1952, Ill. 20; p.167 bottom: Aris Konstantinidis; p.169 ©1990 Amon Carter Museum, Fort Worth Texas, Bequest of Eliot Porter; p.170 top: Art Resource/Scala; p.170 bottom: Fabio Galli; p.171 Ishimoto Yasuhiro; p.172 Christie's Images; p.173 Nolli plan of Rome; p.174 top: Soetsu Yanagi, *The Unknown Craftsman*, Kodansha; p.175 top: Serare Yetkin, *Turk Hali Sanati*, Bankasi Kultur Yayinlari, 1974, color plate 1; p.175 bottom: Staatliche Museen zu Berlin-Preussischer Kulturbesitz-Museum fr Islamische Kunst; p.176 top: Private Collection; p.176 middle: Werner Stuhler and Herbert Hagemann, *Venetia*, Universe Books, Inc., 1966, plate 23; p.176 bottom: Arthur Upham Pope, *A Survey of Persian Art*, Vol.II, Soroush Press, p.171, fig. F; p.177 top left: Hisao Koyama; p.177 top right: ©George Heinrich, 1999; p.177 bottom: Yukio Futagawa; p.178 left: ©Moshe Safdie and Associates; p.178 right: Reha Gunay; p.179 left: Yanni Petsopoulos, *Tulips, Arabesques and Turbans*, Abbeville Press, Inc., 1982, p.2; p.179 right: Novosti Press Agency; p.181 top left: Japan Folk Crafts Museum, Tokyo; p.183 top: Novico; p.183 bottom: Musée Historique des Tissus, Lyons, no.35488 (972.IV.I); p.184 top: Roar Hauglid, *Norske Stavkirker*, Dreyers Forlag, 1976, p.173, fig.143; p.184 bottom: Arthur Upham Pope, *Masterpieces of Persian Art*, The Dryden Press, 1945, plate 27; p.185 Yukio Futagawa; p.186 top: M.Wenzel; p.186 bottom: The Library of Congress; p.187 Oleg Grabar, *The Alhambra*, Harvard University Press, 1978, overleaf; p.188 Don Juan Antonio F. Oranzo; p.192 Ab Pruis; p.193 Françoise Henry, *The Book of Kells*, Alfred A. Knopf, 1974, plate 123; p.194 Hans C. Seherr-Thoss; p.195 left: Kiyoshi Seike, *The Art of Japanese Joinery*, John Weatherhill, Inc., 1977, plate 1; p.195 right: Roar Hauglid, *Norske Stavkirker*, Dreyers Forlag, 1976, plate 278; p.196 top right: Hiroshi Morimoto; p.196 bottom: David Sellin; p.197 top: Seth Joel, Metropolitan Museum of Art; p.197 bottom: Kiyoshi Seike, *The Art of Japanese Joinery*, John Weatherhill, Inc., 1977, p.80, fig.51; p.198 Roland Michaud/Rapho; p.199 Art Resource; p.200 Charles K. Wilkinson, *Iranian Ceramics*, Asia House/Distributed by Harry N. Abrams, Inc., 1963, plate 49; p.201 top left: Elias Petropoulos; p.201 top right: Hans C. Seherr-Thoss; p.201 bottom: Smithsonian Institution, Freer Gallery of Art; p.202 William F. Winter; p.204 top: Evelyn Hofer; p.204 bottom: Leonardo Benevolo, *The History of the City*, MIT Press, 1980, p.314, fig.497; p.205 Scala/Art Resource; p.206 top left: Elias Petropoulos; p.206 top right: Bildarchiv Preu icher Kulturbesitz; p.206 bottom left: Staatsbibliothek Berlin, Picture Archive; p.206 bottom right: Ludwig Goldscheider, *Leonardo da Vinci*, The Phaidon Press, 1951, No.40; p.207 top: Ursula Pfistermeister, Artelshofen; p.207 bottom: Steen Eiler Rasmussen, *Experiencing Architecture*, MIT Press, 1962, p.140; p.208 John van der Zee, *The Gate*, Simon and Schuster, 1931, endpaper.; p.209 Werner Stuhler and Herbert Hagemann, *Venetia*, Universe Books, Inc., 1966, plate 56; p.210 ©Smithsonian Institution, Freer Gallery of Art; p.212 bottom: Andre Martin; p.213 Otto E. Nelson; p.214 top: Eugenio Battisti, *Filippo Brunelleschi, The Complete Work*, Rizzoli, 1981, p.71; p.214 bottom: Bernard Rudofsky; p.217 top: Dr. Eva Frodl-Kraft; p.217 bottom: Yukio Futagawa; p.218 bottom: Otto E. Nelson; p.219 top: Everest Films, Norman Dyhrenfurth; p.219 bottom: Edward Allen, AIA; p.220 top: Steen Eiler Rasmussen, *Experiencing Architecture*, MIT Press, 1962, p.68; p.220 bottom: Gunner Bugge and Christian Norberg-Schulz, *Stav og Laft I Norge (Early Wooden Architecture in Norway)*, Byggekunst, Norske Arkitekters Landsforbund, 1975, p.122; p.221 Gunner Bugge and Christian Norberg-Schulz, *Stav og Laft I Norge (Early Wooden Architecture in Norway)*, Byggekunst, Norske Arkitekters Landsforbund, 1975, p.122; p.223 bottom: Turizm Tanitma Bak; p.224 top: Arthur Upham Pope, *A Survey of Persian Art*, Vol.IX, Soroush Press, p.561; p.224 bottom: Magnus Bartlett; p.225 Rijksmuseum, Amsterdam; p.226 1eft: F. W. Meader, *Illustrated Guide to Shaker Furniture*, Dover Publications, Inc., 1972, fig.162, p.82; p.227 top: David Sellin; p.227 bottom: Yukio Futagawa; p.228 Janice S. Stewart, *The Folk Arts of Norway*, Dover Publications, Inc., 1972, p.15, fig.7; p.229 Roderick Cameron; p.230 F. W. Funke; p.232 top: Bruckmann; p.232 bottom: Hans Jurgen Hansen, *Architecture in Wood*, The Viking Press, Inc., 1971, p.88; p.233 Yukio Futagawa; p.234 Norman Carver, Jr.; p.235 Michel Hoog, *Paul Gauguin, Life and Work*, Rizzoli International Publications, Inc., 1987, p.70, plate 40

第6章
p.247 A. R. von Hippel, *MIT Historical Collection*, The MIT Museum; p.248 Peter S. Stevens, *Patterns in Nature*, Little, Brown, and Company, 1974, fig. 152, p.183; p.249 Dr. A.V. Grimstone; p.250 top: Bruce Dale, ©National Geographic Society; p.250 bottom: Edward Weston; p.251 Harold E. Edgerton, MIT; p.252 top: B. J. Hammond; p.252 bottom left: C. H. Waddington, "The Modular Principle and Biological Form," in Gyorgy Kepes, *Module, Proportion, Symmetry, Rhythm*, George Braziller, Inc., 1966, p.22, fig.2; p.253 E. J. Bedford; p.254 Mount Wilson and Palomar Observatories, ©Carnegie Institution of Washington; p.255 top: James E. Gelson; p.255 bottom: ©Loren McIntyre; p.256 I. W. Bailey; p.257 Jean Hanson and H. E. Huxley; p.258 top: E. W. Muller; p.258 bottom: W. Roggenkamp; p.259 top: F. N. M. Brown; p.259 bottom left: Tet Borsig; p.259 bottom right: Tet Borsig; p.260 Theodor Schwenk; p.261 Cyril Stanley Smith, "Structure, Substructure, Superstructure," in Gyorgy Kepes, *Structure in Art in Science*, George Braziller, Inc., 1965, fig.7, p.33; p.262 top left: Cyril Stanley Smith, "Structure, Substructure, Superstructure," in Gyorgy Kepes, *Structure in Art in Science*, George Braziller, Inc., 1965, fig.6, p.32; p.262 top right: F. T. Lewis; p.262 bottom: Peter S. Stevens, *Patterns in Nature*, Little, Brown, and Company, 1974, p.177, fig.146; p.263 Peter S. Stevens, *Patterns in Nature*, Little, Brown, and Company, 1974, p.141, fig.115b; p.264 Tet Borsig; p.265 top: ©The Harold E. Edgerton 1992 Trust, courtesy Palm Press, Inc.; p.265 bottom: Gyorgy Kepes, *The New Landscape*, Paul Theobald and CO., 1956, fig.190, p.174; p.266 Eastman Kodak Company; p.267 Carl Struwe; p.268 Dr. L.Wegmann; p.269 ©Charlie Ott/The Nature

Conservancy; p.270 Dr. R. Schenk; p.271 top: H. J. Williams; p.271 bottom: Peter S. Stevens, *Patterns in Nature*, Little, Brown, and Company, 1974, p.221, fig.181c; p.272 Nigel Calder, *The key to the Universe*, Penguin Books, 1978, p.121; p.273 H. P. Roth; p.274 W. Furneaux, *British Butterflies and Moths*, Longmans, Green & Co., 1932, plate V, fig.1; p.275 Peter S. Stevens, *Patterns in Nature*, Little, Brown, and Company, 1974, p.82, fig.54; p.276 Thomas Hornbein; p. 277 top: Edward Weston, p.278 Cyril Stanley Smith, "Structure, Substructure, Superstructure," in Gyorgy Kepes, *Structure in Art in Science*, George Braziller, Inc., 1965, fig.2, p.30; p.279 top: D'Arcy Wentworth Thompson, *On Growth and Form*, Vol.II, Cambridge University Press, 1959, fig.208, p.538; p.279 bottom: Theodore Andrea Cook, *Spirals in Nature and Art*, E. P. Dutton & Company, 1903, fig.37; p.280 top: D'Arcy Wentworth Thompson, *On Growth and Form*, Vol. II, Cambridge University Press, 1959, fig.554, p.1092; p.280 bottom: Hans Christian von Baeyer, *Taming the Atom*, Random House, 1992, fig.14; p.281 ©Ken Heyman; p.282 Eastman Kodak Company; p.283 Barry C. Bishop, National Geographic Image Collection; p.284 U. S. Navy; p.285 Dmitri Kessel, Time/Life, ©Time, Inc.; p.286 Georg Gerster, Photo Researchers; p.287 top: Tet Borsig; p.287 bottom: Evelyn Hofer; p.288 H. J. Williams; p.289 ©1990, Amon Carter Museum, Fort Worth, Texas, Bequest of Eliot Porter; p.291 Loren McIntyre, National Geographic

第7章
p.300 Colin Thubron, *Jerusalem*, Time-Life Books, 1976, p.123; p.301 Rijksmuseum; p.303 bottom left: Kari Haavisto; p.303 bottom right: *Christie's International Magazine*, September-October 1988, p.47; p.304 top: *Mountain Travel*, Sobek: 1993 Adventure Annual by the Adventure Company, p.12; p.304 bottom: Kari Haavisto; p.307 top left: ©The Henry Moore Foundation; p.307 bottom: Marguerite Duthuit-Matisse and Claude Duthuit, *Henri Matisse*, Vol.II, Claude Duthuit, Paris, Cat. #464, plate 70; p.310 ©Ken Heyman; p.311 ©William Garnett

第8章
p.322 top: Walker Evans; p.322 bottom: Theo Crosby; p.323 left: Gonul Oney, Turk Cini Sanati: *Turkish Tile Art*, Yapi ve Kredi Bankasi' nin bir Kultur Hizmetidir, 1976, p.116; p.323 right Kakiemon Kiln; p.324 left: Lefevre & Partners, London, Catalog of 71 Rare and Oriental Carpets and Textiles, Friday, February 3, 1978, #13; p.324 right: Lefevre & Partners, London, *Catalog of 71 Rare and Oriental Carpets and Textiles*, Friday, February 3, 1978, #14; p.325 Eric Arthur and Dudley Witney: *The Barn: A Vanishing Landmark in North America*, M. F. Feheley Arts Company Limited,1972, p. 110, fig. a; p.326 Arthur Upham Pope, *A Survey of Persian Art*, Vol.VII, Soroush Press, plate 200; p.327 F. W. Funke; p.328 top: Hirmer Fotoarchiv, Munich; p.328 bottom: Magnus Bartlett; p.329 top: D. A. Harissiadis; p.329 bottom: Chicago Historical Society; p.330 top left: Robert Grant; p.330 top right: The Mies van der Rohe Archives, The Museum of Modern Art, NewYork; p.330 center left: Leonardo Benevolo, *History of Modern Architecture*, Vol.II MIT Press, 1971, p.453, fig.510; p.330 center right: Boesiger/Girsberger, *Le Corbusier 1910-60*, George Wittenborn, Ind., 1960, p.53; p.330 bottom left: Aris Konstantinidis; p.331 top left: George Knight; p.331 center left: Paul Warchol; p.331 center right: Michael Graves; p.331 bottom right: Lucien Herve; p.332 top left: Courtesy the Frank Lloyd Wright Foundation; p.332 top right: Ezra Stoller, ©ESTO; p.332 bottom left: T. and R. Annan; p.332 bottom right: Martin Charles; p.333 top left: G. C. Mars, *Brickwork in Italy*, American Face Brick Association, 1925, p.119, plate 124; p.333 bottom left: Aris Konstantinidis; p.333 center right: Leonardo Benevolo, *History of Modern Architecture*, Vol.II, MIT Press, 1971, p.759, fig.981; p.333 bottom right: Dimitris and Suzana Antonakakis, Lyttos Hotel, Wien, March-April 1988, p.9; p.338 top: Alex Starkey; p.338 bottom: Barry Shapiro; p.339 top: Hans Jurgen Hansen, *Architecture in Wood*, The Viking Press, Inc., 1971, p.85, fig.a; p.339 bottom: Foto Marburg; p.340 top: ©Eames Office; p.341 Gonul Oney, *Turk Cini Sanati: Turkish Tile Art*, Yapi ve Kredi Bankasi' nin bir Kultur Hizmetidir, 1976, p.34; p.341 bottom: Chic Harris; p.345 top: The Metropolitan Museum of Art, Rogers Fund, 1958, ©1999, MMA; p.345 bottom: Yanni Petsopoulos, *Tulips, Arabesques and Turbans: Decorative Arts from the Ottoman Empire*, Abbeville Press, Inc., 1982, p.72, plate 54; p.346 top: Ulrich Schurmann, *Caucasion Rugs*, Klinkhardt and Biermann, Braunschweig, p.73, plate 9; p.346 bottom: Kurt Erdmann, *The History of Early Turkish Carpet*, Oguz Press, 1977, color plate III; p.347 top: ©The Metropolitan Museum of Art, photograph by Seth Joel; p.347 bottom: ©The Metropolitan Museum of Art, photograph by Seth Joel; p.348 top: Art Resource; p.348 bottom: Art Resource

第9章
p.358 V & A Picture Library, Photo Peter MacKinven

第10章
pp.384 to 392: Courtesy the Estate of Andre Kertesz; p.410 Country Life Picture Library.

出版に際し、すべての著作権者に了解を得ようとしましたが、何点かについては連絡不可能なものもありました。連絡を頂ければ早い機会に修正・削除を対応いたします（以上、原著者による）。

監訳者解説

3.11以降——アレグザンダーからのメッセージ

2011年3月11日に襲った東日本大震災は、日本人のそれまでの価値観や、想定では対処できない未曾有の大悲劇となってしまいました。この悲劇から、どのようにして、スピーディに復興を成し遂げるかの答えが、即、必要でした。しかし、本書が出版される2013年の時点でも、その展望は未だほとんど、闇の中です。被災者の多くは、ふるさとを失ったまま、明るい希望は見えていません。

2011年9月に、私と仲間は、英国ロンドン郊外のアレグザンダーの自宅を訪問しました。翻訳出版の事務的話し合いを終え、彼に日本の実情を説明し、何とか支援の助言が欲しいと申し出たところ、快く、短いメッセージを送ってくれました。

ここに、そのメッセージの一部を転載します。

日本の皆さんへ——
（前略）日本人は、この災害で大きく自信を失い、どうやって、復興すれば良いのかの道すらをも、見失いかけているということでした。

実際には、これは日本のことだけではないのです。アメリカも実は、同じなのです。

未だ、はっきり口に出す人は、少ないですが、英国も同じ状況です。

多くの国々で、人々が同じような失望感にとらえられているというのは、おおげさな話ではありません。

問題は、では、どうすればよいかです。

私は、ずっと長い間、あるものを、求めてきました。それは、美しさとは何か、そして、正しさとは何かということです。

大変子供っぽい疑問ですが、私はもう十分、年もとりました、子供っぽいと言われてもかまいません。

私の助言は、何かを決定するとき、何かの行動をするとき、何かをつくり出すとき、そういった行為すべてに、いつでも、それが、本当にあなたの内部からにじみ出る美しさに裏付けられているかと、問うことです。たとえそれが、何かの行動でも、発言でも良いです、それは、絵を描くときであっても、詩を詠うときでも、何であっても——それは、老人をバスに乗せるために手伝っているときでも、同じ問いです。

心の内部からにじみでる美しさにあなたは、今貢献しているかと、問うのです。

この問いを、真剣に行うならば、すべてに変化が起こります。

もちろん、「そんなことに何の意味があるんだい」と問うてくる人もいるでしょう。また、「そんなことは馬鹿げている」と一笑に付す人もいるでしょう。しかし、この現実的な問いを実践するならば、まず、あなた自身が変わるでしょう。次に、それを見ている人々が変わるでしょう。そして、そのことを考えていた人々が変わるでしょう。

そのとき、新しい道が開けるのです。

これは、単純なことですが、大変、力があるのです。なぜなら、これは、心の底から生まれてくるものだからです。日本語でいう「こころ」からです。ですから、この助言は、とってもささやかなことですが、あなた自身の人生をも変えることでしょう。

あなたがたは、世の中の至るところに、散らばっている小さな美しさを見つける努力をしてほしいのです。（後略）

クリストファー・アレグザンダー

この短いメッセージの中で、アレグザンダーはささやかな「変革」をどこから起こしていくべきかの答えを示しています。

世の中を変革する気持ちだなんて大げさだし、その必要性のなかに「美」をいちいち問うなんて、と思われる人もいるでしょう。しかし、自分の行為が、本当にこころの内面からの「美」に裏付けられているか、とは今こそ、必要な問いではないでしょうか？

内面からの「美」という新しい価値観

この「ザ・ネイチャー・オブ・オーダー」シリーズの第1巻である本書『生命の現象』（以下断りの

ない限り、「本書」はシリーズ第1巻である『生命の現象』を指す)は、この内面からの「美」の意味を検討し、その実践的な実証方法までを言及しています。第2巻と第3巻で、その実現をめざす「プロセス」と実践例が検討され、第4巻の「輝ける大地」では、その「美」が、どのような根源から生まれてくるのかを探求しています(第2巻～第4巻のもくじは480ページに掲載)。

アレグザンダーの短いメッセージには、日本の「復興」の実践的行動にまでは言及していません。しかし、この内面から生まれる「美」は、「復興」の考え方に大きく関係しています。なぜなら、この非常事態に対処するためには従来の価値意識には依存しない、新しい価値観が必要だからです。従来の価値観は、機械的合理主義の科学のうみ出した世界観に基本を置いており、そこに「美」は含まれない冷たいものでしたが、この新しい価値観は、内面からの「美」に裏打ちされているのです。東北の復興は、ふるさとの心の復興なのです。心の底からの共感意識に裏打ちされていなければ不可能なのです。

例えば、アレグザンダーとその仲間たちは、「パタン・ランゲージ」の考え方の実践編として、『パタン・ランゲージによる住宅の生産』(中埜博監訳、鹿島出版会SD選書261、2013年)の中で、住宅を自給自足でつくり出す方法を提案しています。この方法は、そのまま、東北の住宅の復興に新しい光を投げかけています。

この考え方は、住宅は、居住者たちのかけがえのない生活の場であり、家族の空間であって、お金に変えることのできない「価値意識」に支えられているということを訴えています。住宅が単なる商品ではないことを。もし、この価値意識に基本を置くならば、復興住宅も、全く違った形でつくられなければならないことは明らかです。また、そのほうが、安く、スピーディに合意し、復興できる可能性が高いのです。

この価値意識は、内面からにじみ出る「美」と深いところでつながっています。内面から生まれる「美」は、そのままリアルなユーザーの価値意識と結びついているからです。

本書に登場するひとつの現象である「全体性」が、私たち個人の内面から生まれる「価値」によって確認でき、それが生き生きしているときに「美しい」ものであるということ――これが、本書の結論なのです。

「パタン・ランゲージ」から「ザ・ネイチャー・オブ・オーダー」へ

「パタン・ランゲージ」というアイデアは、1977年にアレグザンダーとその仲間たちが著した同名の書籍によって最初に広まりました(邦訳は平田翰那訳、鹿島出版会刊、1984年)。

「パタン・ランゲージ」とは一言でいうと、建築やまちをつくってきた文化や伝統のキーポイントを「パタン」という形式でルール化し、それを、言葉の単語のように組み合わせて新しいまちや、建築づくりの共通言語としようというアイデアです。

「パタン」はある価値観、つまり「美」の考え方のうえに成立しているといってよく、世の中の現象をどう見るかという考え方を提起しています。「パタン」として定義された内容をみれば、「パタン」集はものの見方を区別して見るための「ルール」です。逆にいえば、何かを切り捨ててものをみる方法の提示でもあります。

例えば、「厚い壁」という「パタン」は、壁の見方を変える提案です。壁自体をつくり替えることで、部屋の機能も変えることができるだけではなく、壁は住宅の歴史を刻むものであり、住人にとっての思い出を育む場となり、かけがえない個人の空間をうみ出すことから、壁が常識以上の厚みを持ち、改装可能でなければならないと指摘しています。そういったように、「パタン」は、そういう新しいものの見方や価値観を提起します。

それによって、「パタン」がつくり出す全体像(ランゲージ)も価値観を伴ったものとなるのです。この価値観つまり、「質」の存在が、「パタン・ランゲージ」の特徴です。

また、「パタン・ランゲージ」の形式を、コンピュータープログラムに応用したり、社会的コミュニケーションの道具として応用しようという研究者のコミュニティが2010年以降立ち上がりつつあります。「パタン」が学習の道具としても有用性のあることの証左でしょう。

「無名の質」の定義

この価値観を伴った「質」はアレグザンダーの複数の著書の中で「言葉では表せない質＝無名の質」とも呼ばれていました（内面からにじみ出る「美」と同じことと言えます）。

しかし『パタン・ランゲージ』や『時を超えた建設の道』（平田翰那訳、鹿島出版会、1993年）が書かれた時点では、無名の質の実現を保証する方法は、まだ不十分でした。この点に光を当てたのが本書です。

この中心的「質」は、「パタン・ランゲージ」が目指していた究極の目的です。良い「パタン・ランゲージ」は、この「質」を持ったものでした。先の著書の中で、この「質」を、「生き生きとした」「永遠の」「正確な」「全一的な」「居心地よい」「無我の」といったさまざまな形容詞で説明しようとし、特定化できず、言葉では表せない「無名の質」として処理されていました。

ここが、重要な意味を持つにもかかわらず、曖昧になっていたのです。読者も戸惑っていたのではないでしょうか？

本書でアレグザンダーは、この「質」が、あらゆるものに存在する「生命構造」である、とはっきり定義しました。そして「生命」とは、「センター」が構造化されたものと定義したのです。

「センター」とは何か

「センター」という概念は、アレグザンダーが新しく示した概念で、本書の中心テーマとなっています（第3章の定義を参照）。私はこう理解しています。

それは、私たちが、対象となるものの「全体性」を把握するとき、その「全体」を構成する要素が瞬時に、視覚的、心理的に浮かび上がってきます。この「実体」的要素が「センター」です。ですから、「センター」と「全体性」は、同時に把握され、お互いが相互に影響しあって、同時に成立するものです。この「センター」が、構造化されているとき（15の幾何学的特性によって）、生き生きした「生命」を宿したものになるといいます（ちなみに、「パタン」は、この「センター」を繰り返し問題解決型で再生するかたちの「ルール」のことです…注）。

（注）読者に注意してもらいたいのは、この「センター」の特定には、あなた自身の個性的認識の仕方（心の目）に関わりがある点です。「センター」も「全体性」も読者自身の「参加」的な意識の関わり方で、成立する概念です。それは、あなた自身の実体験を通じてしか理解できないものです。今までの、デカルト的二元論的のように、人間とものを分離する考え方ではありません。アレグザンダーの新しいパラダイムの認識方法は、冷たい機械のような世界が外にあるのではなく、自分自身と深く関わりあうことで一体的に成立する認識方法なのです（本書の「ミラーテスト」参照）。

この「センター」の考え方の導入によって初めて「無名の質」の定義ができ、「パタン」の合成プロセスのチュートリアル（＝逐次的指導書）も可能となりました。それを「センタリング・プロセス」と呼びます。

「センタリング・プロセス」とは、シリーズ第2巻で中心となるテーマです。ここでは、「パタン」を「ランゲージ」化するとき必要とされるプロセスと言っておきます。

「パタン・ランゲージ」と「センタリング」

「パタン」を合成して「質」をもった「ランゲージ」にするプロセスが、この「ザ・ネイチャー・オブ・オーダー」によって初めて裏付けられました。私たちの研究では、この結果得られる「ランゲージ」を、具体的プロジェクトに依拠する「プロジェクトランゲージ」と名付けています。

パタン・ランゲージは、抽象的「イメージ」の世界ですが、「プロジェクトランゲージ」は、誰が、どこで、どうやって再生が可能かに答える具体的プロジェクトのことです。この実現のためには、現実の世界の「センター」たちが、組み込まれてきます（原寸設計）。

次ページの図は、「パタン」から「パタン・ランゲージ」をつくるプロセスと、センタリング・プロセスによって、「プロジェクトランゲージ」をつくるときの相互関係を図解したものです。

以上は、「パタン・ランゲージ」と本書の「生命構造＝全体性」のつながりに関する訳者の私見です。

読書の皆さんはご自分で、本当にそうかと確か

めるように、本書を読んでいただきたい。そして新しい仮説を提起していただき、対話を深めましょう。また「パタン・ランゲージ」の新展開にも目を向けていただきたいと切に望みます。

翻訳にあたって

　本書の翻訳に際しては、建築やまちづくり以外にも関わる社会人メンバーで構成された訳者が、およそ4年にわたり毎月、毎月それぞれが忙しい中、訳稿と疑問や意見をもちより、粘り強い検討をくわえてきました。アレグザンダーの文章は、学際的に多岐にわたり、難易な専門用語も使われていますが、できるかぎり専門用語は避け、誰にでもわかりやすく広く読んでもらいたいとの究極的目的と希望から、「ですます調」の口語的な雰囲気を持った訳文としました。原文でイタリックとなっている箇所は訳文に下線を引き強調させています。また、原書では多くの図版にカラーが用いられているところを、一部モノクロにせざるを得なかったのは残念ですが、少しでも専門の世界の方にとどまらず、多くの人の手に取っていただければ幸いです。多くのご意見、ご批判、ご指摘を歓迎します。

　このシリーズは先にも説明しましたように、4巻構成をとっており、4巻でひとつの本なのです。鹿島出版会のご好意で、まず第1巻を読者の皆様の目にできるだけ早く触れていただく機会を提供していただきました。さらに多くの興味を持たれた方がたと、ともに第2巻以降の出版を可能にしていきたいと思っております。

　なお、鹿島出版会出版事業部長橋口聖一氏と久保田昭子氏の粘り強い押しと協力によって、この重厚な本の出版にこぎ着けることができました。最後にその感謝の気持ちを、訳者一同を代表してここに示させていただきます。

中埜 博

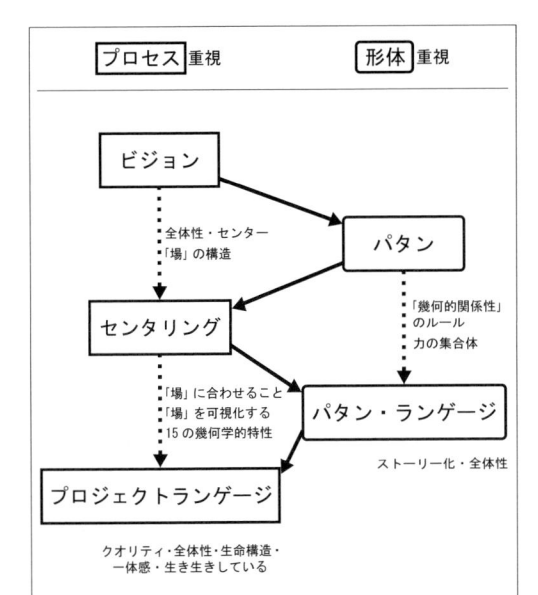

[プロセス重視　　形体重視]

ビジョン
　全体性・センター「場」の構造
　→ パタン
センタリング
　「幾何的関係性」のルール
　力の集合体
　「場」に合わせること
　「場」を可視化する
　15の幾何学的特性
　→ パタン・ランゲージ
　　ストーリー化・全体性
プロジェクトランゲージ
　クオリティ・全体性・生命構造・
　一体感・生き生きしている

・何よりも大切なのは、そこに何をつくるか、何をしようとしているのかという「ビジョン」。つまり、明快かつ現実的な「夢」。これさえあれば、あとは2次的なものにすぎないという強い信念の「変革」の提起をし、これが出発点となる。
・ビジョンの「全体性」の中から「センター」というビジョンの構成要素が見えてくる。これを組み合わせて「パタン」という一定のフォーマットにする。
・パタンからパタン・ランゲージをつくる際に「センタリング・プロセス」を取り込むことで最終的なプロジェクトランゲージとしての「質」を確保できる。
・「パタン」から全体の「物語」をつくりだす。このストーリーが力強く、他人を説得し、動機づけとなるような感動を持った「物語性」が必要である（これが抽象的なときには「パタン・ランゲージ」という）より具体的に完成していて、プロジェクトを生き生きと語る「物語」であるとき「プロジェクトランゲージ」となる（これが内的な「美」に裏付けられている意味）。

[参　考]
「ザ・ネイチャー・オブ・オーダー」シリーズ

BOOK TWO THE PROCESS OF CREATING LIFE
第2巻　生命創造プロセス

序章　「プロセス」について

第1部　構造保全変容
　第1章　全体性展開の原理
　第2章　構造保全変容
　第3章　伝統社会における構造保全変容
　第4章　近代社会における構造保全変容
　幕間に
　第5章　近代における「生命プロセス」——20世紀に「生命プロセス」の起こった例

第2部　「生命プロセス」
　第6章　生成された構造
　第7章　基本的分化プロセス
　第8章　ステップ・バイ・ステップの適応性
　第9章　各ステップは必ず全体性の強化をめざす
　第10章　常に「センター」たちを創造する
　第11章　展開順序
　第12章　どの部分もユニーク
　第13章　パタン——「センター」たちの創造のための生成ルールのこと
　第14章　深い情感
　第15章　形としての幾何学の出現
　第16章　「フォーム・ランゲージ」とその様式
　第17章　単純性

第3部　社会的プロセスの新パラダイム
　第18章　自由への勇気
　第19章　大規模プロセスの困難
　第20章　社会全体への「生命プロセス」の展開——新パラダイムへのシフト
　第21章　3期黄金時代を迎える建築家の役割

結論
補遺　「生命プロセス」のささやかな例

BOOK THREE A VISION OF A LIVING WORLD
第3巻　生命世界のビジョン

序章　何千万回と繰り返される「生命プロセス」

第1部
　第1章　自分の存在する場と存在しない場
　第2章　私たちの存在する世界

第2部
　第3章　共有空間を包み込むもの
　第4章　大規模公共建築
　第5章　大地に立つ空間と容積を立体的に「正」とするパタン
　第6章　構造と幾何学を技術的に「正」とする空間
　第7章　庭園の質

第3部
　第8章　住民の描く近隣の全体像
　第9章　都市近隣の再生
　第10章　高密住居
　第11章　生き生きした近隣再生に必要とされる運動

第4部
　第12章　住民個々の世界のユニークさ
　第13章　室内の質

第5部
　第14章　「生命センター」の施工要素
　第15章　つくりながら建てる
　第16章　新材料と新技術の絶え間ない発明
　第17章　大規模プロジェクトの生産

第6部
　第18章　すべての展開プロセスの装飾
　第19章　形体から展開する色彩

要約　生きた建築の形象学
結論　創造され、変容される世界
補遺　数字について

BOOK FOUR THE LUMINOUS GROUND
第4巻　輝ける大地

序章　ものの本質の新しい概念に向けて

第1部
　第1章　私たちの現在の世界観
　第2章　芸術の歴史からのヒント
　第3章　「私のようなもの」の存在
　第4章　1万もの「ビーイング＝小さな生命」
　第5章　「生命センター」を少しずつつくるための実践

中間点の補遺　考察の要約

第2部
　第6章　燃え上がる存在
　第7章　色彩と内的光
　第8章　涙の行方
　第9章　創り手の癒しを生み出す全体性
　第10章　みずからに喜びを
　第11章　神の顔

4部作の結論
変革された世界観
エピローグ　体験的確信と持続する疑惑
謝辞

著訳者紹介

著 者

クリストファー・アレグザンダー
Christopher Alexander
1936年、ウィーン生まれ。大工であり、職人であり、工務店経営者であり、建築家であり、絵描きであり、そして教師。1963〜2002年までカリフォニア大学バークレー校の建築学科教授として勤務。現在は同校名誉教授。
彼の建築は、そこに集う人々が生き生きとした生命を感じられる場をつくることが目的である。深い信念のもと、そのような健康で生命に満ちた環境としての建築をつくるためのアイデアと実践の研究を続け、実際にまちに住みこみ、実践してきた。
近隣コミュニティ、複合建築、建築材料、施工、手すり、柱、天井、窓、タイル、装飾、原寸模型、絵画、家具、鋳物、彫刻＝これらすべてが、彼の情熱の源泉となり、パラダイムシフトの原理をうみ出す試金石となっている。

主な著書にNOTES ON THE SYNTHESIS OF FORM, 1964（稲葉武司訳『形の合成に関するノート』鹿島出版会、1978年）、THE OREGON EXPERIMENT, 1975（宮本雅明訳『オレゴン大学の実験』鹿島出版会SD選書128、1977年）、A PATTERN LANGUAGE, 1977（平田翰那訳『パタン・ランゲージ　環境設計の手引』鹿島出版会、1984年）、THE TIMELESS WAY OF BUILDING, 1979（平田翰那訳『時を超えた建設の道』鹿島出版会、1993年）、A NEW THEORY OF URBAN DESIGN, 1984（難波和彦監訳『まちづくりの新しい理論』鹿島出版会SD選書210、1993年）など。

監訳者

中埜 博（なかの・ひろし）
1973年、早稲田大学理工学部建築学科卒業。1978年、カリフォルニア大学バークレー校環境設計学部大学院卒業。現在、セスト（合）代表。おもに建築、まちづくり施設企画、設計、実施に携わる。1982〜1985年、埼玉県入間市盈進学園東野高校建設工事、1993〜2005年、早稲田大学芸術専門学校講師、1995年〜現在、タウンマネージャー（中心市街地商業活性化アドバイザー）を歴任（担当：草加市、北九州市、長野市その他）。中小企業大学校講師、国土交通大学校講師。2011年〜岩手県大船渡市災害復興専門委員として復興支援に従事。

主な著訳書に、『パタン・ランゲージによる住まいづくり』（井上書院、1988年）、『パタン・ランゲージによる住宅の生産』（監訳、鹿島出版会、1991年、SD選書版、2013年）、『シリーズ／都市再生3　定常型都市への模索　地方都市の苦闘』（共著、日本経済評論社、2005年）、『イラスト解説 ティール組織』（訳・解説、技術評論社、2018年）。

共訳者

飯島克如（いいじま・かつゆき）
1998年、早稲田大学大学院理工学研究科修了（工学修士）。建築事務所勤務を経て現在、（一財）日本地域開発センター客員研究員、いいじままちづくり研究室代表。

笹川万国（ささがわ・ばんこく）
2004年、プリンスィーズ・スクール・オブ・トラディショナルアート（イギリス）修士課程修了。2005年〜2010年、ヨーロッパ環境構造センター在日代表。

協力者

大村公章（おおむら・こうしょう）、岡本篤子（おかもと・あつこ）、工藤淳一（くどう・じゅんいち）、小森庸子（こもり・ようこ）、佐藤詠子（さとう・うたこ）、鶴田英之（つるた・ひでゆき）、中村康子（なかむら・やすこ）、林 三恵（はやし・みえ）、布施 肇（ふせ・はじめ）、四元雅恵（よつもと・まさえ）

ザ・ネイチャー・オブ・オーダー　建築の美学と世界の本質
生命の現象

2013年9月30日　第1刷発行
2021年3月30日　第2刷発行

監訳者	中埜 博
発行者	坪内文生
発行所	鹿島出版会
	〒104-0028　東京都中央区八重洲2-5-14
	電話03-6202-5200　振替00160-2-180883
印刷	壮光舎印刷
製本	牧製本
装幀	西野 洋
編集協力・制作	南風舎

© Hiroshi NAKANO 2013, Printed in Japan
ISBN 978-4-306-04593-4　C3052

落丁・乱丁本はお取り替えいたします。
本書の無断複製（コピー）は著作権法上での例外を除き禁じられています。
また、代行業者等に依頼してスキャンやデジタル化することは、
たとえ個人や家庭内の利用を目的とする場合でも著作権法違反です。

本書の内容に関するご意見・ご感想は下記までお寄せ下さい。
URL: http://www.kajima-publishing.co.jp/